교육행정학

주삼환
신붕섭
이석열
김병윤
김용남
공저

EDUCATIONAL
ADMINISTRATION

학지사

머리말

이 책에서는 교육행정을 '교육을 위한 봉사·지원체제'로 보았다. 교육행정을 '교육을 위한 행정'으로 본 것이다. 교육을 잘하게 하는 것이 행정이라 생각하여, 교육이 목적이고, 행정은 이를 위한 수단이라고 생각하였다. 그래서 '교육을 위한 봉사·지원체제'에서 '교육행정' 중 앞의 '교육'이고 '봉사·지원'은 '행정'의 핵심으로 삼은 것이다.

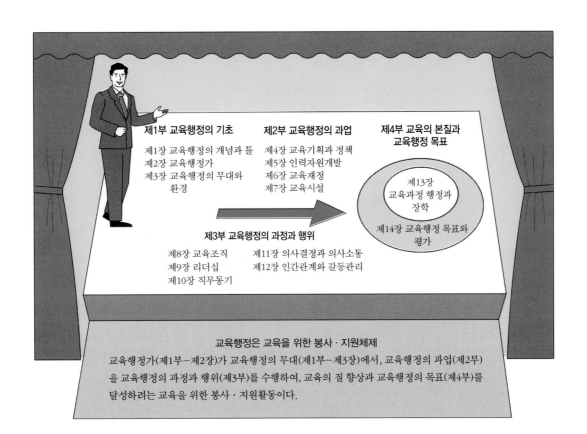

제1부 교육행정의 기초
제1장 교육행정의 개념과 틀
제2장 교육행정가
제3장 교육행정의 무대와 환경

제2부 교육행정의 과업
제4장 교육기획과 정책
제5장 인력자원개발
제6장 교육재정
제7장 교육시설

제4부 교육의 본질과 교육행정 목표
제13장 교육과정 행정과 장학
제14장 교육행정 목표와 평가

제3부 교육행정의 과정과 행위
제8장 교육조직
제9장 리더십
제10장 직무동기
제11장 의사결정과 의사소통
제12장 인간관계와 갈등관리

교육행정은 교육을 위한 봉사·지원체제
교육행정가(제1부-제2장)가 교육행정의 무대(제1부-제3장)에서, 교육행정의 과업(제2부)을 교육행정의 과정과 행위(제3부)를 수행하여, 교육의 질 향상과 교육행정의 목표(제4부)를 달성하려는 교육을 위한 봉사·지원활동이다.

'교육을 위한 봉사·지원체제'라는 '교육행정'의 개념을 좀 더 풀어서 '교육행정가가 교육행정의 무대에서 교육행정의 과업을 교육행정의 과정과 행위를 수행하여 교육의 질 향상과 교육행정의 목표를 달성하려는 교육을 위한 봉사·지원활동이다.'라고 정의하여 교육행정 개념도를 그리고, 이를 풀어서 이 책을 썼다.

이 개념도는 사실 2005년과 2006년 두 해에 걸친 한국교육행정학회의 교육행정학의 지식기반과 지식구조에 관한 학술발표회에서 저자 중 한 명인 주삼환이 발표한 그림에 기초한 것이다. 그때 저자는 교육행정을 연극과 영화, 예술에 비유하여 이 그림을 그렸다. 배우가 무대에서 연기를 하여 연극이나 영화의 작품이 추구하는 가치를 달성하는 것에 비유한 것이다. 그래서 교육행정가(제2장)라는 배우가 교육행정의 무대와 환경(제3장)에서 교육행정 과업(제2부)을 맡아 연기에 해당하는 행정 과정을 밟아 행정행위를 하여(제3부) 교육목표와 교육행정 목표를 달성하고 달성도를 평가도 하는 것으로 본 것이다. 이는 교육행정을 행정예술로 보고 싶은 심정에서 나온 그림인지도 모른다.

또 다른 한편으로는 교육행정을 투입-변환(전환)-산출의 체제적 접근으로 풀어 보고자 한 점도 염두에 두었다. 제1부에 해당하는 교육행정가 사람과 행정 무대와 사회환경이 투입(input)되어 제2부, 제3부의 변환(transformation, 전환) 과정을 거쳐 교육과정 행정과 장학, 학생 성취 그리고 교육행정 목표달성이라는 산출(output)로 보고 또 평가하는(제4부) 체제적 접근(system approach)의 사고(思考)를 한 것이다.

그리고 교육행정을 '사람(man)'이 '조직(organization)' 속에서 '일(job)'을 하는 3요소로 생각해 볼 수도 있다. 행정가라는 사람이 사회환경 무대에서 행정적인 일을 하는 것으로 단순화시켜서 볼 수도 있다.

그동안 우리나라 교육행정과 교육행정 책에서는 ① 행정하는 사람인 교육행정가와 ② 행정이 이루어지고 있는 사회환경인 행정 무대, 그리고 ③ 산출에 해당하는 행정목표와 가치, 철학의 세 부분에 관한 논의가 적고, 주로 이 책의 제2부와 제3부에 해당하는 내용에 치중했던 점이 많았던 것 같다. 이 책에서도 이 세 부분을 건드리기만 하여 빈약하기 그지없음을 인정하지 않을 수 없다. 앞으로 행정가, 행정 무대, 행정목표 부분도 더 연구하여 부(部, part) 정도로 확대되기를 희망한다. 이러한 사고가 완벽하다고는 볼 수 없다. 다른 사람은 다른 생각을 할 수 있다. 이러한 생각은 시작에 불과하다.

이러한 교육행정적 사고의 그림에 동의하고 이 그림의 뜻을 살려 책으로 꾸미고자 17년

여의 고심 끝에 결실을 보게 해 준 공저자 신붕섭, 이석열, 김병윤, 김용남 박사에게 진심으로 감사한다. 그리고 1973년, 교육행정 석사과정에 입문한 지 50여 년 만에 이들의 힘으로 개념틀에 의거하여 한 권의 책으로 정리할 수 있었던 것에 대해 보람을 느낀다.

이번에 발행하는 『교육행정학』이 2000년도 첫 발행 후 개정 5판이 나오기까지 21년간 사랑을 받은 주삼환 외 10명의 공저자가 집필한 『교육행정 및 교육경영』(학지사)을 대체하는 것은 아니다. 『교육행정 및 교육경영』은 많은 교육행정 지식과 정보를 담고 있으며, 많은 독자의 지속적인 사랑을 기다리고 있기에 곧 재개정하여 6판을 발행하려고 한다. 그간 분에 넘칠 정도로 애용해 주신 교수님들과 학회 회원, 독자 여러분께 감사드린다. 이번에 발행하는 『교육행정학』 신간은 주로 교육학 전공 학생, 대학원생, 장래 교육행정가, 교수, 학자, 학문용으로 구상하여 기간행 책과 차별화하려고 노력하였음을 밝혀 두고자 한다.

그래서 이번 책은 교육행정의 이론(理論), 연구(研究), 실제(實際)의 세 하모니와 균형을 이루려고 노력하고 독자와 수강생의 실천과 실제 탐구, 연구를 강조하였다. 피동적으로 수강하고 배우고 외우는 것이 아니라 자기 것을 만들어 실천으로 옮기도록 하고, 많은 과제 수행을 요구하고 있다. 특히 이 책은 학습자들이 능동적으로 문제해결능력을 기를 수 있게 단원(장)을 구성하였다. 우선, 각 장의 맨 앞에 실제 상황을 묘사하거나 가정하여 '미리 생각하기'를 두었다. 본문을 읽기 전에 이 부분을 꼼꼼히 읽고 음미하면 단원의 핵심과 중요성을 파악하는 데 도움이 될 것이다. 다음으로, 학습목표 앞에 '학습성과'를 두었다. 학습성과(learning outcome)는 이 단원을 공부하고 나서 '무엇을 실천할 수 있는가(can do)'에 초점을 둔 것이다. 최근 역량 기반의 교육을 강조하는 경향과 맥을 같이하여 문제해결능력을 강조하였다. 뒤이어 나오는 학습목표는 학습성과에 도달하기 위한 수단적 목표라 이해하면 좋을 것이다. 마지막으로, 본문의 중간중간에 '기본 학습(질문)'을 넣었고, 단원의 맨 뒤에는 '심화 학습'을 두었다. 기본 학습은 절을 단위로 읽고, 요점을 정리하도록 한 것이고, 심화 학습은 맨 앞의 '미리 생각하기'를 포함하여 단원의 핵심을 종합하면서, 실제적인 문제해결능력을 기르도록 안내한 것이다. 심화 학습의 경우 본문에 그 번호를 표기하였으므로, 본문을 읽는 중에 이를 눈여겨보면 좋을 것이다. 이 책을 교재로 사용하는 교수님들도 이 점을 참작하여 강의계획을 하면 좋을 것으로 본다. 대학원생은 교수와 공동으로 학문을 연구하는 동료(colleague)로 보고 이 교재를 통하여 활발한 공동연구가 이루어지기를 기대한다.

이 책은 저자들만의 것이 아니다. 앞으로 독자와 교수, 학회 회원과 공동으로 만들고 고쳐 발전시켜 가기를 기대한다. 여러분의 질정과 반응을 기대한다. 그리고 어려운 시기인데도 출판을 적극 지원해주신 학지사에 감사한다.

2022년 2월

공저자 신붕섭, 이석열, 김병윤, 김용남을 대신하여

주삼환

차례

FOUNDATION OF EDUCATIONAL ADMINISTRATION

교육행정의 기초

이 책은 교육행정의 지식 구조를 토대로 구성하였다. 아래 그림은 이 책 전체를 안내하는 개념틀이다. 그래서 이 책을 공부하거나 교육행정을 탐구, 실천하는 사람들은 교육행정의 구성 요소들을 시각적으로 나타낸, 교육행정의 개념적 틀([그림 1-6])을 머릿속에 사진처럼 담아 두는 것이 도움이 될 것이다.

제1부에서는 교육행정학의 지식 구조와 성격(제1장)을 그림을 중심으로 풀었고, 교육행정을 실천하는 사람인 교육행정가의 자질(제2장), 교육행정이 이루어지는 환경과 무대(제3장)에 관하여 공부하도록 하였다.

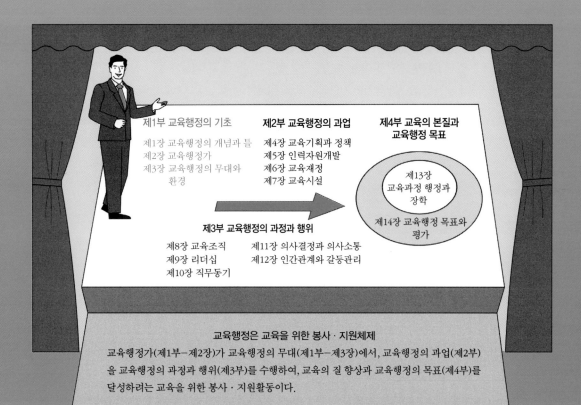

제1부 교육행정의 기초

제1장 교육행정의 개념과 틀
제2장 교육행정가
제3장 교육행정의 무대와
　　　환경

제2부 교육행정의 과업

제4장 교육기획과 정책
제5장 인력자원개발
제6장 교육재정
제7장 교육시설

**제4부 교육의 본질과
교육행정 목표**

제13장
교육과정 행정과
장학

제14장 교육행정 목표와
평가

제3부 교육행정의 과정과 행위

제8장 교육조직
제9장 리더십
제10장 직무동기

제11장 의사결정과 의사소통
제12장 인간관계와 갈등관리

교육행정은 교육을 위한 봉사 · 지원체제

교육행정가(제1부-제2장)가 교육행정의 무대(제1부-제3장)에서, 교육행정의 과업(제2부)
을 교육행정의 과정과 행위(제3부)를 수행하여, 교육의 질 향상과 교육행정의 목표(제4부)를
달성하려는 교육을 위한 봉사 · 지원활동이다.

●제1장●
교육행정의 개념과 틀

미리 생각하기　누가 교육부 장관이 되어야 할까

　　현재 우리나라에서 교육부 장관은 사회 부문 부총리를 겸하고 있다. 그만큼 국가에서 교육을 중요하게 여긴다고 해석할 수도 있다. 그런데 대통령이 교육부 장관을 임명하는 것을 보면 의아할 때가 있다. 교육을 실제로 실천한 경험이 있고 교육 현장의 문제나 요구를 잘 아는 사람이 교육부 장관을 하면 좋을 텐데, 국회의원이 교육행정의 수장이 되는 경우가 많다.

　　대통령이 누구를 교육부 장관으로 임명하는가를 보면 행정의 수반(首班)인 대통령이 교육 또는 교육행정을 어떤 관점에서 보고 있는지 가늠할 수 있다. 대통령이 자신의 국정 철학을 잘 이해하고 이념적 지향성을 공유하는 사람을 교육부 장관에 임명하는 것이 좋을까, 아니면 실제 교육 현장에서 경력을 쌓은 사람을 장관에 임명하는 것이 좋을까?

　　이 장에서 교육행정의 본질을 공부하기에 앞서 교육행정은 무엇이며, 어떤 사람이 국가의 교육행정에 관한 정책을 수립하고 실행하는 실질적인 책임자가 되어야 하는지 생각해 보자. 그리고 현재 교육부 장관은 어떤 배경을 갖고 있는지 살펴보자. 나아가 지난 정부를 망라하여 최근에 교육부 장관을 역임한 사람의 주요 배경(경력 등)을 알아보기로 한다.

☞ **심화 학습 1**

학습성과

교육행정의 본질과 실제를 구성하는 사고 체계를 파악할 수 있다.

학습목표

1. 교육행정의 정의와 목적을 알 수 있다.
2. 교육행정의 구조체계를 알 수 있다.
3. 교육행정의 실제(이 책의 구성)를 유기적으로 이해할 수 있다.

학습내용

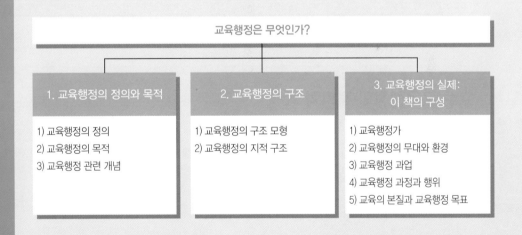

교육행정은 무엇인가?		
1. 교육행정의 정의와 목적	**2. 교육행정의 구조**	**3. 교육행정의 실제: 이 책의 구성**
1) 교육행정의 정의 2) 교육행정의 목적 3) 교육행정 관련 개념	1) 교육행정의 구조 모형 2) 교육행정의 지적 구조	1) 교육행정가 2) 교육행정의 무대와 환경 3) 교육행정 과업 4) 교육행정 과정과 행위 5) 교육의 본질과 교육행정 목표

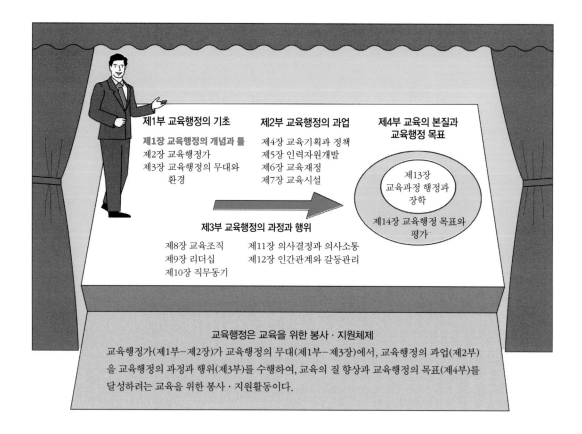

1. 교육행정의 정의와 목적

교육행정이 무엇이며, 그것이 지향하는 바를 정확하게 이해해야 교육을 지원하기 위한 행정을 제대로 실천할 수 있다.

1) 교육행정의 정의

교육행정이 무엇인지 그 정체를 정확히 알아야 교육행정을 잘 배우고 연구할 수 있고, 교육행정도 잘 실천할 수 있다. 물론 교육행정을 다 배우고 나서도 이 개념을 완벽하게 정의하기는 쉽지 않다. 그럼에도 그 개념의 윤곽이라도 파악하고서 교육행정의 실제에 대해 공부하는 것이 필요하다. 먼저, 이 책에서 교육행정의 실제적 측면을 교육행정으로 보고 교육행정의 이론(theory)과 연구(research)를 학문적으로 탐구하는 것을 교육행정학으로 보고 있으나 때로는 이 둘을 혼용하고 있음을 밝힌다. 교육행정의 이론과 연구에는 과학성(科學性, science)이 많이 강조되고 교육행정의 실제(practice)에는 예술성(藝術性, art)이 더 추가된다고 본다. 그래서 이 책에서는 교육행정의 이론, 연구, 실제의 세 측면을 포괄하려고 노력하였다.

　교육행정의 개념은 사람에 따라 다르게 정의되기도 하고 또 시대와 장소에 따라 변해 오기도 하였다. 김종철(1984: 19)은 교육행정을 "사회적 · 공공적 활동으로서의 교육에 관하여 그 목표달성을 위한 협동적 · 조직적 단체행동을 조성하는 작용"이라 하였다. 이 정의는 교육행정이란 ① 사회적 공공적 활동, ② 교육목표 달성을 위한 것, ③ 협동적 조직적 활동이라는 점을 포함하고 있다. 특히 교육행정은 '교육목표 달성을 위한 수단'이라는 점을 분명히 하고 있다. 미국의 Campbell, Corbally와 Nystrand(1983: 1, 주삼환 역, 1986: 1)는 "교수−학습을 위한 기관의 관리(the management of institutions designed to foster teaching and learning)"라고 교육행정을 좁고 명확하게 정의하였다. 이 정의에 의하면, 교육행정의 목적은 교수−학습의 성취라 할 수 있다. 이 책에서는 우선 Campbell 등의 정의를 참고하여, 교육행정을 **'교육을 위한 봉사 · 지원체제(supporting system)'**라고 추상적이지만 포괄적으로 정의한다. Campbell 등은 교육행정을 협의로 보아 대상과 범위를 '교수−학습 기관'이라 하고, "공립학교, 교육청(school district), 사립학교, 기업에서 지원하는 교육기관, 공 · 사립대학 등"을 이에 포함하였다. 그러나 우리나라에서는 미국에서 말하는 '교수−학습'을 넓혀서 '교육'으로 하고, '교수−학습 기관의 관리'로 제한하지 않고 더 넓혀서 '교육기관, 조직' 전반에 관한 이념, 목적, 제도, 정책까지도 행정에 포함시켜 교육행정을 광의로 다루는 경향이 있다.

　결국 미국이나 다른 나라에서는 교육행정이라고 하면 주로 학교행정에 초점이 맞춰지는 경향이기 때문에 교수−학습 기관을 행정의 주요 대상으로 삼고, **교육행정가(家)**라고 하면 교장과 기초단위 교육감(장)을 지칭한다. 미국에서는 교육의 핵이 교수−학습이기 때문에 교육행정을 교수−학습 기관, 학교와 대학을 위한 행정으로 초점을 맞추고 있는 것이다. 그래서 교육행정의 범위를 ① 취학전 교육(pre-

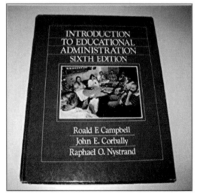

『Introduction to educational administration』

school), ② 초·중등교육(schools), ③ 대학교육(college & universities)으로 본다. 미국에서 중앙의 연방 교육부는 '교수-학습 기관'으로 보지 않아 교육행정에서 교육부의 행정은 거의 다루지 않는다. 우리나라의 경우는 앞서 제시한 교수-학습 기관에 학교 외 교육, 평생교육을 포함하면 될 것이다. 미국에서 교육행정의 범위를 교수-학습 기관으로 보는 것은 지방 분권과 지방교육자치의 특성 때문이기도 하다. 미국 「헌법」에서는 교육을 아예 중앙 연방 정부가 아닌 주(州) 정부의 책임으로 규정해 놓고 있다. 그런데 우리나라에서는 무늬만 지방교육자치일 뿐이고 실제는 중앙집권적이고 관료제가 강하기 때문에 중앙의 교육부 행정, 광역단체의 교육청 행정과 행정기관 또는 조직, 그리고 이들 조직과 기관에서의 행정가가 중요한 교육행정의 주체가 되고 중심이 되는 경향이 있다.

2) 교육행정의 목적

앞에서 우리는 교육행정을 '교육을 봉사·지원체제'라고 정의하였는데, 교육행정의 목적은 교육의 목표를 달성하는 것이다. 구체적으로 말하면, 교육행정은 교수-학습 성취에 목적을 두고 있고, 궁극적으로는 학생 성취(student achievement)에 그 목적이 있다는 점에서 학생을 위한 최선의 이익(best interests of the student)을 추구한다(주삼환, 정일화 역, 2011: 67; Shapiro & Stefkovich, 2010). 교육행정의 목적에서 보면 교육행정은 거의 학교행정이라는 논리와 상통한다. 교육자와 교육행정 관련자라면, 교육부 장관, 교장, 교사, 행정 직원, 누구든지 학생의 이익을 위해 봉사하는 일에 최우선 순위를 두어야 한다. 학생 성취와 학생 이익을 위한 환경을 마련하고 이를 진작하도록 돕는 것이 교육행정의 목적(purposes)이라면, 이를 위한 구체적이고 세부적인 목표(objectives)를 수립하고 달성해야 한다. 교육행정의 구체적인 목표의 예를 들면 다음과 같다.

첫째, 안전하고 협력적인 학교문화(collaborative school culture)를 형성한다. 교육행정가와 교육리더는 문화 리더십(cultural leadership)을 발휘하고 관련자들은 이런 문화를 형성하기 위해 협력해야 한다.

둘째, 가치 있고 유용한 교육과정을 마련하고 사용할 수 있도록 해야 한다. 학생들이 보기에 쓸데없어 보이는 것을 배우라고 하기 때문에 학생들은 교육과 학습에 흥미를 잃게 된다. 교육과정 영역도 교육과정 전문가와 협력하여 교육행정에서 다루어야 할 영역이고 목표라고 본다. 이 책의 제4부에서 교육과정 행정에 대해 간단히 다루게 될 것이다.

셋째, **수업의 질 향상**에 초점을 맞춰야 한다. 이를 위하여 교직원의 전문 학습 공동체 (professional learning community)를 형성해야 한다. 교육행정은 학생과 수업을 직접 다루지는 않고 교사를 통해서 간접적으로 영향을 주는 경우가 많다. 여기서 둘째와 셋째는 교육의 본질에 가장 가까운 분야이고 교육행정의 핵심 분야인 **장학**으로, 제4부에서 다루게 될 것이다.

넷째, 올바른 **교육평가** 체제를 구축해야 한다. 필요 없는 것을 평가하기 때문에 지금 우리나라에서는 학생과 국가의 에너지가 낭비되고 있다.

다섯째, 학생의 **진로**와 평생학습의 삶을 보장할 수 있도록 해야 한다. 학생들이 학교 학습을 통해서 일을 할 수 있어야 하고, 평생에 걸쳐 배우는 생활을 계속할 수 있어야 한다.

여섯째, 모든 인적 · 물적 · 재정적 **가용 자원**을 확보하여 투입하고, 학생 이익을 위하여 **지역사회**의 협력을 이끌어 내야 한다. 과거에는 이 부분만을 교육행정으로 좁게 보았던 것 같다. 그동안 우리나라 교육행정에서는 이런 본질적인 교육행정의 목표를 소홀히 하고 주변적인 일에만 매달린 점이 있다. 그리고 교육의 본질에서 멀리 떨어진 주변적인 일을 하는 사람들이 교육행정 권력의 핵심부에 있었는지 모른다.

교육행정은 교육을 '위한(for)' 지원활동이자 지원체제이고, 더 구체적으로 표현하면 '봉사지원 체제'라 할 수 있다. 교육행정은 교육의 목표를 달성하기 위한, 교육을 잘하기 위한 수단이다. 교육이 목적이고 교육행정은 수단이다. 그런데 우리나라 교육행정 현장에서는 교육(목적)과 교육행정(수단)이 전도되는 경우가 많아서 교육행정의 개념을 정의하는 첫머리에서 이렇게 교육행정의 목적과 목표를 분명히 밝히는 것이다. 어디까지나 교육행정은 교육을 위한 지원 수단에 해당한다. 교육목적과 목표, 교육행정 목표에 대하여는 뒤에서 좀 더 자세히 다루게 될 것이다.

행정을 뜻하는 영어 administration의 뿌리는 봉사(minister)이다. 'administration'이란 말은 ad(to) + mini(small) + st(stand) + er(man)로 나누어 '섬기는 작은(낮은) 사람'이라고 풀이할 수도 있다. 어쨌든 봉사자, 성직자'를 뜻하는 'minister'나 행정기관의 장관을 뜻하는 minister나 똑같이 봉사하는 사람, 봉사자이다. 행정에 종사하는 사람은 누구나 교육을 위해 '봉사'하고 지원하기 위해서 존재한다는 존재의식을 분명히 해야 한다.

교육행정을 담당하는 중에 행정가(家, administrator)와 행정직원(職員, administrative staff)

을 구분해서 생각할 필요가 있다. 행정가는 한 조직이나 부서, 기관을 책임지는 사람이고 그 외의 행정적인 일을 하는 사람은 행정직원인 것이다. 행정적인 서기 일을 하는 직원까지 행정가로 잘못 알고 있는 사람이 많다. 앞에서 말한 것처럼 미국에서는 학교행정에 초점을 맞추고 있기 때문에 주로 교장과 교육감·교육장을 교육행정가로 보고 있으나 이 책에서는 '교육행정가는 학교의 교감, 교장 이상의 직위에서 조직이나 기관을 책임지고 있는 사람'이라고 본다. 미국에서 학교의 팀장, 과장 수준에 해당하는 사람은 수업자에서 행정가로 옮겨 가는 반(半)행정가로 인정하여 수업 부담 반(半) 행정 부담 반(50:50)의 비중으로 인정하게 된다. 미국 학교에서 부(副)교장(associate principal) 또는 조(助)교장(assistant principal)은 똑같은 수준의 교장과 같은 교장자격증을 가지고 부(副)와 조(助)의 자리에서 그 역할을 시작하기도 하기 때문에 한 학교 안에서도 교장들(principals)이라는 표현을 쓴다. 미국에서는 우리나라와 같은 교감자격증이 따로 없다고 보면 된다. 교사나 행정직원에서 교육행정가가 될 수 있다고 보나 이렇게 전환하려면 반드시 리더십과 행정가에 필요한 교육과 훈련을 받고 자격증을 획득하게 하여야 한다. 배우나 운동선수가 감독이 되려면 지도자 수업이 필요한 것과 같은 논리이다. 교육행정가(家)에 대해서는 제2장에서 공부하게 될 것이다.

3) 교육행정 관련 개념

교육행정을 더 정확하게 이해하려면 이와 밀접하게 관련된 용어에 관하여 살펴볼 필요가 있다. 교육행정은 **교육정책, 교육정치, 교육제도**와 관계가 있다. 외국에서는 행정을 정책이나 제도와 분리하여, 행정을 협의 또는 하위 개념으로 삼는 경향이 있다. 즉, 미국에서는 교육정책을 상위 개념으로 보고 교육행정을 하위 개념으로 보아 정책을 집행하는 쪽을 행정으로 보아 행정을 좁고 낮은 범위로 보는 경향이 있다. 반면에 우리나라에서는 정책이나 제도까지 행정이나 행정가가 다루는 경향이 있기 때문에, 행정을 광의 또는 상위 개념으로 보고 있다. 결국 다른 나라에서는 교육행정을 협의로 보아 교육정책을 집행하는 쪽을 교육행정으로 보는 데 비하여 우리나라에서는 정책을 결정하는 것 자체를 교육행정에 포함시키는 경향이 강하다. 한편 교육정책이 결정되는 과정에서 교육정치 활동이 이루어지게 된다. 여러 관련 집단이 자기들에게 유리하게 교육정책이 결정되도록 일종의 권력투쟁(power struggle)을 하는 것이 교육정치에 해당된다. 그래서 외국에서는 교육정치 → 교육정책 → 교육행정의 과정으로 사고하는 셈이다.

　교육기획도 교육정책과의 관계와 비슷하게 보면 될 것이다. 교육제도 안에서 교육행정을 한다고 볼 수도 있으면서 교육제도를 만드는 것 자체가 교육행정이라고 볼 수도 있는 것처럼, 교육기획을 수립하는 것이 교육행정에 속하는 일인 동시에 또 장기 교육기획을 실천하고 집행하는 것을 교육행정으로 볼 수도 있다. 1960년대 기획시대, 개발시대에 교육기획이 각광을 받은 것을 그 예로 들 수 있다.

　일본에서는 교육행·재정이라 하여 행정과 재정을 거의 동급으로 다룰 만큼 교육재정을 비중 있게 보고, 교육법도 많이 강조하는 경향이 있는 데 비하여 우리나라에서는 이들을 행정의 한 부분으로 다루는 경향이 있다.

　행정을 뜻하는 administration을 때로는 관리(management)와 동의어로 쓰기도 하는데, 특히 과거에 그런 경향이 많았다. 행정이라는 말에는 공공적(public) 성격이 더 있고 관리, 경영이라는 용어에는 사적(private), 사업(business), 산업(industry) 쪽에 기운 느낌이 있을 뿐이다. 그리고 미국에서 Campbell 등은 행정(administration)과 관리(management)를 거의 비슷한 개념으로 본 것 같은데, 지금은 관리를 아주 낮고 좁은 개념으로 다루는 경향이 있다. 같은 management라 하더라도 경영이라 번역하면 관리보다는 넓은 의미로 생각하게 된다. 우리나라에서는 심지어 학급경영이라는 말까지 있는데, 미국에서 classroom management는 수업(클래스)관리를 의미한다. 이는 수업단위의 학급인 수업학급(시간)을 어떻게 관리할 것이냐의 의미이지 학급을 어떻게 경영할 것이냐의 문제가 아니다. 학급은 경영의 단위가 아니라 수업관리의 단위인 셈이다. 미국에서는 고정된 학급이나 그 고정된 학급을 담당하는 담임교사가 있기보다는 수업의 필요에 따른 수업 학급관리가 중요하며 우리나라와 같은 '학급경영'이라는 용어가 성립되지 않는다. 많은 다른 나라에서는 우리나라의 담임교사와 같은 역할을 상담교사(counselor)가 담당한다. 경영과 비슷한 말로 운영(運營)이란 말이 있는데 이것도 경영보다 낮고 좁은 의미로 보아야 할 것 같다. 옛날에는 학교 현장에서 학교운영, 학급운영이란 말까지는 많이 썼는데 최근에는 이 운영이 경영이란 말로 대체된 듯하다. 그리고 운용(運用)이란 말은 거의 사용(使用, use), 작용(동)에 가까운 뜻으로 보인다.

　근래에는 교육 리더십을 교육행정과 거의 동일 수준으로 보고 교육행정가를 교육리더로 보아 리더의 자질과 자격 기준에 관한 논의가 활발하게 이루어지고 있는데, 이에 대하여는 뒤에서 다룰 것이다. 미국 대학에서는 교육행정학과(department of educational administration)를 교육리더십과(department of educational leadership)라는 명칭으로 바꾼 경우도 많다. 앞에서 말한 정책과 병행하여 교육행정 및 교육정책학과(department of educational administration and policies)라는 학과명을 쓰기도 한다.

🎓 **기본 학습 1**

교육행정의 정의를 더 수집하여 정리하여 표로 만들어 보고, 교육행정에 대한 '나'의 정의를 내려 보자.

---

2. 교육행정의 구조

앞에서 교육행정을 '교육을 위한 봉사 · 지원체제'라고 정의하고 봉사적 지원활동과 봉사적 지원체제를 특히 강조하였다. 이러한 개념을 하나의 틀로 살펴보면 좀 더 분명해질 것이다.

1) 교육행정의 구조 모형

(1) Griffiths의 모형

Griffiths(1956: 7)는 인간관계에 초점을 두고 교육행정(school administration)을 다룬 책을 썼는데, ① 일(job), ② 사람(man), ③ 사회적 무대(환경)(social setting)라는 행정의 3요소에 행정의 ① 내용(content), ② 과정(process), ③ 시차(sequence)라는 하위 3차원(3 sub-dimensions)을 더한 삼면적 개념(the tri-dimensional concept, 3×3)을 〈표 1-1〉과 같이 제시하였다. 〈표 1-1〉에서 가운데 열의 ① 신체적, ② 지적, ③ 정서적, ④ 정신적으로 역량(capacity)을 갖춘 행정가(the man)가 ① 문제를 인식하고, ② 추론을 하고, ③ 문제와 관련자를 연결하고, ④ 예측과 실제 의사결정을 하고, ⑤ 실행과 검토 평가라는 교육행정 과정(process)의 행정행위(behavior)를 한다. 그리고 오른쪽 열의 ① 물적 · 기술적 · 인적자원을 확보 지원하고,

〈표 1-1〉 **교육행정의 3면적 개념**

일(The Job, 직무)		사람(The Man)	사회환경(The Social Setting)
내용(Content)		역량(Capacity)	내용(Content)
1. 유지 2. 개선 3. 확보 4. 제공		1. 신체 2. 지성 3. 정서 4. 정신	1. 물적 · 기술적 · 인적자원 2. 관련 체제 3. 조직 네트워크 4. 사고, 신념, 가치
과정(Process)		행위(Behavior)	과정(Process)
1. 문제 인식 2. 문제와 사람 연결 짓기 3. 의사결정 4. 실행과 검토		1. 문제 인식 2. 추론하기 3. 문제와 사람 연결 짓기 4. 예측하고 의사결정하기 4. 실행과 검토	1. 계속성과 안정성 2. 새롭고 다른 것 3. 스트레스와 긴장감 4. 해결과 재적응
시차(Sequence)		시차(Sequence)	시차(Sequence)
1. 과거 2. 현재 3. 미래		1. 과거 2. 현재 3. 미래	1. 깊이 뿌리박힌 전통 2. 최근의 과거 3. 현재와 가까운 미래 4. 장기적인 미래

출처: Griffiths (1956).

② 관련 체제를 구축하고, ③ 조직 네트워크를 만들고, ④ 올바른 사고(思考), 신념, 가치 패턴을 형성하는 **내용**(content)을 ① 계속성과 안정성, ② 새롭고 다른 것, ③ 스트레스와 압박, ④ 해결과 재적응의 과정을 거치는 **교육행정 무대와 환경**(the social setting)에서, 왼쪽 열의 ① 유지, ② 개선, ③ 확보 획득, ④ 제공이라는 **교육행정 직무**(the job)라는 **내용**을, ① 문제를 인식하고, ② 문제와 관련자와 연결하고 , ③ 의사결정을 하고, ④ 실행과 검토 평가의 **교육행정 과정**(process)을 거치면서, **시차**(Sequence)로 ① 과거 배경을 검토하고, ② 현재를 진단하고, ③ 미래를 전망하여 교육행정을 한다는 교육행정의 개념적 틀로 되어 있다(〈표 1-1〉 참조).

　제1장은 교육행정의 개념적 틀을 다루는 서론적 부분이기 때문에 이에 대한 자세한 설명은 생략하지만 우리나라 교육행정에 관한 책은 이러한 개념적 틀이나 참조적 틀에 의거하여 쓴 것이 적고, 또 행정 내용이나 과정, 행정행위는 많이 다루었으나 ① 행정가, ② 행정 무대나 환경, 시대(과거, 현재, 미래)의 문제는 많이 생각하지 못한 점이 있다. 이런 반

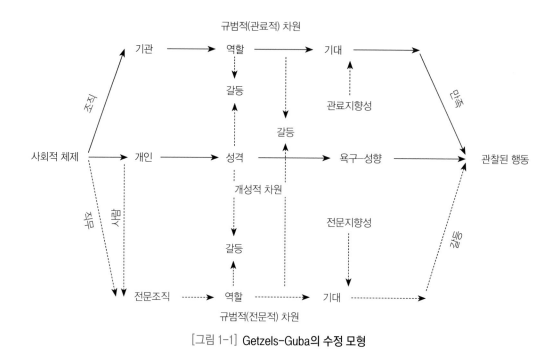

[그림 1-1] Getzels-Guba의 수정 모형

성적 사고를 바탕으로 이 책에서는 이 두 부분을 보완하고자 하였다. 특히 사람, 일, 조직 (Griffiths의 모형에서는 사회환경)의 세 요소의 관계에서 학교라는 조직은 점점 더 관료화 (bureaucratization)되어 가는데, 그 조직에서 하는 일(job, 교수)과 그 일을 하는 사람인 교사 (man, 이 책에서는 행정가)는 점점 더 전문화(professionalization)되어 가고 있다. 그리하여 [그림 1-1]과 같은 연구의 개념적 틀을 갖고 연구한 결과 이러한 환경 속에서도 관료지향 (bureaucratic orientation) 교사(행정가)는 전문지향(professional orientation) 교사(행정가)에 비하여 갈등(conflict)이 적고 직무만족(satisfaction)이 높은 반면, 전문지향이 높은 교사(행정가)는 그 반대의 현상이 나타난다(Joo, Sam Hwan, 1981). 이런 연구 결과를 유추해 보면 전문지향 교육행정가는 우리나라의 관료적 행정조직과 생태계에서 많은 행정 갈등을 겪게 될 것으로 본다.

(2) Hack의 모형

Hack 등은 행정에서 가장 중요하다고 생각되는 사람(man)을 중심으로 하여 물리학에서 나오는 프리즘적 사고(思考)를 하여 교육행정의 개념을 이해하기 위한 모형을 만들었다. 그들은 행정가(사람)의 ① 가치(values), ② 지각(perceptions), ③ 기술과 능력(skills and

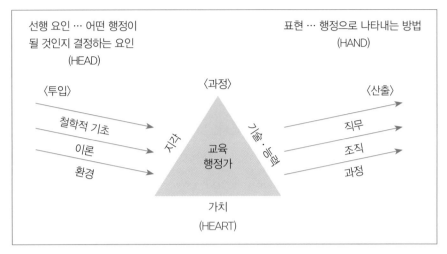

[그림 1-2] Hack 등의 교육행정 개념적 틀

abilities)으로 이루어지는 프리즘적 투입(input), 그리고 ① 직무(job), ② 조직(organization), ③ 과정(process)으로 된 산출(output)의 체제적 접근(system approach)을 [그림 1-2]처럼 나타냈다. Griffiths가 제시한 틀은 3요소 중 하나가 행정가(사람)였으나, Hack 등은 교육행정 책을 완전히 교육행정가 중심으로 썼다. 사실 교육행정 교과서는 교육행정가를 양성하고 연수 · 교육하기 위한 것이라고 볼 수 있기 때문에 교육행정가(사람) 중심으로 교육행정의 틀을 구성하는 것이 좋은 생각이라고 볼 수 있다.

Hack 등은 Griffiths처럼 일, 사람, 무대(환경)의 3요소를 다 포함하지만 행정을 행정가 중심으로 보았다. 앞에서 행정가에 대하여 언급하였는데, 우리나라에서 발간된 교육행정 책에서는 이에 대하여 소홀히 다룬 것 같다. 행정은 행정가와 행정체제에 의하여 이루어지기 때문에 Hack 등이 행정가 중심으로 책을 구성한 것은 의미가 크다. 특히 최근에 행정가의 리더십이 강조된다는 점에서도 이 책은 우리에게 많은 시사점을 주고 있다.

우선 교육행정가는 일반인인가 아니면 교육자인가? 교육행정의 목적이 학생 학습에 있고, 학생의 성취, 학생을 위한 최선의 이익을 초점에 둔다면, 교육행정가는 당연히 후자인 교육자(educator)이어야 한다. 교육자는 교육전문가이고 교육전문직이다. 그리고 교육행정가는 다른 교육자들을 리드하는 리더이기 때문에 전문직 중의 전문직, 리더들의 리더이다. 그래서 앞으로는 교육행정가를 연수의 수준을 넘어 전문적으로 양성해야 한다고 생각한다.

[그림 1-2]에서 삼각형 밑변에 있는 행정가의 가치(values)가 중요하다. 교육과 교육행

정은 가치를 추구하기 때문에, 행정가가 여러 경쟁하는 가치 중에서 어떤 가치에 비중을 더 두고 어떤 가치를 의사결정에서 선택하느냐가 중요할 수밖에 없다. 교육행정에서 지향하는 가치는 ① 본질적 가치(정의, 공익, 복지), ② 절차적 가치(민주, 형평, 평등), ③ 관리적 가치(합리, 능률, 효과, 전문, 안정)로 분류하기도 한다(주삼환 외, 2007, 165). 여기에서 가치는 리더십의 윤리, 도덕, 철학을 포함하기도 한다. 더 자세한 것은 뒤에서 다루게 되는데, 쉽게 볼 수 있는 자료에는 Paul Begley와 Pauline Leonard(1999)가 편집한 『교육행정의 가치(The Values of Educational Administration)』가 있다.

삼각형의 왼쪽 변의 **지각**(perceptions)은 사람인 행정가에게 투입되는 선행 요인으로 철학적 기반(philosophical base)과 이론, 무대, 환경(setting)을 들 수 있다. 철학적 기반은 앞에서 말한 가치를 제공해 주고, 이론은 행정행위의 방향을 안내해 주고, 행정 무대와 환경은 행정가에게 기대와 요구를 하게 된다. 행정가가 세상을 어떻게 보고, 듣고, 느끼고, 지각하느냐는 앞으로 행정가가 행정행위를 어떻게 하느냐를 결정하는 중요한 요인이 될 것이다. 행정가의 지각에 따라 세상을 보고도 보지 못하고 듣고도 듣지 못하는 경우가 생길 수도 있다. 이러한 요인들이 행정가에게 **투입**(input)되어 행정 기술과 행정능력(skills and abilities)으로 **산출**(output)하게 된다. 행정가는 이러한 투입과 과정, 산출을 공부하고, 연구하고 실천하면서 더욱 올바른 일(right thing)을 올바르게 하도록(do thing right) 해야 할 것이다.

(3) Sergiovanni와 Carver의 모형

Sergiovanni와 Carver(1980)는 [그림 1-3]에서처럼 ① 과학적 측면(Scientific Dimensions), ② 직관적 측면(Intuitive Dimensions), ③ 평가적 망(Evaluative Screen), ④ 행동 측면(Action-oriented)을 기반으로 하는 행정효과 모형(Administrative Effectiveness Model)에 기초하여 『새로운 학교장 2판(The New School Executive: A Theory of Administration, 2nd ed)』(1980)을 썼다. Sergiovanni와 Carver의 ① 과학적 측면, ② 직관적 측면을 왼쪽 뇌와 오른쪽 뇌로 두고 행정가의 **머리**(Head), ③ 평가적 망(Evaluative Screen)이라고 한 행정가의 신념체제(Belief System)의 양심과 가슴, **심장**(Heart), ④ 행동 측면(Action-oriented)의 행동체제(Action System)를 행정가의 손발(Hand)에 비유하여 저자(주삼환)도 자주 3H(Head, Heart, Hand)로 설명하곤 하였다. 행정가의 머리로 생각하고(왼쪽 뇌) 경험한 것(오른쪽 뇌)에서 출발하여 그것을 행정가의 심장(양심)으로 평가하고 걸러 내어 손발, 몸, 행동으로 행정을

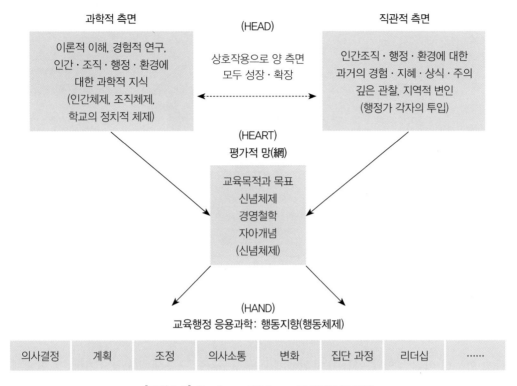

과학적 측면

(HEAD)
상호작용으로 양 측면
모두 성장 · 확장

직관적 측면

이론적 이해, 경험적 연구,
인간 · 조직 · 행정 · 환경에
대한 과학적 지식
(인간체제, 조직체제,
학교의 정치적 체제)

인간조직 · 행정 · 환경에 대한
과거의 경험 · 지혜 · 상식 · 주의
깊은 관찰, 지역적 변인
(행정가 각자의 투입)

(HEART)
평가적 망(網)

교육목적과 목표
신념체제
경영철학
자아개념
(신념체제)

(HAND)
교육행정 응용과학: 행동지향(행동체제)

| 의사결정 | 계획 | 조정 | 의사소통 | 변화 | 집단 과정 | 리더십 | …… |

[그림 1-3] Sergiovanni와 Carver의 행정효과 모형

해야 한다(모형의 화살표 방향대로)는 Head → Heart → Hand로 생각해 볼 수도 있고, 심장의 올바른(right) 마음에서 출발하여 머리에서 생각(사고)을 잘하여 몸으로 올바르게 행정을 해야 한다는 Heart → Head → Hand로 생각해 볼 수도 있다. 그리고 머리로 생각하여 몸으로 행정하고 그 결과를 가슴으로 반성하고 평가하여 더 좋고 올바른 효과적인 행정을 하도록 발전할 수 있는 Head → Hand → Heart로 생각해 볼 수도 있다.

한편 왼쪽은 과학적 측면(science)으로 과학성이 강조되고, 오른쪽 직관적 측면은 예술성(art)이 강조된다. 행정에는 과학성과 예술성의 두 측면이 있는데, 과학성에는 이론과 연구에서 특히 강조되고 예술성은 실제(practice)와 관련이 더 있을 수 있다. 저자는 행정은 실천과 행동으로 나타나기 때문에 과학보다 예술이 더 강조된다고 본다.

우리나라에서도 교육행정 교재로 많이 사용하는 Hoy와 Miskel의 『교육행정: 이론, 연구, 실제(Educational Administration: Theory, Research, and Practice, 8th ed.)』(2008)도 사회체제(Social-System) 모형에 기초하여 구성하고 있다. Hoy와 Miskel의 개념적 틀은 투입(input) 요인으로 환경적 제약, 인적 · 자본적 자원, 사명과 정책, 물질과 방법 등을 예시로

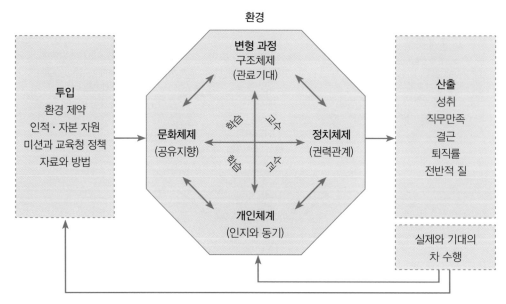

[그림 1-4] Hoy와 Miskel의 학교 사회체제 모형

들고 있는데 이런 투입 요인들이 하위체제(subsystems)인 구조체제(관료적 기대), 개인체제(인지와 동기), 문화체제(공유 지향성), 정치체제(권력 관계)의 변형적 과정(transformational process)을 거쳐 성취, 직무만족, 결석(결근), 퇴학률, 전반적 질 수준 등으로 산출(output)되는 것으로 설명하고 있다. 이 틀에서도 교수와 학습(teaching and learning)을 중심에 놓고 있는 점이 인상적이다. 틀은 이렇게 제시하고 있으나 투입과 산출 요인에 대하여는 이 책 내용에서 구체적으로 다루지 않고 변환 과정에 중점을 두었다.

한편 책의 부제에서 알 수 있듯이, 교육행정에서 이론, 연구, 실제의 세 측면이 뒤의 [그림 1-5]와 같이 조화를 이루어야 교육행정을 잘할 수 있다고 하면서 이 세 측면을 내용에 담으려고 하였다. 이론에서 연구가 나오고, 연구에 의하여 이론이 형성되고, 이론은 실제의 길잡이가 되고, 실제에 의하여 이론이 발전할 수도 있다. 실제를 개선하기 위해서 연구하게 되고, 연구에 의하여 실제를 잘 하게 되기도 한다. 의학 분야에서의 이론, 연구, 실제의 관계를 교육행정에서도 적용하여 보면 좋을 것이다.

🎓 기본 학습 2

교육행정이 무엇인지 이해하기 위한 틀을 자신의 생각으로 그려 보자.

2) 교육행정의 지적 구조

교육행정이론이란 "교육조직에서 인간 행위의 어떤 규칙성을 체계적으로 기술하고 설명해 주는 일단의 상호 관련된 개념(concepts), 가정(assumptions), 일반화(generalizations)이다"(Kerlinger, 1986: Hoy & Miskel, 2008: 3에서 재인용). 이론은 구체적(concrete)인 사실(facts, sensations) → 개념(concepts) → 상위개념(構因, constructs) → 명제(propositions)를 거치면서 추상적(abstract) 이론(theory)으로 형성된다. 법칙(law)이나 원칙·원리(principle)는 변하지 않지만 이론은 변하고 바뀔 수 있다. 천동설이 지동설로 학설과 이론이 바뀐 것을 생각하면 좋을 것이다.

결국 이론은 연구의 바탕(틀)을 제공해 준다. 이론이 연구의 개념적 틀(conceptual framework)이 되고, 이론 측면의 명제에 해당하는 것이 연구의 가설(hypotheses)이 된다. 연구를 통하여 이론은 발전하게 된다.

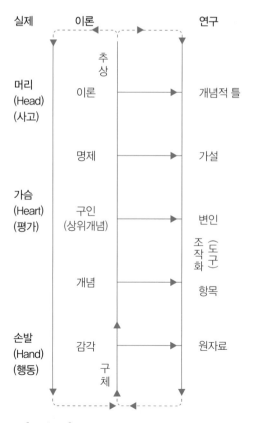

[그림 1-5] 교육행정의 이론-연구-실제

[그림 1–5]는 Silver의 이론과 연구의 관계에 저자가 왼쪽에 3H의 실제적 측면을 붙여 넣은 것이다. 구체적으로 그림에서 가운데 부분은 구체적인 감각에서 추상적인 이론으로 형성되는 과정을 나타낸 것이다. 그리고 연구의 경우에서는 이 이론에서 오른쪽으로 연구의 개념적 틀, 즉 연구의 틀을 짜서 가설연역적 연구의 가설이 형성되고, 변인을 조작하여 질문지의 항목을 결정하고 원자료를 확보하는 연구의 과정을 나타낸 것으로, 이론에서 나온 연구에 의하여 더 좋고 튼튼한 교육행정이론으로 발전하게 되는 관계를 나타낸 것이다. 실제 교육행정을 할 때에는 이론에 근거하여 (Sergiovanni와 Carver가 제시한 틀처럼), 머리(Head)로 과학적 사고를 하고 직관과 경험한 것을 가슴(Heart)으로 걸러 내어 손발(Hand), 몸 행동으로 행정을 해야 한다는 것을 나타내는 것이다. 결론적으로 교육행정에서 이론, 연구, 실제가 잘 조화를 이루어야 한다는 관계를 나타내고자 하였다.

교육행정은 이론보다는 실제로부터 출발하였다. 학교에서 가르치는 일을 하다 보니 가르치는 일을 도와주고 지원하는 사람과 일이 별도로 필요하다고 느끼게 되어 교수에서 행정이 분리하여 나오게 된 것으로 본다. 처음에는 교사들 중에서 행정적인 일도 겸해서 하는 사람이 있었는데, 이후에 교장이 행정적인 일을 전적으로 맡게 되어 행정은 자연스럽게 실제로부터 출발하였다. 교장(principal)은 우두머리 교사(principal teacher)에서 교사(teacher)라는 말이 떨어져 나간 것이다. 국가가 교육 부서와 학교를 만들어 행정을 하기 이전에 이미 가르치는 데서 행정 실제는 이루어지고 있었던 셈이다.

교육행정이론은 실제에서 출발하여 과학적 관리론, 인간관계론, 행동과학과 행정행위론의 시대를 거치면서 이론화 운동과 함께 이론과 학문으로 발전하였다. 교육행정이론의 발전에 연구가 뒷받침해 주었다. 한동안 체제론, 인간자원론, 비판론, 포스트모던을 강조하던 시기를 거치면서 교육행정의 전문성이 강조되는 방향으로 발전해 오고 있다. 또한 교육행정 연구는 논리실증의 통계적 방법이 휩쓸던 시기가 있었으나 이에 대한 반기가 나타나기 시작하더니 지금은 질적 연구도 많이 보편화되고, 두 가지를 더한 혼합 연구도 자주 등장하고 있다. 어느 연구방법으로 접근하든 연구주제에 따라 자신의 논리 전개에 알맞은 방법을 선택하여야 할 것이다.

주삼환은 한국 교육행정학회에서 「한국교육행정학 관련 발간 저서로 본 지식기반: 그 실상과 과제」를 통하여 교육행정의 지식기반(knowledge base)을 검토한(2005) 후, 곧이어 「교육행정의 지식구조(knowledge structure)와 범위」를 종합하여(2006) 〈표 1–2〉와 같이

〈표 1-2〉 **한국교육행정학의 지식구조와 범위**

개념체제의 요소*	지식(내용)구조	관련 학문
③ 개념, 이론, 목표	개념, 이론의 발달, 행정목표, 이념, 가치 등(1개 장)	교육철학, 교육사(교육행정철학)
② 교육의 본질	교육과정, 수업방법, 학생 성취, 장학 등(1개 장)	교육과정학, 교육심리학
③ 교육행정 과정과 행위	조직, 리더십, 동기, 의사결정, 의사소통과 갈등, 행정 효과성과 평가(6개 장)	교육심리학, 교육사회학
⑥ 행정과업 · 서비스	기획, 정책, 인력자원개발, 재정 · 시설 · 정보(3개 장)	경영학, 교육재정 · 경제, 건축, 정보과학
① 행정가	자질, 역할, 신념, 가치, 철학 등(1개 장)	교육철학, 윤리학, 법
④ 행정환경 · 무대	행정조직(중앙, 지방, 학교), 지역사회, 교육인구 변화, 교육환경 변화 등(1개 장)	교육정치학, 교육사회학, 법
(6개 요소)	(13개 장)	

* 이 표에서 개념체제의 요소는 뒤의 [그림 1-6]의 기초가 되었다.

제안하였다.

그리고 '교육을 위한 봉사 · 지원체제'라는 앞서 제시한 교육행정의 추상적이고 포괄적인 정의를 반영하고, Griffiths의 3면적 개념인 사람(man, actor), 무대(setting), 일(job, performance), Hack 등이 제시한 프리즘적 틀, Sergiovani와 Carver의 행정효과 모형, Hoy와 Miskel의 변형적 체제 모형을 반영하여 [그림 1-6]과 같이 교육행정의 개념적 틀(conceptual framework)을 제시하였다.

이 책은 [그림 1-6]에 기초하여, 교육행정을 '교육행정가가 교육행정의 무대에서 교육행정의 과업을 교육행정의 과정과 행위를 수행하여 교육의 질 향상과 교육행정의 목표를 달성하려는 교육을 위한 봉사 · 지원활동이다.'로 정의하고 이 책을 구성하였다. 이 중에 '교육행정 과업'과 '교육행정 과정과 행위'를 엄격하게 구분하기 어려운 점이 있으나 이 책에서는 편의상 둘로 나누었다.

그동안 우리나라에서 출간된 교육행정 저서에서는 ① 행정가, ② 행정 무대 · 환경, ③ 행정 목표인 교육의 본질(교육과정과 수업)의 관계를 중요하게 여기지 않은 채로, 가운데 부분에 위치한 행정과업과 교육행정 과정과 행위에 치중한 점이 한계라고 생각하여, 이 책에서는 이를 보완하고자 한다. 이러한 생각을 이해하기 쉽게 [그림 1-6]으로 나타냈다.

이 책은 [그림 1-6]에 따라 구성하였는데, 다음 절에서 이를 개략적으로 설명한다.

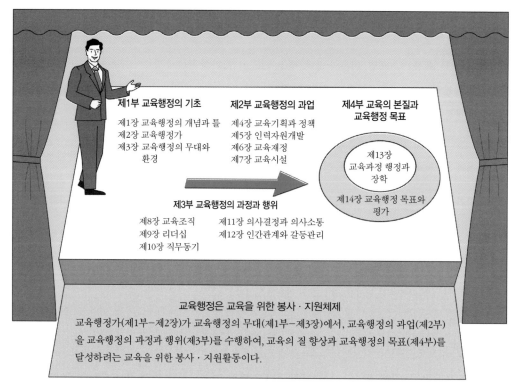

[그림 1-6] **교육행정의 개념적 틀**

🎓 기본 학습 3

교육행정의 개념적 틀([그림 1-6])을 깊이 있게 음미한 다음, 이를 기초로 교육행정을 300자 내외로 정의해 보자.

3. 교육행정의 실제: 이 책의 구성

교육행정의 지적 구조체계를 바탕으로 이 책을 구성하였다. 따라서 이 부분을 [그림 1- 6]과 함께 잘 파악하면 뒤이어 전개되는 교육행정의 실제를 더 쉽게 이해할 수 있을 것이다.

1) 교육행정가

교육은 사람이 사람을 위하여 서비스를 제공하는 것이기 때문에 사람이 중요하다. 교육행정에서도 교육행정가라는 사람이 중요한 것은 연극이나 영화에서 배우가 중요한 것과 마찬가지이다. 행정가가 어떤 철학, 신념, 가치, 지각, 자질과 능력을 가지고 있느냐에 따라 비전과 목표가 달라지고 행정 서비스의 질이 달라질 것이다. 미국에서 교장을 배의 선장(captain)에 비유하는데, 우리는 그동안 배의 선장이나 항공기 조종사의 중요성을 많이 보아 왔다. 타이타닉호, 세월호, 서해 페리호, 헝가리 유람선과 크루즈선의 선장, 축구팀의 명감독들도 교육행정가와 리더들을 연상시켜 준다. 앞에서 Griffiths, Hack 등,

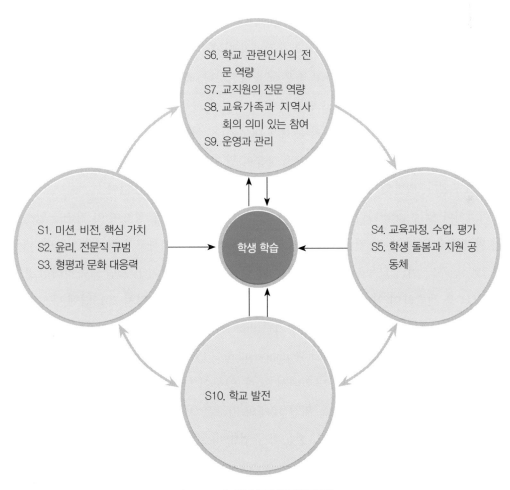

[그림 1-7] 미국 교육리더전문기준

Sergiovanni와 Carver 등이 행정가 중심으로 교육행정의 틀을 구성하고 책을 쓴 것은, 교육행정이라는 학문과 그에 관한 책이 곧 교육행정이라고 중요하게 생각하였고, 그것이 교육행정가를 교육하기 위한 것이기 때문이었을 것이다.

우선, 주연배우로서 교육행정가의 역할은 봉사라는 점을 다시 강조한다. 이 역할을 충실히 수행해야 교육과 교육행정이 제대로 돌아가고 교육목표와 교육행정 목표가 달성될 수 있다. 그리고 교육행정가는 전문직 중의 전문직이고, 리더들의 리더(leader of leaders)라는 점을 인식해야 한다. 교직이 전문직이고, 학생을 지도하고 리드해 나가는 교직원 리더들을 다시 리드하여 학생의 성취 목표를 달성해야 하는 사람이 바로 교육행정가이고 교육 리더인 것이다.

그래서 교육행정가는 교육행정에 대한 전문 교육을 받고, 리더십 교육과 훈련을 받아야 하며, 게다가 높은 자질과 자격까지 요구된다. 운동을 잘한다고 체육 지도자의 역할까지 잘할 것으로 믿을 수 없고 배우라고 감독까지 잘할 것으로 기대할 수 없듯이, 교사 역할을 오래하고 서기 일을 오래했다고 좋은 교육행정가나 교육 리더가 될 수는 없다. 교육행정가는 타고나기보다는 길러지고 만들어진다. 여기서 교육행정가에게 양성교육이 중요하냐, 아니면 연수교육이 중요한가의 문제가 대두된다. 어느 교육이 되었든 전문적 리더십 교육과 훈련이 요구된다. 교사에게 교육실습이 필요하듯이 교육행정에서도 교육행정 실습이 요구된다. 일반인이나 정치인이 교육행정가의 일을 맡을 수는 없다.

미국이나 영국 등의 나라에서는 교육행정 리더의 자격기준을 정하여 이 기준을 달성하기 위한 교육을 하고, 이 기준을 기반으로 교육행정 책을 구성하고 있다. 예를 들면, 미국은 1994년부터 여러 교육 단체와 연구기관이 공동으로 연구하여 1996년 교육리더십 표준인 ISLLC를 개발하여 여러 주에서 사용하다가 2008년에 개정을 거쳐 2015년에 다시 개정하고 이름도 바꾸어 미국 교육리더전문기준(Professional Standards for Educational Leaders; National Policy Board for Educational Administration, 2015)으로 삼아 45개 주에서 사용하고 있다. 개정된 기준에서는[그림 1-7]에서 알 수 있듯이 학교 현장과 학생 학습의 목표에 더 초점을 맞추었다. 학생 학습을 위한 10개의 기준은 ① 미션, 비전, 핵심 가치(Mission, Vision, and Core Values), ② 윤리, 전문직 규범(Ethics and Professional Norms), ③ 형평과 문화 대응력(Equity and Cultural Responsiveness), ④ 교육과정, 수업, 평가(Curriculum, Instruction and Assessment), ⑤ 학생 돌봄과 지원 공동체(Community of Care and Support for Students), ⑥ 학교 관련인사의 전문직적 역량(Professional Capacity of School Personnel), ⑦ 교직원의 전문 역량(Professional Community for Teachers and Staff), ⑧ 교육가족과 지역사회의 의미 있는 참여(Meaningful Engagement of Families and Community), ⑨ 운영과 관리(Operations and Management), ⑩ 학교 발전(School Improvement)이다.

행정에 참여하는 사람은 행정가 개인일 경우도 있지만 정치활동이나 정책과 관련될 때에는 집단이 되기도 하는데, 이에 대해서는 제2장에서 다룰 것이다.

2) 교육행정의 무대와 환경

우리나라 아이돌 가수 그룹 방탄소년단(BTS)이 영국 ITV 브리튼스 갓 탤런트(BGT)와 웸블리 스타디움에서 성공적인 공연을 할 수 있었던 것은 뛰어난 음악성 못지않게 성공적인 무대 작품의 도움이 컸을 것이라고 한다. 영화나 연극에서 배우 못지않게 무대와 장치, 조명이 중요하듯이 교육행정에서도 행정가 못지않게 행정 무대와 환경, 상황, 생태계도 중요하다. 그동안 우리나라에서 이 행정 무대를 고려하지 않고 외국의 책 내용을 소개하다 보니 우리나라의 실정에 맞지 않는다는 지적이 많았다. 그리고 한국 교육행정의 특수성과 학문의 보편성 문제가 제기되기도 하였다. 교육행정도 상황에 맞아야 한다. 상황에 맞게 행정을 바꾸든가 행정 현실에 맞게 무대와 체제를 바꾸든가 해야 한다.

교육행정의 정의에서 언급했던 것처럼, 우리나라에서는 교육행정이 봉사체제, 지원체제라는 개념 자체가 없는 교육행정의 무대가 문제였다. 교육의 본질보다는 행정이나 정치적인 관점에서 이루어지다 보니 교육행정의 존재 이유에서부터 문제가 되는 환경이다. 교육행정이 봉사체제가 아니다 보니 교육과 교육행정이 잘 될 수가 없었다.

교육행정의 환경은 계속 변하고 있다. 교육행정은 변하는 환경에 맞추고 또 대비해야 한다. 학생 인구가 변하고 학부모와 교사의 요구, 기대도 변하면 교육행정도 변해야 한다. 오히려 교육행정이 환경의 변화보다 선제적으로 변하는 것이 옳을 것이다. 교육행정 체제도 살아 움직이는 생태계이다. 교육행정 생태계가 깨지면 교육도 살아남을 수가 없다. 굳어 있는 관료제와 중앙집권으로는 변화하는 교육 생태계에 맞추기 어렵다.

과학과 기술 공학의 변화에 맞춰 교육행정도 변해야 하고, 이를 교육행정에 활용하고 이에 맞는 교육을 이끌어 가는 교육행정이 되어야 할 것이다. 이제 적극적·계획적으로 교육 개혁과 혁신을 해야 한다. 학교문화를 형성하기 위하여 문화 리더십을 발휘해야 한다. 아울러 빅데이터와 인공지능(AI)이 교육행정과 멀리 떨어져 있을 수 없게 되어 있다.

교육행정 무대에서 국내 무대만 생각할 것이 아니라 글로벌 무대까지 고려해야 한다. 교육과 교육행정도 국경을 넘어서고 있다. 이런 점들이 앞으로의 교육행정에 반영되길 기대한다.

교육행정 관료제, 지방교육자치제, 교육법, 학제 문제 등도 우리나라 교육행정 무대에서 다뤄야 할 것이다.

3) 교육행정 과업

교육행정가와 체제가 하는 일이 모두 행정과업이라고 할 수 있다. 그래서 앞에서 언급한 것처럼 행정과업과 행정행위를 구분하기도 어렵다. 그래서 이 책의 행정 모형에서는 행정행위와 행정과정에서 다 다루기 어려운 부분을 따로 떼어 행정과업으로 다루었다. Griffiths가 제시한 3면적 모형에서는 교육행정의 일, 직무(Job)로 ① 물적·기술적·인적 자원을 확보·지원하고, ② 관련 체제를 구축하고, ③ 조직의 네트워크를 만들고, ④ 올바른 사고, 신념, 가치 패턴을 형성하는 내용(content)을 제시하고, 사람(man)의 측면에서 ① 문제를 인식하고, ② 추론을 하고, ③ 문제와 관련자를 연결하고, ③ 예측과 실제 의사결정을 하고, ④ 실행과 검토 평가의 교육행정 과정(process)의 행정행위(behavior)를 다루었다. 주삼환(2006)의 교육행정 지식구조 연구에서는 분명한 행정과정과 행정행위를 제외한 교육·정책, 교육인적자원, 교육재정, 교육시설 등을 행정과업에 포함하였다. 과거 교육행정 관련 도서에서 많이 다루던 관리 지원적 측면에 해당하는 내용은 제2부 교육행정 과업에서 확인할 수 있다. 교육과정과 수업 리더십에 해당하는 장학 부분도 교육행정의 주요 과업에 해당하겠지만, 이를 별도로 떼어 제4부에서 교육행정 목표와 관련지어 다룬다.

교육은 계획적인 활동이므로, 교육행정도 계획으로부터 출발해야하기 때문에 교육기획은 중요하다. 원래 계획하는 출발과 과정을 기획이라 하고, 기획으로부터 나온 결과를 계획이라고 구분하기도 하지만, 여기서는 혼용하겠다. 한때 계획의 연대라고 하여 계획이 강조되기도 하였으나 급변하는 시대에 계획이 어려워지고 그 효용성이 줄어들면서 좀 위축되었으나 아직도 교육과 교육행정에서 계획은 중요하다. 교육이 백년대계라고 하면서

〈표 1-3〉 **교육정치, 정책, 행정 참여자**

참여자 (actors)	목표 (goals)	자원 (resources)	동기 (motivation)	전략 (strategies)	무대 (setting, context)
개인, 집단, 기관 등	목적, 이슈에 대한 입장, 신념, 상징, 원하는 것	지위, 자금, 전문성, 정보, 신분, 시간, 응집력	왜, 얼마나	정치 예술, 로비, 법적 전략, 강제성, 선거인, 권한	장소(arena), 역할, 게임 규칙, 동원력, 힘의 범위

출처: Mazzoni (1979).

도 장기계획이 줄어들 수밖에 없게 되고 또 역설적이게도 교육행정은 계획적이면서도 또 융통적으로 적용·실천되어야 한다(주삼환, 주은지 역, 2009).

　기획 과업과 밀접하게 관련된 과업이 **교육정책**이다. 이것도 미래에 대한 계획이라고 보기 때문이다. 정책으로 결정되기까지의 과정에서 **교육정치** 활동이 전개된다. 여러 이해집단이 자기들에게 이로운 정책이 되도록 정치활동을 하는 것이다. 교육정치 정책의 참여자들은 〈표 1-3〉에서 보는 것처럼 추구하는 목표(goals)를 달성하기 위하여 강한 참여 동기(motivation)를 가지고, 동원할 수 있는 모든 자원(resources)을 동원하고, 전략(strategies)을 짜서 교육행정 무대(setting)에서 권력투쟁과 게임을 하게 된다. 최근 우리나라에서 벌어졌던 교육감 선거, 교과서 문제, 사립유치원 문제, 자사고와 특목고 문제 등의 교육정책을 이 표에 의하여 분석해 보면 이해에 도움이 될 것이다. 여기에서는 기획과 정책을 '교육기획과 정책'으로 묶어서 다룬다.

　교육인력자원(human resources development: HRD)도 교육행정의 핵심 과업에 해당된다. 교육 자체가 인력개발의 문제라고 볼 수 있다. 학생 인력개발, 교수 인력개발, 교육행정 전문 지원 인력개발 등이 모두 포함될 수 있다. 과거에는 소극적인 인력관리(management)에 치우쳤으나 이제는 적극적인 개발(development)로 돌아선 지 오래되었고 HRD의 독립 전문 분야로 발전하였다. 미래 산업을 이끌 인력개발, 글로벌 사회를 이끌 인력개발을 해야 할 것이다.

　학생 인력개발은 근본적인 포괄적인 교육목표에 해당되므로 여기서 제외하고 우선 교육행정에 직접적으로 해당하는 유능하고 열성적인 ① 교수인력, ② 행정 지원 봉사 인력, 우리나라 교육을 이끌 ③ 교육 리더십 인력을 개발하는 일부터 집중할 필요가 있다.

　교육행정의 주요 과업의 한 분야가 **교육재정과 교육시설**이다. 질 높은 교육을 하기 위해서는 충분한 교육재정을 확보해야 한다. 지금은 우선 교육재정의 양이 교육의 질을 좌우

한다고 할 정도로 중요하다. 그리고 확보한 재정을 가치 있고 의미 있는 곳에 잘 배분하여 효과적 효율적으로 집행하여 사용해야 한다. 엄정한 예산 회계 절차가 요구된다. 교육시설에서 중요한 것은 정보시대에 맞는 시설을 마련하고 활용하는 것이다.

정보와 홍보도 행정과업으로 중요시되고 있는데 이 책에서는 별도로 다루지 못했으나 그 중요성은 인식해야 한다. 정보의 시대에 인공지능(AI)과 빅데이터를 활용하여 올바른 교육정책을 수립하고 정교한 집행을 해야 한다. 자동차 내비게이션의 안내에 따라 빠른 길을 찾아 운전하고, AI의 안내에 따라 의사가 고객 환자를 진단, 처치 및 처방하듯이 교육의 행정에서도 AI를 이용하여 행정 목표와 방향을 결정하고 집행하면 지금보다 더 나은 교육행정이 이루어질 것이다. 그리고 이제는 교육도 더 비싼 값을 받고 팔 수 있어야 한다. 이것이 교육홍보의 과업이다. 그동안 교육을 상품으로 팔려고 하는 이 분야가 빈약했다고 볼 수 있다. 소극적인 PR(public relations)로만 다루는 경향이 있었으나 이제는 적극적으로 교육 상품화 전략이 요구된다.

우선 교육기획과 정책, 교육인력자원 개발, 교육 재정과 교육시설을 중요 교육행정 과업으로 다루고자 한다.

4) 교육행정 과정과 행위

행정과업을 행정으로 집행하는 것이 행정기능과 행정행위에 해당한다. 행정기능은 행정의 과정(process)으로 설명하기도 한다. 학자에 따라 조금씩 다르게 제시하지만, Gulick과 Urwick(1937)은 ① 기획(Planning), ② 조직(Organizing), ③ 인사(Staffing), ④ 지시(Directing), ⑤ 조정(Coordinating), ⑥ 보고(Reporting), ⑦ 예산(Budgeting)으로 이루어진 행정의 과정을 제시하였다. 그런데 교육행정을 공부하는 미국 학생들이 행정의 과정과 행정의 기능을 쉽게 외우기 위해 이 일곱 가지 요소의 머리글자를 모아 두문자어(POSDCoRB)로 만들어 외웠다고 한다. 이들 과정은 앞에서 다룬 행정과업과도 밀접하게 관련되어 있기도 하다. 즉, 기획은 앞에서 언급한 기획ㆍ정책과 관련이 있고, 인사는 인적개발, 그리고 예산은 재정과 관련이 있다. 그리고 행정은 조직 속에서 이루진다고 할 수 있기 때

행정의 주요 기능과 과정
P-기획(Planning)
O-조직(Organizing)
S-인사(Staffing)
D-지시(Directing)
C-조정(Coordinating)
R-보고(Reporting)
B-예산(Budgeting)

문에 어떤 일을 하든지 조직하는 일(organizing)은 반드시 있어야 한다. 행정의 과정을 더 압축하면 PDS(Plan-Do-See, 계획−실천−평가)라고도 할 수 있다.

행정행위에 초점을 맞추면 Owens와 Valesky의『교육에서 조직행위(Organizational Behavior in Education)』(2011), Hoy와 Miskel의『교육행정(Educational Administration)』(2008), 그리고 Sergiovanni와 Carver의『새로운 학교행정가(The New School Executive)』(1980)에서 행동 부분의 주요 내용을 뽑아내어 행정행위로는 ① 조직, ② 리더십, ③ 동기, ④ 의사결정과 의사소통, ⑤ 갈등관리(인간관계 포함)(행정효과성과 평가는 맨 마지막 목표와 평가로)를 다루게 될 것이다. 이 부분이 지금까지 우리나라의 교육행정 책에서 주요 내용으로 다뤘던 부분이다.

5) 교육의 본질과 교육행정 목표

이 책에서는 마지막 제4부에서 교육행정 **목표**와 **평가**의 문제를 간단하게 다루고, 교육과 교육행정의 핵이라고 할 수 있는 교육과정과 수업에서의 리더십에 해당하는 장학 부분을 특별히 떼어서 다루었다. 교육행정 목표와 평가는 교육행정의 과정에서 다룰 수도 있고 교육기획 부분에서 다룰 수도 있었지만, 목표 지향의 교육행정을 강조하기 위해서 뒤로 미뤘다. 그리고 교육과정과 수업 리더십도 교육행정 과업에서 다룰 수도 있었지만 교육행정의 궁극적 목표에 해당된다고 보아 뒷부분에서 강조하기로 하였다. 교육행정도 궁극적으로는 교육과정과 수업에서 리더십을 발휘하여 교육행정의 목표를 달성하기 위한 수단으로 보는 생각과 맥을 같이한다.

교육목표를 달성하기 위한 구체적인 목표가 곧 교육행정 목표가 된다. 쉽게 말하여 학교의 교육목표를 달성하는 것이 학교행정가인 교장의 역할이고 할 일이다. 그래서 교육행정에서는 항상 우리나라 전체의 교육목적과 목표, 초 · 중등학교의 교육목표, 고등교육의 목표, 평생교육의 목표, 직업교육의 목표를 생각해야 한다. 이들 목표를 달성하기 위한 구체적인 하위 목표를 교육행정 목표로 삼을 수도 있을 것이다. 행정의 최종목표는 학생 성취이기 때문에, 평가도 학생 성취에 초점을 두어야 한다.

교육계획과도 연결되는 문제이지만, 교육행정에서는 목표설정(goal setting)을 잘해야 한다. 그래서 교육행정가는 조직 구성원들과 함께 조직과 기관의 비전을 개발하여 협력을 통하여 행동하고 실천하여 목표를 달성해야 한다. 행정 철학(philosophy)과 가치(value), 신념(belief)에 바탕을 두고 사명(mission)을 진술하여 제시한 다음에 더 구체적이고 선명하게 비전(vision)을 제시하고, 이를 달성하기 위한 전략(strategy)과 행동계획(action plan)을 세워 이를 실천에 옮겨 목표를 달성하는 과정을 거치게 된다. 즉, 행정철학, 가치, 신념 → 사명(미션) → 비전 → 전략 → 행동계획의 과정을 거치게 된다.

한편 목표를 설정하였으면 반드시 목표에 대한 평가가 있어야 한다. 평가의 문제도 목표와 함께 여기서 다룰 필요가 있다.

교육과정의 개발은 교육과정 전문가의 몫이라고 할 수 있지만 교육행정에서 이를 위하여 조직하고 지원해야 한다. 그리고 수업의 질 향상을 위하여 행정에서 리더십을 발휘해야 한다. 미국의 교육과정개발협회(Association for Supervision and Curriculum Development: ASCD)가 교육행정과 교육과정, 수업과 연결된 중요한 조직의 예이고 교육의 가장 중요한 기능과 역할이 그 부분인 것을 보면 교육과정과 수업이 교육행정의 중요한 목표인 것을 알 수 있다. 이것이 곧 **장학**(supervision)이다. 그리고 학교 수준에서 교육과정 개발과 수업장학은 교장의 중요한 리더십에 해당된다. 교사의 교수과정에 직접적으로 영향을 주어 학생 학습의 질을 높이는 것이 수업장학이다(Harris, 1985). 간접적인 컨설팅을 가지고는 학생 성취를 돕기 어렵다.

이제 각 장을 공부하기 전에 앞에서 이해한 내용을 바탕으로 교육행정의 성격을 종합적으로 제시한다.

첫째, 교육행정은 철저히 **봉사적 지원** 성격을 갖는다. 따라서 교육행정의 결과는 학생 학습으로 말해야 한다. 행정이라는 용어 자체가 봉사에서 나왔고, 비영리적 성격을 갖는다. 최근에는 고등교육 쪽에서 영리적 성격도 조금씩 나타나기 시작하고 있다.

둘째, 교육행정은 **이론과 연구, 실제**의 3박자가 잘 조화를 이루어야 한다. 행정은 가르치는 기능에서 분화하였지만 이론화 · 과학화 과정을 거치고 계속 연구를 거치면서 학문으로 발전하였다. 그러나 행정은 최종적으로 실제에서 구현된다. 교육행정에서 이론, 연구, 실제의 세 측면이 조화를 이루어야 한다는 점을 앞에서 강조하고 [그림 1-5]로 나타냈다. 이론과 연구에서는 과학의 비중이 높지만 실제에서는 이 과학을 바탕으로 궁극적으로는 예술로 풀어내야 하기 때문에 예술성의 비중도 높다. 교육행정가가 되고자 하는 미래의 교육행정 학도는 이론과 연구 못지않게 실제의 경험도 중시해야 한다. 그래서 외국에서는 실제에 해당하는 교육행정 실습과 포트폴리오를 필수로 하고 있다. 행정가 양성과 연수 과정에서 모의 상황과 역할극, 게임이론도 실제와 예술성에 접근하고자 하는 노력의 일환이다.

셋째, 교육행정은 과학이면서 하나의 **예술**이라고 할 수 있다. 이론과 연구는 과학적 측면이 강하지만 실천에서는 예술성이 강하다고 할 수 있다. 교육행정은 응용과학의 성격이 많이 강조된다. 그래서 과학성과 예술성의 두 측면이 잘 조화를 이루어야 한다. Sergiovanni와 Carver가 제시한 그림에서 왼쪽 머리는 과학성이 많이 요구되고 오른쪽 머리와 따뜻한 가슴은 예술성과 관련이 더 깊다. 교사의 수업도 예술이면서 과학이다(Wragg, E. C. 2005; Marzano, Frontier, & Livingston, 2011, 주삼환, 황인수 역, 2015).

Deal과 Peterson(1994)도 리더십의 논리(과학)와 예술성의 균형을 강조하였다. 행정가는 자기가 책임진 조직과 기관의 평생 예술 작품을 남겨 놓는다고 생각하고 행정을 해야한다. 교육행정은 논리와 과학을 뛰어넘는 예술의 경지로 가야 한다. 교장과 교육감은 한 기관과 조직에 역사적인 예술 작품을 만들어 놓는다고 생각하고 행정을 하면 한 차원 높은 행정을 하게 되지 않을까? 아니면 과학과 예술의 결합 수준으로 가야 할 것으로 본다.

이제 교육행정을 '교육행정의 과업을 교육행정의 과정과 행위를 수행하여 교육의 질 향상과 교육행정의 목표를 달성하려는 교육을 위한 봉사·지원활동이다.'로 정의하고, 이 책을 펼쳐 가기로 한다. 🖙 **심화 학습 2**

🎓 **기본 학습 4**

과거의 교육행정 틀에 대하여 비판하고 자신의 틀을 제시해 보자.

[심화 학습 1]

'미리 생각하기'를 다시 읽은 후에 누가 교육부 장관이 되어야 하는가, 그렇게 생각하는 이유는 무엇인가를 400자 내외로 써 보시오.

....

....

....

....

....

....

....

....

....

....

[심화 학습 2]

3절 '이 책의 구성'을 다시 생각하면서, 구성 요소 중에 가장 중요하다고 생각하는 한 가지를 골라 교장(또는 자신이 근무하는 학교의 교장을 보고)으로서 나는 현재 어떻게 실천하고 있고, 개선할 점은 무엇인지 기술하시오.

1. 가장 중요하다고 생각하는 요소

....

2. 나의 현재(실천)

....

3. 나의 미래(개선)

....

●참고문헌●

김종철(1984). 교육행정의 이론과 실제(3판). 경기: 교육과학사.

주삼환(2003). 교육의 질 향상을 위한 장학의 이론과 기법. 서울: 학지사.

주삼환(2005). 교육행정학 관련 발간 저서로 본 지식기반: 그 실상과 과제. 한국교육행정학회 제33차 연차학술대회자료집.

주삼환(2005). 미국의 교장: 미국의 교육행정과 교장론. 서울: 학지사.

주삼환(2006). 교육행정학의 지식구조와 범위. 한국교육행정학회 제34차 연차학술대회자료집.

주삼환, 정일화, 김용남, 박소화, 김미정, 김수구, 남기윤(2007). 교육행정철학. 서울: 학지사.

주삼환, 천세영, 김택균, 신붕섭, 이석열, 김용남, 이미라, 이선호, 정일화, 김미정, 조성만(2015). 교육행정 및 교육경영(5판). 서울: 학지사.

Aitken, A., Bedard, G., & Darroch, A. (2003). *Designing a master program in educational leadership: Trends, reflections, and conclusions.* ERIC Clearinghouse.

Begley, P., & Leonard, P. (1999). *The values of educational administration.* NY: Falmers Press.

Blumberg, A., & Greenfield, W. (1986). *The effective principal: Perspectives on school leadership.* Boston: Allyn & Bacon.

Campbell, R. F, Corbally, J. O., & Nystrand, R. O. (1983). *Introduction to educational administration* (6th ed.). 주삼환 역(1986). 교육행정학개론. 서울: 박영사.

Daresh, J. C., & Playko, M. A. (1997). *Beginning the principalship: A practical guide for new school leaders.* Thousand Oaks, CA: Corwin Press, Inc.

Davis, S., Darling-Hammond, L., LaPointe, M., & Meyerson. D. (2005). *School Leadership Study: Developing Successful Principals.* Stanford Educational Leadership Institute.

Deal, T. E., & Peterson, K. D. (1994). *The leadership paradox: balancing logic and artistry in schools.* 주삼환, 주은지 공역(2009). 리더십 패러독스: 논리와 예술 균형의 교장 리더십. 서울: 시그마프레스.

Donmoyer, R. (1999). The continuing quest for a knowledge base: 1976-1998. In J. Murphy & K. S. Louis (Eds.), *Handbook of research on educational administration* (2nd ed.). San Francisco: Jossey-Bass.

Donmoyer, R., Imber, M., & Scheurich, J. J. (1995). *The knowledge base in educational administration: Multiple perspectives.* Albany: The State University of New York Press.

Edmonds, R. (1979). Effective schools for the urban poor. *Educational leadership, 37*(1), 15-23.

Griffiths, D. E. (1956). *Human relations in school administration.* New York: Appleton-Century-Crofts.

Gruenert, S., & Whitaker, T. (2017). *School culture recharged: Strategies to energize your staff and culture.* 주삼환, 이석열, 신붕섭, 김규태 공역(2019). 학교문화 리더십. 서울: 학지사.

Gulick, L., & Urwick, L. (1937). *Papers on the Science of Administration.* New York: Institute of Public Administration.

Hack, W. G, Rameyer, J. A., Gephart, W. J., & Heck, J. B. (1965). *Educational administration: Selected readings.* Boston: Allyn and Bacon.

Harris, B. M. (1985). *Supervisory behavior in education* (3rd ed.). Englewood Cliffs, New Jersey: Prentice-Hall, Inc.

Hoy, W. K., & Miskel, C. G. (2008). *Educational Administration: Theory, research, and practice* (8th ed.). New York: McGraw-Hill.

Joo, Sam Hwan (1981). *Relationships of school bureaucratization, elementary school teachers' professional and bureaucratic orientation, conflict, and job satisfaction in a selected school district.* doctoral dissertation, University of Minnesota.

Kerlinger, F. N. (1986). *Foundations of Behavioral Research* (3rd ed.). New York: Holt, Rinehart & Winston.

Knapp, M. S., Copland, M. A., & Talbert, J. E. (2003). *Leading for learning: Reflective tools for school and district leaders.* Seattle. WA: Center for the Study of Teaching and Policy.

Kouzes, J., & Posner, B. (2012). *The leadership challenge* (5th ed.). San Francisco: Jossey-Bass.

Leithwood, K., Seashore-Louis, K., Anderson, S., & Wahlstrom, K. (2004). *How leadership influences student learning.* New York: The Wallace Foundation.

Levine, A. (2005). *Educating School Leaders.* New York: The Education School Project.

Lieberman, M. (1956). *Education as a profession.* Englewood Cliffs, NJ: Prentice-Hall Inc.

Manasse, A. L. (1986). Vision and leadership: Paying attention to intention. *Peabody Journal of Education, 63,* 150-173.

Marzano, R. J., Frontier, T., & Livingston, D. (2011). *Effective supervision: Supporting the art and science of teaching.* 주삼환, 황인수 공역(2015). 수업장학: 수업예술과 수업과학을 위한 지원. 서울: 학지사.

Mazzoni, T. L. (1979). Politics of education.

Nanus, B. (1992). *Visionary leadership.* San Francisco: Jossey-Bass.

Owens, R. G., & Valesky, T. C. (2011). *Organizational behavior in education: Leadership and school reform* (10th ed.). 김혜숙, 권도희, 이세웅, 신경석, 전수빈, 이혜미, 손보라 공역(2012). **교육 조직 행동론: 리더십과 학교 개혁.** 서울: 학지사.

Owens, R. G., & Valesky, T. G. (2011). *Organizational Behavior in Education: Leadership and school reform* (10th ed.). Boston: Allyn and Bacon.

Rebore, R. W. (2000). *The ethics of educational leadership.* 주삼환, 조성만, 김병윤, 김수아, 류지은 공역(2010). 교육행정윤리. 서울: 시그마프레스.

Sergiovanni, T. J. (2001). *The principalship: A reflective practice perspective.* Boston: Allyn and Bacon.

Sergiovanni, T. J., & Carver, F. D. (1980). *The new school executive: A theory of administration* (2nd ed.). New York, Harper & Row, Publishers.

Shapiro, J. P., & Stefkovich, J. A. (2010). *Ethical leadership and decision making in education: Applying theoretical perspectives to complex dilemmas* (3rd ed.). 주삼환, 정일화 공역(2011). 교육윤리 리더십: 선택의 딜레마. 서울: 학지사.

Silver, P. F. (1983). *Educational administration: Theoretical perspectives on practice and research.* New York: Harper & Row, Publishers.

Wragg, E. C. (2005). *The art and science of teaching and learning.* Oxfordshire: Routledge.

Young, M. D. (2002). *Ensuring the university's capacity to prepare learning-focused leadership.* Report presented at the meeting of the National Commission for the Advancement of Educational Leadership, Racine, WI.

교육행정가

교육행정가의 길

　　모든 조건은 그대로인데 리더 한 사람이 바뀌면서 조직과 기관, 팀이 완전히 달라지는 것을 보면 리더와 행정가가 얼마나 중요한지 알 수 있다. 히딩크, 박항서 감독에 의한 축구팀의 변화, 정명훈, 장한나, 김은선 지휘자에 의한 오케스트라의 색깔 변화에서 우리는 리더의 중요성을 실감할 수 있다. 세계적인 첼리스트 장한나는 첼로 한 악기만 잘 연주하면 되었지만 이제 지휘자가 된 장한나는 오케스트라 전 악기와 전 연주자를 알고 악단을 하나로 이끌어야 한다. 한 악기의 전문가에서 전체를 보는 지휘자로 변신하기 위하여 지휘자 공부를 새로 해야 했다. 첼로를 어려서부터 오래 연주했다고 저절로 훌륭한 지휘자가 되는 것이 아니듯이 교사를 오래 했다고 훌륭한 교장이나 교육감이 될 수는 없다.

　　다음은 어느 한 행정가의 취임식에서 인용한 교육행정가의 길에 대한 내용이다. 교육자가 아닌 교육행정가의 역할에 대한 생각을 정리해 보자.

① 행정가는 학교의 큰 그림, 비전에 집중하고 세세한 일들은 다 위임하여야 한다.
② 학교를 운영하는 것은 결국 규정 규칙에 의한 것이니 이를 제정·개정할 때는 구성원들과의 거듭된 상의를 거쳐 추진하되 한번 만들어지면 일관성 있게 적용하여야 한다.
③ 엄격한 학사 운영이 기본이다.
④ 구성원들이 신나게 새로운 개혁을 시도하고 변화를 모색하기 위하여는 사기 진작이 중요하고 그것은 주인의식에서 비롯된다. 이를 위하여 많은 형태의 만남을 주선하고 이를 통하여 공감대를 형성하여야 한다.

☞ 심화 학습 1

학습성과

우리나라에서 교육행정가가 되기 위한 기본 조건을 실천할 수 있다.

학습목표

1. 교육행정가의 가치, 지각, 기술과 능력을 이해하고 열거할 수 있다.
2. 교육행정가가 갖추어야 할 기본 조건으로서 태도, 비전, 윤리에 대한 방향을 제시할 수 있다.
3. 교육행정가가 되기 위해 필요한 교육과 향후 리더십의 방향을 알 수 있다.

학습내용

교육행정가가 되기 위해서 갖추어야 할 것은 무엇인가?

1. 교육행정가의 의미	2. 교육행정가의 기본 조건	3. 교육행정가의 교육과 나아가야 할 길
1) 교육행정가의 중요성 2) 교육행정가의 기본 요소 3) 교육행정가의 자격과 자질	1) 교육행정가의 기본적인 태도 2) 교육행정가의 비전 3) 교육행정가의 윤리	1) 교육행정가 교육 2) 교육행정가의 나아가야 할 길

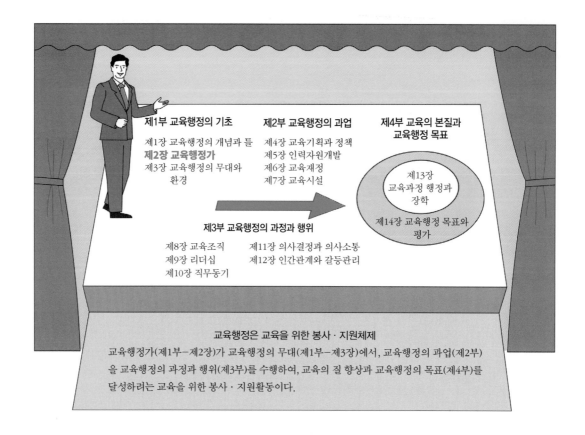

1. 교육행정가의 의미

이 절에서는 교육행정을 하는 행정가의 의미에 대해서 알아보기 위해, 교육행정가가 왜 중요한지와 교육행정가가 가져야할 기본요소를 생각해본다. 또한 교육행정가가 갖추어야 자격과 자질에 대해서 외국의 사례까지 알아본다.

1) 교육행정가의 중요성

교육행정은 '교육을 위한 봉사·지원체제(supporting system)'이고, 특히 봉사·지원이 강조되는 활동이다. 구체적인 개념적 틀(conceptual framework)은 '교육행정가가 교육행정의 무대에서 교육행정의 과업을 교육행정의 과정과 행위를 수행하여, 교육의 질 향상과 교육행정의 목표를 달성하려는 교육을 위한 봉사·지원활동이다.'라고 규정된다. 여기서 교육행정을 담당하는 교육행정가(家, administrator)와 행정직원(職員, administrative staff)을 구분해 보면, '교육행정가는 한 조직이나 부서, 기관을 책임지는 사람'이고(우리나라에서는 교감 이상의 부서 책임자) 그 외의 행정적인 일을 하는 사람은 행정직원으로 볼 수 있다. 교육행정에서 교육행정가(교육리더, man, actor)는 조직의 핵심 인물(key person)로서 매우 중요하다.

Charles William Eliot

훌륭한 학교(effective schools)에는 '강력한 리더십(strong leadership)'이 있고(Edmonds, 1979: 15-23), 좋은 학교에는 반드시 좋은 교장이 있다(Daresh, 1997: xi; Sergiovanni, 2001: 99). 하버드 대학교 총장을 역임했던 Charles William Eliot(1834~1926)은 35세부터 75세까지 40년간(1869~1909) 총장을 하면서 평범한 단과대학에 불과했던 학교를 미국 최고의 연구 중심 종합대학교로 바꾸어 놓았고, 하버드 대학교 뿐만 아니라 세계 대학 역사상 최장수 기록의 총장(longest presidency in Harvard history)이 되었다. 일반적으로 미국 교장은 흔히 배의 함장(captain)에 비유되고 한 학교에서 30여 년씩 봉사하기도 한다. 배를 목적지에 안전하게 정박시키고 제일 마지막에 하선해야 하는 사람이 바로 함장이다. 교육행정가는 배에서 선장이 중요한 만큼 조직에서 중요하기 때문에 교육행정가에 대한 깊이 있는 인식이 필요하다.

2) 교육행정가의 기본 요소

앞장에서 언급한 Griffiths의 일, 사람, 무대(환경)의 3요소 중에서 Hack 등은 사람인 행정가를 중심에 두고 교육행정의 틀을 구성하고, 행정가의 ① 가치(values), ② 지각(perceptions), ③ 기술과 능력(skills and abilities)의 프리즘적 사고로 저서를 구성했다. 교육행정을 공부 및 연구하고 교육한다는 것은 유능하고 훌륭한 행정가를 양성하기 위한 것이므로 행정가를 중심에 두고 교육행정 교과서를 구성한다는 것은 의미가 있다. 무엇보다 이 프리즘의 삼각형이 어떤 모양이냐가 중요하다([그림 1-2] 참조). 정삼각형, 이등변삼각형, 부등변삼각형 등 다양한 형태의 삼각형 행정가가 있을 수 있다. 그중에서도 밑변인 행정가의 가치(價値)가 튼튼하지 못하면 불안정할 것이다. 교육과 교육행정에서 어떤 가치를 가지고 있으며 어떤 가치를 더 중시하느냐에 따라 왼쪽 변의 입사각과 오른쪽 변의 반사각인 행정행위와 성취도 달라질 것이다. 왼쪽 빗변은 행정가에 대한 투입(input)인 선행(antecedents) 요인으로 어떤 행정가가 될 것인지 예측·결정하게 되는 요인이다. 오른쪽 빗변은 산출(output) 요인인데, 행정가에 의하여 나타나는 현상 표현(manifestation)으로 직무 수행으로 보여 주는 방식이라고 할 수 있다. 이는 배우와 감독, 연주자와 지휘자 등 예술가가 무대에서 연주와 연기, 지휘로 나타내는 것과 같다. 교육행정 틀에서는 행정가 중심으로 보았을 때 행정행위는 과정에 해당하는 것이고 어디까지나 최종 산물은 맨 마지막 행정목표 달성과 교육목표 달성으로 평가하게 된다.

행정가의 직무 수행은 행정가의 **기술과 능력**(skills and abilities)에 달려 있는데, ① 권위와 책임을 나타내고 행동 한계를 정의하는 직무(job)와 ② 조직 구성원의 욕구만족과 조직 목적 사이의 관계를 말해 주는 조직(organization), ③ 조직의 결정과 그 결정에 의한 조직 운영의 효과를 나타내는 행정의 과정(process) 절차 속에서 행정가의 기술과 능력에 의한 행정행위가 일어나게 된다.

Griffiths의 삼면적 개념에서는 행정가(the man)에게 요구되는 기본적 **역량**(capacity)을 ① 건강(physical), ② 지성(intellectual), ③ 정서(emotional), ④ 정신(spiritual)으로 나누어 제시하고 있는데, 이들 각각도 중요하지만 이들 간의 조화는 더 중요하다. 이것은 Sergiovanni와 Carver의 3H(Head, Heart, Hand)와 건강(health)과 조화의 중요성과도 일치한다고 볼 수 있다. Griffiths는 ① 문제 인식(sensing the problem), ② 추론(making inferences), ③ 인간관계(relating to people), ④ 예측과 결정(predicting and deciding), ⑤ 실천과 반성(implementing and reviewing) 등 행정가 행위(behavior)의 순서에 따라 핵심을 제시했다. 이는 행정가의 행위를 문제해결의 과정으로 설명한 측면이 있다.

Campbell 등은 행정가의 인간관계 능력을 중요시하면서도 ① 자아지각, ② 환경지각의 둘로 나누어 이들 지각이 행정가 행위에 주는 영향을 중요하게 강조했다. 이는 Hack 등의 행정가 지각이라는 입사각에 해당하는 투입 변인을 강조한 것이다. 행정가의 자아지각에서는 자신에 대한 자아의식, 동기, 개인적 특성을 중요하게 여겼고, 환경지각에서는 타인, 일, 조직에 대하여 어떻게 지각하느냐가 행정가에게 중요하다고 보았다(Campbell et al., 1983: 93-106, 주삼환 역, 1986: 137-159). ☞ 심화 학습 2

3) 교육행정가의 자격과 자질

(1) 자격과 자질

김종철(1984)은 '교육행정가의 소양'을 한 개의 절(節)로 다루면서 교육행정가에게 요구되는 ① 자질과 ② 필요한 교양과 훈련에 대하여 언급하고, ③ 교육행정직의 전문화 방향을 제시하였다. 여기서 '자격(資格)'과 '자질(資質)'의 구분이 필요하다. 자격은 교육행정가가 갖춰야 할 최소한의 법적 기준이다. 우리나라에서는 교원에게는 법적 자격증(certification)을 요구하고 있는데 교사자격증, 교감자격증, 교장자격증이 이에 해당한다. 교육감도 교육자이고 교육행정가라면 교육감자격증이 있어야 한다. 실제로 미국에서는 교육감자격증을 요구하고 있다. 자질은 그야말로 질적인 것으로 자격이란 그릇에 인성, 지성, 감성, 덕성, 윤리, 도덕, 가치, 신념, 기술과 능력, 역량 등 모든 것을 담은 내용이라고 볼 수 있다. 이런 고도의 자격과 자질을 갖춰 학생과 교원의 리더가 되기 위해 교육행정가는 전문직 중의 전문직이 되어야 하고, 또 전문가 양성교육에 이어 계속적인 연수교육과 훈련이 필요하다. 미국에서도 자격증(certification) 대신 면허(licensure)라는 개념을 쓰고 있다.

(2) 미국의 교육리더전문기준

미국과 영국 등의 나라에서는 교육행정가를 비롯한 교육리더들의 자격기준을 표준화하려는 경향이 있다. 미국에서는 지방교육자치를 기본으로 하고 있기 때문에 주(州)마다 각각 다른 교육리더의 기준을 정하여 사용하고 있었는데 여러 주와, 기관과 교육 전문 단체와 대학들이 1994년부터 2년간 공동으로 연구 개발하여 미국교육행정정책위원회(National Policy Board for Educational Administration: NPBEA)의 이름으로 1996년 ISLLC(Interstate School Leaders Licensure Consortium)를 제정하였다. 그 후 2008년에 이를 '교육리더십 정책기준(Educational Leadership Policy Standards: ISLLC 2008)'로 개정하여 45개 주에서 이 표준을 사용하다가 다시 2015년 현장의 현실을 더 많이 반영하고 '학생 학습'에 초점을 맞춰 6개 영역에서 10개 영역으로 늘려 현재 이 기준에 의하여 미국의 교육리더들을 양성, 연수교육을 하고 교육행정 교과서까지 개편하고 있다. 2015년 개정은 이름 자체를 '교육리더전문기준(Professional Standards for Educational Leaders)'이라고 바꾸었다. 교육리더의 전문직 성격을 강조하여 '전문기준'이라고 바꿨다는 점에서 의미가 크다. 2015년 개정에 참여한 기관과 단체에는 미국의 주요 교육 단체가 대부분 포함되었다. 1996년 개발과 2008년 개정은 미국주교육감협의회(The Council of Chief State School Officers)가 주체가 되었는데 2015년 개정 주관 단체는 미국교육행정정책위원회(National Policy Board for Educational Administration: NPBEA)였다. 이와 같이 관련 단체와 기관이 공동 노력하고 합의한 이유는 교육리더전문기준을 공동으로 사용하기 위해서이다. 교육리더전문기준은 교육행정가 양성교육 프로그램과 양성 연수기관 평가인정(accreditation)의 기초로 활용하기 위해서 협동적 노력이 필요한 것이다. 예를 들면, 미국교육리더십준비교육기준(National Educational Leadership Preparation Standards: NELP)은 미국교원교육평가인정기구(Council for the Accreditation for Educational Preparation: CAEP)가 사용하던 미국교육리더십 교육기관협의회 기준(Educational Leadership Constituent Council Standards: ELCC)의 기초로 삼는 데 도움을 주고 있다.

교육리더전문기준의 10개 영역은 앞에서 이미 제시하였는데 강조하는 의미에서 다시 여기에 제시한다. 2015 개정의 초점은 '학생 학습'과 '학생 웰빙', '학생 이익'에 두고 있다. 학생 학습을 위한 10개의 기준은 다음과 같다.

① 사명(미션), 비전, 핵심 가치(Mission, Vision, and Core Values)
② 윤리, 전문직 규범(Ethics and Professional Norms)
③ 형평과 문화 대응력(Equity and Cultural Responsiveness)
④ 교육과정, 수업, 평가(Curriculum, Instruction and Assessment)
⑤ 학생 돌봄과 지원 공동체(Community of Care and Support for Students)
⑥ 학교 관련인사의 전문 역량(Professional Capacity of School Personnel)
⑦ 교직원의 전문 역량(Professional Community for Teachers and Staff)
⑧ 교육가족과 지역사회의 의미 있는 참여(Meaningful Engagement of Families and Community)
⑨ 운영과 관리(Operations and Management)
⑩ 학교 발전(School Improvement)

교육리더전문기준 10개의 각 영역별로 효과적인 리더, 성공적인 리더가 보여 줘야 할 구체적인 항목을 6~12개씩 총 83개 제시하고 있다. 결국 이 83개 항목이 교육리더 교육

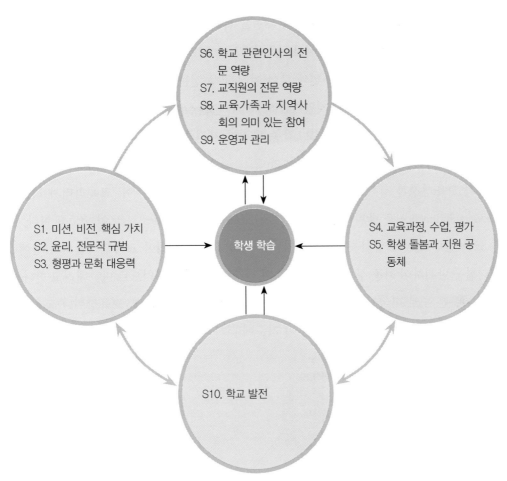

[그림 2-1] 미국 '교육리더전문기준(Professional Standards for Educational Leaders)'

프로그램 구성의 기준이 되고 또 교육리더의 평가 항목으로도 활용될 수 있을 것이다.

교육행정 자체가 학생의 학습, 그중에서도 '학생 성취'를 위한 것이기 때문에 교육행정가, 교육리더의 리더십이 모두 학생 학습에 초점이 맞춰져 있다. 2015년 개정을 연구한 연구자들은 이 10개 기준을 비슷한 것끼리 4개의 그룹으로 나눠 묶어 동서남북에서 중심인 '학생 학습'이란 목표로 집중하게 되어 있는 [그림 2-1]과 같이 나타내고 있다. 1그룹은 ④ 교육과정, 수업, 평가, ⑤ 학생 돌봄과 지원 공동체, 2그룹은 ⑥ 학교 관련인사의 전문 역량, ⑦ 교직원의 전문 역량, ⑧ 교육가족과 지역사회의 의미 있는 참여, ⑨ 운영과 관리, 3그룹은 ① 미션, 비전, 핵심 가치, ② 윤리, 전문직 규범, ③ 형평과 문화 대응력이고, 4그룹은 ⑩ 학교 발전이다. 1그룹은 가르치는 측면을 중심으로 합치고, 2그룹은 좀 떨어져서 가르

치는 일을 돕는 것이고, 3그룹은 철학적 측면을 묶은 것이고, 학교 전반의 향상 발전 계획
은 세 그룹 모두에 영향을 주는 것이다.

교육리더전문기준은 [그림 2-2]와 같이 여러 교육 전문 단체(Professional Associations)
와 고등교육기관 및 NGO 같은 지원기관(System of Supporting Institutions, Higher Education,
Foundations, NGOs)에 영향을 주고, 각종 행정가 자격증과 전문직 연수교육, 평가와 같
은 정책(Policy, Preparation, Certification, Professional Development, Evaluation)에 반영하고,
공공의 교육행정과 정책에 대한 기대(Public Expectations)에 맞추어, 교육리더가 리더십
(Leadership Practice)을 발휘하여 리더십 성과(Leadership Outcomes)로 보여 주도록 한다. 많
은 교육 관련자, 이해당사자와 단체, 기관은 이를 표준으로 삼아 교육리더들이 실천에서
리더십을 발휘하여 최종 성과로 학생 학습과 학생 성취, 학생 이익으로 나타내려고 한다.

이 기준은 주로 미국의 교장, 부(조)교장에 초점이 맞춰져 있는데, 교육장이나 교육감과
교육위원, 교직 단체의 리더들에게는 이 기준에 더하여 추가적인 책임과 기준이 더 부과된

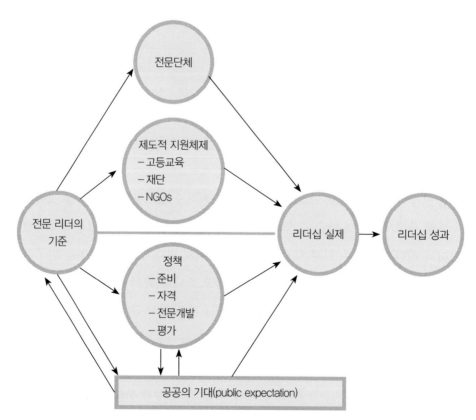

[그림 2-2] **영국의 공통 교장자격기준(National Standards for Headteachers)**

다고 하면서 이에 대하여는 각 조직 수준에서 정하여 부가하기를 기대하고 있다. 각 주와 교육리더 교육을 하는 대학에서도 이 기준을 중심으로 하여 추가한 프로그램을 운영하고 있다. 각 교육조직 수준과 지원정책, 전문 단체들이 교육리더 전문기준을 중심으로 협력하여 학생 성취의 목표를 달성하려는 체제를 보여 주는 좋은 예이다.

(3) 영국의 교장양성대학

영국은 교장양성대학[National College of School Leadership(NCSL), 2002, www.ncsl.org]을 두어 교장(headteachers)을 양성하고 있다고 볼 수 있는데 다음 여섯 영역에 걸쳐 더 구체적인 기준을 제시하고 있다. 호주, 뉴질랜드 등도 이와 비슷한 기준을 갖고 있다. 영국의 공통 교장자격기준(National Standards for Headteachers)의 여섯 영역은 ① 미래 준비(Shaping the Future), ② 학습-교수 리드(Leading Learning and Teaching), ③ 자기개발과 타인과의 협동 작업(Developing Self and Working with Others), ④ 조직관리(Managing the Organisation), ⑤ 책무완수(Securing Accountability), ⑥ 공동체 강화(Strengthening Community)이다.

〈표 2-1〉 **영국의 공통 교장자격기준**

	① 요구되는 필수 지식(the knowledge requirements)	② 전문적 자질(professional qualities)	③ 기술과 개인적 성향과 능력(skills, dispositions and personal capabilities)
① 미래 준비(Shaping the Future)			
② 학습-교수 리드(Leading Learning and Teaching)			
③ 자기개발과 타인과의 협동 작업(Developing Self and Working with Others)			
④ 조직관리(Managing the Organisation)			
⑤ 책무완수(Securing Accountability)			
⑥ 공동체 강화(Strengthening Community)			

공통 교장자격기준은 여섯 영역에서 다시 3개의 구체적인 측면에서 ① 요구되는 필수 지식(the knowledge requirements), ② 전문적 자질(professional qualities), ③ 기술과 개인적 성향과 능력(skills, dispositions and personal capabilities)을 나누어 목표달성에 필요한 행동을 구체적으로 제시하고 있는데 그것의 달성 여부는 확인할 수 있다.

(4) 캐나다와 호주의 경우

캐나다에서도 리더십의 기준을 설정하려고 노력해 왔는데 그동안에 연구된 것을 종합하여 Begley(1994, 1995)는 ① 관리자, ② 수업리더/프로그램 촉진자, ③ 학교와 지역사회의 촉진자, ④ 비전제시자(visionary), ⑤ 문제해결자로 나누어 교장의 기준을 설정하였다(Aitken, Bedard, & Darroch, 2003).

호주에서는 호주교장센터(The Australia Principals Centre, 2003)가 4개 영역에 걸쳐 20개의 자질능력(competencies)을 확인하였는데, 여기에는 구체적인 지식과 기능, 태도가 포함되어 있다.

우리나라에서는 교육행정가와 교육리더가 갖춰야 할 **자질과 기술, 역량** 등에 관한 최소한의 기준이 아직 구체적으로 없다. 주삼환, 이석열, 이미라(2007)에 의한 '교장의 직무 수행 척도 개발'이 연구되었으나 이 척도가 통용되고 있지 않다. 그리고 대표적인 교육행정가인 교장의 경우 법적 자격기준은 있으나 임무만 '교장은 교무를 통할하고, 소속 교직원을 지도 · 감독하며, 학생을 교육한다.'라고 주어지고 이 임무를 수행하기 위해서 무엇을 갖춰야 하는지에 관한 내용이 없다. 어려운 일이기는 하지만 교육에서 중요한 위치인 교육행정가에 대한 외국의 예에서와 같은 좀 더 구체적인 리더십 기준을 마련하고 이를 자격연수, 선발 임용, 평가 등에서 공동으로 사용할 필요가 있다.

🎓 기본 학습 1
_____

여러분은 학교 현장에서 교육행정가의 의미를 무엇이라고 생각했는지 그리고 앞으로 교육행정가에게 요구되는 자격과 자질에 대해서 생각해 보자.

2. 교육행정가의 기본 조건

이 절에서는 교육행정가가 가져야할 기본적인 조건을 알아보기 위해, 교육행정가의 태도, 자세, 정신을 알아보고, 교육행정가가 조직을 이끌기 위한 행정가의 비전과 행정가로서 중요한 윤리 덕목에 대해서 알아본다.

1) 교육행정가의 기본적인 태도

교육행정의 개념과 틀, 행정가의 정의 등 앞에서 이미 언급했던 내용들 중에서 그동안 등한시했던 교육행정가가 가져야 할 기본적인 태도, 자세, 정신을 중심으로 몇 가지 더 강조하고자 한다.

교육행정가가 되고자 하는 **동기(動機)**에 대하여 한 번 더 깊이 생각하고 출발할 필요가 있다. 행정가와 리더는 책임이 무겁고 어려운 자리이다. 단순히 높고 편안한 자리가 아니다. 어렵고 무거운 책임이 따르는 교육행정가와 리더의 길을 가려고 하는 동기가 뚜렷해도 성공적인 행정가로 존경받기가 어려운데 충동적인 동기로 행정가의 자리를 차지해서는 불행해지기 쉽다. 교육행정가가 높은 자리인 것은 사실이다. 그러나 높은 자리가 반드시 좋은 자리인 것은 아니다. 높은 위치는 노출도 심하고 바람도 잘 탄다. 정상에서는 오래 버티고 살 수가 없다. 언젠가는 챔피언 벨트를 내주고 멋있게 내려올 생각을 해야 한다. 개인적 이익보다는 많은 희생을 요구받는 자리이다. 오로지 조직 발전과 성취에서 보람을 찾을 그런 동기에서 교육행정가가 되고자 해야 한다. 그만큼 교육행정가가 되고자 하는 동기가 순수해야 한다. 교육행정가의 동기가 순수하지 못해서 행정가 개인뿐만 아니라 조직과 기관까지 불행하게 되는 경우를 많이 보아 왔다. 교육행정가가 존경을 못 받으면 그 자리에 가지 않은 것만 못하다. 대통령도 국민으로부터 존경을 못 받으면 안 하니만 못하다. 교육자와 교육행정가는 존경이라는 이슬을 먹고 산다.

둘째, 봉사에서 보람을 찾겠다는 정신이 우선되어야 한다. 이 책에서 우리는 교육행정은 일종의 봉사·지원체제라고 하였다. 그렇다면 교육행정가는 봉사자이다. 교육행정가는 오로지 봉사와 지원, 후원에서 보람을 찾아야 한다. 앞서 말한 교육행정가의 동기가 철저히 봉사에서 출발하고 이를 실천으로 옮겨야 한다. 때로는 앞장서서 끌어 주고 뒤에서 밀어 주면서 봉사하여 목표를 달성하는 데서 보람을 찾아야 한다.

셋째, 교육행정가는 자신의 **교육철학, 신념, 가치**를 실현하는 데서 보람을 찾아야 할 것이다. 이는 자신의 철학, 신념, 가치를 바탕으로 조직목표를 설정하고 실현하는 데 노력해야 한다는 뜻이지 그것을 고집하고 독단하라는 것이 아니다. 이를 조직 구성원과 공유하여 모두의 것이 되고 모두 자기의 것이 되도록 리드해 나가야 한다. 자신의 철학, 신념, 가치를 실현하지 못하게 된다면 교육행정가이기를 포기하는 삶이 더 나을지도 모른다.

넷째, **목표의식**이 뚜렷해야 한다. 모든 조직 구성원이 다 그렇지만 특히 교육행정가는 목표의식이 뚜렷해야 한다. 미국에서 학교장(principal)을 배의 선장(captain)에 많이 비유한다고 하였다. 배의 선장은 목적지를 가리키는 나침반을 쥐고 닥쳐오는 파도와 풍랑, 암초 등 온갖 어려움을 극복하고 목적지에 안전하게 정박시키고 제일 마지막에 배에서 내리는 사람이다. 선장은 도움 받을 곳이 없는 망망대해에서는 입법권, 사법권, 행정권을 모두 행사해야 한다고 한다. 넓은 바다에서는 외부의 도움을 받을 수 없기 때문에 3권 분립의 원칙이 적용될 수 없어 선장에게 주어진 임시 조치일 것이다. 이것도 목표달성을 위한 선장의 일종의 임시 특권으로 봐야 할 것이다. 배가 목적지에 가지 못하면 선장이 아무리 착하고 아는 것이 많아도 존재 의미가 없다. 목적지에 안전하게 정박시키고 봐야 한다. 교육행정가의 목표는 오로지 학생 성취(student achievement)라고 하였다. 그리고 학생 이익(student interest)라고 하였다. 교사, 직원, 또는 교육행정가의 이익보다 학생의 이익이 최우선이다. 교육행정가는 이 목표를 분명히 하고 항해하여 온 배를 정확히 이 목표에 정박시켜야 한다.

목표설정(goal setting)에 관하여는 이 책의 뒤에서 좀 더 자세히 다뤄지겠지만 여기서 간단히 소개하면, 우선 이를 기억하기 쉽게 SMART로 정리한 사람들이 있다. 목표설정은 구체적(Specific)이고, 측정 가능하고(Measurable), 행동 지향적이고(Action-oriented), 실현적(Realistic)이고, 시의적(Timely)이어야 한다는 것이다. 어떤 사람은 S에 specific과 strategic(전략적), A에 Attainable(달성 가능성), 그리고 R에 Result oriented(결과 지향성)을 넣기도 하는데 어쨌든 목표는 SMART해야 하는 것 같다. 공허한 목표가 돼서는 목표로서의 의미가 없게 된다. 그리고 계속 강조하지만 목표는 행정가만의 것이 되어서는 안 된다. 목표를 실현해야 할 사람들은 결국 조직 구성원들이기 때문에 목표설정 단계에서부터 조직 구성원들과 함께하여 공유목표(shared goal)가 되어야 한다.

다섯째, 학교문화(조직 및 기관 문화), 특히 학습문화를 형성하고 유지할 수 있는 리더십이 있어야 한다. 이것이 문화 리더십(cultural leadership)이다. 리더가 비전을 설정하고 이를 실천하여 학생 성취의 목표를 달성하려면 먼저 이를 달성하기 위한 조직문화를 형성해야 한다. 학교는 배우는 곳이고 배움의 결과는 학습 성취이기 때문에 교육리더는 학습문화(learning culture)를 형성해야 한다. 학생뿐만 아니라 교직원과 전 구성원이 전문 학습 공동체(professional learning communities)를 이루는 학교문화를 형성해야 비전도 달성되는 것이다. 전문 공동체는 신뢰, 자율, 책임, 협력을 바탕으로 하고 있다. 학교문화는 조직을 발전시키는 동시에 조직 구성원을 발전시키는 쌍방향 발전의 의미가 된다. 학교문화의 기초로 주삼환 등이 번역한 『학교문화리더십』(2019, 학지사, Gruenert & Whitaker, 2017)이 도움이 될 것으로 본다. ☞ 심화 학습 3

2) 교육행정가의 비전

행정가, 리더의 제일 특성은 비전(vision)이라고 할 수 있다. 앞에서 말한 목표설정과 연결되는 것이지만 좀 더 넓고 미래 지향적 측면에서 강조하고자 한다. 비전은 미래의 모습을 가능한 한 그려 볼 수 있게 나타내 준 것(visualized)이라고 할 수 있다. "비전이란 실현 가능해 보이고, 믿을 수 있고, 매력적인 조직의 미래상으로 조직이 목표로 지향하고 있는 행선지이고, 현재보다 더 좋고 더 성공적이고 더 바람직한 미래이다."(Nanus, 1992) 비전은 미래에 도달하고자 하는 이미지를 만들어 내는 일종의 '전망(seeing)'이라고도 한다(Kouzes, & Posner, 2012). '도덕적 상(moral imagination)'(Blumberg & Greenfield, 1986), 궁극적 목표(ultimate goal)일 뿐만 아니라 거기에 도달하는 과정(process of getting there)까지 다 비전에 포함시키는 사람도 있다. "리더는 ① 현재의 현실로부터 미래의 꿈에 이르는 길을 그려 내는 전략적 통찰과 함께 ② 그 비전을 실현하는 데 구조적 개혁이 필요하다는 것을 알게 하는 조직적 통찰력을 가져야 한다."(Manasse, 1986) 이처럼 리더에게 요구되는 가장 중요한 요건이 비전 제시이다. 비전이 없으면 리더가 될 필요가 없다. 이 비전을 설정하고 실현하는 리더십이 비전 리더십(visionary leadership)인데, 이는 교육행정가와 교육리더가 갖춰야 할 제1 특성이라고 할 수 있다. 앞에서 말한 Charles William Eliot 하버드 대학교 총장은 취임사에서 자기의 비전을 제시하는 데에 105분의 시간을 사용했다고 한다. 비전이 없으면 리더가 될 필요도 없고 또 리더일 수 없다.

비전은 ① 조직 구성원들에게서 헌신을 이끌어 내고 활력을 불어넣어 주고, ② 삶에 의미(meaning)를 심어 주고, ③ 질의 우수성의 표준을 설정해 주고, ④ 현재와 미래에 다리를 놓는 데 강력하고 적극적인 효과를 주는 기능을 하기 때문에 비전을 공유할 때 자신의 역할을 더 잘 이해하고 맹목적으로 지시에 따르던 상태에서 창의적이고 유목적인 모험을 하는 인간으로 전환한다. 조직원들이 현실에 집착하고 열중하고 있을 때 행정가와 리더는 한 발짝 앞서 미래의 모습을 내다보고 그려 보면서 현실과 연결 지을 수 있도록 해 줘야 한다. 비전도 목표설정에서와 마찬가지로 조직 구성원들과의 공유 비전이 되도록 해야 하는 것은 당연한 논리로 한 번 더 강조한다.

비전설정은 앞에서 제시한 ① 가치와 신념, 철학의 바탕에서 출발하여 조직과 기관의 ② 사명(mission)을 진술하는 순서로 이어진다. 이를 사명진술 또는 사명서(mission statement)라고 한다. 사명은 '왜 우리가 여기에 있는가?' 하는 질문에 대한 대답으로 기관과 조직의 '존재 이유'를 제시하는 것이라 할 수 있다. '○○학교는 모든 학생이 가지고 있는 잠재력을 최대한 실현할 수 있는 긍정적인 환경을 제공하기 위해서 존재한다.'와 같이 진술할 수 있다.

다음 단계가 비전설정인데 ③ 비전은 사명서보다 더 구체적인 것으로 사명에 의하여 도달된 미래의 모습을 그려 볼 수 있게(visualize) 해야 된다. 비전(vision)은 말 그대로 미래의 상태를 그려 볼 수 있어야 하는 것이다. 사명이 미래에 어떻게 실현되는지를 상상할 수 있게 되어야 한다. '○○학교의 학생들은 언어심화 프로그램과 통합교육과정에 참여하고, 포트폴리오에 의한 평가, 자기평가를 강조하는 기능을 갖춘 자기주도적 학습자가 될 것이다.'와 같이 사명보다 좀 더 구체적으로 진술된다.

이제는 이 비전을 실행하기 위한 ④ 전략기획(strategic planning)이 따라붙어 줘야 한다. 미래의 상(像)인 비전에 어떻게 도달하느냐 하는 체계적(systematic)이고 단계적(sequential)인 전략에 초점을 맞춘 계획이라고 할 수 있다. 구체적인 계량적 목표를 설정하는 것에서 시작하여 목표에 도달하기까지의 과정을 나타내는 플로차트(flow chart)라고 할 수 있는데 비전이 올바른 방향을 가리키는 나침반이라고 한다면 전략기획은 예상되는 여행일정표이고 로드맵이라고 할 수 있다.

큰 전략기획에 이어 더 구체적인 ⑤ 행동계획(action plan)이 준비되어야 한다. 설정된 공유비전은 행동(action)을 통해서 실현되어야 비전으로서 의미가 있는 것이다. 행동이 따르지 않는 비전은 허황된 하나의 꿈에 지나지 않고(Vision without action is merely a dream), 비전 없이 하는 행동은 시간 낭비에 불과하고(Action without vision just passes the time), 행동이 따르는 비전이라야 세상을 변화시킬 수 있는(Vision with action can change the world) 리더십이 되는 것이다.

　이 비전개발의 과정을 ① 가치와 신념, 철학 → ② 사명(mission) → ③ 비전 → ④ 전략기획(strategic planning) → ⑤ 행동계획(action plan)으로 설명한다.

비전 개발의 과정

1. 가치와 신념, 철학에 바탕을 둔다.
2. 사명(mission)은 '왜 우리가 여기에 있는가?' 하는 질문에 대한 대답이다. '○○초등학교는 모든 학생이 가지고 있는 잠재력을 실현할 수 있는 긍정적인 환경을 제공하기 위해서 존재한다.'와 같이 진술된다.
3. 비전(Vision)은 사명이 미래에 어떻게 실현되는지를 상상할 수 있게 한다. '○○초등학교 학생들은 언어심화 프로그램과 통합교육과정에 참여하고, 포트폴리오에 의한 평가, 자기평가의 강조로 기능을 갖춘 자기주도적 학습자가 될 것이다.'와 같이 진술된다. 사명에 의하여 도달된 미래의 모습을 그려 볼 수 있게 해야 비전이 된다. 비전(vision)은 말 그대로 미래의 상태를 그려 볼 수 있어야 한다.
4. 전략기획(strategic planning)은 미래에 어떻게 도달하느냐 하는 체계적(systematic)이고 단계적(sequential)인 전략에 초점을 맞춘 계획이라고 할 수 있다. 구체적인 계량적 목표를 설정하는 것에서 시작하여 목표에 도달하기까지의 과정을 나타내는 일종의 플로차트로, 비전이 나침반이라면 전략기획은 여행일정표이고 로드맵이라고 할 수 있다.
5. 행동계획(action plan)은 더 구체적인 실천계획이다.

　* 가치와 신념 → 사명 → 비전 → 전략기획 → 행동계획

3) 교육행정가의 윤리

　도덕이나 윤리나 둘 다 인간이 지켜야 할 도리라고 할 수 있지만 윤리는 특히 특정 집단이나 조직, 직업에서 특별히 더 요구되는 법적 책임까지 따르는 엄한 도리라고 할 수 있다. 예를 들면, 의사나 변호사, 성직자, 교사, 상담사와 같은 특정 직업인에게 특별히 요구되는 것이다. 윤리강령이라고 하면 아름다운 문장으로 써 붙여 놓고 하나의 추상적인 희망사항으로 생각하는 경우가 많은데 이는 잘못된 생각이다. 히포크라테스 선서처럼 반드시 지키고 이를 어기면 법적 처벌까지 받는다는 점에서 도덕보다 더 엄격한 것이다. 행정에서 책임(responsibility)은 대응(response)만 할 수 있으면(ability) 되지만, 책무(accountability)는 회계, 계산 증명(account)으로 설득할 수 있어야 하고, 그렇지 못하면 법적 책임까지 져야 한다. 그래서 일본에서는 'accountability'를 '설명력'이라고 번역해서 사용하기도 한다.

　미국에서는 앞에서 인용했던 미국 교육리더전문기준의 두 번째 기준을 행정가의 윤리로 채택하고 있다. 미국초등교장회나 중등교장회도 이와 거의 같은 내용을 윤리강령으로 삼고 있는데 이를 인용하면 다음과 같다.

① 교육행정가는 학생의 교육과 복지를 모든 의사결정의 기본 가치로 삼아야 한다.
② 교육행정가는 정직과 성실(honesty and integrity)을 다하여 전문적 의무를 완수하고 항상 신뢰성 있고 책임 있게(a trustworthy and responsible manner) 행동해야 한다.
③ 교육행정가는 모든 개인의 시민권과 인권을 보호하고 적법 절차의 원칙을 지켜야 한다.
④ 교육행정가는 지역 교육구, 주, 연방법을 준수한다.
⑤ 교육행정가는 교육위원회에 (전문적) 자문을 하고 교육위원회 정책과 행정 규칙과 규정을 지킨다.
⑥ 교육행정가는 건전한 교육목표와 학생들의 최선의 이익(best interest)에 어긋나는 법과 정책, 규정을 바로잡기 위해 적절한 조치를 취한다.
⑦ 교육행정가는 정치적 · 사회적 · 종교적 · 경제적 및 기타 다른 영향력을 행사하여 사익에 자신의 지위를 이용하지 않는다.
⑧ 교육행정가는 정식 평가인정을 받은 기관으로부터만 학위나 전문자격증을 수여받

는다.

⑨ 교육행정가는 연구와 계속적인 전문개발을 통하여 전문직의 효과성 향상을 추구하고 전문표준을 유지한다.

⑩ 교육행정가는 모든 전문 단체가 상호 동의한 문제는 완전한 해결을 위하여 서로 존중하고 계속 접촉한다.

⑪ 교육행정가는 자신의 행동과 행위에 대한 책임과 책무를 진다.

⑫ 교육행정가는 자신보다 타인을 위하여 봉사한다(2015 PSEL에서는 기준2의 '윤리와 전문직 규범'으로 여섯 개 항을 제시함).

미국 리더의 7덕목으로는 정직, 충성, 용기, 존중, 배려, 정의, 품위 등이 꼽힌다. 우리나라의 교육, 사회풍토 속에서는 특히 성실성, 결백성, 공정성, 자율성, 책임성이 강조된다고 하는데(김종철, 1984: 393). 이는 외국에서나 큰 차이가 없을 것이다. 현 한국교총의 전신인 대한교련이 제정한 교육행정가의 신조(1960. 11. 26) 6개 항 중 마지막 6항 "전임자를 비난하지 아니한다."(주삼환, 2003: 485)만이라도 제대로 지켰으면 좋겠다. 우리나라에도 공무원윤리헌장, 교원윤리강령 등에 아름다운 덕목과 문구가 있으나 이에 대한 철저한 교육과 실천이 중요하다고 본다.

교육행정윤리 교재로는 Rebore의 『The Ethics of Educational Leadership』(2000, 『교육행정윤리』 주삼환 외 공역)이 있고, Shapiro와 Stefkovich의 『Ethical Leadership and Decision Making in Education』(2010, 『교육윤리리더십』 주삼환, 정일화 역)이 있다.

🎓 기본 학습 2
_____

교육행정가는 학생 성취에 초점을 맞춘 학습 공동체 문화를 창출, 형성 및 지속하기 위해서 기본 태도와 비전설정을 어떻게 해야 하는지 설명해 보자.

3. 교육행정가의 교육과 나아가야 할 길

이 절에서는 교육행정가도 교육이 필요한데 외국의 사례를 바탕으로 교육행정가 교육에 대해서 알아보고, 앞으로 교육행정가가 나가야할 길에 대해서 언급한다.

1) 교육행정가 교육

일반적으로 교육행정가와 교육리더는 전문직 중의 전문직으로 보고 있다. 미국도 1996년 개발하고 2008년에 개정했던 ISLLC에서 교육리더정책기준(Educational Leadership Policy Standards)이라고 하였던 것을 2015 개정에서 '교육리더전문기준'이라고 이름을 바꿨다고 하였다. 우리나라에서는 교육행정가를 전문직으로 인정하지 않는 것 같고 어떤 기준도 설정하지 않은 실정이다. 그래서 교육감도 정치인, 일반인들이 자리를 차지하고 무자격 돌팔이 교장도 나오는 판이다. 교원들도 의사나 판검사 수준의 전문직 대우를 받기에는 거리가 먼 실정이다. 전문직은 자신들의 주장만으로 되는 것이 아니라 타인과 사회의 인정이 더 중요하다. 많은 직업이 전문직으로 인정받기 위하여 노력하고 있어 전문직의 역사는 전문직으로 인정받기 위한 투쟁의 역사라고 하기도 한다. 그런데 교원들이 전문직으로 인정받기 위해 투쟁은 해야겠지만 스스로 전문직이기를 포기하고 범속직이나 노동직 방향으로 가려 할 것인가에 대하여는 깊이 생각할 필요가 있다고 본다.

그러면 전문직으로 인정받기 위한 기준은 무엇인가? 학자에 따라 기준이 다를 수 있지만 지금도 많이 통용되고 있는 것이 Lieberman(1956)이 제시한 기준이라고 할 수 있다. 즉, ① 사회적 봉사, ② 지성적 기술, ③ 전문적 훈련, ④ 자율성, ⑥ 책임성, ⑦ 이익이 아닌 봉사, ⑧ 자기통제, ⑨ 윤리강령 준수 등이다(주삼환, 2004). 교육행정가도 이러한 기준을 충족하고 있느냐의 사실(what is) 판단에서 시대와 지역에 따라 부족하다고 보는 측면도 있을지 모르지만 교육을 위해서 전문직이어야 한다는 당위성(ought to)에는 일치를 볼 수 있을 것이다.

미국에서는 교육행정가와 교육리더를 공급하기 위해서 대학원에서 교육과 훈련에 중점을 두어 길러 내는 '양성교육'을 택하고 있고, 우리나라에서는 교육 현장 교원 중에 승진시켜 공급하는 '연수교육' 쪽을 택하고 있다. 양쪽 다 장점과 단점이 있을 수 있다고 본다(주삼환, 2004). 이에 대하여 일부 사례를 중심으로 살펴보고자 한다. 미국에서는 주 교육부가 교장자격증 관련 사항을 다루지만 평가인정을 받은 대학원 교장자격 프로그램에 위임하는 형식이라고 할 수 있다. 오하이오 주립대학교의 교장자격 프로그램을 보면 성공적으로 교사경력 2년을 마친 자로 교육행정 전공 석사과정을 마치는 것으로 되어 있다. 이에 더하여 교장자격에서 요구하는 프로그램의 학점을 이수한 자에게 교장자격을 부여하는 것으로 되어 있다. 석사과정은 최소한 36(시메스터제)학점 2년 과정으로 코스 커리큘럼과 해당 교수와 현직교장의 멘토가 제공된다. 또 1년의 교육행정 실습이 요구된다. 코스워크는 주로 리더십, 행정, 학교재정, 인간관계, 현장실습으로 구성되어 있다. 즉, '교장자격 과정 = (교사경력 2년 필수)교육행정 석사 + 교장자격 프로그램'이라고 할 수 있는데 초등학교, 중학교, 고등학교, 특수학교(사실은 우리나라와 달리 학생 연령에 따라 다양한 학교가 있다) 교장자격은 해당 학교 학생의 해당 연령(발달) 과목에서 6학점 이상을 취득해야 한다. 그래서 어떤 사람은 세 수준의 교장자격증을 모두 가지고 있는 사람도 있다(저자가 직접 만나 면접을 하기도 하였다). 교육구 교육감(장)(school district superintendent)의 지명을 받은 사람을 위한 단기 속성과정(accelerated licensure program for principals)이 있는데, 앞의 정규과정과 똑같은데 단지 기간만 2년에서 15개월로 단축하여 집중교육을 하게 되며, 여름학기에 시작하여 다음 여름학기에 마치는 것으로 되어 있다. 단기교장자격 과정은 첫 여름학기에 교육행정개론(3학점), 학교리더를 위한 데이터베이스 의사결정(3학점), 가을학기에 학교와 지역사회 관계와 정치(3학점), P12(취학 전~12학년) 행정을 위한 전략적 인적자원관리(3학점), 수업 리더십과 장학(3학점), 현장실습과 포트폴리오 개발(1학점), 봄학기에 학교재정과 서무(3학점), 교육 리더십, 형평과 윤리(3학점), 현장실습과 포트폴리오 개발(1학점), 다음해 여름학기에 학교행정의 법규적 측면(3학점), 교육기술공학(technology) 리더십과 행정(3학점, 온라인), 교육 리더십과 교수-학습(3학점), 현장실습과 포트폴리오 개발(1학점)의 총 36학점(1학점을 10주 10시간으로 치면 360시간)으로 되어 있다. 실습과 포트폴리오는 자기가 원하는 학교 수준인 PK~6학년 학교(초등), 4~9학년 학교(중학교), 5~12학년 학교(중·고등학교)로 나눠지는데 최소 216시간을 채워야 하며, 앞에서 언급한 것처럼 다른 수준의 학교의 교장자격을 추가하려면 추가 실습시간이 요구된다(https://ehe.osu.edu/educational-studies/).

미국에서 교육감은 교육감(장)자격증이 있어야 하는데 오하이오 주립대학교의 프로그램을 보면 이미 교육행정 경험을 가지고 있는 사람 중에서 교육구 교육감(장)의 지명과 추천을 받아 교장의 경우처럼 단기집중교육감(장)자격 프로그램(the accelerated licensure program for superintendents)을 운영하고 있다. 이 과정은 석사 + 3년 교육 리더십 경험자로 최소 12학점의 학위 프로그램을 이수해야 한다. 어떻게 보면 석사와 박사 중간 정도인데 교장의 경우보다 더 추가되고 요구되는 것이 다르다고 볼 수 있다. 교장과 교육감은 높고 낮다는 개념보다는 하는 일과 역할, 책임 등이 다르기 때문에 당연한 합리적 생각이라고 할 수 있다. 여름학기에 교육위원회 정치와 대외관계(public relations, 3학점), 가을학기에 행정책임과 정책 전망(3학점), 특별주제: 교육행정(1학점), 봄학기에 교육구재정(3학점), 교육구행정실습(2학점)의 총 12학점이다(https://ehe.osu.edu/educational-studies/). 이러한 대학원 리더십 훈련과 교육으로 충분한 리더의 자격이 있는 리더가 되었다고 볼 수는 없겠지만 이러한 프로그램 속에는 직무 전환, 변환을 위해서는 반드시 그에 해당하는 전문교육을 통해서 전문기준을 충족시켜야 한다는 생각이 깔려 있는 것이다. 교사의 전문성, 교감·교장의 전문성, 장학사(관, 참모)의 전문성, 교육감(장)의 전문성은 확실히 다르다고 보는 것이다. 미국에서는 일단 교사가 되었든 교장이 되었든 학교에서 교육청으로 자리를 옮기게 되면 학교로 되돌아오기는 심히 어렵다고 봐야 한다.

미국의 명문 스탠퍼드 대학교 교육리더십교육원(Stanford Educational Leadership Institute)에서 보는 학교 리더인 교장은 ① 훌륭한 교사의 개발과 지원을 통해서(the support and development of effective teachers), 그리고 ② 효과적인 조직운영의 과정을 통해서(the implementation of effective organizational processes) 학생 성취에 영향을 주고 있다는 점에서 훌륭한 리더십이 필수 요소라는 데 동의하고 있다는 것이다(Davis, Darling-Hammond, LaPointe, & Meyerson, 2005). Leithwood, Seashore-Louis, Anderson과 Wahlstrom(2004)도 ① 교직원 인적자원 개발(Developing people)과 ② 조직의 방향 결정(Setting directions for the organization), ③ 조직재설계(Redesigning the organization)가 세 핵심 리더십 실천(three sets of core leadership practices)이라고 압축하고 있다.

우리나라에서는 교사-부장교사-교감-교장의 경로로 교장에 이르는 것이 대체적인 교장 공급로라고 할 수 있다. 미국이 교장 양성제를 택하고 있는 데 비하여 우리나라는 교장 승진제를 택하고 있는 셈이다. 교장의 자격기준은 "① 해당 학교의 교감자격증을 가지고 3년 이상의 교육경력과 소정의 재교육을 받은 자, ② 학식·덕망이 높은 자로서 대통령령이 정하는 기준에 해당한다고 교육부 장관의 인정을 받은 자, ③ 특수학교의 교장자격을 가진 자이며, 중등학교 교장의 경우에는 교육대학·전문대학의 학장으로 근무한 경력이 있는 자도 포함된다."라고 명시되어 있으나 ②, ③은 예외에 해당하고 ①이 주류를 이룬다. 그리고 일반인 교장, 공모제 교장도 나오고 있다. 교육감의 경우는 과거에는 중·고등학교 교장 출신이 많았으나 이제는 초·중등교육의 전문성과 상관없는 교수, 정치인들까지 등장하고 있어 문제점으로 지적된다.

우리나라 교장의 주 공급로인 교사-부장교사-교감-교장 경로를 중심으로 간단하게 살펴보기로 한다. 부장교사는 정식 행정가의 자리는 아니지만 많은 행정 경험과 리더십을 발휘할 기회를 갖게 된다. 그리고 교감직에서 정식 행정직으로 변환하게 되는 데 많은 교사 경험자 중에서 선발되어 교감자격 연수를 받아 교감자격증을 받고 교감직에 임하게 된다. 특히 중등의 경우 교과목 전공에서 교육행정 전공으로 전공을 전환하는 교감자격 변경 연수가 충분하지 못한 점이 있고, 해당자들도 가르치는 전문에서 행정하는 전문으로 변환한다는 인식 자체가 부족하다고 본다. 그리고 교감에게 결정권이 완전하게 주어지지 못하고 교장의 보조기관에 불과하여 우리나라에서는 완전한 행정가로서의 위치를 잡지 못하고 있는 실정이다. 그래도 우리나라에서 교감으로서 행정 경험을 쌓은 다음에 최종 결정권을 행사하는 교장에 이른다는 것은 장점이 될 수도 있다. 미국에서 교장 교육과정과 초기 교장 근무 중 멘토가 따라붙는 것을 우리나라에서는 부장교사와 교감 경험으로 채우고도 남을 수 있는 충분한 행정 경험이 되는 셈이다. 이런 면에서는 교장교육의 장점이 된다고 본다.

그러나 교장자격 연수과정은 교감자격 연수와 차별화되어야 할 것이다. 이에 대한 깊은 연구가 요구된다. 우리나라의 2019년도 대표적인 한 교장자격 연수 프로그램을 간단히 살펴보기로 한다. 우선 연수기간은 5주간 30일 195시간으로 되어 있는데 이 중에 해외연수 6일이 포함되어 있고 국내연수는 집합연수(합숙), 민간체험 연수 6시간(6박 7일), 멘토링 연수 2일 20시간(비합숙)으로 되어 있다. 집합연수가 이 교육과정의 주 내용이 되겠는데 이를 ① 기본 역량(성찰 16시간, 교장 리더십 12시간, 자율 18시간) 46시간과 ② 전문 역량(교육기획 24시간, 학교경영 14시간, 조직 인사관리 14시간, 자율 23시간) 75시간, ③ 해외 교육체험 연수 48시간, 민간 체험 연수 6시간, 멘토링 연수 20시간을 합하여 74시간의 총 195시간으로 구성되어 있다. 다른 연수원의 교육과정도 크게 세 영역을 나눈 것도 비슷하고 시간 배정도 이와 비슷하였다. 초등 교장의 경우나 유치원 원장 자격연수의 경우도 비슷한데 이는 교육부가 지시한 기준을 따르고 있기 때문인 것으로 본다. 그리고 집합연수의 121시간도 60여 개 과목에 이르고 과목당 대개 2시간씩으로 되어 있어 강의 교재만 해도 두꺼운 책 3권으로 제본되어 있는 분량으로 보아 아마 연수생들은 무슨 과목이 무슨 과목인지 뒤섞여서 과목 이름도 구분하기 어려울 것으로 본다. 교감자격 연수도 거의 이와 비슷한 시간에 이런 정도의 과목을 이수해야 하니 분량으로 치면 우리나라 교장연수는 결코 다른 나라에 비하여 적다고 볼 수는 없을 것이다.

연수기간도 근무로 보아 보수를 받고 연수비용도 무료인 셈이니 대학원 등록금을 지불하고 보수도 못 받으면서 대학원 교육을 통하여 교장이나 교육감 자격증을 받는 나라(미국)들에 비하면 우리나라 교장자격증 획득과정은 유리한 점도 많다고 할 수 있다. 이렇게 부장교사, 교감의 경험을 거치고 보수와 연수비용까지 들여서 연수를 시키고 실제 교장으로 근무하는 기간이 너무 짧은 것은 여러 면에서 비효과적인 측면이 있다. 그리고 순환근무제란 이름으로 한 학교에서 짧은 기간 근무하고 있고 교직원 팀을 교장이 구성할 수 있는 인사권이 없는 것도 교장의 리더십 발휘와 효과성에 문제가 된다.

🎓 **기본 학습 3**

행정행위를 생각할 때 자신이 주로 어디에 관심을 갖는지 제시해 보고, 학생에 대한 관심 단계를 높이기 위한 계획과 다른 교사들의 관심을 높이기 위한 방안을 제시해 보자.

---

2) 교육행정가의 나아가야 할 길

미국은 오래전부터 교육행정가 부족 현상을 호소하고 있다(주삼환, 2004). 최근에도 주 교육부 교육리더 공급로(leadership pipeline)에서 '미국 교육 리더십에 보이지 않는 위기'(Johanek & Spero, 2019)란 제목으로 그 심각성이 제기되고 있다. 미국의 교육 리더십의 위기는 여러 요인이 있겠지만 ① 질 높은 훌륭한 자질을 갖춘 후보자의 적절한 공급을 유인하고(attract) 유지하는(retain) 데에 실패하고 있으며(Knapp, Copland & Talbert, 2003), ② 교장 후보자와 현직 교장들이 과중한 다른 잡무 때문에 학습 향상을 위하여 지원을 잘 하지 못하고 있어서(Young, 2002; Levine, 2005) 리더십의 위기(leadership crisis) 문제라는 것이다. 미국에서는 주에 따라 다르겠지만 너무 쉽게 교장자격증을 따고 제대로 교장 준비교육을 시키지 못하고 있다는 지적도 많다.

교장·교육감의 책임은 무겁고 어려운데 보수는 낮은 상황에서 질 높은 교육 리더십을 공급하기 어렵다는 것이다. 더구나 대학원 교육을 통하여 교육 리더십을 공급하다 보니 현장 경험이 부족하다는 것을 느껴 실습과 포트폴리오, 체험중심 교육 프로그램, 모의상황 프로그램을 대안으로 강화한다고 하여도 교육행정직의 매력을 끌어들이기에는 역부족인 것 같다. 미국에서 심지어는 최고의 전문직인 의사들도 스트레스로 인하여 1년에 20% 이상이 그 직을 떠나고 반 이상의 의사가 4년 내에 그 직을 떠날 것이라고 하며 현재의 의사교육 공급망을 재고해야 한다고 할 정도로 지금 전문직들이 위기를 맞고 있다.

워싱턴 포스트(2015. 3. 15. Emma Brown)에 의하면 강력한 교장은 성공적인 학교의 가장 중요한 요소임에도 불구하고 교육에 관한 미국의 국가적 논의에서 교사만큼 관심을 끌지 못했다고 하면서 월러스 재단(Wallace Foundation)은 교장 준비교육 프로그램을 재설계하는 연구에 앞으로 5년간 4,700만 달러(470 억 원, 1000:1 기준)를 투입한다고 하였다(Washington Post, 2015. March 15, Emma Brown). 많은 교육감(장)이 대학에서의 교장교육에 만족하지 못하고 있다는 결과에 근거를 두고 있다. 미국에서나 한국에서나 교육리더 교육과 공급에 위기를 맞고 있는 것은 분명하다. 더구나 앞으로 AI가 발달하여 전문직을 대신하게 되면 현재의 전문직 교육과 공급망에도 많은 변화가 있을 것으로 보아 이에 대한 연구가 요구된다. 교육행정가 양성을 위한 어떤 극적인 변화가 없으면 우수한 교육 리더십을 확보하기 어려울 것이라는 경고가 심각하게 제기되고 있다. 최근에도 신임교장의 거의 반이 3년 근무 후 자기 학교를 매년 20% 떠나고 있다고 한다. 교육구와 주 교육부가 교장준비 교육과 신임교장 채용에 수백만 달러씩 투자해도 소용없게 되는 것이다(Superville, 2019).

그래도 미국에 비하면 우리나라에서는 장기간의 교사, 부장교사, 교감 경험과 교장자격 연수로 준비가 철저한 편이라고 볼 수도 있다. 그리고 아직 교장 지원자가 남아 있어서 다행이라고 할 수 있다. 그러나 최근으로 오면서 교장을 포함해 교육행정가의 리더십이 겉돌고 있고, 책임에 상응하는 보수와 대우, 유인가를 잃어버려 외국에서처럼 우리나라도 교육행정 전반적으로 위기를 맞고 있다고 볼 수 있다.

교장은 법적으로나 실제적으로 학생교육을 책임지고 실천하는 사람이다. 우리나라의 경우 교장은 오랫동안 교사로서의 경험을 바탕으로 교육과정을 운영하고, 예산을 집행하고, 시설을 관리한다. 교사, 행정직원 등 지원 인력의 동기를 부여하고, 대외적으로 학교를 대표하는 역할도 한다. 이처럼 교장은 다중의 행정 역할을 수행하는데, 그의 철학과 교육 방침은 학교교육의 효과, 특히 학생의 성장과 발달에 큰 영향을 주기 마련이다. 이런 이유로, 같은 교장이라도 역할을 수행하는 모습을 보면 서로 다르다.

그렇다면 교장은 무엇에 가장 큰 비중을 두어야 할까? 이 책을 읽는 사람이 교장 자신이라면 자신이 직무를 수행하는 과정이나 결과를 통해 '나는 어떤 일을 하는 사람인가' 생각해 보아야 한다. 또한 교사라면 교장이 하는 일을 잘 관찰하여 교장은 어떤 사람인지, 어떤 일을 하는 사람인지 이해해야 한다. 그리고 자신이 교장이라면 무엇에 초점을 두고 교장 역할을 할 것인지 생각해 볼 필요가 있다. ☞ 심화 학습 4

심화 학습

[심화 학습 1]

'미리 생각하기'에서 다루었던 교육행정가가 앞으로 나아가야 할 길에 대해서 생각해 보시오.

행정가의 다짐(예시)	이에 대한 자신의 생각	교육행정가로서 취임식에 담고 싶은 내용
행정가는 학교의 큰 그림, 비전에 집중하고 세세한 일들은 위임한다.		
학교의 규정 규칙은 구성원들과 상의해서 결정하고, 일관성 있게 적용한다.		
엄격한 학사 운영이 기본이 되기 때문에 이를 지키도록 한다.		
구성원들의 사기 진작이 중요하고 주인의식을 갖도록 공감대를 형성한다		

[심화 학습 2]

우리나라 교장과 교육감의 이상적인 상(像)을 제시하고 이에 필요한 전문기준을 제시하시오.

[심화 학습 3]

학교에서 교육행정의 학생교육 효과가 높아지려면, 학교행정의 책임자인 교장(나)은 무엇을 준비하고 실천해야 하는지 세 가지를 정하여 기술하시오.

1. ....
2. ....
3. ....

[심화 학습 4]

각자 자신이 교육행정가로서 지켜야 할 행정가 사명서를 작성해 보고 동료들에게 공개하고 피드백을 받아 보시오.

●참고문헌●

김종철(1984). 교육행정의 이론과 실제(3판). 경기: 교육과학사.

주삼환(2004). 한국과 미국의 학교장 양성과 전문직적 능력개발에 관한 비교연구. 한국교원교육연구, 21(3), 389-409.

주삼환(2003). 교육의 질 향상을 위한 장학의 이론과 기법. 서울: 학지사.

주삼환, 이석열, 이미라(2007). 교장의 직무 척도 개발. 한국교원교육연구, 24(1), 197-220.

Aitken, A., Bedard, G., & Darroch, A. (2003). *Designing a master program in educational leadership: Trends, reflections, and conclusions.* ERIC Clearinghouse.

Begley, P. (1994). Contemporary images of school leadership in Ontario, the Northwest Territories, and Western Australia. *Alberta Journal of Educational Research, 40*(3), 319-336.

Begley, P. (1995). Using Profiles of School Leadership as Supports to Cognitive Apprenticeship. *Educational Administration Quarterly, 31*(2), 176-202.

Begley, P., & Leonard, P. (1999). *The values of educational administration.* NY: Falmers Press.

Blumberg, A., & Greenfield, W. (1986). *The effective principal: Perspectives on school leadership.* Boston: Allyn & Bacon.

Campbell, R. F, Corbally, J. O., & Nystrand, R. O. (1983). *Introduction to educational administration* (6th ed.). 주삼환 역(1986). 교육행정학개론. 서울: 박영사.

Daresh, J. C., & Playko, M. A. (1997). *Beginning the principalship: A practical guide for new school leaders.* Thousand Oaks, CA: Corwin Press, Inc.

Davis, S., Darling-Hammond, L., LaPointe, M., & Meyerson. D. (2005). *School Leadership Study: Developing Successful Principals.* Stanford Educational Leadership Institute.

Edmonds, R. (1979). Effective schools for the urban poor. *Educational leadership, 37*(1), 15-23.

Griffiths, D. E. (1956). *Human relations in school administration.* New York: Appleton-Century-Crofts.

Gruenert, S., & Whitaker, T. (2017). *School culture recharged: Strategies to energize your staff and culture.* 주삼환, 이석열, 신붕섭, 김규태 공역(2019). 학교문화 리더십. 서울: 학지사.

Hack, W. G, Rameyer, J. A., Gephart, W. J., & Heck, J. B. (1965). *Educational administration: Selected readings.* Boston: Allyn and Bacon.

Johanek, M. C., & Spero, K. (2019. 11. 13.). The silent crisis of leadership in education. smartbrief.

Knapp, M. S., Copland, M. A., & Talbert, J. E. (2003). *Leading for learning: Reflective tools for school and district leaders. Seattle.* WA: Center for the Study of Teaching and Policy.

Kouzes, J., & Posner, B. (2012). *The leadership challenge* (5th ed.). San Francisco: Jossey-Bass.

Leithwood, K., Seashore-Louis, K., Anderson, S., & Wahlstrom, K. (2004). *How leadership influences student learning.* New York: The Wallace Foundation.

Levine, A. (2005). *Educating School Leaders.* New York: The Education School Project.

Lieberman, M. (1956). *Education as a profession.* Englewood Cliffs, NJ: Prentice-Hall Inc.

Nanus, B. (1992). *Visionary leadership.* San Francisco: Jossey-Bass.

NPBEA (2015). *Professional standards for educational leaders 2015.*

Rebore, R. W. (2000). *The ethics of educational leadership.* 주삼환, 조성만, 김병윤, 김수아, 류지은 공역(2010). 교육행정윤리. 서울: 시그마프레스.

Sergiovanni, T. J., & Carver, F. D. (1980). *The new school executive: A theory of administration* (2nd ed.). New York, Harper & Row, Publishers.

Shapiro, J. P., & Stefkovich, J. A. (2010). *Ethical leadership and decision making in education: Applying theoretical perspectives to complex dilemmas* (3rd ed.). 주삼환, 정일화 공역(2011). 교육윤리 리더십: 선택의 딜레마. 서울: 학지사.

Superville, D. R., (2019. 12. 19.). Principal turnover is problem: New data could help districts combat it. Education Week.

Young, M. D. (2002). *Ensuring the university's capacity to prepare learning-focused leadership.* Report presented at the meeting of the National Commission for the Advancement of Educational Leadership, Racine, WI.

https://www.ehe.osu.edu/educational-studies/

https://www.gov.uk/government/organisations/national-college-for-school-leadership(National College for School Leadership이 'Teaching Agency'와 합쳐져 National College for Teaching and Leadership으로 되었다고 함).

Washington Post, 2015. March 15, Emma Brown.

●제3장●
교육행정의 무대와 환경

미리 생각하기 교육행정 환경 변화를 이해하고 외부환경 변화에 대응하는 교육행정가의 행정 무대를 어떻게 만들 것인가

　한때 세계 1위 필름회사였던 코닥이 무너졌다. 코닥은 1975년 세계 최초로 디지털 카메라 기술을 개발하였다. 그런데 디지털 카메라 시대를 연 회사가 디지털 카메라 때문에 망했다. 코닥은 왜 망했을까? 이유는 **핵심 가치에 대한 환경 변화**를 잘못 읽었기 때문이다. 코닥은 디지털 시대가 아닌 기존 필름을 현상하고 인화하는 **사진현상소에 핵심 가치**를 두었다. 그때 코닥이 현상소가 아니라 카메라를 가지고 직접 사진을 찍는 개인을 핵심 고객으로 바꾸고 디지털 카메라를 개인에게 팔았더라면 더 많은 고객을 확보하고 디지털 시대를 주도했을 것이다. 반면 애플은 코닥과 반대로 당시 자기들 매출의 절반을 차지하던 음악 파일 플레이어 '아이팟'을 자신이 새로 개발한 '아이폰'으로 하여금 스스로 잡아먹게 하여, 결국은 아이폰으로 성공하였다. 당장은 중요한 아이팟 고객을 잃더라도 아이폰 고객으로 만회할 수 있도록 과감하게 바꾼 것이다. 애플이 코닥처럼 아이팟 고객을 아까워하여 버리지 못하고 새로운 아이폰 고객을 확보하지 못하였더라면 아마 코닥과 같이 망하는 신세가 되었을지도 모른다. 코닥과 아이폰의 당시 상황을 그려 보며 현재 우리가 처해 있는 교육행정 환경은 무엇이고 교육의 핵심 가치에 대한 환경변화를 어떻게 대응할지 생각해 보기로 한다.

　교육생태계에 적응만 할 것인가? 아니면 적극적으로 새로운 교육생태계로 바꾸는 노력을 할 것인가? 생존을 위해 어떻게 대응해야 하는가?

☞ 심화 학습 2

학습성과

교육행정 환경 변화를 이해하고 교육의 핵심 가치에 맞게 행정 무대를 조성할 수 있다.

학습목표

1. 외부환경 변화와 미래교육 방향을 이해할 수 있다.
2. 행정 무대 개념과 학습생태계, 교육 패러다임, 교육법으로의 행정 무대를 이해할 수 있다.
3. 현재 우리의 교육 현상과 비교하여 교육의 핵심 가치에 따라 조성해야 할 행정 무대를 설명할 수 있다.

학습내용

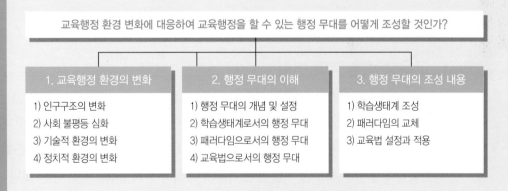

교육행정 환경 변화에 대응하여 교육행정을 할 수 있는 행정 무대를 어떻게 조성할 것인가?

1. 교육행정 환경의 변화	2. 행정 무대의 이해	3. 행정 무대의 조성 내용
1) 인구구조의 변화 2) 사회 불평등 심화 3) 기술적 환경의 변화 4) 정치적 환경의 변화	1) 행정 무대의 개념 및 설정 2) 학습생태계로서의 행정 무대 3) 패러다임으로서의 행정 무대 4) 교육법으로서의 행정 무대	1) 학습생태계 조성 2) 패러다임의 교체 3) 교육법 설정과 적용

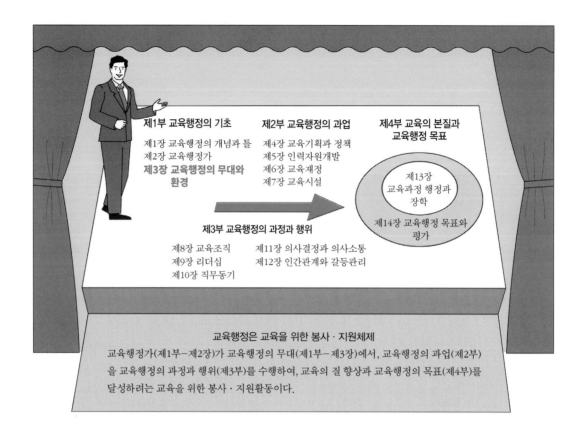

1. 교육행정 환경의 변화

이 장에서는 환경 변화에 따른 교육에서의 행정의 역할에 대해 살펴보기로 한다. 우리는 변화하는 환경에 맞는 교육행정을 해야 한다. 그러나 반대로 **환경 변화에 대응할 수 있도록 교육행정에 맞는 무대를 만들고 조성하기도 해야 한다.** 따라서 이 장은 대단히 중요한데 그동안 우리나라의 교육행정에서는 이를 소홀히 다루어 왔다.

1) 인구구조의 변화

저출산·고령화가 고착되면서 우리나라 인구는 자연감소 단계에 진입 중이다. 합계출산율이 38년째 인구대체율(2.1명)을 하회하고 있고, 특히 최근 2년은 OECD 국가 중 유일하게 합계출산율 1 이하를 기록하였다. 결혼적령인구 감소, 만혼·비혼 추세 확산, 코로나 19의 영향 등으로 2020년 출생아 수는 사상 최초 30만 명 이하가 예상된다. 기대수명의 증가와 저출산의 가속화가 결합되어 **고령화 추세가 세계에서 가장 빠른 수준으로** 진행되고 있다. 2025년에는 65세 이상 인구 비율이 20%를 넘는 초고령사회에 진입할 것이 예상된다. [그림 3-1]과 [그림 3-2]는 출생아 수 감소 및 고령층 증가에 따른 사망자 수 증가로 연간 기준 인구 자연 감소가 2020년부터 시작되었음을 보여 준다.

절대인구는 [그림 3-3]과 같이 2028년부터 감소 전환해 2067년까지 1,200만 명 이상 줄고 생산연령인구는 [그림 3-4]와 같이 현재보다 1,900만 명 이상 감소해 절반 이하가 될 전망이다. 인구 자연감소가 지속 확대되어 2052년 이후에는 매년 50만 명 이상 감소할 것으로 예상된다. 인구 감소 및 고령화는 당장 2020년대부터 잠재성장률에 마이너스(−) 영향을 미치고 장기적으로는 **경제 규모 축소까지 초래할 것이** 우려된다.

절대인구·생산연령인구의 감소는 성장잠재력 감소 등으로 우리 경제·사회에 다양한 유형의 문제를 야기할 전망이다. 저출산은 학령인구 감소, 병역자원 감소 등을 유발하고 제조업, 서비스업, 농·어업 등 국내시장 전반을 축소시키며, 특히 유소년·청년층 대상 사업은 연령 순서대로 산업규모 축소가 현실화될 것이다. 생산연령인구 감소에 따른 노동공급의 감소로 인한 노동생산성 저하는 우리 경제의 성장잠재력에 부정적 영향을 미친다.

인구구조 변화로 지역·제도·산업 등 사회 전반의 중심이 고령층으로 이동하고, 복지지출 증가로 재정수지의 악화가 예상된다. 첫째, **지역은 공동화, 불균형이 심화된다.** 고령인구 비중이 높은 비수도권 지역부터 지역공동화 위험이 증가하고 빈집 등 유휴자원 증가, 공공행정 서비스 사각지대 발생 등이 초래된다. 20~30대 청년층이 대학·결혼·직장 등의 이유로 소멸위험 지역에서 수도권·대도시로 이동함으로써 지역 간 불균형이 심화될 것이다. 둘째, **고령자 관련 대응으로 제도적 보완의 필요성이 증가한다.** 고령자 인구 비중이 커지며 고령자 관련 사회현상에 대한 대응 필요성도 비례하여 증가하므로 제도 개선 및 인프라 확충수요가 발생한다. 셋째, **산업은 고령친화 산업 중심으로 재편될 것이다.** 고령층을 중심으로 한 새로운 유형의 소비 수요가 급증하여 요양·돌봄, 건강관리, 여가·문화 등 고령친화 산업의 성장 기회가 확대된다. 반면에 고령인구 비중의 증가로 세입은 감소하는 한편 복지지출 등 재정지출 수요는 증대되는 것이 재정압박 요인으로 작용한다.

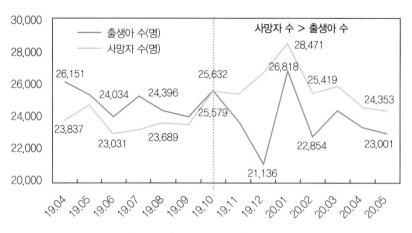

[그림 3-1] 사망자 수 대 출생아 수

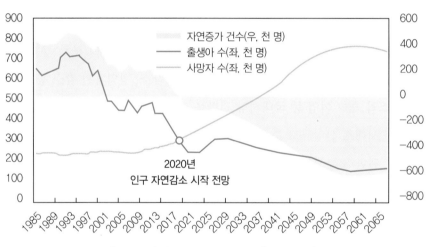

[그림 3-2] 출생 · 사망 · 자연증가(1985~2067)

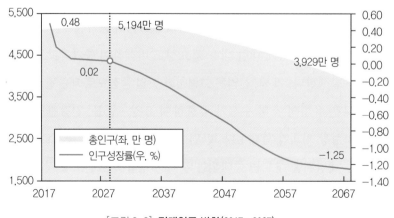

[그림 3-3] 절대인구 변화(2017~2067)

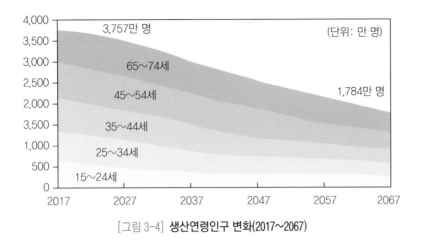

[그림 3-4] 생산연령인구 변화(2017~2067)

2) 사회 불평등 심화

저성장 기조가 고착화되고 고소득 가구의 자산소득 집중도 심화됨에 따라 사회 불평등에 대한 사회적 관심과 분배에 대한 요구가 증대될 것이다. 사회적 취약계층의 상대적 빈곤율이 높고, 기초생활 등에 있어 **절대적 박탈을 경험하는 인구도 10.3%(2016 기준)** 해당된다. 지속적인 출생아 감소 및 기대수명 증가로 생산가능인구는 급격히 줄어드는 반면, 고령화의 심화와 전통적 안전망의 기능을 담당하였던 가족 내 부양능력의 저하로 인한 **사회복지 수요와 지출이 지속적으로 증가**할 것으로 전망된다. 정부의 사회안전망 강화를 위한 사회복지 지출비용의 지속적인 확대에도 불구하고 OECD 평균의 53.7%(2015년)로 여전히 낮은 수준이다. 한국의 GDP 대비 공적 사회복지 지출의 비중은 꾸준히 증가하여 2010년 8.2%, 2015년 10.2%에서 2018년 11.1%로 증가하였다. 그러나 OECD 평균은 같은 기간 19.0~20.3%로 한국의 약 2배 수준이며, 2018년 기준 OECD 37개 회원국 중 한국의 GDP 대비 공적 복지지출 비중은 멕시코, 칠레에 이어 세 번째로 낮다. 지금까지 성장 우선 패러다임(선성장 후복지)으로 사회투자에 소극적이었고, 선진국에 비해 복지지출이 약 40~50년 지체되어 있다. [그림 3-5]와 같이 현재 사회지출 규모는 경제규모·성장률·인구고령화 등의 요인을 고려한 국제비교 시 적정 수준 대비 약 52~68%에 국민부담률 대비 사회복지 지출 수준(40.6%)도 OECD 평균(56.4%)의 72.0%에 불과하다. 민간중심 공급·이용체계(주거·요양·돌봄·보육 등)로 서비스 질의 향상이 요구되고, 취약계층 위주 사회 서비스 제공으로 국민의 복지체감도 제고의 한계를 극복해야 할 과제를 안고 있다.

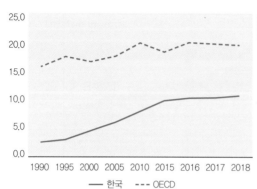

구분	2014	2015	2016	2017	2018
한국	9.7	10.2	10.5	10.6	11.1
OECD 평균	20.3	19.0	20.5	20.2	20.1

[그림 3-5] 우리나라와 OECD 연도별 사회복지 지출 현황

출처: OECD (2020).

소득계층 간 교육투자 격차가 심각한 상황이다. 소득 수준에 따른 교육비 투자 격차 (10.2배)는 매우 크고, 특히 사교육비 투자에서는 더 큰 격차(12.7배)를 보인다. 통계청의 가계동향조사 결과에 따르면 월소득 600만 원 이상인 가정과 월소득 100만 원 미만인 가정의 교육비 격차는 2006년 9.5배에서 2016년 10.2배로 점차 심화되는 추세이다(정제영, 2016).

상급학교 진학에도 소득계층 간 양극화가 발생하고 있다. 사회경제적 지위가 높은 학생이 대학입시에도 우수한 결과를 보이는데, 학벌중심사회, 학력중심 채용문화, 학력에 따른 임금 격차 등 사회적 환경에도 영향을 주고 있다. 2018년 고용부 통계에 따르면 고졸 임금(218.3만 원)은 대졸 임금(329.5만 원)의 66% 수준이다. 소위 명문대학교라고 할 수 있는 서울대학교, 연세대학교, 고려대학교 재학생 다수는 국가장학금이 필요 없는 학생이라는 언론보도가 나오는 것도 이를 반증하고 있다.

3) 기술적 환경의 변화

2016년 다보스 포럼에서 제4차 산업혁명이 주목받았으며 인공지능(AI), 빅데이터 등 관련 기술의 보편화가 이미 시작되고 있는 상황이다. 인공지능(AI)은 1950년대에 등장한 개념이나 혁신적 알고리즘, 컴퓨팅 파워 혁신, 데이터 폭증 등으로 최근 급속히 발달했다. 인공지능(AI)의 핵심은 학습ㆍ추론ㆍ예측으로 육체노동을 대신하는 이전 기계들과 달리, 인지·표현·판단 등 지적 노동이 가능하다는 것이다. 인공지능(AI)은 **인간의 지적 활동·노동의 상당 부분을 대체할 예정이다.** 인공지능(AI)이 바뀌 갈 미래사회에 **빠르게 적응하고 생존하기** 위해 인간의 고유성에 대한 관심이 고조된다. 인간의 감성에 대한 이해와 공감, 타인과의 소통·협업 등 사람에 대한 깊은 관심에 바탕을 둔 인간적인 사고가 요구되면서 인간의 존재 의의에 대한 탐구, 다양한 철학적 사유 등을 돕는 인문학의 중요성이 갈수록 부각된다. 또한 기존의 틀을 넘어 새로운 구조를 만드는 창의력인 정답만 쫓는 학습목표·방식보다 새로운 접근을 불러일으키는 독창적 질문, **문제설정 능력** 등이 중요하다.

인공지능(AI)은 학습자에게 최적화된 학습 방법과 자료를 제공하는 등 개인별 맞춤형 학습 지원을 위해 널리 활용될 것으로 기대된다. 학력인구 감소 등으로 학생 한 명 한 명에 대한 **개별화 교육 요구의 증대**가 예상된다. 미래학자 Schnker는 시대 변화에 따라 새롭게 부상하는 표준으로 경제 위기 이후 5~10년간의 세계경제를 특정짓는 현상인 뉴노멀, 즉 과거에 대해 반성하고 새로운 질서를 모색하는 시점으로 비대면을 제시했다. 뉴노멀 교육은 교육에 들어가는 중간 단계의 비용이 사라지고 온라인 플랫폼에 대한 접근이 민주화되

[그림 3-6] **정보통신 기술의 교육적 적용**

고 학습 경험을 향상할 기회를 제공한다고 하였다. 정보통신기술의 교육적 적용은 [그림 3-6]과 같다.

뉴노멀 교육에서는 인공지능을 활용한 지식전달 효율이 높아질수록 학교와 교육의 역할을 개발하고 그에 집중할 필요가 있다. 아울러 원격수업, 인공지능(AI) 활용 등 학습환경 자유도가 높아질수록 자기주도학습 능력이 교육 격차의 핵심으로 부상할 것이 예상되므로 공교육이 학생의 자기주도성 함양을 위해 노력하는 것은 선택이 아닌 필수이며 가장 중요한 책무이다. AI로 새로운 형태의 교육방식이 출현 · 확산되면 기존 학사제도에 대한 유연화 요구가 더욱 커질 전망이다. 특히 AI 시대에 필요한 정형화되지 않은 인재에 대한 갈증은 교육과정의 자율화 · 다양화 분위기를 확산시킬 것이다. 새로운 소프트웨어를 담는 새로운 하드웨어(미래형 학교공간)에 대한 요구도 함께 증가할 것으로 예상된다. 인공지능(AI)의 출현으로 지식 정보 유통기한의 단축, 일자리 지형 변화 등이 초래되어 평생학습의 중요성이 강조된다. 특히 우리나라는 성인기 역량의 감소가 크고, 생산연령인구(15~62세)의 감소가 예상되며 개인적 · 국가적으로 평생학습에 대한 관심은 갈수록 높아질 전망이다.

디지털 플랫폼으로 수입을 얻는 사람이 전체 취업자의 2.0%로 추산되는 등 기술 변화에 따라 직업구조가 빠르게 변화하고 있고, 서비스 주도로 경제를 전환할 때 성장이 가속화될 것으로 추정되며, 특히 정보 · 통신, 문화 · 오락 등의 성장이 두드러질 전망이다. 옥스퍼드 대학교의 마틴 스쿨(Martin School)은 유럽에서의 미래 일자리 변화를 연구하였다. 유럽 노동시장이 글로벌화와 기술적 혁신으로 인해 변화될 것으로 전망했다. 또한 과학기술의 발전이 단순 업무부터 복잡한 업무까지 자동화시켜 일자리뿐만 아니라 업무 영역에서도 커다란 변화가 나타날 것으로 전망하고 있다. 특히 S/W 및 빅데이터 등 정보통신 기술(ICT)의 발달로 업무 영역이 자동화되고 자율주행 기술 및 3D 프린팅 기술 등의 등장으로 일자리 지형이 크게 변화할 것으로 예측되고 있다. 사무관리 등 일상적인 인지적 일자리의 축소는 중산층의 몰락과 함께 양극화를 더 빠르게 진행시키고 있다. 기술 발전에 따른 미래사회의 난제는 다음과 같다. 첫째, 글로벌 수준의 구조 변동과 경쟁에 대응하기 위해서는 과학기술 경쟁력 증진 및 산업구조 재편을 통한 경제 체질의 변화가 필요하다. 둘째, 제4차 산업혁명으로 일자리가 대체되는 과정에서 기술 변화에 뒤처진 사람들은 열악한 노동 조건에 노출될 가능성이 크다. 셋째, 급격한 기술 변동과 노동시장의 변화에 따라 노동시장에 진입하지 못하는 집단에 대한 포용적인 접근이 필요하다. 이를 극복하기 위해 미래

학습자들을 위한 교육은 기존 학급 단위의 집합식 교육에서 개개인에 최적화된 맞춤형 교육으로 변화가 필요하다. 학습자 성향 변화에 따라 학습자의 삶을 중심으로 하여 학생 스스로 진로를 설정하고 개척해 가는 학교교육체제로 혁신하여야 한다. ☞ **심화 학습 1**

4) 정치적 환경의 변화

지방자치법의 전면개정에 따라 교육자치의 강화에 따른 초·중등교육의 이양 확대 등의 요구가 확대되고 논의가 활발하다. 제4차 산업혁명이 실현되는 상황에서 학교교육은 전통 지식 위주보다는 학습자 개인의 능력과 자질을 발견하고 성장시키는 창의성 발현을 위한 교육이 되기 위해 **지방으로 권한이 더욱 이양되어야 한다**는 목소리가 제기되고 있다(이승미 외, 2019: 2). 고령화로 인해서 생애주기가 변화하는 상황은 미래사회 교육이 학교교육에서 평생교육으로 초점이 전환될 것임을 시사한다. 평생교육은 국가·중앙부처 중심의 획일적 대응보다는 지역의 창의성·다양성을 토대로 지역 특성에 맞는 자생적 성장 전략 추진 및 주민의 다양하고 차별화된 욕구 충족을 달성해야 한다. 향후 급격히 진행될 고령화 시대에 교육이 해야 할 역할은 고령인구가 지속적인 자기관리를 통해 생존 독립성과 생산성 및 생산 의욕을 최대한 오랫동안 유지하도록 돕는 것이다(박남기, 2015). 그간 **지방행정의 객체로** 머물러 있던 주민을 다시 지역의 주인으로 자리매김하도록 하고, 고질적 문제로 제기되던 지방자치단체의 자치권 부족과 책임성·투명성 부족 문제를 해결해야 한다. 주민의 삶이 실질적으로 변화하고, 지방이 창의와 혁신을 통해 성장할 수 있는 기반이 마련되어야 한다. 특히 **지방재정 자립**을 위해서는 강력한 재정 분권을 시행한다. 강력한 재정 분권을 통해 지방의 자율성과 책임성 확보가 가능하고, 국가 균형발전을 동시에 달성할 수 있도록 중앙과 지방 및 지방 간 상생과 협력을 통해 지속 가능한 발전을 이룰 수 있다.

탈국경·초국경·글로벌·지구촌화 흐름이 거셀수록 국가 내 부분공동체인 지역의 인적·물적자원과 다양한 유·무형 에너지를 기반으로 경제·사회의 제 분야에 걸쳐 국가 차원의 글로벌 경쟁력을 확대할 필요성이 증대되고 있다. 지방교육 시스템은 입시 준비와 같은 전국 공통 내용 위주로 획일적으로 행해질 것이 아니라, 지역 경제나 산업 등과 연계하여 **다양한 창의적 인재양성의 지속적 산실 역할**을 할 수 있어야 한다. 대안학교 등 다양한 학교 모델이 정규교육 체계를 보완할 수 있도록 지역 상황에 맞게 학제운영의 유연성 확보도 필요하다. 지방교육의 문제는 단순히 학생에게 지식을 전달하는 것이 아니며 학사나 행정 업무에 한정되는 것이 아니라 지역의 경제, 지역사회, 지역산업 등과 매우 밀접한 연관성이 있다. 한국의 현실에서 교육 여건이 주거를 결정하는 가장 중요한 요건의 하나라면 교육적으로 매력 있는 지역으로 가꾸어 가는 것이 주민의 현재 주거를 정착시키고 다른 지역의 주민을 흡수하기 위한 전략으로 구상될 수 있다.

🎓 **기본 학습 1**

현재 한국 사회는 인류 최대의 변혁기를 맞고 있다. 인구가 감소하고 제4차 산업혁명의 기술적 변화에 의해 사회 불평등은 심화되고 지방교육자치의 요구는 거세질 전망이다. 내가 교육행정가라면 교육행정 환경을 어떻게 조성할지 생각해 보자.

---

2. 행정 무대의 이해

행정 무대는 교육행정가가 교육목표를 달성하기 위한 장이다. 이 장은 학습생태계, 패러다임, 교육법 체계 등 다양하게 나타날 수 있다. 환경 변화에 맞는 장을 만들기도 장에 맞는 교육행정을 펼칠 수 있는 행정 무대를 만들어야 한다.

1) 행정 무대의 개념 및 설정

(1) 행정 무대의 개념

제1장에서 살펴본 바와 같이 교육행정 무대와 환경(the social setting)의 내용을 ① 물적·기술적·인적자원을 확보 지원하고, ② 관계 체제를 구축하고, ③ 조직의 네트워크를 만들고, ④ 올바른 사고(思考), 신념, 가치 패턴을 형성하는 것으로, 과정을 ① 계속성과 안정성, ② 새롭고 다른, ③ 스트레스와 압박, ④ 해소와 재조정으로 보았다. 이는 교육행정을 무대의 설치자로 본 것이다. 자원을 확보하고 관리하고 소통하고 교육의 가치를 실현한다. 그리고 지속하고 새롭게 다르게 압박을 받기도 하면서 해소하면서 재조정한다. 또한 주삼환은 행정가에게 투입(input)되는 선행 변인으로 철학적 기반(philosophical base)과

이론(theory), 무대, 환경(setting)으로 보았다. 철학적 기반은 **가치**를 제공해 주고, 이론은 **행정행위의 방향**을 안내해 주게 되고, 행정 무대와 환경은 행정가에게 기대와 요구를 하게 된다고 하였다. 그래서 교육행정가는 관객의 **기대**와 **요구**에 부응할 수 있도록 행정 무대에서 자신에게 맡겨진 배역을 완벽하게 소화해내야 한다.

　제1장에서 교육행정을 "① 교육행정가(교육리더)(man, actor)가 ② 교육과정과 수업, 학생의 성취 향상이라는 교육의 핵(core of education)을 위한 ③ 교육행정의 목표(goal)를 설정하고 이를 달성하기 위하여, ④ 교육행정 환경과 무대(setting)에서, ⑤ 올바른 교육행정 과정(process)과 절차에 따라 행정행위(behavior)를 하고, ⑥ 행정과업 서비스를 하여 설정된 교육목표를 성취하는 것"으로 보았다. 교육행정 환경과 무대(setting)는 교육행정가(교육리더)(man, actor)가 **교육행정의 목표(goal)를 설정하고 이를 달성하기 위한** 장(場)이기도 한다. 장(場)은 국민의 열망이기도 하고 국제정세이기도 하고, 교육정책이기도 하다. 이 모두가 행정 무대의 요소가 된다. 행정 무대는 우리가 갖고 있는 학습생태계이며 새로운 패러다임의 모색이며 교육법 체계이기도 하다. 교육행정 환경과 무대가 잘 만들어져야 설정된 교육목표가 성취된다.

　행정 무대는 과업과 제도적 차원 등 환경에 대한 일반적 관점이 있다. 과업차원에서는 목표설정, 달성, 효과성 및 생존과 관련된 외부상황의 측면에서 과업환경을 정의한다. 제도적 차원에서는 조직이 처한 법적, 사회적, 전문적 및 정치적 상황에 부과되는 일련의 강력한 규칙과 요구사항들에 학교가 적응하도록 조장하는 것이 환경이라고 가정한다. 조직은 스스로 모든 것을 충당할 수 없으며, 생존을 위해 필요한 정보나 자원을 얻기 위해 외부환경과 상호작용을 해야 한다. 효과적인 교육 행정가는 효율적인 작업요건을 설계하고, 기술 과정을 조정하며, 적절한 자원 제공자 및 시장을 확보해야 한다(Scott, 2003). 또한 조직 구조와 과정이 사회에 제도화된 규범, 가치 및 이데올로기를 반영할 때 조직이 생존할 가능성이 높아진다(Rowan, 1993) 그래서 조직 성공의 가장 중요한 요인은 조직이 보유한 자원 그 자체가 아니라 자원을 창출하는 능력이다. 자원을 획득하고 축적할 수 있는 능력이 무엇인지, 어떠한 과정을 통해 창출되었는지가 중요한 것이다. [그림 3-7]은 환경의 크기별 교육행정의 역할은 행정 무대를 설명한다. 행정 무대를 효과적으로 설치하기 위해서는 조직의 투입, 내부구조와 과정 및 산출과 환경을 고려하는데 Scott(2003)은 모든 조직은 불완전하며 생존을 위한 필요조건으로 환경 속의 다른 조직과의 상호작용에 의존한다는 점을 강조하고 있다. Dill(1958)은 목표설정, 달성, 효과성 및 생존과 관련된 모든 외부환경 요인들을 포함하는 과업환경은 조직에 대한 외부의 영향을 이해하도록 도와주는 유용한 개념이며 과업환경의 기본적인 전제는 "조직은 사회 내에서 특정 기능 또는 업무를 수행하고, 목표를 달성하기 위해 만들어졌다."는 것이다. 과업환경의 여러 요인들은 학교와 같은 조직은 투입을 산출로 전환하는 생산체제(productive system)이며, 이러한 과정에서 생산된 결과에 대해 자원(resource)을 제공하는 재료와 에너지 투입, 시장 또는 구매자를 필요로 한다는 것을 강조하고 있다.

교육행정은 조직의 생존에 필요한 정보나 자원을 얻기 위해 외부환경과 적응하고 극복해야 하며 규범, 가치 등을 받아들여야 한다. 불확실성이 특징인 미래사회를 위한 교육은 현재 사회적 요구를 반영하는 수준을 넘어서서 미래 창출의 혁신적, 개방적 체계로서, 미래사회를 형성하는 데에 영향을 줄 수 있는 방식으로 구성되어야 한다(banathy, 1991). 따라서 조직은 스스로 모든 것을 충당할 수 없으며, 생존을 위해 필요한 정보나 자원을 얻기 위해 외부환경과 상호작용을 해야만 한다. 교육행정가는 **효율적인 작업요건을 설계하고 기술과정을 조정하며 적절한 자원 제공자 및 시장을 확보해야 한다**(Scott, 2003).

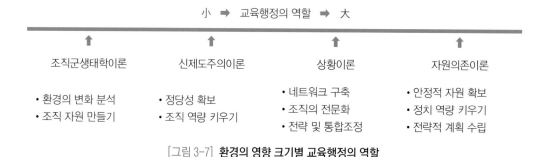

[그림 3-7] **환경의 영향 크기별 교육행정의 역할**

(2) 행정 무대의 설정 조건

교육행정가는 학생에게 초점을 맞추고 자원, 능력, 역량을 조합하여 교행(敎行)을 가르치는 '교(敎)'와 행(行)이 이루어지는 '행정'이 일치하도록 행정 무대를 만들어야 한다. 이를 위해 비전과 목표설정, 전략과 절차, 문화적 요인, 예산 등 행정 무대의 설정 조건들을 다음과 같이 제시한다(주삼환, 2016)

첫째, 행정 무대는 비전과 목표 방향 설정의 현실성 우선순위가 있다. 교육을 보는 사람마다 가치판단이 다를 수 있으나 현실적으로 한국교육의 가장 급하고도 중요한 것은 '양'이 아니라 '질'이라고 보아야 할 것이다. 교육의 양만 늘리겠다고 한다면 많이 가르치고도 실패하는 교육이 된다. 현재의 학생들에게 세계 수준의 높은 교육서비스를 제공해 주고도 여력이 남을 때 교육의 양을 더 열고 늘리는 일을 해도 늦지 않다. 체제와 조직에 대한 비전을 갖고 조직과 체제의 이미지로 바꾸고 그 이미지를 새로운 설계로 실현시키려는 노력을 해야 한다. 구조개혁을 뛰어 넘어 문화개혁, 체제적 개혁을 해야 한다. 경쟁중심 교육완화를 통한 출산율 제고와 인구 감소의 부정적 효과를 상쇄하도록 학생 한 명 한 명의 소질과 적성을 최대한 발현시켜야 한다. 또한 중앙집권적 하향식 교육정책의 한계를 극복하고 현장의 교사와 학교를 교육혁신의 주체로 자리매김함으로써 지속 가능한 변화를 유도해야 한다.

둘째, 행정 무대는 전략과 절차에 따라야 한다. 수십 년, 수백 년 내려오고 쌓여 온 교육을 일시에 혁명적으로, 종합적으로 바꾸려면 반드시 저항과 부작용이 따른다. 개혁의 의지가 있다면 개혁 아이디어를 일찍 공개적으로 내놓아 현장의 소리를 듣고 논의를 거쳐 의견을 수렴하여 방안을 결정해야 한다. 대통령이나 장관이 바뀔 때마다 바뀌는 급조된 교육정책이나 개혁은 실패할 수밖에 없다. 개혁에서 반드시 거쳐야 할 절차를 생략하고 계속 비밀로 부치다가 선거를 앞두고 급하게 터뜨리는 식 전략을 쓰게 되니 개혁으로 실질적인 이익이나 손해를 보게 될 당사자인 교육자나 학부모, 국민은 뒷짐 지고 팔짱끼고 구경이나 하는 구경꾼 신세가 되어 바쁜 개혁꾼들의 흥분된 목소리만 TV인터뷰로 지켜보게 되었다. 교육 당사자나 이해 당사자들을 제쳐 두고 누구의 힘으로 개혁을 추진할 것인가? 개혁의 주역이 되어야 할 교원들의 신바람을 불러일으키지 못하는 개혁방안은 100% 실패한다. 교원을 개혁의 춤판으로 끌어들이지 못하고 개혁위원들의 독무대, 장관의 독무대인, 중앙의 솔로 춤만으로는 성공하기 어렵다. 교원은 지금 개혁에 신나지 않고 오히려 안개 속의 불안을 느낀다. 비전이 환하지 못하고 오히려 환상으로 다가오기 때문이다.

셋째, 행정 무대는 문화적 요인을 충분히 고려해야 한다. 공급자 경쟁-수요자(소비자) 선택의 문화를 어느 날 갑자기 180도, 360도 방향을 바꾸어 심으려면 어려움이 클 것이다. 그리고 정치 마인드는 물론이고 경제 마인드, 경영 마인드로 교육개혁을 하려는 데 문제가 있다. 문화개혁, 의식개혁이 되지 못하면 근본적 개혁이 어렵다. 오늘날 기업문화가 강조되듯이 학교문화가 중요하다는 것을 알아야 한다. 학부모와 국민이 지금은 당장 교육수요자이지만 교육자치가 제대로 되면 그들이 바로 교육공급자가 된다. 원래 교원과 학교는 교육공급자도 교육수요자도 아닌 공급자의 머슴인 것이다. 기업과 달리 교육을 공급자-수요자의 이분법으로 볼 수 없다

넷째, 행정 무대는 예산이 수반된다. 교육은 교육행정 환경 속에서 교수와 학생 사이에 교육과정을 놓고 상호작용하는 것이다. 무엇을(교육과정), 어떻게(교수방법), 어디서(교육여건), 누가(교사, 학생) 가르치고 배우느냐에 개혁의 핵을 잡아야 한다. 학습에 변화를 주어 학업성취의 향상을 가져오지 못하는 정책과 행정은 무의미하다. 우리의 교육행정은 무의미한 것에 관심과 주의, 에너지, 시간과 재정을 낭비하고 있는 셈이다. 그 동안의 개혁과 혁신, 정책 변화가 학생의 학습을 향상시키지 못했다. 예를 들어 한의사의 침이 학습에까지 미치지 못하여 한의사의 침 효과를 보거나 확인하지 못하고 약효나 침의 효과에 상관없이 정책적ㆍ행정적 침을 놓는 것에 그치고 만다. 궁극적으로 교육문제의 핵심을 제대로 파악하고, 양적인 평가를 하고 있는 입시 중심의 교육, 서열화 경쟁에 찌든 교육, 문제풀이 위주의 암기교육에서 지적 탐구가 정상적으로 이루어지는 자유롭고 행복한 교육, 그리고 미래사회의 변화에 대비하여 능동적으로 인재를 길러 낼 수 있는 미래교육으로 한국교육을 변화시켜야 한다. 저출산ㆍ고령화의 심화에 따른 국가 성장기반 약화를 방지하기 위해 국민 한 명 한 명의 역량을 최대한 발현할 수 있는 교육이 요구되며 출발선 단계부터 노령기까지 균등하고 다양한 교육 기회 보장이 필요하다. 교육 비 국가 부담 확대를 통해 교육의 질을 획기적으로 높이는 동시에 균등한 교육 기회를 보장하는 보편적 교육복지를 추구해야 한다. 심화 학습 2

2) 학습생태계로서의 행정 무대

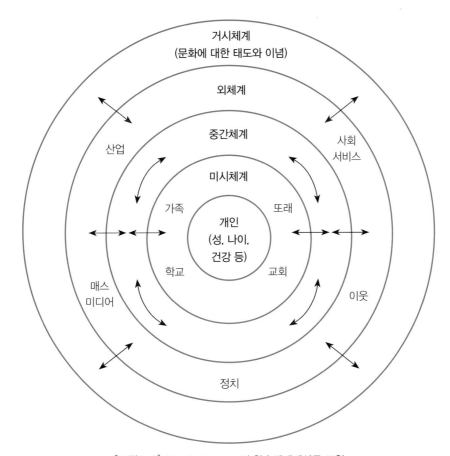

[그림 3-8] Bronfenbrenner의 학습생태계이론 모형

출처: https://en.wikipedia.org/wiki/Ecological_systems_theory

그동안의 교육개혁은 부분 최적화 전략을 사용했기 때문에 한국 교육이 거둔 많은 성과에도 불구하고 근본 개선이 이루어지지 못했다는 한계가 있다. **지능정보사회의 미래 학교교육 전략을 수립하려면 학습생태계 조성이 필요하며** 학교교육을 가능하게 하는 여러 요인이 유기적이고 종합적으로 고려되어야 할 것이다. 인간 및 아동 발달의 측면에서 생활과 학습의 공간이 [그림 3-8]과 같이 점점 넓어지고 확대된다는 것이다. 이에 따라 학습생태계도 미시체계에서 중간체계, 외체계, 거시체계로 넓어질 수밖에 없다.

Fullan(2010)은 학교의 개선을 위해서는 **총체적인 시스템의 변화**(whole-system reform)가 필요하다고 강조하면서 이를 실현하기 위한 일곱 가지 중요한 과제를 제시하였다. 첫째,

모든 학생이 학습을 할 수 있도록 하고, 둘째, 소수의 최우선 목표가 설정되어야 하고, 셋째, 강력한 리더십이 필요하며, 넷째, 집합적 역량이 요구되고, 다섯째, 정교한 전략이 요구되고, 여섯째, 인지적 책무성이 있어야 하며, 일곱째, 모든 하위 시스템이 개선되어야 한다. 우리나라의 학교교육을 개선하려면 미시체계에서 거시체계까지 학교 전체의 개선이 이루어질 수 있도록 학습생태계를 조성하는 것이 필요하다. 생물생태계의 유기체는 물리적 환경 속에서 유기체 간 그리고 유기체와 환경 간 관계를 맺으며 생존과 균형의 핵심 기능을 하기 위해 노력한다. 학습생태계에서 학습자는 학습과 일을 하여 보상을 받고 생활하기 위하여 학습환경과 직업환경 속에서 팀 문화를 이루고 학습한다. 생물생태계와 기본적으로는 같으나 환경과 관계성이 좀 복잡할 뿐이다(〈표 3-1〉 참조).

〈표 3-1〉 **생물생태계와 학습생태계**

생물생태계	학습생태계
각 유기체: 핵심 기능을 하기 위해 노력	각 학습자: 학습을 하고, 보상을 받고, 생활하려고 노력(역할은 생산자이면서 소비자)
물리적 환경	학습환경: 위치, 공간, 학습장비, IT 인프라, IT 체제 등
유기체들 간 관계성: 각 유기체 간, 유기체와 환경 간	실수, 신뢰, 방침, 과제 분배에 관한 위임, 피드백, 반응을 통해서 표현된 관리문화와 팀 문화

　　교육은 최종적으로 학생의 성취로 말하라는 것과 맥을 같이하는 것 같다. 주삼환은 '정책 → 행정 → 교수 → 학습'의 침이 '학습'에까지 미치지 못해 정책과 행정이 의미가 없는데 정책과 행정 담당자, 특히 관료들은 교수와 학습이 어떻게 돌아가는지도 모르고 정책과 행정 법 제도에만 열을 올리고, 교수보다 학습이 중요한데 어른들은(교사와 학부모를 포함한) 학생의 학습에는 관심이 적고 오로지 가르치기만 하려고 침통을 흔든다고 비유적으로 설명했다(주삼환, 2009). 심지어 학교는 가르치는 곳이 아니라 배우는 곳이라고 했고, 학생만 배우는 것이 아니라 교사도 교장도 학부모도 배우는 곳이라고 강조했다. 최근에 '교사의 학습(Teachers' Learning)' '교사의 전문성학습(Teachers' Professional Learning)' '교사의 전문성 개발(Professional Development)' 관련 책과 글이 많이 나오고 있는 것을 볼 수 있다. 이제는 아예 사고 자체를 '학습 → 교수 → 행정 → 정책'으로 뒤집어야 하는 것이다. 학습과 학생을 모르고는 행정과 정책을 생각도 말아야 하고, 현장과 동떨어진 정책은 손을 놓아야 한다.

〈표 3-2〉가 학습에 대한 초점을 요약한 것이다. 이러한 학습 강조로 '학습생태계'가 '교육생태계'보다 더 많이 쓰이고 있는 것으로 생각된다.

　　교육생태계를 살펴보면서 알 수 있는 것은 ① 교육생태계의 대강은 일반체제론의 사회체제로 설명할 수 있고, ② 사회와 시대 변화가 가속적으로 변화·발전하는 것을 교육생태계가 맞추기가 어렵고, ③ 생태계의 공간이 넓어지면서 교육 공간도 가상공간으로까지 거의 무한대로 확대되고, 교육 서비스 제공자가 다양해지고, 공급자와 소비자의 구별도 줄어들고, 다양한 기술공학을 활용하게 된다는 점이다. 교육생태계는 결국 ④ 학습생태계에 초점이 맞춰지는데 확실히 학생과 학습을 중심으로 하는 사고와 행동의 전환이라고 할 수 있다. 이러한 변화에 비하면 우리나라의 교육생태계는 겨우 공교육 학교에, 그것도 관료적 사고에 제한된 느낌을 받는다. ⑤ 교육도 지구촌 시대인데 국제 교육생태계와 국내 교육생태계 사이의 간극 문제가 있을 수 있다. 넓게 보면 세계 교육생태계도 우리나라 교육생태계의 일부로 생각할 수 있기 때문이다. ⑥ 소극적으로 교육생태계에 적응만 할 것이냐, 아니면

〈표 3-2〉 학습에 초점을 맞춘 체제

	최고의사결정 (기관) 수준	행정 수준	수업(교수) 수준	학습·경험 (학습자 개인) 수준
목적	학습·경험 수준의 지원을 위한 자원의 이용가능성 촉진	학습을 촉진하는 자원 요구와 자원 활용에 적절한 정보형성	학습을 촉진하는 자원과 배치의 제공	학습과제 완성. 유능하게 되는 것
실제	교수-학습 체제에 대한 사회적 기대와 요구	교수-학습 지원, 교육시설	학습자 필요와 목적	바라는 학습 산출에 관한 정보
의사결정자	교육정책 결정자와 여러 사회기관 자원체제의 대표	재정과 학습자원의 확보와 자원관리를 위한 관리자와 행정가	학습자원 관리자와 자원제공자	학습자와 학습자원 관리자
투입	사회의 교육적 필요와 가치, 교수-학습 체제에 대한 요구: 재정 자원과 제약	최고결정 수준과 기관 학습자 수준의 산출	행정 수준의 산출: 학습자의 절차, 학습자 요구에 대한 정보	수업 수준의 산출, 학습자 요구와 목적, 교수-학습 자원 활동을 위한 구체적 계획
산출	일반 교육목표, 교수-학습 체제에 이용 가능한 자원 배분	여러 사회체제의 참여와, 사회의 교육적 지원과 전반적 교육 요구의 활동을 규제하는 정책	교육과정의 틀에 대한 정보: 교수-학습 자원의 배치; 조직된 쉽게 이용 가능한 자원	완성된 학습과제, 개인적·사회적으로 유능한 사람이 되기 위한 진전

출처: Banathy (1991)에서 요약.

적극적으로 새로운 교육생태계로 바꿔 가는 노력까지 할 것이냐의 문제도 있을 수 있다. 생태계에 잘 맞추지 못하면 생존에 위협을 받게 된다. 공룡이 이 세상에서 사라진 것도 생태계에 맞추지 못했기 때문일 것이고, 유명했던 『라이프(Life)』지가 사라지고 코닥이 망한 것도 세상 변화에 대응하지 못했기 때문이다.

3) 패러다임으로서의 행정 무대

교육행정 환경도 시대와 사회 변화에 맞추어 변해 왔다. 인류는 부족사회, 농경사회, 산업사회, 지식정보사회를 거쳐 문화창조사회를 지향하여 나아가고 있다. 인간사회의 발전은 생물학적인 발전인 동시에 사고의 발전, 문화의 발전이라고도 할 수 있다. 교육은 각 발전 단계에 맞춰 살아가는 데에 필요한 의사소통 수단과 사고의 패러다임, 이에 필요한 주요 기술을 가르치는 데 주력했다.

사냥하면서 살던 유목부족사회에는 그때 필요한 말과 마력-신비, 생존기술을 가르쳤고, 농경사회 시대에는 도시국가 공동사회에 필요한 문자와 논리-철학, 직조기술을 가르치는 데에 주력했다. 산업사회에서는 인쇄기술의 발명으로 의사소통을 시간과 공간으로 확대할 수 있게 되고, 국가의식이 강해지고, 기계공학의 발전으로 동물과 인간의 육체적인 힘을 연장·확대하여 사용하게 되고, 과학적·기계적·결정론적(사고의 패러다임) 세계관이 지배하는 사회가 되고, 산업사회에 필요한 기계기술(주요 기술)에 교육의 초점이 맞춰졌다. 우리나라도 산업화에 힘쓸 때 기능공 양성에 노력했다. 시대의 변화에 따른 교육의 변화는 기존의 교육행정의 패러다임이 과거의 그 시대에는 시대상황에 맞게 변화하고 굳어진 것이라고 여겨지며 권위적이고 획일적인 가치관과 상당히 긍정적인 방향으로 유지되었다.

18세기 증기기관의 발명으로 제1차 산업혁명이 시작된 이래, 19세기의 기술 진보와 20세기 초 컨베이어 벨트의 등장, 표준화된 공정으로 촉발된 제2차 산업혁명은 대량생산 체계를 구축했다. 20세기 후반 컴퓨터와 인터넷 발전으로 인한 제3차 산업혁명은 공장의 자동화 시스템을 구현했다. 이제 제4차 산업혁명은 제3차 산업혁명과는 질적으로 다른 기술적 진보와 사회 변화를 예고하고 있다. 포스트 코로나 시대 글로벌 가치사슬(Global Value Chain: GVC) 재편은 디지털 전환에 성공하는 국가와 실패하는 국가의 운명을 극명하게 바꿔놓을 전망이다. 코로나로 날개를 단 디지털 전환으로 무역 비용은 더욱 떨어지고 있고, 무역 품목의 지도도 확 바뀌고 있다. 이른바 디지털 무역은 디지털 기술과 데이터가 비교우위를 좌우하고 있다. 디지털 전환에 성공하는 국가가 GVC 재편을 주도할 것이고 그렇지 못한 국가는 변방으로 밀려나거나 탈락하고 말 것이다.

21세기 교육에 새로운 디지털 기술공학의 발전으로 새로운 기능이 요구되고 교수방법 변혁의 기회가 되기도 한다. 빠르게 산업사회는 초연결·초지능의 사회, 비대면과 원격의 사회, 디지털 사회로 전환되며 새로운 교육의 형태들이 등장한다. 현대와 미래에는 사회적 필요, 조직의 구조, 구성원의 욕구, 삶의 방식이 과거와는 달라져서 기존 교육행정의 패러다임으로는 변화하는 시대에서 조직의 역량을 키우고 발전시키는 데 한계를 가진다. 따라서 Kuhn이 그의 저서 『과학혁명의 구조』에서 밝힌 바와 같이 교육행정은 새로운 패러다임을 만들고 그 위에서 새로운 변화를 맞는 행정 무대를 만들어야 한다. Kuhn은 과학적 탐구를 공동체적 활동으로 파악하고 정상과학과 과학혁명의 두 가지 이질적인 활동으로 구분했다. 정상과학은 동일한 패러다임을 공유하는 과학자 공동체가 행하는 과학적 탐구활동을 말하며, 과학혁명은 패러다임이 교체되는 과정으로 과학발전이 한 시대의 세계관에서 다른 세계관으로 바뀌는 혁명적인 과정을 말한다. 기존의 정치제도가 거기서 파생되는 문제들을 해결할 수 없게 될 때 혁명이 일어나듯 자연과학에서도 혁명은 일어난다고 Kuhn은 주장했다. 특정 시기의 과학자 집단이 공인한 문제해결의 모델인 패러다임이 해결할 수 없는 문제들이 증가할 경우, 혁신적인 과학자들은 새로운 패러다임을 들고 나온다. 급기야 경쟁생태를 지나 새것이 낡은 것을 대체하게 된다. 이러한 패러다임의 교체가 바로 과학혁명이다. 즉, 과학의 발전을 Kuhn의 논지를 과학혁명 → 변칙성 출현으로 인한 과학 위기 → 새 과학혁명 이라는 변증법적 순환 굴레로 해설할 수 있다.

현대사회의 급격한 변화와 불확실성의 증가는 교육의 패러다임의 변화를 강력하게 요구하고 있다. 교육행정가는 무대를 통해서 미래교육, 학습, 인간의 삶의 존재 기반과 근본적인 방향을 변화시킬 수 있어야 한다. 산업 시대에 사용되었던 명시적 지식뿐만 아니라 이러한 지식을 대상, 영역에 적확하게 적용하여 사용할 수 있는 방법적 지식, 즉 기존의 지식을 문제해결을 위한 재구조 능력이 필요하다. 그래서 교육행정가는 지능정보사회에 필요한 역량을 재설계하고 학습경험 재구조화하는 미래형 교육과정을 마련해야 하고 마련된 미래형 교육과정으로 미래사회를 대처할 수 있는 역량을 지닌 인재를 길러내야 한다.

4) 교육법으로서의 행정 무대

국가의 교육형성권에 둘러싼 교육법의 갈등, 사회문화적 환경의 법적 갈등은 행정 무대에서도 중요한 부분이므로 조석훈(2020)의 『학교와 교육법』을 토대로 교육법으로서 행정무대를 살펴보고자 한다.

민주국가에서 교육을 통한 국민의 능력과 자질의 향상은 나라의 번영과 발전의 토대가 되는 만큼, 「헌법」은 교육을 국가의 중요한 과제로 설정하고 있다. 「헌법」법 제31조제2항부터 제6항까지는 국민의 교육을 받을 권리를 보장하기 위한 국가적 과제와 책임을 규정하고 있으며 특히 제31조제6항은 학교교육 및 평생교육을 포함한 교육제도와 그 운영, 교육재정 및 교원의 지위에 관한 기본적인 사항을 법률로 정하도록 하여 국가의 역할을 분명히 하였다. 국가는 자유시장의 원리에 맡겨두었을 때 국민이 향유할 수 있는 **교육 기회의 부족, 교육행정 환경과 여건의 부실, 학습자가 입을 부당한 피해, 또는 교육의 불평등 등을 예방**하거나 완화해야 할 책임을 진다.

「헌법」 제31조는 국가가 이러한 헌법상 요청을 충실하게 이행할 수 있도록 광범위한 교육형성권을 국가에게 부여하고 있다. 국가는 교육의 본질을 침해하지 아니하는 한 입법형성의 자유를 가지고, 우리의 교육 현실에 어울리고 국민적 요구에 부응하는 교육제도를 설계하고 운영할 수 있다. 또한 국민의 교육받을 권리를 보장하기 위해 국가에 부여된 광범위한 교육형성권은 동시에 국민의 교육받을 권리를 보호하기 위하여 일정하게 행사되어야 한다. 교육과제의 전국적인 추진과 교육 기회의 균등한 보장을 위한 규제는 교육당사자가 자유로운 의사와 창의를 바탕으로 다양하고 특색있는 교육 기회를 산출하고 교류할 수 있는 기회를 제약하기 때문이다. 바로 「헌법」 제31조제1항에서 보장하는 교육받을 권리는 단순히 국가로부터 교육 기회를 평등하게 제공받을 권리 이전에 본질상 '자유권'의 성격을 갖고 있는 것이다.

국가의 교육형성권이 「헌법」 제31조에서 유래한 것과 마찬가지로 국가가 부여받은 교육형성권에 대한 제한 역시 「헌법」 제31조에 근거를 두고 있다. 국가의 교육형성권은 첫째, 「헌법」 제31조제4항이 직접 제시한 교육제도·운영의 기준을 위반하여서는 안 되고, 둘째, 「헌법」이 보장하는 교육당사자의 기본권과 조화와 균형을 이루어야 하며, 셋째, 교육제도 법정주의에 담긴 민주성의 기준을 충족하여야 한다. 국가가 가진 교육형성권의 양면성이 조화와 균형을 이루는 범위에서 구체적인 교육형성권이 발휘될 수 있다.

　　법률적 근거로 「교육기본법」은 구 「교육법」(1949.12.31)을 「초·중등교육법」과 「고등교육법」과 함께 세 개의 법으로 분할 제정한 결과로 나타났다. 이전 「교육법」의 내용 중 교육에 관한 기본적인 사항을 중심으로 재구성한 것이나, 큰 차이점은 국민의 권리·의무와 국가 및 지방자치단체의 책임을 정하고 있다는 것이다. 즉, 교육에 있어서 국민을 권리·의무의 주체로 설정하고 국가 및 지방자치단체를 책임의 주체로 설정한 점이 특징적이다. 나아가 교육당사자라는 개념을 설정하였다. 즉, 학습자, 보호자, 교원, 교원단체, 학교 등의 설립·경영자, 국가 및 지방자치단체 등 여섯 집단을 당사자로 설정하여 국민의 헌법상의 교육을 받을 권리를 실현에 있어서 역할 분담의 틀을 제공하였다. 현장이나 정책용어로 사용되던 교육주체나 교육객체, 혹은 교육수요자 혹은 교육공급자라는 모호한 개념을 대체하여 권리·의무·책임관계로서 법률관계를 새롭게 설정하였다.

　「교육기본법」 제정 의의는 다음과 같다. 첫째, 「교육기본법」은 「헌법」의 교육조항을 구체화한 '교육헌법'으로서 의의를 부여할 수 있다. 「교육기본법」은 교육에 관한 기본적인 사항을 규정하고 이를 중심으로 하여, 학교교육법규와 사회교육법규, 그리고 국가 및 지방자치단체에서 특별히 진흥하고 장려하는 특수교육, 유아교육, 직업교육, 과학교육, 학술문화의 진흥, 사학의 육성, 학교보건, 장학제도에 관한 개별법 등으로 「교육법」을 체계화함으로써 교육에 관한 입법과 법 적용 및 해석은 물론, 교육제도의 근거와 운영지침으로서 의미를 부여할 수 있다. 둘째, 기존의 통합된 형태의 「교육법」에서 교육 3법 체계로 완성하는 의의를 갖는다. 「교육기본법」과 함께 「초·중등교육법」 및 「고등교육법」이 제정됨으로써, 「교육법」의 체제는 「교육기본법」을 시작으로 교육행정 및 재정관련 법률을 포함한 '기본교육법규'와 「초·중등교육법」과 「고등교육법」, 「사립학교법」, 「장애인 등에 대한 특수교육법」, 「영재교육 진흥법」, 「교육공무원법」을 비롯한 교원 관련 각종 법률을 포함한 '학교교육법규', 「평생교육법」을 필두로 한 '사회교육 법규'로 구분되는 **교육 3법 체계화**를 갖춘 것이다. 셋째, 「교육기본법」의 내용 중 가장 큰 의의를 부여할 수 있는 것은 '**학습권**' 및 '**교육당사자**'의 개념 설정이다. 이는 헌법이 명시한 '교육을 받을 권리'를 학습자에 중점을 둔 '**학습권**'으로 개념 설정한 의미를 갖는다.

🎓 **기본 학습 2**

교육행정 환경은 시대와 사회변화에 맞춰 변화했다. 학습생태계, 패러다임, 교육법의 관점에서 행정 무대를 어떻게 바라봐야 하는지 그리고 어떻게 변화시키고 적응해야 하는지를 생각해 보자.

3. 행정 무대의 조성 내용

교육행정을 위한 행정 무대는 학습생태계 조성, 패러다임 교체, 교육법적 근거로 조성된다. 행정 무대가 조성되면 교육행정가는 교육의 핵심 가치를 실현할 교육행정을 펼칠 수 있다.

1) 학습생태계 조성

(1) 교육과정의 설정

교육과정은 행정 무대의 가장 중요한 기초이다. 교육과정은 교육방향을 제시하고 인재를 어떻게 기를 것인가를 설정한다. 그래서 교육과정에서 정의를 보면 알 수 있다. 홍익인간을 근간아래 교육과정을 설정하고자 하는 노력을 보인다. 교육과정을 통해 교육정책이 실행되고 보면 가장 중요한 과업이 아닌가 한다. 2011년 OECD 데세코(Definition and Selection of Competencies: DeSeCo) 프로젝트에 따라 미래학자들과 교육학자들이 미래사회의 변화를 예측하고 이에 맞는 교육 방향에 대한 연구를 실시하였다. 그 결과 미래교육을 위한 대안으로 '역량'의 개념이 강조되었다. 역량이란 특정 맥락의 복잡한 요구를 성공적으로 충족시키는 능력으로서 태도, 감정, 가치. 동기 등 사회적, 행동적 요소뿐 아니라 인지적, 실천적 기술을 포함한 개념이다. 역량을 자율적으로 행동하기, 도구를 상호작용적으로 활용하기, 사회적 이질집단에서 상호작용하기 등 3대 범주로 구분하고 범주마다 3개의 핵심 역량을 두어, 총 9개의 핵심 역량을 제시하였다.

2018년 OECD는 미래교육과 역량을 모색하기 위해 추진하고 있는 에듀케이션 2030 (Education 2030) 프로젝트에서 역량의 영역을 개인으로서의 긴장과 딜레마에 대한 대처, 개인능력을 토대로 지속 가능한 사회를 가능하게 하는 새로운 가치의 창출, 공동체 일원으로서의 책임을 제시하고 있다. 국가 수준에서는 2015 개정 교육과정을 통해 학생들이 미래를 살아가는 데 필요한 역량을 반영한 역량중심 교육과정을 시행하고 있다. 그리고 학교 수준에서는 토론식 학습, 협동학습, 프로젝트 수업, 배움중심 수업 등 다양한 학생참여 중심의 수업을 실시하여 학생들의 핵심 역량을 강화하기 위한 교수-학습 측면의 변화를 모색하고 있다. 이로 인하여 평가 패러다임 역시 결과만이 아닌 학생의 배움의 과정을 평가하고 피드백을 주는 과정중심 평가로 변화하고 있다. 그동안 우리 학교에서 '알기 위한 학습' '일하기 위한 학습' '자아실현을 위한 학습'은 비교적 열심히 해 왔으나, '더불어 살기 위한 학습'과 '지속 가능 발전을 위해 자신과 사회를 변화시키기 위한 학습'은 상대적으로 소홀히 해 왔다. 특히 학교에서 대부분의 시간이 '일하기 위한 학습'에 맞추어졌으며, 따라서 강의식 수업방식이 효과적일 수 있었다. 앞으로는 기존의 교육을 충실히 하는 동시에, 그동안 소홀히 해 온 '더불어 살기 위한 학습'과 '지속 가능 발전을 위해 자신과 사회를 변화시키기 위한 학습'에 더 많은 노력을 기울여 나갈 필요가 있다.

아시아의 유교 국가들이 PISA 등에서 우수한 성적을 내고 있지만 이들 국가는 창의성이 부족하다는 자신의 문제를 가장 잘 알고 있다. 싱가포르는 1997년 당시 고촉통 총리가 발표한 "생각하는 학교, 학습하는 국가(Thinking Schools, Learning Nation)"를 분기점으로 하여 고차원의 사고 즉, 창의적인 사고력 교육을 위한 개혁을 추진하였다. 홍콩도 2000년 "삶을 위한 학습과 삶 속에서의 학습(Learning for Life, Learning through Life)"을 통해 주입식 교육을 바꾸어 나가고 있다. 최근에는 중국도 창의성과 인성교육에 초점을 맞추어 변화를 시도하고 있다. 예를 들어, 북경과 심천에 미국의 High Tech High를 모델로 하는 미래형 학교를 신설하고 있다. 다양성을 존중함으로써 창의성 교육을 비교적 잘하고 있는 미국의 경우 한편으로는, 2001년 NCLB(No Child Left Behind)를 통해 학력 미달 학생을 끌어올리려는 노력과 동시에 다른 한편으로는, 논리적 추론/사고(logical reasoning)와 심층 학습(deep learning)을 통해 그동안의 표층 학습(surface learning)의 문제점들을 극복하려고 노력하고 있다.

교육과정은 실제 인재를 어떻게 양성하고 가르치느냐에 초점을 맞추어야 한다. 교육과정을 통해 미래사회에 학생들이 길러야 할 핵심 역량을 제시하여야 한다. 우리나라에서는 국가교육과정(2015 개정 교육과정)에서 "전인적 성장을 바탕으로 자아체성을 확립하고 자신의 진로와 삶을 개척하는 자주적인 사람, 기초 능력의 바탕 위에 다양한 발상과 도전으로 새로운 것을 창출하는 창의적인 사람, 문화적 소양과 다원적 가치에 대한 이해를 바탕으로 인류문화를 향유하고 발전시키는 교양 있는 사람, 공동체 의식을 가지고 세계와 소통하는 민주시민으로서 배려와 나눔을 실천하는 더불어 사는 사람"으로 인간상과 핵심 역량을 제시하였다. 4차 산업 혁신 시대의 인재상은 다양하게 표현되고 있지만 디지털 사회에서 급격한 변화에 유연하게 문화적으로 향유하는 창의적 인재로 볼 때 우리나라 교육기본법의 "홍익인간" "지식, 기술, 태도를 고루 갖춘 인재" "지덕체를 갖춘 전인적 인간"으로 방향을 갖추고 있다. 이에 더하여 인터넷, 모바일, SNS 등 세상과 소통하는 방식이 디지털화되므로 디지털 리터러시(Digital Literacy), 디지털 세상에서 조화롭게 살아갈 수 있는 디지털 시민의식, 디지털화되는 세상에서 인간의 존엄과 가치를 보존할 수 있도록 인류애에 기반을 둔 인문적 소양(Humanity), 변화에 대응하는 유연성(Agiliy), 제한된 인식의 틀을 바꾸어 새로운 장을 마련할 수 있는 창의성(Creativity)이 미래 교육과정의 방향으로 설정이 되어야 할 것이다.

(2) 교수학습의 변화

교육과정 설정에서 살펴본 바와 같이 21세기에 요구되는 기능을 산출해 내려면 이 기능을 길러 낼 수 있는 교육과정 내용과 경험을 하도록 해야 한다. 지금까지 학교에서 가르치던 교과목 수를 줄여야 할 뿐만 아니라 서로 통합하고 연결시키려는 노력이 필요하다. 범교과적·범학문적 주제를 다루도록 하여 전통적적인 교과 간 칸막이를 과감하게 허물어야 하고, 고등정신기능을 다루는 내용을 담아야 한다. 교육과정뿐만 아니라 수업방법과 학습방법도 현장중심, 체험중심이고 기능중심으로 바뀌어야 한다. 탐구중심, 문제해결중심, 비판적 사고와 비판적 실천, 반성적 사고와 반성적 실천 중심의 학습이 되도록 학습체계가 바꾸이어야 한다. 그러려면 학교 울타리를 넘어 지역사회가 모두 교실이 되도록 학습현장이 확대되어야 한다.

교실 안에서의 학습과 교수(teaching)를 뒤집은 '거꾸로 학습'이 중요하다. '거꾸로 교실'에서는 학습 전과 후의 교실 밖 학습과 교수 준비와 처리와 발전 행위를 더 비중 있게 하여 뒤집은 것이다([그림 3-9] 참조). 교실에서의 학습시간보다 수업시간 전후의 학습시간이 더 많게 거꾸로 뒤집혔다는 것에서 나온 말이다. 교사는 학습 전과 학습 후에 더 많은 준비와 발전을 위한 시간을 보내야 한다. 그래서 교사에게 더 많은 시간을 줘야 하고 더 많은 전문

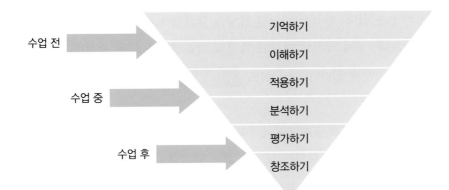

[그림 3-9] '거꾸로 교실'과 Bloom의 인지적 교육목표분류
출처: http://circlesofinno vation.valenciacollege.edu/files/2015/10/bloomsflipped.png

성의 자율과 책임이 요구되는 학습 현장이 되어야 하는 것이다.

교사와 학생은 수업 전 활동에서 Bloom의 인지적 교육목표분류에서 하위 사고 기능에 해당하는 '기억하기'와 '이해하기' 목표에 초점을 맞추고, 수업 후에는 '평가하기'와 '창조하기'로 발전시키기 위해 노력하고, 교실에서의 학습시간 중에는 '적용하기'와 '분석하기' 활동에 비중을 두게 된다는 설명이 [그림 3-9]로 나타낸 것이다. 물론 사람에 따라 그 비중을 달리하고 있다. 우리나라의 학습생태계가 어떻게 변해야 하는지 많은 암시를 주고 있다. 분명한 것은 전통적인 수업에서는 교사의 통제가 중심이 되는 교수(teaching)이었다면 '거꾸로 학습'에서는 학생중심으로 학생의 자기규제가 많이 요구된다. 연속선의 개념에서 오른쪽 방향으로 가고 있는 것이다.

또한, 최근 교수학습환경에 있어서 가장 주요한 변화는 디지털 학습의 확대일 것이다. MZ세대는 태어나면서부터 디지털 환경에서 생활하게 되는 일명 '디지털 네이티브' 세대로 이들의 특성과 요구를 고려한 교육을 제공함에 있어 디지털 학습은 더욱 높아질 수밖에 없다. 디지털 학습은 여러 방면에서 기존의 교육문제를 해결하는데 효과적이라고 여겨진다. 우선 디지털 학습의 확대는 사회경제적 여건에 따른 교육접근성에 있어서 제약을 완화할 수 있다. 오프라인 학습환경에서는 학생들이 자신의 거주 지역 내 학교와 교사에만 접근할 수 있지만, 디지털 학습환경에서는 거주지역과 상관없이 유능한 교사와 질 높은 교육 자료에 접근할 수 있다. 둘째, 디지털 학습의 확대는 개별 학생맞춤형 교육지원에 용이하다. 교사는 디지털 기기 또는 온라인 프로그램을 이용하여 개발 학생의 수준에 맞는 학습과제와 자료를 제공받을 수 있다. 따라서 디지털 학습의 확대는 효과적인 학생 맞춤형 교육을 지원하는데 용이하다. 셋째 디지털 자료가 학생의 학습경험을 더욱 생생하게 만들고 학생의 동기와 흥미를 높일 수 있다(Jacob, 2016). ☞ **심화 학습 3**

(3) 경쟁교육에서 협력교육으로

학생 잠재력과 역량이 발현되는 모두를 위한 맞춤형 수월성 교육은 줄 세우기 교육, 입시 경쟁 중심의 교육에서 벗어나 모든 학생의 성장을 지원하는 교육 본연의 가치와 기능 회복이다. 지식 암기 위주의 수업은 우수한 학업 성취도에도 불구하고 학업에 대한 낮은 흥미와 관심으로 미래 인재로의 성장에 한계가 있다. 경쟁 중심의 산업사회 교육에서 벗어나 문제해결력, 창의력, 연대 의식을 갖춘 민주시민을 길러낼 수 있도록 **공교육 혁신 기반을 마련해야 한다.** 또한 사람과 사회를 이해하고 표현하는 방법을 배우는 예술·체육 교육 활성화를 통한 **학생의 전인적 성장 지원이** 필요하다.

교육과정, 수업 및 평가방식의 근본적 변화를 통해 학생 개개인의 성장을 지원하는 교육 실현이 중요하다. 모든 학생이 4차 산업혁명에 필요한 인재로 성장하도록 교육과정 → 수업 → 평가의 혁신을 통한 교실 혁신이 필요한 시점이다. 이를 위해 4차 산업혁명 사회에서 교원은 교육과정을 재구성할 수 있는 충분한 역량을 갖추어야 한다. 교원이 교육과정의 재구성 역량을 갖추어야 획일적인 지식 전달 중심의 교육활동에서 벗어나 **본질적 질문 중심의 탐구형 교육활동**이 이루어질 수 있다. 학생 참여형 수업과 창의적 신장 수업은 다양한 학문의 융합·통합을 통해 학생들에게 사회적 가치와 연계된 학습경험을 제공한다. 학생 참여형 수업은 질문·토론·협력적 학습을 통한 수업 및 대화와 참여로 이루어지는 협력적 문제해결 수업 운영이다. 교과 특성에 따라 학생이 실제적 참여하고 직접적으로 체험할 수 있는 실험, 관찰, 조사, 실측, 수집, 노작, 견학 등의 수업을 지향한다. 그리고 창의적 신장 수업은 다양한 지능정보기술 활용으로 창의적인 질문을 장려하고 협력·토론학습을 지원한다.

공동체적 협력을 통한 성장, 민주시민으로서의 참여 연대 의식 함양 등을 4차 산업혁명 시대에 맞는 인재 양성을 해야 한다. 물리적 환경을 받는 아날로그 시대의 학교와는 달리 온라인 및 가상현실로 대변되는 미래사회에서는 물리적 울타리는 의미가 희미해질 것이다. 온라인 시스템과 네트워크로 학교와 마을, 학교와 지역사회는 하나의 학습공동체가 될 것이다. 네트워크는 글로벌화 되어 한국 학교의 교실과 외국 학교의 교실이 실시간으로 함께 연결될 수 있다. 협력 교육이 가장 필요한 시대가 도래한 것이다.

2) 패러다임의 교체

(1) 제도혁신

학교교육시스템 개선의 핵심은 교사를 통해 구현될 수 있다. 그래서 많은 국가에서 양질의 교사를 확보하고 교사의 전문성 계발 및 자격 · 훈련 과정 개선을 정책 우선순위로 삼고 있다. 또한 패러다임 교체를 위한 제도 혁신을 위해서는 지역 간 불균형 및 사회경제적 배경에 따른 불평등한 교육 참여율과 성취 등을 해소하기 위해 공평한 기회 부여 및 사회적 경제적 문화적 장벽을 완화하고 사회적 이동성을 촉진할 수 있는 정책적 고려도 필요하다.

최근에 영국의 교사들이 아예 교육체제를 뒤집어 버리라고 'Flip the System!'(Evers & Kneyber, 2016)을 외치며 [그림 3-10]과 같이 주장하고 있다. 관료적 생각으로 교육부 장관을 위에 올려두고 학교와 교사를 맨 아래에 놓고 책무성을 평가 하던 그림을 뒤집어(flip) 학생과 교사를 맨 위에 올려놓고 교육감과 장관을 아래에 놓고 있는 것이다. 교육과정 등에 대한 국가 통제를 최소화하고 단위학교와 교사의 자율성과 전문성을 존중함으로써 창의적이고 다양한 교육 지원이 필요한 시점이다. 학교 구성원의 참여와 비전 공유를 바탕으로 학교 운영을 다양화 · 자율화함으로써 공교육의 질을 제고하고 교육자치를 실현해야 한다. 민주적 운영학교 운영을 통해 교원 · 학생들이 민주주의를 학습할 수 있도록 돕고, 학교를

[그림 3-10] 플립트 러닝 시스템

자율적 학습공동체로 복원해야 한다. 그래서 혁신과 포용 교육을 위해 경쟁에서 협력으로 개인 창의성에서 집단 창의성으로 학교와 지역사회 분리에서 학교와 지역사회가 공생하는 학습생태계 구축으로 대전환이 요구된다.

또한, 원격수업 현상은 모든 학생이 같은 교실에 모여 있지 않아도 필요한 학습이 가능할 것이라는 전망을 전체 사회가 공유할 수 있는 기회가 되었다. 디지털 기술에 의해 불분명해지는 교실의 경계를 넘어, 학년의 경계와 교실과 학교 간 경계를 새롭게 구축할 가능성을 검토해 볼 수 있다. 디지털 학습생태계는 학교시스템의 변화를 이끌어 낼 수 있다. 공교육이 활용 가능한 인적자원의 범위가 크게 확대되어 교원이 교수학습의 과정에서 활용 가능한 자원으로서 자리매김될 것이고, 국가수준 교육과정의 범위 내에서 활용 가능한 콘텐츠와 프로그램의 범위도 크게 확대될 것이다. 즉, 교실-교원-콘텐츠-교수학습 프로그램의 디지털 전환 속에서 학교시스템의 변화를 발생시킬 수 있다. 수업과 교실의 단위가 변화하고, 학년과 학교의 경계, 더 나아가 일국적인 수준의 교육과정의 경계를 넘어 새로운 학교시스템의 경계를 탐구해 볼 가능성이 열렸다(이강주, 2021).

(2) 학교 혁신

새로운 체제의 학교를 구상한다면 변화의 초점 변화의 범위 교육체제와 다른 체제와의 관계의 3차원을 체계적으로 고려해 볼 필요가 있다. 새로운 체제를 [그림 3-11]의 육면체로 나타낼 수 있다. 예를 들면, 최고의 의사결정 행정 교수 학습의 네 수준에서 어디에 변화 노력의 초점을 맞출 것인가? 최종적으로 학습 수준 쪽으로 초점이 옮겨 가야 할 것이다. 둘째 현존 교육체제 내 환경에서의 이슈 체제로서의 지역사회 보다 더 넓은 사회 중 어디까지 범위를 확대할 것인지 결정해야 한다. 셋째 교육체제와 다른 체제와의 관계를 정보교환 협동 조정과 연결 통합의 수준에서 어느 형태를 취할 것인가를 종합적으로 구상하여 개혁 노력을 해야 한다. 통합의 수준의 방향으로 관계를 밀착해야 한다. 결국은 제일 마지막 학습×넓은 사회 통합×통합의 육면체로 변화의 초점 방향을 잡아야 할 것이다. 특히 시간과 재정 노력이 부족한 상황에서는 변화의 초점을 잘 잡아야 한다(주삼환, 2016).

학습 수준, 범위, 다른 체제와의 관계를 고려한다면 학교 형태(format)도 아주 다양해진다. 한 명의 학생과 한 명의 교사가 있는 초미니 학교 홈스쿨링도 어떻게 보면 가장 작은 단위의 학교로 볼 수 있다. SNS 학교는 불가능한가? 온라인ㆍ오프라인 학교도 가능하고 몇

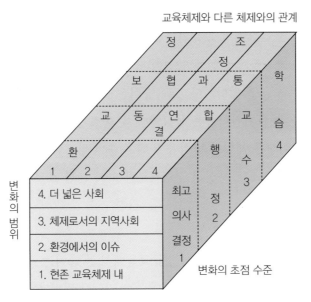

교육체제와 다른 체제와의 관계

[그림 3-11] **변화와 개혁 시 고려할 차원**

출처: Banathy (1991), p. 49.

만 명을 수용하는 MOOC 학교도 가능하다. 학습 형태 수준을 넘어 학교 형태로 잡을 수도 있다(2016년 5월 12일자 Us News & World Report에 의하면 캘리포니아의 어떤 고등학교에서는 고등학생도 MOOC를 선택하게 했다고 한다).

오직 온라인으로만 수업을 진행하는 미네르바는 입학 경쟁률이 오프라인 대학을 넘어 선다. 미네르바 대학은 물리적인 학교 캠퍼스를 없애고 100% 온라인 강의로 수업 진행하 며 7개 국가의 도시에 마련된 기숙사들을 옮겨 다니며 생활한다. 미국(샌프란시스코, 대학 본부), 아르헨티나(부에노스아이레스), 영국(런던), 독일(베를린), 인도(하이데라바드), 한국 (서울), 대만(타이베이)이다. 선발은 SAT없이 실시간 인터뷰, 에세이로 이루어진다. 학부 는 예술인문학, 컴퓨터과학, 자연과학, 사회과학, 경영학과가 있으며, 석사과정은 응용예 술과학, 응용분석학이다. 2학년 때부터 학기마다 7개국 미네르바스쿨 기숙사로 옮겨 생활 함으로써 각국의 사회·문화를 경험하고 국제적인 감각 함양한다. 재학생은 600여명이고 4년간의 학부 과정을 완료한 학생에게 학사학위가 수여된다.

에꼴42는 3無(교수, 학비, 졸업장 無) 운영체계와 집단지성을 기반으로, 전문적 환경에서 디지털 기술혁신에 유능한 IT 인재를 양성한다. 디지털 기술혁신을 갖춘 인재 부족 문제를 해소하기 위해 자비에르 니엘(Xavier Niel), 니콜라스 사디락(Nicolas Sadirac) 등이 100% 민간자본 출자로 무료 프로그래밍 교육기관을 설립(2013년)했다. 목적은 4차 산업혁명 및 미래 일자리에 대응 가능한 창의인재 양성이다. 선발방식은 ① 온라인테스트 → ② 예비 입학과정(Piscine, 4주) → ③ 입학이다. 교육방식은 동료기반학습, 게이미피케이션, 개인 맞춤형 학습 등이다. 동료기반학습은 동료학습 및 동료평가 기반의 상호수평적 학습 운영이며, 게이미피케이션은 게임화 방식을 통해 수준별 장·단기 학습 진행이다. 개인맞춤형 학습은 학생들이 스스로 자신의 경력경로에 따라 개별 프로젝트를 실현해 나갈 수 있도록 지원한다.

학교의 미래 변화는 다음과 같다.

첫째, 전통적 학교의 틀은 유지하면서 정규교육에 대한 참여는 계속 확대되며 디지털화는 비공식적인 학습 참여 기회 및 접근성 확대 등에 기여할 것이다. 학교와 교육의 핵심 기능은 여전히 사회화와 시민성의 배양이며, 기술의 발전은 큰 틀의 변화 없이 현 시스템의 보완 및 강화 촉진할 것이다.

둘째, 학교의 외주화이다. 사회 변화에 따라 전통적인 학교 시스템은 해체되며, 디지털 기술의 발달에 따라 학습은 보다 다양화, 민간화, 유연화될 것이다. 홈스쿨링, 온라인 학습 및 지역사회 기반 교육 등 다양한 형태의 교육이 학교 시스템을 대체할 수 있는 대안으로 등장할 것이다. 전통적인 관료적 교육 거버넌스의 후퇴 및 민간의 선택 확대와 유연성이 강조된다.

셋째, 학교 제도는 존속하나 다양성과 실험적인 교육 방법이 시도되며, 지역사회와의 연결과 참여는 학습의 형태를 끊임없이 변화시킬 것이다. 전문성을 기반으로 한 교사 및 네트워크가 작동하며, 교사는 학습자의 학습 요구와 지역사회의 변화하는 요구를 지원한다.

넷째, 교육은 언제 어디서나 이루어지며, 정규교육과 비정규교육의 구분이 더 이상 유효하지 않다. 디지털화 인공지능 등 기술의 발전과 시공간을 초월한 풍부한 학습 기회가 증가함에 따라 개개인이 즉각적인 정보와 지식, 기술에 광범위하게 접근할 수 있다. 학교 제도의 해체 및 기술을 통한 개개인의 전문 학습자화에 따라 전문 교수 인력의 필요성이 사라질 것이다.

3) 교육법 설정과 적용

(1) 국가의 교육형성권의 변화와 대응

1997년에 교육법의 전면 개편으로 「교육기본법」, 「초·중등교육법」, 「고등교육법」이 새로 제정되어 시행된 이래 교육당사자의 권리의식 증가, 학교의 기대 역할 변화, 학교 관련 법률분쟁 증가, 학교 단위 교육자치 논의 등에 따라 교육을 둘러싼 다양한 쟁점들이 발생하고 있다. 이러한 현상은 기존 교육이 가지고 있는 규범, 질서, 가치판단 등에 변화가 필요함을 의미한다. 국가의 교육형성권을 둘러싼 교육법 갈등이 한층 고조되는 상황을 고려하여 교육과 국가의 관계를 고려해야 한다. 공교육체제에서 국가의 역할과 권한은 학습자·학부모·교원의 권리와 밀접히 연결되어 있는 만큼 국가의 교육형성권과 그 한계에 초점을 맞추어야 한다. 교육 관계법을 주요 연구영역으로 하는 법학 영역에서도 기존 가치판단이 아닌 교육 조리와 같은 새로운 규범을 찾아내야만 하는 시점에 이른 것이다.

미국의 헌법과 교육법 속의 교육기본권을 살펴보면 연방 헌법은 교육에 관한 연방 전부의 책임을 명시하지 않고 있다. 그러나 미 연방 대법원은 1953년 이루어진 '브라운 대 교육위원회(Brown v. Board of Eduction)' 판결에서 교육을 모든 시민이 누려야 할 기본적 권리로 판단했다. 해당 판례 이후 교육은 연방 정부가 보장하는 기본권으로 해석되는 듯 했다. 그러나 1973년 '샌안토니오 독립교육구 대 로드리게스(San Antonio Independence School Distract v. Roriguez)' 판결에서 미 연방 대법원은 기존 판례와는 다른 입장을 보인다. 당시 로드리게스라는 학부모는 학교간의 경제적 수준에 따라 학생이 불평등한 교육을 받고 있음을 문제제기하며 소송을 제기했다. 이에 당시 대법원은 "교육은 연방 헌법이 보장하는 근본적 권리가 아닌 주 정부에서 보장하는 권리이며, 이에 따라 학교 간 재정 분배의 평등성을 고려하는 것은 연방 정부의 관할이 아니다."라는 판결을 내렸다. 이는 교육기본권에 대한 기존의 연방 대법원 판례와 상이한 관점을 보여 준다. 미 50개 주는 주 정부의 헌법을 통해 교육에 대한 정부의 책임을 명시하고 있다(Education Commission of the STATES, 2016). 각 주 정부는 법에 따라 시민에게 공교육을 제공할 의무를 지니며, 이에 따라 유치원에서 고등학교 단계까지 13년의 의무교육을 제공한다. 연방 정부 차원에서 처음 교육법이 제공된 것은 1965년이다. 당시 연방 정부는 초·중등교육법(Elementary and Secondary Education Act: ESEA, 이하 ESEA)을 제정하여 저소득층과 교육취약계층 지원 프로그램의 근거를 마련하였다(Mitra, 2017). ESEA는 모든 아동에게 평등한 교육기회가 제공되어야 한다는 내용을 법 제정 목적에 포함시킴으로서 교육의 기본권적 속성을 명시하였다.

우리나라의 경우 학습권은 학습과 지적 탐구라는 인간의 본성에 근거한 권리로서 인간적인 성장, 발달의 권리이자 문화적인 생존의 권리이며, 국민주권의 원리를 실현하는 권리이기도 하다. 이러한 학습권은 헌법의 명문 규정에 의하여 인정될 뿐만 아니라 교육에 관한 기본권으로서 헌법에서 보장하는 자유이기도 하다. 국민의 학습권은 절대 양도하거나 포기할 수 없는 기본적 권리이며 모든 국민이 자신의 생애에 걸쳐 진리를 탐구하고 학습할 수 있는 자유로서 인정된다. 오늘날의 공교육제도에서 대부분의 국가는 헌법에 의하여 인정되는 학생의 학습권을 보장할 의무를 지고 있으며, 이러한 의무를 이행하기 위하여 교육정책을 통해 학생의 학습권 보장을 적극적으로 실현해야 한다. 교육에 관한 국가의 권한과 범위는 국가의 강제적이고 권력적인 개입을 배제하고, 교육의 외적 사항, 즉 교육 조건의 정비라는 국가 본래의 책무에 권한을 한정시키는 것이 요구된다.

(2) 교육격차 해소와 교육법

① 유아교육 국가책임 확대

출발선 평등 확보를 위한 유아교육에 대한 국가책임을 강화해야 한다. 유치원 취학수요 조사 결과, 공립유치원 56.2%이고 사립유치원 20.7%로 나타났다. 학부모 수요에 맞는 질 높은 교육 서비스 제공 및 공교육 기반 강화를 위해 국공립 유치원 확충이 필요하다. 교육부-교육청 간 협력을 통해 5년(2018∞2022년)간 최소 2,600여 개 학급을 추가 신증설하면 국공립 유치원 취원율 40% 이상 달성할 수 있다. 모든 유아가 안정적인 학비 지원을 받을 수 있도록 어린이집 누리과정 지원금 전액을 국고 편성하고 저소득층 자녀에 대한 국공립 유치원 우선 입학 기획 제공을 확대해야 한다. 교육의 공공성 강화를 통한 교육 현장 내실화를 꾀해야 한다. 개별 유치원과 유아의 다양한 특성을 반영하고, 유치원에서의 놀이와 쉼을 보장하는 방향으로 누리과정을 개편하고, 유치원의 건강·안전 관리 책임 강화를 통해 학부모가 안심할 수 있는 교육행정 환경이 조성되도록 학부모 안심 유치원을 도입해야 한다(교육부, 2017).

② 학비 부담 경감을 위한 공교육비 지원 확대

「헌법」에서는 의무교육과 관련하여 무상의 원칙을 규정하고 있다. 「교육기본법」, 「초·중등교육법」, 「지방교육자치에 관한 법률」 등에서는 무상의무교육으로 국가 및 국민의 의무를 명시하고 있다. 이와 연동하여 근로기준법은 15세 미만인 자는 근로자로 사용하지 못하도록 하고 있다. 무상의무교육은 교육 기회를 보장함으로써 국민의 기초학력을 향상시키고 교육복지를 실현하는 데 목적이 있다. 교육의 공공성 강화 및 교육비 부담 경감을 위해 2020년부터 고교 무상교육을 실시하여 입학금, 수업료 등 교육비를 지원하고 있다.

일반적으로 저소득층은 중첩적인 어려움을 안고 있어 자녀들의 교육에 악영향을 미치고 있으며, IMF 경제위기 이후 사회적 불평등이 심화되었다. 이러한 사회적 불평등의 심화로 인한 경제적 빈곤은 학부모의 보호 및 지원 부족으로 학습준비도와 의욕을 저하시켜 성적부진의 악순환을 초래하며, 저조한 학업 성취는 학생들의 열등감, 소외감, 심리적 위축감 등을 유발하여 정서발달에도 부정적인 영향을 초래한다. 이로부터 「교육기본법」은 국가의 장학제도 등의 실시의무를 규정하고 있으며, 학교수업료 및 입학금에 관한 규칙에서는 경제적 사정 곤란자 및 근로청소년 특별학급 등에 대한 수업료 입학금 면제와 감에 관한 규정을 두고 있다. 또한 근로청소년의 교육기회의 확대와 관련하여 「초·중등교육법」 제52조 및 산업체의 근로청소년의 교육을 위한 특별장학금 등의 설치 기준령이 이들에 대한 교육적 지원을 규정하고 있다.

③ 촘촘한 교육지원체제 구축

학업 성취도 평가 개선 및 기초학력 보정-진단 체계를 갖춰 국가 수준의 맞춤형 기초학력 보장 체제을 마련해야 한다. 2015 개정 교육과정 적용에 따라 국가수준 학업 성취도 평가가 교과지식과 함께 교과 역량을 종합적으로 평가할 수 있도록 학업 성취도 평가 문항 유형을 개선해야 하고 기초학력 진단-보정 시스템으로 학습부진 조기 예방 및 학습결손 보충을 강화해야 한다. 이를 위해서는 교사, 학교, 학교 밖에서 종합적으로 교육 복지 사각지대 해소를 위한 지원사업 체계화가 필요하다. 교실에서 활용할 학습부진학생 맞춤형 지원 모델을 개발 확산하고, 학교-교육청-지역사회가 함께하는 지원체제 구축 운영해야 한다.

④ 교육 희망사다리 복원

특수교육대상자 원거리 통학 및 과밀학급 해소를 위해 특수학교 및 학급 지속 확대하고 특수교사의 연차적 증원을 추진해야 한다. 특수학교 설립이 용이하도록 제도 개선을 추진하고, 국립대학 부설 특수학교, 병원 내 특수학교 등 다양한 형태의 학교 설립되어야 하며 범국민 장애인식 개선을 장애공감 문화가 확산되어야 한다.

다문화학생이 학교생활에 적응하고 우리 사회의 인재로 성장할 수 있도록 유아교육부터 성장주기별 맞춤형 지원을 강화해야 한다. 특히 다문화 배경에 이중 언어 능력을 경쟁력으로 활용할 수 있도록 전국 이중 언어 말하기 대화와 모국어 멘토링을 확대할 필요가 있다. 다문화 학생 중심의 지원을 넘어 모든 학생의 다문화 감수성과 세계 시민성을 함양하는 방향으로 다문화교육 패러다임이 전환되어야 한다.

🎓 **기본 학습 3**

교육행정가로서 급격한 환경 변화 속에서 지켜야 할 교육의 핵심 가치는 무엇이며 이를 반영한 행정 무대는 어떻게 만들어야 하는지 생각해 보자.

[심화 학습 1]

모든 지식과 정보에 대한 접근성이 높아지는 상황에서 학교의 혁신과 변화가 필요한지 생각해 보시오.

[심화 학습 2]

'미리 생각하기'에서 우리는 교육생태계의 적응과 변화 모두를 고려해야 한다고 배웠다. 교육목표를 달성하기 위기 위한 장인 교육행정 무대는 생존의 장임을 고려할 때 교육행정 환경 변화에 대응하고 한정된 자원으로 교육행정 무대를 만들기 위한 설정 조건들은 무엇인지 생각해 보시오.

[심화 학습 3]

제4차 산업혁명 등 기술 변화로 미래사회에 많은 변화를 주고 있다. 교사를 대체할 수 있는 AI의 등장은 가능한지, AI를 활용하여 효과적인 교수-학습을 할 수 있는 방법은 무엇인지 생각해 보시오.

●참고문헌●

교육부(2017a). 경제사회양극화에 대응한 교육복지 정책의 방향과 과제보고서.

교육부(2017b). 2016년 초중고 사교육비 조사 결과 보도자료.

박남기(2015). 교육개혁을 위한 새로운 패러다임, 새로운 교육개혁 패러다임과 방향 탐색. 5.31 교육
개혁 20주년 연속 세미나③ 자료집.

이승미, 이병천, 백경선, 백화순, 이경남, 김선희. 김희경, 이영아, 오수정(2019). 기본교육을 반영한
국가수준의 교육과정 설계 방안 검색. 한국교육과정평가원.

정제영(2018). 디지털 시대와 4차 산업혁명에 대비한 교육의 시대. 서울: 박영스토리.

주삼환(2002). 교육이 바로 서야. 서울: 원미사.

주삼환(2006). 교육행정학의 지식구조와 범위. 한국교육행정학회 제34차 연차학술대회자료집.

주삼환(2009). 불가능의 성취. 서울: 학지사.

주삼환(2016). 21세기 한국교육. 서울: 학지사.

조석훈(2020). 학교와 교육법. 경기: 교육과학사.

최상근, 박효정, 서근원, 김성봉(2004). 교육소외계층의 교육실태와 정책과제. 서울: 한국교육개발원.

Banathy, B. H. (1991). *System design of education: A journey to create the future*. Englewood
Cliffs, NJ: Eductional Technology Publication.

Dill, W. R., (1958). Environment as an Influence on Managerial Autonomy. *Administrative Science
Quarterly, 2*(4), 409-443. https://doi.org/10.2307/2390794

Fullan, M. (2010). *All systems go*. Thousand Oaks, CA.: Corwin Press; Toronto: Ontario Principals
Council.

Education Commission of the States (2016). Constitutional Obligations for Public Education
50-State Review.

Evers, J., & Kneyber, R. (2016). *Flip the System: Changing Education from the Ground Up*.
London: Routledge.

Jacob, B. A. (2015). The opportunities and challenges of digital of digital learning. Brookings.
http://www.brookings.edu//research/the-opportunities-and-challenges-of-digital-
learning.

Kuhn, T. S. (1970). *The Structure of Scientific Revolutions*. Chicago and London: University of
Chicago Press.

Mitra, D. (2017). *Educational Change and the Political Process*. London: Roultedge.

OECD (1998). *Staying ahead: In-service training and teacher professional development*. Paris:
OECD.

OECD (2011). Education at a Glance. Paris: OECD.

OECD (2018). Education at a Glance. Paris: OECD.

OECD (2020). *Social Spending*. Paris: OECD. doi:10.1787/7497563b-en.

Rowan, B. (1993). *Institutional Studies of Organization: Lines of Analysis and Data Requirements*. Annual Meeting of the American Educational Research Association, Atlanta, GA.

Schenker, J. (2017). *Jobs for Robots: Between Robocalypse and Robotopia*. Prestige Press.

Scott, W. R.(2003). *Organizations: Rational, natural, and open systems* (5th ed.). London: Taylor & Francis.

제2부

EDUCATIONAL ADMINISTRATION

교육행정의 과업

교육행정은 사람(man)이 '조직(organization)' 속에서 일(job)을 하는 교육 지원 활동이다. 이에 초점을 두고, 제2부에서는 '교육기획과 정책에 대한 이해와 실천 역량(제4장), 교육조직에서 인적자원의 개발·관리(제5장) 그리고 교육재정의 확보·배분 방식(제6장), 교육시설의 지원(제7장)에 대해 공부한다.

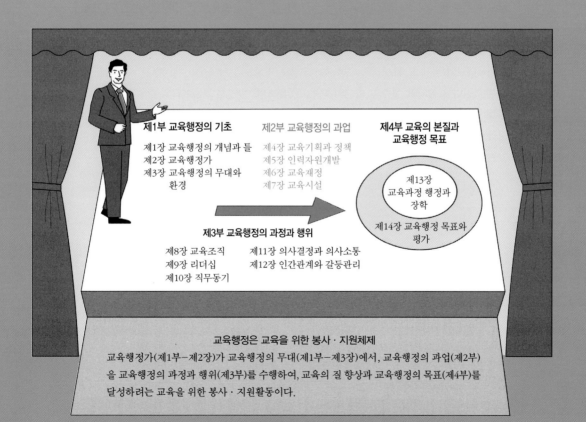

제1부 교육행정의 기초

제1장 교육행정의 개념과 틀
제2장 교육행정가
제3장 교육행정의 무대와
　　　환경

제2부 교육행정의 과업

제4장 교육기획과 정책
제5장 인력자원개발
제6장 교육재정
제7장 교육시설

**제4부 교육의 본질과
교육행정 목표**

제13장
교육과정 행정과
장학

제14장 교육행정 목표와
평가

제3부 교육행정의 과정과 행위

제8장 교육조직
제9장 리더십
제10장 직무동기

제11장 의사결정과 의사소통
제12장 인간관계와 갈등관리

교육행정은 교육을 위한 봉사·지원체제

교육행정가(제1부~제2장)가 교육행정의 무대(제1부~제3장)에서, 교육행정의 과업(제2부)을 교육행정의 과정과 행위(제3부)를 수행하여, 교육의 질 향상과 교육행정의 목표(제4부)를 달성하려는 교육을 위한 봉사·지원활동이다.

●제4장●
교육기획과 정책

미리 생각하기 **자율형 사립고등학교는 폐지해야 하는가**

　　문재인 정부의 교육부에서는 2019년 11월 7일 '고교 서열화 해소 및 일반고 교육 역량 강화 방안'을 발표하면서 2025년 3월부터 외국어고와 국제고, 자사고를 일반고로 전환한다는 방침을 밝혔다. 「초·중등교육법 시행령」 제90조(특수목적고등학교)와 제91조(특성화고등학교)에 명시된 이들 학교의 설립 근거를 삭제하겠다는 것이다.

　　2017년 출범한 문재인 정부는 자사고 폐지를 핵심 공약으로 내세워 100대 국정과제에도 포함하였고, 자사고의 일반고 전환을 위한 3단계 로드맵(일반고와 자사고 입학전형 동시 시행 → 재지정 평가를 통한 일반고 전환 → 국가교육회의에서 고교체제 개편 논의)을 통해 자사고 폐지를 본격화하였다. 그러던 차에 2019년 법무부 장관(후보자) 자녀의 대학입시 편법 의혹이 일자 대통령령인 「초·중등교육법 시행령」을 개정하여 2025년부터 특수목적고를 폐지하겠다고 전격 결정하였다.

　　외국어고와 국제고, 자사고로 인해 초·중학교 학생들의 사교육이 성행하고 사회계층 간에 위화감이 조성되며, 우수한 학생의 특목고 집중으로 일반계 고등학교의 학력이 저하된다는 비판이 있으나, 국가 경쟁력을 위한 우수한 인재양성, 교육의 다양성과 개인의 자아실현이라는 가치를 중시하여 특수목적고의 존립을 주장하는 입장도 만만치 않다. 과연 특수목적고는 존재해야 하는가, 폐지해야 하는가? 그 이유는 각각 무엇인가?

심화 학습 5

학습성과

교육기획을 이해하고, 교육정책을 비판할 수 있다.

학습목표

1. 교육기획의 과정과 유형을 알 수 있다.
2. 교육정책의 의의, 환경, 과정을 알 수 있다.
3. 교육정책의 가치체계를 알고, 이에 비추어 사례정책을 비판할 수 있다.

학습내용

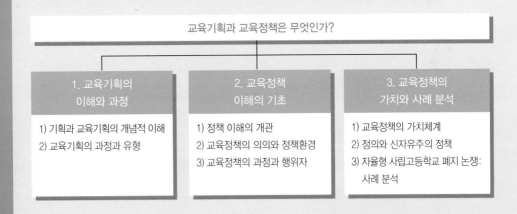

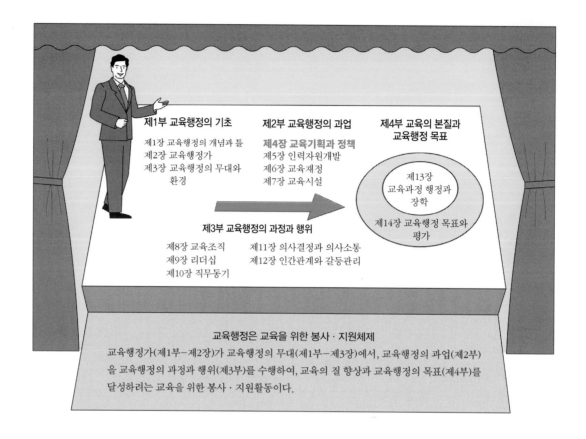

제1부 교육행정의 기초
제1장 교육행정의 개념과 틀
제2장 교육행정가
제3장 교육행정의 무대와
    환경

제2부 교육행정의 과업
제4장 교육기획과 정책
제5장 인력자원개발
제6장 교육재정
제7장 교육시설

제4부 교육의 본질과
교육행정 목표

제13장
교육과정 행정과
장학

제14장 교육행정 목표와
평가

제3부 교육행정의 과정과 행위

제8장 교육조직
제9장 리더십
제10장 직무동기

제11장 의사결정과 의사소통
제12장 인간관계와 갈등관리

교육행정은 교육을 위한 봉사 · 지원체제
교육행정가(제1부–제2장)가 교육행정의 무대(제1부–제3장)에서, 교육행정의 과업(제2부)
을 교육행정의 과정과 행위(제3부)를 수행하여, 교육의 질 향상과 교육행정의 목표(제4부)를
달성하려는 교육을 위한 봉사 · 지원활동이다.

1. 교육기획의 이해와 과정

정부기관에서는 국가운영 부문의 거시적인 발전계획을 세워 국민들에게 알리고, 이를
추진하기 위한 재정 확보 등을 위해 노력한다. 또한 단위조직이나 국가기관에서는 '기획'
이라는 명칭을 사용하여 부서나 기관 자체의 이름을 짓기도 한다.

1) 기획과 교육기획의 개념적 이해

(1) 기획과 교육기획

기획(企劃, planning)은 오래전에 Gulick(1937)이 POSDCoRB라는 합성어를 만들어 행정
기능 또는 과정의 첫째 자리에 두면서 행정학도들에게 익숙해졌다. Gulick은 Urwick과 함

께 행정학에 관한 논문을 수록한『행정과학논문집(Papers on the Science of Administration, 1937)』을 편찬하였는데, 이 과정에서 최고관리자의 가장 능률적인 관리기능(행정원리)를 POSDCoRB라는 용어로 제시하였다(이 책의 제1장 36쪽 참고). 기획은 계획과 비교하여 쉽게 이해할 수 있는데, 일반적으로 기획은 조직체에서 일어나고 있는 계속적인 활동, 또는 의사결정 과정이라 할 수 있고, 계획(計劃, plan)은 기획과정을 거쳐서 얻어지는 최종 산물(end-product 또는 output)이다(권영찬, 1967: 19). 즉, 기획은 어떤 일을 할 때 지적인 분석을 통해 준비하는 과정이고, 계획은 이미 결정된 행동 노선(路線) 또는 미래 행동을 위한 일단의 결정으로, 양자는 분명하게 구분되어야 한다(이욱범, 2003: 21). 한편 기획과 계획은 구분이 모호하여 혼용하기도 하고, plan을 '기획서'로 쓰자는 주장(강태룡, 정규서, 1999: 21)도 있다. 기획은 프로그램(program)과 프로젝트(project)와도 관련이 있다. 기획과 계획을 구분하지 않는 입장에서 기획을 총계획이라 하고, 프로그램은 기획의 하위 개념으로 총계획을 달성하기 위한 세부 주요 계획을 말하며, 프로젝트는 프로그램의 하위 개념으로서 세부 주요 계획을 말한다(이욱범, 2003: 22).

또한 기획은 어떤 부분에 관심을 두느냐에 따라 다양하게 정의할 수 있다. 우선, Simon 등(1958: 423-424)은 '장래를 위한 제안, 제안된 대안의 평가, 이러한 제안을 달성하는 방법과 관련된 행동'을 기획이라 하였고, Dror(1963)는 기획을 '최적의 방법으로 목표를 달성하기 위하여 장래의 행위에 관한 일련의 결정을 내리는 과정'으로 정의하였다. Fayol(1949: 5-6)은 기획이란 미래를 예측하고 그것에 대비하는 활동이라 정의하고, 기획은 기대하는 목표, 준수해야 할 과정, 그 과정상의 여러 단계, 그리고 활용해야 할 수단 등 운영에 대한 모든 계획을 포함하기 때문에 중요하다고 부연하였다. 또한 Wallace와 McMahon(1994)은 기획을 '목적을 확인하고, 그 목적을 달성하기 위하여 해야 할 단계를 결정하는 과정'으로 풀이하였다.

마지막으로, 이욱범(2003: 13)은 여러 학자의 견해를 종합하여, 기획을 '현재 상황의 분석과 미래 예측을 바탕으로 변화를 위한 타당성 있는 목표설정과 이를 달성하기 위한 실천전략 그리고 활동계획을 수립하는 일련의 지적·정의적 활동과정'으로 정의하였다.

기획에 대한 정의를 바탕으로, **교육기획**을 정의할 수 있다. 임연기(2018: 91)는 교육기획을 "교육 변화를 의도적으로 설계하는 과정으로, 국가사회 기획의 하위 요소로서 타 부문과의 긴밀한 연계 속에서 미래의 교육에 영향을 미치기 위한 사회적 기술적인 의사결정 과정”으로 정의하여, 전체 국가기획의 측면에서 교육 영역의 변화를 위한 의사결정 과정으로 파악하고 있다. 또한 이욱범(2003: 25-26)은 교육기획은 “교육조직과 교육행정 기관이 장래 수요를 예측하고 사회 변화에 대처하기 위한 하나의 메커니즘”이라고 정의하였다. 특히 그는 교육기획은 그 목적이 교육을 위한 계획이어야 하고 기획의 범위는 교육에 관한 것이어야 한다고 전제하면서, 포괄적 접근과 구체적 접근으로 정의할 수 있다고 설명하였다. 포괄적 접근이란 국민 개개인으로 하여금 잠재적 능력을 발전시키고, 국가의 사회적·문화적·경제적 발전에 가장 효율적인 공헌을 할 수 있는 기회를 제공할 수 있도록 일반 대중의 참여와 지지를 얻어 사회조사 연구의 방법, 교육·행정·경제·재정의 원리와 기술 등을 적용하고 조절하는 계속적이며 체계적인 과정을 말한다. 그런데 이 정의는 너무 광범위하기 때문에 보다 구체적으로 정의하면, 교육기획은 복잡한 내·외적 상황하에서 발생하는 새로운 문제들의 분석을 통하여 교육목표를 달성하기 위한 최적의 전략을 개발하려는 의도적인 조직적인 활동이라고 할 수 있다.

교육기획의 개념을 바탕으로 그 원리를 도출할 수 있다. 〈표 4-1〉에서 김윤태(1986), 김종철(1985), 김창걸(1986), 이욱범(2003)이 제시한 교육기획의 원리를 비교할 수 있다.

〈표 4-1〉 **교육기획의 원리 종합**

원리	김종철	김윤태	김창걸	이욱범
① 타당성	○(합목적성)	–	○(합목적성)	○
② 효율성	○	○(경제성)	○	○
③ 합리성	○	–	○	–
④ 민주성	–	○	○	○
⑤ 전문성	○(지적 연계성)	○(과학성)	○	–
⑥ 중립성	–	○	○	○
⑦ 종합성	–	○	○	○(통합성)
⑧ 적응성	○(미래지향성)	○(신축성)	○	○(신축성)
⑨ 안정성	–	○	○	○
⑩ 계속성	–	–	–	○

〈표 4-1〉에서 공통적으로 언급한 요소를 중심으로 설명하면 다음과 같다.

① 타당성의 원리: 교육기획은 기획의 목표와 수단, 과정이 상호 의존적이어야 하는데, 특히 추구하는 목표가 교육적으로 타당해야 하고 합목적성을 가져야 한다.

② 효율성의 원리: 교육기획이 추구하는 목표를 달성할 때 낭비와 비능률을 줄이고, 경제적으로 자원을 최적으로 확보·배분하여야 한다.

③ 합리성의 원리: 교육기획은 목적을 추구하는 과정에서 논리성을 추구해야 한다.

④ 민주성의 원리: 교육기획은 의사결정의 과정이므로 이해 관련 집단의 참여를 최대한 보장하고 의견을 적극적으로 수렴·반영하여야 한다.

⑤ 전문성의 원리: 교육기획은 지적인 준비과정이므로 과학적 기법을 적용하여 현재의 문제를 찾아내고 미래를 예측하는 과정을 거쳐야 한다.

⑥ 중립성의 원리: 교육기획을 수립할 때, 교육과 기획 그 자체의 논리에 따라 이루어져야지, 종교적·이념적 편견이나 간섭이 개입되어서는 아니 된다.

⑦ 통합성의 원리: 교육의 문제를 진단하고, 미래 방향을 설정할 때는 인구학적 변화 추계, 경제적 상황의 변화 등 사회적 환경이나 제반 사회 영역을 연계하여 종합적으로 고려하고, 국가 수준, 지역 수준, 학교 수준에서 일관성을 갖도록 해야 한다.

⑧ 적응성의 원리: 교육기획은 현재 상태의 개선을 위한 것이므로, 교육체제가 상황의 변화에 신축적이고 적극적으로 대응할 수 있도록 해야 한다.

⑨ 안정성의 원리: 교육행정의 원리에서처럼 안정성은 변화를 위한 기획도 중요하지만, 교육정책의 변화를 추구하는 과정에서 일관성, 계속성이 유지되도록 해야 한다.

(2) 교육기획의 유사 분야

① 교육기획과 교육정책

교육기획과 가장 깊은 관계가 있는 분야는 교육정책이다. **교육정책을 교육기획보다 상위(선행) 개념으로 보는 관점도 있고, 역으로 교육기획을 상위 개념으로 보기도 한다. 우선, 기획은 국가의 문제를 개선하기 위해 수립된 정책을 기초로 이루어지는 것으로, 정책은 기획을 위한 기본적 틀을 제시해 준다. 예컨대, 국가의 교육 발전 5개년계획을 수립하면서, 교육과정, 교원인사, 교육재정 부문에서의 정책을 하위 영역으로 삼는 경우가 이에 해당한다. 반면에 기획이 정책에 선행하는 개념으로 볼 수도 있다. 기획은 정책의 목표와 그것을 달성하기 위한 구체적 수단과 방법을 명시하고, 정책 수행의 우선순위와 중점을 밝힐 뿐만 아니라 그 결과를 예견해 주는 지적 과정이라면, 기획은 정책에 선행한다(이욱범, 2003: 22). 이렇게 보면 교육기획과 교육정책 중 무엇이 상위 개념이고, 하위 개념인지 따지는 것은 큰 의미가 없지만, 일반적으로 다음과 같이 비교된다(강태룡, 정규서, 1999: 27-28).

첫째, 기획은 정책보다 장기적인 시계(視界)를 지닌다. 기획은 20년 이상의 장기계획은 물론 3~5년의 단기계획이라 할지라도, 결정된 후에 단기간 내에 집행하는 정책보다 훨씬 더 미래 지향적이다.

둘째, 기획은 일반적으로 현실 판단과 미래 예측에 기초한 이상적인 목표를 제시하며 창조성을 갖는 데 비해, 정책은 대부분 현실 교정적 목표를 갖는다.

셋째, 기획은 정책에 비해 포괄성과 일관성을 더 강조하여 대안의 탐색과 대안의 결과 비교 분석 등에서 정책보다 더 합리적으로 접근한다. 반면에 정책은 의제 설정에서 집행 및 평가에 이르는 전 과정에서 이해당사자의 정치적 영향을 고려하기 때문에 분석적으로 접근하는 데 한계가 있다.

넷째, 현실화 가능성의 측면에서 기획은 포괄성, 일관성, 합리성을 강조하기 때문에 정치적 측면에서 구체적으로 실현할 의지가 없어 청사진으로 끝나는 경우가 많다.

② 기획과 관리, 관리과학

기획과 관리(management)는 목표의 성취를 강조한다는 측면에서 공통점이 있다. 그러나 기획은 목표 성취를 위한 사전 준비인 반면에, 관리는 사전 준비 계획을 실제로 추진하고, 감독하고, 조정하는 것이다. 고로 기획과 관리는 불가분의 관계에 있다(이욱범, 2003: 22-23).

한편 행정이 과학적인 대상으로 발전하면서 **관리과학**(management science)이 출현하고, 그중에 체제 분석(system analysis)은 기획과 깊은 관계가 있다(강태룡, 정규서, 1999: 28-29). 체제 분석은 어떤 해결책에는 어떤 자원이 필요하며, 각 부문이나 기능으로부터는 어떤 협력을 얻을 수 있는가를 밝혀 주고, 인간 사회의 복잡한 관련성을 분석함으로써 문제를 단순화시키고 불확실성을 감소시킬 수 있다. 또 과학적인 분석과 자원의 합리적인 배분을 통해 목표의 효과적인 달성을 돕는다는 점에서 기획의 효율성을 높일 수 있다.

③ 기획과 의사결정

기획은 모든 과정에 의사결정(decision making)을 필요로 한다. 그러나 의사결정 자체가 반드시 행동이나 미래를 포함할 필요가 있는 것은 아니다. 반면에 기획은 미래를 포함하며, 또한 행동이 요구되기 전에 반드시 무엇을 어떻게 할 것인지를 결정하는 것으로 기대적(anticipatory) 의사결정이라 할 수 있다. 결국 모든 결정은 의사결정이지만, 의사결정이 기획의 전부는 아니다(강태룡, 정규서, 1999: 30).

④ 기획과 발전

기획은 발전(development)을 지향한다. 발전은 기획과 관리의 중요한 목표이다. 즉, 기획과 관리는 조직의 발전을 추구하는 수단으로, 조직의 발전(D)은 기획(P)과 관리(M)의 함수인 D=f(P×M)로 표시할 수 있다(이욱범, 2003: 23). 결국 기관이나 조직의 기획은 현재 상태보다 바람직한 미래 상태를 추구하는 것이기 때문에 발전, 개선, 진보 등의 개념과 관련이 있다.

(3) 교육기획의 효용성과 한계

기획은 기관이나 조직의 변화과정으로 필수적인 기능이지만, 그것이 만병통치약은 아니다. 일반적으로 기획은, ① 현대사회의 복잡성, ② 미래에의 대비 및 행정목표의 구체화, ③ 지원의 최적 활용, ④ 지휘 및 수단의 필요성에 그 효용 가치가 있다(강태룡, 정규서, 1999: 30). 교육기획은 교육의 발전과 변화를 추구하는 동인(動因)인데, **교육기획의 효용**은 다음 다섯 가지로 제시할 수 있다(이욱범, 2003: 31-32).

첫째, 교육정책의 일관성과 교육행정의 안정화에 기여한다. 교육행정이 시행착오를 겪지 않고 정책이 일관성 있게 추진되려면, 교육계획이 미래 지향적이고, 장기적이며, 명확한 목표를 가져야 한다. 그렇지 않으면 조령모개식의 정책이 남발되고, 행정은 불안정하게 된다.

둘째, 교육행정, 교육경영의 타당성과 효율성을 제고할 수 있다. 교육계획이 잘 수립되면 교육목표와 그 수단이 합리적으로 연결되고, 목표달성을 위한 대안을 최적으로 선택할 수 있다.

셋째, 한정된 자원을 합리적으로 배분하게 해 준다. 국가나 단위조직을 막론하고, 재정

수요는 많은데 재원은 한정되어 있다. 따라서 재정 투자의 우선순위를 합리적으로 설정하고 조정하면 재정운용의 효율성에 기할 수 있다.

넷째, 교육개혁과 교육 변화를 촉진한다. 교육부나 교육청, 학교단위에서 현재 교육의 문제를 분석하고, 미래사회를 예측하여 교육의 미래 방향성을 제시하므로 교육의 개혁이나 변화를 추구하는 데 기획의 필요성이 있다.

다섯째, 합리적 통제를 가능하게 한다. 기획은 행정관리자에게 전체적인 목표나 운영과정을 명확하게 알게 해 주어 목표달성에 필요한 효과적인 지휘와 감독, 관리를 용이하게 해 준다. 또한 지향해야 할 성과 지표를 분명하게 제시해 주므로 성과 평가를 통한 방향의 재설정 등 조직 통제를 하도록 해 준다.

교육기획이 교육 변화와 교육 발전을 가져다주지만, 현실적인 제약으로 인해 한계도 있다. 첫째, 교육의 목표를 계량화하는 것이 곤란할 때가 있다. 교수-학습의 결과를 학업성취도만으로 수량화하여 측정하기에는 인간 행동이 간단하지가 않다. 최근 인성교육이 강조되는 데서 알 수 있는 것처럼, 인간 행동의 측면이 지적·정의적·사회적·도덕적 측면으로 복잡하게 구성되어 있어 양적으로 측정하기 곤란할뿐더러 단기적으로 그것들의 교육적 효과를 단기적으로 판단하기에는 어려움이 있다.

둘째, 미래를 정확하게 예측하는 데 한계가 있다. 최근 정보과학이나 빅데이터의 발달로 어떤 현상에 영향을 주는 변수를 과학적으로 분석하고, 미래에 일어날 일을 정교하게 찾아낼 수 있지만, 인간의 합리성은 여전히 한계가 있다. 앞으로 일어날 현상을 정확하게 모두 예측하여 계획한다는 것은 현실적으로 불가능하다.

셋째, 기획은 자칫 기관이나 조직의 경직성이나 저항을 불러오고 개인의 창의성을 떨어뜨리는 결과를 초래한다. 교육은 전문적 자율성을 특징으로 하는데, 상부에서 '잘 짜여진' 계획서대로 움직이다 보면 조직이 경직될 수 있고, 행위자 개인의 창의적 사고나 자율적 판단은 소홀히 할 수가 있다.

🎓 **기본 학습 1**

교육행정의 정의, 교육기획의 정의와 속성 등을 종합하여, 학교경영에서 기획이 중요한 이유를 생각해 보자.

2) 교육기획의 과정과 유형

(1) 교육기획의 과정

① 문제의 정의

기획과정의 첫 단계는 문제를 인지 또는 정의하는 것으로, 현재 상태에 불만이 있어 이를 개선하기 위해 어떤 행동을 해야 할 필요를 말한다. 문제를 정의(인지)하는 단계는 인간의 욕구를 충족시키고 문제를 해결하기 위하여 환경을 통제할 행동을 취하거나, 또는 그러한 제안을 하기 위한 활동 전체를 포함한다. 기획가들은 문제의 정의(인지) 단계에서, ① 기획의 주체가 되는 체제(사회나 조직)의 궁극적 목적, 가치, 상황, ② 추구하는 목적의 현재 달성 정도 및 사업 집행의 현황, 추세, 전망 등에 대한 체계적 분석과 검토, ③ 기획의 대상이 되는 사회 경제 또는 전체 체제가 당면한 환경적 문제점 및 특정 기간 중 예견되는 문제점을 고려해야 한다(강태룡, 정규서, 1999: 142).

학교교육 계획에서도 기획에 참여하는 사람들은 계획의 대상이 될 문제의 내용과 특성을 명확하게 인식해야 한다(이욱범, 2003: 62). 즉, 교육의 요구, 학교 설립의 목적과 특수성, 교장이나 교직원들의 교육관, 지역사회의 요구, 학생의 수준, 학부모의 요구, 학교교육의 상위 목표 및 방침으로서의「헌법」, 교육관계법, 정부의 국정 지표, 교육부와 교육청의 중점 시책 등을 분석하고 이해해야 한다.

② 목표의 설정

기획의 문제를 인지하였으면, 기획 또는 행정활동의 목적과 목표를 정해야 한다. 기획의 목표는 장차 정책이나 행정에서 나아갈 행동 경로를 말하는 것이기 때문에 기획과정에서 매우 중요하다. 목표를 설정할 때 중요하게 고려해야 할 것들은 다음과 같다.

첫째, 목표의 연쇄적 체계가 일관성이 있어야 한다. 기획의 목표는 수준별로 고려할 수 있다. 학교에서도 교육계획을 세울 때 전체의 발전목표가 있고, 이를 발전 전략으로 나누고, 이를 다시 전략과제로 세분화하는 절차를 거친다. 그런데 이런 연쇄적 체계가 체계적으로 수립되어야 기획이 추구하는 목표에 제대로 도달할 수가 있다. 이 과정에서 수평적으로도 분야별로 유기적으로 연결하는 것도 중요하다.

둘째, 목표를 명료하고 구체적으로 설정해야 한다. 목표설정 자체는 기획 수립의 한 과정이면서, 기획의 다음 단계, 즉 세부목표의 집행 수단을 찾고 성과 측정의 기준을 탐색하는 길잡이의 역할을 한다. 목표를 세분화하고 측정 가능하게 설정하는 것은 기획에 참여하거나 영향을 받는 행위자들이 정책이나 행정의 목표를 명료하게 인식하는 데 도움이 될뿐만 아니라 그것들을 집행하고 평가하는 데 영향을 준다.

셋째, 기획과정에서 목표를 세울 때는 우선순위를 정해야 효과적이다(이욱범, 2003: 65). 기획에는 여러 개의 하위 목표가 있을 수 있는데, 이 중에서 어떤 목표는 다른 것에 비해 더 중요하고, 시급하게 해결해야 할 것들도 있다. 이처럼 기획의 목표들 간에는 우선순위를 정하는 것이 필요한데, 이때 절대적인 법칙은 없지만 학생과 학생을 위한 교육의 질을 높이는 것이 제1의 법칙이라 할 수 있다. 흔히 발전계획을 세울 때 SWOT 분석을 하게 되는데, 이 기법은 목표의 우선순위를 정하기 위한 기초적인 정보를 제공하기 위함이다.

③ 예측과 추계

기획은 미래 지향적이다. 현재의 문제를 해결하여 바람직한 상태에 도달하고자 하는 인간의 욕망을 구체화한 것이 곧 기획이다. 대개 교육계획을 수립할 때는 연도별 인구 변화와 학령아동의 추이 등을 예측하는 것을 바탕으로 하는 것에서 기획의 미래지향성을 단적으로 알 수 있다. 즉, 기획을 통해 문제해결을 위한 대안(代案, alternatives)을 탐색하기 위해서는 사회 · 경제적 환경의 변화, 가치체계의 변화, 인구학적 변화, 제약 조건 등을 예측해한다. 특히 인구학적 추계 등은 대안을 탐색하기 위해 중요하다. 최근 우리나라에서도 소위 인구절벽이라 말하는 출산율의 급격한 감소와 그로 인한 학력인구의 감소는 국가적인 교육기획의 상수(常數)라 해도 과언이 아니다.

④ 계획 수립: 대안 탐색

기획에서 계획 수립은 설계의 과정으로, 대안적인 해결 방안을 설계 · 탐색하는 것이다. 계획안을 만드는 것은 정의된 문제를 해결하기 위한 작업인데, 한 가지 목표를 달성하는 데에도 여러 개의 방안이 있을 수 있다. 그래서 목표를 달성하기 위해 가능한 여러 방안, 즉 대안적인 해결 방안들을 탐색하는 과정에서 독창성과 실현 가능성 등을 검토하여야 한다.

⑤ 대안 선택

문제해결을 위해 설계한 여러 가지 대안 중에서 최적안을 선택하는 일은 대안에 대한 검사와 평가 과정을 거친다. 대안에 대한 설계된 대안(계획안)이 실행 가능한 것인가를 검토하는 것이며, 대안에 대한 평가는 내부적 일관성을 갖고 실행 가능하다고 판단된 대안들 중에서 최적안을 선택하기 위한 작업이다. 계획안에 대한 평가에서는 시뮬레이션 기법이나 비용-편익 분석 등을 적용하기도 한다. 한편 학교교육 계획에서 최적 대안을 선택할 시 학교의 실제적 문제들을 고려해야 하는데, 이때 철학적 · 경제적 · 사회적 요소들이 포함된다(이욱범, 2003: 68).

⑥ 행동계획

선택한 대안을 실행하기 위한 행동계획은 조직계획, 활동계획, 평가계획으로 구분된다(이욱범, 2003: 69). 조직계획은 선택된 대안을 효과적으로 수행하기 위해 조직, 부서를 구성하고 자원을 배분하는 활동을 하는 것이다. 학교에서 업무분장 조직을 나누고 담당자를 정하는 것 등이 이에 해당한다. 활동계획은 선택된 대안을 실행하기 위해 세부 사업이나 활동을 합목적적으로 연결하는 경영활동을 말하는데, 교육과정 운영, 교직원 능력 개발, 재정 지원 등의 관리활동을 수립하는 것이 이에 해당한다. 평가계획은 설계한 사업이나 활동이 본래 의도대로 달성되었는지, 투입 대 산출의 비율은 효율적인지를 판단하는 계획을 수립하는 것이다. 최근 각종 기획에서 성과 분석을 강조하는데, 투입변인-과정변인-산출변인에 대한 평가와 각 단계에 대한 환류 절차를 마련하여야 한다.

⑦ 집행

최적 대안을 선택하고 이를 행동계획으로 확정하면 기획과정이 끝나는 것으로 볼 수 있지만, 최근에는 계획과 집행을 연결하는 것을 강조하고 있다(이욱범, 2003: 70-71). 이 단계는 앞 단계에서 이루어진 계획과 선택이 실제로 수행되는 단계로, 행동계획 단계에서 수립된 것이 실제적으로 잘 수행되도록 관리체제 및 하위 통제체제를 개발한다.

⑧ 평가 및 환류

기획과정의 마지막 단계 역시 평가와 환류이다. 시행 결과에 대해 심사 분석을 하고, 전

단계를 수정·보완하는 환류과정이 기획의 질을 높이는 데 중요하다. 특히 이 단계는 다음 계획을 위한 출발점이 된다.

🎓 **기본 학습 2**

학교에서 교육과정 운영계획을 작성할 때 거치는 단계를 순서대로 정리해 보자.

---

(2) 교육기획의 유형

앞에서 기획과 교육기획이 무엇인지를 밝혀 주는 다양한 정의를 살펴보았는데, 이것들은 기획을 바라보는 관점, 유형과 밀접하게 관련된다. 교육기획의 유형에 대해서는 Hudson, Wilson, Adams가 유용한 설명을 하였다(임연기, 2018: 94-97). 우선, Hudson (1979)은 기획 모형을 SITAR 모형으로 불리는 ① 개요 모형(Synoptic mode), ② 점증 모형 (Incremental model), ③ 거래 모형(Transactive model), ④ 자문 모형(Advocacy model), 그리고 ⑤ 급진 모형(Radical model)으로 나누었다. 개요 모형은 목표설정-대안의 확인-수단의 평가-결정의 집행으로 이루어지는 합리 모형과 비슷하고, 점증 모형은 종전보다 약간의 조정을 거치는 수준에서 결정하는 것이다. 거래 모형은 기획과정에서 구성원 간의 대화, 상호학습, 격려 등의 상호작용을 강조한다. 자문 모형은 의사결정의 갈등적 대결적 특성을 강조하며, 급진 모형은 자립과 상호 지원을 바탕으로 하는 자발적 행동주의, 상품과 서비스의 형평성 있는 분배를 가로막는 국가 또는 체제의 구조적 특성에 초점을 둔다. 한편 Wilson(1980)은 기존의 합리 모형과 점증주의 모형에 덧붙여 세 가지 대안적인 모형을 제시하였는데, 핵심 개념, 기획가의 역할, 인식론을 기준으로 비교하면 〈표 4-2〉와 같다.

〈표 4-2〉 Wilson이 분류한 교육기획 모형의 특징 비교

구분	합리 모형	점증주의 모형	혼합 모형	일반체계 모형	학습-적용 모형
핵심 개념	과학주의 경험주의, 구조화된 합리성, 체계적 문제해결, 효율성/최적	당파 간의 상호작용 과정의 합리성	자기규준 사회, 능동적·사회적 자아-반응적 신뢰할 만한 사회지식	상호의존적, 체제적, 목적적 개방체제, 사회의 자아통제, 자연적 위계체제 설계, 재설계	신인간주의 심리학적 발달 융통성-적용력-미래-반응적 사회학습

기획가 역할	전문과학분석가	조정자, 권력 브로커, 능동적 참여자	사회지식, 의사결정, 합의도출을 위한 능동적 통합적 조정자	상호적 변화역군, 역동체제의 설계자 관리	대인적 학습역군, 자극제공자, 과정 설계자
인식론	실증주의	실증주의	실증주의에 비판적, 구체적 인식론적 근거 모호	체제론	현상학

마지막으로, Adams(1991)는 Hudson과 Wilson의 교육기획 모형이 임의적이고 지나치게 단순하다는 전제하에 합리 모형과 상호작용 모형으로 구분하였다. 합리 모형은 다시 기술 모형, 상호작용 모형은 정치 모형과 합의 모형으로 구분하고, 기획의 과정, 구조, 기법의 차원에서 〈표 4-3〉과 같이 비교하였다.

〈표 4-3〉 Adams가 분류한 교육기획의 모형 비교

구분	과정	구조	기법
기술 모형	소수 전문가의 독점에 의한 분석적 · 행정적 활동	중앙집권적인 기획부처, 명확한 위계	체제 분석, 비용이익 분석, 프로그래밍 정보관리
정치 모형	이해당사자에 의한 교환, 교섭, 위원회 활동	집권적인 목적과 정책기제, 이해의 접합, 조정수단 보급	공식적, 분석적/정보체제/덜 공식적인 정보교환의 조합
합의 모형	대화, 의식 함양	분권화된 대면 집단	델파이, 팀의 조정

(3) 기획 수준과 정책기획

기획을 유형화하고, 그 절차와 기법을 탐구하는 관점은 다양한데, 강태룡과 정규서(1999)는 기획의 유형을 '수립 수준'을 기준으로, 최고 정책적 수준과 전략적 수준 그리고 관리적 수준으로 나누었다. 이 중에 최고의 정책적 수준은 곧 **정책기획**(policy planning)을 말하는데, Burchell과 Sternlieb(1979)는 『1980년대의 기획이론(Planning Theory in the 1980's)』이라는 저서에서 다음과 같이 정의하였다. "정책기획이란 사기업을 포함하여 공공 분야에서의 정책 결정에 관한 기획으로서, 그 기준은 ① 누가 정책을 결정하는가, ② 결정과정에 얼마나 많은 정보들이 제공되는가, ③ 각 대안들이 어떻게 합리적으로 평가되는가, ④ 결정의 성공 가능성 또는 충족도는 어느 정도인가 등이 설정되며, 정책기획은 바로 이런 것을 다루는 것이다."

Millet(1954: 56)은 **정책기획**은 정부활동에 관한 일반적인 상황을 폭넓게 발전시키는 것으로, 새로운 법률의 제정이나 개정은 물론 정부활동의 기본 목적을 부여하는 데 관련된 가치 판단을 포함하는 것으로 정의하였다. 결국 기획과 정책은 서로 위계적 개념으로 이해할 수도 있고 혼용할 수도 있다고 하였는데, '정책기획'이라는 개념에서 충분히 이해할 수도 있다.

2. 교육정책 이해의 기초

교육정책은 다양한 이해집단의 참여를 통해 형성되며, 그 과정에서 정책 목표로서의 가치를 추구한다.

1) 정책 이해의 개관

(1) 정책의 정의와 요소

정치학에서 유래한 정책(policy)은 다양하게 정의된다. Dubnick과 Bardes(1983: 8)는 공공정책을 공공의 문제에 관련된 정부 실무자의 표현된 의지이며, 그러한 의지와 관련된 행위라고 정의하였고, Ball(1990: 3)은 정책을 분명 가치의 권위적 배분의 문제라고 정의하여 이상적 사회의 이미지를 강조한다. 또한 Fowler(2004)는 공공정책이란 정치체제가 공적 문제를 다루는 동안 생겨나는 역동적이며 가치 함축적인 과정이며 이것은 정부의 활동과 무활동의 일관된 양상뿐만 아니라 정부의 표현된 의도와 공식적인 법규를 포함한다고 정의하였다(신현석, 한유경 역, 2007: 10 재인용).

한편 박성복과 이종렬(1994: 161-167)은 정책을 정치적 성격을 강조하는 입장(전체 사회를 위한 가치의 권위적 배분; Easton, 1953: 129), 목적을 강조하는 기획적 입장(목표, 가치, 행동노선을 담은 사업계획; Laswell & Caplan, 1970: 71) 그리고 정부의 광범위한 활동을 의미하는 포괄적 입장(정부기관과 환경의 관계; Eyestone, 1971: 18)으로 구분하였다. 그들은 이러한 입장을 종합하여, 정책이란 정부기관이 당위성에 입각하여 사회 문제의 해결 및 공익의 달성을 위한 정책 목표와 정책 수단에 대하여 공식적인 정치 · 행정적 과정을 거쳐 의도적으로 선택한 장래의 행동 지침이라고 정의하였다.

이들 정의에서 밝힌 **정책의 구성 요소**를 ① 당위성(사회 문제해결이나 공익달성을 위한 바람직한 사회 상태에 관한 정부의 가치 판단), ② 정책 목표(바람직한 사회 상태가 정책 목표로 정책활동에 목적, 방향, 계속성 부여), ③ 정책 수단(정책의 실질적 내용으로 가장 중요), ④ 공식성(공식적인 채택과정을 통하여 제도적인 정당성을 얻어야 권위와 강제성 획득), ⑤ 정책 의지(정부의 의지를 포함하여 정책 주체인 사람들이 갖는 판단, 동기, 신념, 태도, 감정의 복합체), ⑥ 정책 대상자(정책과 관련하여 직접적인 이해관계를 갖는 사람들 혹은 집단)로 정리할 수 있다. 유훈(2002: 23)도 정책이란 "각종의 정치적 · 행정적 과정을 통하여 권위 있게 결정된 공적 목표와 이를 달성하기 위한 수단과 관련된 기본 방침"이라고 정의하면서 그 개념 요소를 ① 정치적 · 행정적 과정, ② 권위 있는 결정, ③ 공적 목표, ④ 수단으로 제시하였다.

🎓 기본 학습 3

'나'의 언어로 (교육)정책을 정의하고, 그 요소를 정리해 보자.

(2) 교육정책의 환경 변화

정책은 국가사회가 직면하는 여러 문제 중에 일부를 정책 문제로 채택하여 정치적 · 행정적 과정을 거쳐 해결하려는 행동 노선으로 다양한 사회적 기능을 한다(박성복, 이종렬, 1994: 158-169). 첫째, 문제해결을 위한 노력의 산물이다. 국가가 모든 사회 문제를 해결하기는 어렵지만 이를 정부의 정책 의제로 채택하고 해결책을 마련한다는 자체는 정부가 국민의 생활에 적극적으로 개입하려는 정책국가로서의 기능을 수행하는 노력을 말한다. 둘째, 일관성 있는 행동 지침을 제시한다. 정책은 그 자체가 행동 노선을 담은 것이므로, 정책 담당자들은 (정책이 정해 주는) 행동 범위와 방식의 틀 안에서 역할을 수행한다. 셋째, 정책은 사회의 변동과 재구성에 기여한다. 정책은 환경 속에서 사회 문제를 해결하는 과정에서 사회 구성체 간의 갈등이나 대립을 해소하고 이해관계를 조정하며, 새로운 사회 질서를 세우게 해 준다. 결국 정책을 통해 사회 문제를 해결한다는 것은 그 문제가 사회적 구조의 불합리에 기인하는 경우 사회구조상의 변혁을 가져오는 동인(動因)으로 작용한다. 넷째, 규범적 처방을 한다. 정책 결정에는 행정적 · 정치적 권력 등의 외적인 힘만 작용하

는 것이 아니라 정책 결정자의 내적인 요인, 즉 가치, 신념 등이 작용하고, 그것은 사회 전
체의 가치체계, 행동체계가 되어 사회 구성원에게 규범적 · 처방적 기능을 수행하게 된다.
다섯째, 사회 이익의 조정과 통합, 사회 안정화에 기여한다. 사회 구성원들이 제각기 자신
의 이익을 추구하는 과정에서 갈등이 발생할 수 있는데, 이때 정책과정을 통하여 이를 조
정하므로 사회 통합을 가져다준다. 이러한 정책적 기능은 사회 전체가 공동체 정신을 갖
고 현재 삶의 상태를 유지하고 안정되게 하는 데 도움을 준다.

🎓 기본 학습 4
───
정책의 사회적 기능을 나의 언어로 설명해 보자.

(3) 정책의 유형

정책의 기능을 살펴보았지만, 그것을 크게 유형화(類型化)하여 사회적 기능을 이해할
수 있다. 정책을 분류하는 방식은 매우 다양하지만 정부기능(부서)의 관점에서 정책을 분
류하면 쉽게 와닿는다. 국회에서 상임위원회를 정부 부처와 관련지어 구성하는 것이 이
에 해당한다. 이보다 전문적인 분류로, Lowi(1964)는 의사결정론에 입각하여 ① 분배정책,
② 규제정책, ③ 재분배정책, ④ 구성정책으로 나누었다. Salisbury는 요구 패턴(demand
pattern)의 통합성(integration)과 분산성(fragmentation), 결정체제의 통합성과 분산성을 기
초로 [그림 4-1]과 같이 정책을 네 가지 유형으로 나누었다(유훈, 2002: 41-42).

이 밖에도 여러 학자가 정책 유형을 분류하였는데(유훈, 2002: 32-52), 이것들을 종합해
보면 크게 분배정책과 규제정책으로 대별할 수 있다.

요구 패턴

		통합성	분산성
결정 패턴	통합성	재분배	규제
	분산성	자율규제	분배

[그림 4-1] Salisbury의 정책 유형

첫째, **분배정책**은 [그림 4-1]에서 요구 패턴이나 결정 패턴이 분산적인 경우를 말한다. 이것은 본래 미국의 19세기 토지정책과 관련된 것인데 오늘날 철도회사에 국유 토지를 양여하거나, 중앙 정부에서 지방자치단체에 사회기반시설(병원 건설, 상하수도 설비 등)을 위한 보조금을 지원하는 정책 등이 이에 해당한다. 이처럼 사회 일반에 공통적으로 혜택을 주기 위해 분배정책을 쓸 수 있는데, 이는 다양한 형태로 전개된다. 대표적으로, 국가에서 다양한 형태의 세금을 걷어 사회적 약자를 위한 복지정책(누진소득제, 특정 계층에 대한 무상의료보험과 교육비 면제 등)을 실시하는 재분배정책이 있다.

일반적으로 분배정책에는 사회 전체에 유익한 방향으로 민간이나 지방 정부의 활동을 유인하기 위한 지원정책이 있는데, 수혜 집단으로 하여금 일정한 반대급부의 재정을 지원하게 하거나 일정한 기준이나 질을 요구하기도 한다. 정부에서 대학이나 민간 연구기관에 연구비를 지원하면서 대응투자금(matching fund)을 요구하고, 평가를 통하여 지원금을 차등 지원하는 정책을 쓴다. 한편 근래에는 지위나 신분도 재분배정책의 대상으로 등장하는데, 소수자들을 위한 인권(민권)정책이 이에 해당한다.

둘째, **규제정책**은 정부가 사회 일반이나 특정인(기관)의 행동에 영향을 미치는 것을 목적으로 하는 정책을 말한다. 주택 가격이 급등하게 되면 정부에서 강력한 부동산정책(대출 한도 설정, 주택 소유 제한, 종합부동산세 증액 등)을 실시하는 것이 대표적인 예이다. Ripley와 Franklin은 규제정책을 경쟁적 규제정책과 보호적 규제정책으로 구분하였다(유훈, 2002: 45-46).

경쟁적 규제정책은 다수의 경쟁자 중에서 특정인(기관)에게 특정한 물품 또는 서비스를 공여하는 것을 말한다. 백화점을 운영하는 기업 중에 특정 기업만 선정하여 면세점을 허가하는 것, 여러 방송·신문 기업 중에 일부에게만 종합편성 채널을 부여하는 것, 특정 대도시에만 트램 교통 수단을 허가하는 것 등이 경쟁적 규제정책에 해당한다. 경쟁적 규제정책은 **분배정책**과 **보호적 규제정책**의 혼합이라 할 수 있다. 승리한 경쟁자의 관점에서 볼 때 보조를 받는 것과 같은 효과가 있는 동시에 특정한 형태의 의무를 반드시 이행하도록 요구하기 때문이다. **보호적 규제정책**은 최저임금제, 공공요금 책정, 환경보호 정책 등 민간 활동이 허용되는 기준을 정해 국민을 보호하는 것을 말한다. 최저임금제에서 볼 수 있듯 규제를 받는 당사자들은 규제의 신설, 강화를 주장하는 단체나 개인과 투쟁하거나 규제를 최소화·철폐하려고 한다. 정부 등 정책 관련 집단에서도 자발적으로 규제를 철폐하려는

노력을 기울이기도 한다. 국가의 공공정책을 국내 정책의 차원에서 (재)분배정책과 규제
정책으로 나누어 살펴보았지만, 이는 정책을 지나치게 단순하게 분류하는 오류를 범할 수
도 있다. 예컨대, Ripley와 Franklin은 분배정책, 규제정책과 함께 외교국방 정책을 한 유
형으로 제시하였고, [그림 4-1]에서 볼 수 있듯 Salisbury는 '자율규제 정책'을 한 가지 분류
유형으로 제시하였다. 자율규제 정책은 규제 대상이 되는 개인이나 단체에게 규제의 기준
을 설정하거나 그 집행 권한까지 주는 경우를 말한다. 의사협회에서 의사 고시와 면허를
관장하도록 하거나 변호사 개업 허가 권한을 변호사 협회에 일임하는 정책을 말한다.

☞ **심화 학습 1**

2) 교육정책의 의의와 정책환경

(1) 교육정책의 의의

일반적인 정책의 정의에 비추어, 교육정책은 사회적·공공적·조직적 활동으로서 교육
을 대상으로 하여 국민의 동의를 바탕으로 하면서 국가의 공권력을 배경으로 강행되는 국
가의 기본 방침을 의미한다(김윤태, 1994: 178). 즉, 교육의 목적·수단·방법 등에 관한 최
적의 대안을 의도적, 합리적으로 선택한 것이 교육정책이며, 이는 일반적으로 국가의 교육
이념을 구현하는 기본적 수단이 되고, 정책의 시행과정으로 간주될 수 있는 협의의 교육행
정에 대해서는 그 기본 방침 또는 지침이 된다. 이러한 교육정책의 개념을 인접 개념과의
관계 속에서 분석해 보면(김종철, 1982: 121-122), 우선 광의의 교육행정 개념 속에는 교육
정책이 포함되며, 정책 결정은 교육행정의 과정 요인의 하나로서 중요한 위치를 차지한다.
이 경우 교육행정은 정책을 포괄하는 상위 개념으로 볼 수 있다. 그러나 협의의 교육행정
은 정책을 시행하는 과정으로 이해되며, 이때 정책은 행정의 기본 방침 또는 지침이 된다.

한편 의사결정과 정책 결정을 명확히 구분하기는 어렵지만 일반적으로 공익성 여부에
근거하여 구분한다. 의사결정은 개인(사적 기관)에 의하여 주도되기 때문에 공익성에 근거
하지 않을 수도 있지만, 정책 결정은 정부(공적 기관)에 의하여 주도되기 때문에 공익성에
근거한다. 결국 정책 결정은 많은 의사결정 중에서 정부의 미래 방향에 대해 정부가 의도
적으로 공익을 위하여 내리는 결정이다. 그러기에 정부 주도로 이루어지는 교육과정, 교
원의 수급계획, 교육재정 등은 교육정책으로 학교조직 활동에 중요한 영향을 미친다.

결국 현대 국가의 국민생활은 공공정책에 의하여 많은 영향을 받게 되며, 이러한 점에서 사회 구성원 개개인의 삶은 제반 정책과 불가분의 관계가 있다. 교육정책은 정치적 과정을 통해 이루어지는 하나의 중요한 의사결정이며, 교육목적의 실현을 도모한다는 특성을 지닌다. 즉, 행위의 측면에서 의사결정이라는 특징을 가지고, 형성 혹은 과정의 측면에서는 정치적 과정이라는 특징을, 효과의 측면에서는 교육목적의 실현이라는 특징을 가진다(윤정일, 송기창, 조동섭, 김병주, 2008: 210).

(2) 교육정책의 변화환경

교육정책에 영향을 미치는 환경은 매우 다양하다. 과거에는 교육정책이 비교적 안정적이지만 경제적 환경 등 사회 변화가 급격하게 진행되고 국가에 대한 국민의 요구가 다양하게 표출되는 현대사회에서는 교육정책의 변화 또한 빠르게 진행된다. Fowler(2004)는 미국의 교육정책을 변화시키는 요인을 크게 ① 경제적 변화, ② 인구학적 변화, ③ 이데올로기의 변화로 제시하였다(신현석, 한유경 역, 2007: 3-6).

첫째, 경제적 환경의 변화가 교육정책에 영향을 미친다. 미국에서 경제가 호황일 때는 납세자들이 교육비를 지불하는 것에 대해 관대하게 여겼지만 1970년대 후반에 접어들면서 경제 상황이 어려워지자 공교육을 포함한 공공부문에 대한 지출을 감소하기 시작하였다. 이런 상황으로 납세자들은 자신들이 지불한 세금이 과연 효율적으로 사용되고 제대로 교육 성과를 냈는지 따지기 시작하였다. 1990년대에도 미국 경제가 전반적으로 도전을 받게 되고, 계층 간의 경제적 양극화가 심해지면서 교육의 수월성과 책무성에 대한 사회적 요구가 높아졌다. 사회경제적으로 신자유주의 물결이 미국의 공공정책의 기반이 되고, 그것이 교육에 투영되어 차터 스쿨(Charter School)이 출현한 것은 경제적 요인이 교육정책에 영향을 준 대표적 사례라 할 수 있다. ☞ 심화 학습 2

둘째, 인구학적 변화를 들 수 있다. 미국의 경우 1946~1964년 사이에 태어난 베이비 붐 세대가 은퇴를 하면서 교육정책에 영향을 미쳤다. 인구 구성상 높은 비율을 차지하는 베이비 붐 세대들이 대거 은퇴를 하면서 퇴직 연금이나 건강 유지, 지원 등을 위한 사적 공적 자금이 많이 필요하게 되어 학교를 위한 재정 여력이 줄어들게 되었다. 특히 인구의 노령화가 비율이 증가할수록, 그들은 학령 자녀가 없기 때문에 교육적 요구에 둔감해지고, 학교에 대한 상징적 정치적 지원을 할 가능성이 줄어든다. 또한 인구의 다양성은 공립학교에 대한 정치적 결정이 만들어지는데 새로운 요구를 발생하고 있다. 이중언어 프로그램, 다문화교육과정의 요구, 종교적 관습의 폭넓은 수용 등 복잡한 요구에 교육정책이 융통성 있게 반응함으로써 교육의 통합적 요구를 충족해야 하는 상황이 대두되고 있다.

인구학적 변화가 교육과 교육정책에 미치는 영향은 현재 우리나라에서 중요한 과제로 등장하고 있다. 우선, 우리나라는 OECD국가에서 인구 출생률이 맨 끝에 위치하여 인구 절벽 현상(2020년 0.84명)이 나타나고, 그로 인해 농어촌 지역에 소재한 학교의 폐교가 지역교육정책의 문제로 대두되고 있으며, 학교운영을 위한 새로운 정책 수립이 요구된다. 최근 학생 인구의 감소로 대학에서 입학정원 미달 현상이 본격화되고, 앞으로 폐교가 속출할 것으로 예상된다. 이 또한 고등교육정책의 대응력을 요구한다. 외국 여성의 결혼 이주가 증가하여 다문화 교육정책을 수립하여 운영해야 하는 요구에도 직면하고 있다. 또한 고령화와 함께 베이비 붐 세대(1955~1963년 생)의 은퇴로 인한 사회적 비용의 증가로 인해 국가의 교육 투자 여력을 감소시킬 우려가 있다.

결국 우리나라가 현재 경험하고 있고, 앞으로 심화할 개연성이 있는 인구학적 변화는 경제적 변화와 맞물려 교육에 대한 정치적 환경을 변화시키는 중요 요인이 되고 있다.

셋째, 이데올로기 변화가 교육과 교육정책을 둘러싼 새로운 요구와 갈등을 불러온다. 정치사상의 변화는 교육정책의 가치를 결정하는데 영향을 준다. 미국의 경우 교육정책에 대한 평등과 형평성의 요구에서 수월성과 책무성에 대한 요구로 이행하여 왔는데, 그 과정에서 교육정책에 대한 정치적 논쟁과 대립을 가져왔다. 특히 미국의 경제가 어려워진 레이건 정부, 부시 정부에서는 학교교육의 비효율성과 시장에의 둔감성을 타파하고자 신자유주의 논리에 입각한 학교교육정책(차터 스쿨 등)의 등장을 가져왔다.

우리나라의 경우도 정치환경의 변화에 따른 이데올로기 세력의 교체는 교육정책에 영향을 미쳐왔고, 갈등 요소로 작용하고 있다. 보수정권에서는 교육의 선택권을 강조하여 대학설립과 학교 선택권을 강화하여 왔다, 그러나 진보정권에서는 교육의 평등성과 형평성을 강조하여 자율형 사립고등학교의 폐지 결정, 특수목적고등학교의 제한 움직임이 나타났다. 이처럼 이데올로기가 교육정책에 영향을 미치는 것은 시대적 요구를 반영하기도 하지만, 교육의 정치적 중립성을 훼손하는 부작용을 가져오기도 한다.

3) 교육정책의 과정과 행위자

일반적으로 정책은 사회 구성원들이 공통적으로 인식한 문제에서 시작한다. 이종재, 이차영, 김용, 송경오(2012: 278-296)는 교육정책을 유기체가 탄생-진화-소멸의 과정을 거치는 생애주기(life-cycle)라는 개념으로 설명하면서, [그림 4-2]처럼 교육정책의 과정을 형성-결정-집행-평가로 구분하였다.

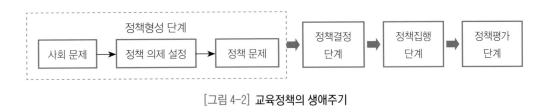

[그림 4-2] **교육정책의 생애주기**

첫째, **교육정책 형성 단계**는 정부가 교육의 여러 문제 중에서 정책의 문제로 받아들여 검토하는 단계이다. 교육 문제 중 문제의 성격이나 해결방법 등이 집단들 사이에서 의견 일치를 보기 어려운 문제들은 관련 집단들 간에 쟁점화되는 과정을 거치며 사회적으로 이슈가 된다. 예를 들면, 무상급식 논란, 일반고 학력 저하와 관련하여 자립형 사립고등학교 존폐 갈등, 지방자치와 교육자치의 통합에 대한 찬반 대립 등이 해당된다. 사회적 이슈에 대한 특정 집단의 의견들이 표출되고, 이에 대하여 정부의 선택으로 정책 문제로 발전된다. 여러 교육 문제 중에서 특정 문제를 정부가 검토하게 되므로, 정부가 어떤 교육 문제를 채택하고 또 채택된 정책 문제를 의제화하느냐가 정책과정 전반에 영향을 미치게 된다. 이 과정에서 여러 대안이 비교되거나 특정 정책 대안을 놓고 정치적인 협상이 이루어지기도 한다. 교육 문제가 정책 의제로 채택되는 데 영향을 미치는 요인으로는 교육 문제의 성격, 특정 교육 문제를 주도하는 집단의 영향력, 정치적 상황 등이 있다.

둘째, **교육정책 결정 단계**는 교육정책의 문제를 해결하기 위해 목표를 설정하고 정책 대안을 마련하는 단계로 의사결정 과정과 유사한 과정을 거치게 된다. 즉, 교육정책 문제의 명확한 구명, 교육정책 대안의 탐색·개발, 교육정책 대안의 결과 예측, 교육정책 대안의 비교·평가, 최선의 정책 대안 선택의 과정을 거치게 된다. 이러한 과정의 의사결정은 합리 모형에 근거한 것이지만, 실제 정책 결정이 항상 합리적으로 결정되는 것은 아니다. 무상급식 확대, 누리과정 도입과정 등 현실의 교육정책 결정은 정치적 이해관계, 정책결정자의 특정 이념이나 개인적 신념, 제한된 정보 등에 의해 정치적으로 결정되기도 한다.

셋째, **교육정책 집행** 단계는 정책 대안을 결정한 이후 채택된 정책 대안을 실현시켜 교육문제를 해결하는 과정이다. 추상적인 정책내용이 집행 가능하도록 정책 수단을 구체적으로 실현하는 것이다. 집행 단계의 특징은 관료제를 통한 정책 결정의 하향적 일방적 추진이라기보다는 특정 정책에 관한 다양한 이해당사자의 정책을 중심으로 하는 상호작용 과정으로 볼 수 있다(정일환, 2000: 136). 이 상호작용의 결과로 정책이 기대했던 방향으로 진행되기도 하고 그렇지 못하기도 하며, 심지어 정책의 근본적인 내용과 방향이 수정·변경되기도 한다. 이종재, 이차영, 김용, 송경오(2012: 283-284)는 성공적인 정책 집행을 이끄는 요인으로 ① 교원들의 정책 이해능력과 수행능력, ② 교원들의 정책내용에 대한 동의 및 기꺼이 실행하려는 의지, ③ 충분한 인적·물적·사회적 자원 등을 들고 있다.

넷째, **교육정책 평가** 단계는 교육정책이 집행된 이후 본래 의도했던 정책의 목표에 비추어 교육정책 결과를 평가하는 단계이다. 의도된 목적의 달성 여부 그리고 달성되지 않았다면 그 이유가 어느 단계에서의 문제 때문인지 분석하여 이후 정책 결정과 집행 과정을 수정하는 데 유용한 정보를 제공하게 된다.

교육정책 결정과정은 문제해결적 결정과정을 토대로 정치적·입법적 과정을 거쳐 형성되는데, 이 과정에는 다양한 요인이 영향을 미치게 된다. 각 요인을 중심으로 교육정책 형성 모형을 나타내면 [그림 4-3]과 같다(김윤태, 1994). 교육체제 환경(정치·경제·사회·문화체제)으로부터 정책결정자(정부)에게 교육 문제(요구)와 정책에 대한 지지가 도달하기까지는 다양한 과정을 거친다. 이것은 환경으로부터 정책결정자에게 흘러 들어오는 요구나 지지의 형태로 나타나는 투입 요소이다. 이 투입은 교육정책의 영향을 받는 국민 또는 학부모의 여론을 형성한다.

국민·학부모의 여론은 정책 형성의 기초가 된다. 여론은 국회·정당, 신문·방송, 교직 단체와 같은 이익집단, 연구소·학자를 통하여 정책결정자에게 전달된다. 경우에 따라서는 정책결정자가 직접 국민·학부모의 여론을 수집하거나 또는 그 대표를 초청하여 의견을 청취한다.

신문과 방송 매체는 정부와 국민 사이에서 여론을 조성하고 그것을 정부에 전달하는 한편, 정부의 정책을 국민에게 정확히 전달한다. 이를 위하여 신문과 방송은 국민으로부터

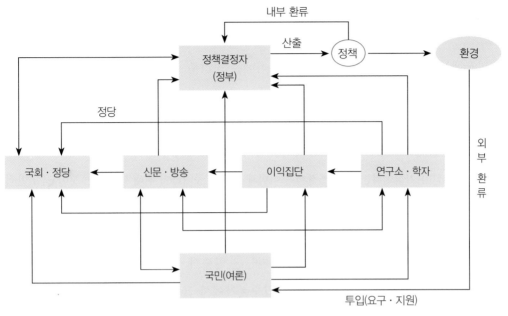

[그림 4-3] **교육정책 형성 모형**

직접 여론을 수집하기도 하며, 이익집단 및 전문 연구기관이나 학자들로부터 정책에 관련된 정보와 자료를 수집하고 정부나 일반 국민에게 전달하는 역할을 수행한다. 국회 · 정당은 신문 · 방송, 이익집단, 연구소 · 학자 및 국민들로부터 정책 개발 및 분석 · 평가에 필요한 정보를 수집하여 정책을 직접 입안(立案)하거나 정책결정자에게 전달한다. 이익집단은 그들의 권익을 위하여 주장 · 요구사항을 정책결정자에게 직접 건의하거나 신문 · 방송, 국회 · 정당 및 연구기관을 통하여 전달되도록 한다. 이처럼 환경으로부터의 투입은 역동적 과정을 거쳐 정책결정자(교육부 장관)에게 전달됨을 알 수 있다.

3. 교육정책의 가치와 사례 분석

정책은 가치의 권위적 배분이라고 말하는 것처럼, 교육정책을 결정하거나 평가할 때 기준으로 삼는 것이 정책의 가치이다. 정책행위를 통해 추구하는 가치 중에 무엇이 더 중요한 것인지에 대해서는 다양한 관점이 있다.

1) 교육정책의 가치체계

미국에서 정치학이 발달하기 시작한 초기에는 공리주의적 사회이론이 정책 연구를 뒷받침하는 사고체계였다. 모든 인간은 이기심을 충족하기 위해 개인이나 집단으로 행동한다고 보았다. 그러나 최근에 정책 연구자들은 다양한 가치가 정책에 영향을 준다고 설명하고 있다. Fowler(2004)는 미국에서 교육정책을 형성하거나 평가하는 기준이 되는 가치를 ① 이기심(이기심이라는 가치는 경제적 이익과 권력을 증대하기 위해 행동하는 것이고, 일반적인 사회 가치는 질서, 개인주의를 말한다)이라는 가치, ② 일반적인 사회 가치, ③ 민주적 가치, ④ 경제적 가치로 구분하였다. 그중에 민주적 가치는 소위 프랑스혁명의 정신인 자유・박애・평등의 가치를 말하는 것으로, 정치학자들은 민주적 정부를 갖기를 원하는 사회의 핵심적인 가치를 간결하게 요약한 것이다. 민주국가에서 그리고 교육정책에서 발생하는 가치 갈등의 대부분은 이러한 가치들을 중심으로 하고 있다(신현석, 한유경 역, 2007: 136)

한편 주삼환 등(2003)은 [그림 4-4]의 틀을 활용하여 교육정책의 가치를 설명하면서 고교평준화 정책을 분석하였다. 이 중에 삼각형을 이루는 자유・평등・박애는 인간의 기본적 권리를 신장하는 데 작용하는 본질적이고 목적론적인 가치를 말하고, 두 개의 원으로 표시한 경제성장과 효율성은 본질적 가치를 신장하는 데 작용하는 비본질적(수단적・상황적) 가치로 이해할 수 있다.

[그림 4-4] **교육정책의 가치체계**
주: 주삼환 외(2003)에서 박애(fraternity)를 '정의'라고 하였음

(1) 자유

정책 가치로서의 자유는 자유민주주의의 근본 원칙으로 쉽게 두 가지로 생각할 수 있다. 하나는 노예 해방이나 신분에 따른 교육 기회의 제한에서 벗어나는 것에서 알 수 있는 소극적 자유(영어로 말하면 freedom, 즉 속박이나 제한으로부터 해방)이고, 다른 하나는 학교 선택이나 교육과정 선택 등에서 볼 수 있는 적극적 자유(영어로 liberty)이다. 그런데 현대 국가에서 전자는 특별한 경우를 제외하고는 대부분 충족되었다고 보고, 후자가 정책 형성이나 정책 평가에서 주된 관심사이다.

교육에서 자유란 간단히 말해 교육받을 기회를 선택할 수 있는 권리를 말한다. 자유인으로서 개인은 자신이 어떻게 살아야 할지 그 생활 형태를 선택할 수가 있는데, 「헌법」에서도 인간의 기본적인 권리인 자유로운 삶을 보장하고 있다. 물론 Rawls가 『정의론(A Theory of Justice)』(1971)에서 말한 것처럼 '자유란 권리와 의무를 규정하는 공공 규칙의 특정한 제도이며 체제'로 다른 사람과 고립되어 존재하지는 않는다. 흔히 인간의 기본적 인권과 관련된 정치적 자유, 언론의 자유, 종교의 자유 등도 법과 관습, 사회체제의 요구 안에서 끊임없이 균형을 맞추어야 한다. 그럼에도 불구하고 교육정책의 가치 중에 자유는 가장 앞자리에서 논의되는 것이 통례인데, 그것은 교육이란 기본적으로 각 개인이 개성을 추구하도록 돕는 작용이라는 데서 비롯된다. 이런 이유로 교육 자유의 가치는 그 기준 설정과 허용 범위와 관련하여 끊임없이 논쟁의 대상이 되고 있다. 이런 맥락에서 교육자유론자들은 의무교육제도나 고교평준화 정책을 폐지해야 한다고 주장하는가 하면, 일부 지방자치단체에서 제정한 학생인권 조례는 학생의 인권을 신장하는 데는 기여하지만 그것이 되레 교원의 교육권(자유)을 침해한다는 이유를 들어 반대하기도 한다.

(2) 평등

정책 가치로서 평등은 쉽게 말해 '자아실현을 위한 동등한 기회의 보장'을 말한다. 우리나라의 「헌법」 제31조 제1항에서 "모든 국민은 능력에 따라 균등하게 교육받을 권리가 있다."라고 선언하고 있는바, 교육평등은 권리이지만 이 역시 절대적인 것은 아니며, 다른 정책 가치와 조화를 이루어야 한다. 물론 현대 자본주의 사회에서 살고 있는 사람들이 목도하는 대로 민주주의는 개인 또는 집단 간에 극단적인 불평등이 발생하여 사회 갈등이 야기되지 않기 위해 사회적 평등성이 보장되도록 노력해야 한다.

교육정책에서 고려해야 할 평등의 가치는 다양한 관점에서 이해할 수 있는데, Fowler(2004)는 평등을 공평과 사회 정의의 측면에서 고찰하면서 **정치적 평등**(political equality)과 **경제적 평등**(economic equality)으로 구분한다(신현석, 한유경 역, 2007). 정치적 평등은 정치체제에 동등하게 참여할 수 있는 권리이고, 경제적 평등은 동등한 부를 말한다. 정치적 평등과 경제적 평등은 나라마다, 시대에 따라 그 중요도가 다를 뿐 아니라 실현 정도에도 차이가 있다. 또한 Fowler는 교육의 평등을 크게 **기회의 평등**(equality of opportunity)과 **결과의 평등**(equality of results)으로 나눈다. 교육 기회의 평등은 모든 사람이 국적, 인종, 성별, 경제적 형편에 상관없이 교육에 접근하게 하는 것을 말하는데, 능력주의 원리를 중시하는 국가사회에서 중요한 정책 가치이다. 자본주의 사회에서는 순수한 의미에서 사회적 · 경제적 불평등은 사회 발전에 기여한 대가로 사회로부터 받은 보상의 결과로 보는데, 이때 기본적인 전제가 바로 기회의 평등이다. 모든 사람에게 기회를 공평하게 주었을 때만이 불평등의 결과가 정당화되는데 그 책임을 개인의 노력이나 동기, 능력의 부족에서 찾는다. 이런 맥락에서 국가 차원에서 모든 사람이 능력을 계발할 수 있도록 학습의 기회를 공평하게 제공하기 위해 취학의 기회를 넓히는 정책을 수립하여 실천하는 것이 필요하다. 결과의 평등은 말 그대로 교육받은 결과가 일정한 수준에서 동등하도록 개입하는 것을 말한다.

한편 교육의 평등은 ① 허용적 평등, ② 보장적 평등, ③ (조건)과정의 평등 그리고 ④ 결과의 평등으로 그 관점이 변화되어 왔다. **허용적 평등**은 신분이나 성에 관계 없이 모든 사람에게 교육 접근의 기회를 제공하는 것이고, 보장적 평등은 실질적으로 교육의 기회에 접근하는 데 장애가 되는 지리적 · 경제적 · 사회적 요인을 제거해 주는 것을 말한다. 국가적 차원에서 보장적 평등은 다양한 **보상정책**(compensatory policy)을 통해 구현된다. **과정의 평등**은 'same≠equal, separate but equal(차별적 평등)'이라는 말로 그 의미가 잘 표현될 수 있는데, 동등하게 대접받는 것이 평등한 것이 아니라 교육의 과정에서 '개인의 조건과 능력에 적합한 교육을 받는 것'이 적극적인 의미의 평등이라는 관점이다. 「헌법」 제31조 제1항이 이를 말하는 것인데, 장애학생을 위한 특수교육도 중요하고 특수한 영역에서 특별한 능력을 발휘하는 학생들을 위한 영재교육도 필요한 이유를 여기서 찾을 수 있다. 마지막으로, **결과의 평등**은 최근 국가의 경쟁력을 강화하기 위한 **교육 책무성**(accountability)과 관련이 있는데, 앞서 말한 대로 교육받은 결과가 최소한의 수준에서 동등한 것을 말한다. 교육의 접근 기회나 교육의 과정에서 동등(적합)하게 대우했을지라도 그 결과가 지나치게 불평등하다면 역으로 과정의 효율성을 담보할 수 없고, 전체적인 생산성을 올리기 어렵다. 예컨대, 초등학교를 졸업한 학생이 기본적인 문해능력을 습득하지 못하였다면 교수-학습 과정에서 그 학생을 위해 투자한 교육비용의 효율성이 떨어지는 것이고, 장차 생산 현장에서 개인적으로나 사회적으로 노동생산성을 올리기 어렵다. 이런 측면에서 교육정책의 가치로서 결과의 평등은 개인과 사회 모두 성공하기 위한 유용한 가치이며, 그런 이유로 국가에서는 교육 결과의 평등을 보장하려는 정책에 많은 관심을 기울이고 있다. 교육 결과의 평등에 대한 관심은 국가사회(납세자)들이 학교와 교사에게 제대로 역할을 수행했는지 설명하라(account)고 요구하는 것인데, 국가의 경쟁력과 재정 효율성이 중요하게 대두되는 상황에서 더 부각된다. 기초학습의 도달 여부에 대한 국가 차원의 검증, 교사평가와 학교 평가 등은 교육 결과의 평등을 중요한 정책 가치로 내세우는 전형이다.

(3) 박애(형제애)

교육정책의 가치로 박애(博愛, fraternity)는 자주, 일반적으로 언급되는 가치는 아니다. '형제애'로 더 쉽게 이해되는 박애는 정치적 화법으로 자주 사용되는데, 연대(solidarity)의 의미로 대체하여 이해하면 좋을 것이고, 최근 강조되고 있는 사회적 자본에 포함되고 있다(신현석, 한유경 역, 2007; Putnam, 2000). 박애란 한 사회의 구성원들을 형제자매로 인식하는 것이며, 그들에 대한 책임을 가지고, 어려운 시기에 도울 수 있는 감정을 가지는 것이다. 박애는 전통적으로 미국 교육정책의 핵심 목표기 되어 왔는데, 19세기의 공립학교 운동(Common School Movement)은 미국인들 사이의 보편적 정체성 함양을 위해 모든 국민의 공립학교 진학을 지지하였다(Spring, 1994).

Putnam은 미국 사회에서는 소규모 집단(가족, 학급, 교회, 체육 클럽, 시민 조직 등)에서 상호작용을 하면서 박애라는 감정을 발전시킨다고 보았는데, 그는 지난 세기의 사회적 정보를 분석하여 미국에서는 1960년대에 사람들 사이에 사회적 관여(연대 감정인 박애)가 가장 활발하였고, 그 이후에는 감소하였다고 진단하였다. 이러한 이유는 1900~1940년대에 태어나 경제 대공항과 제2차 세계대전을 겪으면서 사회적 연대의 규범을 발전시킨 세대들이 점차 사회적으로 은퇴 내지는 사멸한 데에 원인이 있는 한편, 텔레비전과 전자 미디어의 과도한 사용, 맞벌이 부부의 증가와 통근시간의 증가 등도 사회적 연대의 감정을 약화시킨

또 다른 원인으로 파악하였다. 그러면서 박애 감정은 국가적 재난이 이러한 사회적 약화 현상을 뒤집을 수 있다고 제안하였다.

결국 사회적 연대를 가져다주는 박애의 감정은 공동체의 문제를 함께 풀어 나가는 열 쇠라 볼 수 있다. 이런 측면에서 우리 사회가 경제적으로 양극화되어 가는 과정에서 빈곤 층이 늘어 가고, 이주자의 증가 등 다문화사회로 이행하는 과정에서 사회 구성원들이 사 회적 문제와 갈등 요소를 함께 풀어가려면 구성원들이 박애 정신에 토대를 둔 사회적 자 본을 축적하는 노력이 절실하다. 예컨대, 지방자치단체가 장애학생들을 위한 특수학교 를 설립하는 과정에서 지역 주민들이 자신들의 자산 가치가 저하된다고 우려하거나 생 활환경이 열악해진다는 생각으로 반대 목소리를 내는 것도 박애 정신과 관련하여 논의 할 수 있다. 따라서 정책 당국자들은 박애의 가치를 정책에 반영하기 위한 토대로서 먼저 Durkheim이 말한 사회 연대 중 유기적 연대의 문화, 그리고 최근 지역사회의 문제해결의 열쇠로 강조하는 신뢰와 소통, 통합의 사회적 자본을 형성하고 확산하는 노력을 기울여야 할 것이다.

(4) 경제적 가치: 효율성과 경제성장

자유민주주의 가치와 자본주의 가치는 양립할 수 있을까? 앞서 살펴본 민주적 가치와 효율성과 경제성장으로 대변되는 경제적 가치는 갈등을 일으키기도 하지만 서로 조화를 이루어야 한다.

효율은 자본주의의 핵심 가치로 비용 대비 수익 또는 효용을 최대화하자는 것인데, 비용 효과, 산출 극대화, 투자 수익의 개념으로 익숙한 효율의 가치는 교육정책을 수립하고 운 용하는 데서도 중요하다. 비교적 적은 비용으로 학생들이 학습 효과, 교육 효과를 높이려 는 노력은 자원을 교육 당국이 직접 교육에 드는 개정 자원을 직접 조달할 수 없고, 납세자 의 세금에 의존하는 교육기업의 경우 필수적이다.

교육정책에서 효율성의 가치를 증진하려는 노력은 학생의 학업 성취도에 따른 재정배분 제도, 시 · 도교육청 평가에 따른 특별교부금제도의 운용, 교원의 업적 평가에 따른 교원성 과급제도 등을 들 수 있다. 앞에서 본 책무성 운동이 결과의 평등을 보장하려는 것인데, 효 율성을 추구하는 정책들도 성과를 중시한다는 점에서 서로 맥락을 같이한다. 특히 교육 정 책에서 효율의 가치는 국가 · 사회적으로 경제 상황이 불리하여 납세자들의 저항이 생길 때 더욱 중요하게 대두된다. 국가 경제가 어려우면 신규교사의 채용을 줄인다거나 동결하는 교원인사 정책을 펴는 경우도 효율성의 가치가 교육정책에서 부각되는 예이다.

경제성장은 '교육은 경제성장에 필요한 인력을 양성한다.'는 인간자본론의 관점에서 교육정책에서 중시하는 가치이다. 교육은 관념론적 관점에서 인간다운 인간을 만드는 활동이라고 볼 수 있으나, 개인적으로나 국가적으로 경제적 효용의 측면에서 파악할 수도 있다. 개인적으로는 학력(學歷)에 따라 임금이 결정되거나 승진 등 사회경제적 지위가 상승되는 경제적 효과가 있다. 특히 교육받은 숙련된 노동자가 산업계에 공급되면 경제생산성이 올라간다는 연구 결과에 힘입어, 직무동기와 성취 동기, 숙련된 기술을 가진 인력(manpower)은 물적 자본만큼 생산성을 결정하는 요인이라는 인적자본론은 교육 발전과 경제 발전은 밀접한 관계가 있다는 신념을 정책결정자에게 심어 주었다. 따라서 경제 개발을 원하는 나라들은 교육에 투자하는 데 심혈을 기울인다. 첨단의 연구 개발 역량을 가진 우수한 인력을 필요로 하는 제4차 산업혁명 시대에는 국가 간의 경제전쟁에서 우위를 점하기 위해 교육의 경제적 가치를 더욱 중시한다.

🎓 **기본 학습 5**

'나'는 교육정책의 가치 중에 무엇을 가장 중요하게 여기는지 이유를 들어 생각해 보자.

---

2) 정의와 신자유주의 정책

앞의 [그림 4-4]에서 삼각형을 이루고 있는 자유·평등·박애는 Fowler가 말한 정책의 민주적 가치이다. 이 중에서 밑변에 해당하는 '박애'를 주삼환 등(2003)은 정의(justice)로 바꾸어 정책의 가치를 설명하였다. 사실 자유와 평등은 이상적으로는 서로 양립할 수 있고(또 그래야 하지만) 실제에서는 두 가치가 충돌하고 갈등하는 경우가 많다. 자유를 허용하면 평등이 깨지고, 평등을 중시하다 보면 자유가 침해받는 경우가 허다하다. 그렇다고 하나를 취하고 하나는 포기하는 경우는 상상하기 어렵다. 그래서 정책 가치를 논할 때 자유와 평등의 가치를 다 함께 살리면서 사회 구성원이 더불어 살아가는 삶의 원리를 찾기 위해 정의의 가치에 주목한다.

한편 정의란 사회적으로 최소 수혜자까지 인간의 기본적인 권리를 누리면서 살도록 하자는 정책 가치로 복지국가의 이념적 기초가 되어 왔다. 그 결과 정부의 역할이 확대되고, 경제적 효율성의 가치에서 볼 때 문제가 발생하여 새로운 정책 이데올로기인 신자유주의 논리가 정책 담론에서 중요하게 대두되었다. 이런 맥락에서 John Rawls의 정의론을 살펴본 다음에, 신자유주의에 대해 살펴본다(주삼환 외, 2003).

John Rawls의 정의론   현재 우리나라는 '부익부 빈익빈'이라는 표현에서 알 수 있듯이 경제적 양극화가 사회 문제로 인식되고 있다. 물론 이러한 사회적 병리는 그대로 교육에 반영되기도 한다. 그렇다면 극심한 사회적 불평등을 해소하기 위해 개인의 자유를 억압하고, 평등(균등)화 정책을 실시해야 하는가. 자유민주주의를 표방하는 사회에서는 받아들이기 힘든 질문이다. 그렇다면 개인의 자유를 침해하지 않으면서 사회 전체적으로 평등하게 살아갈 수 있는 방법은 없을까? 이 물음에 대한 해답의 실마리를 John Rawls의 『정의론』(1971)에서 찾을 수 있다. 특히 허병기(1989)는 이를 우리나라 교육정책에 적용하여 정책 가치를 분석하였다.

　Rawls의 정의론을 이해하기 위해서, 우선 생각할 수 있는 문제는 자유라는 가치와 평등이라는 가치가 과연 양립할 수 있는가이다. 현실적으로 보면 개인의 자유를 절대시하면 평등이 침해되고, 평등을 중시하다 보면 자유가 손상을 입게 된다. 이념적으로 볼 때 평등을 중시하고 개인의 자유를 소홀히 한 사회주의 체제는 생산성의 저하로 체제가 해체되었고, 자본주의 역시 개인의 자유를 보장하는 사회체제를 강조한 결과 개인의 동기는 부여되었지만 계층 간의 불평등이 큰 문제로 대두되고 있다. 그래서 언뜻 보면 자유와 평등은 인간의 기본적인 권리로서 상보(相補)적이다. 이러한 관점을 명료하게 설명하고자 한 사람이 바로 Rawls이다. Rawls의 정의론을 구체적으로 탐구하기 전에 또 한 가지 물음을 제기해 보자. 'A와 B에게 동일한 기회가 주어지고, 각각은 자신의 순수한 능력(동기·의지·노력)에 기초하여 일을 하였는데, 그 결과로 A와 B에게는 서로 다른 보상(극단적인 불평등)이 주어졌다.'고 가정하자. 이때에 그러한 불평등을 정당한 것으로 받아들여야 하는가, 아니면 부당한 것으로 받아들여야 하는가? 나아가서 이러한 불평등한 결과가 정당화되기 위해서는 어떠한 전제가 필요한가? 이러한 사고체계에 대한 답을 제공하는 것이 Rawls가 설명하는 정의의 두 가지 원칙이다.

제1원칙: 모든 사람은 다른 사람의 유사한 자유와 상충되지 않는 한 가장 광범위한 자유
　　　　에 대해 동등한 권리를 갖는다.

제2원칙: 사회적 · 경제적 불평등은 다음 두 조건을 만족시키도록 조정되어야 한다.

① 그 불평등이 모든 사람에게 이익이 되리라는 것이 합당하게 기대되어야 한다.

② 그 불평등이 모든 사람에게 개방된 직위와 직책에 결부되어야 한다.

우선 제1원칙은 **평등한 자유**(equal liberty)를 의미하는데, 인간의 기본적 권리로서의 자유(예: 정치적 · 종교적 · 양심적 자유)는 어떠한 사회적 · 경제적 조건에 의해서도 제한되거나 차등이 있을 수 없고 동등하다는 논리이다. 다시 말해, 인간의 기본적 권리로서 개인의 자유는 사회 전체의 복지라는 명목하에서도 유린될 수 없는 불가침(inviolability)의 속성을 갖고 있다. 인간의 기본적 권리를 유린하는 노예제도를 허용할 수 없는 이유가 여기에 있다. 다음으로, 제2원칙은 **차등의 원칙**(difference principle)으로서 자유를 제외한 사회적 · 경제적 가치의 할당에서의 불평등은 정당한 것으로 인정될 수 있는데 다음과 같은 두 가지 조건이 충족되어야 한다는 것이다. 하나의 조건은 그 불평등이 최소 수혜자에게 최대한의 이익을 보장(전제)해야 한다는 것이고, 다른 하나의 조건은 불평등의 근원이 되는 직위와 직책이 모든 사람에게 균등하게 공개되어야 한다는 것이다(기회의 평등).

Rawls의 정의론을 **자유주의적 평등론**이라 한다. 자유주의적 평등론은 어떠한 불평등을 허용함으로써 평등이 주는 것 이상의 큰 이익이 보장되는 경우 그러한 차등을 받아들이는 것이 합리적이라는 것이다. 한마디로 민주주의 국가에서 부, 권력 등의 기본 가치들은 개인 간에 차이가 있을 수 있는데, 이러한 차등이 나타나는 과정에서 기회가 균등하게 주어졌고, 유산된 요인이 아닌 개인의 순수한 능력에 의해 불평등이 나타났다면 이는 정당한 것이다. 그리고 그 결과가 사회의 불리한 위치에 놓여 있는 사람들, 즉 최소 수혜자의 이익을 증진시킬 수 있다면 타당한 것이다. 따라서 Rawls의 정의론은 '자유를 통한 더 큰 평등'을 주장하는 것이며, 특히 불평등의 결과가 최소 수혜자의 이익을 증진시킬 것을 전제로 하는 것은 사회계약론적 사상을 반영하는 것이라고 볼 수 있다.

한편 이와 관련하여 허병기(1989)는 정의의 두 원칙을 다음과 같이 평준화에 적용하여 제시하였다.

제1원칙: 모든 사람은 최소한의 기본적 교육을 받을 수 있어야 하며, 학습자의 교육 선택권이 보장되어야 한다(평등한 교육권의 원칙).

제2원칙: 교육차등은 두 가지 조건을 만족시키도록 이루어져야 한다. 즉, ① 차등을 위한 기준의 적합성이 보장되는 가운데(교육 차등 기준의 원칙), ② 불리한 자의 이익이 최대화되는 방식으로 이루어져야 한다(교육 차등의 원칙-최소 수혜자의 이익 원칙).

이 두 원칙에 비추어 **고교평준화 정책**을 이해하면 다음과 같다. 먼저, 고등학교 평준화 정책이 적용되기 이전의 고등학교 진학을 위한 경쟁 상황은 그야말로 무제한적인 자유방임적 경쟁이었다고 볼 수 있다. 즉, 사회적 가치인 교육 기회의 분배과정에서 학습자의 순수한 능력(노력, 의지, 동기) 이외의 사회ㆍ경제적 요인(과외 등)이 더 강하게 작용하였다. 따라서 고교평준화 정책은 어느 정도 교육분배 과정에서의 불합리한 요소들을 제거한 점은 사실이다.

그러나 제1원칙에서 보듯이 인간의 기본적인 권리로서의 교육받을 권리를 행사하는 데 있어서 자신에게 적합한 교육을 선택할 수 있는 기회가 보장되지 못하는 것은 한계라고 볼 수 있다. 앞에서 살펴본 대로 본질적인 의미에서 평등한 교육의 기회를 제공하지 못하는 제도로 볼 수 있다. 그러나 제2원칙의 입장에서 보면 고등학교 평준화 정책은 현실적인 측면에서 사회적 효과가 있다고 볼 수 있다. 그것은 만일 평준화 시책 이전처럼 완전한 자연적 경쟁 상태에서 고등학교 입시가 어려워진다면 학습자의 배경적 요인이 강하게 작용하여 교육 차등 기준의 합리성(제2원칙의 ①)을 침해할 것이다.

특히 중요한 것은 우리 사회의 학벌주의가 해소되지 않은 상태에서 학교별 경쟁 상황이 재연된다면 고등학교 진학을 위한 과외가 다시 성행하게 될 것이고, 그렇게 된다면 부모의 경제적 능력이 부족하여 학교 학습만을 충실하게 받은 학생들은 과외를 받는 학생들에 비해 불리한 입장에 처하게 될 것이다. 그러면 순수하게 학교 학습만을 열심히 한 학생들은 피해를 보게 되고, 그렇게 해서 나타난 교육 차등은 정의로운 것이 될 수 없다(이런 점에서 정의란 합리적인 절차에 따라 불평등이 이루어지도록 하는 것이라 정의된다). ☞ **심화 학습 3´**

신(新)자유주의   국가 간의 경쟁이 심화되면서 국가경쟁력 강화를 위한 교육개혁 정책에서 자주 언급되는 것이 '시장의 논리'에 따른 선택과 자율이라는 개념이며 이러한 사고 체계를 '신자유주의'라 한다. 신자유주의(신자유주의 학파)는 미국 시카고 대학교의 Milton Friedman 교수를 중심으로, 경제를 합리적으로 운영하고 물가 상승을 억제하기 위해서는 자유로운 가격기능을 부활시키지 않으면 안 된다는 것을 핵심으로 하고 정부 활동보다는 민간의 자유로운 행동을 중시한다. 특히 Friedman은 정부의 개입을 지양하고 민간 경제의 자율성을 주장한 경제학자인데, 1970년대 스태그플레이션이 발생한 이후부터 신자유주의에 기초한 '작은 정부론'을 주장하면서 정부의 규제를 완화하여 민간의 자율성을 증대시켜야 한다고 주장하였다.

신자유주의는 1950~1960년대에 개인과 사회, 자본가 계급과 노동자 계급 사이의 대립 관계를 인정하고 경제적 진보보다 안정을, 생산력 증대보다 분배의 공정을 경제정책의 목표로 삼은 **후생경제학**(厚生經濟學, welfare economics)의 등장과 그에 기반한 복지국가 정책이 가져온 문제(개인생활에 대한 국가의 과도한 개입, 규제와 비효율, 사회적 비용의 증가와 기업 · 국가경쟁력의 약화 등)를 지적하면서 국가운영이 자본주의 질서에 맞게 재구조화되어야 한다고 주장하였다. 결국 신자유주의는 자본주의를 시장(개인들 간에 자유로운 교환이 이루어지는 것) 메커니즘에 의해 작동하는 것으로 규정하고, '최소국가론'을 주장하면서 자율과 선택, 경쟁의 가치를 중시하는 사회 시스템을 만들고자 한다.

신자유주의란 한마디로 국가 간의 치열한 경쟁에서 살아남기 위해서는 국가의 경쟁력을 길러야 하며, 이것은 시장경쟁의 원리를 따를 때만이 가능하다고 보는 입장이다. 따라서 사회의 모든 부분에서 시장경쟁의 원리에 따라 기업이나 학교 등에 대한 국가의 규제를 없애고, 국유화된 산업들을 민영화하여 경쟁체제로 바꾸는 한편 사회복지 정책을 감축하거나 해체하여 개인이나 기업의 세금 부담을 줄여 주어야 한다고 주장한다. 이러한 논리는 우리나라가 OECD에 가입하고 세계화를 국가 전략의 가치로 내세우던 문민정부에서 구체화되었고, IMF로 인하여 국가적 효율성이 중시되고 있는 현재의 상황에서는 중요한 국가 전략으로 나타나고 있는데, 복지국가 정책의 일환으로 실시되어 오던 교육에 대해서도 예외 없이 적용되고 있다.

신자유주의자들은 교육도 하나의 상품으로 국가의 공적 책임이나 개입이 불필요한 민간재(private goods)로 본다. 자유주의에서는 자유(각 개인의 선택 권리)의 원리와 민주주의 원리(평등한 국민 주권의 보장)가 다 같이 보장되는 영역을 공적 영역이라 하는데, 이런 의미

에서 국가는 공적 영역이다. 반면에 사적 영역은 자유의 원리만 적용되는데, 경제가 곧 그
것이다. 이런 구분에 빗대어, 신자유주의자들은 국가의 영역에 속하던 교육을 사적(시장경
제) 영역으로 전환하자고 주장한다. 즉, 신자유주의자들은 학교 선택권을 주고 학교 간의
자유로운 경쟁을 유도하면 교육 소비자 주권과 교육의 질이 향상될 것이라고 주장한다.
특히 미국의 경우 교육운영의 자율성이 전적으로 보장되는 사립학교의 학교 효과성(학업
성취 등)이 높다는 사실을 근거로 공립학교를 민영화하자고 주장한다. 공교육이 시장경제
(경쟁)의 원리에 따라 움직여져야 한다는 주장의 구체적인 논거는 다음과 같다. 첫째, 교육
관료 조직의 규제와 통제에 의해 학교의 자율성이 저해되고 있다. 둘째, 학교 간 경쟁이 없
어 교육의 질을 제고하기 위한 단위학교의 노력이 부족하다. 셋째, 교육 소비자인 학생의
필요와 무관하게 교육 공급자인 학교에 의해 획일적인 교육 서비스가 제공되고 있다. 이
러한 문제를 해소하기 위해서는 공립학교도 사립학교처럼 만드는'민영화'가 필요한데, 완
전한 자유경쟁의 논리를 적용하면 단위학교의 책무성과 자율성을 강화할 수 있고, 학교 간
의 경쟁을 통해 교육의 질을 향상시킬 수 있으며, 교육 소비자에게 교육선택권을 부여하면
자신의 필요에 맞는 교육을 받을 수 있다.

자율, 경쟁, 선택 등의 가치를 중시하는 신자유주의적 교육 논리는 국가의 지나친 규제
와 통제를 완화하고 교육 소비자(수요자)들의 다양한 요구는 수용한다는 차원에서 긍정적
인 측면이 없는 것은 아니다. 구체적인 시장경쟁 논리를 교육에 적용하면, 첫째, 학교 현장
의 나태한 모습들이 경쟁을 통해 개혁될 것이다. 둘째, 학교운영위원회의 활동을 통해 교
육 문제를 보다 직접적으로 풀어 볼 수 있다. 셋째, 학교 배정을 완전히 자유선택으로 하여
가고 싶은 학교에 다닐 수 있도록 할 수 있다. 넷째, 대학의 경우 정원이 자율화되고 다양
한 편입학제도들이 생긴다면 입시경쟁으로부터 아이들을 구할 수 있다. 다섯째, 타율적이
고 경직적인 교육제도를 자율적이고 탄력성 있는 교육제도로 바꾸어 놓을 수 있다. 이처
럼 현재의 교육이 안고 있는 지나친 획일화나 수월성 · 효율성 측면의 문제들에도 불구하
고 신자유주의적 교육개혁 논리는 많은 비판을 받고 있다.

첫째, 교육을 국가의 영역(공공재)에서 사적 영역(민간재)으로 전환하게 되면 학교교육
은 상품 논리에 따라 움직여지게 되고 자본주의 체제가 안고 있는 모순을 가속화시킬 수
있다. 즉, 교육의 본질적 속성의 하나인 민주적 공동체 형성의 역할을 소홀히 하게 되고 국
가의 조정에 의해 어느 정도 가능했던 교육평등의 가치가 훼손될 가능성이 크다. 다시 말

해, 시장에서 물건을 사고파는 것처럼 교육을 구매(선택)하게 되면 구매력이 큰 사람들의 욕구가 더 중시되고, 그렇지 못한 사람들의 욕구는 무시될 수가 있다. 따라서 계층 간 불평등이 더 심해지고 공동체의 목적달성보다는 개인적 이익 추구에 더 몰두할 수가 있다.

둘째, 시장경쟁의 원리를 들어 학교 간의 경쟁이 벌어지도록 '당근과 채찍(평가와 차등지원)'을 쓰는 정책은 교육의 질을 제고하는 데 별로 기여하지 못한다. 우리나라에서도 시 · 도교육청 평가와 학교 평가를 통해 차등적인 재정지원 정책을 도입하고 있다. 그러다 보니 학교 현장에서는 교사들이 수업을 뒷전에 두고 평가를 잘 받기 위한 문서 작성에 더 매달리는 현상이 나타나고 있고, 문서주의가 더 나타나는 역기능이 초래되고 있다. 특히 문제가 되는 것은 교육의 질은 계량화된 수치에 의해 단기적으로 평가될 수 없는데도 1년을 단위로 교육의 질을 수치화하고 있다는 점이다.

셋째, 선택의 기회를 더 많이 주면 교육 소비자의 필요가 충족될 수 있다는 가정에도 문제가 있다. 현실적으로 입시경쟁이 치열하고 그 결과로 직업이나 소득 등 사회경제적 지위가 크게 결정되는 상황에서는 교육 소비자가 상급학교 진학에 유리한 교육을 원하게 될 것이고, 그렇게 되면 학교는 창의성 교육이나 인성교육보다는 입시를 위한 교육에 더 신경을 쓰게 될 것이다. 그렇게 되면 학교는 차원 높은 인간성의 실현이나 공동체적 삶의 원리를 구현하는 일과는 멀어지게 된다.

3) 자율형 사립고등학교 폐지 논쟁: 사례 분석

이 장의 '미리 생각하기'에서 문재인 정부에서 자립형 사립고등학교(자사고)를 폐지하고 일반고등학교로 전환하는 결정에 대해 생각해 보았다. 과연 자사고를 존속하는 것이 필요한가, 아니면 문재인 정부의 100대 국정 과제의 하나인 자사고 폐지가 정당한 것인가에 대한 논의가 필요하다.

(1) 자율형 사립고등학교의 출현과정

자립형 사립고등학교는 1995년 김영삼 대통령 당시 5 · 31 교육개혁안에서 논의가 시작되었다. 문민정부가 들어서고 지식기반사회에 능동적으로 대처하기 위해서는 그간 고등학교 평준화 정책이 가져온 학교교육의 획일화에서 벗어나 다양성과 자율성을 기초로 학교교육이 운영되어야 한다는 시대 논리가 등장하였다. 1970년대 들어 중·대도시를 중심으로 도입된 고교평준화 정책이 20여 년 동안 지속되어 오면서 사립고등학교의 자율성이 침해되고 고교교육이 획일적으로 운영되어 왔다는 비판적 요구와 함께 미국 등 선진국에서 신자유주의 교육정책이 새로운 교육운동의 흐름으로 등장하면서 국가 차원에서 새로운 고등학교 교육체제를 고민하기 시작하였다. 문민정부의 교육개혁안에 따르면 자립형 사립학교는 '건학 이념이 분명하고 정부의 재정 지원 없이 운영·유지할 수 있는 학교'이다. 이러한 자립형 사립고등학교는 당시 교육개혁안 중에 대학교육의 다양화와 특성화를 전제로 계획되었다. 즉, 세계적인 수준의 고등교육을 통해 국가경쟁력을 높이기 위해서는 대학교육도 다양화와 특성화를 제고해야 하는데, 이를 위해서는 대학입학 전형을 다양화하고 대학에게 자율성을 부여하는 방안도 중요한 개혁안이었다. 결국 대학교육과 입학 전형의 다양성과 자율성을 전제로 한다면 이에 맞게 고등학교 교육체제도 같은 논리로 개편되어야 한다는 논리에서 자립형 사립고등학교 도입을 위한 개혁 논의는 사회적 정당성을 갖게 되었다.

그러나 자립형 사립고등학교는 고교평준화 정책의 가치와 충돌하게 되고, 특히 '돈 있는 자녀가 다니는 학교'라는 소위 귀족학교라는 비판이 부담되어 문민정부에서는 여러 번의 정책 검토를 거친 후에 2000년 이후에나 도입 여부를 결정(교육인적자원부)하는 것으로 정책 실행을 보류하였다. 이렇게 정책적 잠복 상태에 있던 자립형 사립고등학교는 1998년 김대중 대통령의 국민의 정부가 출범하고서 다시 논의되기 시작하였다. 새교육공동체위원회는 2000년 7월 11일 대통령에 대한 교육정책 보고에 자립형 사립고등학교 시범운영 계획을 넣고, 이후 논의들을 모아 2001년 7월 20일에 그 시범운영 계획을 대통령에게 보고하고, 8월 20일에 구체적인 방안을 발표하기에 이르렀다.

(2) 자율형 사립고등학교의 도입, 운영과 폐지(법률 개정)

국민의 정부에서 빛을 보게 된 자립형 사립고등학교는 '건학 이념이 분명하고 재정이 건실한 학교'로 그 특징을 갖게 되었다. 당시 시범운영 학교의 경우에 '국·영·수 위주의 지필고사'가 아닌 학교 자율로 학생을 선발할 수 있고, 교육과정 운영에서도 국민공통교육과정을 제외한 부분에서 자율을 누릴 수 있도록 하였다. 반면에 학생들로부터 받을 수 있는 등록금은 당해 지역 일반 고교의 300% 이내로 한정하였고, 재단 전입금은 학생 납입금

대비 25% 이상으로 하였다. 그리고 전체 학생의 15% 이상에 대하여 장학금을 지급하여야 한다는 조건이 있었다. 이렇게 자립형 사립고등학교는 고교평준화 정책의 근간을 유지하면서 고교평준화 정책이 초래한 고등학교 교육의 획일성을 어느 정도 극복하고 사립고등학교에 자율성을 부여하는 차원에서 출발하였는데, 2001년 10월에 최종적으로 5개의 사립고등학교(시범학교)가 지정되어 2002년부터 운영되었다.

이렇게 시작된 자립형 사립고등학교는 처음부터 서울시교육청에서 추천을 거부하는 입장을 취하는 등 반대 입장도 만만치 않았다. 그 와중에 2010년 모두 자율형 사립고등학교로 전환되었고, 2014년에는 서울시교육청에서 5년마다 이루어지는 자립형사립고등학교의 (재)지정 기준을 바꾸어 폐지를 적극적으로 추진하였으나 당해 학교와 교육부의 반대로 재지정되는 우여곡절을 겪기도 하였다. 그러던 중에 2017년 진보정권인 문재인 정부가 들어서고, 교육감 선거에서 대거 진보적 교육관을 가진 후보자들이 당선되면서 자율형 사립고등학교의 운명은 변곡점을 맞게 된다. 2019년 자율형 사립고등학교 재지정을 위한 평가 결과 전국의 24개 자율형 사립고등학교 중에 11개 학교가 재지정 취소 처분을 받았다. 특히 서울시교육청에서는 관내 13개교 중에 8개교를 지정 취소하는 결정을 내렸다. 나아가서 정부에서는 「초·중등교육법 시행령」에 명시된 자율형 사립고등학교의 설립 근거(제76조의 3의 '4')를 2020년 2월 28로 삭제하여 같은 진보정권인 김대중 정부에서 시작한 자율형 사립고등학교는 근 30년을 유지해 오다가 종말을 고하게 되었다.

2019년 현재 「초·중등교육법 시행령」에서 정한 자립형 사립고등학교 운영의 대강과 2020년 2월 28로 고등학교 유형에서 삭제(지정 취소)한 조항을 보면 다음과 같다.

제76조의3(고등학교의 구분) 고등학교는 교육과정 운영과 학교의 자율성을 기준으로 다음 각 호의 학교로 구분한다. 〈2020. 2. 28.〉

　1. 일반고등학교(특정분야가 아닌 다양한 분야에 걸쳐 일반적인 교육을 실시하는 고등학교를 말하되, 제2호 및 제3호에 따른 고등학교에 해당하지 않는 고등학교를 포함한다. 이하 같다).

　2. 제90조에 따른 특수목적고등학교

　3. 제91조에 따른 특성화고등학교

　4. 삭제 〈2020. 2. 28.〉

(3) 자율형 사립고등학교 논의의 성격

문재인 정부에서 법률 개정을 통해 폐지되는 자율형 사립고등학교에 대한 당초 필요성과 그에 대한 찬반의 주요 논의를 살펴보면 다음과 같다.

첫째, 자립(자율)형 사립고등학교의 필요성은 교육계보다는 경제계에서 더 강하게 요구되었다. 1990년대에 접어들면서 세계화 담론과 WTO 가입 등으로 국가(경제)경쟁력이 더 시급해졌다. 이런 분위기에 힘입어 정부의 경제 부처나 경제 분야 정부 출연연구 기관 등에서는 교육 부문의 비효율성을 타개하고, 학교교육에 경쟁체제를 도입해야 한다는 목소리를 높였다(한국개발연구원, 2001). 이런 움직임은 정부 재정의 운용과도 맞물려 사립학교에까지 정부 재정을 투입하여 정부 재정에 부담을 준다는 지적과 함께 고교평준화로 교육의 질도 떨어진다는 진단에서 비롯되었다.

둘째, 자립형 사립고등학교의 등장은 신자유주의에 입각한 **학교선택론**의 흐름에 영향을 받은 바 크다. 학교선택론은 '경쟁이 없는 학교와 대학은 발전하지 못하므로 시장경쟁 원리에 의한 자극으로 교사의 창의성과 힘을 활용해야 한다.'는 18세기 Adam Smith(1723~1790)의 주창에서 비롯되었다고 볼 수 있다. 미국의 경우 1962년 Friedman(1912~2006)이 교육에 대한 정부의 역할로 **교육비지불보증제도**(Voucher System)을 주장하면서, 1983년 교육수월성위원회가 '위기에 처한 국가(Nation at Risk)'을 발표하면서 부시 행정부에서부터 주된 교육개혁의 방향으로 자리 잡았다. 즉, 행정부의 지원정책 중심으로는 국가의 경제 발전을 뒷받침할 교육의 질 관리가 어렵다고 보고, 경제원리를 교육원리에 적극적으로 접목해야 할 필요성이 제기되었다. 미국에서 시행하고 있는 **헌장학교**(Charter School) 등은 신자유주의를 바탕으로 한 학교선택론의 표본인데, 이런 정책적 사고가 우리나라에서 자립형 사립고등학교로 인해 잉태하였다.

물론 이러한 관점에 대해 반론이 없는 것은 아니었다. 우리나라의 경우 국가 차원의 학업 성취도 평가에서 앞자리에 위치하고 있어 교육의 질에 대해 미국의 상황과 다르고, 고교평준화 정책이 소위 고등학교의 하향 평준화를 가져왔다는 주장도 실증적인 근거가 없다는 것이다.

셋째, 고교평준화 정책과 그에 대한 반동으로 나타난 자율형 사립고등학교의 지속 여부는 교육정책상의 관점보다는 이념적이고 정치적인 대립으로 나타난다. 진보적인 정치 성향을 가진 집단에서는 '가진 자의 학교, 귀족학교'라는 프레임으로 접근하는 측면이 있다.

사실 전국적으로 자율형 사립고등학교가 24개만 존재하는 것에서 일부 소수의 학교는 고교평준화 기조 속에서 본래 개혁 방안에서 밝힌 대로 예외적으로 자율성과 다양성을 추구하는 시범적 학교운영으로 존치해도 무방하다. 문재인 정부에서 자율형 사립고등학교 폐지가 본격적으로 논의되면서, 자율형 사립고등학교가 폐지되면 인문계 고등학교 전체에 주는 부작용(입시경쟁)이 생길 것이라는 우려는 이를 말해 준다. <kbd>☞ 심화 학습 4</kbd>

심화 학습

[심화 학습 1]

교육정책의 분류 유형을 종합하고, 각각에 해당하는 교육정책의 예를 들어 보시오.

유형				
예				

[심화 학습 2]

최근에 도입된 교육정책을 하나 골라 그것에 영향을 준 정책환경 요인이 무엇인지 설명해 보시오.

[심화 학습 3]

특수교육이 필요하고 중요한 이유를 정의를 중심으로 주장해 보시오. (600자 약식 논술)

[심화 학습 4]

우리나라에서 신자유주의 교육정책이 필요한 이유를 세 가지 들어 설명해 보시오.

[심화 학습 5]

1. 이 장의 '미리 생각하기'를 다시 읽고, 나의 경험에 비추어 자율형 사립고등학교가 주는 긍정적인 측면과 부정적인 측면을 각각 세 가지씩 이유를 들어 설명해 보시오.

긍정적인 측면	부정적인 측면

2. 서울행정법원에서는 2021년 3월 23일에, 서울시 소재의 자율형 사립고등학교를 운영하고 있는 학교법
인에서 제기한 「자율형 사립고등학교 지정취소처분 취소」에 대해 원고 측의 손을 들어 주었다(2019구합
75822, 자율형 사립고등학교 지정취소처분 취소). 이에 패소한 서울교육청에서는 2022. 1. 27일 항소를 포
기하였다. 이 판결문을 읽고, 피고 측의 패소 이유를 정리해 보시오.

① _____

② _____

③ _____

● 참고문헌 ●

강태룡, 정규서(1999). 기획론(2판). 서울: 대왕사.

권영찬(1967). 기획론. 서울: 법문사.

김윤태(1986, 1994). 교육행정 · 경영신론. 서울: 배영사.

김종철(1982). 교육행정의 이론과 실제. 경기: 교육과학사.

김종철(1985). 교육계획론. 서울: 교육출판사.

김창걸(1986). 교육행정 및 교육경영. 서울: 형설출판사.

박성복, 이종렬(1994). 정책학원론. 서울: 대영문화사.

유훈(2002). 정책학원론. 서울: 법문사.

윤정일, 송기창, 조동섭, 김병주(2008). 교육행정학원론(5판). 서울: 학지사.

이욱범(2003). 교육기획론. 서울: 문음사.

이종재, 이차영, 김용, 송경오(2012). 한국교육행정론. 경기: 교육과학사.

임연기(2018). 한국의 교육행정탐구. 경기: 공동체.

정일환(2000). 교육정책론-이론과 적용. 서울: 원미사.

주삼환, 천세영, 명제창, 신붕섭, 이명주, 이석열(2003). 교육행정 및 교육경영(2판). 서울: 학지사.

주삼환, 천세영, 김택균, 신붕섭, 이석열, 김용남, 이미라, 이선호, 정일화, 김미정, 조성만(2015). 교
    육행정 및 교육경영(5판). 서울: 학지사.

한국개발연구원(2001). 열린 세상 유연한 경제-2011 비전과 과제.

허병기(1989). 자유주의적 평등론에 의한 한국 교육정책의 공정성 평가. 서울대학교 대학원 박사학
    위청구논문.

Adams, D. (1991). *Educational Policy and Planning*. Pittsburgh: University of Pittsburgh.

Alexander, E. R. (1990). *Approach to Planning* (3rd ed.). Gorden and Breach Science Publishers.

Ball, S. J. (1990). *Politics and policy making in education: Explorations in policy sociology*.
    London: Routledge.

Burchell, R. W., & Sternlieb, G. (1979). *Planning Theory in the 1980's*. The Center for Urban
    Policy Research, Rutgers University.

Dror, Y. (1963). The Planning Process: a Facet Design. *International Review of Administration,*
    24(1), 50-52.

Dubnick, M. J., & Bardes, B. A. (1983). *Thinking about public policy: A problem-solving*
    approach. New York: Wiley.

Easton, D. (1953). *The Political System: An Inquiry into the State of Political Science*. New York:
    Knopf.

Eyestone, R. (1971). *The Threads of Public Policy: A Study in Policy Leadership*. Indianapolis: Bobbs-Merrill.

Fayol, H. (1949). *General and Industrial Management, trans.* by Constance Storres, London: Sir Issac Pitman & Sons, Ltd.

Fowler, F. C. (2004). *Policy Studies for Educational Leaders: An Introduction* (2nd ed.). 신현석, 한유경 공역(2007). 교육정책의 이론과 실제. 서울: 아카데미 프레스.

Gulick, L. (1937). Notes on the Theory of Organization. In L. Gulick and L. F. Urwick (Eds.), *Papers on the Science of Administration*. New York: Institute of Public Administration, Columbia University.

Hudson, B. M. (1979). Comparison of current planning theories: counterparts and contradictions. *APA Journal*, 387-390.

Lasswell, H. D., & Kaplan, A. (1970). *Power and Society: A Framework for Political Inquiry*. New Haven: Yale University Press.

Lowi, T. J. (1964). American business, public policy, case studies, and political theory. *World Politics*, 677-715.

Millett, J. D. (1954). *Management in the Public Service*. New York: McGraw-Hill.

Ozbekhan, H. (1968). *Toward a General Theory of Planning*. in OECD, Long-Range Forecasting and Planning.

Putnam, R. D. (2000). *Bowling alone*. New York: Simon & Scuster.

Rawls, J. (1971). *A Theory of Justice*. Cambridge: Harvard University Press.

Simon, H. A. (1976). *Administrative Behavior*. (3rd ed.). New York: Macmillan.

Simon, H. A., Simitburg, D. W., & Thompson, U. A.(1950). *Public Administration*. New York: Knopf.

Spring, J. (1994). *The American School, 1642-1993* (3rd ed.). New York: McGraw-Hill.

Wallace, M., & McMahon, A. (1993). Ethnic minority support staff in primary schools: a deprofessionalised semiprofession? *School Organization, 13*(3), 303-317.

Wilson, D. E. (1980). *The National Planning Idea In the United States*. Boulder, CO: Westview Press.

제5장

인력자원개발

미리 생각하기 개인과 조직이 발전하면서 학업 성취를 높일 수 있는
교원의 인력자원개발을 어떻게 할 것인가

교육의 질은 교사의 질을 뛰어넘을 수 없다는 말이 우리나라 교육계에서 널리 쓰이게 된 것은 세계적인 경영 컨설팅 회사 'KcKinsey & Company'가 낸 보고서 〈세계에서 가장 실적이 좋은 학교는 어떻게 등장하는가(2007년 9월)〉를 통해 널리 알려졌다.매킨지 보고서는 한 사회의 학교 시스템이 세계 최고가 되기 위해 필요한 세 가지 조건은 "교사 일을 하기에 적절한 사람들이 교사가 되게하기, 이들에게 효율적인 교육을 제공하기, 모든 학생에게 가능한 최상의 교육을 제공할 수 있는 시스템을 보장하기" 이다. 매킨지보고서의 전제는 뛰어난 교사들이 학생들로 하여금 높은 교육적 성취를 이룰 수 있게 한다는 것이다. 교육의 질은 교사의 질을 뛰어넘을 수 없다는 말 속에는 교육의 질을 높이는 데 교사 요인이 가장 중요한 구실을 한다는 전제가 깔려 있다.

현재 교육계 내외적으로 교수자 중심 교육에서 학습자 중심 교육으로의 전환이 큰 흐름이지만 교사의 요인은 여전히 중요하다. 교육체제나 내용 및 방법 등 총체적인 차원에서 다양한 변화들이 진행되고 있기 때문에 교사의 역량은 더 중요해 졌다. 교원의 전문적 능력 개발 즉 인력자원개발은 "흔히 작고 적은 원인 과 투입, 노력 때문에 많고 큰 결과와 산출, 보상에 이르게 된다"는 80/20 원리(The Secret to Success by Achieving More With Less)가 적용된다. 교사의 역량 개발에 레이저와 같은 집중성을 갖고 전략과 접근에 초점을 맞추면 의도한 결과를 가져오는 데 자원이 더 효과적으로 사용될 수 있다는 의미가 된다. 우리가 해야 할 도전은 우리가 할 수 있는 많은 일 중에서 어느 것이 80%의 이익을 가져오는 20%의 요인에 해당되느냐를 알아내는 것이다.

당신이라면 교원의 전문적인 역량을 어떻게 개발해 줄 것인가?

☞ 심화 학습 1

학습성과

교원의 인력자원개발 프로그램을 수립할 수 있다.

학습목표

1. 인력자원개발의 개념과 요소를 설명할 수 있다.
2. 교원의 핵심 역량을 이해하고 인력자원개발 제도가 어떻게 운영되고 있는지 알 수 있다.
3. 교원의 전문적 역량 개발의 핵심 질문과 평가 요소를 알 수 있다.

학습내용

학업 성취에 맞춰 교원의 역량 개발을 어떻게 할 것인가?		
1. 인력자원개발의 이해	**2. 교원의 핵심 역량과 인력자원개발**	**3. 교원의 전문적 역량 개발의 실제**
1) 인력자원개발의 개념 2) 인력자원개발의 구성요소 3) 인력자원모형 및 국가인력자원개발 4) 교육인력자원의 대상	1) 교원의 핵심 역량 이해 2) 교원의 인력자원개발을 위한 현직연수	1) 질 높은 전문적 역량 개발에 관한 핵심 질문 2) 교원 역량 개발 평가의 실제

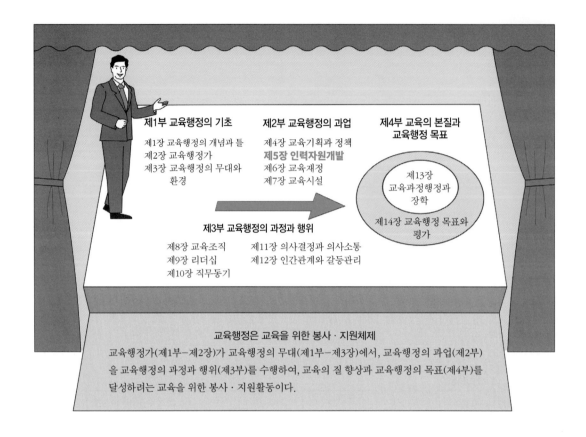

1. 인력자원개발의 이해

이 절에서는 인력자원개발의 개념과 구성요소를 알아보고, 인력자원개발 모형의 종류 및 국가인력자원개발의 의미와 교육인력자원의 대상에 대해 알아본다.

1) 인력자원개발의 개념

HRD는 인력자원개발(Human Resource Development)의 머리글자를 딴 약자로 기업의 자원 중 하나인 인력자원의 지식, 기능(기술), 태도(행동, 마음가짐)을 증진시키는 모든 활동을 말한다. 인력자원개발은 경영학의 조직 관련 이론이 발전하면서 함께 발전을 해왔는데, 특히 1920년대 호손 연구나 1960년대의 조직관련 연구들이 인력자원개발의 발전동력으로 역할을 하였다.

　인력자원개발의 개념은 Nadler(1970)에 의해 처음 도입되어 급변하는 현대사회에서 역동적으로 발전하는 한 분야이다. Nadler(1970)는 개인차원의 교육훈련을 인력자원개발이라고 하였다. 1970년대에는 인력자원개발을 교육의 관점에서 접근하였으며, 1980년대에는 실제적인 교육프로그램의 개발과 이를 통한 학습활동에 중점을 두고 있다. 이는 프로그램 개발과 학습활동이 개인과 조직에 있어 긍정적인 영향을 준다는 점을 강조함으로써 인력자원개발를 행동의 변화와 능력의 개발을 위한 시스템적 관점으로 개발을 확대시켰다(권대봉, 1996).

　1980년대 들어서면서 인력자원개발에 대한 정의는 조직이나 기업의 시각으로 전환되어 논의되었다. Human Resource Wheel로 유명한 McLagan(1989)은 인력자원개발을 "개인과 조직의 효과성을 향상시키기 위한 직업개발과 조직 개발의 통합된 사용"으로 정의하였다. 단순한 개인 개발을 넘어서서 경력개발, 조직개발도 인력자원개발 영역으로 포함되기 시작했다. 그 이후 인력자원개발은 단순히 학습을 넘어서서 성과와 연계를 해야 된다는 성과 패러다임이 대두되기 시작하였다. 대표적인 성과 패러다임의 학자 Swanson(1995)은 "수행향상의 목적으로 조직개발, 직원훈련, 개발을 통하여 인간의 전문성을 풀어놓거나 개발하는 과정"으로 정의하였다.

　이러한 다양한 정의들은 모두 하나의 근본적인 원리가 문제해결이다. 인력자원개발이란 태생적으로 문제를 파악하고 그것을 해결하기 위한 솔루션을 제시하는 과정이다. 예를 들어 회사에서 새로 개발하는 대부분의 교육 프로그램은 왜 실시하는가? 대부분 리더십 스킬 부족, 직무 역량 부족 등과 같은 문제점이 드러나게 돼서 이를 해결하기 위해 실시한다. 그렇다면 문제점이 발생하지 않았는데 신입사원 교육과 같이 통상적으로 하는 교육은 왜 실시하는가? 아마도 교육을 하지 않으면 신입사원들이 업무 기본지식이 부족하여 업무 수행을 원활하게 하지 못할 수도 있으며, 회사에 애사심이 부족하게 되어 조직 몰입도가 떨어져 이직으로 이어질 수 있다. 이러한 문제점들이 예상되기 때문에 기업에서 신입사원 교육을 시키게 된다. 이렇게 인력자원개발은 문제해결이라는 가장 기본적인 속성을 가지고 있다.

　문제해결은 인력자원관리(HRM)과 인력자원개발(HRD)의 가장 근본적인 차이를 갖게 하는 요인이다. 인력자원관리는 문제가 발생하지 않아도 조직과 이를 구성하는 구성원이 있다면 당연히 해야 하는 업무이지만 인력자원개발은 사실 문제점이 드러나거나 예상되지 않으면 굳이 할 필요가 없다. 이러한 근본적인 원리를 포함하여 Jacobs(2000)과 조대연(2006)이 다음과 같이 정의하였다. "조직의 성과향상과 개인의 성취 증진을 위해 개인, 팀 그리고 조직차원의 문제를 진단하여 파악하고 개인개발, 조직개발, 경력개발 프로그램 등을 통해 문제를 해결하는 지속적인 과정"이라 하였다.

초기에는 개인차원의 교육훈련이 인력 발달로 생각되었으나 점차 인력자원을 양성, 배분 및 활용 등을 통해 인력자원의 가치와 효용을 증대시키기 위한 여러 제반 활동을 통틀어 인력자원개발이라 하게 되었다(조은상, 2007). 인력자원개발에 대한 연구를 통해 인력자원개발 활동을 교육훈련으로 한정하지 않고 조직 구성원들이 신체적 · 정신적 · 감정적 · 지적 측면에서 전반적인 잠재력을 신장시킬 수 있는 활동까지를 포함하는 것과 더불어 국가적 개발의 과정에서 구성원들의 충분한 참여를 보장받기 위해 그들의 기술적, 생산적인 기능을 신장시키는 것까지 포함하는 광범위한 것으로 생각했다(이희수, 2009). 결국 인력자원개발은 더 이상 개인의 능력 및 역량 향상을 넘어 조직적이고 사회 및 국가적 차원에서 논의되고 있는 인력자원에 대한 개발 활동을 의미한다.

2) 인력자원개발의 구성요소

인력자원개발의 구성요소는 개인개발(Individual Development), 경력개발(Career Development), 조직개발(Organizational Development)이다.

첫째, 개인 개발은 교육훈련과 같은 의미로 쓰인다. 개인의 현재 업무 수행능력을 향상시키기 위해 필요한 지식, 기술, 역량과 조직 내 행동양식 등을 익히는 것을 말한다. 개인의 개발이 전체 조직의 발전에 기여할 수 있다고 보며 개인이 현재 수행하고 있는 직무의 개선이나 증진을 가져올 수 있도록 장려하고, 그 가능성을 제공하기 위한 학습을 규명하고 평가하여 조정하는 노력 전체를 뜻한다.

개인개발의 구분 [그림 5-1]과 같다. 교육장소에 따라 집합교육, 연장교육, 원격교육이 있다. 교육형태에 따라 인식교육, 직급교육, 직무교육이 있다. 접근에 따라 자율학습, 소집단/대집단, 1;1 교육이 있다.

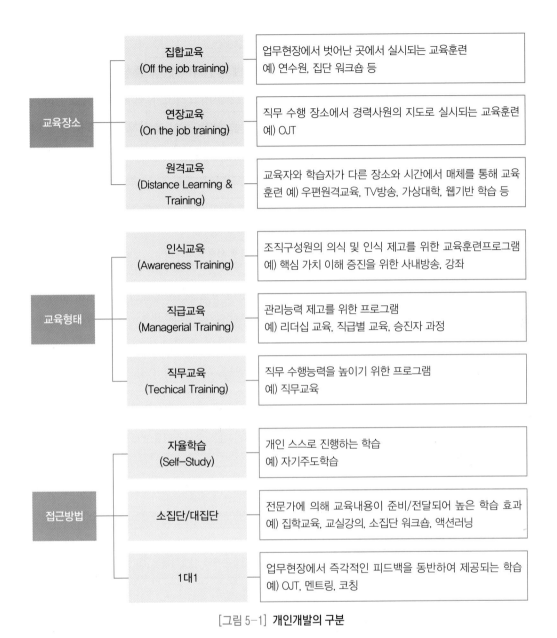

[그림 5-1] **개인개발의 구분**

둘째, 조직개발이다. 조직이 단순한 개인의 합 이상으로 보아 조직의 형태를 유지하고 발전시키는 것이 중요하다는 생각에서 조직개발은 출발한다. 조직개발은 조직 내외환경 변화에 대한 조직의 적응능력을 기르기 위해 조직체의 변화와 구성원의 행동 개선을 의미한다. 효율성과 성과증대에 초점을 맞추고, 여러 가지 변화와 개혁을 효율적으로 촉진시켜 개인의 잠재력을 최대한 이끌어 낼 수 있도록 조직의 분위기와 환경을 발전시켜 나가는 것을 중요시한다.

조직개발은 과거 경영학적 시스템의 관점으로 구조적인 변화만을 중심으로 조직변화를 다루는 것에서 발전하여 최근에는 하드웨어와 소프트웨어 그리고 휴먼웨어까지 포함하는 개념으로 확장되어 조직문화나 조직구성원들의 만족 향상 등이 조직개발의 핵심적인 달성목표가 되었다. 조직개발은 [그림 5-2]와 같은 다양한 기법을 사용한다.

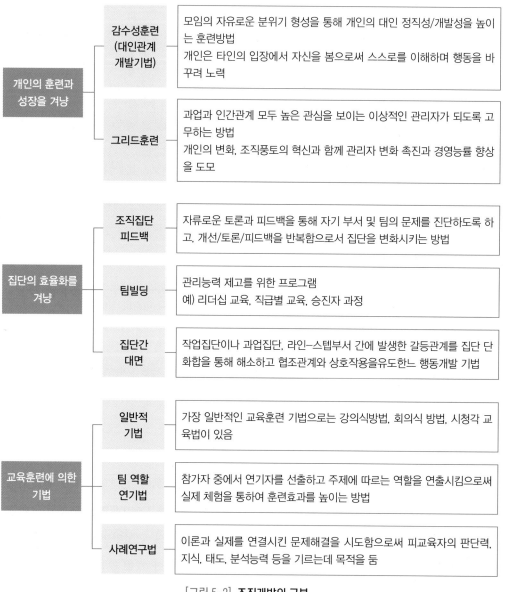

개인의 훈련과 성장을 겨냥	감수성훈련 (대인관계 개발기법)	모임의 자유로운 분위기 형성을 통해 개인의 대인 정직성/개발성을 높이는 훈련방법 개인은 타인의 입장에서 자신을 봄으로써 스스로를 이해하며 행동을 바꾸려 노력
	그리드훈련	과업과 인간관계 모두 높은 관심을 보이는 이상적인 관리자가 되도록 고무하는 방법 개인의 변화, 조직풍토의 혁신과 함께 관리자 변화 촉진과 경영능률 향상을 도모

집단의 효율화를 겨냥	조직집단 피드백	자류로운 토론과 피드백을 통해 자기 부서 및 팀의 문제를 진단하도록 하고, 개선/토론/피드백을 반복함으로서 집단을 변화시키는 방법
	팀빌딩	관리능력 제고를 위한 프로그램 예) 리더십 교육, 직급별 교육, 승진자 과정
	집단간 대면	작업집단이나 과업집단, 라인-스텝부서 간에 발생한 갈등관계를 집단 단화합을 통해 해소하고 협조관계와 상호작용을유도한느 행동개발 기법

교육훈련에 의한 기법	일반적 기법	가장 일반적인 교육훈련 기법으로는 강의식방법, 회의식 방법, 시청각 교육법이 있음
	팀 역할 연기법	참가자 중에서 연기자를 선출하고 주제에 따르는 역할을 연출시킴으로써 실제 체험을 통하여 훈련효과를 높이는 방법
	사례연구법	이론과 실제를 연결시킨 문제해결을 시도함으로써 피교육자의 판단력, 지식, 태도, 분석능력 등을 기르는데 목적을 둠

[그림 5-2] **조직개발의 구분**

셋째, 경력개발은 조직구성원인 개인이 자신의 경력을 지속적으로 발전하려는 노력을 바탕으로 개인이 경력표를 설정하면 이를 달성하기 위한 경력계획을 수립하여 조직의 니즈와 개인의 니즈가 합치될 수 있도록 각 개인의 경력을 개발하고 지원해 주는 활동이다. 즉, 경력개발이란 조직에서 필요한 인재를 채용하고 적합한 부서에 배치하여 그 이후 과정을 모니터링 하며 개인에게 필요한 훈련과 개발활동을 돕는 것을 말한다.

경력개발은 조직구성원의 능력개발과 조직의 성과를 함께 다루고 있다. 개인의 능력을 최대로 개발시키고, 이것을 조직의 경력기회에 적용하여 개인의 경력욕구를 충족시키고, 조직의 적시적소에 개인의 능력을 활용함으로써 조직의 유효성을 높이는 것이다. 각 개인의 능력과 잠재력을 판단하여 이를 가장 잘 발휘할 수 있는 곳에 구성을 배치하며, 구성원이 승진 또는 전직을 하였을 때 개인의 능력과 성과를 최대한 발휘하기 위해 개인과 조직 사이에 공통된 경력을 다루는 체계적인 노력을 수행한다.

3) 인력자원모형 및 국가인력자원개발

1960년대 미국에서 형성된 인력자원개발 개념은 인력자원개발을 이해하는 다양한 모형의 개발, 국제화의 심화 및 유럽 및 아시아 국가 학자들의 관심의 증대로 인해 인력자원개발 개념은 확대된다. 인력자원개발 개념의 확대는 인력자원개발과 관련된 모형들을 살펴보면 그 구제적인 내용을 이해할 수 있다. 일반적으로 인력자원개발과 관련된 모형은 적합모형(Matching Model), **하버드모형**(Harvard Model), **상황모형**(Contextual Model), 5-p 모형, **유럽모형**(European Model)과 같은 것을 들 수 있다(Budhwani, Wee, & McLean, 2004).

적합모형은 미시간과 뉴욕학파에 의해 생성된 개념으로 인력자원을 조직의 목적을 달성하기 위한 자원이라는 측면을 강조한다. 하지만 이 모형은 인력자원을 조직의 전략에 적합 시킨다는 측면에서 수동적이라는 비판을 받고 있다(Storey, 1995).

적합모형이 경성모형(hard model)이라면 하버드모형은 종업원과 고용인의 관계에 관심을 가지고 인력자원개발에 있어 인간적 측면을 강조한다는 측면에서 연성모형(soft model)이라 할 수 있다. 이 모형은 조직에서 서로 다른 이해관계자들의 이해 및 상호신뢰, 개인 및 그룹의 성과 향상에 관심을 가진다. 상황모형은 인력자원개발전략에 영향을 미치는 경제적, 기술적 · 정치 · 사회적 요인은 무엇인지, 조직적 특성과 인력자원개발전략의 관계는 무엇인지를 주요 분석대상으로 한다. 5-p모형은 전략적 통합모형(strategic integration)
으로 불리는데 이 모형은 전략과 인력자원관리의 통합, 정책분야와 계층(hierarchies)에서
일관된 인력자원정책, 일상의 한 부분으로 일선 관리자와 종업원에 의해 수용되고 조정
된 인력자원개발 기능의 실행을 확보하는 것을 목적으로 한다. 이를 위해 Schuler(1992)는
5-p, 즉 철학, 정책, 프로그램, 실행, 절차를 강조한다. 지금까지 살펴본 인력자원개발 모
형은 미시적이고 조직적 측면에서 초점을 맞춘 것이라면 유럽모형은 인력자원 전략과 인
력자원 실행에 영향을 미치는 요인으로 앞서 살펴본 요소들과 함께 국가문화, 권력체계,
입법, 교육과 같은 외적 환경을 중요시 한다(Brewster, 1995). 유럽모형의 중요 관심사는 인
력자원전략과 인력자원 실행에 국제적 요인, 경제적 요인, 국가적 요인이 어떻게 영향을
미치는 가이다.

　최근 인력자원개발 모형이 유럽모형로 확대됨에 따라 국가적 수준에서 인력자원개발을
비교분석 하고자 하는 논의도 다양하다. Metcalfe와 Rees(2005)는 인력자원개발 비교분석
의 영역을 국제인력자원개발, 비교인력자원개발, 국가인력자원개발로 구분하였다. 국제
인력자원개발은 다국적 기업에서 인력자원개발 정책에 관심을 두는 것으로, 상이한 문화
적 특성에 대한 이해 및 교육, 역량 개발, 국제조직 개발과 같은 것에 초점을 맞춘다. 국제
인력자원개발은 전통적으로 인력자원개발 비교연구에서 관심을 가진 분야이다. 비교인력
자원개발은 서로 다른 국가 간 교육 및 직업 시스템과 같은 인력자원개발 시스템을 평가하
고 제도 및 문화 분석을 수행하는 것을 주 목적으로 한다. 여기서 인력자원개발은 국가적
맥락에서 가장 광범위한 의미를 가지는 것으로 사회 및 문화적 과정, 제도적 틀, 이법 시스
템을 포함하는 것으로 이해된다. 마지막으로 국가인력자원개발과 관련된 정책을 형성하
고 집행하는 역량에 초점을 맞춘다. 그리고 민간·공공부분에서 인력자원개발을 수행·
집행하는 것을 지원하기 위한 제도적 틀의 개발에 관심을 가진다.

　이와 같이 인력자원개발이 조직적이고 심리적인 측면에 초점을 맞추던 것과 달리 경제
및 사회발전과 목표를 달성하는 데 어떤 역할을 수행하는지와 같은 부분에 초점을 맞추게
되었으며, 국가적 차원으로 인력자원개발 개념이 확대된 것을 알 수 있다. 김신복(2011)은
인력자원개발을 국가·사회발전과 국민 개개인의 삶의 질 향상을 위해 갖추어야 할 기술
력, 정보력, 그리고 도덕적 성숙 등 가치 있는 인간의 제 능력과 성품이라고 하여 인력자원
개발 개념을 넓게 정의하고 있다. 또한 인력자원의 형성 및 인력자원의 활용이라는 가치

창출의 과정인 개별차원과 사회적 효율성 및 공정성을 목표로 한 국가발전전략인 국가차원으로 정의하고 있기도 하다. 그래서 인력자원은 태도나 가치관 같은 기초소양과 특정직무에 필요한 지식 및 기술인 전문소양을 포함하는 인간을 생산적으로 만드는 소양이라 할 수 있고 **국가인력자원개발**은 이러한 인력자원을 개발시키는 국가적 노력이라 할 수 있다.

4) 교육인력자원의 대상

교육직원(staff personnel in education)이란 국·공·사립학교에서 직접 교육활동 등에 종사하는 자(사무직원 등 포함)와 교육행정 기관이나 교육연구 기관에서 근무하고 있는 자를 모두 포함하는 용어이다. 교원이라 함은 각급 학교에서 원아, 학생을 직접 지도·교육 하는 자를 말한다. 따라서 교원에는 국·공·사립의 각급학교에 근무하는 교원이 모두 포함된다. 하지만 교육공무원이라고 할 때는 사립학교 교원은 제외된다. 반면에 교육공무원에는 국·공립의 각 학교에 근무하는 교원과 교육행정 기관, 교육연구 기관에 근무하는 교육 전문직을 의미하며 사립학교 교원은 제외된다. 이와 같이 교육공무원은 국·공립학교 및 국·공립 계통의 교육행정 기관과 교육연구 기관에서 교육 또는 교육행정 활동에 종사하고 있는 직원을 의미한다.

(1) 교원

교원은 그 직무를 효율적으로 수행하는 데 필요한 자질과 자격을 갖추어야 한다. 자질은 인성적 특성으로서 구비해야 할 조건이나 교육과 훈련을 통하여 계발하여야 할 일반적 특질을 의미하는 것이며, 자격은 그 자질이 소정의 기준에 도달되었음을 행정적으로 인정하는 것이라 할 수 있다.

교원자격에 대한 법률적 규정은 「초·중등교육법」 제21조, 「교육공무원법」 제3장, 「사립학교법」 제52조와 이들 법률을 근거로 제정된 관련법령, 즉 「교원자격검정령」, 동령 시행규칙, 「교수자격·자질 인정령」 등에 의거하고 있다. 교원의 종별은 다음과 같다(「초·중등교육법」 제21조, 「고등교육법」 제14조).

① 교장, 교감, 원장, 원감

② 교사: 정교사(1급, 2급), 준교사, 전문상담교사, 사서교사(1급, 2급), 실기교사, 보건교
   사(1급, 2급) 및 영양교사(1급, 2급)

③ 수석교사

④ 교수, 부교수, 조교수, 전임강사(「고등교육법」제14조)

이상의 교원 중 ①과 ②는 자격증을 필요로 하고, ③과 ④는 자격증을 필요로 하지 않고 임용자격제도를 채택한다. 교육 전문직도 자격증을 필요로 하지 않고 있다. 또한 학교의 교육과정 운영상 필요한 경우에 「초·중등 교육법」제19조 제1항의 규정에 의한 교원 외에 동법 제21조에 근거하여 산학 겸임교사, 명예교사 또는 강사 등을 둘 수 있다.

중등교사의 경우는 중학교 교사와 고등학교 교사를 구분하지 않고 동일한 기준에 의하여 동일한 자격을 부여하고 있다. 정교사는 유치원·특수학교·초등학교·중등학교 등에 있으며, 1급 정교사와 2급 정교사로 나눈다. 주로 교직과정을 이수하고 교육대학이나 사범대학을 졸업하면 2급 정교사 자격을 취득하고, 일정 기간이 지나면 자격연수를 거쳐 1급 정교사 자격을 취득한다. 준교사는 교사양성 체제가 안정되지 않았던 특별한 경우에 자격을 수여하였지만 오늘날은 교사양성 체제가 안정되어서 준교사 자격을 수여하는 경우는 거의 없다.

교원의 자격검정은 무시험검정과 시험검정으로 구분되고, 무시험검정에 의해 취득하는 경우는 ① 정규 교사 양성대학 졸업자, 대학교 또는 전문대학의 교직과정 이수자에게 신규교사 자격을 부여할 때, ② 재교육을 통해 상급자격을 부여할 때, ③ 이미 취득된 하나의 자격을 근거로 하여 다른 급 학교의 자격으로 변경하든가 또는 유사한 자격을 인정받을 때, ④ 교원자격검정위원회가 추천에 의거하여 교장 또는 원장의 자격을 인가할 때 등이다. 시험검정은 전형검정과 고시검정으로 구분된다. 교원의 자격증은 교원양성제도의 테두리 속에서 무시험검정으로 이루어지는 것을 원칙으로 하고 있으나, 시험 검증에 의한 제도도 마련되어 있다.

(2) 행정직원

지방화·정보화·세계화 등 다변화 시대의 교육정책이 복잡하고 다양해짐에 따라 학교 행정의 기능과 역할도 복잡하고 더욱 중요해지고 있다. 이러한 교육환경의 변화는 학교행

정의 전문성과 효과성을 강하게 요구하고 있으며, 이에 학교행정의 주축을 이루고 있는 학교 행정실도 인적·물적 조건을 현실성 있게 효율적으로 정비하여 교육환경 변화에 적극적으로 대응할 수 있는 인력관리가 요구되고 있다.

　학교행정실은 학교 행정업무에 대해 독자성을 띠면서도 업무 수행과정에서 교무실과 상호 협조해야 하는 교무지원 활동을 하는 조직으로 법령상의 설치 근거는 없다. 다만, 일부 시·도교육청에서는 자치법규로서 행정실의 설치근거를 두고 있다. 행정실의 인력 구성은 지방공무원과 교육공무직원 중 행정실무사로 구성되고 있으며, 지방공무원은 「지방공무원 정원 조례 시행규칙」, 행정실무사는 「교육공무직원 정원 규칙」에 따라 학교 규모 (학급 수)에 근거해 배정되고 있다. 학교 행정실은 "행정업무 관리, 민원, 회계 시설안전, 인사, 보안, 복무, 물품 및 재산, 급여 및 세무, 방과후학교, 돌봄 및 교육복지 등"의 영역에 해당하는 모든 학교행정업무를 수행하고 있고, 2010년 에듀파인 학교회계시스템 도입을 계기로 사업별 예산제도와 복식부기 회계처리를 담당한다.

(3) 교육공무직원

　교육공무직이란 학교와 교육행정기관에서 교육 및 행정업무 등을 지원 혹은 보조하는 업무에 종사하는 자로서, 교원 또는 공무원이 아닌 자를 의미한다. 복지사회가 대두하고 학교기능의 확대가 요구됨에 따라 오늘날 학교에는 교사 외에도 교육복지 구현을 위해 학교급식 관련자, 돌봄 근로자 등 다양한 직종의 인력이 종사하고 있으며 교육부에 따르면 2018년 기준으로 그 수는 전국적으로 약 14만 명에 이르고 있다.

　행정업무와 교육활동을 지원하는 학교비정규직 인력은 1990년대 이후 급식, 행정지원, 행사업무 보조 등 지원 인력의 수요 급증에 따라 증가해 왔으며 과학실험보조원, 조리원 등 다양한 명칭으로 불려왔다. 2000년에 「초·중등교육법」에 학교회계 설치의 근거가 마련되고 2004년 '공공부문 비정규직 대책'이 시행됨에 따라 학교 비정규직 혹은 학교회계직 이라는 명칭으로 통합되었는데, 현재까지 17개의 시·도에서 조례 제·개정을 통해 '교육 공무직(원)'으로 법제화하였다.

🎓 **기본 학습 1**

인력자원개발은 개인의 능력 및 역량 향상을 넘어서 조직적이고 사회 및 국가적 차원에서 인력자원에 대한 개발활동을 의미한다. 교육에서 교원, 행정공무원, 교육공무직이 인력자원개발 대상이라면 이들을 위한 개인개발, 경력개발, 조직개발은 무엇이 있는지 생각해 보자.

---

2. 교원의 핵심 역량과 인력자원개발

인력자원에서 가장 중요한 것은 핵심 역량 개발이다. 이 절에서는 교원의 핵심 역량 개념을 알아보고, 현직연수에 핵심역량을 어떻게 개발하고 있는지 알아본다.

1) 교원의 핵심 역량 이해

교원의 핵심 역량과 관련하여 다양한 학자의 연구가 진행되었다. Spencer와 Spencer(1993)는 역량의 유형을 동기(motives), 특질(trait), 자아개념(self-concept), 지식(knowledge), 기술(skill)의 다섯 가지로 설명하고 이를 빙산에 비유하여 설명하였다([그림 5-3] 참조). 우리나라의 교원의 연구에서도 핵심 역량을 제시하고 있다. 김경애(2015)는 EPP(Educational Planning Process) 모형을 활용하여 초등교사들의 핵심 역량을 분석하였다. 이와 함께 탁월한 수행자들의 사례 및 노하우를 통해 발견된 요소들을 교육내용에 직접 반영시킬 수 있는 구체적 자료를 개발하고자 하였으며, 이를 통해 선정한 핵심 역량으로는 학습자 기반 역량, 전문성 개발 역량, 직무처리 역량, 교육에 관한 태도 역량, 관계 역량, 기질적 역량이 있으며, 각각은 하위 요소를 갖고 있다. 정제영 등(2014)은 중등교사가 생각하는 필수 역량을 제시하였는데, 여기에는 갈등관리 능력, 의사소통 능력, 관계 형성 능력, 실제 문제해결력, 교육환경에 대한 이해, 학생문화 에 대한 이해, 공동작업 능력 등이 포함된다. 백지연, 조현정, 송민영(2015)은 중등교사에게 요구되는 역량군으로 교수 역량, 평가 역량, 생활지도 역량, 학급경영 역량, 조직 역량, 행정업무 관리 역량, 정의적 역량 등을 제시하였다.

교육이 가지는 무형자원이 학교에서 근무하는 교사들의 체화과정에서 나타나는 것을

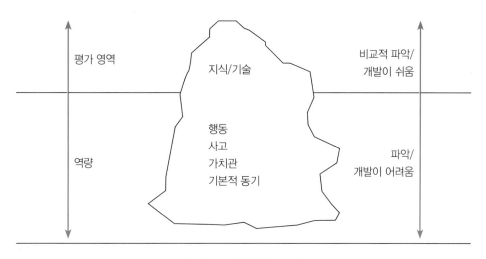

평가 영역

지식/기술

역량

행동
사고
가치관
기본적 동기

비교적 파악/
개발이 쉬움

파악/
개발이 어려움

[그림 5-3] **역량 빙산 모형**

출처 : Spencer & Spencer (1993).

전제한다면 교육하는 데 인력자원은 가장 중요한 관리 자원임에도 OECD(2001)에서 미래에 없어질 직업 중 하나로 교사를 들었던 것은 바로 전통적 의미의 교사 역할이 쇠퇴하기 때문으로 해석된다. 하지만 세계경제포럼(World Economic Forum, 2016)의 미래 예측에서는 미래사회에서 교사의 역할은 축소되거나 줄어들지 않고 오히려 더욱 강화될 것임을 시사한다. 이는 전통적 패러다임의 교원 역할은 줄어들지만 새로운 패러다임의 교원 역할은 더욱 중요해진다는 의미를 내포한다. 전통적 패러다임에 머물러 있지 않기 위해 미래 교사가 갖추어야 할 핵심 역량을 다음과 같이 제시한다.

첫째, 미래사회의 교사는 융합적 · 통합적으로 교육과정을 재구성할 수 있어야 한다. 미래의 교육환경에서는 온라인 매체의 발달로 교육 내용과 방법의 다양화와 개별화가 이루어질 것으로 예측된다. 학생들의 요구와 사회적 필요를 인식하고 이에 맞는 교육내용과 교육방법을 선정하고 재구성하며, 실행과 안내를 할 수 있는 교사의 역량이 중요하다. 또한 교수−학습 내용과 방법 그리고 환경 변화를 이해하고 대응하기 위하여 미래 교사의 현장 연구 역량을 강화해야 한다. 또한 교육과정 재구성 역량을 강화해야 한다. 미래사회의 급격한 변화와 학생의 미래 필요를 감안하고 예측하여 교육과정을 재구성하는 역량이 중요해질 것이다. 이를 위해서는 미래사회에 대한 예측과 대응, 다양한 자료를 활용한 필요한 정보의 확보, 학생의 관심 · 재능 · 필요의 파악과 진로 등을 감안한 교육과정의 재구성 역량이 요구된다. 따라서 이러한 역량을 신장시키기 위해서는 특정한 소수교과의 개설보다는 교원양성 교육과정 전체의 조직과 운영을 체계적으로 계획하여야 할 것이다.

둘째, 미래사회의 교사는 학교 내·외적으로 네트워킹하는 역할을 담당하게 될 것이다. 이를 위해서 미래사회의 교사는 팀워크와 협업 전문성을 갖추어야 한다. 제4차 산업혁명 사회가 본격적으로 전개되기 시작하면 개별화 학습으로의 변화 추세는 더욱 가속화될 것이다. 학생들은 각자의 필요에 따라 학교 교실을 넘나들면서 또는 학교 밖의 학습 온라인 또는 오프라인 네트워크 등을 통해서 학습을 하게 될 것이다. 교사는 온오프라인으로 학교를 넘나들면서 수업을 진행해야 할 것이며, 학생들과의 만남 역시 잦고 불규칙한 변화를 겪게 될 것이다. 또한 무학년제 및 무학급제 상황하에서 개별화된 학생의 수업요구에 부응하기 위해서는 동료 교사는 물론이고 외부 전문가 및 교육관계자들과의 협업이 필수적으로 요구될 것으로 보인다. 미래사회에서 교사들은 학생들에게 학교를 넘어서는 교육 경험을 제공할 수 있어야 한다. 학생에게 진정 필요한 것은 학교와 사회가 연결되어 그 속에서 적성을 발견하고 개인적 상황이나 특성에 맞는 진로와 진학 목표를 설정할 수 있게 하는 교육 경험이다.

셋째, 미래사회의 교사는 지능정보 전문성을 갖추어야 한다. 미래사회에서 과학기술의 발달과 생명공학, 인공지능(AI), 의료기술의 발달 등으로 인간의 삶이 보다 풍요로워질 것으로 기대된다. 반면에 직업의 소멸과 소득의 양극화 등 비관적 전망도 존재하며, 생명공학의 발전, 특히 유전자 편집과 같은 혁신기술은 어디까지 허용되어야 하는지 등의 윤리적 이슈가 지속적으로 제기될 것이다. 즉, 미래사회에서 AI, 로봇, 가상현실 등을 다루고, 과학기술 발달로 발생할 수 있는 윤리적 문제에 대해 고민하고 결정할 수 있는 지능 정보 역량은 특정 사람들에게만 필요한 것이 아니라 모든 사람에게 필요하다. 이러한 역량을 기를 수 있는 가장 기본적인 장이 바로 학교이므로, 학교교육을 통해 학생들이 지능정보 역량을 충분히 갖출 수 있도록 해야 한다. 그리고 학교에서 학생들에게 지능정보 기능을 길러 줄 역할을 담당할 주체는 바로 교사이므로 교사들은 학생들을 교육할 수 있을 만큼 충분한 지능정보 역량을 갖추고 있어야 한다.

넷째, 학교 공동체 운영과 지역 협력 및 글로벌 역량을 갖추도록 한다. 미래의 학교는 지금보다 더 수평적 공동체로 변화할 것이며, 지역사회와 교육 자원을 공유하고 지역사회의 교육허브로서 기능을 해야 할 것으로 예상된다. 또한 우리 사회는 다문화사회로 이행할 것이며, 세계화가 더욱 촉진될 것이다. 따라서 다문화교육 역량, 세계시민교육 역량과 지구환경 변화에 대응하는 지속가능교육 역량을 갖추어야 한다. 먼저, **다문화교육 역량**을 기를 필요가 있다. 빠르게 다문화사회로 이행되어 가는 한국 사회와 미래 학교 교실의 문화적 다양성을 이해하고 포용하며, 갈등을 해결하고, 이를 반영하는 교수-학습 역량을 기를 수 있어야 한다. 교직 영역과 전공 영역의 교과교육 교과에서 다문화교육 및 수업 역량 신장 기회를 제공해야 한다. 핀란드는 교직 과목의 구체적인 내용에 다문화주의에 바탕을 둔 다문화교육을 포함하고 있으며, 다문화교육 부전공을 운영하고 있다. 다음으로, **글로벌 역량** 강화를 위해서 세계시민교육 역량과 지속가능교육 역량을 길러야 한다. 과학기술의 급속한 발달로 국가 간 상호연관성을 증대시키고 정보접근성 및 교류의 강화가 일어났다. 개인과 이웃의 가치와 존엄성 존중은 세계 모든 지역 사람들의 가치와 존엄성 존중이라는 책임의식의 발전이 이루어지고 지속 가능한 세계에서 더불어 같이 사는 세상을 만드는 데 기여하는 세계시민으로서의 역할 의식과 책임의식이 중요해졌다. 이를 위해서는 모든 교과에서 지속가능 발전교육(ESD)과 세계시민교육(GCED)을 통해서 지역적 · 범지구적 도전에 대응할 수 있는 가치, 태도, 역량을 기를 수 있도록 해야 한다.

많은 교육자는 '자율성의 발휘는 전문성 확보를 전제로 하며, 전문성이 발휘되기 위해서는 자율성이 보장되어야 한다'는 자율성과 전문성 간의 불가분의 관계에 대한 입장을 견지한다. 조덕주(2002)는 **교사의 자율성**은 교사의 전문성 맥락에서 파악해야 할 것을 강조하였다. Exworthy와 Halford(1999) 역시 직무상 전문성이 높을수록 재량도 많아진다고 하였으며 자율성은 직무 수행에 있어 담당자의 자주적인 판단과 기술의 행사를 인정받는 것으로 자율성의 적절한 행에는 고도의 **전문성과 책무성**이 전제된다고 보았다. 교사는 교육활동 특히, 수업을 통해 자신의 교육철학에 부합하는 교육내용과 방법을 사용하여 교육목표를 달성한다. 교사의 직무 수행에 있어 전문적인 사항에 관해 자주적인 판단과 기술을 행사하는 자유를 인정받고 전문적 식견이 존중되어야 한다.

자율성(autonomy)이란 개인의 직무를 수행하는 과정에서 스스로 따라야 할 규칙을 정하고 그것을 실행하며 실행에 대해 평가할 수 있음을 의미한다(신경희, 2012). 교육의 자율은 교육의 고유기능이 아니라 외부의 간섭과 통제 없이 스스로 법칙에 의해 교육활동을 수행하는 것으로 외부에서 주어지는 것이 아니라 자신의 선택에 따라 행동하는 것이다. 송요원(2003)에 따르면, 교육은 교사가 단순히 외부의 지시와 통제에 따르지 아니하고 인격적 교감을 바탕으로 학생의 발달 단계에 따라 적합한 내용과 방법을 사용하는 최적의 활동을 전제로 하여 지식의 함양과 인격의 완성을 추구하는 과정이다.

특히, 교사들은 협업의 인력자원개발이 될 수 있는 프로그램과 교사의 배움에 관한 욕구 즉, 교육 수요자들의 요구조건을 반영해야 한다. 교사주도 전문적 능력개발, **교사주도 전문적학습**을 해야 한다. 뿐만 아니라 학교현장의 상황과 현 정책방향의 연계성을 고려한 안정적이고 지속적인 인력자원개발이 요구된다. 또한 교원들의 마음을 움직여 스스로 배우고자 하는 생각이 들어야 한다. 미래 역량을 기르는 교육은 사회의 어떤 집단이나 공간에서도 이루어질 수 있으나, 집단 지성을 발휘해서 미래 역량을 준비할 수 있는 곳은 학교밖에는 없다. 따라서 교사는 학교라는 공간 속에서 학생들의 미래 역량을 가장 잘 길러 낼 수 있는 안목과 지혜를 갖추어야 한다. 미래에는 많은 정보와 초고속 기술의 발전으로 교사가 그 복잡하고 많은 것을 다 가르치기 어렵다. 교사는 그것을 종합 분석하여 미래 지향적으로 안내하는 역할을 해야 한다. 훌륭한 안내자가 되기 위해서는 교사도 끊임없이 함께 배우는 자세가 필요하다. 미래사회는 비판적 사고를 갖고 사회적 기술과 인지적 능력을 토대로 다양한 방식으로 문제를 해결할 수 있는 융복합 인재가 필요하다. 역량중심 교육은 학생이 다양한 재능을 발휘할 수 있게 역량 발전에 집중해야 한다. 결과 위주가 아닌 과정 위주로 평가하고 학습의 현황을 심도 있게 파악해 숙련도를 향상한다. 학생이 학습의 주체가 되어 티칭에서 코칭으로 바꾸어야 한다.

2) 교원의 인력자원개발을 위한 현직연수

(1) 현직연수 현황 및 내용

교원 현직연수는 현직교원의 전문적 자질 향상을 위하여 실시되는 교육활동 또는 교원 자신의 자기연수 활동을 통칭하는 개념이다. 김성렬 등(1995)은 교원의 능력개발 활동인 직원연수를 "현직에 있는 교원이 사회 변화에 능동적으로 대처해 나가고, 직무를 효과로 수행해 나가는 데 필요한 지식과 기술을 습득하고, 교원으로서의 가치과 태도를 향상시켜 변화 · 발전해 가는 교직관에 부합하도록 현직에서 연구하고 수양하는 활동"이라고 한다. 이렇게 볼 때, 교원 현직연수는 교원이 교직에 종사하고 있는 동안에 그들의 전문적인 성장을 위하여 실시하는 계속교육이며, 교원현직교육, 현직교육훈련, 교직원 개발, 전문적 개발, 혹은 교원계속교육 등으로 다양하게 사용되고 있다(신현석, 2010).

2. 교원의 핵심 역량과 인력자원개발

교원연수에 대한 선행연구를 살펴보면, 우선 교원연수 내용으로 이병진(1996)은 '교직 발달 · 전문발달 · 학교조직 발달 · 교양 발달' 영역을 제시하고, 윤희정(2013)은 교직 생애 주기별 맞춤형 연수주제의 큰 영역으로 '조직 · 교직 · 전문 · 교양' 영역을, 2015년 시 · 도 교육연수원 직무연수 프로그램 내용을 분석하여 '기본소양 · 역량 영역 · 전공 영역 · 생애 주기'를 연수 영역으로 제시한 바 있다.

교원연수에 대한 인식 조사와 관련하여, 여성희와 강순자(2004)는 중등학교 교원연수에 대한 교사들의 인식조사 연구에서 교원들이 연수를 받는 목적은 직무능력 개선, 승진 · 승급 등보다는 교사 자신의 전문적 지식 증진, 개인적 욕구 충족 등 개인적 요구에 의해 연수를 받고 있는 것으로 파악하였다.

교원연수 체제와 관련하여, 전제상(2010)은 교원능력개발평가 도입에 따른 현장 교원들의 연수 수요가 증대될 것으로 예상되었으나, 현장 교원들의 요구를 반영한 다양한 연수 체제와 연수 프로그램 지원체제는 미흡한 것으로 보았다. 이를 개선하기 위해 연수기관별 전문화 및 특성화 노력, 교원능력개발평가에 따른 집중연수 대책 마련, 연수기관 평가 실시, 연수기관 협력체제 구축, 교원체제 개선을 위한 법령 정비 등을 제시하였다.

조동섭(2011)은 교원연수 체제의 선진화가 이루어지기 위해서는 교직 전문성 강화를 위한 연수 시스템 개선, 현장 적합성 높은 연수 프로그램 운영, 연수 학점인정 확대 및 관리체제 개선, 양질의 교원연수를 위한 인프라 확대 등이 필요하다고 주장하였다. 우리 나라 교원연수의 종류는 그 기준에 따라 다양하게 논의되고 있지만, 일반으로 연수가 이루어지는 단위를 중심으로 기관중심(center-based), 학교중심(school-based), 개인중심(individual-based) 연수로 분류할 수 있다. 연수의 종류 및 대상과 내용을 정리하면 [그림 5-4]와 같다.

기관중심 현직연수는 교육행정연수원, 종합교육연수원, 시 · 도 교육연수원, 대학부설 교육연수원인 초 · 중등교육연수원 등의 다양한 연수기관에서 기관이 중심이 되어 운영되는 각종 연수를 말하며, 자격연수, 직무연수, 특별연수 등으로 구분된다.

자격연수는 상급자격을 취득하기 위하여 받은 연수로서 1 · 2급 정교사, 교감, 교장 등 상위 자격의 취득하기 위한 연수와 상담교사, 사서교사와 같은 특수자격을 취득하기 위한 연수가 여기에 속한다. 직무연수는 교원에게 교육이론 · 방법 및 일반교양의 제고와 새로운 정보기술을 습득시키고 직무 수행상 필요한 능력과 자질 배양을 목적으로 실시한다.

그리고 특별연수은 국가 또는 지방자치단체가 계획을 수립하여 교육공무원에게 교육정책, 이념연수, 외국어연수, 해외시찰 연수 등 전문 지식과 기술을 배양하기 위해 국내외 특별한 프로그램을 이수하게 하는 연수이다(김영숙, 2007).

학교중심 연수는 단위학교 내에서 학교의 교육목표를 달성하고 교직원들의 필요와 요구에 따라 자체의 연수계획에 의해 이루어지는 제반 연수활동을 의미한다. 학교중심 연수는 교육 현장에 필요한 전문적 지식과 자질 및 능력을 향상시키는 데 그 목적이 있다(박종국, 2000).

개인중심 현직연수란 교원 스스로가 자신의 발전을 위해 전문적 지식을 습득하기 위한 연수로서 자율연수 또는 자기연수라고도 한다. 교육부의 분류에서는 개인중심 연수를 능력개발이라고 보고 국내외 교육기관 학위취득과 교과교육연구회, 학회 그리고 개인별 연구 등을 이것에 속하는 것으로 보고 있다.

교원 역량 함양을 위해 요구되는 교원연수와 관련된 선행연구에서 윤종건(2000)은 교원연수의 필요성으로, 첫째, 직전교육 자체가 불완전하기 때문에 현직 교원을 대상으로 직전교육의 내용을 보완하고 결손을 해소할 필요, 둘째, 현대사회의 발전 속도가 빠르고 이에 따라 새로운 지식과 기술이 폭발적으로 증가하므로 교사는 새로운 이론과 기술, 정보 등을 지속적으로 학습하여 교육 상황에 임할 필요, 셋째, 평생학습 시대를 맞이하여 부단히 자

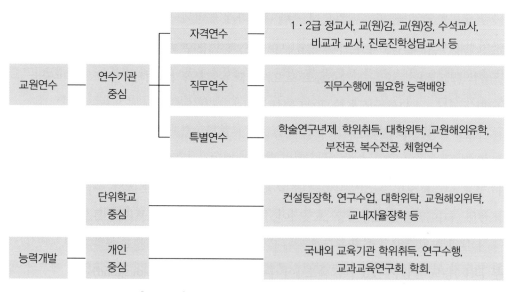

[그림 5-4] 우리나라 교원연수의 종류 및 대상과 내용

기개발에 힘써서 사회의 흐름에 조응할 뿐만 아니라 선도적 역할을 수행할 필요 등을 제시하였다. 김병찬(2004)은 교원연수의 특성을 ① 현직에 임용된 교원을 대상으로 하며, ② 교원의 교직 전문성 제고를 목적으로 하고, ③ 교원의 전문적 능력과 일반적 자질 함양을 추구하며, ④ 다양한 장소에서 다양한 방법으로 이루어지고, ⑤ 공식적 과정뿐만 아니라 비공식적 과정까지도 포함하는, ⑥ 의무적 또는 자발적 활동의, ⑦ 각종 교육 및 훈련이라고 제시하였다. 백병부, 박철희, 손승훈, 원덕재, 배정현(2015)은 교원연수의 개념도 평생학습 시대에 걸맞은 성인학습자의 능동성과 전문직 종사자로서의 자기개발에 대한 주체성을 담아낼 수 있도록 새롭게 정의될 필요가 있다고 보며, 교원연수의 의미를 '현직에 임용된 교원이 자신의 교직 전문성과 일반적 자질 함양 그리고 직무 적응력 향상을 위해 다양한 장소에서 다양한 방법을 통해 공식 또는 비공식적으로 행하는 각종 학습활동'으로 정의하였다.

　과거 현직교육은 교사연수나 직원연수라고 하여 조직목표 달성을 위하여 교사를 피동적인 존재로 보고 교사의 결핍이나 부족한 부분을 채워줘야 한다는 입장, 교사의 병을 찾아내어 고쳐 주어야 한다는 입장에 있었다. 그러나 오늘날에는 교사를 인적자본론의 입장에서 긍정적·적극적인 존재로 보고 교사가 능력을 최대한 발휘하게 하여 교사의 자아실현을 도와주며, 교사로 하여금 교직에서 자기만족과 행복을 찾을 수 있게 해 주자는 의미에서 용어 자체를 능력개발 혹은 인력자원 개발로 바꿔 부르기도 한다(주삼환, 2007). 이와 같이 살펴볼 때 교원 현직연수는 학교의 조직적 목적 및 목표 충족을 위한 교육과 교원 개인의 요구 및 자아실현 충족을 지향하는 교육으로 교직에 종사하는 기간 중 교사로서의 전문성을 신장시키기 위해 계속적으로 이루어지는 역량 개발 교육이라 할 수 있다.

(2) 현직연수로서 인력자원개발의 개선 방향

　전문직으로서의 교직에 종사하는 교원의 자질과 능력은 교원양성대학 4년과정을 통해 완벽하게 길러질 수 있다고 보기는 어렵고, 교직생활의 전과정에 걸친 계속적인 연수과정을 통해 점진적으로 개발·육성된다는 점에서 현직교육의 중요성은 아무리 강조해도 지나치지 않다. 따라서 우수한 교사자원의 개발을 위해 지속적이고 실질적인 현직교육의 기회를 제공함으로써 직전교육의 미비내지 결함을 보완하고, 새로운 지식과 기능, 그리고 태도를 습득하도록 하며, 풍부한 지식 및 교수기술 습득을 통한 전문성 향상으로 자기발전과 교직의 공신력을 지속적으로 제고해 나가도록 해야 한다. 이러한 차원에서 교사 개발의 발전방향을 제시해 보면 다음과 같다.

첫째, 연수 교육과정을 획기적으로 개선해야 한다. 이를 위해서는 ① 직전교육(pre-service education)과 현직교육(in-service education)을 계열적으로 통합하고, 현직교육에서도 자격연수와 직무연수간에 연계성과 체계성을 확립하여 연수교육의 계열성과 체계성을 확립해야 하며, ② 연수대상자별(1급 정교사, 교감, 교장, 전문직)로 요구되는 역할과 능력에 상응하는 교육프로그램을 개발하고, 지식정보화 사회에 부응할 수 있는 교과과정을 편성·운영하며, 정보화 능력을 함양하는 교육과정을 개설해야 한다. 아울러, ③ 교실현장의 변화를 위한 교원의 의식개혁과 한줄 세우기 교육에서 여러줄 세우기 교육이 이루어지는 교실 변화를 선도할 수 있도록 자율성, 창의성, 다양성 및 개성신장을 위한 교원 연수를 강화하는 동시에, 강의 중심에서 교육 현장의 이해를 돕기 위한 다양한 강의기법을 모색하고, 정보통신 매체의 활용으로 원격연수를 활성화하도록 해야 한다.

둘째, 교원연수 학습모형을 체계적으로 확립해야 한다. 우리나라의 경우 OECD(1982)에서 제안한 현직연수의 개인적·조직적 목적보다 국가에 의해 주도되는 각종 교육개혁과 변화 노력의 일환으로 하향적 현직연수가 이루어져 왔기 때문에 동일한 내용을 일체형으로 전달하는 일원화된 연수 모형이 주로 적용되어 왔다. 불확실한 연수목적, 경직된 연수 기회와 여건, 현실성이 부족한 연수내용, 획일적인 연수 방법, 비합리적인 연수 일정과 운영 등이 문제점으로 지적되고 있다. 앞으로 교원들이 전문성을 개발하고 급변하는 사회 변화에 대응하기 위해서는 학교단위 중심의 연수와 개인 중심의 연수가 확대될 필요가 있다. 또한 연수방법도 토의·토론학습의 적용을 확대·강화하여 토론문화 정착과 현장 문제해결이 가능하도록 이루어져야 한다. 미국의 경우 지난 10여 년에 걸쳐서 현직교원교육의 방향은 결핍 모형에 근거한 단순한 지식전달이 아니라, 교사의 지식과 기능, 경험을 자산으로 한 능력 모형, 즉 보다 분석적이고 반성적(reflective)이며 탐구심에 기초한 방향으로 전환되어 가고 있다. 중앙통제적 형태보다는 각 학교 현장에 기초한 형태로 자리 잡아 가고 있다. 이는 교사교육이 종래의 훈련 모형(training model)에서 학습 모형(learning model)로 전환되었다는 것을 의미한다. 이와 같이 학습 모형으로 가기 위한 현직연수의 방향을 제시하면 다음과 같다(이석열, 이미라, 2006). 첫째, 교사들이 스스로 교직에 대한 비전과 가치관을 확립할 수 있어야 한다. 둘째, 현직연수의 내용은 학교단위의 특수성이 반영되어야 한다. 셋째, 교사가 자율적으로 팀을 구성하여 연수하는 자율적 연수 풍토를 조성할 필요가 있다. 예를 들어, 우수 교과 연구회 및 단위학교의 자율연수 프로그램이 자발적으로 이루어지도록 직능별 전문조직의 육성 및 지원을 강화할 필요가 있다. 넷째, 연수기관이 상호 지원하고 협력하는 연수 풍토를 조성할 필요가 있다. 이제 학교단위에서도 특성화된 연수 프로그램을 개발하고 이를 타 기관에 공개하는 분위기가 조성되어야 한다. 학교단위의 자체 연수가 활성화되고, 학교단위 간 상호교류가 이루어지도록 교육청 및 연수기관에서 인적 및 물적 지원을 해야 한다. ☞ 심화 학습 1

> 🎓 기본 학습 2
>
> 교원의 핵심 역량이 무엇인지 알아보고, 모든 교원의 미래 역량 강화를 위해 주체적으로 학습-연구하고 연대-협력으로 성장하도록 무엇을 지원 할 수 있는 지 생각해 보자.

3. 교원의 전문적 역량 개발의 실제

이 절에서는 교원의 질 높은 전문적 역량 개발의 정의 그리고 지속적인 교육 발전을 위해 필요한 역량 개발 요소를 알아보고자 한다. 또한 목표와 성취 간에 작용하는 교원의 역량 개발 평가의 중요성과 중요한 평가 요소를 검토하고자 한다.

1) 질 높은 전문적 역량 개발에 관한 핵심 질문

교원의 전문적 역량 개발은 학생의 학습에 초점을 맞추어야 한다. 교육자는 학생들의 학업 성취도를 높이도록 충분히 훈련되어야 하고 학생들이 급속하게 변화하는 세계에 적응할 수 있도록 도와 주어야 한다. 학교와 교육 당국이 가장 중요하게 관심을 두어야 하는 것은 지속적인 교원의 전문적 역량 개발이지만 학교개혁에서 이루어지고 있는 교원의 전문적 역량 개발은 핵심을 찌르지 못하고 피상적인 노력만 하고 있다.

교원의 전문적 역량 개발은 교육자로 하여금 성장하고 변화하게 하며, 실천하고 반성하도록 도전과 지원 모두를 제공해야 한다. 이러한 교원의 전문적 역량을 개발하기 위해서는 몰입, 이해, 계획, 자원, 시간, 평가 등이 필요하다. 학습자 중심이고 교육 리더와 교사들의 경험이 나타내는 연속선을 따라 전문적 역량 성장을 지원할 수 있는 프로그램을 설계해야 한다. 학생 성과의 증대를 위해 교사의 지식을 확장하고 교수기술을 향상시켜 학생의 학업 성취를 제고해야 한다(Darling-Hammod, 1997). 학생을 학습시키기 위한 교사의 인력자원개발 즉 교사학습은 교장이 교사를 리드해야 하고 교장도 학습해야 한다. 교사와 교장은 학생의 학습 모형이 되어야 한다. 교원의 역량 개발도 학생 학습에 초점을 맞춰야 한다. 학생들의 학습에 영향을 주지 못하는 교원의 인력자원개발은 의미가 없다(주삼환, 2011).

(1) 질 높은 전문적 역량 개발의 정의

질 높은 전문적 역량 개발이란 성인 학습자 중심 과정과 현장직무 중심 과정을 통하여 교육자의 성장을 체계적으로 북돋는 지속적인 협력학습 과정이다. 이 질 높은 전문적 역량 개발은 학생 학습 향상에 필요한 교육자의 기술과 역량, 깊은 이해의 습득에 초점을 맞춘다.

학교에서 교원의 전문적 역량 개발의 초점은 학생의 학습 향상에 두어야 한다는 것이 기본 전제이다. **학습자 중심 환경**이 강조되는 것과 마찬가지 원리로 교원의 전문적 역량 개발도 ① 교육자의 일상적인 직무에 초점이 맞춰져야 하고, ② 학습에도 선택과 수준의 여지가 있어야 하고, ③ 협력적 지식과 공유 지식에 기초하고, ④ 효과적인 교수와 평가 전략을 적용하고, ⑤ 학습과 개발에 관한 교사의 지식을 확장하고, ⑥ 교사들의 일상적인 직무에 관한 정보를 제공해야 한다. 문제해결과 실행연구, 숙달, 코치, 리더십 등을 통한 실천 기회, 협력적 적용과 함께 전문적 역량 개발은 지속적이고 집중적으로 이루어져야 한다. 교사의 역량과 리더십 역량을 구축하고 학생 학습에 영향을 미쳤는지 그 과정에 따라 교원을 평가해야 한다.

질 높은 전문적 인력자원개발 핵심 질문

핵심 질문은 교육자들이 전문적 인력자원개발을 사고하고 도전하게 하여 학교가 학생과 교육자 모두를 위한 활력이 넘치는 학습센터로 변혁되도록 도와준다. 이러한 질문들은 당위적 존재에서 현실에 초점이 맞춰지도록 돕는다. 이러한 핵심 질문은 교육자들에게 새로운 아이디어와 설계를 산출하는 반성적 과정을 하게 만든다. 그래서 이러한 질문들은 학교 내 교사들과 행정가들로 하여금 계속 성장하게 하고, 전문적 인력자원개발 실천에 도전하도록 도와준다. 전문적 역량 개발 실천을 통해 모든 학생들이 성공적 학업 성취를 할 수 있게 지원하고 지속적으로 교육의 변화와 개혁을 창출하도록 교육자들을 도와 준다.

〈표 5-1〉 **질 높은 전문적 역량 개발 핵심 질문**

1. 모든 학생의 성취를 위한 최선의 교수-학습 기회를 제공하기 위해 전문적 인력자원개발 실천에 관해 제기해야 할 핵심 질문은 무엇인가?
2. 학교와 교육청은 학생 성취에 초점을 맞춘 학습 공동체 문화를 창출, 형성 및 지속하는 전문적 역량개발 기회와 정책을 어떻게 설계할 것인가?
3. 교사 개인, 팀, 전교적으로 역량 개발 계획을 세울 때 학생 성취에 초점을 맞춘 질 높은 인력자원개발을 위하여 어떤 향상(탐구)주기의 조건과 과정을 사용해야 할 것인가?
4. 학생 성취를 위한 학습 공동체에 초점을 맞추기 위하여 어떤 역량 개발 설계와 도구를 사용할 것인가?
5. 학교와 교육청은 학생 성취와 계속적 향상을 위한 역량 프로그램을 어떻게 평가할 것인가?
6. 학교에서의 전문적 학습(역량 개발)을 제고하기 위하여 전문성, 지식, 도구가 필요한가?

(2) 지속적인 교육 발전을 위한 변화의 과정

교육자는 개념의 단순성과 실천의 복잡성을 인정하고 교육 발전을 지속하기 위한 변화 과정을 탐색할 필요가 있다. 변화과정의 틀은 [그림 5-5]와 같다.

부분들의 상호작용적 질 때문에 어떤 한 요소도 다른 요소들보다 더 중요할 수 없고, 반대로 만일 설계가 성공적이라면 어떤 한 요소도 생략될 수 없다. 학생 학습과 성취에 초점이 맞춰져 있다는 것은 아주 중요하다. 이것이 과거의 역량 개발 실천과 달라진 점이다.

표준에 대한 강조에 앞서, 교육자들은 전문적 역량 개발을 교육체제의 어느 누구나 관심을 갖거나 유용한 것으로 생각하는 모든 것으로 간주한다. 학생 학습의 향상에 초점을 맞추지 않는다면 교육자들은 한 해에 했던 일을 그다음 해와 연결시킬 수 없을 것이다. 사실상 '시계추의 진동'을 다음의 변화를 기다리는 구실로 사용하는 것—현재의 변화는 다음 해에 사라질 것이기 때문에 그러한 현재의 변화에 대한 진지한 사고를 행하지 않는 것—은 초점이 없는 전문적 역량 개발 실천을 한 직접적 결과이다. 앞으로 4~7년 내에 변화과정이 문화적으로 중요할 것으로 예상해 보아, 교육자들에게 학생 성취 중심의 자료에 근거한 과정을 활용하여 계속적으로 요구 분석을 하게끔 하고 있다. 학습 공동체에서의 일을 설계하는 것은 현존하는 모니터링 체제와 현장직무 중심의 전문적 역량 개발 실제를 활용하여 발전의 기초를 제공해 준다.

관련 내용과 상호작용적 과정을 통해 체계적인 방법으로 [그림 5-5]에 제시된 요소들(요구 사정과 함께 향상된 학생 학습에의 초점, 학교문화의 형성, 전문적 역량 개발의 제공, 목표에 의한 평가)을 다루는 것은 전문적 역량 개발을 계획하고 실천할 때에 일관성과 지속성을 제공해 준다. 우리가 여러 해 동안 전문적 역량 개발에 대한 교육청의 설계를 조사해 보았을 때 우리가 종종 알 수 있는 것은 이러한 주요 요소들은 무시되고, 특히 학생 학습 향상에 대하여 명확하게 초점을 맞추는 요소와 목표를 충족시키는 절차를 평가하는 요소가 무시되었다는 점이다. 교육변화 모형을 유지하기 위한 질 높은 역량 개발의 이러한 필수 요소는 장기간(4~7년) 실제에 적용되는 요구를 강조하게 된다. 우리는 더 이상 하나의 획일적인 전문적 역량 개발 활동을 매년 반복해서 적용해서는 안 되며, 실제 개선을 위하여 교사와 교장, 교직원의 역량 개발을 위한 학교 계획과 문화, 자료 분석과 의사결정, 자원 지원에

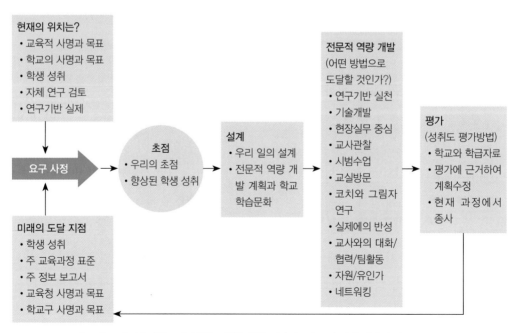

[그림 5-5] 지속적인 교육 변화 모형을 위한 질 높은 전문적 역량 개발의 필수 요소
출처: Speck & Knipe (2005).

근거한 전략이 필요하다.

(3) 질 높은 전문적 역량 개발의 요소

만일 교육자들이 질 높은 전문적 역량 개발에 수반되는 것에 대하여 명확한 이미지를 가지고 있다면 그러한 이미지가 교육자들로 하여금 그들 자신의 전문적 역량 개발 기회를 평가하고 설계하는 데 도움이 될 것이다. [그림 5-6]에 제시되어 있는 요소들은 현행 교육실천에서 변화를 가져올 전문적 역량 개발 계획을 개발하는 데 필요한 중요한 전체적 요소들을 당신이 이해하는 데 도움이 될 기초적 요소로 설계한 것이다. 이 그림에서는 탐구의 주기적 과정에 대해 설명하고 있는데, 유의해야 할 것은 전체 설계가 효과적이기 위해서는 모든 부분이 필수적 요소라는 점이다. 이러한 요소들은 질 높은 전문적 역량 개발을 설계하는 필수적 부분들을 이해하기 위한 프레임을 제공해 준다. 각 요소의 중요성과 연구 및 증명된 실천에 기초한 질 높은 전문적 역량 개발에 대한 각 요소의 관계에 관해 각 요소별로 간략하게 설명하고자 한다.

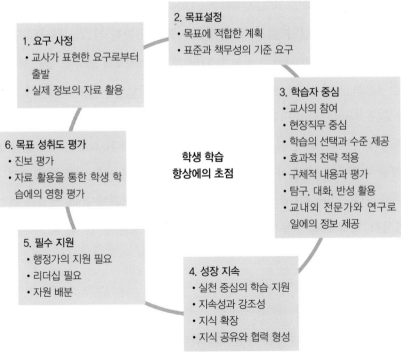

[그림 5-6] 질 높은 전문적 역량 개발의 요소

① 학생 학습 향상에의 초점

질 높은 전문적 역량 개발은 학생 학습과 학생 학업 성취를 향상시키기 위한 조건에 초점을 맞추어야 한다. 학생의 성공은 잘 계획된 전문적 역량 개발의 궁극적인 목표이고 성과이다(Guskey, 2000; Joyce & Showers, 1995). 특히 다양한 우리 사회에서 모든 학생의 요구가 전문적 역량 개발 설계의 모든 측면과 연결되어야 한다. 우리는 전문적 역량 개발 프로그램을 설계하는 과정에서 이러한 목표를 반영해야 한다. 학생 학습을 향상시킬 것인지에 초점을 맞춘 전문적 역량 개발 작업은 전문적 역량 개발의 목적과 과정을 연결한다. 전문적 역량 개발 노력의 내용, 과정, 자료, 평가는 이러한 목표를 지원하는지 여부에 따라 측정될 수 있다. 학생 학습을 향상시키지 못하는 요소들은 제거·수정하거나 재설계되어야 한다.

교육청과 학교는 학생 학습과 학생의 학업 성취 향상에 초점을 맞추고 모든 전문적 역량 개발 계획을 유지해야 한다. 교사와 학교, 교육청은 이루어진 변화와 나타난 향상을 지속시키기 위해 여러 해(3~5년 이상)동안 학생 학습을 향상시키기 위한 특정 영역(예: 문해)에 대한 명확하고 지속적이고 체계적인 초점을 유지해야 한다(Schmoker, 1996). 학습 성장과 전문적 역량 성장을 지원하고 강화한다면 초점의 연도별 변화는 존재할 수 없다. Little(1993)의 주장에 의하면 고도로 효과적인 학교는 지배를 받고있는 갈등적인 정책 명령들과 실천들을 뚫고 나갈 수 있고, 잘 설정된 목표에 명확한 경로를 유지할 수 있다.

학생 학습이 향상되려면 교원의 전문적 역량 개발 계획에의 초점과 일관성이 필요하다는 것을 진정으로 이해하기 시작하고 있다는 증거가 최근에 나왔다. 연구와 경험이 확증하고 있는 것은 충실하게 준비된 교사와 대충 준비된 교사 사이에 나타난 학생들의 차이가 한 해에 나타난 커다란 성취도 수준일 수 있다는 것이다(Haycock, 1998). 질 높은 전문적 역량 개발이 학생의 학업 성취에 주는 영향을 준다는 것은 교사의 질이 관리되고 있다는 것을 반증한다(Cohen & Hill, 1998). 전문적 역량 개발 기회를 통해 계획과 취해진 행동 모두에 있어서, 학생 학습의 향상에 초점을 유지하는 진정한 중요성을 이해하는 것과 관련해 당신의 학교나 교육청은 어떤 입장인가?

② 요구 사정과 목표설정

요구 사정과 목표설정은 다음과 같이 해야 한다.

첫째, 교사가 표현한 요구로부터 출발한다. 전문적 역량 개발은 교사들의 표현된 요구와 때로는 절박하게 알고자 하는 요구로부터 출발한다. 학생들에 대한 교사들의 일상적인 일로부터 전문적 역량 개발 요구에 반응할 경우 전문적 역량 성장 설계는 즉각적으로 의미가 부여된다(Lieberman & Miller, 1999). 전문적 학습환경에 적응함에 따라 교장은 교사의 요구를 경청하고 이해한다. 교사들의 관심을 이해하지 못하고는 부과된 전문적 역량 개발에 초점을 맞추기 어렵다. 교사들의 요구가 향후 전문적 역량 개발 구축의 기초이다. 교사들의 요구와 학생 성취도 수준 둘 사이에 직접적인 연결이 확립되어야 한다. 이러한 연결이 확립되기 위해서는 학생의 작품을 조사하고, 교사들로 하여금 필요한 전문적 역량 성장의 영역을 규정하도록 허용해야 한다. 이것을 수행하기 위해서는 학교 리더들이 교사들과 협동적으로 노력하여 내용지식의 영역과 개별적인 학생 요구를 보다 잘 충족시킬 교육적 기술들로 구성된 교사들의 레퍼토리를 확대하는 영역 모두에서 리더들뿐만 아니라 교사들로 하여금 자기들의 필요를 확인하도록 조력할 다중 경험을 제공해야 한다(Darling-Hammond & Ball, 1998).

둘째, 실천과 의사결정을 위한 정보에 관한 자료를 활용한다. 학생 학습에 대한 책무성이 초점이기 때문에 전문적 역량 개발의 설계자들은 학생의 요구에 관한 자료뿐만 아니라 교사의 역량과 요구에 관한 정보를 사용하여 설계를 해야 한다. 철저한 자료 분석이 뒷받침되지 않는다면 전문적 역량 개발 계획은 잘못된 정보로 인해 불필요하거나 유용하지 않은 훈련이 전문적 역량 개발 계획에 수립될 것이다. 교사들에게 학생의 학업 성취를 자료를 알려 주는 과정들이 적절하여 교사들로 하여금 자료를 분석하고 장점과 필요한 향상 사항의 영역을 찾게 해야 한다. 이러한 평가과정은 학생 학습과 교사 역량에 있어서 격차를 나타낼 것이다. 그런 다음에 어떤 전문적 역량 개발을 해야 할 필요가 있는지에 관하여 결정할 때 자료를 조사하지 않고 계획서를 작성하여 교사들에게 처방적 활동을 단순히 명령만 하는 경우가 많다. 최근의 유행과 프로그램으로 문제를 교정하려고 시도할 수 는 없다. 교사들과 리더들로 하여금 패턴과 경향을 찾도록 요구하는 의미 있는 분석에 기초하여 전문적 역량 개발의 요구와 계획을 명백히 해 주는 이해와 정보에 근거한 결정을 해야 할 것이다.

셋째, 학교와 교육청의 변화 노력과 목표에 따라 체계적으로 계획한다. 진정한 변화와 발전을 하려면 전문적 역량 개발 계획이 학교와 교육청의 전체 목표 및 변화 노력과 체계적으로 연결되어야 한다. 학교와 교육청의 전문적 역량 개발 기회들을 연결시키는 것은 교육청의 방향에 관한 명확한 메시지를 전달하고, 교육청 자원을 보다 잘 사용하도록 지원해야 한다(Joyce & Showers, 1995). 이러한 연결은 학교와 교육청의 목표 및 성과에 대한 장기적인 투입에 필요한 만큼 일관되게 제공한다. 학교 전체와 교육청 전체의 계획에 초점이 없고, 연결성과 체계성, 장기적인 계획성이 없어서 전문적 역량 활동으로부터 다음의 활동으로 얼마나 자주 오락가락하고 있는가? 학교 전체와 교육청 전체의 체계 및 구조가 효과적으로 연결되고, 또 교원의 전문적 역량 개발이 교원의 경력주기에 적절해야 한다(Darling-Hammond & McLaughlin, 1995). 따라서 전문적 역량 개발을 학교 및 교육청의 교육목표와 연계시키는 것이 중요한 변화를 성취하는 데 아주 필수적이다.

넷째, 표준과 책무성의 기초에 근거한 전문적 역량을 개발한다. 전문적 역량 개발 계획은 표준과 책임성의 기초에 근거해야 한다. 표준은 개발계획, 초점, 전문적 역량 개발의 성과 등에 대한 출발점이 된다. 학생들이 표준을 충족시키는 것에 교육자들이 몰입되어 있다면 그러한 교육자들은 표준에 따라 교수할 내용과 역량을 분명하게 이해해야 한다. 전문적 역량 개발 계획과 기회는 표준 및 적절한 평가 등과 결합되어야 한다. 그렇지 않으면 교육과정은 고정 장치를 가지지 못한다. 교사들은 또한 전문적 역량 개발, 학생 학습, 표준, 책무성 사이에서 명확한 연계를 발견해야 한다(Sparks & Hirsh, 1997).

전문적 역량 개발의 성과에 대한 책무성은 향상된 학생 학업 성취 및 학교 향상 등과 관련하여 중요하다. 학교 및 교육청 목표와 결합된 특성한 성과를 통해 그 목적을 나타내는 전문적 역량 개발 계획 혹은 활동은 그 가치를 나타내는 중요한 방식을 가진다. 교육자는 더 이상 합당한 책무성 없이 단순히 전문적 역량 개발 활동을 지속할 여유가 없다. 전문적 역량 개발이 중요하다면 그것은 명확한 성과를 통해서 입증되어야 한다. 전문적 역량 개발에 대한 특정한 기대가 중요하다(Guskey, 2000). 참가자들은 달성해야 할 목표와 수행의 필요성을 알아야 한다. 전문적 역량 개발에 투자하는 학교나 교육청은 성과를 요구해야 한다. 그렇지 않으면 왜 투자해야 하겠는가?

③ 학습자 중심

첫째, 계획, 실행, 검토, 수정에 교사가 참여한다. 종종 전문적 역량 개발 계획은 외부 전문가들이나 교육청 간부 직원 등에 의해 설계된 다음에 떨어지고 있는 학생의 학업 성취도를 향상시키기 위한 응급조치로 교사들에게 부과하는 식이다. 교사들은 정기적으로 학교와 교육청의 계획, 실행, 검토, 평가, 수정의 과정에 참여하지 못하면 성과에 몰입하지 않을 것이다(Darling-Hammond & McLaughlin, 1995). 결국 교사들은 전문적 역량 개발의 수혜자가 되기 때문에 계획에 대한 의미 있는 주인의식과 깊은 이해를 해야 한다(Lieberman, 1995). 향상된 실천에 대한 교사들의 주인의식과 헌신성을 개발하는 일이 전문적 역량 개발에 대한 교사진의 긍정적인 참여를 이끌어 내는 데 중요한다. 교사들은 새로운 변화에 의하여 영향을 받은 사람들이기 때문에 변화계획에 참여해야 한다. 그렇지 않으면 교사들의 참여는 의미가 없다. 참여한 교사들은 직무지식, 학생 학습에 대한 이해, 계획에 대한 헌신에 기초하여 전문적 역량 개발에 대해 계획하고, 피드백을 제공하고, 검토하고 수정할 수 있다. 너무나 흔히 학교 리더들은 계획과 전달 과정에 참여해야 할 사람들을 참여시키지 않음으로써 전문적 역량 개발의 정당성과 효과성을 손상시키는 결과를 초래한다(Corcoran, 1995).

둘째, 학생의 선택과 수준을 제공을 고려한다. 전문적 역량 개발에서 자신의 학습 요구에 기초하여 다양한 학습의 선택사항들과 수준을 선택할 수 있는 선택권을 참여자에게 제공한다. '단일 처방(one size fits all)'의 전문적 역량 개발 계획으로는 모든 참가자의 욕구를 충족시키지 못한다고 교육자들이 인정하는 것은 학교나 교육청 내에서 발견되는 광범위한 역량 차를 가지고 있는 사람들의 전문적 역량 개발 계획을 설계하는 데 중요하다(Sparks & Hirsh, 1997). 참가자들의 현재 발달 수준을 이해함으로써 계획자는 초점을 맞춘 영역 내에서 개인의 현재 역량에 기초하여 향상을 요구할 수 있다. 적절한 수단을 통해 교사들의 발달 수준과 경험을 존중하는 것이 전문적 역량 개발 설계에 중요하다. 일단 교사들과 행정가들이 학습의 특정한 필요를 확정했다면 학습의 다양한 선택사항과 전략을 개인들에게 제공하여 자신들의 전문적 역량을 향상시킬 수 있다. 개별적인 교사의 요구와 기술 수준에 기초한 이러한 다중 참여사항들로 전문적 역량 개발을 특정한 영역에 집중시킬 것이다.

상부로부터 교사들에게 부과되는 전문적 역량 개발 방식에 교사들은 이미 신물이 나있다. 이러한 전문적 역량 개발 계획은 개인적 장점과 개인적 향상 사항의 영역에 대한 인정에 의해 균형을 맞추기보다는 모든 사람에게 맞는 좋은 것으로 생각하여 똑같은 것을 제시한다. 효과적인 전문적 역량 개발은 다중 기회가 주어지고, 다양해야 하고, 또 학습에 교육자들을 적극적으로 참여시킴으로써 진행 중인 과정에 대비해야 한다. 교육청과 학교는 교사들의 필요를 충족시키고 학생의 성과를 향상시키는 질 높은 전문적 역량 개발을 시행하기 위해 이렇게 복잡하고 개인별로 차별화된 필요를 인정해야 한다. 교사들은 평가한 요구에 주의를 기울일 경우 변화에 대하여 보다 더 몰입을 하게 되고 전문적 역량 개발에 참여하는 데 보다 많은 흥미를 느끼게 된다. 학교 전체의 필요뿐만 아니라 개인의 필요에 대한 이러한 중요한 분석과 이해가 있어야 교사들이 느끼는 필요, 내용지식 수준, 기술 수준 등을 인정하고 전문적 역량 개발 노력을 계획하는 일이 가능해진다(Guskey, 1999).

셋째, 교사들이 현장직무에 배어들게 한다. 전문적 역량 개발은 교사들이 현장직무에 배어들게 해야 학생들에 대한 교사들의 직무와 학생 학업 성취의 향상과 확실히 연결시킬 수 있다. 전문적 역량 개발 계획이 이러한 관련성 및 맥락과 연결되어야 교사들도 현재의 실천에 의문을 제기하고, 반성하고, 분석하고, 영향을 미치도록 한다. 특히 교사들이 학생의 학습력 평가, 학업 성취 향상을 제공할 수 있는지 자신들의 역량을 검토해야 더욱 더 그렇게 된다. 전문적 역량 개발은 학교 외부에서 실시하더라도 고립된 사건이 아니라 교사들의 일상 직무와 통합된 일이다. 모든 학습 경험은 모든 현실 직무와 함께 일어난다(Lieberman & Miller, 1999). 이러한 전문적 역량 개발은 교사와 학교의 독특한 상황에 근거하여 몰입과 지속적인 성장의 불을 지핀다. 학교가 학습 공동체의 생태학을 개발함에 따라 전문적 역량 개발은 교사의 전문직 생활의 필수적인 부분이 된다.

그러나 Guskey(1999)가 경고하고 있는 것은 학교 전체의 필요를 정확하게 확인하고 보장하기 위해 이러한 전문적 역량 개발의 필요를 보다 심층적으로 분석해야 한다는 것이다. 이러한 중요한 분석에 필요한 것은 공통의 학생 학습과 교사들의 기술 격차에 접근하기 위하여 교직원들이 계획하고 팀정신으로 노력해 한다는 점이다(Guskey, 1999). 전문적 역량 개발이 교사 직무생활의 일상적인 통합된 부분으로 간주될 경우 학습의 요구, 적용, 새로운 아이디어와 기술의 발견, 현행 교수실천에 대한 반성 등이 학교문화 및 교사와 학교의 일상생활에 내재화되어야 한다.

넷째, 효과적인 교수 및 학습 전략을 적용한다. 참가자들의 학습 스타일을 이해하고, 학습을 위한 다중 전략들을 제공하는 것이 교사 개인의 학습요구에 의한 전문적 역량 개발을 충족시킬 필요가 있다. 교육자들이 인정하는 것은 모든 개인이 동일한 시간에 동일한 방식으로 학습하는 것이 아니라는 점이다.

2) 교원 역량 개발 평가의 실제

교원 역량 개발 평가는 교원의 전문성 진단을 통한 지속적 역량 개발 지원을 목적으로 한다. 교원의 교육활동 전반에 대한 전문성을 진단하고 그 결과에 따라 역량 개발을 지원하여 교원 자신의 교육활동 전반을 새로운 관점에서 검토·분석할 수 있도록 필요한 자료를 제공하고, 공정하고 타당한 평가의 실시 및 그 결과 활용을 통해 교원의 지속적인 역량 개발을 유도한다. 또한 교원의 역량 개발 및 학교 구성원의 만족도 향상을 통해 각 학교단위의 교육력을 제고하고 신뢰를 증진하며 학생에게 양질의 교육을 제공하는 데 목적이 있다.

(1) 전문적 역량 개발 평가의 중요성

역사적으로 많은 전문적 역량 개발자는 중요한 기획, 실행, 후속 활동으로부터 주의를 빼앗기 때문에 평가를 많은 비용과 시간을 소비하는 과정으로 여겼다. 그러나 전문적 역량 개발을 담당하는 학교 리더와 교육청 리더들은 전문적 역량 개발 과정과 활동이 학교와 교육청에 어떤 변화를 일으켰는지 밝힐 필요가 있다(Guskey, 1998). 일반적으로 교육자들은 계획하고 실행하지만 전문적 역량 개발에 참여한 개인과 교육체계에 차이를 만들었는지 평가하는 데에 실패한다. 학교와 교육청이 실행을 중단하고 역량 개발 노력의 성과를 평가함으로써 발전과정을 분석하는 것이 중요하다. '우리의 목표와 전문적 역량 개발 계획으로 성취하기를 원하는 성과 간의 차이는 어느 정도인가?'라는 질문에 대한 대답은 아주 중요하다. 이러한 질문은 전문적 역량 개발 과정에서 가능하게 된 성취 결과를 학교와 교육청이 평가하게 한다. Bull과 Buechler(1996)는 전문적 역량 개발에 관해 교육자들이 해야 할 몇 가지 주요 평가질문을 "전문적 역량 개발과 학교 개선에 관한 모든 언어와 프로그램 설계, 동료 코치에 관한 모든 이론 그리고 모든 실행연구와 세계적인 협력도 궁극적으로는 단 하나의 질문으로 귀착된다. 그것은 '전문적 역량 개발은 실효성이 있는가?'이다. 좀 더 구체적으로는, 전문적 역량 개발이 교사들로 하여금 활기를 되찾게 만드는가? 교사의 교수 역량 증진과 레퍼토리를 확장시키는가? 학교기관 내에서 교사의 책무성과 새로운 역할을 이끌어 내는가? 학교문화를 좀 더 긍정적이고 풍부하게 하는 데 기여하는가? 가장 중요한 것은 전문적 역량 개발이 학생 수행 향상을 이끌어 내는가?

전문적 역량 개발 설계나 프로그램 설계, 실행, 평가에 대한 공식적이고 일관된 과정을 갖추지 못하고 있다. 실행 및 결과의 기대에 대한 합의 없이 막연히 실행한다. 좀 더 심도 있게 전문적 역량 개발을 검토하고 교사와 학생에 대한 영향을 결정하려 시도하는 장기적 **다면평가**가 필요하다(Bull & Buechler, 1996). 평가 설계는 전문적 역량 개발 기획과정의 초기 단계에서 시작되어야 하고, 또 특정 전문적 역량 개발 활동이 완결된 후에도 계속되어야 한다(Guskey, 2000). 평가는 실행과정에 대한 정보를 제공해야 하고, 특히 학생 성취에 대한 영향을 기록해야 한다. 평가 보고는 학생과 행정가들에게 정보를 제공할 뿐만 아니라 학교나 교육청에서 만든 학부모와 지역사회 단체에 정보를 줄 수 있는 중요한 수단이다. 학부모들과 교육위원회가 전문적 역량 개발의 결과와 확실한 증거를 볼 때 전문적 역량 개발 활동에 들어가는 미래의 자유시간이나 직접 수업에 쓰이지 않는 비교수적 시간들에 덜 회의적일 수 있다.

전문적 역량 개발이 차이를 만든다는 확실한 증거의 필요성은 교사, 행정가 그리고 지역사회에 대한 신뢰를 유지하는 데 매우 중요하다. 공식적인 평가과정은 학교나 교육청이 교사의 성장뿐만 아니라 학생의 성장에도 관심이 있다는 것을 보여 준다. 전문적 역량 개발은 목표를 달성하고 요구를 충족시키고 자원을 현명하게 사용하고 있다는 것을 확신시켜 주는 지속적인 평가과정을 필요로 한다(Zepeda, 1999). 정확한 자료에 근거한 체계적 평가 없이는 변화가 지속적인지 아닌지를 결정하는 것이 거의 불가능하고, 더 중요하게는 전문적 역량 개발 활동들이 학생들의 성취를 증대시키기 위해 교사들의 역량을 향상시켰는지 아닌지 결정하는 것이 불가능하다.

(2) 효과적이고 전문적인 역량 개발 평가 요소
효과적인 전문적 역량 개발 평가의 요소들은 다음의 질문을 포함한다.

전문적 역량 개발 평가를 위한 질문
1. 바라는 성과가 무엇인가?
2. 성과달성을 위한 전문적 역량 개발 활동은 무엇인가?
3. 누가 평가에 대해 책임을 져야 하는가?
4. 평가는 어떻게 수행되어야 하는가?
5. 어떤 형태의 자료를 수집할 것인가?
6. 언제, 어떻게 자료를 분석할 것인가?
7. 결과 보고와 배포는 누가 맡을 것인가?
8. 평가는 교사의 지속적인 발전과정과 학생 성취 증진에 어떻게 기여할 수 있는가?

전문적 역량 개발과 그 평가에 관한 각 요소와 질문은 지침 사용으로 조직되고 명확해질 수 있다. 지침은 전문적 역량 개발 기획자, 교장, 교사들을 돕기 위해 고안되었는데, 먼저 바라는 성과에 초점을 맞추고 그다음으로 성과를 달성하는 활동을 개발한다. 계획하기보다는 이러한 결과물과 부합하는 활동들을 개발한다. **평가기획은 활동보다는 성과에 초점을 맞추도록 돕는다**(Guskey, 2000; Killion, 2002).

① 바라는 성과가 무엇이며, 성과달성을 위한 전문적 역량 개발 활동은 무엇인가

전문적 역량 개발 계획은 전형적으로 광범한 목표를 가지고 있지만 대개 성과로 상세화되어 있지 못하다. 전문적 역량 개발 활동과 계획의 성공을 어떻게 기술할 것인가? 어떤 변화가 일어나는가? 누구에 의해서? 일반적으로 전문적 역량 개발의 결과는 달성보다는 워크숍, 성과사례 등으로 보고된다. 전문적 역량 개발의 성과는 다양한 개인, 조직, 분야에 의한 새로운 역량으로 기술될 수 있다. 바라는 성과를 명확히 하는 것과 성과가 제시된다면 무엇처럼 보일 것인지 상세화하는 것은 평가를 위해 중요하나 기초 작업일 뿐만 아니라 프로그램에 더 초점을 맞추고 목적 지향적이 되도록 하는 원인이 된다(Loucks-Horsely, Hewson, Love, & Stiles, 1998).

② 누가 평가에 대해 책임을 져야 하는가

평가과정을 누가 책임질 것인가를 정하는 것은 평가과정을 확실하게 진행하는 개인의 역할을 명확하게 정의하는 데 도움이 된다. 다양한 역할 참가자가 평가과정에서 주인의식을 가질 때 전문적 역량 개발 기회에 대한 관점을 제공하고 이어서 평가자에게 통찰력을 제공한다. 평가과정에 대한 책임을 공유하는 교사와 행정가들은 성과에 초점이 맞춰진 주요 과정에 몰입한다. 교사와 행정가들은 책임을 공유할 때 성과가 어떻게 산출되었는지 이해하게 된다.

③ 어떻게 평가하고 어떤 형태의 자료를 수집할 것인가

평가과정은 참가자들에게 진행 정보를 제공하고 성과를 달성했는지 밝히는 다양한 방법으로 완성될 필요가 있다. 전문적 역량 개발 계획과 활동의 효과에 대해 이해하는 것을 돕기 위해서 광범한 증거가 필요하다. 설문, 면담, 관찰, 수업 분석, 수행 과제, 학생 작품,

포커스 집단 형태의 참가자에게서 얻은 증거는 평가과정에 기여한 자료를 제공할 수 있다. 수집된 자료의 형태는 전문적 역량 개발의 결과로서 측정된 성과에 의존할 것이다. 전문적 역량 개발 성과를 명확하게 진술해 놓으면 장단기 자료수집 과정의 프레임 형성에 도움이 된다. 예를 들어, 만일 성과가 학생들의 읽기 점수 향상을 위한 것이라면 학생들의 읽기 역량을 향상시키는 교수 전략을 구현하는 자료를 수집하는 것이 중요할 것이다.

학생(성취 점수, 등급, 참여율, 훈련율), 교사(정확한 지식의 평가, 교수 역량, 태도), 학교(관련 과정, 정책, 규칙, 교사 협력의 정도)에 관한 평가의 기초 자료는 전문적 역량 개발 활동의 결과와 비교하는 초기 자료를 제공하기 위하여 기획의 최초 단계에서 필요하다. 또한 이 최초 자료들은 학생, 교사, 학교의 지위, 역량, 요구에 관한 보다 분명한 그림을 제공한다. 그리고 최초 자료는 수립된 계획으로 검토되어야 한다. 학생들의 성취와 교사와 학교의 요구 수준에 대한 이해 없이 하나의 계획을 수립하는 것은 기대한 성과를 위한 구체적인 전문적 성장의 요구 조건들을 말해 주지 못한다. 전문적 역량 개발에서 참가자들의 역량과 요구에 대한 이해는 중요하고, 기초 자료의 수집을 통해 쉽게 확인될 수 있다. 현 상태와 참가자들의 전문적 역량 개발의 수준을 평가하는 데 실패하면 한 가지로 모든 사람의 전문적 역량 개발을 한다는 비난을 받는다. 더 나아가 참가자들의 개인적 역량과 지식이 제대로 인정과 가치를 받지도 못하기 때문에 참가자들에게 분노가 조성된다.

역량 개발의 실행과정 동안 참가자들은 훈련 유형과 후속 조치, 피드백을 포함하는 참여를 문서화해야 한다. 리더들은 이미 질문지, 동료관찰, 학교 기록과 보고서, 학생의 포트폴리오, 학생 수행, 성취도 평가와 같은 깊이 있는 평가를 도울 만한 많은 자료를 가지고 있다.

④ 언제, 어떻게 자료를 분석할 것인가

평가과정에서 자료 분석의 방법을 선택하는 것은 성과를 계속해서 명확하게 한다. 자료는 하위 단계로 분류되고, 의도가 검증되어야 한다. 참가자들에게 행한 전문적 역량 개발 활동의 효과를 보여 주는 증거가 있는가? 자료의 분석과정은 중요하다. 결과 보기에 참여자들을 포함시키는 것은 예측되는 성과와 그 과정의 성공에 대한 주인의식을 강화하기 때문에 전문적 역량 개발 계획의 한 부분이 된다. 개개인이 자료 분석에 관여할 때 자신의 수행과 이해 정도를 알 수 있다(Lieberaman & Miller, 1999).

⑤ 결과 보고와 배포는 누가 맡을 것인가

리더들은 전문적 역량 개발의 바쁜 활동 때문에 종종 평가 결과가 보고되지 않고 끝난다. 전문적 역량 개발 계획의 결과 보고와 배포는 그것이 밝혀질 때 목표가 도달되었는지, 성과가 성공적이었는지, 다음 단계가 무엇이어야 하는지를 명확히 하는 데 도움이 된다. 행정가와 교사 리더를 포함한 학교와 교육청 리더들은 다양한 사람에게 결과를 보고하고 배포하기 위해 준비를 해야 한다. 핵심 이해당사자들에게 결과를 보고하는 중요한 평가과정의 단계는 다음 요소들을 포함해야 한다.

- 프로그램 목표
- 목표달성을 위하여 실행한 활동
- 참여한 개인과 역할
- 사용된 자원
- 참가자들의 반응
- 참여자, 학생, 특별 프로그램, 학교에게 영향을 주기 위해 지원된 자료
- 프로그램 변화를 위한 권고사항

☞ 심화 학습 2

🎓 기본 학습 3

교원능력개발은 학생의 학업 성취를 높이는데 의미가 있다. 교원 능력개발을 위한 핵심 질문과 평가 요소들을 알아보고, 어떻게 적용할지 생각해 보자.

심화 학습

[심화 학습 1]

모든 교육활동의 초점이 학습에 맞춰져야 하고 학습이 잘 이루어지도록 도와주는 사람이 교사이기 때문이다. 학교는 학습 공동체로서 교사는 일반적 학습도 해야 하지만 전문직에 필요한 전문적 학습을 어떻게 해야 하는지 생각해 보시오. 또한 교원의 인력자원개발을 위해서 현직연수의 개선 방향을 어떻게 잡아야 하는지 생각해 보시오.

[심화 학습 2]

학업 성취 향상을 위한 교원의 인력자원개발을 위해 효과적이고 전문적인 역량 개발 평가 요소에 무엇이 포함되어야 하는지 생각해 보시오.

●참고문헌●

권대봉(1996). 평생학습사회교육. 서울: 학지사.

권대봉(2003). 역량개발의 개념 변천과 이론에 대한 종합적 고찰. 서울: 원미사.

김경애(2015). EPP모델을 활용한 초등 교사들의 핵심 역량 분석에 관한 연구. 한국교원교육연구, 32(2), 1-32.

김신복(2001). 교육 및 인력자원개발체제의 발전방향. 행정논총, 39(3), 1-26.

김영숙(2007). 중등교원 현직연수의 실태분석 및 개선방안에 관한 연구. 경성대학교 교육대학원 석사학위논문

남정걸(2005). 교육행정 경영의 이해. 서울: 동문사

박종국(2000). 교원연수제도의 개선에 관한 연구. 호남대학교 대학원 석사학위논문.

손성호, 임정훈(2017). 초·중등 교사의 생애주기별 핵심역량 및 역량기반 교육과정 개발 연구. 교육공학연구, 33(2), 365-396.

송요원(2003). 교사의 수업권에 관한 연구. 인하대학교 대학원 박사학위논문.

신경희(2012). 교육과정 자율적 운영에 관한 교사의 역할수행비교: 한국과 미국교사를 중심으로. 교사교육연구, 51(2), 297-313.

신현석(2010). 한국의 교원정책. 서울: 학지사.

여성희, 강순자(2004). 중등학교 교원연수에 대한 교사들의 인식 조사 연구. 한국교원교육연구, 21(1), 323-345.

윤종건(2000). 현직 교원연수 체제의 개혁을 위한 제언, 학교경영, 13(8), 1-29.

이석열, 이미라(2006). 학습조직이론 관점에서 현직교원교육의 내용과 절차에 대한 재해석: 현직교원교육의 내용과 절차를 중심으로. 인문학연구, 33(1), 147-167.

이희수(2009). 다면적 글로벌화에서의 인력자원개발의 과제. 한국교육논단, 8(2), 47-66.

정제영, 김갑성, 강태훈, 류성창, 윤홍주, 선미숙(2014). 중등 신임교사의 직무 역량 요구도 분석. 한국교원교육연구, 31(4), 373-396.

조덕주(2002). 학교 교육과정 개발의 의의 및 개발방안에 대한 재고: 교원의 전문성과 자율성을 중심으로. 교육과정연구, 20(3), 23-44.

주삼환(2007). 한국교원행정. 서울: 태영출판사.

주삼환(2011). 교원의 전문적 능력개발. 서울: 시그마프레스

Brester, C. (1995). Towards a 'European' Model of Human Resource Management. *Journal of International Business Studies, 26*, 1-21.

Budhwani, N. N., Wee, B., & Mclean, G. N. (2004). Should child labor be eliminated? An HRD perspective. *Human Resource Development Quarterly, 15*(1), 107-116.

Bull, B., & Buechler, M. (1996). *Learning Together: Professional Development for Better Schools*. Bloomington: Indiana Eduction Policy Center.

Cohen, D. K., & Hill, H. C. (1998). Instructional Policy and Classroom Performance: The Mathematics Reform in California. CPRE Research Reports.

Corcoran, T. B. (1995). Helping Teachers Teach Well: Transforming Professional Development. CPRE Research Reports.

Darling-Hammond, L. (1997). *The Right to Learn: A Blueprint for Creating Schools That Work*. New York: Teachers College Press.

Darling-Hammond, L., & Ball, D. L. (1998). Teaching for High Standards: What Policymakers Need to Know and Be Able to Do. CPRE Research Reports.

Darling-Hammond, L., & McLaughlin, M. W. (1995). Policies That Support Professional Development in an Era of Reform. *Phi Delta Kappan, 76*(8), 597-604.

Exworthy, M., & Halford, S. (1999). *Professionals and the New Managerialism in the Public Sector*. Buckingham: Open University Press.

Guskey, T. (1998). Follow-up is key, but it's often forgotten. *Journal of Staff Development, 19*(2), 7-8.

Guskey, T. (1999). Apply time with wisdom. *Journal of Staff Development, 20*(2), 10-15.

Guskey, T. (2000). *Evaluating Professional Development*. Thousand Oaks, CA: Corwin.

Haycock, K. (1998). Good Teaching Matters…A Lot. *OAH Magazine of History, 13*(1), 61-63.

Jacobs, R. L. (2000). Determining the boundaries of HRDQ and HRD. *Human Resource Development Quarterly, 11*(1), 1-3.

Joyce, B., & Showers, B. (1988). *Student Achievement through Staff Development*. White Plains, NY: Longman.

Killion, J. (2002). *Assessing impact: Evaluating staff development*. Oxford, OH: National staff Development Council.

Lieberman, A. (1995). Practices that support teacher development: Transforming conceptions of professional learning. *Phi Delta Kappan, 76*, 591-596.

Lieberman, A., & Miller, L. (1999) *Techear-Transforming their world and their work*. NY: Teachers College Press.

Little, J. W. (1993). Teachers' Professional Development in a Climate of Educational Reform. *Educational Evaluation and policy Analysis, 15*(2), 129-151.

Loucks-Horsley, S., Hewson, P. W., Love, N., & Stiles, K. E. (1998). *Designing Professional Development for Teachers of Science and Mathematics*. Thousand Oaks, CA: Corwin.

Mclagan, P. A. (1989). Model for HRD practice. *Training and Development Journal, 43*(9), 49-59.

Nadler, L. (1979). *Developing human resources.* NewYork: Learning Concepts.

Nadler, L., & Nadler, Z. (1989). *Developing human resources* (3rd ed.). San Francisco, CA: Jossey-Bass.

OECD (1982). *In -service Education and Training of Teachers.* Paris: OECD.

Schmoker, M. (1996). *Results: The key to continuous school improvement.* Alexandria, VA: Association for Supervision and Curriculum Development.

Schuler, R. S. (1992). Strategic human resources management: Linking the people with the strategic needs of the business. *Organizational Dynamics, 21*(1), 18-32.

Sparks, D., & Hirsh, S. (1997) *A new vision for staff development.* Alexandria, VA: Association for Supervision and Curriculum Development.

Speck, M., & Knipe, C. (2005). *Why Can't We Get It Right?: Designing High-Quality Professional Development for Standards-Based Schools* (2nd ed.). Thousand Oaks, CA: Corwin.

Spencer, L. M., & Spencer, S. M. (1993). *Competence at Work: Models for Superior Performance.* New York: John Wiley.

Storey, J. (1995). *Human Resource Management: A Critical Text.* London: Thomson Business Press.

Swanson, R. A. (1995). Human resource development: Performance is the key. *Human Resource Development Quarterly, 6*(2), 207-213.

Zepeda, S. (1999). *Staff development: Practices that promote ledership in learning communitices.* Larchmont, NY: Eye on Education.

교육재정

학생 수가 감소하면 교육재정은 줄어들어야 할까

교육재정 규모를 결정하는 가장 중요한 요인은 교육의 대상이 되는 학생 수이다. 최근 초·중·고 학생 수가 지속적으로 줄어들면서 학생 수가 감소하니 지방교육재정교부금제도 개선 목소리가 높아지고 있다. 교부금이 세수 증대에 따라 자동적으로 늘어나는 구조여서 학령인구 감소를 반영하지 못하고 있다는 것이다. 학생 수가 줄면 교육재정 또한 줄어야 한다는 것은 단순하지만 강력하다. 하지만 조금 더 들여다보면, 몇 가지 의문이 든다.

그럼 군인 수가 줄어드니 국방비도 줄여야 하고, 인구도 감소하니 경찰관이나 소방관, 공무원 수도 줄어야 하나? 교육재정 규모가 과도하다는 것은 지금 교육재정 투자 규모가 적정할 것이라는 것을 가정한다. 학생 수가 감소하면 교육재정을 줄여야 하는지, 그렇지 않은지 생각해 보자.

☞ 심화 학습 1

학습성과

교육재정의 안정성을 확보할 수 있는 제도 개선 방안을 제안할 수 있다.

학습목표

1. 교육재정의 개념을 이해하고, 우리나라 교육재정 구조의 특징을 설명할 수 있다.
2. 교육재정의 확보, 배분, 운용, 평가 등의 과정을 설명할 수 있다.
3. 학교재정 구조를 이해하고 학교예산의 합리적인 운용 계획을 수립하고 실천할 수 있다.
4. 지방교육재정이 효과적이고 효율적으로 운영될 수 있도록 교육재정 과정별 개선 방향을 설정할 수 있다.

학습내용

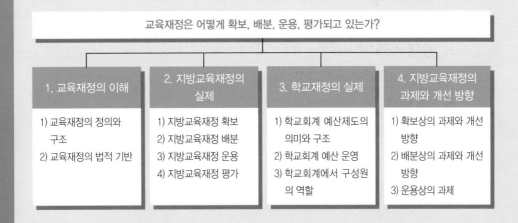

교육재정은 어떻게 확보, 배분, 운용, 평가되고 있는가?

1. 교육재정의 이해	2. 지방교육재정의 실제	3. 학교재정의 실제	4. 지방교육재정의 과제와 개선 방향
1) 교육재정의 정의와 구조 2) 교육재정의 법적 기반	1) 지방교육재정 확보 2) 지방교육재정 배분 3) 지방교육재정 운용 4) 지방교육재정 평가	1) 학교회계 예산제도의 의미와 구조 2) 학교회계 예산 운영 3) 학교회계에서 구성원의 역할	1) 확보상의 과제와 개선 방향 2) 배분상의 과제와 개선 방향 3) 운용상의 과제

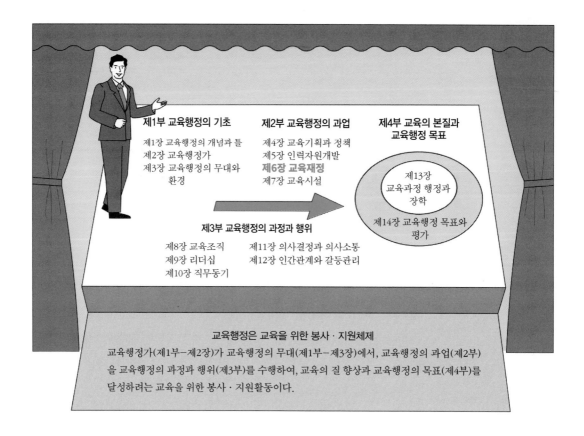

제1부 교육행정의 기초

제1장 교육행정의 개념과 틀
제2장 교육행정가
제3장 교육행정의 무대와
      환경

제2부 교육행정의 과업

제4장 교육기획과 정책
제5장 인력자원개발
제6장 교육재정
제7장 교육시설

제4부 교육의 본질과
      교육행정 목표

제13장
교육과정 행정과
장학

제14장 교육행정 목표와
      평가

제3부 교육행정의 과정과 행위

제8장 교육조직   제11장 의사결정과 의사소통
제9장 리더십   제12장 인간관계와 갈등관리
제10장 직무동기

교육행정은 교육을 위한 봉사 · 지원체제
교육행정가(제1부—제2장)가 교육행정의 무대(제1부—제3장)에서, 교육행정의 과업(제2부)
을 교육행정의 과정과 행위(제3부)를 수행하여, 교육의 질 향상과 교육행정의 목표(제4부)를
달성하려는 교육을 위한 봉사 · 지원활동이다.

1. 교육재정의 이해

이 절에서는 교육재정의 정의와 구조를 알아보고, 교육재정 확보, 운용과 관련한 교육
재정의 법적 기반에 대하여 살펴본다.

1) 교육재정의 정의와 구조

(1) 교육재정의 정의

정상적인 교육활동을 지원하기 위해서는 막대한 재정이 필요하며, 그것을 잘 확보 · 배
분 · 활용해야 한다. 학교에서 재정을 어떻게 운용하느냐에 따라 학생들에게 제공하는 학
습 경험이 달라지며, 이에 따라 학교교육의 성과도 달라질 수 있다. 따라서 학교의 교육 성

과를 개선하기 위한 최적의 방안은 학내외의 다양한 교육 자원을 활용할 수 있는 자율성을 학교에 주는 것이다. 학생들에게 의미 있는 교육 경험을 제공하기 위해서 교육과정, 유능한 교사, 쾌적한 교육환경이 필요하다. 그리고 이들이 잘 기능하도록 지원하는 것이 바로 재정이다(김용남, 2017; 송기창 외, 2018).

일반적으로 공공 재정(public finance)이란 국가 및 지방공공단체(시·도 및 시·군)가 공공의 욕구를 충족시키기 위하여 필요한 재원을 조달·배분하고, 이를 효율적으로 관리·사용하는 공경제 활동이다(윤정일, 송기창, 조동섭, 김병주, 2011: 337). 이러한 의미에서 **교육 재정**이란 국가 및 지방공공단체가 교육활동을 영위하기 위하여 필요한 재원을 확보·배분하고, 이를 효율적으로 관리·사용하는 공경제 활동이라고 할 수 있다. 교육활동을 지원하는 공경제 활동으로의 교육재정은 재정이 갖고 있는 일반적인 특성, 즉 강제성, 공공성, 양출제입의 원칙, 존속기간의 영속성 외에도 교육의 특수성에 기인하는 비긴급성과 비생산성을 갖고 있다.

(2) 교육재정의 구조

우리나라의 재정은 **중앙(정부)재정**과 **지방재정**으로 구분되고, 지방자치 실시 이후 지방재정은 다시 일반지방재정과 교육지방재정으로 구분된다. 「지방재정법」 제2조에는 '지방재정'을 지방자치단체의 수입·지출활동과 지방자치단체의 자산 및 부채를 관리·처분하는 모든 활동으로 규정하고 있다. 이는 지방재정이 중앙재정, 즉 국가재정처럼 단일한 단체의 재정이 아니라 다종다양한 지방자치단체의 재정을 총망라한다는 것을 의미한다.

지방자치와 지방재정 시스템이 일반행정 서비스와 교육행정 서비스로 구분되는 것은 지방재정하에서 교육 서비스를 제공하고 있는 많은 다른 나라와 다른 독특한 구조이다(박정수, 하봉운, 2016). 지방교육재정은 국가재정 중 중앙재정과 지방재정의 양대 축 사이에서 지방재정과 구별되어 독자적이며 독립적으로 이루어지고 있다. 지방교육재정은 기능적인 면에서는 유·초·중등교육 및 평생·직업교육 중심으로 광의의 대인사회 서비스를 보편적으로 제공하는 중요한 역할을 수행한다. 이는 공적 사회 서비스뿐만 아니라 국가최저(최소) 수준 충족, 사회통합, 세대 간 형평 유지 등을 포괄하는 가치재의 특성을 지닌다(임성일, 2015).

교육재정은 또한 수준에 따라 중앙교육재정과 지방교육재정으로 구분할 수 있다. 중앙

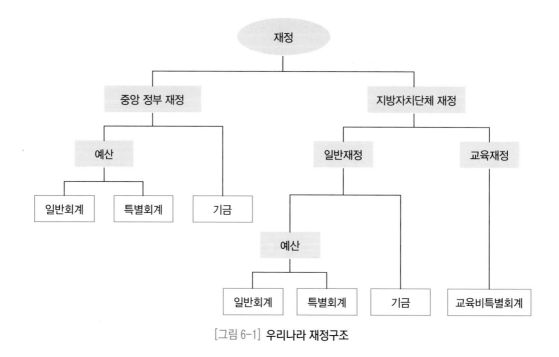

[그림 6-1] **우리나라 재정구조**

교육재정은 주로 국립학교 및 고등교육을 대상으로 한 반면, 지방교육재정은 주로 유아교육 및 초·중등교육을 대상으로 한다. 고등교육에 대해서는 국가가 일관성 있게 수익자 부담의 원칙을 적용하고 있기 때문에 교육재정 정책은 대부분은 지방교육, 즉 유아교육 및 초·중등교육에 관한 것이다(윤정일, 송기창, 김병주, 나민주, 2015: 111).

　한편 교육재정을 교육활동을 영위하기 위하여 필요한 재원을 확보·배분하고 이를 효율적으로 관리·사용하는 공경제 활동이라고 할 때, 재원의 확보와 배분이 주로 유아교육 및 초·중등교육을 위한 지방교육재원의 확보와 배분을 중요시하고 있기 때문에 교육재정이라고 하면 주로 지방교육재정을 의미한다.

　중앙재정과 지방재정의 관계 속에서 '**지방교육재정**'은 교육활동을 지원하기 위한 시·도교육청의 재정활동을 의미하며, 대상은 지방자치단체가 설치하고 운영하는 공·사립 유치원, 초·중·고등학교, 특수학교 등이다. 지방교육재정은 또한 「지방자치법」 및 「지방교육자치에 관한 법률」에 따라 시·도의 교육감 소관 업무에 해당되며, 시·도교육감이 지방교육재정에 대한 세입·세출예산을 편성하고, 시·도의회의 의결을 거쳐 확정된 예산을 집행하는 구조이다.

　지방교육재정의 구조를 국가재정과 지방재정과의 관계 속에서 보면, [그림 6-2]와 같은

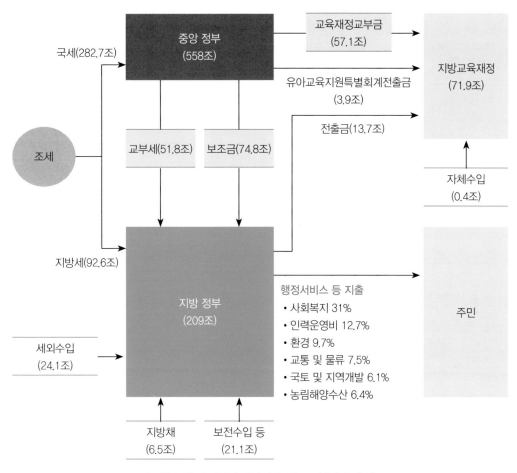

[그림 6-2] 우리나라 재정의 흐름(2021 본예산 기준)

출처: 국회예산정책처(2021).

구조를 지니고 있다. 국가에서는 교부세(지방자치단체), 교부금(지방교육자치단체) 및 보조금을 통해 지방재정을 지원하고 있으며, 지방자치단체는 전출금 형식으로 지방교육재정을 지원하고 있다.

2) 교육재정의 법적 기반

지방교육재정의 제도적 기반으로 지방교육재정의 근거법령은 「헌법」과 「교육기본법」이다. 「헌법」 제31조 제6항에서는 "학교교육 및 평생교육을 포함한 교육제도와 그 운영, 교육재정 및 교원의 지위에 관한 기본적인 사항은 법률로 정한다."라고 규정하여 교육재

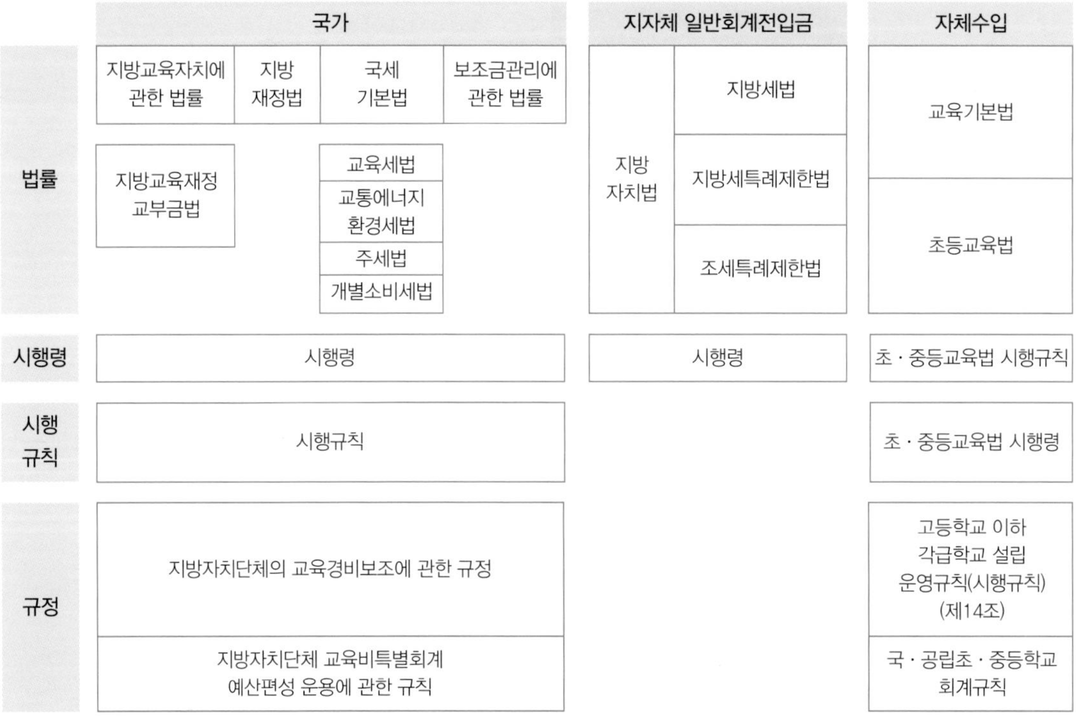

	국가				지자체 일반회계전입금		자체수입	
법률	지방교육자치에 관한 법률	지방재정법	국세기본법	보조금관리에 관한 법률	지방자치법	지방세법	교육기본법	
	지방교육재정교부금법		교육세법 교통에너지환경세법 주세법 개별소비세법			지방세특례제한법		
						조세특례제한법	초등교육법	
시행령	시행령				시행령		초 · 중등교육법 시행규칙	
시행규칙	시행규칙						초 · 중등교육법 시행령	
규정	지방자치단체의 교육경비보조에 관한 규정						고등학교 이하 각급학교 설립 운영규칙(시행규칙) (제14조)	
	지방자치단체 교육비특별회계 예산편성 운용에 관한 규칙						국 · 공립초 · 중등학교 회계규칙	

[그림 6-3] **지방교육재정 중 확보 관련 법령구조**

출처: 김지하 외(2016).

정에 대한 법정주의를 천명하고 있다. 「교육기본법」 제7조에서는 「헌법」에 규정된 교육재정 법정주의에 대해 국가와 지방자치단체의 책무, 교육재정의 안정적 확보를 위한 지방교육재정교부금제도 등을 규정하고 있다. 지방교육재정교부금제도는 「지방교육재정교부금법」으로 구체화되었다.

지방교육재정 배분과 관련한 법률은 중앙 정부 수준에서는 「지방교육재정교부금법」이, 교육청 수준에서는 각 시 · 도교육청의 「학교회계 예산편성 지침」이다. 지방교육재정 운용에 관한 법률은 「헌법」, 「지방자치법」, 「지방교육자치에 관한 법률」, 「지방재정법」, 「지방교육재정교부금법」 등으로 구성된다. 「지방재정법」은 일반적인 지방재정의 원칙들을 언급하되, 구체적이고 자세한 사항으로서 예산 · 결산 · 수입 · 지출 · 현금과 유가증권 · 시효 · 채권 등 관리에 관한 사항, 계약 · 공유재산 · 물품 · 기금 관련 사항 등을 규정하고 있다. 최근에 제정된 「지방회계법」에서는 지방자치단체의 회계 및 자금관리에 관한 기본적인 사항을 정하여 「지방재정법」의 일부 내용을 분리하였다.

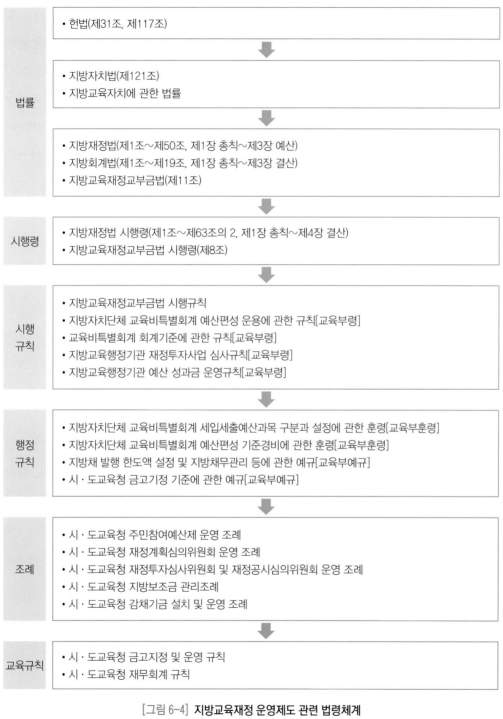

[그림 6-4] 지방교육재정 운영제도 관련 법령체계

출처: 김지하 외(2016).

「지방재정법」의 관계법령인「지방교육재정교부금법」은 지방자치단체가 교육기관 및 교육행정 기관을 설치·경영함에 필요한 재원의 전부 또는 일부를 국가가 교부하여 균형 있는 발전을 도모함을 목적으로 제정되었다. 주로 지방교육재정의 확보, 배분에 관한 사항을 규정하고 있으며, 운영과 관련하여 '지방자치단체장의 예산편성 권한' '지방교육재정 정산 규정' 등을 일부 포함하고 있다. 지방교육재정 운영제도는 대부분「지방재정법」과 동법 시행령에 명시되어 있다. 그러나 일반재정과 예산집행 대상, 재정구조 등의 차이로 인해 교육부령으로 별도의 시행규칙을 제정·적용하고 있다.

🎓 기본 학습 1

교육재정은 교육활동을 지원하는 역할도 하지만 어떤 경우 교육활동에 제한을 가하는 요인이 되기도 한다. 교육재정의 의미에 기초하여 이에 대하여 생각해 보자.

2. 지방교육재정의 실제

앞서 교육재정이란 국가 및 지방공공단체가 교육활동을 영위하기 위하여 필요한 재원을 확보·배분하고, 이를 효율적으로 관리·사용하는 공경제 활동으로 정의하였다. 따라서 교육재정은 교육재정의 확보, 배분, 운용, 평가의 각 단계별 활동의 총합이라 할 수 있다. 여기에서는 교육재정의 과정을 확보, 배분, 운용, 평가와 관련된 단계별 관련 제도, 주요 내용을 중심으로 설명하고자 한다.

1) 지방교육재정 확보

교육재정 재원의 확보는 ① 조세제도, ② 중앙 정부 또는 지방자치단체에서 자체 결정하여 배부, ③ 민간에서 부담, ④ 학교 또는 교육행정 기관 등이 자체적으로 확보하는 방식이 있다.

(1) 조세제도를 통한 교육재정 확보

어떤 조세에 의하여 어떤 방식으로 교육재정을 확보하는지에 따라 교육재정의 규모, 확보의 안정성 등은 매우 달라질 수 있다(송기창, 1998). 국가 차원에서는 일반세, 특별세, 목적세 등의 형식으로 교육재원을 확보할 수 있으며, 지방 차원에서는 교부금, 전입금, 보조금 등의 형식으로 확보할 수 있다. 현재 지방교육재정은 내국세의 일정률, 지방세, 특정세 부가 형식의 교육세(목적세) 등의 세 가지 형식, 지방 차원에서는 교부금, 전입금, 보조금 등이 혼합된 형식으로 확보되고 있다. 각각의 확보방식에 대한 내용 및 장단점을 제시하면 다음과 같다(김지하 외, 2016: 61-62).

먼저, 일반세(혹은 일반재원)로 교육재정을 확보하는 방식은 국가 차원의 내국세와 지방자치단체의 지방세를 들 수 있다. 내국세 확보방식은 다시 특정 단일 국세 총액, 특정 국세 일정률, 총 내국세 일정률 등의 방식이 가능하다. 특정 단일 국세 및 특정 국세 일정률로 확보하는 방식은 중앙의 통제하에 있기 때문에 안정적인 교육재정 확보 가능, 지방자치단체 간 재정력 격차 조정, 일정 수준의 교육재정 보장 등의 장점이 있다. 그러나 지방의 교육재정 확보 노력을 유도하거나 자극하기 어려운 단점 또한 존재하며, 중앙의 통제가 강화될 경우 지방교육자치가 자칫 훼손될 수 있는 한계를 보이기도 한다. 특정 국세의 일정률로 교육재정을 확보하거나 현행 방식인 내국세 일정률로 확보하는 방식 역시 안정적인 재원 확보는 가능하지만, 세원의 변동에 따라 교육재정의 규모가 민감하게 반응할 수 있고 특정 국세와 교육과의 연계성이 보장되지 않는다면 조세저항을 불러일으킬 수 있다는 단점이 있다. 또한 경기 변동 등에 따라 모세인 국세 규모가 변화할 경우 교육적 상황과는 무관하게 교육재정의 변동이 생길 수 있다는 점에서 한계를 지닌다.

교육재정을 확보하는 또 다른 방식은 목적세 형식으로 부과하는 것을 들 수 있다. 앞서 제시한 일반재원(국세 혹은 지방세)으로 교육재정을 확보할 경우 교육재정의 교육정책 지원기능을 제한하고 안정성에 문제가 있다는 한계를 극복하기 위하여 교육관계자들은 교육목적세를 통해 교육재정이 조달되는 것을 선호하는 경향이 있다(송기창, 1998). 그런데 교육목적세 역시 단일 조세로 부과하는 방식 혹은 특정 조세에 부가하는 방식이 모두 가능하다. 특정 조세(예: 미국의 경우 교육구의 재산세) 형식으로 교육재정이 확보될 경우 교육적 필요에 따른 재원의 규모를 추정하여 조달할 수 있고 조세저항이 적다는 장점은 있으나, 단일 목적세가 아니라 특정 국세(혹은 지방세)에 부가하는 방식일 경우에는 교육적 필요가 아닌 다른 필요에 따라 규모가 결정되므로 안정성에 기여하지는 못하는 한계를 지닌다.

(2) 중앙 정부 또는 지방자치단체의 자체 결정 및 배분

국가적으로 진행이 필요한 정책에 대해서는 중앙 정부가 국회의 심의·의결을 거쳐 매년 예산을 지원하는 국고보조금을 통하여 교육재원을 확보할 수 있다. 국고보조금은 중앙 정부가 지방자치단체에 용도를 지정하여 도와주는 의미에서 지급하는 자금으로 중앙 정부가 시책상 필요하다고 인정될 때 또는 지방자치단체의 재정 사정상 특히 필요하다고 인정될 때 예산의 범위 안에서 그 지방자치단체의 행정을 수행하는 데 들게 되는 경비의 일부 또는 전부를 보태어 주기 위하여 용도를 지정하고서 지급하는 자금을 말한다.

교육 관련 국고보조금은 교과용 도서 개발·보급, 영재교육, 특수교육지원 등이 대표적 예이다. 또한 일반 지방자치단체도 필요하다고 인정되는 정책에 대해 지방의회 심의·의결을 거쳐 예산을 지원한다. 초·중등학교 무상급식 등이 대표적 예라 할 수 있다.

(3) 기타

민간에서 부담하거나 학교 또는 교육행정 기관 등이 자체적으로 확보하는 경우도 있다. 민간에서는 학교발전기금 및 각종 기부금과 학부모들은 자녀가 학교에 다니는 데 소요되는 비용 등 부담하고 있다. 학교회계 세입 재원인 학부모가 부담하는 경비는 등록금과 수익자부담수입으로 구분된다. 이 중 등록금은 입학금 및 수업료(교특회계 세입)과 학교운영지원비이며, 수익자부담수입은 「초·중등교육법」 제30조의2 제2항 제2호의 규정에 의한 경비(이하 "수익자부담경비"라 한다)로 학교회계로 세입된 것을 의미한다. 수익자부담경비는 '학교운영위원회의 심의를 거쳐 학부모가 부담하는 경비'로 등록금인 입학금 및 수업료, 학교운영지원비는 수익자가 부담하기는 하지만 수익자부담경비에 포함되지 않는다. 그 외에 민간에서도 학교 또는 교육행정 기관의 경우 운동장 등 시설 사용료 징수, 자산 매각 등 학교나 교육행정 기관이 자체적으로 예산을 확보하는 방식도 있다.

(4) 우리나라 지방교육재정 확보구조

지방교육재원은 중앙 정부 이전수입, 지방자치단체 이전수입, 자체수입, 차입 및 기타 등으로 구성된다. 첫째, 중앙 정부 이전수입은 크게 지방교육재정교부금, 특별회계전입금과 국고보조금으로 구분할 수 있는데, 지방교육재정교부금은 「지방교육재정교부금법」에 따라 내국세의 20.79%(2020년부터)와 교육세 일부(유아교육지원특별회계 전출분 제외)로 구성된다. 특별회계전입금은 유아교육지원특별회계법에 따라 교육세 일부와 국고로 편성되어 유치원·어린이집 누리과정 지원에 사용된다. 국고보조금은 초등 돌봄교실 시설비, 영재교육지원, 교육과정 개정 지원 등 초·중등교육 예산 일부를 국고 예산으로 편성하여 지원한다. 지방교육재정의 가장 큰 비중을 차지하고 있는 지방교육재정교부금은 1959년부터 도입된 의무교육재정교부금과 1964년부터 도입된 지방교육교부세를 1972년부터 지방교육재정교부금으로 통합하여 현재까지 운영하고 있다. 2000년 이후의 지방교육재정교부금 확보구조 변화는 [그림 6-5]와 같다.

　지방교육재정교부금은 새로운 재정수요 및 지방교육재정 세입 관련 법률 개정 등의 영향으로 교부율이 상향 조정되어 온 것으로 보인다. 하지만 유아교육과 방과후학교를 지원하기 위해 2006년 말 「지방교육재정교부금법」 개정을 통해 유아교육과 방과후학교에 지원되어 온 국고보조금을 지방교육재정교부금으로 통합하는 과정에서 교부율이 0.6%p만큼 인상되어 기존 19.4%에서 20%로 증가한 경우를 제외하면, 교부율 인상은 재원의 이동에 따른 보전에 불과하다. 2010년 1월 지방소비세가 도입됨에 따라 내국세 감소로 인한 교부금 보전을 위해 내국세 교부율을 20.0%에서 20.27%로 조정한 것이며, 2018년 지방소비세율 인상(부가가치세의 11% → 15%)에 따른 내국세 감소분 보전을 위하여 내국세 교부율을 20.27%에서 20.46%로 인상 조정하였다. 이는 2019년 지방소비세율 인상(부가가치세의 15% → 21%)과 소방안전교부세 인상(담배에 부과되는 개별소비세액의 20% → 45%)에 따른 내국세 감소분 보전을 위하여 내국세 교부율을 다시 20.79%로 조정한 것에 불과하다.

　둘째, 지방자치단체 이전수입은 지방자치단체 일반회계로부터 이전되는 재원으로 지방자치단체가 관리하는 일반회계의 일정 비율(혹은 일정액)을 교육비특별회계로 전출하여 지방교육의 균형적 발전을 도모하고 지방자치단체의 교육에 대한 책무성을 고양시키는 것을 목적으로 한다. 「지방교육재정교부금법」에 따라 시·도일반회계에서 시·도교육비특별회계로 전출해야 하는 법정전입금과 비법정전입금으로 구성된다. 지방자치단체의 지방교육재정 부담구조 및 법적 근거는 〈표 6-1〉과 같다.

　셋째, 자체수입은 교수-학습활동수입(입학금 및 수업료 등), 행정활동수입(사용료 및 수수료 등), 자산수입, 이자수입 등 일반수입과, 변상금 및 위약금, 생산물 매각대 등 기타수입

[그림 6-5] **2000년 이후 지방교육재정교부금 확보구조 변화**

〈표 6-1〉 지방자치단체의 지방교육재정 부담구조 및 법적 근거

자치단체 수준	부담 회계	부담 구분	부담내용	법령 근거
광역자치 단체	일반 회계	법정	시·도세전입금	「지방교육재정교부금법」 제11조
			담배소비세전입금	
			지방교육세전입금	
			학교용지 부담금	「학교용지확보 등에 관한 특례법」 제4조
			지방교육재정교부금 보전금	「지방세법」 제71조 및 동법 시행령 제75조
			교육급여보조금	「국민기초생활보장법」 제43조
		비법정	공공도서관운영비	「도서관법」 제29조
			기타지원	「지방교육자치에 관한 법률」 제38조
			교육경비 보조	「지방교육재정교부금법」 제11조 제6항 지방자치단체의 교육경비 보조에 관한 규정
기초자치 단체	일반 회계	법정	교육급여보조금	「국민기초생활보장법」 제43조
		비법정	교육경비 보조	「지방교육재정교부금법」 제11조 제6항 지방자치단체의 교육경비 보조에 관한 규정

등이다. 마지막으로, 차입 및 기타는 지방교육채 및 금융기관 차입금 등 차입금과 순세계 잉여금, 보조금 사용잔액, 전년도 이월사업비 등이다. 「지방교육재정교부금법」에 제시된 현행 지방교육재정 확보구조는 [그림 6-6]과 같다.

1998년 이후 2020년까지 지방교육재정 세입 규모의 변화는 [그림 6-7]과 같다. 1998년 18조 7405억 원에서 2020년 82조 2266억 원으로 3,4배 증가하였다. 1998년 세계금융위기와 2005년 경기하락에도 불구하고 지방교육재정 규모가 감소한 것은 2020년이 처음이다. 1998년과 2015년 정부이전수입이 감소하였음에도 불구하고 지방채 발행을 통하여 세입 결손을 보전하고, 전년도 이월금이 환충작용을 하였기 때문이다. 2020년 COVID-19 팬데믹으로 인하여 경기가 하락하여 처음으로 세입결산액이 전년대비 5조 1607억원 감소하였다.

내국세 교부율 조정에 의해 지방교육재정교부금 재원이 확대된 것은 2001년 내국세 교부율이 11.8%에서 13%로 조정된 것이 마지막이다. 이후 조정된 교부율이나 교육세율 인상은 지방교육재원 규모를 늘린 것이 아니라 지방교육재정교부금 관련 재원구조의 변화에 불과하다(송기창, 2019).

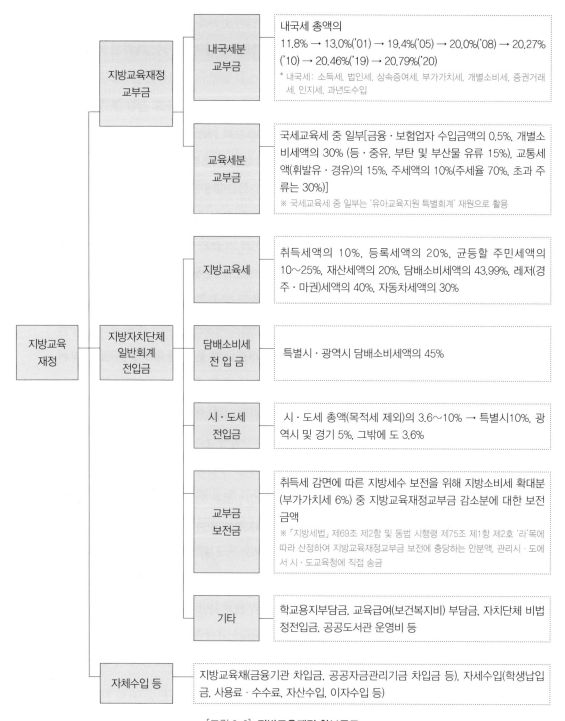

내국세 총액의
11.8% → 13.0%('01) → 19.4%('05) → 20.0%('08) → 20.27%
('10) → 20.46%('19) → 20.79%('20)
* 내국세: 소득세, 법인세, 상속증여세, 부가가치세, 개별소비세, 증권거래
세, 인지세, 과년도수입

국세교육세 중 일부[금융·보험업자 수입금액의 0.5%, 개별소
비세액의 30% (등·중유, 부탄 및 부산물 유류 15%), 교통세
액(휘발유·경유)의 15%, 주세액의 10%(주세율 70%, 초과 주
류는 30%)]
※ 국세교육세 중 일부는 '유아교육지원 특별회계' 재원으로 활용

취득세액의 10%, 등록세액의 20%, 균등할 주민세액의
10~25%, 재산세액의 20%, 담배소비세액의 43.99%, 레저(경
주·마권)세액의 40%, 자동차세액의 30%

특별시·광역시 담배소비세액의 45%

시·도세 총액(목적세 제외)의 3.6~10% → 특별시10%, 광
역시 및 경기 5%, 그밖에 도 3.6%

취득세 감면에 따른 지방세수 보전을 위해 지방소비세 확대분
(부가가치세 6%) 중 지방교육재정교부금 감소분에 대한 보전
금액
※ 「지방세법」 제69조 제2항 및 동법 시행령 제75조 제1항 제2호 '라'목에
따라 산정하여 지방교육재정교부금 보전에 충당하는 안분액, 관리시·도에
서 시·도교육청에 직접 송금

학교용지부담금, 교육급여(보건복지비) 부담금, 자치단체 비법
정전입금, 공공도서관 운영비 등

지방교육채(금융기관 차입금, 공공자금관리기금 차입금 등), 자세수입(학생납입
금, 사용료·수수료, 자산수입, 이자수입 등)

[그림 6-6] **지방교육재정 확보구조**

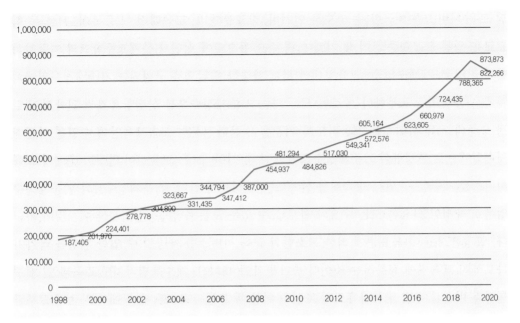

[그림 6-7] 세입결산액 변화 추이(1988~2020)

☞ 심화 학습 2

🎓 기본 학습 2

우리나라 교육재정확보제도로서의 지방교육재정교부금의 역할과 한계에 대하여 생각해 보자.

2) 지방교육재정 배분

(1) 지방교육재정교부금제도

중앙 정부에서 확보한 재원은 지방교육재정교부금제도를 통해서 시·도교육청으로 배분된다. 지방교육재정교부금은 보통교부금과 특별교부금으로 구분되는데, 특별교부금은 보통교부금과 마찬가지로 교육의 균형 있는 발전을 위한 국가의 지방교육재정조정제도의 하나로 활용된다. 보통교부금은 자금의 사용 용도가 지정되지 않고 총액으로 지방에 배분되는 일반보조금(general grant)이고, 특별교부금은 사용 용도가 구체적으로 정해진 특정보조금(specific grant)이다(임성일, 손희준, 2011).

보통교부금 배분의 기본 원칙은 교육의 균형 있는 발전을 위해 모든 교육청이 일정 수준의 교육 서비스를 제공할 수 있도록 인건비, 학교운영비, 교육행정, 교육복지, 시설 등 학교교육 운영에 필요한 금액 및 자체 노력 수요 등으로 구성된 기준재정수요액과 지방자치단체 전입금, 자체수입 등 교육청에서 확보 가능한 수입으로 구성되는 기준재정수입액의 차액을 총액으로 교부한다는 것이다. 국가는 기준재정수요를 산정함으로써 교육청이 일정 수준의 교육 서비스를 제공하도록 기준을 정한다. 다른 한편 교육청의 수입을 기준재정수입액으로 산정하여 기준재정수요에서 감함으로써 모든 교육청이 일정 수준에서 교육 서비스를 제공할 수 있는 교육재정을 확보할 수 있도록 한다. 기준재정수요와 기준재정수입은 교육청이 필요한 모든 수요와 확보할 수 있는 모든 수입을 전부 계산하는 것이 아니다. 일정한 기준이나 표준에 의한 최소한의 교육 서비스를 제공할 수 있는 재원을 국가가 확보하여 교육청에 교부하는 것이다(송기창 외, 2018: 21). 제주특별자치도교육청은 「제주특별자치도 설치 및 국제자유도시 조성을 위한 특별법」 제83조 제1항에 따라 보통교부금 총액의 1.57%를 교부하고 있다. ☞ 심화 학습 3

특별교부금은 따로 재정지원 계획을 수립하여 지원하여야 할 특별한 재정수요가 있거나 지방교육행정 및 지방교육재정의 운용 실적이 우수한 지방자치단체에 대한 재정 지원이 필요한 경우, 지역의 특별한 수요에 대응하고 재난 발생 시 대용 여건을 마련하기 위해 교부된다. 특별교부금은 학생 수, 학교 수, 교원 수 등의 양적 기준에 따라 획일적으로 배분되는 보통교부금제도를 보완한다는 측면에서 그 중요성이 인정된다. 특별교부금은 국가시책사업수요 60%, 지역교육현안수요 30%, 재해대책사업수요 10%로 구분된다(「지방교육재정교부금법」 제5조의2).

- 국가시책사업수요: 「지방재정법」 제58조의 규정에 의하여 전국에 걸쳐 시행하는 교육 관련 국가시책사업으로 따로 재정 지원 계획을 수립하여 지원하여야 할 특별한 재정수요가 있거나 지방교육행정 및 지방교육재정의 운용실적이 우수한 지방자치단체에 대한 재정 지원이 필요할 때(특별교부금 재원의 100분의 60)
- 지역교육현안수요: 기준재정수요액의 산정방법으로 파악할 수 없는 특별한 지역교육현안에 대한 재정수요가 있을 때(특별교부금 재원의 100분의 30)
- 재해대책사업수요: 보통교부금의 산정기일 후에 발생한 재해로 인하여 특별한 재정수요가 생기거나 재정수입의 감소가 있는 때 또는 재해를 예방하기 위한 특별한 재정수요가 있을 때(특별교부금 재원의 100분의 10)

특별교부금은 보통교부금과 달리 교육부에서 용도를 지정 및 제한할 수 있다. 또한 예측할 수 없는 특별한 재정수요 등에 충당할 목적으로 계상되고 국회의 사전승인을 받지 않는다는 점에서 예비비와 성격이 유사하나, 집행과 사용내용에 대한 대통령 승인 등의 통제를 받지 않으므로 예산배분의 시기성을 극복하고 적시성과 시급성을 갖는 수요에 대처가 용이하다(김종순, 2016). 따라서 지방교육재정교부금의 일부로 ① '지역 간 교육의 균형 있는 발전을 도모'하면서도, ② 국가적으로 장려해야 할 사업으로 전국에 걸쳐 지원해야 할 '특별한 재정수요가 있을 때 지원'하는 재원으로 형평과 차등이라는 이중적인 성적을 지니게 된다. 지방교육재정교부금의 보통교부금과 특별교부금의 주요 특징을 비교하면 〈표 6-2〉와 같다(김용남, 이선호, 김효정, 우명숙, 김중환, 2018).

〈표 6-2〉 지방교육재정교부금의 보통교부금과 특별교부금 주요 특징 비교

구분	보통교부금	특별교부금
재원	내국세 20.79%의 97% + 교육세 세입액	내국세 20.79%의 3%
시·도별 교부액	기준재정수요액 - 기준재정수입액	별도기준 없음
조건부과 및 용도제한	불가	가능

(2) 표준교육비

학교운영비(학교기본운영비)가 시·도교육청에서 단위학교로 교부되는 예산 중에서 학교교육 활동의 유지 및 관리와 관련된 필수적으로 요구되는 경상적 경비라고 한다면, 표준교육비는 형평성 있고 효율적인 예산배분을 위해 제시되는 '이상적 기준'이라고 할 수 있다.

교육비(cost of education)는 '주어진 교육 성과, 예를 들면 학년에 따른 읽기 수준을 달성하기 위해 지출해야 하는 최소한의 돈'을 의미한다. 이러한 교육비의 개념은 교육 성과와 밀접히 연관된 개념으로서 학교의 특성, 예를 들면 저소득층 학생들이 많은 경우에 교육비가 더 증가한다. 따라서 교육경비(expenditure of education)와는 구별된다. 교육경비는 교육비에 의해 영향을 받지만 실제 지출되는 경비이며 학교나 교육기관이 어떠한 교육을 실시할 것이냐의 선택에 따라 교육경비는 달라질 수 있다. 또한 교육경비는 다양한 교육 프로그램의 실시 여부에 따라 달라질 수 있으며, 학교나 교육기관이 비효율적으로 자원을 사

용하는 경우 더 높아질 수 있다.

초기 표준교육비 연구가 시작된 배경은 다다익선식의 비합리적 교육비 요구에 대한 비판에 대응하고자 합리적인 교육비 총액 규모를 도출하는 데 있었다. 또한 학교교육을 위한 교육비 총액이 절대적으로 부족하던 시절에 향후 학교교육을 정상적으로 운영하기 위해서 반드시 필요한 소요 경비가 학교급별(유 · 초 · 중 · 고) · 학교 유형별(병설, 분교, 일반고, 특성화고 및 해당 계열, 특수학교의 장애 유형 등) · 학교 규모별(학급 수) · 영역별(교과, 특별 또는 창의적 체험, 공통경비 영역)로 얼마인가에 대한 합리적 근거를 실증적으로 파악하기 위한 목적도 있었다(김용남 외, 2021).

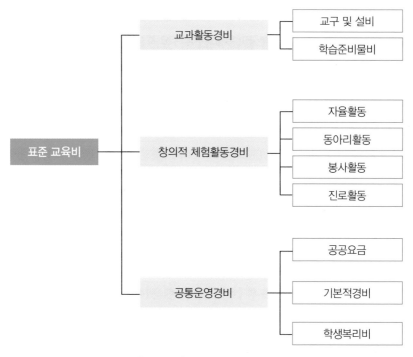

[그림 6-8] **표준교육비의 구성**

출처: 김용남 외(2021).

표준교육비는 '일정 규모의 단위학교가 교육과정상의 교육목적 달성을 위해 필수적으로 요구되는 인적 · 물적 조건, 즉 표준 교육 조건을 확보한 상태에서 정상적인 교육활동 수행에 직간접적으로 소요되는 필수적 기준운영비'이다. 표준교육비 구성 영역은 교과활동경비, 창의적 체험활동경비, 공통운영경비이다.

3) 지방교육재정 운용

(1) 지방교육재정관리제도

우리나라 유·초·중등학교 교수–학습 활동의 질적 수월성을 제고하고 수요자의 교육적 요구에 부합하는 양질의 교육을 제공하려면 이를 구현하기 위한 지방교육재정제도의 확립이 필수불가결하다. 지금까지 지방교육재정제도를 주제로 한 연구들은 주로 교육재정의 충분한 확보와 배분 방식에 대한 연구들이 주를 이루었다. 그러나 향후 지속적으로 학생 수가 감소하고 경제성장과 조세수입 증가율 둔화가 예측됨에 따라 지방교육재정의 추가적인 확보·배분방식의 변화보다는 한정된 교육재원을 보다 효율적으로 편성·운용하고 관리하기 위한 지방교육재정 운영제도에 대한 관심과 중요성이 증대되고 있다(김지하 외, 2016: 161). 지방교육재정 운용과 관련한 재정관리제도는 〈표 6-3〉과 같다.

〈표 6-3〉 **지방재정관리제도의 유형**

재정관리제도	관리주체	법적 근거
□ 사전적 재정관리제도(예산 편성 관련)		
중기지방재정계획	지방 정부	「지방재정법」 제33조
재정투자 심사	지방 정부	「지방재정법」 제37조
예산 편성 기준	중앙 정부	「지방재정법」 제38조
지방채 발행 총액 한도	중앙 정부	「지방재정법」 제11조
지방비부담협의	중앙 정부	「지방재정법」 제25조, 제26조 「보조금관리법」 제7조
의안 비용 추계	지방 정부	「지방자치법」 제66조의 3
지방재정 영화평가	지방 정부/중앙 정부	「지방재정법」 제27조의 6
□ 사후적 재정관리제도		
지방재정 분석진단	중앙 정부	「지방재정법」 제55조
재정위기단체 지정	중앙 정부	「지방재정법」 제55조의 2~5
지방재정 인센티브 및 교부세 감액	중앙 정부	「지방재정법」 57조 「지방교부세법」 제11조
지방재정 공시	지방 정부	「지방재정법」 제60조
예산 성과금	지방 정부	「지방재정법」 제48조
예산 불법 지출·낭비의 주민감사	지방 정부	「지방재정법」 제48조의 2

□ 광의의 재정관리제도

사업예산제도	지방 정부	「지방재정법」 제41조
재정성과관리제도 (성과계획서, 성과보고서)	지방 정부	「지방재정법」 제5조
복식주의 · 발생주의 회계제도	지방 정부	「지방재정법」 제53조
지방재정 정보시스템	지방 정부	「지방재정법」 제96조의 2
성인지 예결산제도	지방 정부	「지방재정법」 제36조의 2, 제53조의 2
주민참여예산제도	지방 정부	「지방재정법」 제39조

출처: 윤양진(2016), p. 232.

　　지방교육재정운용제도는 서로 연계되어 있다. 우선 중기지방교육재정계획 및 투자사업 심사 결과를 기초로 예산을 편성해야 한다. 또한 중기지방교육재정계획에 반영된 사업에 한하여 지방교육재정투자 심사 대상이 되며, 중기지방교육재정계획 및 투자사업 심사 결과를 기초로 예산을 편성해야 한다. 지방교육채로 재원을 조달할 사업은 중기지방교육재정계획상의 지방교육채 발행계획에 포함되어야 한다. 지방의회 의결 시 판단기준이 된다. 지방재정공시제도와 연계하여 매년 당해연도 예 · 결산 및 중기지방교육재정계획을 수립하도록 되어 있다. 매년 당해연도 예 · 결산 및 중기지방교육재정계획을 공시함으로써 주민들에게 지방교육재정과 관련된 다양한 정보를 제공하고, 재정운영의 예측 가능성 및 투명성을 제고하고 있다. 중기지방재정계획은 기획재정부의 '국가재정운용계획'과 연계하여 작성된다. 국가 경제성장 전망 및 재정운영 방향 등을 고려하여 중장기 중점 재원배분 방향과 연계하여 수립하게 된다(김용남, 우명숙, 이현국, 김중환, 이병호, 2016).

　　지방교육재정의 세출은 기능별, 사업별 및 성질별로 구성된다. 기능별로 보면, 1개 분야(교육, 050) 3개 부문[유아 및 초 · 중등교육(051), 평생 · 직업교육(053), 교육일반(054)]으로 사업별로는 12개 정책사업, 81개 단위사업, 147개 세부사업으로 구성되어 있다. 2007년까지

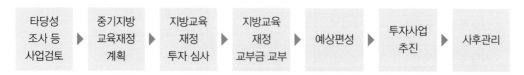

[그림 6-9] 재정투자사업 추진 절차

출처: 김지하 외(2016).

운영하던 투입·통제 위주의 품목별 예산체계를 2008년 성과중심 및 정책과 예산의 연계가 가능한 사업별 예산구조로 개편한 결과이다.

사업별 예산체계가 수립된 2008년 이후 부문별 세출결산을 보면, 유아 및 초·중등교육 부문 증가율은 5.8%로, 세출결산액 증가율 6.6%에 비해 낮으며, 교육일반 부문의 증가율이 24.7%로 높다. 이는 지방채 상환 및 리스료 증가로 인한 것으로 판단된다. 정책사업별 세출을 보면, 교육복지지원 정책사업의 증가율이 20.8%로 가장 높고, 지방채 상환 및 리스료 정책사업 40.1%, 보건/급식/체육활동 정책사업 14.4%이다. 또한 학교교육여건개선 시설 증가율은 7.9%이며, 교수-학습활동지원 정책사업의 증가율은 7.4%로 세출증가율보다 약간 높다(〈표 6-4〉 참조).

4) 지방교육재정 평가

평가란 사전적 의미로 '사물의 가치나 수준 따위를 평함. 또는 그 가치나 수준'을 의미한다. 교육재정을 국가 및 지방공공단체가 교육활동을 영위하기 위하여 필요한 재원을 확보·배분하고, 이를 효율적으로 관리·사용하는 공경제 활동이라고 한다면, 지방교육재정 평가는 교육재정의 각 단계별로 제대로 기능하고 있는지 그 가치를 평가하는 것으로 지방교육재정 환류 제도를 의미한다. 지방교육재정 환류란 지방교육재정의 확보, 배분, 운용 전반에 대해 공정성, 효율성, 책무성, 건전성 등 일정한 가치 기준 및 준거에 근거하여 성과를 확인·분석·공유·활용하는 활동을 의미한다(윤정일, 송기창, 김병주, 나민주, 2015a). 정부에서는 지방교육재정 환류제도로서 2010년부터 지방교육재정 분석·진단제도를 도입하여 2010년 지방교육재정 분석을 처음 실시하였다. 2015년 지방교육재정 운용 성과평가를 분리하여 별도로 시행하다가 2018년부터 재정 분석으로 일원화하였다.

〈표 6-4〉 교육비특별회계 정책사업별 세출결산 현황 및 연평균 증감률

(단위: 억 원)

구분	세출결산총액	유아 및 초·중등교육							평생·직업교육			교육일반				
		소계	인적자원운용	교수학습활동지원	교육복지지원	보건/급식/체육활동	학교재정지원관리	학교교육여건개선시설	소계	평생교육	직업교육	소계	교육행정일반	기관운영관리	지방채상환및리스료	예비비및기타
2008	398,332	376,421	226,095	25,060	10,875	7,009	66,178	41,204	1,436	1,096	340	20,475	4,410	4,433	11,612	20
2009	426,660	407,911	227,436	32,442	15,336	8,983	69,272	54,442	1,660	1,203	457	17,089	4,464	5,081	7,536	9
2010	431,089	410,065	233,244	32,662	19,206	7,569	72,981	44,403	1,822	1,294	528	19,201	6,402	4,212	8,211	376
2011	468,141	440,977	245,650	37,127	23,213	10,022	82,534	42,430	1,663	1,237	426	25,501	3,820	4,371	16,571	739
2012	504,339	483,177	260,852	44,426	29,397	12,113	94,560	41,829	1,889	1,356	533	19,274	4,644	5,528	9,041	61
2013	532,958	512,397	272,767	34,340	50,194	17,180	97,719	40,198	1,445	1,293	152	19,115	4,267	5,278	9,504	67
2014	567,894	527,246	282,967	30,575	56,080	16,352	98,992	42,281	1,269	1,185	85	39,378	5,285	4,515	29,521	57
2015	565,979	545,690	296,818	27,558	61,052	16,112	102,618	41,531	1,147	1,069	78	19,143	4,194	4,096	10,776	77
2016	600,419	574,242	302,374	33,035	63,403	19,326	101,311	54,793	1,421	1,226	195	24,756	5,800	3,913	14,554	489
2017	656,114	606,876	315,328	38,678	68,988	18,065	104,877	60,940	1,529	1,367	161	47,709	8,069	5,024	34,408	208
2018	716,127	646,588	331,284	44,315	71,832	21,949	110,683	66,524	1,627	1,438	188	67,912	9,192	6,430	51,313	976
2019	804,011	701,131	349,548	48,716	77,181	26,875	114,428	84,383	1,751	1,561	190	101,129	22,008	7,624	70,752	745
연평균 증감률	6.6	5.8	4.1	7.4	20.8	14.4	5.2	7.9	2.8	3.6	7.5	24.7	22.9	6.4	40.1	443.7

출처: 송기창(2019)에서 2019년 결산 자료를 추가하고 연평균 증감률을 재산출.

3. 학교재정의 실제

　교육재정을 수준에 따라 중앙교육재정과 지방교육재정으로 구분하고, 지방교육재정을 시·도교육청의 재정활동으로 교육비특별회계를 통하여 구현된다고 한다면, 학교재정은 학교단위에서의 재정활동으로 학교 교육목표 달성을 위하여 재원을 확보·배분하고, 이를 효율적으로 관리·사용하는 활동으로 학교예산회계제도를 통하여 구현된다고 할 수 있다.

1) 학교회계 예산제도의 의미와 구조

　학교회계 예산제도는 단위학교 중심의 자율적이고 효율적인 재정운영을 통해 다양한 교육활동을 효과적으로 지원하여 학교교육의 질적 수준을 높이기 위하여 하나로 통합된 세입 재원을 학교장의 책임하에 교직원 등의 예산 요구를 받아 단위학교의 우선순위에 따라 자율적으로 세출예산안을 편성하고 학교운영위원회의 심의를 거쳐 집행하는 제도이다 (송기창 외, 2012; 송기창 외, 2018: 328-329). 2000년 제7차 교육과정이 전국적으로 적용됨에 따라 종래의 경직된 예산회계제도로는 학교의 자율적인 운영과 효과적인 교수-학습 활동 지원이 어려워지게 되어 「초·중등교육법」을 개정하여 2001년도부터 시행하게 되었다. 학교회계제도는 일정 기간 동안 학교가 교육활동을 실천해 나가는 데 필요한 세입과 세출의 체계적인 계획서라는 예산의 의미와 특정의 경제적 실체에 관하여 이해관계를 가진 사람들에게 합리적인 경제적 의사결정을 하는 데 유용한 재무적 정보를 제공하기 위한 일련의 과정 또는 체계라는 회계의 의미가 결합되어 있다. 따라서 단위학교를 중심으로 예산 편성, 예산심의, 예산집행, 결산 등의 예산과정이 이루어지고 학교의 재정과 관련하여 이해관계를 가진 사람들에게 합리적인 의사결정을 하는 데 정보를 제공하기 위한 일련의 과정 또는 체계를 의미하며, 궁극적으로는 학교의 교육목적 달성을 위한 학교의 제반 활동을 재정적인 측면에서 효과적으로 지원하는 것을 목적으로 한다고 할 수 있다.

　단위학교 예산제도로서 학교회계제도 이전에는 도급경비제도가 운영되었다. 1995년 학교운영위원회제도 시범 실시 및 1996년 확대 실시에 따라 도급경비제도는 전국의 고등학교 이하 각급학교에 확대되었다. 2001년부터 「초·중등교육법」 개정(법률 제6209호, 2000.1. 28)으로 국립·공립 초등학교, 중학교, 고등학교 및 특수학교의 능률적인 학교운영을 도모하기 위하여 품목별 예산과 현금주의 단식부기 방식의 학교회계제도를 도입하였다. 2003년 학교회계 예산편성, 회계, 결산처리 등 재정 관련 제반 업무를 처리하기 위해 국가행정정보시스템(NEIS)이 도입되었다. 2008년 시·도교육청 및 각급학교에 지방교육재정시스템(에듀파인)을 구축하고 학교회계 시스템을 에듀파인 시스템에 포함하여 운영하였으며, 2010년부터 사업별 예산제도와 복식부기회계제도를 도입하였으며, 2020년 차세대 지방교육행·재정통합시스템(K-에듀파인)을 구축하였다.

학교회계는 「초·중등교육법」 제30조의2(학교회계의 설치) 및 「유아교육법」 제19조의7에 의해 공립학교에는 학교회계, 사립학교에는 교비회계, 유치원에는 유치원회계로 설치된다. 교육청 교육비특별회계와 학교 학교회계와의 관계는 다음 [그림 6-10]과 같이, 운용법규, 재원, 심의기관이 다르다.

구분	정부회계	교육비특별회계	학교회계
운용법규	지방교육재정교부금법 특별교부금 운용지침 국고보조금 운용지침	교육비특별회계 예산(집행) 지침	시·도공립학교회계규칙 학교회계 예산편성(집행) 지침
재원	보통교부금 특별교부금 국고보조금	학교회계 전출금 국고보조금	기본운영비 (기타사업비) 목적사업비
심의기관	국회	시·도의회	학교운영위원회

[그림 6-10] **교육비특별회계와 학교회계와의 관계**

학교회계는 세입과 세출로 구성된다. 세입은 한 회계연도에 있어서 단위학교의 운영에 필요한 사항을 실행하기 위한 지출의 재원이 되는 일체의 수입을 의미하며. 학교의 세입은 중앙 정부 및 지방자치단체의 이전수입과 학부모부담수입 및 행정활동 수입인 자체수입, 전년도 이월금인 기타수입으로 구분되며, 장·관·항별 구조를 지닌다.

학교로의 재원 흐름은 [그림 6-11]과 같다.

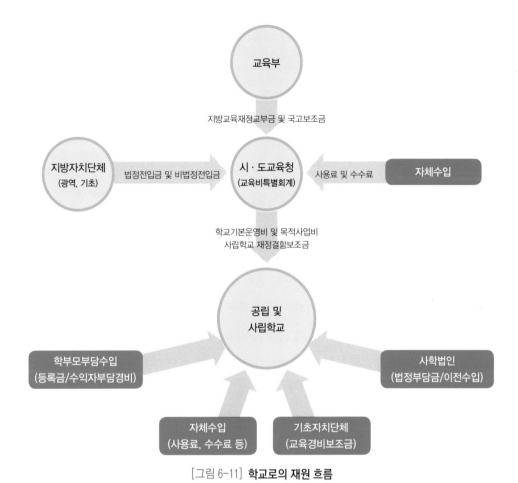

[그림 6-11] **학교로의 재원 흐름**

출처: 지방교육재정알리미(2017).

학교회계 세출은 한 회계연도에 있어서 학교가 교육과정 운영 등 그 목적을 수행하기 위한 일체의 지출을 의미하며, 인적자원 운용, 학생복지/교육격차 해소, 기본적 교육활동, 선택적 체험활동, 교육활동 지원, 학교 일반운영학교시설 확충, 학교 재무활동으로 구분된다.

2) 학교회계 예산 운영

학교회계의 회계연도는 매년 3월 1일에 시작하여 다음 해 2월 말일에 종료된다. 한 회계연도 동안 학교예산은 아래의 [그림 6-12]와 같이 예산편성, 학교운영위원회에서의 예산심의, 예산집행, 결산의 과정을 거치게 된다.

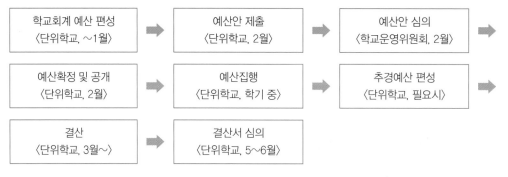

학교회계 예산 편성 〈단위학교, ~1월〉	⇒	예산안 제출 〈단위학교, 2월〉	⇒	예산안 심의 〈학교운영위원회, 2월〉	⇒
예산확정 및 공개 〈단위학교, 2월〉	⇒	예산집행 〈단위학교, 학기 중〉	⇒	추경예산 편성 〈단위학교, 필요시〉	⇒
결산 〈단위학교, 3월~〉	⇒	결산서 심의 〈단위학교, 5~6월〉			

[그림 6-12] 학교회계 운영 과정

예산편성 과정의 시작은 학교교육과정 운영계획 수립이다. 학교교육과정 운영계획에는 국가나 시·도교육청 차원의 교육방침과 단위학교의 학교교육과정 운영 계획이 포함되어 있다. 교육계획안의 신규 사업 중 예산이 소요되는 사업과 기존사업 중 연례적으로 진행되는 사업의 사업비는 학교회계 세출에 반영되어야 한다.

교육청의 학교회계 예산편성 기본지침(매뉴얼)에는 ① 지방교육재정 여건과 운용방향, ② 학교회계 예산편성에 관한 사항, ③ 학교운영비 지원기준 및 권장사업, ④ 학교회계 예산과목 체계, ⑤ 기준 경비 단가 및 학교회계 운용 서식 등이 포함되어 있다. 학교장은 학교회계 예산편성 기본지침이 시달되면 소속 교직원에 대하여 학교 교육시책 및 예산편성에 필요한 사전교육을 실시하고, 교직원 등으로부터 교육과정 및 학교운영에 필요한 경비를 기재한 예산요구서를 부서별로 제출 받아 소속 교직원의 의견을 최대한 반영하여 예산안 편성하게 된다. 교육청은 단위학교의 계획적, 자율적 재정운영을 위하여 회계연도 개시 50일 전까지 각 학교별로 연간 교부할 학교회계전출금의 총 규모를 내시하고, 분기별 자금교부계획을 확정·통보하여야 한다. 학교장은 관할청으로부터 전출금 교부계획이 통지되면 학교의 연간 세입예산을 확정하고 가용재원의 범위 내에서 조정회의를 통해 예산조정 작업을 하고 예산안을 확정한 후 학교운영위원회에 예산안을 회계연도 개시 30일 전까지 학교운영위원회에 제출해야 한다.

학교운영위원회는 예산안을 회계연도 5일 전까지 심의한 후 학교장에서 그 결과를 통보하고, 학교장은 예산안 심의결과를 통지받은 후 예산을 확정한다.

예산의 집행이란 학교운영위원회의 심의를 거쳐 확정된 예산에 따라 수입을 조달하고 경비를 지출하는 일련의 재정활동을 말한다. 즉, 세입예산과 세출예산을 집행하는 것을 의미한다.

2월 말일 회계연도가 종료되면 결산을 해야 한다. 결산이란 한 회계연도 동안 학교회계의 수입과 지출의 실적을 확정적 계수로 표시하는 행위이며 예산에 따라 수입과 지출을 한 학교의 사후적 재무보고를 의미한다. 결산의 기능은 다음과 같다.

첫째, 예산집행의 타당성을 검증하는 과정이다. 결산은 예산의 이·전용, 예비비 지출사유, 명시이월, 사고이월 등 예산집행에 관련된 제반 자료를 검토하여 단위학교의 예산집행의 타당성, 합리성을 평가하는 등 단위학교재정운영에 대한 사후적 통제기능을 담당한다.

둘째, 결산심의 결과는 장래의 예산편성 및 심의의 참고자료로 활용하여 미래의 재정계획수립의 합리화를 도모할 수 있다.

셋째, 단위학교재정운영의 자율성 유도한다. 학교운영위원회의 정착과 함께 단위학교회계제도가 실시됨으로써 수요자인 학교구성원 위주의 예산편성 및 집행이 가능해지며 이를 올바로 유도하기 위한 통제장치로서 결산의 중요성이 높아진다고 할 수 있다.

넷째, 단위학교재정운영의 결과인 결산을 공개하고 학교운영위원회의 심의를 거침으로써 효율적 재원배분이 가능하도록 한다.

3) 학교회계에서 구성원의 역할

학교회계는 에듀파인 학교회계시스템을 통하여 구현된다. 에듀파인 학교회계시스템은 사업담당자가 교수학습 활동을 위한 예산을 편성하고 집행 시 전자적으로 복식부기 분개까지 자동적으로 처리되는 시스템이다. 학교장의 교육철학 구현이 가능하도록 예산 편성·운영이 가능하며, 교육과정을 직접 운영하는 교사들이 필요한 예산을 요구하고, 집행에 참여하는 등 교원의 참여가 제도적으로 보장되어 있다. 에듀파인 학교회계시스템이 효과적으로 운영되기 위해서는 교사들의 적극적인 참여, 행정실의 협력, 학교장의 리더십을 통한 조정이 필요하다. 효과적인 에듀파인 학교회계시스템 활용을 위한 학내 구성원의 역할 및 업무는 아래의 〈표 6-5〉와 같다(주삼환 외, 2015).

〈표 6-5〉 **학교회계 운영을 위한 구성원의 역할**

사용자	역할	운영 업무
학교장	• 교육철학과 학교 교육목표 달성을 위해 학교 실정에 적합한 예산을 편성·운영할 수 있는 리더십 발휘 • 예산 편성 및 조정, 집행, 결산과정에서 학교 구성원의 적극적 참여 유도	• 예산, 품의, 지출원인행위, 징수결의, 결산 등 승인 • 예산 및 집행현황 모니터링
교원 (사업담당자)	• 학급 경영자, 교육과정 운영자, 의사결정 참여자 • 자신이 담당한 교육활동 목표의 달성을 위하여 필요한 예산편성 요구 • 가장 효과적으로 교육활동을 운영할 수 있도록 지출 품의	• 세출 예산 요구, 품의 및 출장 여비 청구 • 구매요청 건에 대한 검사검수 수행 • 담당 사업의 집행현황 모니터링
행정지원	• 사업계획 수립 단계부터 참여하여 회계적인 문제를 사전에 검토 • 사업담당교원의 요구사항을 즉시 처리하여 원활한 교육활동 계획 수립과 시행이 가능하도록 지원	• 학교 기준정보 관리 • 예산편성 및 수입·지출의 전반적인 업무 수행 • 발전기금, 세입세출 외 현금, 세무업무 수행 • 계약, 공유재산, 물품 업무 및 결산 수행 • 예산결산 업무 수행

출처: 주삼환 외(2015)

특히 교사들의 학교회계 운영 참여는 교수학습의 효과를 높일 수 있다. 교수학습에 소요되는 예산은 비용이 크지 않더라도 예산을 편성하지 않은 경우 추경 등의 과정을 거쳐야만 집행이 가능하다. 교과활동에 필요한 예산을 신청하거나 기자재 구입을 요청하였을 때, 예산에 반영되지 않았다거나, 규정에 어긋난다는 답변을 계속해서 듣게 되면 돈이 수반되는 교과활동을 생각하지 않게 될 수 있다.

4. 지방교육재정의 과제와 개선 방향

1) 확보상의 과제와 개선 방향

지방교육재원 중에서 가장 큰 비중을 차지하는 것은 지방교육재정교부금이다. 자체 재원 규모가 미미하고 경제 상황과 연관된 이전수입이 거의 대부분인 현 세입구조에서 교부금 등 중앙 정부 이전수입의 규모는 교육재정의 안정성에 절대적인 영향을 미치게 된다. 앞서 살펴본 지방교육재정 재원별 세입결산 변화 추이를 살펴보면, 교부금 등 중앙 정부 이전수입은 대체로 증가하는 추세를 보이고 있는 것으로 나타나고 있으나, 인건비 자연 증가분, 누리과정이 시작된 2012년 이후 급격히 증가한 지방채 발행액, 2015년까지 추진된 BTL 사업에 따른 상환 규모(2017년 기준 BTL 채무잔액 5조 7,441억 원)를 상쇄할 수준은 되지 못한다. 따라서 교육재정의 안정적 확보를 위한 몇 가지 노력이 선행되어야 한다.

첫째, 유아교육지원 및 고교 무상교육 등 국가 교육정책사업에 대한 재원 마련 대책이 법제화되어야 한다. 유치원 및 어린이집에서 운영되는 누리과정 비용을 지원하기 위한 유아교육지원특별회계는 매 회계연도 예산으로 정하는 일반회계 전입금, 교육세 일부와 국고 지원분을 특별회계 재원으로 하고 있다. 하지만 3년(2017~2019) 한시 특별회계로 2019년 12월 31일 일몰기한이 만료될 예정이었으나 다시 3년 연장되어 2022년 12월 31일 종료될 예정이다. 유아교육지원특별회계의 지속 여부 등 후속조치에 대한 논의가 필요하다. 고교 무상교육을 위해 정부는 2019년 2학기 3학년부터 시작하여 2021년 전면 시행하는 '고등학교 무상교육 실현 방안'을 확정·발표한 바 있다(2019. 4. 9). 완성연도 기준 매년 약 2조 원이 소요된다.

누리과정 및 고교 무상교육은 일회성, 한시성 보조사업이 아니므로 안정적인 재원대책을 마련할 필요가 있으며, 국고보조사업이나 증액교부금보다는 내국세의 일정률을 분할하는 것이 필요하다(송기창, 2017).

둘째, 지방채무 관리가 필요하다. 중앙 정부 이전수입과 지방교육채는 상보적인 관계를 나타내고 있는데, 이는 교부금이 줄어들거나 부족하면 지방채를 발행하는 방식으로 대응하고 있다는 것을 실증하는 것이다. 이미 발행한 지방채 원리금 상환에 따른 지방교육재정의 실질적 세입 감소 문제는 크게 고려하지 않고 있다(송기창, 2017). 2013년 이후 지방채 잔액이 급증하여 누적된 지방채 채무가 2017년 12조 1,071억 원에 달한다(〈표 6-6〉 참조). 지방채 채무가 향후 교육재정을 압박할 수 있으므로 세입 여건 등을 고려하여 조기관리가 필요하다. 특히 2021년 이후 급격히 증가하는 지방채 상환분에 대비해 조기상환 등의 선제적 조치가 시급하다(송기창 외, 2018: 정재영, 2018).

〈표 6-6〉 **연도별 지방채(누적채무) 현황**   (단위: 억 원)

구분	2012년	2013년	2014년	2015년	2016년	2017년
지방채(누적)	20,769	29,697	47,187	107,169	134,564	121,071
전년대비	△572	8,972	17,490	59,982	27,395	△13,493

주: 2014~2016년 3년간 약 13조 발행 승인, 2021~2030년 매년 약 1조 원리금 상환 예정
출처: 정재영(2018).

셋째, 지방교육재정의 불안정성을 극복하기 위한 제도 정비가 필요하다. 2020년 기준 세입결산액 중 65.9%인 지방교육재정교부금은 2013년에서 2014년까지는 감소하였다가 2016년 전년대비 9.53% 증가하였으며, 2018년과 2019년에는 10% 이상 급증하였다. 하지만 2020년 코로나19의 영향으로 전년 대비 △3.15% 감소하였다. 반면 세출의 경우 인건비(68%) 등 경직성 경비 비중이 높아 세입 변동에 따른 세출 조정에 어려움이 있다. 이러한 이유로 지방교육재정교부금 감소시기에 지방채를 발행하거나 BTL제도를 통해 학교시설에 대한 투자를 하였으며, 교육환경 개선 및 교수-학습 활동에 대한 투자를 축소하는 방식으로 대응하여 왔다. 지방교육채 및 BTL 사업 지급 잔액은 미래재원을 당겨 사용한다는 것과 시·도교육청의 채무로 재정건전성을 저해한다는 공통점이 있다. 지방교육채 발행보다는 회계연도 간 재정수입 불균형을 해소하는 재정평탄화의 방법으로 현재 일부 교육청에서 운영하고 있는 교육재정안정화기금을 적극 활용할 필요가 있다. 교육재정안정화기금과 함께 지방교육재정교부금 결손액이 발생할 경우 이를 보전해 줄 수 있는 방안이나 누리과정 및 고교 무상교육과 같은 국가 주도의 교육정책사업(이하 교육정책사업)의 경우 증액교부금 또는 국고보조로 지원하도록 하는 것을 도입할 필요가 있다.

2) 배분상의 과제와 개선 방향

(1) 기준재정수요액 산정방식 단순화 및 총액교부 확대[1]

「지방교육재정교부금법」 제5조 제1항은 기준재정수입액이 기준재정수요액에 미치지 못하는 지방자치단체에 대해서는 그 부족한 금액을 기준으로 하여 보통교부금을 총액으로 교부하도록 규정하고 있다. 지방교육재정교부금 교부에서 중요한 것은 기준재정수입액과 기준재정수요액의 산정방식이다.

기준재정수요액 산정방식은 교부금의 변천과정만큼이나 다양하게 변화해 왔다. 기준재정수요액 산정방식은 교육비 차이도에 의한 가중학생 수를 기준으로 산정하는 것과 재정소요 경비를 모두 산정해 주는 것으로 구분할 수 있다. 2008년 이후에는 자체노력수요라는 새로운 기준재정수요 산정방식이 등장했다. 자체노력수요는 재정과 관련된 재정 절감이나 재정 확보와 관련된 항목이 있는가 하면 학교교육 성과를 측정하는 항목을 포함하기도 했다. 2015~2017년에 걸쳐 학교교육 성과를 측정하는 항목을 모두 삭제해 기준재정수요 항목은 재정 소요나 확보와 관련한 항목으로 환원되었다.

2008년 이후 재정소요 경비를 산정하는 항목을 지나치게 세분화했는데, 특히 교육부가 중점적으로 추진하는 국가교육정책사업을 강제하기 위해 기준재정수요 항목을 활용함에 따라 교육감의 재정운영의 자율성을 제약하고 있다. 예를 들면, 누리과정사업비에 대한 추가적인 재원을 확보하지 않은 채 기준재정수요 항목에 유아교육비·보육료 지원을 포함해 국가는 교부금으로 누리과정사업비를 지원했다고 주장하고 이에 대해 교육청이 반발했다. 기준재정수요 산정방식이 교육청의 예산편성권을 비롯한 재정운용의 자율성을 압박한 대표적인 예이다. 국가가 대대적으로 추진하는 사업을 기준재정수요 항목에 포함시키고 일부는 사후 정산하도록 함으로써 국가가 교부금의 사용을 통제했다는 지적을 피하기 어렵다. 국가가 기준재정산정 항목을 국가사업을 시행하도록 추가하거나 세분화하는 방식은 교부금이 지방재정조정제도라는 점과 총액교부에 의해 교육청의 재정운용의 자율성을 보장하도록 하는 것과 모순된다.

지방교육재정교부금 중 보통교부금은 지방교육자치를 위한 자주재원으로, 국가가 지방

---

[1] 송기창 외(2018), pp. 46-47을 정리한 것이다.

의 재정 격차를 해소하기 위해 지방재정조정제도로 활용하는 제도라는 점을 고려해야 한다. 기준재정수요 산정방식은 교육의 균형 있는 발전을 위해 필요 최소한의 교육 서비스를 모든 지역에서 보장받을 수 있도록 해야 한다. 총액교부의 원칙이 교육감의 재정운용의 자율성을 보장한다는 취지이기 때문에 기준재정수요 산정방식 또한 재정운용의 자율성을 보장할 필요가 있다.

(2) 단위학교 재정운용의 자율성 제고

사용 목적과 용도가 지정되어 각 학교로 전입되는 목적사업비 규모가 클수록 단위학교에서는 예산을 편성한 가용재원 규모가 작아지고, 따라서 전년도에 준하여 예산을 편성하는 관행이 굳어지게 된다. 목적사업비 규모가 커 공평성을 저해하고, 유사한 사업에 대한 중복 투자로 재원이 낭비되며, 칸막이식 재정운영으로 인해 비효율성이 크고(김현철, 2016: 2), 추경편성으로 인해 행정력이 낭비된다(김용남, 2017).

〈표 6-7〉은 최근 5년간의 공립학교 목적사업비 비율을 나타낸 것이다. 최근 5년간 교육비특별회계이전수입 중 목적사업비 비율은 2013년 50.15%에서 2015년 47.00%까지 감소하였다가 2016년부터 다시 증가하는 것으로 나타났다. 이는 2016년 이후 정부 세수 확대에 따라 지방교육재정교부금이 정산되어 회계연도 중 추가 교부되면서 교육청에서는 목적사업 중심으로 단위학교에 추가 교부하였기 때문이다(한국교육개발원, 2018: 58).

〈표 6-7〉 최근 5년간 공립학교 목적사업비 비율 변화

학교급별		2017	2016	2015	2014	2013
초		56.41	54.36	46.59	47.46	49.61
중		54.42	50.24	43.67	44.03	47.93
고	일반고	59.23	57.93	52.95	54.13	54.58
	특수목적고	50.73	47.50	40.19	40.39	41.55
	특성화고	70.43	69.14	62.00	61.98	64.08
	소계	61.43	59.93	53.88	54.68	55.89
특수		43.37	43.68	36.90	36.77	37.57
전체		56.69	54.26	47.00	47.73	50.15

주: 교육비특별회계 이전수입 중 목적사업비를 의미함
출처: 한국교육개발원(2018).

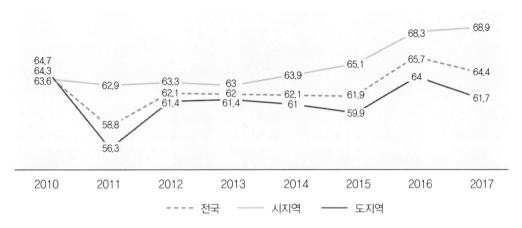

[그림 6-13] **최근 8년간 공립학교 목적사업성 재원 비율**

주: 1. 목적사업성 재원(총계기준) = 국고보조금(세입 항 국고보조금) + 교육경비보조(세입 관 지방자치단체 이전수
입) + 목적사업비 전입금(세입 원가통계목 목적사업비 전입금) + 수익자부담수입 + 학교회계간 이전수입

2. 비율: 목적사업성 재원/세입결산액(총계기준)

출처: 이선호, 김용남, 김효정, 윤홍주, 이현국(2019)에서 관련 내용을 기초로 그래프 작성.

학교회계에는 교육청의 목적사업비뿐만 아니라 지방자치단체의 이전수입 등 다양한 목
적이 지정된 재원이 존재한다. 학교회계제도 도입 이후의 공립학교회계 재원 중 목적사업
성 재원 규모의 변화 추이를 분석한 결과, 2010년 64.3%에서 2011년 58.8%로 약간 감소
하였다가 2012년에서 2015년까지 62% 수준을 유지하다가 2016년 65.7%로 증가하였다가
2017년 64.4%로 감소하였다([그림 6-13] 참조). ☞ **심화 학습 4**

3) 운용상의 과제

(1) 교육 부가 서비스에서 교육 핵심 서비스로의 투자 방향 전환

우리나라는 급식 지원 등 부가 서비스 비용이 증가하면서 기본적 교육활동비, 학교 교
육과정운영비 등 핵심 서비스 비중은 오히려 줄어드는 특징을 보이고 있다(김민희, 2015).
2008년 이후 부문별 세출결산을 보면, 유아 및 초·중등교육 부문 증가율은 5.6%로, 세출
결산액 증가율 6.0%에 비해 낮은 수준이다. 교수-학습지원 정책사업 결산액은 5.9% 증
가한 반면, 교육복지지원 정책사업 결산액은 20.8% 증가하였다.

[그림 6-14]는 교육비특별회계 2008년 대비 2018년 초·중등교육 부문 정책사업별 증

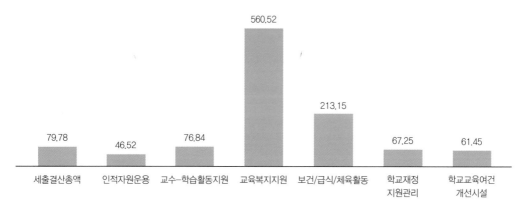

[그림 6-14] 초 · 중등교육 부문 정책사업별 증감률(2008년 대비 2018년)

감률을 산출한 것이다. 2008년 대비 세출결산액은 79.78% 증가하고 교육복지원 정책사업은 560.52% 증가한 반면, 교수−학습활동지원 정책사업은 76.84% 증가하여 세출결산액 증가율보다 낮다.

　이러한 복지 중심의 재정 투자 확대는 학교회계에서도 동일하게 나타난다. 최근 7년간의 학교회계 주요 항목 변동 추이를 보면, 정규 교육과정 운영을 위해 소요되는 기본적 교육활동비 투자 규모는 2017년 학교 재정 규모가 2011년 대비 20.3% 증가하였음에도 불구하고 오히려 0.8% 감소하였다. 반면 학생복지 교육격차 해소 투자 규모는 2011년 대비 2017년 21.7% 증가하였다(〈표 6−8〉 참조). 두 사업비 모두 학생 수를 기준으로 투자되는 사업비임을 고려하면, 학생 수 감소는 기본적 교육활동비 투자 규모 축소의 이유가 되지는 못한다. 다양한 교육과정 및 교수−학습 방법이 학교 현장에 도입되었음에도 불구하고 이에 대한 투자는 오히려 감소하고 있다. 학교 재정 확대가 학교에 있어 가장 중요한 교육활동에 직접적으로 투자되기보다는 교육활동 이외의 부수적인 활동에 투자되고 있다는 의미이다.

〈표 6-8〉 학교회계 주요 항목 변동 추이(2011~2017)　　　　　　　　　(단위: 억 원, %)

구분		2011	2012		2013		2014		2015		2016		2017		
		금액	금액	증감률	금액	증감률	금액	증감률	금액	증감률	금액	증감률	금액	증감률 '16년 대비	증감률 '11년 대비
세입	세입 결산액	149,272	160,697	7.7	164,241	2.2	161,356	△1.8	159,769	△1.0	174,813	9.4	187,280	6.7	20.3
	교특회계 이전수입	82,112	92,817	13.0	96,092	3.5	92,048	△4.2	91,242	△9.0	103,743	13.7	113,272	8.4	27.5
	학교기본 운영비	46,277	45,610	△1.4	47,899	5.0	48,115	0.5	48,360	0.5	47,454	△1.9	49,062	3.3	5.7
세출	기본적 교육활동비	23,925 (17.1)	25,531 (16.8)	6.7	25,933 (16.6)	1.6	21,388 (13.9)	△17.5	20,866 (13.7)	△0.2	21,826 (13.4)	4.6	23,735 (13.6)	8.0	△0.8
	학생복지/ 교육격차 해소	54,690 (39.0)	60,211 (39.7)	10.1	62,457 (39.9)	3.7	66,441 (43.0)	6.4	64,606 (42.3)	△2.8	67,739 (41.7)	4.8	69,881 (40.1)	3.1	21.7
	학교 일반운영	19,330	20,764	7.4	21,583	3.9	20,693	△4.1	20,844	0.7	21,764	4.4	22,975	5.3	15.9

출처: 이선호, 김용남, 김효정, 윤홍주, 이현국(2019).

심화 학습

[심화 학습 1]

이 장의 '미리 생각하기'에서 '학생 수가 감소하면 교육재정은 줄어들어야 할까?'라는 질문에 대하여 다음 양식에 자신의 의견을 정리해 보시오.

토의 주제	학생 수가 감소하면 교육재정은 줄어들어야 한다.	
입장	찬성 (대상이 줄어들기 때문에 당연히 감소해야 한다.)	반대 (여전히 기존 규모를 유지해야 한다.)
이유 근거	• • • • •	• • • • •

[심화 학습 2]

지방교육재정 확보를 위한 다양한 방법과 지금까지의 노력을 이해하고, 향후 인구지형 변화와 제4차 산업혁명 등 교육환경 변화에 따른 교육재정 확보의 방향을 고민해 보시오.

1. 지방교육재정 확보 방식의 주요 변화를 확인하고 향후 바람직한 개선 방안을 제안한다.
2. 국세 비중을 낮추고 지방세 비중을 높이는 국세와 지방세 비중 조정이 지방교육재정에 미치는 영향 및 이에 대한 대응 방안을 기술하시오.

[심화 학습 3]

지방교육재정교부금 중 보통교부금은 기준재정수요액에서 기준재정수입액을 제외한 금액을 시 · 도교육청으로 총액 배부하고 있다. 현 기준재정수요액 산정방법의 한계와 과제를 기술하시오.

[심화 학습 4]

다음 글을 읽고 교육청에서 단위학교로의 재정 지원방식에서 가장 중요하게 생각해야 할 원칙을 기술하시오.

　　최근 지방교육재정 규모가 확대되면서 단위학교 재정 또한 외부에서 보면 풍족해진 것으로 보인다. 유·초·중등교육을 위한 지방교육재정은 2004년 33조 1,435억 원에서 2016년 66조 979억 원으로 연평균 5.9% 증가했다. 하지만 학교에서는 '돈'이 없으면서 '돈'이 많은 어려운 현실에 직면하고 있다. 앞의 돈은 학교가 재량으로 편성하여 집행 가능한 학교기본운영비이고, 뒤의 '돈'은 교부기관에서 특정 목적의 사업 수행을 위해 필요한 경비를 산정하여 단위학교로 교부되는 목적사업비이다. 전체 학교 재정의 34%(2014년 기준)가 바로 이 사업비이다. 목적사업비로 내려오는 수많은 사업을 수행하기 위해 교사들은 계획서 제출부터 시작해 예산 집행, 집행 상황 보고, 결과 보고, 정산 등 업무에 시달리고 있다고 어려움을 토로한다. 교장선생님은 학교기본운영비가 기본적으로 적기 때문에 교육청이나 구청이나 군청을 찾아다니며 각종 사업비를 따와야만 하는 현실이다. 또한 사업비를 많이 따와야만 유능하다는 평가를 받기도 한다(우명숙, 2018).

●참고문헌●

국회예산정책처(2018). 대한민국 지방재정 2018.

김용남(2017). 단위학교 재정 운영의 쟁점 및 개선방안 연구. 교육재정경제연구, 26(1), 119-145.

김용남, 우명숙, 이현국, 김중환, 이병호(2016). 중기지방교육재정계획 예측가능성 및 실효성 제고방
     안 연구. 한국교육개발원.

김용남, 이선호, 김효정, 우명숙, 김중환(2018). 특별교부금 국가시책사업 및 지역교육현안사업 변동
     추이 분석. 한국교육개발원.

김종순(2016). 지방교육재정교부금 산정방식의 적정성 분석. 국회예산정책처.

김지하(2015). 유·초·중등 교육재정연구의 동향과 과제. 교육재정경제연구, 24(1), 23-58.

김지하, 김용남, 김창환, 김중환, 노선옥, 최은영, 엄문영, 우명숙, 김태환, 공은배(2016). 2015년
     유·초·중·고·특수학교 표준교육비 산출 연구. 한국교육개발원.

김지하, 김용남, 이선호, 김민의, 오범호, 송기창(2016). 교육환경변화에 따른 지방교육재정제도 재
     구축 방안 연구. 한국교육개발원.

김용남, 김효정, 김중환, 노선옥, 안재영, 우명숙, 윤홍주, 이호준, 최은영, 최상준(2021). 2020년
     유·초·중·고·특수학교 표준교육비 산출 연구. 한국교육개발원.

김현철(2016). 단위학교 목적사업비 배분 실태 및 개선 과제. 한국교육개발원.

박정수, 하봉운(2016). 교육재정과 지방재정 분리의 문제점 및 제도개선 방향. 교육자치와 지방자치
     연계·통합 노력을 위한 대전광역시 자치현장 토론회 발표자료.

송기창(1998). 단위학교의 교육재정 책임증대와 그 대응방안. 교육행정학연구, 16(2), 336-357.

송기창(2017). 지방교육재정교부금제도의 회고와 전망 및 개선방향. 교육정책연구, 1(2), 1-36.

송기창(2019). 지방교육재정 운용 실태와 과제. 2019 지방교육재정담당자협의회 자료집. 한국교육개
     발원

송기창, 김민희, 김용남, 김지하, 나민주, 박소영, 우명숙, 윤홍주, 이선호(2012). 2012 지방교육재정백
     서. 한국교육개발원.

송기창, 김병주, 김용남, 나민주, 남수경, 엄문영, 오범호, 우명숙, 윤홍주, 이선호(2018). 2017 지방교
     육재정백서. 한국교육개발원.

우명숙(2018. 7. 2.). 무분별한 교육복지…지방교육부채 눈덩이. 한국교육신문.

윤양진(2016). 새지방재정론. 서울: 대영문화사.

윤정일, 송기창, 김병주, 나민주(2015a). 신교육재정학. 서울: 학지사.

윤정일, 송기창, 조동섭, 김병주(2015b). 교육행정학원론(6판). 서울: 학지사.

이선호, 김용남, 김효정, 윤홍주, 이현국(2019). 학교재정운영 자율성 수준이 단위학교 교육비 지출
     에 미치는 영향 분석. 한국교육개발원.

이준구, 조명환(2016) 재정학. 서울: 문우사

이희숙(2017). 학교재정연구 동향 및 쟁점 분석: 정책적 가치에 대한 논의를 중심으로. **교육행정학연구, 35(3),** 155-182.

임성일(2015). 지방교육재정의 책임성 강화와 지방자치단체 간 협력적 재정관계 구축, 2015년도 지방교육재정 정책포럼, 한국교육개발원 지방교육재정연구센터.

임성일, 손희준(2011). 지방교육재정제도의 개선방안, 지방재정과 지방교육재정간의 관계 재정립. 지방행정연구, 25(3). 한국지방행정연구원.

정재영(2018). 교육재정 효율화 및 안정화 방안: 미래사회에 대비한 교육재정 변화의 방향. 한국교육개발원 2018 이슈페이퍼.

주삼환, 천세영, 김택균, 신붕섭, 이석열, 김용남, 이미라, 이선호, 정일화, 김미정, 조성만(2015). **교육행정 및 교육경영(5판).** 서울: 학지사.

한국경제(2019. 3. 29.). 학생 줄어드는데… 매년 늘어나는 지방교육재정교부금.

한국교육개발원(2018). 2017 공립학교회계분석 종합보고서.

제7장

교육시설

미리 생각하기 현재 근무하고 있는 학교 공간은 어떻게 개선할 수 있을까

노후화된 학교시설을 개선하는 것에 더하여 미래 학생 중심의 협동학습, 창의적 융·복합 교육이 가능한 다양하고 유연한 학교 공간 조성을 위하여 2019년부터 학교공간혁신사업을 추진하고 있다. 다음의 사례를 보고, 당신이 학교장이라면 학교시설을 어떻게 개선할 것인지 생각해 보자.

남양주시 ○○고등학교는 노후화된 건물의 안전 문제로 인하여 3학년 건물을 '삼각학교'로 새로 만들었다. 일반적인 학교 건물에서는 보기 어려운 구조이지만, 삼각형 모양이 된 배경에는 같은 캠퍼스를 사용하는 중학교와의 관계 등을 고려한 이유가 있다. 중학교 측으로는 닫혀 있는 느낌을 가지고 있으며, 그 외 전면은 유리로 처리되어 있어 외부와 내부 사이의 개방감을 준다. 또한 건물 내부도 각 층 사이가 개방적으로 되어 있어 학교 내 학생들이 소통하기 용이하다. 특히 중정은 학생들의 휴식 공간이자 소통 공간 등으로 이용되고 있다.

학교 공간 혁신 우수사례

출처: http://www.학교공간혁신.kr/bbs/board.php?bo_table=promote_best

☞ 심화 학습 1

학습성과

교육환경 변화에 따른 학교시설의 변화 필요성을 이해하고, 학교시설 유지·보수 및 학교시설 개선
계획을 수립하여 실천할 수 있다.

학습목표

1. 학교시설의 교육적 의미에 대하여 설명할 수 있다.
2. 교육과정 변화에 따른 학교시설의 변화 필요성을 설명할 수 있다.
3. 학교시설의 기능과 조건을 고려하여 현재 학교의 시설을 진단할 수 있다.
4. 교육과정 및 교육환경 변화에 따른 학교시설 개선계획을 수립할 수 있다.

학습내용

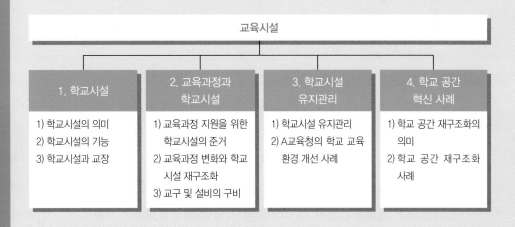

1. 학교시설

　　교육은 교육환경과 시설 속에서 교재를 가지고 교사와 학생사이에서 교육과정을 중심으로 상호작용하는 것이다. 교육시설과 환경·교재는 교사와 교육과정과 함께 교육(수업)을 이루는 가장 중요한 교육기본요소의 하나이다(주삼환, 2006: 97). 이 절에서는 학교시설의 의미와 기능 그리고 요건을 알아보고, 학교시설과 관련한 교장의 역할에 대하여 알아본다. 학교시설은 교육활동의 원활한 수행 지원을 목적으로 한다. 학교 외부 환경이 변화되면 학교 또한 변화를 받아들여 시설개선을 해야 하며, 교육과정과 교육 프로그램이 변화하면 이를 지원 가능하도록 교구 및 설비의 개선이 필요하다.

1) 학교시설의 의미

(1) 학교시설과 학교시설행정

쾌적하고 안전한 학교시설, 체계적이고 합리적인 학교시설 관리, 미래교육에 대응하기 위한 학교환경 조성 등의 이유로 학교시설에 대한 사회적 관심이 크게 증가하고 있다. 특히, 2015 개정 교육과정, 고교학점제 등 새로운 교육정책 실시, 학령인구 감소와 다문화 학생 증가 등 사회환경 변화에 대응하기 위해서는 학교시설 또한 변화하는 환경에 맞게 유지 및 개선 노력이 필요하다.

교육환경은 학교를 둘러싸는 가정, 학급, 학교, 사회의 물리적·심리적 환경(박효정, 변재연, 박윤주, 서상현, 2008:9), 또는 학생들이 학교에서 학습하고 생활하는 데 관련된 모든 조건(이상민 외, 2018: 23)이며, 교육에 영향을 미칠 수 있는 외적 조건과 요인의 총합으로 학교시설을 포괄하고 있다. 이런 의미에서 교육환경은 학교환경과 동일하게 사용된다. 학교시설은 교지, 학교건물, 공작물, 설비 등으로 교육환경의 한 구성 요소이며(김창걸, 1998: 465), 교육목적 달성을 위한 필요조건으로, 교육활동의 원활한 수행과 교육 성과에 영향을 미치는 중요한 요인이다(송기창 외, 2018).

법에서 규정하고 있는 학교시설은 「학교시설사업촉진법」 제2조 제1항에 따라 '교사대지(校舍垈地)·체육장 및 실습지, 교사·체육관·기숙사 및 급식시설, 그 밖에 학습 지원을 주된 목적으로 하는 시설로서 대통령령으로 정하는 시설'로 정의된다. 학교 시설 및 설비에 대한 기준은 1967년 제정된 「학교시설·설비기준령」을 통하여 최소한의 기준을 두었으며, 1997년 「고등학교이하각급학교설립·운영규정」을 제정함으로써 기존 「학교시설·설비기준령」 및 「학교법인의학교경영재산기준령」에서 각각 정하였던 시설·설비 기준 및 수익용기본재산의 확보기준 등이 통합되었다. 현재는 「고등학교이하각급학교설립·운영규정」에 의해서 시설 및 설비에 대한 최소한의 기준을 설정하고 있다.

여기서는 학교시설을 '교육이념에 기초한 교육목적과 목표를 달성하고, 이를 위한 제반 기능을 원활하게 수행하는 데 필요한 공간과 공간의 물리적 환경 또는 형태로서 일정한 장소에서 계속적으로 교육활동을 영위하기 위하여 설비되어 있는 물적 조건을 포괄적으로 지칭하는 것'이며 '교육의 목적을 효과적·능률적으로 달성하기 위해 설치한 학교의 물리적 환경'으로 정의한다(신중식, 김영철, 석진복, 유향산, 한은숙, 1995). 물리적 환경은 학교부지, 건물 및 그 부대설비, 교구 등 하드웨어적 교육기반시설을 총칭한다(신용운, 노선경, 이준우, 박현정, 2014). 따라서 **학교시설행정**이란 교육활동을 지원하는 물적 환경인 교육기반시설을 유지관리하기 위해 재원을 확보하고 집행하는 일련의 활동이라고 할 수 있다.

(2) 학교시설과 교육 효과

교육이 이루어지기 위한 필요조건은 교사(가르치는 사람), 교육과정(가르칠 내용), 학생(가르치고 배우는 대상), 학교시설(가르칠 수 있는 환경)이다. 학교시설은 학생에게는 학습과 생활을 영위하는 공간이며, 교사에게는 수업, 생활지도와 행정 업무를 수행하는 등 직무를 수행하는 공간이다. 또한 학부모와 주민 등 지역사회의 구성원들이 이용할 수 있는 공간이 된다(신재철, 2009: 11). 학교시설은 교육과정의 기본 요소로 다양한 교육활동이 실제로 전개되고 교사와 학생, 학생과 학생, 교사와 교사 등 다양한 관계 속에서 역동적인 교육적 상호작용이 이루어지는 교육의 장이다(현주, 이화룡, 옥종호, 조진일, 2006).

학교시설은 교육활동이 전개되는 교육의 장(field of education)으로서 교육적 행위와 상호작용이 이루어질 뿐만 아니라 이를 촉진하는 역할을 수행하고 있다(신재철, 박선형, 박수정, 전제상, 2009). 학교시설의 양적ㆍ질적 환경 조건은 학교교육 및 학생생활에 많은 영향을 줄 수 있으며 쾌적한 교육 시설 및 환경은 학업 성취도, 정서 및 감성, 건강, 안전 등에도 긍정적인 영향을 끼칠 수 있는 중요한 요소이다(이상민 외, 2018: 3). 잘 설계된 학교시설은 다양한 교수-학습 방법 활용을 가능하게 하여 학생 성취도에 영향을 미칠 수 있다.

결국 [그림 7-1]에서 처럼 교육시설은 학생과 교육 지원을 수용하는 기능 이상의 역할을 하는 교육 도구이다(Basil Castaldi, 1987: 현주, 이화룡, 옥종호, 조진일, 2006: 23 재인용). 〈표 7-1〉에서 제시된 국내외 선행연구들을 보면 학교의 물리적 환경은 학생들의 학업 성취뿐만 아니라, 정의적 태도 등 전반적인 학교생활에 영향을 미친다는 것을 알 수 있다(이상민 외, 2020; 조진일, 2018). 단순히 학생들의 교육활동을 위해 제공되는 물리적 장소로서 학교시설의 의미뿐만 아니라 효과적인 학습을 위한 학교시설의 영향력에 주목할 필요가 있다. 학교시설을 어떻게 구성하고 어떤 수준에 맞게 계획하는가는 원활한 교육과정 운영을 위한 물리적 환경조성 측면에서뿐만 아니라 학습자의 성공적인 학습과 학습 효과 극대화를 위해서도 매우 중요하게 고려해야 할 요소이다(현주, 이화룡, 옥종호, 조진일, 2006: 23-24)

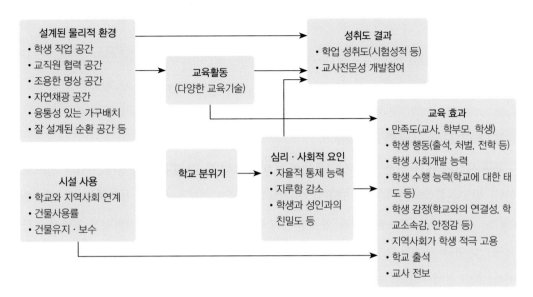

[그림 7-1] 학교시설 환경 변인이 교육 효과에 미치는 영향 관계 모형

출처: 박영숙, 신재철, 조진일, 김은정, 황은희(2009).

〈표 7-1〉 학교시설의 교육 효과에 대한 선행연구

연구자	교육 효과
Christoper (1991)	학교 건물이 신축건물일 경우 학생들의 학업 성취와 교사의 수업능률이 증가함
Heschong Mahone Group (1999)	학교에서의 주광(일광)이 양호한 교실의 학생이 불리한 교실의 학생보다 학업성취 우수
John B. Lyons (2001)	안전하고 현대적인 학교시설은 학생들의 학습 과정을 고취시키는 반면에 노후된 학교시설은 학습과정에서 여러 가지 부정적인 결과를 초래할 수 있음. 학교시설 및 환경 수준이 가정 배경, 사회적 · 경제적 수준, 출석 및 행위보다 학업성과 및 성취에 더 큰 영향을 미침
C. Kenneth Tanner (2008)	학생 성취도에 영향을 미치는 네 가지의 주요한 물리적 환경 요소[① 이동과 환기(movement and circulation), ② 대규모 모임 장소(large group meeting places; 예로 social gathering places, open gathering stairs 등), ③ 자연채광과 전망(day lighting and views), ④ 교육적인 주변 환경(instructional neighborhoods)]의 설계 점수와 학생 성취도 간에는 긍정적인(+) 상관관계가 있음
한성민(2015)	초등학교에서 일정 수준 이상의 교육 인프라 투자가 국어, 영어, 수학 등 과목에서 긍정적인 영향을 미침
Kariippanon, E et al. (2019)	유연한 학습 공간은 본질적으로 교육자들이 학생 중심의 교육 접근 방식을 채택할 수 있도록 지원되며, 학생들의 참여와 동기 부여를 향상시킴. 다양하고 적응 가능한 유연한 학습 공간과 학생 중심 교육법의 더 많은 사용이 학생들이 참여, 상호작용 및 공동 작업에 더 많은 시간을 소비할 수 있음

출처: 조진일(2018); 이상민 외(2020)에서 학교시설의 교육적 효과 관련 선행연구 정리.

🎓 기본 학습 1

본인의 경험에 비추어 학교시설이 학교만족도 및 성취도 향상에 기여한 부분과 저해한 부분을 예를 들어
설명해 보자.

(3) 학교시설 개선 투자 현황

교육시설에 대한 투자는 다른 교육정책들과 비교해 볼 때 많은 교육재정 투입을 필요로
한다. 학교건물 건축은 다양한 교육 요인(건물의 안전성, 쾌적성 건강성, 심미성 등)과 기능 요
인(교수-학습 공간, 교육행정 공간, 양호실 등의 학생봉사 공간, 교육설비 설치공간, 물품관리 공
간 등) 및 미래 지향적 요인(건축학적 적응성과 유연성) 등을 종합적으로 반영해야 하기 때문
이다. 학교시설 개선을 위한 재정 투자 현황을 살펴보면,「교육환경개선 특별회계법」제
정에 따라 1990년부터 2005년까지 총 3차례에 걸쳐 8.1조 원이 투자되었다. 제1기 교육환
경개선사업(1990~1992)은 교원 근무환경 및 노후교실, 화장실 등 노후시설개선사업을 중
점적으로 추진하여 매년 약 3,700억 원씩 총 1조 1,000억 원을 투자하였다. 제2기 교육환경
개선사업(1996~2000)은 교육개혁(1995. 5. 13.)과 교육재정 GNP 5% 확보를 위해 특별회계
법을 다시 제정하여(1995. 12.) 5년간 매년 7,000억 원씩 총 3조 5,000억 원을 교원편의시설
(교무실 확충 등) 및 노후시설 개선(개축 및 대수선 등), 제7차 교육과정 및 교과교실제 도입을
통한 학교시설 선진화 등을 위해 투자하였다. 제3기 교육환경개선사업(2001~2005)은 기
존의 특별회계에서 보통교부금으로 전환되어 2001년부터 5년간 매년 7,000억 원씩 총 3조
5,000억 원을 교원편의시설(교원편의실 확충 등) 및 노후시설 개선(조도 개선사업 등) 분야 사
업에 투자하였다. 2016년 이후 교육환경개선사업은 교육청 자율에 따라 예산을 편성·집
행하되, 현재 교육환경개선사업(2016~) 보통교부금에서 교육환경개선비는 교육청 자율에
따라 예산을 편성·집행하되, 총액 배분방식과 실소요를 반영한 사업수요 배분방식을 합
하여 기준재정수요로 산정되어 시·도교육청으로 교부되고 있다. 최근 5년간 교육환경개
선사업비는 2015년 1.42조 원에서 2016년 1.5조 원, 2017년 2.15조 원, 2018년 2.73조 원,
2019년 3.43조 원으로 매년 평균 약 25%씩 증가하고 있는 것으로 나타났다.

학교시설은 교육과정의 변화 및 발전에 따라 양적·질적인 변화과정을 거쳐 왔다. 제7차
교육과정과 함께 교과교실제가 확대되었으며, 고교학점제 도입과 동시에 소규모 선택형
교육과정 운영이 가능하도록 기존의 획일적 교실에서 소규모 팀 활동이 가능하게끔 다양

한 형태의 교실을 위해 학교공간혁신사업이 진행 중이다. 학교공간혁신사업은 교육과정 변화 등 미래교육에 대응하는 학교 공간 혁신의 요구가 증대되면서 교육청 단위에서 추진되던 학교공간재구조화사업을 2019년부터 교육부 정책사업으로 추진하는 것이다. 2019년부터 2023년까지 영역단위사업과 학교단위사업으로 총 3조 5천억 규모의 예산을 투자할 계획이다.

2) 학교시설의 기능

(1) 학교시설의 변화

학생들에게 학교 시설은 학습의 성과에 직접적으로 영향을 미치는 요인임과 동시에 정서 발달과도 직결된다. 그럼에도 학교시설은 학교환경 요소인 학교문화나 학교풍토 등에 비해 상대적으로 교육행정에서 비중 있게 다루지 못하고 있다. 해방 이후 교육기회 확대로 인한 학생 수 증가에 따라 부족한 학교가 문제가 되었고, 더 많은 학교를 신설해서 학생을 수용하는 것은 교육시설에서 중요한 과제가 되었다. 이 시기에 부족한 재원으로 많은 학교를 신설하면서 많은 학생을 관리하기 위한 방법 중에 하나가 바로 편복도형 교육시설이다. 편복도형의 표준설계도에 의한 학교형태는 일제식 수업형태에 적합한 것이며, 결국 학교시설이 교육방법을 제한하게 된 것이다. 교육과정 및 교수방법의 변화에 따라서 관리 중심의 형태에서 벗어나 새로운 형태의 학교가 출현하고 있지만 여전히 전통적인 학교의 틀에서 벗어나지 못했다. 예를 들어, 우리나라 학교시설 중에 교실 공간들은 편복도로 이어지는 같은 크기, 같은 모양이다.

1990년대 초반 학교현대화 사업으로 학교는 획일화된 공간구성에서 일부나마 탈피하게 되었다. 1990년 '초등학교 건축계획의 모형 연구' 이후 초등학교 학교건축에서 저학년과 고학년의 공간적 분리, 저학년용 화장실은 2교실 사이에 배치, 일부 학년에 교사공간의 배치, 학교시설과 설비의 개선 등이 이루어졌다. 1990년 중반 이후 열린교육의 영향으로 학습 집단과 교육방법의 다양화에 대응하기 위해 학년별로 다목적 공간을 설치하거나 혹은 학교에 비교적 커다란 다목적 공간을 설치하였다. 1997년 제7차 교육과정 고시와 더불어 전국적으로 확대 보급되면서 팀 티칭이나 교구 및 기자재를 활용하는 다양한 학습자 중심의 학습방법에 대응하기 위해 학교에 새로운 학급공간이 필요해졌다. 중·고등학교에 수준별 이동수업과 교과교실형의 공간을 구성한 학교가 등장하기 시작하였다.

2009년부터 학생들 개개인의 역량을 제고하고, 각 단위학교의 교육환경의 효과성을 최대화하기 위한 방법 중의 하나로 교과교실제가 도입되었다. 이처럼 교육과정의 변화와 교수학습 방법의 다양화에 대한 대응하기 위해 학교시설에 유연성 있는 공간 및 교구설비들이 학교시설에 도입되었다. 교육과정 변화 및 교수학습방법의 다양화 외에 학교가 지역사회센터 역할을 요구받음에 따라 강당, 체육관, 도서관, 다목적 교실 등이 학생들과 지역사회가 공동으로 사용하고자 하는 요구들이 들이 증가하면서 지역사회안들이 같이 사용할 수 있는 공간 등을 학교 밖에서 접근하기 쉽도록 배치하기도 한다. 2002년에 준공된 서울의 금호초등학교는 학교시설에 지역주민의 평생교육을 위해 지역사회센터(다목적 홀, 에어로빅실 포함), 수영장, 지하주차장 등이 복합화된 최초의 학교이다. 학교시설의 이러한 변화는 학교시설의 기능 변화 및 학교시설에 대한 요구수준이 높아졌기 때문이다.

학교 시설은 학교 환경의 하드웨어적인 구조를 띠고 있어 학교 환경의 중요성과 학교 변화의 필요성 측면에서 신속한 호응을 얻지 못해왔다(김달효, 2019). 하지만 학교시설은 교육의 질적 향상을 위해 최근 변화하는 교육과정 및 교수학습 방법을 고려하여 이제는 신속하게 지속적인 개선이 필요하고, 그에 따른 학교시설의 기능과 요건을 검토해야할 시점이 되었다.

(2) 학교시설의 기능과 요건

학교시설은 교수학습의 활동이 전개되는 교육의 장으로, 학생에게는 학습의 공간이면서 생활을 영위하는 공간이기도 하고, 교사에게는 직무를 수행하는 공간이다. 또한 지역사회 속의 학교는 지역사회센터로서의 역할이 강조되고 있다. 학교시설의 이러한 역할은 주로 교수학습기능과 생활기능으로 구분할 수 있다.

학교시설의 가장 중요한 기능은 교수학습기능이다. 학교시설은 교육과정의 공간적 · 물적 요소로서 학습을 성립시키는 데 중요인 요인이다. 학습기능은 교육과정과 관계가 깊다. 최근 획일적 교육에서 개별화와 다양화를 추구하는 교육으로 변화하면서 학교시설이 교수학습기능을 더욱 효과적으로 수행하기 위해서는 몇 가지 고려해야 할 사항이 있다. 우선 다양한 규모의 교실과 공간을 갖춘 학습환경 조성이 필요하다. 이미 교사가 가르치고 학생이 배우는 단선적 주입식 교육에서 학생 스스로 생각하며 배우는 자기주도적 학습으로 변하였다. 학교시설은 수준별 수업, 자기주도적 학습, 프로젝트 및 소집단 활동 등을 지원할 수 있는 공간이 확보되어야 한다. 다양한 학습환경은 또한 각 교과의 특성에 맞은 다양한 학습매체를 필요로 한다. 학습매체들은 기술변화와 새로운 교수학습 방법의 도입 등으로 계속 업데이트가 필요하다. 2020년 표준교육비 산출연구에서는 방송·음향기기 및 정보 자료 관련 물품, 체육 및 음악 교과 교구를 다양하게 반영하였다. 독서활동 활성화로 인해 도서관 기능이 확대되면서 소규모 그룹 활동이 가능한 공간 및 기자재가 추가되었다. 반면, OMR카드 리더기 등 활용도가 떨어진 교구 및 설비는 목록에서 제외되었다. 복사기, 스캐너, 프린터 등이 복합기, 보통교실의 프로젝터, 스크린, TV는 전자칠판으로 대체하였다. 학생들의 좌석배치 또한 교과목의 특징과 다양한 학습방법을 적용할 수 있도록 다양화할 필요도 있다.

학생들은 하루의 중요한 시간을 보내기 때문에 일생생활의 거의 모든 습관이 학교에서 이루어지고 있다. 우리의 교육은 인지적 영역뿐만 아니라 정의적이며 감성적인 교육 또한 강조되고 있다. 정의적, 감성적 영역의 교육은 학교 생활과정에서 스스로 느끼고 경험하는 과정에서 발달된다. 학교시설의 안전과 위생이 강조되면서 생활공간으로서의 학교의 기능에 대한 논의가 활발해 지고 있다. 학교시설이 학생들의 쾌적하고 진정한 일생생활의 장이 되기 위해서는 안전한 공간이 되어야 하며, 학생들에게 해롭지 않은 환경, 위생적인 공간이 되어야 한다(현주, 이화룡, 옥종호, 조진일, 2006: 20).

주삼환(2006: 97-106)은 학교시설의 기본적 요건을 수용력과 안전·건강·편안함으로 설정하고, 학생들의 학생들이 학교에서 생활할 수 있을만한 충분한 공간을 갖춰야하며, 안전하고 건강하게 생활할 수 있어야 하고, 학생들이 학교에 있는 동안 행복해야하는 것이 기본이기에, 이러한 기본 요건인 생활기능이 완비된 다음 교수학습기능, 즉 교육의 수월성을 논의해야 한다고 한 바 있다. 교수학습기능과 생활기능을 충족시킬 수 있는 학교시설의 조건은 안정성, 융통성, 심미성, 연계성, 이용성, 관리성 등이며 각 조건에 대한 설명은 다음과 같다(김창걸, 1998: 467-468; 조평호, 김기태, 2004: 259-262).

첫째, 안전성이다. 학교시설은 건강과 안전에 대한 고려가 충분히 되어 있어야 한다. 위험으로부터 학생들을 보호할 수 있고, 학생들의 신체적 특징에 비추어 그들의 건강을 도울 수 있도록 설계되어야 한다. 안전성에 대한 고려는 외적인 위험, 즉 학교 주변 학생의 안전을 위협하는 환경인 차량 등의 위험, 고압선, 위험물 취급공장 등의 위험을 말하며, 내적인 위험으로부터의 안전성을 확보하기 위해 책광, 실내온도, 통풍, 공기의 질, 청결 등에 유의해야 한다.

둘째, **융통성**이다. 학교시설은 다양한 활용과 장래의 확충 계획 등을 고려하여 융통성과 미래성이 있어야 한다. 이를 위해서는 한 가지 시설이 다목적·다용도로 사용될 수 있도록 있어야 하고, 수업내용이나 방법의 변화에 대처할 수 있도록 증축이나 개축이 가능해야 한다.

셋째, **심미성**이다. 학교시설은 보기에도 아름답고 명랑한 학습 환경을 조성하는 것이어야 한다. 학생들은 교수=학습활동에서만 교육을 받는 것이 아니라 아름답고 명랑한 환경에서 교육이 이루어진다.

넷째, **연계성**에 다한 고려가 필요하다. 학교시설은 상호간에 기능적 조정이 고려되어 조화로운 연계를 가져야 한다. 학교시설은 그것을 이용하는 각각의 교육활동들이 소기의 목적을 달성하는 데 서로 방해되지 않고 조화가 되어야 하며 이용도에 따라 서로 필요한 시설들이 가까이에 있도록 계획되어야 한다.

다섯째, **이용성**에 대한 고려가 필요하다. 학교시설은 이용도가 높도록 계획되어야 한다. 학교시설은 교육활동에 이용하기 위해서 설치된 것으로 활용도가 높은 것부터 우선적으로 마련해야 한다. 시청각실, 실험실습실의 활용은 교육의 질을 향상시킨다.

여섯째, **관리성**에 대한 고려가 필요하다. 학교시설을 관리하는데 쉽고 간편하게 괸리 할 수 있어 시간·노력·자금이 덜 드는 것이 좋다.

🎓 **기본 학습 2**

학교시설의 기능은 교수학습기능과 생활기능으로 구분할 수 있다. 학교시설의 기능별로 학교시설의 조건을 중요성 기준으로 나열하고, 그렇게 생각하는 이유를 말해 보자.

3) 학교시설과 교장

미국 교장직의 발달에서 볼 때, 교장은 초기 학교관리자, 행정가에서 점차 교육지도자, 수업지도자로서 이해되고 있으며, OECD 연구에서 또한 학교지도자로 칭해진다(박상완, 2018: 6). 학교시설과 관련하여 학교관리자가 학교시설을 유지·보수·관리하는 수준이라면, 학교지도자는 학교 공간을 교수–학습이 보다 더 활성화될 수 있도록 재구조화하거나 혁신하여 학교와 학생의 성공과 학교교육의 목적 실현을 위해 노력한다.

「초·중등교육법」 제20조 제2항에서 규정하고 있는 학교장의 직무는 '교장은 교무를 통할(統轄)하고, 소속 교직원을 지도·감독하며, 학생을 교육한다.'이다. 통할(supervision)의 사전적 의미는 상급 행정기관 또는 상급자가 하급 행정기관 또는 하급자의 행위를 지휘·조정하는 것이다. 박상완(2018: 20)은 교무를 학교경영에 필요한 일체의 직무로 교무와 사무로 구분하였다. 교무는 학교교육 계획의 수립, 지도, 집행 및 학습지도 활동 등과 직간접적으로 관련된 모두 직무를 포함하고 있다고 보았으며, 사무는 학교의 시설, 설비, 교재, 교부에 관련된 직무와 문서처리, 인사관리 업무, 학교의 재무 및 예산 등 회계 사무 등을 포함하고 있다고 보았다. 교무와 사무는 명목상 구분되지만 실제 교장의 역할은 이를 통할하는 것이다. 교무의 영역에서 학생들의 교육활동 지원을 위하여 사무의 영역인 학교시설 유지·보수 및 개선을 위해 학교의 예산을 적절히 활용할 수 있어야 한다. 학교 시설물의 기능을 보전하며, 학생 등 사용자의 편의와 안전을 극대화하기 위해 시설물에 대한 일상적인 점검·복구·개량활동에 대한 업무인 시설행정과 시설운영 관리 업무는 당연히 교장의 중요한 역할 중의 하나이다(이정연, 정우진, 이상기, 소미영, 정승환, 2015: 99).

학교시설은 다양한 교육활동이 실제로 전개되고 교사와 학생, 학생과 학생, 교사와 교사 등의 다양한 관계 속에서 역동적인 교육적 상호작용이 이루어지는 교육의 장이라고 할 때, 학교행정가의 교육시설에 대한 관심은 학교환경 개선의 방향을 설정하는 기초가 된다는 점에서 매우 중요하다. 교장은 이미 갖추어진 학교시설에 맞추어 교육활동이 이루어지는 것이 아니라 학교 구성원의 교육활동 지원이 용이한 학교환경을 조성하려는 노력이 필요하다. 또한 최근 지진을 비롯한 대형화재, 석면, 미세먼지 등 각종 재난과 안전 문제 등이 사회적 이슈로 제기되는 시점에서 쾌적하고 안전한 교육환경 조성을 위한 학교 자체의 개선계획 수립이 필요하다. 내진 보강, 창호 교체, 도색 등 일방향적인 시설조성사업에서 미래 교육환경에 대응하는 공간 조성을 고민해 봐야 한다. 학교시설의 사용자 입장에서 무엇을 어떻게 개선할 것인가에 대한 보다 세심하고 구체적인 계획과 이를 위한 충분한 사전 조사 및 논의가 전문가들에 의해 선행된 상태에서 교육환경 개선을 위한 노력을 지속적으로 추진해야 한다(현주, 이화룡, 옥종호, 조진일, 2006: 168).

교장은 또한 새로운 개정 교육과정에 따른 교육활동이 성공적으로 정착하기 위해 정상적인 교육과정 운영이 가능하도록 관련 시설 및 설비, 교구를 준비해야 한다. 2025년 고교학점제 전면 도입 등 새로운 교육과정의 현장 적용을 위해서는 학교시설에 대한 인식과 학교운영 등의 변화가 필연적으로 뒤따르게 되는데, 단위학교의 시설환경 개선계획을 수립하기 전에 학교시설에 대한 정확한 진단이 선행되어야 한다.

2. 교육과정과 학교시설

학교시설은 교육과정의 공간적, 물적 요소로서 학습을 성립시키는 데 결정적인 요소이다. 여기서는 2015 개정 교육과정에 따라 학교시설은 어떻게 변화해야 하는지에 대한 준거와 재구조화 방안을 알아보고, 이에 따른 교실 환경 및 교구설비를 어떻게 준비해야 하는 지 알아보고자 한다.

1) 교육과정 지원을 위한 학교시설의 준거

교육은 교육환경과 시설 속에서 교재를 가지고 교사와 학생사이에서 교육과정을 중심으로 하여 상호작용하는 것이다(주삼환, 2006: 97). 학교시설은 교육과정은 담는 틀이다. 학교시설은 교육의 기능과 목적수행에 적극적으로 부응하면서 교육과정을 원활하게 수행하도록 지원하는 물리적 환경이 되어야 한다. 교육과정이 바뀌면 따라서 학교의 시설 및 설비, 교구 또한 바뀌어야 한다.

교육과정을 성공적 운영을 위한 학교시설의 준거로 기능성, 충분성, 발달성, 공학성, 자연친화성, 개방성 등이 고려되어야 한다(현주 외, 2007: 113-116).

학교시설의 기능성은 교육과정의 목표와 변화에 부합될 수 있도록 효율적이고 융통성 있게 설계, 시공 그리고 운영되도록 시설이 갖추어 져야 함을 의미한다. 학교시설의 충분성은 교육공간이나 시설의 규모와 수가 교육과정 운영을 수용하고 지원하기에 충분해야 함을 말한다. 즉, 교육과정을 운영하는 데에 교육시설 규모나 수에 있어서 '제약'을 받지 말아야 한다는 것이다. 학교시설의 발달성은 교육과정 운영의 성공을 위해 교육구성원의 개인적, 전문적 발달을 도모할 수 있도록 교육시설이 갖추어져야 함을 의미한다. 교육대상자인 학생들의 발달과 연령에 적합해야 하며, 학습자 중심적으로 교육시설이 갖추어져야 할 뿐 아니라 교사의 전문적인 발달을 도모할 수 있도록 교육시설이 구비되어야 함을 뜻한다. 학교시설에서의 공학성은 시·공간적 제한으로 인한 교육과정 운영에의 한계를 극복하도록 현대화 및 첨단화된 정보 인프라에 근거한 교육시설이 갖추어져야 함을 의미한다. 프로젝트 수업, 자기주도적 학습, 개별화된 수업 등의 다양한 학습을 위해서는 가상적, 웹기반 체제, 유비쿼터스 체제 등의 시설이 구비되어야 한다. 학교시설의 자연친화성은 학교시설이 학교구성원의 건강과 안전이 보장될 수 있도록 위생성과 건강성을 갖추어야 하여 자연친화적으로 시설이 구비되어야 함을 말한다. 자연친화적인 교육시설은 조명, 난방, 환기, 급수, 화장실 등이 학생들의 건강에 지장이 없도록 확보되고 위생적이어야 함을 내포한다. 학교시설의 개방성은 교육과정의 지역적 연계를 보다 강화하기 위해 지역주민의 교육적 그리고 실제적 요구를 반영한 교육시설을 구비하여 접근 기회를 개방적으로 제공해야 함을 의미한다. 개방성은 단순하게 학교의 시설을 지역주민들에게 개방하는 것에 한정된 것이 아니고 지역주민의 교육적 그리고 실제적 만족을 줄 수 있도록 학교시설이 갖추어져야 하고, 이를 지역주민이 이용할 수 있도록 최대한의 기회를 제공하는 것을 포함한다.

2) 교육과정 변화와 학교시설 재구조화

4차 산업을 위한 인재양성을 위해서는 학생 개인의 경험을 존중하는 학습자 중심의 교육과정이 학교현장에 충실하게 반영되어야 한다. 그럼에도 불구하고 기존의 학교시설은 교사 중심의 학습공간으로 이루어져 있어 학생들의 학습 경험을 효과적으로 지원하기 어려운 실정이다. 최근 들어 교실 공간의 형태를 재구조화하여 학습 효과를 극대화하고, 학생들의 정서 발달에 긍정적 작용을 기할 수 있는 새로운 시도들이 진행되고 있다. 2015 개정 교육과정의 목표인 '미래사회가 요구하는 핵심 역량을 함양하여 바른 인성을 갖춘 창의융합형 인재양성'을 위해서는 학급편성의 다양화, 활동 형식의 다양화, 수업시간 외 다양한 학습활동에 대응하기 위한 교육환경을 제공해야 한다(신진수, 조향미, 2019; 이승헌, 2019). 학습자 중심의 교육과정을 반영하기 위해 학교급별 및 주요 교과별 학교시설 재구조화 방안이 필요하다(박성철 외, 2018: 39-85). 〈표 7-2〉는 2015 개정 교육과정에 따른 주요 교과별 활동을 위해 필요한 학교시설 및 교구 요구 사항이다.

〈표 7-2〉 주요 교과 교육과정 개정에 따른 교육시설 및 교구 요구 사항

교과목	활동	
	자료정보활용	지역사회연계
국어과	• 국어교실 내 태블릿 또는 노트북 사용 지원 • 멀티미디어 환경이 조성된 도서실과 인접한 곳에 국어교실 조성 • 개별 또는 소그룹의 학습과제 해결 활동을 지원 위해 소그룹 캐럴 등이 도서실 내 또는 인접한 곳 조성	• 지역 소식, 교육프로그램, 공연 등의 정보 전달 및 참여를 지원하는 디지털매체 게시판 • 온·오프라인 지역교육 프로그램 공유 플랫폼 개발 • 비교과 활동 및 학교 밖 생활과의 통합을 위하여 디지털 의사소통 환경 및 다목적실 조성
	듣기·말하기	자료 정보 활용
영어과	• 대면 소통을 위한 이동이 용이한 모둠식 책걸상과 발표를 위한 소무대 • 청해 및 시청이 가능한 방송시설 필요(태블릿 또는 노트북과 연계 및 개별 헤드셋 구비) • 롤 블라인드, 크로마키 스튜디오, 녹음장비 등과 같은 가상환경조성장치 설치	• 영어교실 내에서 활용 가능한 태블릿 또는 노트북 지원 • 무선 인터넷 환경 조성 • 태블릿 거치가 가능한 책상과 빔 프로젝터
	창의적 활동	읽기·쓰기
	• 학생들의 일상 및 에피소드 공유를 위한 온·오프라인 공감게시판 • 영상 시청이 가능한 빔 프로젝터와 배경막, 음향장비 구비 • 소그룹 과업 활동 지원 위한 교실 내 멀티미디어 환경 구축 → 개별 영어교실에서 구축이 어려울 경우 도서실 내 개방형 캐럴 조성 • 멀티미디어 세미나실	• 도서실을 인접한 곳에 배치 또는 영어교실 내 관련 서적 비치 • 태블릿을 활용한 E-BOOK 독서 환경 조성 • 노트북 및 태블릿 키패드 필요
	정보 수집 활용	공학적 도구 활용
수학과	• 융합적 의사소통을 위한 SNS등의 온·오프라인 의사소통 지원 공간 필요 • 멀티미디어 자료검색환경이 조성된 도서실과의 높은 접근성 필요 • 자연현상을 접하고 토론할 수 있는 옥외 학습 공간 필요	• 계산기, 교육용 소프트웨어, 태블릿, 노트북, 영상 시청 장비 등 학습 기자재 및 교구 • 학습 기자재 및 교구를 보관 위한 별도의 보관 공간 필요 • 자석부착 가능한 판서보드

자기주도활동	수학적 표현
• 자주적 학습 습관과 태도 지원 위한 개별 학습 공간 조성 • 학생 개인의 학습관리 지원을 위한 소프트웨어 개발 필요 • 공동의 학습목표 성취 지원 위한 온 · 오프라인 소통 공간 • 모둠 학습 지원 위한 이동용 책걸상 및 세미나실	• 물리적 변환을 지원하는 간단한 모형 제작 공간 • 수학적 의사소통 및 발표를 구현하기 위하여 판서, 자석 부착 가능한 벽면으로 내부 벽면 조성 • 디지털 표현 교구 및 표현을 위한 소무대 • 설명과 시연을 통한 수업을 위한 시연 촬영 장비 및 영상 프로젝터

	과학적 의사소통	정보수집활용
과학과	• 과학교과 및 비교과에서 연계활동을 지원하는 소공간 조성 • 탐구 교수학습 유형별 학습영역 구분 및 환경 조성	• 태블릿 또는 노트북 등 멀티미디어 학습 환경 • 프린터 사용이 가능한 정보검색대 → 과학교실과 인접한 복도 또는 도서실 내에 구비 • 학년 간 · 학급 간에 정보 및 경험을 교류할 수 있는 세미나실
	교실 밖 수업	협력학습
	• 현장수업에 앞서 학생들의 사전답사 및 관련 자료 조사 지원을 위한 공간 조성 • 과학교실 이외에 과제 연구실 조성 필요 → 인터넷 자료조사 가능한 컴퓨터 및 판서 공간 포함	• 모둠활동이 가능한 이동식 책걸상 • 교구를 수납할 수 있는 공간 필요 • 실외 과학 교실 • 촬영기기

출처: 박성철 외(2018), pp.39-85 내용을 정리.

구체적으로 살펴보면, 첫째, 각 교과목별 필수 학습활동을 위해 필요한 시설 및 공간이 준비되어야 한다. 예를 들면, 국어과교과의 자료정보활용 활동을 지원하기 위해서는 국어교실 내 인터넷 자료검색이 가능한 태블릿 또는 노트북이 구축되어야 하며, 여건상 여의치 않을 시 멀티미디어 환경이 조성된 도서실과 인접한 곳에 국어교실이 조성되어야 한다.

둘째, 과목별 교육과정상에서 제시하고 있는 학습활동들을 효율적으로 구현하기 위해서는 이에 적합한 학교 공간 및 환경으로 조성이 필요하다. 국어과는 대화형 수업 활동을 지원하는 판서용 보드 및 이동형 책상 등이, 영어과의 경우 대화를 듣고 요지 및 목적, 세부정보를 파악하는 듣기 · 말하기 활동을 지원하기 위하여 청해 · 시청이 가능한 방송시설이, 수학과의 경우 공학적 도구를 활용한 개념 탐구 및 이해를 지원하고 수학적 아이디어를 말, 글, 그림, 기호, 표, 그래프 등 수학적 표현으로 만들어 낼 수 있도록 교육용 모형 제작 공간과 판서 가능한 보드 및 디지털 교구, 시연용 촬영 장비 및 영상 프로젝터 등의 설치가 필요하다. 이외에도 도서실, 세미나실, 디지털 기반의 소그룹 토의·토론 세미나실, 소품제작실 등과 같은 미래 교육 환경 변화에 대응할 수 있는 지원 공간으로 조성이 필수적이다.

셋째, 수업 이외 시간에도 이루어지는 활동들을 지원할 수 있는 공간이 필요하다. 예를 들면, 국어과의 지역사회와의 상호소통, 비교과 활동 및 학교 밖 생활과의 통합과 같은 부분은 국어과 교실 이외에 별도의 세미나실, 디지털 의사소통이 가능한 소그룹 회의실 등이 필요하다. 또한, 과학과의 경우 연구 과제 및 프로젝트 학습으로 견학 수업을 진행하는데 이 경우 사전답사를 위한 조사 및 준비 공간이 필요하며, 사회과의 경우 캠페인 활동을 위한 소품제작 및 회의 공간이 필요하다.

학교시설 개선은 그 필요한 재정 규모로 인하여 학교 자체적으로 수행하기는 불가능하다. 학교공간혁신사업이나 그린스마트 스쿨 등 교육부와 교육청의 사업에 참여하여 예산을 확보하려는 노력이 필요하다.

3) 교구 및 설비의 구비

학교시설은 앞서 정의한 바와 같이 학교부지, 건물뿐만 아니라 부대설비 및 교구 등 하드웨어적 교육 인프라를 총칭한다. 학교에서 교육과정에 충실한 교육이 이루어지려면 교육과정에 제시된 교육내용 학습에 필요한 각종 교구 및 설비가 갖추어져야 한다. **교구 및 설비**는 교육활동을 원활히 수행하기 위해 꼭 필요한 자원으로 학습 현장에서 그 자체가 학습 내용인 동시에 학습 내용을 효과적으로 이끌 수 있는 교육 매체로서의 의미를 갖는다. 또한 적정한 학교시설에서 교육방법 및 내용에 맞은 교구를 활용할 수 있을 때 학습 효과가 극대화된다.

일반적으로 교육 활동은 교사, 학생, 교재 및 교구의 세 요소에 의해서 이루어진다. 이 중에서 교구와 교재는 교육목표를 달성하기 위한 교육 내용과 교육 활동을 진행해 나가는 데 직접적인 소재가 되는 매체라 할 수 있다. 교재와 교구, 설비는 상호 밀접한 관계를 가지고 있어서 이들을 서로 구분하기는 쉽지 않다. 그러나 구체적으로 구분한다면 교재가 내용적인 면 즉, 교육목표를 학생의 성장과 발달현상에 알맞게 체계화한 교육상의 소재를 의미한다면 교구는 교재의 내용을 학습시킬 때 사용되는 도구이고 수단으로서 물적 요소가 강하다(남정걸, 2006). 반면 설비는 학교 환경에서 교육 활동에 도움을 주는 것으로 책걸상, 칠판, 실험·실습대, 교구 진열대 등과 같이 교육적인 환경 조성을 위하여 시설에 기본적으로 설치되거나 비치되어 교육 활동을 돕는 보조물을 말한다. 각 교육청에서 고시하는 교구설비 규정에서는 교재에 대한 언급은 없으며, 교구를 '교육목표를 효과적으로 달성하기 위하여 교수–학습 활동에 활용되는 교육매체'로 규정하고 있다.

1998년 이후 「고등학교 이하 각급 학교 설립·운영 규정」 제8조에 따른 교구·설비 기준은 시·도교육청에 대한 교육운영 자율권 강화차원에서 시·도교육청에서 설정하고 있다. 학교신설 시 냉난방 등 기본적인 설비는 갖추어져 있지만 학교 시설의 공간 구성 및 구성에 따른 설비 및 교구의 구입 및 유지는 학교별로 준비해야 한다.

신설학교의 경우 개교경비에 포함된 교구 및 설비 구입비를 활용한다. 개교경비는 학교시설 공사완료 후 완성학급이 될 때까지 최대 3년 동안 일상적인 학교운영비 이외에 추가로 지원되는 경비이다. 개교경비는 신설학교의 설비 및 비품구입비, 교재교구 구입비 등이 포함된다. 학교 개교 전 학교 개설요원들은 각 교과 및 일반교실, 실험실에 구비해야 할 설비와 교구를 선정하기 위해 위원회를 만들고, 몇 개 분야를 나누어 설비와 교구에 대한 검토 후 구입하게 된다(우명숙, 김용남, 이길재, 이현석, 2021). 교육청에서 교구설비 기준을 고시하고 있으나 현실과는 괴리가 있고 실제 교사들이 필요로 하는 교구설비 중심으로 구입하고 있다.

신설학교가 아닌 학교는 학교 자체 재원으로 구입해야 한다. 학교는 교육청으로부터 학교기본운영비를 교부받고 있는데, 이 학교기본운영비에 교구설비비가 포함되어 있다. 표준교육비 산출 연구(김용남 외, 2021)에서는 단위학교가 표준교육조건을 갖춘 상태에서 교육과정에 명시된 모든 교과활동을 정상적으로 수행하는데 필요한 교구설비와 재료를 구입하고 유지·관리하는데 소요되는 경비를 산정하고 있다.

학교에서 한정된 예산을 가지고 교구설비를 다 갖추기는 현실적으로 어려움이 있기 때문에 교구설비를 구비하는 과정에서 교육과정과 교수방법 변화를 고려하여 학교의 재량권이 확대되어야 한다. 현행 교구설비 기준에서는 필수와 권장 구분하고 있고, 교육과정 개편에 따라 새로운 교구설비 기준을 고시하고 있지만 여전히 활용도가 떨어지는 교구가 필수로 지정된 경우도 있다. 이러한 이유로 일단은 필수 먼저 다 구입을 하게 된다. 설비와 교구의 선정은 교사들의 전문적 판단에 맡겨야 한다. 교육환경의 변화가 빠르기 때문에 일부 필수항목은 교사들이 교육활동에서 사용하지 않을 수 있기 때문이다.

학교장은 학교환경 개선을 위한 시설사업 뿐만 아니라 교육과정과 연계된 교구 및 설비의 구입 및 유지를 위한 계획을 수립하고, 이러한 기교재가 부족함에 없이 충분이 지원할 수 있도록 예산 편성과정에 해당 비용을 반영하고, 반영된 예산이 적절한 집행될 수 있도록 점검해야 한다.

🎓 **기본 학습 3**

2015 개정 교육과정에 따른 학교시설 변화의 모습을 교수학습공간과 생활공간으로 구분하여 생각해 보고, 이를 위해 교육청과 학교는 어떤 노력을 해야 하는지 논의해 보자.

3. 학교시설 유지관리

이 절에서는 학교시설을 교육목적에 부합하도록 유지관리 한다는 의미와 학교 중심과 교육청 중심의 학교시설 유지관리에 대하여 알아보고, 실제 교육청의 학교시설 개선 사례를 살펴본다.

1) 학교시설 유지관리

(1) 학교시설 유지관리의 의미

학교시설은 신축과 함께 점차 노후화되기 시작하기 때문에 어떻게 학교시설의 유지관리를 꾸준히 하느냐에 따라 건물의 수명을 연장시킬 수 있으며, 장기적으로는 교육환경개선사업비를 원천적으로 줄일 수 있다. 따라서 학교경영자 및 관리자들에게 학교시설 유지관리의 중요성을 인식시켜 학교시설을 관리하도록 할 필요가 있다(현주, 이화룡, 옥종호, 조진일, 2006: 164-165). 이상민(2019)에 따르면 2019년 12월 현재 학교시설통합정보시스템(에듀빌)에 등록된 유치원(공립)과 초등학교, 중·고등학교 및 특수학교는 약 1만 2,400여 개교이고, 건물 동수는 약 4만 5,600개 정도이며, 연 면적은 약 9,879만 7,000m² 규모이다. 경과년수별로 살펴보면, 최근 5년 이내에 지어진 학교건물이 전체의 8.7%인 약 86만m² 정도이며, 6~10년 경과된 건물은 전체의 약 11%, 11~15년 경과된 건물은 약 14% 정도이며 16~20년 정도 경과된 건물이 전체에서 가장 많은 약 16% 정도이다. 통상적으로 건물의 노후화가 많이 진행되는 시기로 보는 경과년수 30년 이상 된 학교건물은 전체의 30.3%인 약 2,995만 7,000m² 정도이다.

학교시설 유지관리란 시설적인 측면에서는 '시설물 이용자의 안전과 편의를 높이기 위하여 시설물을 일상적으로 정비하고 손상된 부분을 원상복구하며, 경과시간에 따라 요구되는 시설물의 성능을 유지시키기 위하여 이루어지는 물리적인 작업 및 재정적 · 계획적 · 조직적으로 이루어지는 모든 활동'으로 정의 내릴 수 있다. 즉, 시설물의 기능 및 형태가 시간이 지남에 따라 어느 일정한 한계를 넘는 시점부터 노화 및 감모 현상이 급속도로 진행되는 것을 막기 위해 일상적인 점검부터 각 기능 및 형태를 유지하기 위한 일련의 모든 행위라 할 수 있다. 학교시설이 일정한 장소에서 계속적으로 교육활동을 영위하기 위하여 설비되어 있는 물적 조건을 포괄적으로 지칭한다고 한다면, 학교시설의 유지관리는 시설물의 기능을 보전하고 사용자의 편의와 안전을 높이기 위하여 시설물을 일상적으로 점검 · 정비하고 손상된 부분을 원상복구하며 경과시간에 따라 요구되는 시설물의 개량 · 보수 · 보강에 필요한 제반 활동이라고 할 수 있다(맹준호 외, 2013).

일반적으로 시설물 유지관리에 영향을 주는 요인은 시간이 경과함에 따라 풍우 등의 자연적인 기후에 의해 자연적인 마모와 지진, 화재, 풍수해, 낙뢰 등의 사고에 의한 우발적인 손상인 물리적 노후화, 시대의 변화에 적응하지 못하고 발생하는 건물의 기능 측면에서의 효용 저하를 의미하는 기능적 노후화, 사회적 · 경제적 변화로 인한 입지 조건의 변화, 조건의 약화, 생활 수준의 변화 등으로 인한 사회적 노후화 등이다. 학교시설의 유지관리 영향 요인은 시설의 노후도, 학생 및 교사, 학부모 등 사용자의 개선 요구, 유지 · 보수 시설 기준, 안전성 등 매우 다양하다고 할 수 있다. 서울교육청에서는 환경개선사업의 우선순위 조사를 위해 각 학교의 시설 분야별로 평가 항목을 만들어서 시행하고 있는데, 사용자 요구, 내구연한, 노후도, 재질, 학교가 위치한 지역 등 다양한 평가 항목을 만들어 학교시설 노후도 평가 시스템을 만들어 이를 활용하고 있다([그림 7-2] 참조).

학교시설 유지관리 업무는 사업내용별로는 환경개선사업, 법정유지관리, 일상적인 유지관리 등으로(맹준호 외, 2013), 사업 주체별로는 학교회계 예산에 편성되어 학교에서 직접 수행하는 자체 발주공사와 대수선 공사, 신축 및 증개축 공사 등 교육행정기관의 예산

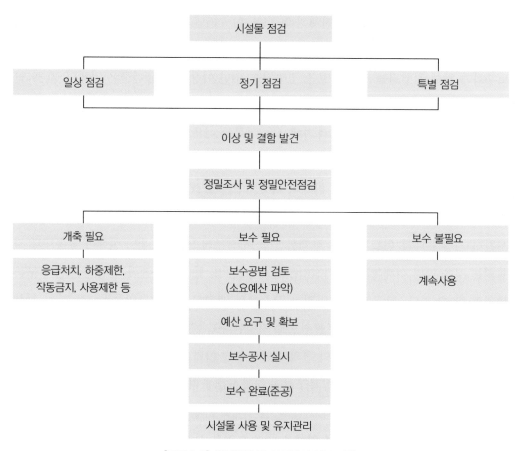

[그림 7-2] 안전점검 및 유지관리 업무 절차

출처: 서울교육청(2018).

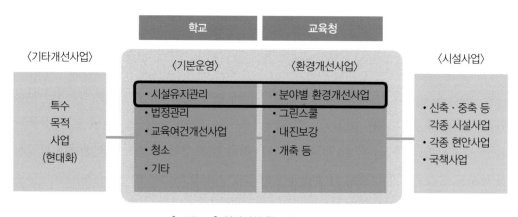

[그림 7-3] 일반적인 학교시설 유지관리

출처: 맹준호 외(2013).

으로 발주하는 교육청 발주공사로 구분된다([그림 7-3] 참조).

교육청 전담부서에서는 각 시설물에 대한 유지관리자의 요청이 있을 시 현장 조사를 통해 관계자의 의견을 듣고 하자 및 보수 상황을 살펴 각 교육청의 기동점검반 또는 기타 전문가들을 통해 유지관리 업무를 수행하고 있다. 교육청 시설관계자가 직접 현장 조사 등 각 학교시설물에 대한 유지관리 실태를 파악하도록 유도하고 있기에 각 유지관리 정책 및 유지관리 항목 선정 시 유리하다.

학교시설 유지·보수의 재원은 학교에서 시행하는 수선 위주의 소규모 유지관리비의 경우 학교기본운영비에 포함되어 학교에서 자체적으로 집행하고, 대수선비 등 비교적 대규모 유지관리사업은 교육청에서 시행한다. 이를 도식화하면 [그림 7-4]와 같다.

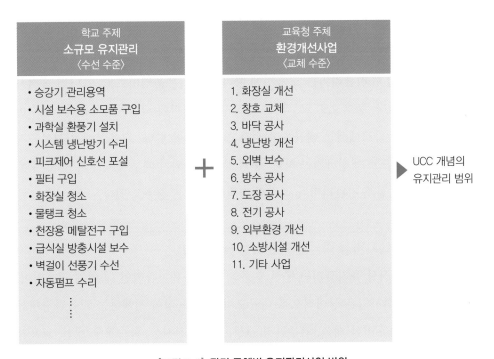

[그림 7-4] **관리 주체별 유지관리사업 범위**

출처: 맹준호 외(2013).

(2) 학교 중심의 학교시설 유지관리

학교시설 유지관리 주체로서의 학교는 행정실을 통해 교직원이 일상 점검을 통해서 학교시설에 대한 유지관리 업무를 수행한다. 전문적 기술이나 특별한 경력이 필요 없는 청소, 경미한 수리, 화단관리 등이 대표적이다. 이러한 학교 유지관리 형태는 소규모 유지관리적인 측면에서는 가능하나 문제가 발생할 시 사후에 대처하는 방식이라는 점에서의 예방적 대응 한계, 시설물 유지관리 등 규모적인 유지관리 측면에서의 비전문성, 학교관리자의 업무 과중 등의 문제가 제기되기도 한다. 이러한 이유로 전문적 기술이나 특별한 자격을 갖춘 민간업체에 위탁 또는 용역을 체결하여 관리하고 있기도 하다(신용운, 노선경, 이준우, 박현정, 2014).

학교시설 유지관리는 교육청에서 환경개선사업 등의 대규모 공사를 위해 직접 집행하는 경우와 학교 자체적으로 예산을 편성하여 집행하는 경우로 나누어 볼 수 있다. 특별 재정수요에 따라 별도의 절차에 따라 배부되는 특별교부금 지역교육현안수요 사업 또한 교육청을 통하여 집행되기 때문에 별도로 구분하지는 않는다.

학교회계 재원의 유지관리를 조금 더 알아보면, 모든 교육청은 교육비특별회계에서 단위학교로 전출금을 교부한다. 전출금은 학교기본운영비와 목적사업비로 구분되어 전입하게 되는 데 학교시설 유지관리비는 교육청에 따라 학교기본운영비로도, 아니면 목적사업비로도 교부될 수 있다. 총액으로 교부되는 학교기본운영비에 시설관리·유지·보수비가 포함되어 있을 경우 학교에서는 예산을 편성하고 집행해야 한다. 교육청에서 시설유지관리비를 연도별로 별도로 책정하기는 하나, 총액으로 배부되기 때문에 학교의 주요 사업 및 정책 방향에 따라 시설 유지관리비가 적절히 집행되지 않은 경우도 있다.

(3) 교육청 및 교육지원청 중심의 학교시설 유지관리

학교가 시행하는 시설 유지관리는 수선 수준의 소규모 유지관리인 데 비해 교육청이 시행하는 교육환경개선사업은 상대적으로 대규모이다. 교육청이 시행하는 교육환경개선사업은 각급 학교의 노후시설 개선, 외부환경 개선, 학교안전시설, 학습교구 개선, 교육활동 및 수업환경 조성 등으로 미래교육에 적합하고 쾌적한 교육환경을 조성하여 지역 간 및 학교 간 시설 격차를 해소하고 균형발전을 이루는 것을 목적으로 하며, 학습공간시설(6개 사업)과 생활 및 안전시설(6개 사업)으로 구분된다([그림 7-5] 참조).

교육환경개선사업은 단위학교의 신청에 관련 위원회(교육환경개선심의위원회)의 심의를 통해 수행된다. 업무 흐름도는 [그림 7-6]과 같다.

[그림 7-5] **교육환경개선 대상사업**

출처: 서울교육청(2019).

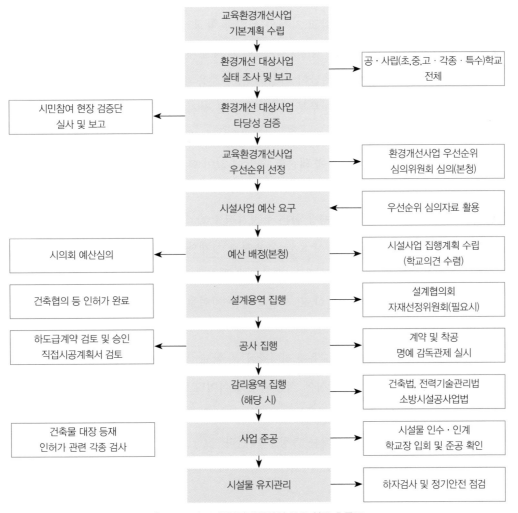

[그림 7-6] **교육환경개선사업 주요 업무 흐름도**

출처: 서울교육청(2019).

2) A교육청의 학교 교육환경 개선 사례

A교육청의 학교시설사업 수행체계는 A형(설계 및 공사의 일선학교 직접 집행, 이하 학교 직접 집행방식), B형(설계용역=학교, 공사=지역교육청, 이하 설계 및 공사 분담 집행방식), C형(설계 및 시공의 지역교육청 집행방식)으로 진행된다.

첫째, A형(학교 직접 집행방식)은 추정가격 1,000만 원 미만의 공사(1인 견적 소액 수의계약 공사 포함)와 추정가격 1,000만 원 이상 공사 중 긴급 재해복구 등으로 지역교육청에서 효과적으로 긴급 지원을 받을 수 없다고 판단된 긴급 시설공사 또는 단순 부분 보수, 일상 및 정기 수선, 각종 장비수선 및 단순 유지관리 성격의 공사는 학교에 적용된다. 학교 자체예산편성사업으로 A형의 재원은 학교 자체의 세입과 학교기본운영비를 바탕으로 수행하는 사업을 의미한다. A형(학교 직접 집행방식)은 학교 자체예산편성사업 또는 학교회계 전출금 사업이 정하는 절차에 따라 예산이 편성되며, 설계용역과 시설공사를 직접 일선학교가 발주한다는 특징을 지닌다. 단순 부분 보수, 일상 및 정기 수선, 각종 장비수선 및 단순 유지관리 공사의 학교 직접 발주를 가능하게 한 이유는 특별히 지역교육청의 기술 지원이 요구되지 않을 뿐만 아니라 견적서에 의존할 수밖에 없어 학교에서 직접 집행하는 것이 월등히 유리하기 때문이다.

둘째, B형(설계 및 공사 분담 집행방식)은 추정가격 1,000만 원 이상의 공사 중 사업계획서 상에 기술적 검토가 미반영된 공사 또는 사용자가 설계에 주도적으로 참여하기를 희망하는 공사에 적용되는 방식이다. 이 방식은 학교회계 전출금 사업이 정하는 절차에 따라 예산이 편성되며, 설계용역은 일선학교, 시설공사는 지역교육청이 집행하는 이원화된 방식이라 할 수 있다.

셋째, C형(설계 및 시공의 지역교육청 집행방식)은 학교 직접 집행방식과 설계 및 공사 분담 집행방식 대상공사가 아닌 공사에 적용되는 방식이다. 이 방식은 지역교육청 자체예산 편성사업 또는 지역현안사업이 정하는 절차에 따라 예산이 편성되며, 설계용역과 시설공사 모두를 지역교육청이 집행한다는 특징을 지닌다.

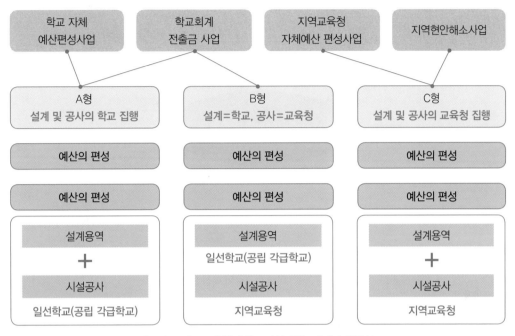

[그림 7-7] A교육청의 학교시설사업 3가지 수행방식

출처: 홍성호, 윤강철(2017).

🎓 **기본 학습 4**

본인이 교장이라고 가정하고, 학교건물 외벽 도장 공사를 하려할 때 필요한 과정 및 사업비 확보 방법 등을 서술해 보자.

4. 학교 공간 혁신 사례

이 절에서는 학교 공간 재구조화의 의미를 알아보고, 실제 교육청의 학교시설 개선 사례를 살펴본다.

1) 학교 공간 재구조화의 의미

앞서 살펴본 학교시설개선사업이 학교시설의 유지관리에 기초한 환경 개선에 관심이 있다면 학교 공간 재구조화는 미래사회가 요구하는 혁신적인 교육내용을 담아낼 수 있는

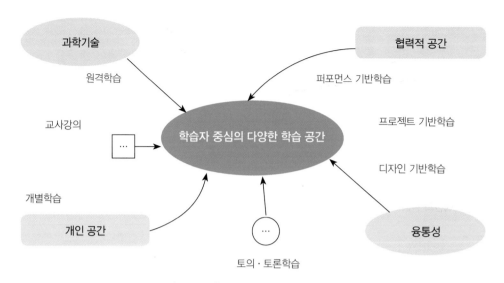

[그림 7-8] 미래 학교로의 핵심 요소

출처: 박성철 외(2018).

그릇을 만들기 위해 기존 학교 혹은 새로 지어지는 학교 건물 또는 공간의 구조를 새로운 개념의 구조로 바꾸는 일련의 과정을 가리키는 개념이다. 학교 공간 재구조화는 단순히 노후화된 학교시설에 대한 기능 개선을 위해 보수 또는 교체하는 개념인 교육환경 개선과는 달리 혁신적인 교육 및 학생들의 미래 지향적인 삶을 위한 공간으로 물리적인 학습환경을 탈바꿈하는 혁신의 과정이라고 할 수 있다. 이는 학습 성과를 질적으로 향상시킬 수 있도록 학교시설을 근본적으로 변화시키는 개념을 의미한다. 실제로 공간에서 혁신적인 교육방법이 수용되어 학생들에게 긍정적인 교육이 이루어짐으로써 긍정적인 효과를 거두는 조건이 마련될 때 학교 공간 재구조화의 의미도 실현된다고 할 것이다(박성철 외, 2018; 이상민, 2019)

박성철 등(2018)의 연구에서 개발한 『미래학교를 위한 학교 공간 재구조화 매뉴얼』에서 학교공간 재구조화를 고려한 미래 학교로의 핵심 요소로 과학기술, 협력적 공간, 개인 공간, 융통성, 다양성 등을 제시하며 이러한 개념과 기술들이 복합적으로 구성된 학습자 중심의 다양한 학습 공간을 제시하였다.

2) 학교 공간 재구조화 사례

(1) 학교공간혁신사업의 배경

최근 노후화된 학교시설 복원·개선에 더하여 학생 중심의 협동학습, 창의적 융·복합교육 등 미래 혁신교육에 필요한 다양하고 유연한 공간의 조성 필요성이 증가하고 있다. 교육부는 2019년 학생이 주도적으로 참여하는 교육활동을 통해 학습과 놀이 및 휴식 등 균형 잡힌 삶의 공간으로서의 학교를 만들기 위해 기존 학교건물 중 노후시설 등에 대한 대대적인 환경 개선과 지역사회와 연계한 학교시설 복합화와 함께 교육부 각 부서에서 분절적으로 수행되었던 사업들과 시·도교육청 자체 사업을 연계하여 학교공간혁신사업을 시작하였다(교육부, 2019. 4. 8.)

학생중심 교육을 표방하는 2015 교육과정의 시행 등에 따른 교육의 변화에 대응하기 위해 수년 전부터 서울, 광주 등 각 지역에서 꿈담교실, 아지트사업 등 기존 학교를 대상으로 학생 중심의 미래 지향적인 교육 공간으로 재구조화하는 학교공간혁신사업을 추진 중이다. 이어 교육부에서는 2019년부터 미래교육에 대응하고 사용자 주도적 참여설계 및 자치공동체 실현 등을 위해 학교공간혁신사업을 본격 추진하고 있다.

학교 공간 혁신이 필요한 이유를 보면, 첫째, 교육과정 변화 등 미래교육에 대응하는 학교 공간 혁신이 필요하다. 기존 공급자 중심의 획일화된 학교시설을 미래세대인 학생 등의 관점에서 다양하고 유연한 미래 지향적인 교육 공간으로 질적 개선을 할 필요가 있다.

둘째, 기존 학교건물 중 노후시설 등에 대한 대대적인 환경 개선 및 지역사회와 연계한 학교시설 복합화의 적극 추진이 필요하다. 전체 학교(6만 8,577동) 중 30년 이상 경과한 시설(2만 3,136동, 33.7%)을 대상으로 노후 상태, 기능성, 경제적 효용 등을 고려한 개축 필요성이 있다(교육부, 2019. 4. 8.).

학교시설은 미래사회가 요구하는 혁신적인 교육내용을 담아내고 학생들의 미래 지향적인 삶을 준비하는 공간이어야 함에도 불구하고 학생 수 변동, 교육과정의 변화, 사회구조 변화 등을 외면한 채 노후화가 가속화되는 실정이다. 학교시설은 교육적 효과를 줄 수 있는 의미 있는 공간으로 혁신할 필요가 있다. 사업신청 대상은 크게 학교단위와 영역단위로 구분된다(〈표 7-3〉 참조). 학교공간혁신사업은 학교나 교육청 등 특정 주체만이 아니라 사용자, 학교, 교육청을 비롯한 전문기관이 협업체계를 구축하고 교육청 기관 내에서도 교

〈표 7-3〉 **학교공간혁신사업 대상**

구분	학교단위	영역단위 (부서별 환경개선사업 포함)
정의	학교단위 공간혁신이란 노후시설 학교의 개축/리모델링 대상인 학교를 사용자 참여설계와 교육과정 연계를 통해 학교 공간을 구축하는 것을 의미함	영역단위 공간혁신이란 일반/특별교실(병설유치원, 과학실, 기술실, 가정실, 음악실, 미술실 등), 지원공간(식당, 체육관, 도서실, 시청각실 등), 공용공간(복도, 계단, 화장실, 현관, 로비 등), 옥외공간(운동장, 옥상, 발코니, 생태학습장 등), 기타 시설(교무·행정실, 관사) 등 학교의 일부 공간에 대해 단위학교 주관으로 학교공간혁신을 추진하는 사업을 의미함
사업 구분	• 개축 • 전면 리모델링	• 학교자율형 사업(교육혁신추진단) • 부서지정형 사업(본청 사업부서) • 결합형(학교자율형+부서지정형)
응모 자격	건물 경과년수 30년 이상 개축 및 전면 리모델링 대상학교 중 사용자 참여설계로 공간혁신을 희망하는 학교	• (학교자율형) 사용자 참여설계로 학교공간혁신사업 희망학교 • (부서지정형) 본청 부서별 교육과정과 연계된 환경개선사업 희망학교 • (결합형) 학교자율형+부서지정형

출처: 경남교육청(2020)에서 발췌.

육과 시설행정 전문가가 함께 지원체계를 구축하며, 특히 실제 계획 및 설계 추진 시에도 학생과 교사 등 사용자가 직접 설계과정에 참여하고, 촉진자(facilitator)와 건축 전문가의 도움으로 교육과정 속에서 이를 실현하도록 방향을 제시한 바 있다([그림 7-9] 참조).

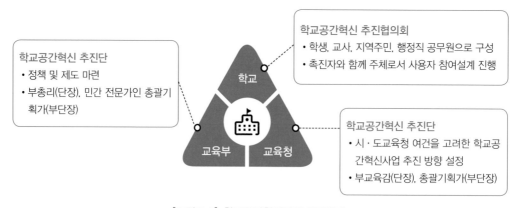

[그림 7-9] **학교공간혁신사업 추진체계**

☞ **심화 학습 2**

(3) 학교 공간 혁신 사례[1]

전인교육을 지향하기 위해 유비쿼터스 정보화 환경과 실제적 학습활동 공간 조성 등의 학습환경 개선이 이루어진 미래 학교의 대표 사례가 창덕여자중학교[2]이다. 2015년부터 서울특별시 유일의 미래학교 연구학교로서 '삶을 중심에 둔 융합교육'을 목표로 수년간 교육과정 및 평가, 공간구성, 학교문화 등에서 교사·학생·학부모가 함께 미래학교 공교육 모델을 만들어 오고 있다. 이 학교에서의 '공간은 학습환경이며, 학습환경은 제3의 선생님'

〈표 7-4〉 **창덕여자중학교 공간설계 구성 요소**

구성 요소	내용
배우는 공간	• 최적화된 환경으로 구축되어 각 교과별 특성을 살린 교과교실 • 가사실습 수업과 삶이 공존하는 먹방 • 메이킹과 3D프린터, 코딩수업을 위한 공방 • 교사의 교수방법과 학생들의 학습과정을 모니터링할 수 있는 참관실 • 학습용 태블릿 PC를 관리, 대여해 주는 테크센터
표현하는 공간	• 동아리, 연극, 뮤지컬 발표 및 활동수업을 위한 소극장 • 인터넷 방송 및 녹화, 토론, 프로젝트 수업발표, 음악수업, 각종 회의 및 컨설팅 등을 위한 스튜디오 • 발레, 방송댄스, 무용, 필라테스 수업에 사용되는 온돌방 • 협업과 소통을 위한 컴퓨터실(공용1실)
나누는 공간	• 정보 검색과 토의, 토론을 자유롭게 할 수 있는 나눔방, 정보방 • 온돌마루가 있는 서고와 피아노가 있는 인성마루(2층), 상상마루(3층), 사랑마루(4층) • 학생 주도활동을 위한 동아리방, 학부모 모임을 위한 사랑방
즐기는 공간	• 디지털과 아날로그의 조화를 보여 주는 중앙현관 • 미래 학교 행사 사진 및 동영상을 볼 수 있는 모니터월 • 학생들이 레고블록을 활용하여 창의적으로 꾸미는 레고월 • 창덕 역사와 현재의 교육활동을 보여 주는 역사공간 • 음악과 조명이 있는 산책로이며, 친환경 학습이 가능한 둘레길 • 연못과 벤치가 있는 사계절이 아름다운 수선정원

출처: 김현진 외(2017).

---

1) 학교공간혁신사업 내용 및 우수사례는 학교공간혁신 홈페이지(http://www.학교공간혁신.kr/) 참고
2) 학교 공간 혁신 사례로 창덕여자중학교는 교육부의 행복한 교육 웹사이트(http://happyedu.moe.go.kr/happy/bbs/selectHappy ArticleImg.do?nttId=8950&bbsId=BBSMSTR_000000000191)를 참고하고, 학교 공간 혁신에 대한 더 많은 자료는 한국교육개발원 교육시설환경연구센터 웹사이트(https://www.edumac.kr/space/spaceList.do)에서 확인할 수 있다.

으로 '학생 배움 중심으로 협력·네트워크와 융합적인 교육이 가능하도록 구성'되어 있다 (행복한 교육, https://happyedu.moe.go.kr/happy/bbs/selectHappyArticleImg.do?bbsId=BBSM STR_000000000191&nttId=8950, 2020. 5. 25 인출). 모든 공간은 학생 중심으로 배우는 공간, 표현하는 공간, 나누는 공간, 즐기는 공간으로 구분되어 있다(⟨표 7-4⟩ 참조). 이마저도 언제나 유연하게 넘나들 수 있다는 것이 큰 특징이다.

학생 스스로 문제를 해결해 나가는 다양한 탐구활동이 이루어질 수 있도록 이를 고려한 설계가 이루어졌으며 학습이 중점적으로 이루어지는 공간 이외에 자아를 표현하는 공간, 의사소통과 협력이 보다 효과적으로 이루어질 수 있도록 나누는 공간, 감성을 고려한 즐기는 공간의 네 가지의 특성을 고려하여 설계가 이루어졌다(김현진, 김은영, 이은상, 계보경, 이은환, 2017; 임철일, 박태정, 정주성, 2019 재인용)

창덕여중 학교 환경 및 시설의 주요 특징은 다음과 같다(임철일, 박태정, 정주성, 2019, 25-28). 첫째, 테크놀로지를 수업에 적극적으로 활용하고 있으며, 수업이 소프트웨어 교육과 접목되어 다양하게 이루어지고 있다. 이를 위해 컴퓨터실뿐만 아니라 태블릿 PC, 360도 카메라, VR 등의 기기를 대여, 충전 및 관리할 수 있는 별도 공간인 테크센터와 담당자인 테크 매니저가 있다. 학생들은 1년간 4개의 Entry 프로그래밍, 3D 프린터와 스케치업, 정

테크센터

누리방

공방

공방 내 3D 프린터

[그림 7-10] 테크놀로지 활용 공간

인성마루　　　　　　　　　　　　　　　참관실

[그림 7-11] **인성마루와 참관실**

보윤리와 오프라인 코딩(코딩의 알고리즘을 통한 체계학습), MS Office 활용과 동영상 편집 프로그램으로 구성된 교과과정을 이수한다. 누리방은 태블릿을 활용한 수업이 가능하도록 조성된 공간으로, 원형 테이블로 만들어 모든 학생이 참여할 수 있도록 구성되었다. 21명이 앉을 수 있는 자리가 있으며, 건너편의 사람과 떨어진 정도는 약 4m로 원활하게 대화하기에 가장 적합한 거리라 생각하고 만들어졌다. 화상회의 장비로 국내외 학교와 교류학습을 진행하기도 한다. 학습의 개별화, 흥미와 참여 유발, 효율적인 상호작용이 가능하도록 테크놀로지를 통합하여 활용할 수 있도록 교육과정 및 학습 공간을 구성하였다. 학교 전체에서 무선 네트워크가 가능하다. 또한 위두랑을 통해 학습활동을 진행하도록 하고, 그에 대한 활동 결과 기록이 교사용 클라우드에 저장된다. 이에 교사는 평가 및 피드백을 반영하여 학생에게 재전송할 수 있다. 공방(기술실)은 일종의 메이커 스페이스로, 1인 1대의 목공 실습용 기구, 3D 프린터 5대(4인 1조 사용 가능), 각종 기술 실습 기구 등을 갖추고 있다.

　둘째, 교과가 중심이 되어 교육과정과 학교 공간 운영이 이루어지는 교과교실제를 중심으로 1교사 1교실 운영체제를 확립하였다. 교과교실제로 운영되기 때문에 학생들이 쉬거나 대화할 공간으로 오픈된 공간을 각 층마다 구성하였으며(인성마루, 상상마루, 사랑마루),

온돌방　　　　　　　　레고월(Lego-Wall)　　　　　　소극장 공간

[그림 7-12] **예술을 위한 공간**

학생 서고, 피아노, 테이블, 소파를 두어 학생들의 휴식 공간을 조성하였다. 4층의 사랑마루와 정보방 사이의 유리문은 무빙월로, 필요시 한 개의 공간으로 융통성 있게 사용할 수 있다. 더불어 교사의 교수방법과 학생들의 학습과정을 모니터링할 수 있는 참관실이 조성되었다(누리방과 스튜디오 관찰 가능함)

셋째, 체육시간 무용수업, 스포츠클럽의 발레수업, 방송 댄스 동아리 활동 공간으로 온돌방을 조성하였다.

넷째, 예술적 측면에서 중앙현관은 레고월을 두어 학생들이 레고블록을 활용하여 창의적으로 꾸밀 수 있는 공간을 조성하였다. 예술활동이 가능한 소극장은 일반교실 1.5실 규모로, 동아리, 연극, 뮤지컬 수업 등으로 다양하게 활용되고 있다. 학생들이 직접 조명, 음향 장비를 다룰 수 있으며 방과 후 예약을 통해서 학생들이 자체적으로 소극장을 이용할 수 있다.

심화 학습

[심화 학습 1]

이 장의 '미리 생각하기'에서 읽은 학교 공간 혁신 사례를 참고하여 자신이 도시 지역에 있는 18학급의 중학교 교장이라고 가정하고, 다음 학교자율형(영역단위) 학교공간혁신사업 신청서를 작성해 보시오.

공간 혁신 필요성 (※ 신청 사유)	• •
해당 학교 지역특수성	• (예시) 교육복지 우선대상 학교, 다문화 가정 밀집지역 등
추진 계획	• 사업기간: • 사업내용 　– 　– • 대상공간 • 세부추진 계획(사업추진 일정)
방학기간 외 공사 추진 시 학생 수업 대안	• (예시) 유휴교실 3실 활용 가능(방학 전후 공사는 교실이동 수업 실시)
학교 공간 혁신 이후 활용계획	• (예시) 학습, 놀이, 시민성 교육 등 향후 계획
기대효과	• (예시) 학습, 놀이, 시민성 교육, 향후 공간 활용의 주체 및 교육적 활용 방안 등, 교육 공동체 참여 및 지역사회 연계 방안 등

대상공간 표:

기존 공간 및 용도	개선 공간 및 용도
• 1층 1학년 교실 3실(201㎡): 미사용 유휴교실	• 예술문화 공간 조성
• 3층 가사실(102㎡): 가사실	• 학생 쉼과 휴식 공간

[심화 학습 2]

이번 정부 들어 국정 과제인 '학교 노후시설개선 및 수업환경개선'을 효율적으로 추진하고 더불어 학교시설에 대한 사회적 요구를 충족할 수 있는 중장기 계획을 수립·시행하고 있다. 향후 교육환경 개선을 위한 주요 정책 방향으로 어떤 것이 있는지 생각해 보시오.

●참고문헌●

강경석, 고영남, 권순달, 김명수, 박세훈, 박호근, 송경오, 송선희, 신상명, 신재흡, 이윤식, 이일용, 임연기, 전제성, 홍후조(2011). 중등교직실무. 경기: 교육과학사.

경남교육청(2020). 2020 학교공간혁신사업 일괄 공모 계획.

교육부(2019. 4. 8.). 학교공간혁신사업 가이드라인(안). 보도자료.

교육부(2019. 8. 30.). 2019년 교육기본통계 주요내용. 보도자료.

권치순, 박병태, 유주선, 김맹희, 이상희, 조한수(2010). 새 교육과정에 따른 초등학교 교구설비 기준 탐색. 대한지구과학교육학회지, 3(2), 89-98.

김용남, 김효정, 김중환, 노선옥, 안재영, 우명숙, 윤홍주, 이호준, 최은영, 최상준(2021). 2020년 유·초·중·고 특수학교 표준교육비 산출 연구. 한국교육개발원 연구보고서.

김창걸(1998). 교육행정학 및 교육경영신강. 서울: 형설출판사.

김창걸(2001). 교육행정 및 교육경영의 이론과 실제의 탐구. 서울: 형설출판사.

김현진, 김은영, 이은상, 계보경, 이은환(2017). 미래학교 설립, 운영 모델 개발 연구. 대구: 한국교육학술정보원.

남정걸(2006). 교육행정 및 교육경영(4판). 경기: 교육과학사.

맹준호, 이호진, 김성중, 이상민, 이승민, 김정현, 박영빈(2013). 학교시설 유지관리 실태조사 및 제도 개산방안 연구. 대통령소속 국가건축정책위원회 (사)한국교육환경연구원.

박상완(2018). 학교행정가 전문성의 의미와 계발 전략, 학교행정가의 전문성과 리더십. 2018년 학교교육행정학회 연차대회 제134차 KEDI 교육정책포럼 자료집.

박성철, 이윤서, 이상민, 유용흠, 황준성, 김진욱, 김은하(2018). 미래 교육환경에 대응하는 교육시설 연구(I): 학습자 중심의 학교시설 재구조화 방안. 한국교육개발원 연구보고서.

박성철, 이윤서(2019). 학교공간혁신을 위한 인식변화와 향후 과제. 이슈페이퍼 2019. 한국교육개발원.

박영숙, 신재철, 조진일, 김은정, 황은희(2009). 학교시설의 교육효과 분석 연구. 한국교육개발원.

박효정, 변재연, 박윤주, 서상현(2008). 교육환경 평가 및 정비구역 내 학습환경 보호위원회 제도 활성화 방안 연구. 한국교육개발원 연구보고서.

서울교육청(2018). 시설물 유지관리 지침서.

송기창, 김병주, 김용남, 나민주, 남수경, 엄문영, 오범호, 우명숙, 윤홍주, 이선호(2018). 2017 지방교육재정백서. 한국교육개발원.

송순재(2011). 상상력으로 교육에 말걸기. 서울: 아침이슬

신용운, 노선경, 이준우, 박현정(2014). 학교시설관리 업무분석과 효율화 방안 연구. 경기도교육연구원.

신재철, 박선형, 박수정, 전제상(2009). 학교시설의 환경 진단 및 교육효과 측정 기준 개발 연구. 한국

교육개발원.

신중식, 김영철, 석진복, 유향산, 한은숙(1995). **교육시설 행정론**. 한국교육행정학회. 춘천: 하우.

신진수, 조향미(2019). 학생 맞춤형 수업을 위한 학교 공간 분석: 스웨덴 비트라 텔레폰플랜(Vittra Telefonplan) 학교를 중심으로. **한국산학기술학회논문지**, 제20권, 제10호, 2019, 433-445.

우명숙, 김용남, 이길재, 이현석(2021). 신설학교 개교경비 교부기준 개선 연구. 서울특별시교육청 교육연구정보원.

이상민(2019). 학교공간 재구조화에 따른 교육효과 평가 방향. 한국교육개발원 이슈페이퍼 2019-02.

이상민, 권희경, 박성철, 유승호, 임종헌, 조진일, 최형주, 김황, 이현주(2020). 학교공간혁신의 교육 효과 분석 방안. 한국교육개발원.

이상민, 조진일, 황은희, 최형주, 오요섭, 박태근, 배정익, 송병준, 김보미(2018). 교육환경 개선을 위 한 학교시설 현황 데이터 활용 방안. 한국교육개발원.

이승헌(2019). 교실공간의 재구조화 유형. **한국공간디자인학회 논문집**, 14(5), 53-64.

이정연, 정우진, 이상기, 소미영, 정승환(2015). 경기도교육청 단위학교 업무 분석. 경기도교육연구원.

임철일, 박태정, 정주성(2019). 미래 교육에 대응하는 학교 시설 개선 방안. 교육부 정책연구과제.

조진일(2018). 주요국의 학교 공간 조성 사례와 한국교육에 주는 시사점. 교육정책네트워크 세계교 육정책 인포메이션 4. 이슈페이퍼. 한국교육개발원.

조평호, 김기태(2004). **교육재정과 교육시설**. 경기: 교육과학사

주삼환(2006). **교육개혁과 교장의 리더십**. 경기: 한국학술정보

현주, 이호진, 이화룡, 류호섭, 정기오, 김창환, 성병창, 손종렬, 변재연, 김갑수, 박재윤, 현병호 (2007). 교육시설의 현황과 발전과제. 한국교육개발원 연구보고서.

현주, 이화룡, 옥종호, 조진일(2006). 교육환경개선사업 평가 및 향후 발전방향 모색에 관한 연구. 한 국교육개발원 연구보고서.

홍성호, 윤강철(2017). 학교시설 교육환경개선사업의 합리적 공사비 산정방안 연구. 대한건설정책 연구원.

교육행정의 과정과 행위

학교는 결국 사람에 의해 일이 처리되는 조직이다. 제3부에서는 교육조직(제8장)을 이해하고, 이를 바탕으로 리더십 (제9장), 교직원의 직무동기(제10장), 의사결정과 의사소통(제11장) 그리고 인간관계와 갈등관리(제12장) 등 행정이 이루어지는 과정과 행정에 참여하는 사람들의 행정행위가 교육행정의 목표에 기능적으로 작용하도록 촉진하는 역량을 기르기 위해 공부한다.

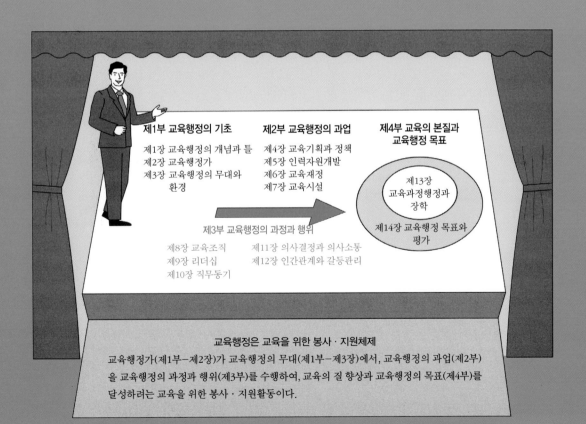

제8장

교육조직

내가 생각하는 학교의 이미지는 무엇인가

　우리가 학교 비전에 대하여 말한다면 대부분의 사람은 학교의 미래를 생각하게 된다. 사람마다 미래를 어느 정도 후로 볼 것인지는 차이가 있겠지만, 예를 들어 5년 정도를 기준으로 앞을 내다본다고 생각해 보자. 만약 사람들이 지금 당신의 학교에서 사진을 찍고, 사람들을 인터뷰하며 교내를 둘러보고, 현재의 학생 데이터를 살펴보고 있다면 이는 우리가 5년 전에 개발하고 설정한 비전 속에서 이루어진 것이다. 비전은 학교가 추구하는 최종 목표와 이상적인 모습이다. 사람들은 비전에서 구성원들이 공통적으로 내면화하는 핵심 가치이자 핵심 요소를 갖게 된다. 비전은 단지 목적이라기보다는 목적달성을 위한 구조로, 시너지 효과와 협력을 가능하게 해 준다.

　지금부터 5년 또는 10년 후의 당신의 학교에 대하여 당신이 가지고 있는 마음의 사진은 어떻게 생겼는가? 만일 우리가 과거가 아닌 미래에서 나오는 교내 조형물을 보여 줄 수 있다면 당신은 그 조형물이 어떤 모습이길 바라는가? 앞으로 5년 후의 당신의 학교를 생각해 볼 때, 어떻게 달라지길 바라는가? 당신이 학교의 리더라면 5년 또는 10년 후의 학교를 위해서 오늘 무엇을 할 것이며, 어떤 일을 시작할 것인가? 당신이 있는 학교에 구성원들이나 아니면 지금 당신이 함께하고 있는 사람들과 이야기를 나누어 보자. 만약 방향을 잡기가 어렵다면 '학생들의 학업 성취도를 향상시키는 것'에 관심을 가지고 5년 또는 10년 후의 당신의 학교를 생각하면서 무엇을 할 것이며, 어떤 일을 할 것인가에 대해서 이야기를 나누어 보자.

심화 학습 4

학습성과

학교조직을 학교조직의 변화 관점에서 설계하고, 조직의 운영 방안을 제시할 수 있다.

학습목표

1. 학교조직의 관료제적 특성과 전문직적 특성의 주요 내용을 이해하고, 학교조직의 특성과 조직 연구 방향을 알 수 있다.
2. 학교조직 문화의 의미를 이해하고, 학교조직 문화를 변화시키기 위한 방법을 찾아본다.
3. 학교조직에서 교원의 전문적 권위를 높이기 위한 방법으로 교사 학습 공동체의 의미를 이해하고, 교사 학습 공동체를 구현하기 위한 계획을 세운다.

학습내용

바람직한 학교조직의 모습은 무엇일까?

1. 학교조직의 특성과 조직 연구	2. 학교조직 문화와 학습조직	3. 학교조직 변화의 실천
1) 조직의 정의와 구조 2) 학교조직의 관료적 성격 논의 3) 학교조직의 전문직적 성격 논의 4) 학교조직의 이중적 성격 5) 학교조직의 은유적 표현 6) 학교조직의 성격 연구	1) 조직문화의 이해 2) 학교조직 문화의 이해 요소 3) 학교조직 문화의 변화 4) 조직문화의 속성 5) 학교조직 문화의 연구 6) 학습조직의 이해 7) 전문 학습 공동체 연구	1) 학교조직 문화의 예시 이해 2) 전문 학습 공동체를 진단해 보기 3) 학교조직의 미래 모습

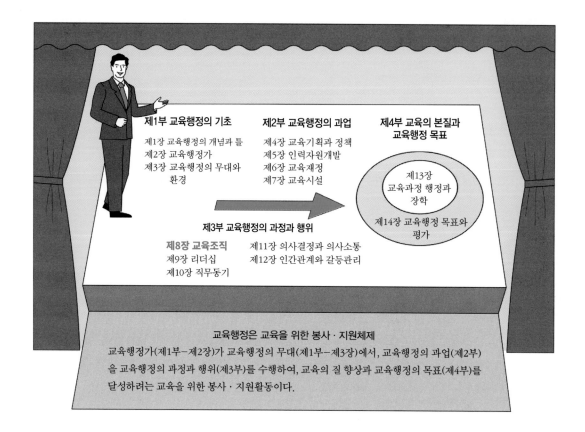

1. 학교조직의 특성과 조직 연구

이 절에서는 학교조직의 특성과 조직 연구를 이해하기 위해서 **조직설계**에 대한 개념을 이해하고, 학교조직은 관료적 성격과 전문적 성격이 모두 존재하는 이중적 성격을 갖고 있는 조직이란 점을 다루고자 한다. 특히 학교조직은 체계적인 관료적인 성격을 넘어서 무정부로서의 학교라는 특징이 부여되고 있는데, 이를 통해서 학교조직만의 특성을 파악하고자 한다. 또한 학교조직에 대한 연구가 지속적으로 이루어져야 하는 이유와 조직 연구에 대해서 다루고자 한다.

1) 조직의 정의와 구조

조직의 개념에 대해 학자에 따라 다양하게 정의되고 있지만 일반적으로 조직은 달성하고자 하는 공동의 목표가 있어야 하고, 이런 목표를 달성하기 위해 조직 구성원들의 행동을 조정하고 통제하는 규정과 규칙이 있어야 하며, 서로 역할 범위에서 상호 협력적인 관계를 유지해야 한다(주삼환 외, 2015: 71). 조직은 공동의 목표 수행을 위해 함께 일하는 사람들이 상호 간 협동 작업을 하면서 목표를 향해 일을 해 나가는 체제를 의미한다. 조직 안에서 무슨 일이 일어나고 있는지를 이해하고자 한다면, 그 구성원의 행동을 이해해야만 한다. 조직마다 조직 구조나 특성에 따라 구성원들의 행동은 너무나 많고 다양하기 때문에 구성원들의 행동을 이해하기는 쉽지 않다. 하지만 조직에 대한 지식을 충분히 갖고 있다면 왜 구성원들이 그렇게 행동하는지 잘 이해하고 예측할 수 있다.

조직의 구조는 왜 중요하며 어떻게 이해해야 하는가? 이는 조직을 우리의 몸인 유기체와 비유해서 생각하면 쉽게 이해할 수 있다. 우리의 몸이 제 기능을 하기 위해서는 몸을 구성하고 있는 구성 요소들이 고유의 기능을 다하고 있으면서 서로 적절하게 연결되어 상호작용해야만 우리의 몸이 건강하게 활동할 수 있다. 마찬가지로 조직도 조직의 구성 요소들이 구조적으로 제 기능과 역할을 할 수 있어야만 조직의 목적을 달성할 수 있다.

집을 지을 때 콘크리트 건물인가 또는 목조건물인가 등에 따라서 집을 짓는 방식과 사용 방식이 다르고 집의 구조가 달라지는 것처럼 조직구조도 마찬가지이다. 조직은 과업을 맡고 있는 여러 개인 혹은 집단으로 구성되어 있다. 물론 이들은 서로 연결되어야 제구실을 한다. 서로 연결하기 위해서는 우선 **조직도**(organizational chart)를 그려 놓고 각 역할을 배정하여 제대로 기능하도록 원칙과 순서를 정해 놓으면 되는데 이것을 조직의 구조라고 한다(임창희, 2004: 425). 조직의 구조는 조직 안의 개인과 부서들을 상호 연결시키고 상호작용하게 하여 일을 완수하도록 한다. 이와 같이 과업을 맡은 개인과 집단을 서로 연결시키는 방식은 여러 가지가 있는데, 그 연결을 위한 **조직설계**를 어떻게 하느냐에 따라 조직구조도 달라지게 된다.

더 자세히 말하면, **조직설계**(organization design)는 여러 작업과 담당자 그리고 담당 부문을 잘 나누고 전문화된 일들이 서로 협동하도록 잘 통합시키는 것이다. 어느 조직이나 관리자는 조직을 설계할 때 구성원이 보람을 갖고 열심히 그리고 효율적으로 협동하도록 설계할 것이다. 조직설계를 어떻게 하느냐에 따라서 그 조직 구성원들의 사기부여, 인간관계, 업무 성과가 달라질 수 있다(임창희, 2004: 427).

어떻게 설계하는 것이 잘 하는 것일까? 이윤 추구가 목적인 기업의 구조와 학생이 학습하는 학교의 구조, 국방을 책임을 지키는 군대의 구조는 서로 다르다. 그런데 조직의 구조는 환경에 의해 좌우되고, 조직의 구조 형성에 미치는 환경 요인도 한두 가지가 아니다. 조직설계를 할 때는 이러한 환경 요인을 고려하여 조직구조를 선택하는 과정을 거치게 된다. 예를 들어, 우리가 집을 지을 때는 재료 선택, 창문 크기와 방의 넓이와 수, 구조물의 방향 등을 어떻게 하느냐에 따라서 집의 구조와 형태가 정해진다. 조직이 하나의 집이라고 할 때 조직의 구조와 형태를 결정해 주는 요인은 크게 두 가지로 볼 수 있다(임창희, 2004: 428). 하나는 일을 각 개인(혹은 집단)에게 나누어 주고 서로 연결시키는 방식이고, 다른 하나는 그 일을 할 수 있는 결정 권한을 정하고 배분하는 방식이다. 이 두 가지 요인에 속하는 방법의 가지 수는 매우 다양하다. 그중에서 어떤 것을 선택하여 사용하느냐에 따라서 조직의 모양이 달라지며, 그 모양에 따라서 계획한 대로 일이 효율적으로 완성되기도 하고 덜 효율적이 되기도 한다.

조직구조를 이해하는 기본적인 형태의 분류로는 **공식조직과 비공식조직, 계선조직과 참모조직**, 그리고 **집권화 조직과 분권화 조직** 정도에 대해서 생각해 볼 수 있다(주삼환 외, 2015). 이 중에서 조직에서의 일을 분업화한다는 측면에서 집권화와 분권화에 대한 논의는 계속되고 있다. **집권화**란 권한 및 의사결정권이 상부조직에 집중해 있는 현상을 말하고, **분권화**란 반대로 하부조직에 분산되어 있거나 위임되어 있는 현상을 말한다(주삼환 외, 2015: 73). 조직의 의사결정권이 조직 내의 어떤 단일 위치(그것이 개인이건 혹은 어느 특정 부서이건)에 집중되어 있는 정도를 집권화 정도라고 하고, 그 반대의 경우는 분권화라고 할 수 있다. 최근에는 집권화로 인한 부적합한 의사결정을 하기 쉽고 관리능력의 한계 때문에 분권화에 대한 관심이 높아지고 있다. 분권화가 필요한 이유는 조직의 외부 상황에 적절하게 대응하기 위함이다. 현안 문제에 가장 근접해 있는 사람, 직접 그 문제를 다루고 있는 사람이 그 해결에 가장 적절하고 신속한 정보를 활용할 수 있기 때문에 의사결정권은 가능한 한 현장에 위임할 필요가 있다는 것이다. 집권화가 지나치게 되면 현장에 있거나 실제 그 일을 하는 사람들의 책임 회피, 사기 저하 등의 부작용도 많고 그들의 참신한 아이디어나 창의성이 적절하게 발휘될 가능성이 적어질 수도 있다.

🎓 기본 학습 1

조직의 목적은 무엇이라고 생각했는지, 집을 지을 때 고려해야 할 것을 생각하는 것처럼 조직에서 조직
구조를 잘 설계하기 위해 고려해야 할 것을 설명해 보자.

2) 학교조직의 관료적 성격 논의

현대사회를 살아가는 개인은 어떤 형태이든 조직과 긴밀한 관계를 맺고 있으며, 소속된
조직의 발전에 기여하고, 그에 상응하는 보람과 보상을 받는다. 조직은 흔히 '행정이 이루
어지는 그릇'에 비유하기도 한다. 우리가 음식을 어떤 그릇에 담느냐에 따라 그 맛과 느낌
이 달라지듯이 조직에 따라서 행정이 달라지고, 사람도 어떤 조직에 들어가느냐에 따라 행
동에 영향을 받게 된다. 결국 우리는 학교라는 조직의 구성원이 되기 때문에 학교조직을
제대로 이해하는 것이 중요하다.

조직을 논의할 때는 가장 고전적이지만 Weber의 관료제에서 출발한다. Weber의 관
료제는 아직도 대부분의 조직에서 적용되고 있고, 학교조직도 **Weber의 관료제 특징**을
가지고 있다. 관료제의 특징은 분업과 전문화(division of labor and specialization), 몰인
정성(impersonal orientation), 권위의 계층(hierarchy of authority), 규칙과 규정(rules and
regulations), 경력지향성(career orientation) 등이다. 이런 Weber의 관료제는 합리적인 의사
결정 및 행정의 효율성 측면에서 조직에 시사하는 바가 크다. 분업과 전문화는 업무의 효
율성을 높이면서 전문가를 배출하게 되고, 전문가는 사실에 근거하여 합리적인 결정을 내
린다. 권위의 위계를 통해 지시와 복종 그리고 규칙과 규정에 따라 조직운영이 일관성을
가지면서 조정체계가 이루어진다. 또한 경력이 많은 구성원이 조직에 충성하도록 하는 유
인책이 있어 더 많은 노력을 이끌어 낼 수 있다. 하지만 Weber의 관료제 모형은 여러 가지
측면에서 비판을 받고 있는데, 그중에서 관료제의 역기능에 대한 지적이다. 이런 점에서
관료제가 합리적인 의사결정과 행정의 효율성 측면에서 조직에 영향을 주고 있지만 관료
제의 역기능에 대한 관심도 필요하다.

학교도 조직이기 때문에 또한 관료제를 채택하고 있어서, 학교조직에서도 관료제에 관
한 연구가 다양하게 이루어졌다. 학교는 관료조직이 가지고 있는 여러 가지 특징을 가지
고 있는 공식적 조직이다(Hoy & Miskel, 2013: 109). 학교가 관료제적 성격을 띠게 되는 이

⟨표 8-1⟩ **Weber의 관료제 모형의 순기능과 역기능**

순기능		관료제의 특징		역기능
전문성	←	분업	→	지루함
합리성	←	몰인정성	→	사기 저하
복종 및 조정	←	권위의 계층	→	의사소통 단절
계속성 및 통일성	←	규칙과 규정	→	경직성과 목표전도
유인책	←	경력지향성	→	업적과 연공서열 간의 갈등

유는 학교 규모의 대형화 추세, 학교의 조직과 기능의 복잡화, 행정 업무의 계속적 증가, 상급기관의 개개 학교에 대한 압력 증가와 학교의 획일화 경향, 학부모와 지역사회 집단이 학교정책의 수립과 학교가 달성해야 할 책임성 평가에 깊이 참여하는 경향 등을 들고 있다 (주삼환, 1985: 250-252).

학교조직을 이해하기 위해서 Weber의 모형 차원에 따라 **관료화**(bureaucratization)의 정도를 진단해 볼 수 있다. 관료화를 측정하는 체계적인 시도는 Hall(1962)이 제시한 관료구조의 여섯 가지 차원에서 이루어졌다. 즉, 권위의 계층, 전문화, 직원들을 위한 규칙, 절차 명세서, 몰인정성, 기술적 능력의 여섯 차원에 관한 조직 목록은 Mackay(1964)에 의하여 학교관료화에 관한 학교조직척도(School Organization Inventory: SOI)가 개발되어 학교 내 관료적 형태를 측정하는 데 적용되었다.

학교조직은 ⟨표 8-2⟩에서 보듯이 하나는 관료적(bureaucratic)이고 다른 하나는 **전문직 적**(professional)이라는 두 가지 형태의 합리적 조직이 존재한다. 그런데 전문화(전문적 형

⟨표 8-2⟩ **학교를 이루고 있는 합리적 조직의 두 가지 형태**

조직의 특성	조직의 형태
권위의 위계	관료적(bureaucratic)
직원들을 위한 규칙	
절차의 명세화	
몰인정성	
기술적 능력	전문직적(professional)
전문화	

출처: Hoy & Miskel (2013).

태)와 집권화(관료적 형태)는 어느 정도 부적인 상관관계를 가지고 있다는 증거들이 계속 나타나고 있다(Hage, 1980; Corwin & Herriott, 1988).

이러한 구분은 전문 기술과 능력에 바탕을 둔 전문적 권위와 계층 내의 직위에 바탕을 둔 관료적 권위 간에 갈등이 일어날 수 있다. 학교조직은 관료적 형태와 전문적 형태가 존재하면서 두 형태를 조합한 유형에 따라 학교들 간에 차이를 나타낼 수 있는데, 구체적으로 [그림 8-1]과 같이 네 가지의 조직 유형이 가능하다.

유형 I의 베버형 학교조직은 전문화와 관료화가 서로 보완적인 관계이며 모두 높은 유형의 구조이다. 이 유형은 Weber가 기술한 이상적 유형(ideal type)과 비슷하므로 **베버형 구조**라 부른다. 유형 II의 권위주의형 학교조직은 관료적 차원은 높고 전문적 차원은 낮은 유형이다. 계층 내에 지위를 기본으로 한 권위를 강조한다. 규칙과 규정과 지휘에 훈련된 복종이 운영의 기본 원리가 된다. 이 유형은 **권위주의적 유형**이라고 부른다. 유형 III의 **전문형 구조**인 학교조직은 관료적 차원은 낮고 전문적 차원은 높은 유형이다. 구성원은 중요한 의사결정에 전문적 기술과 지식과 능력을 가진 전문가로 행사한다. 이 유형은 교사들이 의사결정에 많은 권한을 가지고 있는 유형으로 **전문형**이라고 부른다. 유형 IV의 **혼돈형 구조**인 학교조직은 관료적 차원과 전문적 차원이 모두 낮으며, 따라서 혼란과 갈등이 일상적인 조직운영의 특징이 되기 때문에 무질서한 구조라고도 부른다. 구성원 간의 반목과 지나친 갈등이 무질서한 구조에 침투되어 조직 전반에 퍼져 있다.

학교의 구조를 앞서 제시한 네 가지 구조 유형으로 분류하는 것은 학교조직을 이해하는 데 도움이 된다. 문제는 네 가지 학교조직 중에서 혼돈형 구조는 비효과적이며 신속한 조치가 필요로 하며 다른 유형으로 옮겨 가야 한다는 것이다. 왜냐하면 대부분의 사람은 무

		전문적 유형	
		높음	낮음
관료적 유형	높은	유형 Ⅰ 베버형	유형 Ⅱ 권위주의형
	낮음	유형 Ⅲ 전문형	유형 Ⅳ 혼돈형

[그림 8-1] **학교조직 구조의 분류**

출처: Hoy & Miskel (2013).

질서보다는 질서를 선호하기 때문이다. 따라서 혼돈형 구조에서 권위주의형 구조로의 이동은 상대적으로 간단하게 이루어진다. 그러나 권위주의형 학교구조에서 베버형 또는 전문형 구조로의 이동은 훨씬 더 어렵다. Hoy와 Miskel(2007)은 그동안 경험과 연구들을 토대로 대부분의 학교는 기본적으로 권위주의형에 머물러 있다고 했다. 앞으로 교직이 보다 전문성이 강화된다면 권위주의형에서 베버형이나 전문형 구조로 변화가 될 수 있다. Hoy와 Miskel(2007)은 학교가 혼돈형에서 권위주의형, 베버형 그리고 전문형 구조로 단계적으로 변화하는 학교 발전 모형을 제시하였지만 이러한 변화가 자연적으로 일어나는 것은 아니라고 했다. 반대로 환경 변화에 따라 학교구조가 혼돈형으로 역행할 수도 있다고 했다.

심화 학습 1

3) 학교조직의 전문직적 성격 논의

학교조직에서 교사들은 행정가들의 간섭과 명령을 받기보다는 오히려 학교의 다양한 참여적 운영을 주장한다. 학교에서 전문직적 성향을 가진 교직의 이러한 성격은 학교목적을 달성하는 데 관료제적 조직에서 갈등과 문제가 생길 수도 있다. 학교조직에서 교직이 전문직의 기준에 부합하는지에 대한 논의는 이미 다루어졌다. 그럼에도 교직이 전문직이냐 아니냐는 많은 학자의 논의 대상이 되어 왔으나 극단적으로 '그렇다', '아니다'로 단언하지 않고 정도의 차이, 수준의 차이는 있으나 전문직이라는 사실은 인정하고 있으며, 많은 시간이 지속되면서도 교직이 전문직이어야 한다는 당위성에는 반론의 여지가 없다. 오늘날 모든 조직체와 기관이 분화되고 전문화되는 경향에 따라 교육 역시 변화 · 발전하여 전문화되고 있으며, 교직도 점점 더 많은 전문직적 자율성과 권위를 강조하고 있고, 관료적 지배로부터의 자유를 요구하고 있다(주삼환, 2006: 278).

교직을 의사와 같은 정도의 완전전문직(full profession)으로 인정한다면 많은 부분에서 교원에게 결정권이 주어져야 할 것이다. 그러나 미국에서조차 공립학교 교사는 '반전문직(semi-profession)' 정도로 인정받고 있는 실정이다. Etzioni는 의사결정과 감독의 측면에서 전문성 정도를 구분했는데, 학교는 반전문직으로 보고 있다. 교직이 전문직이어야 한다(ought to)는 당위성은 모두 인정하면서 현재 '전문이냐(what is)' 하는 사실에서는 아직 그렇다고 대답하기 어렵다. 미국의 경우는 학교는 자치의 단위가 아니고 자치권이 없기 때문에 교육감의 지도 협의를 받는 입장이다. 교사가 대부분의 학생지도와 수업을 담당하지만 최종적인 책임은 교장이 지게 된다. 주민과 학부모는 자기들을 대표하는 교육위원을 통해서 교육할 수 있는 권한을 교육구(school district) 교육감에게 주었지 교장이나 교사에게 그것을 직접 넘겨 주지 않았다. 이런 논리를 관료주의 사고라고 비난할지 모르지만 권한관계가 그렇다. 미국의 교육청 조직표를 보면 맨 위에서부터 주민 → 교육위원회 → 교육감 → 교장 → 교사로 되어 있는 것을 볼 수 있다. 교육에 관한 권한과 권리가 주민들로부터 여러 단계를 거쳐 교사에게로 간 것이다. 만약 우리나라 학교조직도 이렇게 변화한다면, 앞으로 교직을 어떻게 변화시켜 나가야 할지를 생각해 보아야 한다.

🎓 기본 학습 2

앞에서 제시한 교직의 관료적 성격과 전문직적 성격의 특징 중에서 자신이 새롭게 알게 되었던 사실과 자신이 역점을 두어야 하는 성격은 무엇인지와, 그렇게 생각하는지에 대한 논리를 제시해 보자.

4) 학교조직의 이중적 성격

학교조직의 성격을 고려한다면, 관료적 학교조직에서 전문 지향 교사의 갈등까지 관심을 기울일 수 있다. 전문 지향과 관료 지향의 기본적인 특징의 유사점과 차이점은 〈표 8-3〉과 같다.

이 표에서 볼 수 있듯이 전문가와 관료들은 전공 분야에 관한 전문 기술을 가지고 있으

〈표 8-3〉 **전문 지향과 관료 지향의 기본적인 특징: 유사점과 차이점**

구분	전문 지향	관료 지향
공통점	전문적인 기술 객관적인 시각 몰인정성 및 비편파적인 접근 고객에 대한 봉사	전문적인 기술 객관적인 시각 몰인정성 및 비편파적인 접근 고객에 대한 봉사
차이점 (갈등의 주요 요인)	동료 지향적인 준거집단 의사결정 시 자율권 행사 자신들이 통제기준을 부과함	계층 지향적 훈련된 복종 조직에 종속됨

출처: Hoy & Miskel (2013).

며, 객관적인 관점을 유지하고, 몰인정성과 비편파적으로 행동하도록 기대된다. 또한 학교, 사회사업 기관 및 병원 등과 같은 봉사조직의 경우, 영리를 추구하는 다른 기업과는 달리 봉사조직의 최대 수혜자는 바로 그 고객(client)이기 때문에 고객들의 이익을 위해 행동을 한다. 이와 같은 점에서 전문 지향과 관료 지향은 유사점이 있지만 차이점도 있기 때문에 학교조직 내에서 갈등이 생기기도 한다. 전문 지향은 기본적으로 자신들의 업무에 대해 책임을 지면서도 동료들에게 영향을 받는다. 이에 반해 관료 지향의 조직 통제는 동료 집단의 영향을 받기보다는 권위의 계층에 따라 명령과 복종에 의해서 이루어진다.

여기서 우리가 관심을 가져야 할 사항은 앞에서도 언급했지만 관료제적 성격과 전문직적 성격 중에서 어떤 유형의 조직이 효과적인 학교조직인가 하는 것이다. 이러한 분류는 연구에 따라 각기 다른 결과를 나타내고 있다. 예를 들어 Kolesar(1967)는 학생들의 무력감(powerlessness)이 전문형 학교구조보다 권위주의형 학교구조에서 더 높다는 것을 발견하였다. Moeller와 Charter(1966)는 고도의 관료제에 있는 교사들이 더 낮은 관료제에 있는 교사들보다 많은 권력 의식을 갖고 있다. 전반적으로 교사들 사이의 무기력감은 전문형 구조보다는 권위주의형 구조에서 훨씬 높았다. 그러나 조직 지향적인 성향의 교사들은 권위주의형 구조에서 전문성 지향적인 성향의 교사들보다 무력감을 적게 느끼고 만족을 느끼고 있었다.

학교조직 구조는 학생들의 학업 성취에도 영향을 줄 수 있다. Anderson과 Mackay(1971)에 의하면, 고도의 관료구조는 학생들의 성취에 부정적 영향을 준다. 관료제가 원래 경직되고 비생산적인 것은 아닌데 규칙과 절차, 문서를 절대적인 것으로 여겨 형식주의로 빠지면 수단과 목표 전도의 역기능이 나타난다. 학교에서 학생들을 잘 가르쳐서 학생의 성장·발달을 돕는 것이 주목적일 텐데, 교사의 자율성은 줄어들고 상부의 지시, 명령은 늘어나고 형식적 행사와 잡무가 강조된다면 이것이 역기능 내지는 병리 현상이 된다(주삼환, 2006: 283).

우리나라에서도 학교조직의 관료적 운영이나 학교장의 리더십 양상이 학교조직과 교사에게 미치는 영향에 관한 여러 연구가 수행되었다. 곽대섭(1990)은 중등학교의 관료화 정도가 높으면 교사들의 욕구 성향은 위생 요인 지향적이고, 관료화 정도가 낮으면 교사들의 욕구 성향은 동기 요인 지향적이라고 하였다. 그래서 교사들의 동기 요인 지향성을 높이기 위해서는 학교의 관료제 병리적인 요소를 가능한 줄이는 방법을 모색해야 한다고 주장하였다. 이봉우(1999)는 학교 현장의 실제적 측면에서 학교운영은 수직적이고 하향적 행정을 지양하고, 적절한 권한 분산과 업무의 위임으로 교사들을 학교 의사결정 과정에 참여하도록 유도해야 하며, 특히 교육 경력이 적은 교사들의 참여 기회를 확대할 필요성이 있음을 주장하였다. 김미정(2005)은 관료제가 학교조직에 적용되면서 목표의 모호성, 권력의 독점, 의사소통의 결핍, 경쟁의 부재, 도덕 불감증 등의 문제가 발생한다고 했고, 이혜란, 김아영, 차정은(2011)은 교장이 실적을 중시하고 몰인정성과 일방적 의사결정을 강조하는 관료 지향적 행동을 보일 경우, 교수 효능감과 교수 몰입이 높지는 않지만 부적인 관련성을 보인다고 하였다. 배상훈과 홍지인(2012)은 학교가 관료적으로 운영된다고 인식할수록 교사들의 창의적 직무 수행과 직무 열의는 제약되는 것으로 나타난다고 하였다. 김운종(2016)은 학교조직이 덜 관료적으로 운영되는 경우, 교사의 학교경영, 인력 관리, 학습지도 영역에서 교직 전문성 발휘의 기회가 더 많이 부여된다고 했다.

이와 같이 학교조직의 성격이 관료제적이냐 아니면 전문직적이냐에 따라서 학교효과성에 대한 논의는 계속되고 있다. 따라서 앞에 [그림 8-1]에서 제시한 학교조직 구조의 분류를 적용하여 행정가와 교사들의 행동 변화나 학교효과성에 대해서 지속적으로 관심을 기울일 필요가 있다.

5) 학교조직의 은유적 표현

학교를 관료적 조직구조로 보는 시각에 반론을 제기하는 이론과 연구들이 있다. 학교조직은 목표나 기술(technology) 그리고 구성원들 간의 관계가 전통적 조직이론에서 지적하는 바와 같이 명백하게 기능적이지 않다는 점에서 비유적으로 '조직화된 무정부로써의 학교'라는 표현을 사용하고 있다. Cohen 등은 '조직화된 무정부'의 특성으로 ① 목표의 모호성, ② 불분명한 과학적 기법 그리고 ② 유동적 참여를 들고 있다. 만약 조직이 있는데, 그 조직이 목표도 모호하고 그것을 달성하는 방법도 불분명하며 참여하는 사람도 유동적이라고 한다면, 당신이 연상하는 조직의 모습은 어떠한가? 학교조직은 하나의 조직으로서의 체계를 갖추고는 있으나 그 내부는 목표, 기술, 참여의 측면에서 기능적으로 명확하지 않다는 특징이 있다. 만약 군대나 기업이 이러한 특성을 가지고 있는 조직이라면 제 기능을 발휘할 수 있을까? 그럼에도 학교조직은 이러한 특성을 가지고 있다. 이러한 관점에서 학교는

'조직화'와 '무정부 상태'라는 서로 모순되는 두 개념에 의해서 은유적으로 묘사되고 있다. 이러한 학교조직에서 군대나 기업에서와 마찬가지로 통제와 복종을 강조한다면 과연 바람직한 조직운영이 될 수 있을까 생각해 보아야 한다.

관료제에서는 조직은 목표를 달성하는 데 보다 효과적으로 일하기 위해서 여러 사람이 과업을 분담해서 일을 한다. 이러한 조직활동은 과업을 수행하는 사람들 간에 상하관계가 있고, 업무를 구조화하여 기능적으로 이루어진다. 하지만 학교조직은 질서정연하게 구조화되거나 기능적으로 분명하게 연결되기보다는 조직을 구성하고 있는 각 요인 또는 하위체제들이 이완된 형태로(loose) 결합되어 있다. 즉, 학교조직은 **이완결합 관점**(loose coupling perspective)이며, 관료제이론에 새로운 유용한 관점을 제시하고 있다. 학교체제 내에서도 학교조직은 부서들 간에 상호 관련되어 있지만 각자의 자주성과 개별성을 유지하고 있다. Weick는 이러한 학교의 모습을 비유적으로 '**이완결합 체제**(loosely coupled systems)'라고 묘사했다. 이는 서로 연결은 되어 있으나 각자가 독자성을 유지하면서 어느 정도 분리되어 있는 있음을 표현한 것이다. 즉, 학교는 공식 조직이고 행정적으로 이루어지지만 교사들이 교실에서 이루어지는 실제 수업에 강력한 유의미한 영향을 미치는 데 한계가 있다. 교사들은 자신의 교실에서 수업을 하며, 상대적으로 동료나 행정가들에 의해 잘 관찰되지 않으면서, 자신이 맡고 있는 학생들에 대해 폭넓은 자유재량권을 행사할 수 있다. 이러한 결과로 학교 내에 구조적으로 이완적인 측면이 나타난다(Hoy & Miskel, 2013: 126). 학교조직에서의 이완결합의 대표적 특징은 각 구성원들이 분리되어 독자적 역할과 기능을 수행하고, 교사의 직무 수행에 대한 엄격하고 분명한 감독이나 평가방법이 없다는 것이다. 특히 수업활동의 경우, 교장은 조언을 하지만 명령하지는 못하며(나민주, 1991; 노종희, 1992), 수업지도에 대한 평가가 있다 하더라도 그것은 보통 형식적으로 이루어진다(왕기항, 2000; 이성룡, 2000).

학교조직은 구조화되고 기능적으로 탄탄하게 연결된 모습이 아니라 기능적 또는 논리적으로 분리되어 조직의 하위체제와 활동들이 느슨하게 결합되어 있는 상태이다. 학교조직은 특성상 자율성과 자유재량권을 가지고 있으며, 때로는 교사도 형식적으로 교장의 지시와 통제를 받을 뿐이다. 예를 들어, 교장이나 교감 그리고 교사들 간의 연결체제는 지식·명령체계가 엄격하게 지켜지는 기업이나 군대와는 다른 조직 특성을 보이고 있다. 이러한 조직에서는 지나치게 감독이나 평가를 통해서 조직을 운영한다면 학교조직 내의 부서 또는 개인 간의 갈등이 심해지고, 업무도 지나친 형식주의로 빠질 우려가 있다. 이러한 조직에서는 조직의 비전과 목표를 공유하고 상호 간의 신뢰를 바탕으로 조직이 운영되어야 한다. 그래서 Mayer와 Rowan(1977)은 학교조직이 가지는 이완결합성은 모든 참여 주체들 간에 상호 신뢰가 이루진다는 것을 전제로 한다고 가정했고, 이것을 신뢰의 논리(logic of confidence)라고 했다. 결국 신뢰의 논리가 통제의 기제가 될 수 있다.

6) 학교조직의 성격 연구

학교조직의 성격에 대한 연구는 다양하게 이루어지고 있다. 학교조직과 학교 구성원들의 행동에 대한 과학적 연구는 조직 내의 행동뿐 아니라 교육 현상에 대한 원인과 결과를 파악할 인과관계를 밝히는 것이다. 학교조직 성격에 대한 연구는 학교조직 내 구성원의 행동에 대한 설명을 하는 것인데, 이는 학교조직의 목표를 효과적으로 달성하는 데 도움이 된다. 또한 학교조직의 연구는 조직이 어떻게 변하는지, 환경과는 어떤 상호작용을 하는지에 관심을 두게 된다. 왜냐하면 조직은 소위 하나의 개방 시스템으로 항상 외부의 환경 변화에 따라서 변하기 때문이다.

학교조직에 대한 연구 중에는 학교조직을 매우 집권화되어 있고 공식화되어 있는 조직으로 묘사하는 연구들도 있다. 이런 연구들에서는 학교교직의 가장 대표적인 특징 중 하나를 명확하게 드러나는 엄격한 권위의 계층으로 본다(Hoy, Newland, & Blazovsky, 1977). 이런 경우 교사들은 자신들의 거의 모든 일을 처리할 때 반드시 사전에 허가를 구하고 동의를 받아야 한다고 주장한다. 아무리 사소한 문제라도 상급자에게 승낙을 받아야 한다고 보는 것이다.

이에 반해 학교조직은 통제에서 수업 관련 활동이 분리된 이완 결합 체제로 학교를 묘사하는 연구들도 있다(Deal & Celotti, 1980; Meyer & Rowan, 1977). 모든 일을 할 때 사전에 허락이나 동의를 받아야 한다면, 이는 수업활동과 관련된 행동을 제외해 놓고 하는 것이라고 본다. 왜냐하면 교사들은 광범위한 전문적인 결정권을 가지고 있고, 교실 수업에 관한 상당한 자율권을 갖고 있기 때문이다.

Firestone 등은 학교조직의 모습에 대한 연구를 수행하였는데(Firestone & Herriott, 1983; Firestone & Wilson, 1985; Herriott & Firestone, 1984). 학교는 합리적 관료제와 무정부 상태

또는 이완결합 체제의 두 집단으로 구분할 수 있음을 이 연구는 시사했다. 초등학교는 목표 합의, 권위의 위계, 집권화, 공식화와 제한된 교사의 자율성 등을 특징으로 하는 합리적 관료제 구조를 가지는 경향이 더 높았다. 이와 반대로 중등학교는 목표에 대한 합의는 부족하지만 보다 집권화 정도가 낮고 교사들이 더 많은 자율권을 가진 이완결합 체제의 형태를 띠고 있다고 했다. 대부분의 초등학교는 중등학교보다 더 단단하게(tight) 구조화되어 있지만 이것도 정도의 차이일 뿐이다.

Weber의 관료제이론의 측면에서 볼 때는 학교조직이 계속적으로 구조적 이완성을 보이고 있다는 것이고, 반대로 Weick의 관점에서는 조직이 계속적으로 단단한 관계를 보이고 있다는 것이다(Orton & Weick, 1990). 이와 같이 학교조직에는 관료적 영역과 전문적 영역의 두 가지가 조직구조에 존재하고 있다. 일반적으로 관료적 영역은 단단하게 연계되어 있고 응집력 있는 구조를 가지고 있다. 그러나 너무 지나친 나머지 조직의 적응을 저해하고 교사들 간의 소외를 낳기도 한다. 전문적 영역은 교사들이 교수-학습 과정에 대한 전문적인 판단을 내릴 수 있는 광범위한 결정권을 가지게 된다. 그러나 때로는 독립성이 지나친 나머지 갈등, 혼동과 조정의 문제(생산성 저하 및 효율성 저해)가 제기되기도 한다.

이완결합 관점은 기존의 관료제이론으로 설명하기 힘들었던 학교조직 내의 여러 가지 현상을 전혀 다른 각도에서 이해하게 함으로써 학교조직 이해에 새로운 지평을 열었다. 특히 이완결합의 순기능에 관한 관심과 연구가 이루어지고 있으며, 이러한 관점은 학교조직을 이해할 때 유용한 것으로 평가되고 있다. Weick(1976)는 **이완결합 체제의 주요 이점**으로 다음과 같은 일곱 가지가 있다고 하였다(신현석 외, 2020: 42).

① 조직의 각 부분들이 개별적으로 계속 진화할 수 있다.

② 환경의 요구에 훨씬 더 민감하다.

③ 조직의 각 부분들이 개별적인 환경의 요구에 대응할 수 있도록 해 준다.

④ 조직 부문들이 새로운 틀로 실험할 수 있도록 허용한다.

⑤ 직면하는 문제들을 서로 격리함으로써 조직 전체가 와해되거나 조직이 도미노 효과로 붕괴되는 현상을 예방할 수 있다.

⑥ 유연하고 부분별로 이루어진 자기결정들이 예측하기 힘든 환경과 상황에 대처할 수 있도록 한다.

⑦ 단단하게 결합된 조직(tightly coupled organizations)들보다 훨씬 적은 비용으로 운영된다.

학교조직 연구는 관료제와 이완결합을 배타적으로 이해하지 않고 결합이라는 상호 중립적인 개념(진동섭, 1989)을 사용함으로써 학교조직에 대한 이해를 확대할 필요가 있다. 이러한 개념에 입각하면 조직은 분야에 따라 결합의 정도가 다른 결합 특성을 지닐 수 있다. 예를 들어, 조직의 어떤 분야는 결합의 양상이 관료제와 같은 특성을 보일 수도 있고, 또 다른 분야는 결합이 매우 이완된 특성을 보일 수도 있다. 실제 학교의 재정, 시설관리 등과 같은 행정 영역에서는 교장이 주도적 영향력을, 수업 관련 영역에서는 교사가 주도적인 영향력을 행사한다(Lortie, 1969: 진동섭, 1989 재인용). 정남미(2005)는 유치원 조직의 이완결합 특성을 분석한 연구에서 유치원 조직을 이완결합적 특성을 보유한 조직으로 규정하고, 유치원 조직의 결합의 경우 교사는 수업 관련 부분에, 원장은 운영관리 부분에서 영향력이 컸고, 동료 교사 간의 수평적 결합이 원장과 교사 간의 수직적 결합보다 강하다고 했다.

학교조직은 외부환경과 계속 교류하는 개방 시스템이기 때문에 상황 변화에 따라서 학교조직의 성격도 변하고 동시에 구성원들의 행동도 변한다. 학교조직에 관한 연구는 환경을 고려하지 않고서는 제대로 이루어질 수 없다. 즉, 조직은 환경의 지배를 받는 것이기 때문에 한 상황에서 가장 적합한 방법이 다른 상황에서는 잘 맞지 않게 되어 또 새로운 법칙을 찾아 나서야 한다.

🎓 기본 학습 3

학교조직을 관료적으로 구조화할 것인가 혹은 유연하고 느슨한 결합으로 구조화할 것인가는 학교조직운영에 중요한 변수가 된다. 학교의 조직구조를 느슨하게 결합된 조직으로 볼 수 있는 이유를 제시해 보자.

2. 학교조직 문화와 학습조직

이 절에서는 어느 조직이든 문화가 있는데, 문화가 왜 중요한지와 더불어 학교조직 문화에 대한 이해를 하기 위해서 학교조직 문화의 구성 요소에 대해서 소개한다. 특히 학교조직 문화를 변화시키고 이에 대한 연구 동향이 어떻게 이루어지고 있는지를 파악한다. 또한 학습조직에 대한 이해를 통해서 교사의 전문성을 향상시키기 위한 **전문 학습 공동체**의 중요성을 인식하고 이를 확대하기 위한 연구 동향을 이해한다.

1) 조직문화의 이해

문화라는 용어는 인류학이나 사회학에서 그 기원을 찾아볼 수 있는데, 사회단위에 속한 사람들 간의 전통적 신념, 기대, 가치, 규범, 행동양식, 생활 습관 등이 오랫동안 내재되어 형성되는 것이다(주삼환 외, 2015: 83). 인간의 행동과 문화는 상호 밀접한 관계가 있다. 문화의 영향을 받아 인간은 가치관과 태도를 형성하고 그에 따라 행동하는데, 그 결과로 얻어지는 것이 문화이다. 즉, 개인은 그들이 지니고 있는 가치관에 따라 어떤 주어진 상황에서 가장 적합하고 바람직하다고 생각되는 태도를 갖게 되고, 이것은 곧 행동의 형태로 나타난다. 이러한 행동의 모임체가 그 사회의 문화를 만들며, 개인의 행동들이 변하면 결과적으로 그 사회의 문화도 변한다. 변화된 문화는 다시 개인에게 영향을 미치며 이러한 순환은 반복되게 된다(임창희, 2004: 495-496).

조직구조가 조직 구성원의 행동을 지배하는 공식적 시스템이라면 조직문화는 조직 구성원의 행동을 지배하는 비공식적 분위기라고 할 수 있다. 이는 조직구조와 다르게 공식적인 조직도에 나타나지는 않지만 구성원들의 대인관계, 업무 수행과 관련한 태도와 행동을 결정하는 집단적 가치관이고 규범이다. 이것도 역시 조직구조처럼 조직목표 달성을 향한 구성원들의 행동을 조정하고 지배한다. 사람에 비유하면, 구조가 육체(hard ware)라면 문화는 정신(soft ware)이라고 할 수 있다(임창희, 2004: 496). **조직문화**는 조직이 외부환경에 적응하고 조직 내부의 문제를 해결하는 과정을 반복하면서 의미 있는 일정 시간 동안(significant period of time)에 형성된다. 어떤 문화는 아주 쉽게 짧은 기간 내에 형성되기도 하고, 어떤 문화는 새로운 문화가 형성되는 기간보다 문화를 변화시키는 데에 더 오랜 시간이 걸리기도 한다(주삼환 외 역, 2019: 42). 문화는 구성원들이 갖고 있는 가정, 신념, 가치, 규범과 관습, 의례와 의식, 상징, 전통 등이 중심 개념이 되고 있으며, 구성원들은 그러한 것을 공유하면서 구성원 간에 일체감을 형성한다. 이러한 조직문화는 규정과 규칙처럼 문서화된 것이 아니지만 오히려 당연하게 받아들이는 아주 강력한 힘을 가지고 있다. 결국 조직문화는 '조직 구성원들이 내외적인 문제를 해결하는 과정에서 반복된 경험을 통해 일체감과 안정감을 주는 기본 가정, 신념, 가치, 행동규범 등의 결합체'라고 할 수 있다. 문화는 근본적으로 변화하지 않으려는 속성을 갖고 있기 때문에 만약 문화의 어떤 부분을 변화시키고자 할 때 저항성 때문에 문화를 바꾸기는 매우 어렵다.

Hoy와 Miske(2013)은 오래전부터 조직문화를 이해하는 수준으로 규범, 공유된 가치, 기본 가정을 언급했다. 규범(norm)은 문화의 수준에서 가장 표면적이고 구체적인 것으로, 일반적으로 문서화되어 있지 않지만 비공식적인 기대 속에서 구성원들의 행동에 직접적으로 영향을 미친다. 예를 들어, '수업시간에 떠들어서 수업을 방해해서는 안 된다.'라는 말이 학교의 학칙이나 규정에 없지만 학생들은 수업시간에 떠들어서는 안 된다는 기대 속에서 행동한다(주삼환 외, 2015).

공유된 가치는 구성원의 행동에 영향을 미치는데, 조직마다 추구하는 가치가 다르기 때문에 조직에 따라서 조직 구성원들의 행동 특성이 다르게 나타난다. 예를 들어, 기업이 추구하는 가치와 군대가 추구하는 가치에는 분명 차이가 있고 그에 따라 의사결정 방식도 달라질 것이다. 결국 구성원들이 공유하는 가치는 조직 구성원을 그 조직의 일원으로 인식하고 경우에 따라서는 자부심을 느끼고 더 조직의 일부로 조직에 더 헌신하도록 하기도 한다. 강력한 문화 속에서 구성원들이 폭넓게 공유된 신념과 가치는 강하게 유지되고, 구성원들의 조직행동을 유도해 간다.

문화의 가장 깊은 수준에서 구성원들이 갖고 있는 암묵적 가정은 심층적이고 추상적인 것이다. 암묵적 가정은 인간관계의 본질, 인간의 본성, 지리, 실재 및 환경에 관한 추상적 전제이다(Dyer, 1986). 예를 들어, 조직 구성원들의 암묵적 가정이 인간을 선천적으로 선하다고 보느냐 혹은 악하다고 보느냐, 진리라고 하는 것이 외부의 권위자에 의해 결정된다고 보느냐 혹은 개인적인 탐구과정과 검증에 의해서 밝혀진다고 보느냐, 인간관계를 위계적으로 보느냐 혹은 수평적으로 보느냐, 그리고 환경도 인간이 통제할 수 있다고 보느냐 혹은 환경에 의해 지배를 받는다고 보느냐에 따라 조직문화의 특성은 크게 달라질 것이다. 조직문화를 이해하기 위한 요체는 조직 구성원들이 공유하고 있는 기본 가정이 무엇인가를 알아내는 일이지만, 가장 심층적이고 추상적이기 때문에 쉽게 발견하기는 어렵다.

2) 학교조직 문화의 이해 요소

학교조직 문화는 우리가 오랫동안 그 문화의 한 부분으로 생활해 온 상황에서 문화를 정의하거나 기술하려고 할 때에는 더욱더 어려운 개념이다(Gruenert & Whitaker, 2017, 주삼환외 역, 2019: 29). 만일 우리가 하나의 문화를 기술할 수 있다고 하더라도 그 문화를 긍정적인 방향으로 이행시키는 것은 커다란 과제이기도 하다. 근본적으로 문화라는 것은 변화하지 않으려 하는데, 이러한 저항성 때문에 문화를 바꾸기는 매우 어렵다(주삼환 외 역, 2019). 특히 우리가 문화의 한 부분이기 때문에 변화를 시도해야 할 사람들조차도 똑같이 변화에 주저한다. 조직문화를 이해하는 요소는 상징물, 이야기, 의례와 의식, 이미지 등 여러 가지 요소가 있는데, 어떠한 요소를 강조하느냐에 따라 문화 형태도 다르고 변화시키기 위한 전략도 달라질 수 있다.

(1) 상징물과 징표

어떤 학교에서는 교사들이 대부분 정장을 하고 다니며 양복 색깔도 단색이 많으며 와이셔츠를 주로 입는다. 이러한 복장 스타일은 그저 우연이 아니라 학교에서 교사들 사이에 흐르는 보이지 않는 규범이 있기 때문이다. 이와 같이 복장에서뿐만 아니라 교무실의 모양과 위치, 인사법이나 상호 간의 말씨까지 학교마다 다르다. 뿐만 아니라 학교는 외부에 대하여 로고, 학교 마크, 슬로건, 건물 장식 등을 통해서 학교의 특징을 나타내기도 한다. 학교의 이미지 개선을 위해 지역사회에 학교의 청사진, 계획서, 교육과정 등을 공표하기도 한다. 이 모두가 학교가 조직으로서 자기의 존재와 정체성을 드러내는 **징표**(signs)이다. 이를 위해서 학교의 교육 이념, 교훈, 교목, 교화, 상징물을 정해 놓기도 한다.

(2) 이야기

이야기란 조직의 과거 역사 속에서 만들어진 **이야기**로서 조직의 신념과 가치관의 근원이 되어 있는 것이 보통이고, 대개는 희생적 · 영웅적 · 도덕적인 것들로서 전해 내려오기 마련이다(주삼환 외, 2015:86). 이런 것은 대부분은 현존하는 어떤 것과 반드시 연결되어 있기 마련이다. 예를 들어, 학교의 설립자의 이야기나 아니면 학교의 선배 중에서 입지전적인 인물이나 학교의 전통과 관련하여 내려오는 이야기이다. 가령 학교가 어떻게 난관을

극복했거나 큰 성과를 이룬 경우 또는 졸업생 중에 커다란 성과를 내었을 경우, 이야기의
소재가 된다. 이때 이런 이야기 속에서 주인공으로 그려지는 사람이 구성원들의 모범이
되기도 한다.

(3) 의례와 의식

조직 내의 어떤 행사나 행동은 규정과 관습에 따라서 특별한 상징적 의미를 지닌 채 규
칙적으로 지켜진다. 이를 의례(rites)라고 하고, 특별한 공개 행사는 의식(rituals)이라고 한
다. 어떤 학교에서는 매주 월요일 아침마다 조회를 하지만, 또 어떤 학교에서는 한 달에 한
번 정도밖에 조회를 하지 않기도 한다.

(4) 상상과 이미지

조직 구성원의 마음속에는 자기도 모르게 어느 순간 조직 자체, 조직 내 권력관계, 맡고
있는 과업 등에 대한 심리적 · 정서적인 상상과 느낌이 들어와 자리를 잡게 되는데 이를 조
직 이미지라고 한다. 그러나 이 느낌은 단순히 한 가지 사실에 기인한 상상은 아니다. 그보
다는 여러 가지 일을 겪으면서 얻어진 상상과 느낌들의 총체로 보아야 한다. 조직 이미지
는 개인이 갖고 있는 것이어서 그들의 태도, 튀어나오는 말의 내용 등에 은연중에 담겨 있
다. 이것은 개인이 조직과 관계하면서 개인의 내부에 형성된 것들의 집합일 뿐이지 조직
자체가 조직 이미지를 갖고 있는 것은 아니다. 다만 조직 구성원들이 조직 이미지를 어떻
게 갖고 있느냐는 조직에 매우 중요한 영향을 미칠 수 있다. 조직문화를 형성하는 이미지
는 주로 다음과 같이 세 가지로 나누어 볼 수 있다(임창희, 2004: 511).

첫째, 조직에 대한 이미지로서 '이 조직은 굳건한가 아니면 사라질까? 이 조직은 나의 능
력을 필요로 하는가? 이 조직은 사회에 필요한가 그렇지 않은가?'에 대해서 생각을 하게
된다. 둘째, 직업에 대한 이미지로서 '이 조직에서는 어떻게 해야 성공하나? 좋은 교사란
무엇인가? 이 조직에서 나는 무엇을 해야 하나?'에 대해서 생각을 하게 된다. 셋째, 조직 내
의 권력관계에 대한 이미지로서 '이 조직에서는 어디가 핵심 부서인가? 이 조직에서는 누
가 실세인가?'에 대해서 생각을 하게 된다. 이런 질문에 대해 각 개인들은 생각을 가지고
있는데 이것이 조직 이미지이다. 이러한 조직 내 구성원들에게 공감된 이미지는 그 조직
의 고유의 문화를 이루게 된다.

3) 학교조직 문화의 변화

조직문화의 구성요소는 학교의 조직문화를 변화시키는 데 유용하게 활용될 수 있다. 일반적으로 조직문화를 확인하고 변화시키기 위해서는 조직문화의 이해 요소를 통해서 가능하다. Firestone과 Wilson(1985)은 학교의 조직문화를 변화시키는 데 유용한 틀을 제공하고 있다. 조직과 관련된 이야기는 어느 조직에나 있기 마련이고, 학교마다 학교와 관련된 이야기를 통해서 문화를 만들 수 있다. 또한 조직마다 갖고 있는 조직의 상징물이나 로고, 슬로건, 장식 등도 문화를 만들고 나타내는 중요한 요소이다. 학교도 교육 이념, 교훈, 교목, 교화, 상징물을 정해서 학교문화를 구성원들에게 인식시킨다. 조직 내의 어떤 행사나 의식 또는 행동은 구성원들에게 일체감을 불러일으키고 조직의 단합을 유도하는 힘이 되고 있다. 이와 같이 문화의 구성요소인 이야기, 상징과 삽화, 의례와 의식 등은 문화를 강조하거나 변화시키게 되고, 구성원들이 안정적으로 조직의 일원이 되도록 유도한다.

신임교사들이 학교에 처음 들어와서는 학교조직을 이해하기도 어렵고 어떻게 행동해야 할지 어려움을 느끼게 된다. 이때 조직문화는 신임교사에게 어떻게 행동해야 할지 그 길잡이가 되며, 이를 통하여 신임교사는 다른 교사들이 하는 규칙성 있는 행동양식(조직문화)를 보고 배우면서 몸에 익혀 나간다.

조직문화의 영향력과 그 중요성이 강조되면서 학교조직에서 조직문화에 대한 관심은 커졌다. 특히 자율권이 강화되면서 과거의 공식적 규제와 지침 대신에 조직문화의 영향이 더 커지게 되었다. 신임교사는 조직문화를 통해서 **조직의 정체성**을 익히게 되고, 조직문화의 영향을 받으면 받을수록 신임교사의 행동도 조직의 정체성을 더 강화하게 된다. 그러면서 신임교사는 다른 교사들과 조화와 단합을 하게 된다. 왜냐하면 조직문화 속에 있는 가치, 행동기준, 판단기준 등을 공유하면서 내부 사람들 간에 동질성이 높아지기 때문이다. 결국 신임교사는 조직문화에 영향을 받게 되고, 이를 배우고 공감함으로써 조직구성원이 되어 간다.

관료제가 순기능과 역기능이 있었던 것처럼 조직문화도 조직에서 순기능 측면과 역기능 측면이 동시에 존재한다. 순기능으로는 행동 지침의 제공, 구성원의 조화와 단합, 환경 적응력 강화, 조직 몰입의 강화가 있고, 역기능으로는 조직 변화에 대한 저항이 있다. 모든 조직은 생존을 위해 외부환경에 적응할 수 있어야 하고, 내부적으로 구성원의 협동과 응집력을 유지해야 한다. 만약 조직문화가 잘 형성되어 있다면 그 구성원들은 조직 이미지, 신화, 의식, 신념, 관습, 규범, 가치관 등 조직문화 구성 요소를 통하여 조직의 특성과 강·약점을 잘 알고 있기에 변화 대처능력이 빠르다. 구성원들이 조직의 바람직한 강한 문화 속에서 행동을 하게 되면 점차 그런 행동을 자연스럽게 받아들이고 조직에 더욱더 집중하게 된다. 이런 경우 구성원들은 조직정책에 더욱 동조하게 되면서 조직문화가 순기능으로 작용하게 된다.

일단 조직이 있으면 그 안에 문화가 있기에 조직 속에서 지낸다는 것은 그 문화 속에서 지낸다는 것과 같다. 학교조직 문화를 관리 변수로 보고 조직문화를 바라봐야 한다. 예를 들어, 상부상조의 문화가 강한 학교조직에서 엄격하고 객관적인 인사고과제도를 도입하고 업적 결과에 따라 월급이나 성과급을 차등 지급한다면 역효과가 더 많을 수도 있다. 하지만 조직문화에 안 맞더라도 필요하다면 새로운 경영 스타일과 경영제도의 도입으로 조직문화를 변화시킬 수 있어야 한다. 상부상조 문화가 너무 지나쳐서 연공승진만 믿고 서로가 무사안일하는 문화가 되어 있다면 엄격하고 객관적인 인사평가제도와 능력기준의 승진제도를 도입하여 경쟁 위주의 역동적인 문화로 탈바꿈시킬 수도 있는 것이다. 이와 같이 조직문화의 변화가 필요한 경우는 기존의 문화가 조직목표와 상반되거나, 조직의 생존이 위협받고 있거나, 혁신과 변화의 시도가 심한 반대에 부딪혀 있을 때, 혹은 리더가 기존문화를 변화시켜 특정 목표를 완수하려 할 때는 어떻게 해서라도 조직문화를 먼저 바꾸어 놓는 것이 현명한 일이다(임창희, 2004: 519).

4) 조직문화의 속성

조직문화는 구성원들을 문화에 익숙해지게 만드는 만큼 기존 문화에 익숙해서 새로운 것에 적용하는 일이 그만큼 어렵다. 변화가 좋든 나쁘든, 일반적으로 문화는 변화를 감지하는 순간 변화를 바이러스로 취급하는 속성이 있다. 컴퓨터에 바이러스가 들어오면 백신이 이를 퇴치하려고 하듯이, 문화의 속성은 새로운 변화에 저항하고 방어막을 치려고 한다. 따라서 학교문화를 변화시키기 위한 도전은 모든 사람이 무언가를 하도록 시도함으로써 시작되는 것이 아니라 소수의 사람이라도 뭔가를 하려고 함으로써 시작된다. 학교문화의 변화는 결코 전체 문화를 바꾸려는 것으로 시작할 수 없다.

Gruenert와 Whitaker(2017)는 문화를 변화시키고 개선하고자 한다면 동시에 사람의 변

화와 개선이 동시에 이루어져야 하고, 문화와 사람은 아주 밀접하게 상호 연결되어 있다고
했다. 대부분의 학교 리더가 학교문화를 극복해야 할 도전으로 보고 있지만 문화를 통해
서 학교를 발전시킬 수 있는 동력으로도 볼 수 있다. 학교조직의 구성원을 변화시키는 데
학교문화를 활용할 수 있다면, 문화는 학교조직 구성원들에게 지침을 제공해 주는 긍정적
이며 적절한 수단이 될 수 있다. 따라서 교장은 교사와 함께 새로운 학교문화를 만들기 전
에 누가 효과적으로 일하는 교사인지를 알고, 그들이 서서히 움직일 수 있도록 안전지대
(safe place)를 만들어 줄 필요가 있다. 안전지대란 특정 영역의 물리적인 요소를 지칭하기
보다는 더 많은 효능성(efficacy)과 실험 정신까지 허용해 주는 영역을 의미한다. 결국 현재
의 문화를 파괴한 다음에 효과적으로 일한 교사들이 성장하도록 유도함으로써 학교 발전
의 동력을 가져오는 새로운 문화를 도모할 수 있게 된다.

문화를 변화시키는 일은 사소한 일상적인 일이나 이야기를 바꾸거나 찌푸린 얼굴을 미
소로 바꿈으로써 그것이 결국 문화의 일부가 되게 해야 한다. 옛날에는 아무도 안전띠를
착용하지 않았지만 지금은 안전띠 없이는 불안함을 느낀다. 과거에 흡연은 좋고 멋있는 것
으로 보였지만 이제 그 인식은 완전히 바뀌었다. 이러한 변화는 한꺼번에 시작될 수도 있
지만 대부분은 한 번에 한 사람씩 일어난다(주삼환 외 역, 2019). 그리고 그것은 우리가 원하
는 곳으로 갈 때까지 계속된다. 코로나19로 인해서 사람들은 외출을 할 때 필수적으로 마
스크를 착용하게 되었다. 그것이 우리의 일상이 되어 가고 있다. 변화는 외부환경에 대해
서 대응하면서 처음에는 불편함을 일으키기도 하지만 사람들의 의식과 태도가 점차 마스
크를 착용하는 것을 당연하게 받아들이고 있다. 결국 당분간 마스크를 필수로 착용하는 것
은 우리의 문화로 받아들여야 하고 조직문화의 변화를 실증적으로 이해하는 예가 되었다.

5) 학교조직 문화의 연구

우리가 학교조직 문화에 관심을 갖는 이유는 결국 어떤 학교조직 문화가 조직 성과를 높
이는가를 찾아내기 위함이다. 즉, 성공적인 학교는 어떤 문화가 있는지를 연구하기 위해
서이다. 학교문화에 관한 초기의 많은 연구는 학교의 변화와 개선을 지향하고 있으며, 문
화를 이해하는 것은 학교를 더욱 효과적으로 만드는 필요조건이라고 생각하고 있다(Deal,
1985; Deal & Peterson, 1994; Rossman, Corbett, & Firestone, 1988). 학교에서 문화에 관한 연

구가 계속되어야 하는 이유는 학교조직의 모든 것이 학교문화의 맥락과 연관되어 있기 때문이다. Hoy와 Miskel(2013: 189)의 학교문화 탐구를 보면, 효능감과 신뢰의 강력한 문화를 가진 학교는 높은 수준의 학생 수행을 가져오는 반면 보호 감독적인 문화를 가진 학교는 학생들의 사회 · 정서적인 발달을 방해한다.

Gruenert와 Whitaker(2017)는 학 학교가 가지고 있는 문화의 형태(type)에 대해서 언급하고 문화의 형태에 맞게 변화의 시동을 걸어야 한다고 제안하였다. 그들은 최적의 학교 상황은 '협력적인 학교문화(collaborative school culture)'라고 했다. 협력문화의 최종 결과는 학교 내 성인들 사이에 형성되는 신뢰 수준이 그 척도가 된다고 했다. 하지만 대부분의 교사는 전문적 자유를 행사하면서 독립성과 자율성을 가지려는 경향이 있어서 동료 교사에게 도움을 요청하는 것을 별로 마음 내켜 하지 않는다. 하지만 협력문화는 본질적으로 전문가들 사이의 상호의존성을 강조한다. 협력문화는 사람들을 향상 · 발전시키는 데 활용하는 중요한 도구가 될 수 있다. 협력문화가 모든 문제를 해결해 주지는 않지만 어떤 문제를 더 큰 문제가 되도록 방치하지 않고 문제를 해결하는 데 필요한 체계(framework)을 제공해 준다. 그러므로 학교에서 협력문화가 구축될 때까지 기다리기보다는 사람을 발전시키는 것과 긍정적인 문화를 개발하는 것이 동시에 이루어져야 한다. 문화는 결코 우리가 원하는 대로 되지 않을 수 있다. 문화를 개선하고 사람을 발전시키는 것은 서로 연합하여 움직이는 과정이고 병행하면서 성장한다.

이석열(1997)은 지난 1997년에 학교조직 문화의 형태를 적극적−소극적, 유연성−경직성 차원에 따라 혁신문화, 합리문화, 집단문화, 위계문화로 나누었고, 학교조직 문화를 조사했다. 5점 척도로 그 결과를 보면 위계문화 3.43, 합리문화 3.26, 집단문화 3.23, 혁신문화 3.19로 위계문화가 가장 높게 나타났다. 약 20년이 지난 2015년에 후속연구에서 동일한 질문지를 가지고 연구한 결과에서도 위계문화 3.48, 집단문화와 합리문화 각각 3.34, 혁신문화 3.33으로 위계문화가 평균이 가장 높은 것으로 나타났다(이석열, 이미라, 2015). 이때까지만 해도 학교혁신을 강조했지만 아직까지 학교조직 문화는 위계문화가 가장 높게 나타났다. 하지만 2020년도에 실시한 이석열의 연구(2020)에서는 혁신문화 3.68, 합리문화 2.76, 집단문화 3.81, 위계문화 2.58로 나타났다. 이는 각 시 · 도별로 혁신학교가 강조되면서 이런 영향으로 학교문화가 점차 바뀌고 있음을 알 수 있다.

우리나라의 학교문화에 관한 연구 동향을 분석한 연구(김민조, 이현명, 2015) 결과를 보면, 학교조직 문화 연구가 41편으로 가장 많았으며, 교직(교사)문화 연구가 28편으로 조사되었다. 또한 학교조직 문화 연구 영역에서는 문화 측정 및 다른 변인과의 관계를 분석한 연구가 31편으로 가장 많은 비중을 차지하였고, 교직(교사)문화 연구 영역에서는 문화 특성 분석 연구가 26편으로 가장 많이 수행되었다. 향후 학교문화 연구는 연구 대상, 연구 영역, 연구주제 등의 영역에서 연구 범위를 확대할 필요가 있다.

☞ 심화 학습 2

6) 학습조직의 이해

조직의 생존에서 변화는 필수적이다. 끊임없이 변화하지 않는 조직은 생존이 어렵고, 변화하기 위해서는 학습이 중요한 요소이다. 학습은 개인에서부터 시작하여 개인들이 모여서 팀을 이룬 팀학습이 되고, 조직 내에서 이런 팀학습들이 모여서 **조직학습**이 이루어지게 된다. 조직학습이라고 하더라도 일단 학습이란 개인들의 행위에서부터 시작되는 것이며, 이러한 개별 학습행위가 조직 내에 확산되고 공유되어 그 해당 행위가 더 이상 특정 개인에게만 국한되지 않을 때 조직학습이 일어났다고 본다. 이러한 학습의 순차적인 과정을 보면, 개인 학습은 개인 차원의 학습으로 개인의 경험, 발견, 결과 해석 등의 활동이 이루어진다. 팀 학습은 팀 구성원들 간의 경험의 공유와 집단의 능력을 향상시키는 과정이다. 조직학습은 조직 차원에서 지속적인 학습활동을 유지하는 것이다. 따라서 조직적 차원에서 학습이 반복되는 수준까지 이르게 되면서 조직의 능력이 새로운 환경에 잘 적응할 수

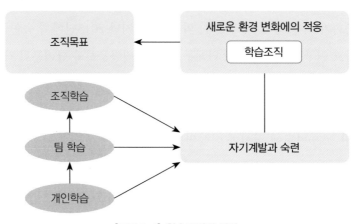

[그림 8-2] **학습조직의 의미**

있게 하는 역량이 바로 **학습조직**이다.

조직학습은 과정(process) 개념이고 학습조직은 결과(outcome) 개념이다. 조직학습이 이루어지는 조직은 조직구조 내에서 다양한 방식으로 외부환경 신호를 수용하고, 이해하고, 해석하는 능력을 지닌다(McMaster, 1996: 10). 조직학습이 활발하게 이루어진다면 그 조직은 구성원들의 자기계발과 숙련을 통한 전문성이 신장되어 새로운 내부 구조와 조직의 다양한 방식으로 새로운 환경 변화에 적응하게 된다. 결국 학습조직이 되면 외부환경에 적응할 수 있는 문제해결력이 높아져 조직의 역량이 향상된다. 이러한 학습조직의 개념을 정립하는 데 크게 기여한 대표자는 Senge, Garvin, Marquardt, Huber 등이다. 이 중에서 Senge는 시스템이론에 입각하여 학습조직을 논의하기 시작하면서 조직의 변화를 이해하고 장려하는 개념으로 학습조직을 제시했다. Senge는 학습조직을 조직의 구성원들이 자신들이 원하는 것을 창조할 수 있는 역량을 끊임없이 확장해 나갈 수 있고, 새로이 열려진 사고의 유형을 지속적으로 함께 배워 나가는 조직이라고 정의하고 있다. 즉, 학교조직에서 학습조직이란 학교 내외적으로 교사들이 정보를 공유하고, 협력적인 학습활동을 전개하여 지속적으로 새로운 지식을 창출하는 조직이다. Senge 등(2000)은 학습조직의 다섯 가지 원리를 학교조직에 적용시켜서 다음과 같이 제시했다.

개인적 숙련(personal mastery)은 개인이 추구하는 지식ㆍ기술ㆍ태도를 형성하기 위해 개인적 역량을 지속적으로 넓혀가고 심화시켜 가는 행위를 의미한다. 개인이 자신의 이상과 현재의 상태를 자각하고, 그 차이를 줄이기 위해 끊임없이 학습활동을 전개하는 행위를 의미한다.

정신 모형(mental model)은 주변에서 발생하는 현상들을 이해하는 인식체계이다. 개인이 무엇을 어떻게 보느냐를 결정하고 어떻게 행동할지를 이끄는 인식의 틀이다. 교사들은 하나의 상황에 대해서도 자신의 정신 모형에 따라 각기 다르게 해석하고 판단한다.

공유 비전(shared vision)은 조직이 추구하는 방향이 무엇이며, 그것이 왜 중요한지에 대해 모든 구성원이 공감대를 형성하는 것이다. 공유 비전은 조직 구성원들이 공동적으로 가지고 있는 것을 바탕으로 각기 갖고 있는 열망을 한 방향으로 정렬하는 일련의 기술이다. 공유 비전은 사람들이 함께 하는 공감대를 형성하게 되고, 조직 구성원들이 함께 만들기를 원하는 미래에 대한 이미지를 개발하는 것이다(Senge et al., 2000: 72).

팀 학습(team learning)은 구성원들이 팀을 이루어 학습하는 것으로 개인 수준의 학습을 증진시키고 조직학습을 유도하게 된다. 팀 학습은 구성원들 간의 대화와 공통 사고로부터 시작되며, 대화와 토론을 통한 학습으로 인해서 학습의 시너지가 발생하게 된다. 개인이 해결할 수 없는 복잡한 문제나 핵심적인 문제를 해결할 수 있고, 서로의 학습을 촉진하는 효과를 주게 된다. 학교는 팀 활동이 풍부한 조직이다(Senge et al., 2000: 73).

시스템 사고(system thinking)는 현상을 이해하고 이를 바탕으로 문제를 해결하는 수단으로 이용하게 된다. 조직에서 일어나는 여러 가지 사건을 부분적으로 이해하고 해결하기보다는 전체적으로 인지하고 이에 포함된 부분들 사이의 순환적 인과관계 또는 역동적인 관계로 이해하고 사고하는 접근방식이다.

학교조직에서 학습조직인 교사들의 전문 학습 공동체도 교사 개인이 학습하여 획득한 새로운 지식을 조직 차원에서 공유함으로써 학교조직의 문제해결력을 끊임없이 향상시켜 나가는 조직을 의미한다. 전문 학습 공동체는 개인적 차원의 학습으로 끝나는 것이 아니라 조직 차원의 학습으로 확대시키는 것을 강조하는 것이다. 교사들은 팀을 조직하여 상호 협력과 공동체 의식을 가지고 함께 학교 교육과정을 개선해 나간다. 교사들이 많은 어려움에 직면한다고 해도 서로 상의하고, 수업을 관찰하고 협동적으로 해결해 나간다. 학교조직의 **전문 학습 공동체**는 교사가 교실 현장에서 겪는 다양한 고민과 해결책 등을 서로 나누면서 스스로 전문성을 키워 나아갈 수 있도록 한다. 교사들은 효과적인 수업, 학생의 학업 성취에 대한 강한 기대, 명확한 교수–학습 목표, 학급의 학구적 분위기 조성, 학생 학업 상담과 지도, 행동강화 방법, 학습 집단 구성방식 등에 대한 실천 지식과 기술을 발휘할 것을 기대받고 있다. 교사들의 팀 학습활동은 교사들이 학교교육을 상호 점검 및 평가해 볼 수 있는 다양한 반성 경험과 학교를 둘러싼 다양한 이해당사자 간의 개방된 대화문화를 형성하는 계기가 될 것이다.

교사는 반성적 실천가로서, 자신의 수업에 대해 반성적으로 사고할 수 있는 능력이 있는 사람들이다. 교사는 이러한 반성적 실천의 과정 속에서 지속적으로 의문을 제기하며 스스로의 전문성을 키워 나가기 때문에 전문가라고 불린다. 이런 반성적 실천의 지속은 전문가로의 도약을 보장해 준다. 하지만 여기서 중요한 것은 지속이다. 지속의 실현을 위해서는 개인의 학습도 중요하지만 공동체의 학습조직 형태로 발전시키는 것이 보다 현실적이고 실제적이다. 교사들은 공동체를 형성해서 학습활동을 수행함으로써 상호 협력을 통하여 시너지를 만들어 낼 수 있다. 이것이 바로 학교가 학습조직이 되어야 하는 이유이다.

7) 전문 학습 공동체 연구

교사의 전문성을 제고하기 위한 방안으로 교사가 동료와의 협력적 학습을 통해 전문성을 개발해 나가는 교사의 **전문 학습 공동체**(professional learning community)가 주목받고 있다. 앞에서도 언급했듯이 교사의 전문 학습 공동체는 학습조직(learning organization)의 개념에서 출발한 것으로, 학습조직이 학교 현장을 개혁하고 교사의 전문성을 함양하는 데 효과적일 수 있다는 제안에 기초하여 지난 1990년대 후반부터 교원의 전문성 신장을 위한 방안으로 도입되어 왔다(고연주, 김영주, 이현주, 임규연, 2017: 429). 그동안 경영자(교장)들은 교사들을 변화시키기 위해서 어떻게 해야 할 것인가에 초점을 둔 조직관리 방식을 취해 왔다. 하지만 급격한 환경 변화 속에서 학교조직은 기존의 조직관리 방식에서 벗어나 교사들이 스스로 역동적으로 움직이는 주체가 되어야 한다(이석열, 이미라, 2006). 전문 학습 공동체는 학교 내외적으로 교사들이 정보를 공유하고, 협력적인 학습활동을 전개하여 지속적으로 새로운 지식을 창출하여 학교의 환경에 적응해 나가는 조직이라 말할 수 있다. 이제는 전문 학습 공동체의 개념을 적용해서 교사의 학습능력과 학습 자발성을 신뢰하고 존중하며 주체적 학습활동을 정당화하는 패러다임으로의 전환이 필요하다.

전문 학습 공동체와 관련된 연구 동향의 분석으로, 신지혜(2015)는 2000년부터 2015년까지 국내외에서 발표된 교사 전문성 개발을 목적으로 한 실행 공동체 논문을 선정하여 대상별, 연구 목적 및 주제별, 연구방법별로 동향을 분석하였다. 신지혜의 연구는 다양한 학교급 교사로 구성된 공동체 활동에 대한 연구가 많았으며, 질적 연구를 이용한 연구와 실천 공동체의 효과를 분석한 연구가 상당수를 차지하였음을 보고하였다. 또한 연구주제를 실천 공동체 형성과정, 경험, 효과, 진화과정, 브로커 등으로 나누어 살펴보면서 실천 공동체를 통한 효과 분석 연구가 주로 수행되었다고 했다. 또한 교사 학습 공동체를 통한 교사 전문성 신장에 대한 연구와 이를 판단할 수 있는 검사 도구가 마련될 필요가 있음을 지적하였다. 실제 이석열(2020)의 연구에서는 전문 학습 공동체가 학교조직 효과성에 긍정적인 영향을 미치는 것으로 나타났다. 특히 전문 학습 공동체의 속성인 학생 성장과 학습 증진을 실천하고 개선하려는 마인드가 학교조직 효과성을 높이는 요인이었다.

고연주 등(2017)의 연구도 교사 학습 공동체 관련 국내 연구 동향을 분석했는데, 주요 연구주제는 크게 교사 학습 공동체 개념 및 특성, 교사 학습 공동체 운영 특징, 교사 학습 공

〈표 8-4〉 교사 학습 공동체 주요 연구주제의 빈도 분석 및 백분위

연구주제	논문 수(중복집계)	비율(%)
A. 교사 학습 공동체 개념 및 특성	10	9.1
A1. 교사 학습 공동체의 이론적 개념화	5	4.5
A2. 교사 학습 공동체의 특성 탐색	5	4.5
B. 교사 학습 공동체 운영 특징	46	41.8
B1. 교사 학습 공동체 운영실태 및 인식 조사	4	3.6
B2. 교사 학습 공동체 운영사례 기술	15	13.6
B3. 교사 학습 공동체 운영과정 및 결과물 분석	27	24.5
C. 교사 학습 공동체 참여를 통한 교사의 발달	34	30.9
C1. 교사 학습 공동체를 통한 교사 전문성 발달	24	21.8
C2. 교사 학습 공동체 참여경험 탐색	10	9.1
D. 교사 학습 공동체 형성 및 발달 메커니즘	20	18.2
D1. 교사 학습 공동체의 형성, 발달과정	9	8.2
D2. 교사 학습 공동체의 발달에 영향을 주는 요인탐색	11	10.0
총	110	100.0

동체를 통한 교사의 발달, 교사 학습 공동체 형성 및 발달 메커니즘의 네 가지로 도출되었다. 〈표 8-4〉에서 보면 교사 학습 공동체의 운영 특징을 소개하거나 공동체 참여를 통한 교사의 발달을 분석한 연구가 다수를 차지하였다.

한편 김경은과 정지현(2016)은 유아교사를 대상으로 한 학습 공동체 연구 동향을 분석하였는데, 2010년부터 현재까지 연구가 꾸준히 증가하고 있으며 주로 질적 연구가 수행되었음을 보고하였다. 또한 현직에 있는 교사를 대상으로 한 연구와 자발적인 교사 학습 공동체 활성화를 위한 전문가 및 행정적인 지원에 대한 연구가 주로 수행되었음을 밝혀냈다. 그러나 유아교사에 한정 지어 연구되었기에 국내 교사 학습 공동체의 다수를 이루는 초·중등 교사의 학습 공동체 연구에 대한 정보는 포함되지 않았다.

앞서 소개한 선행연구들과 달리, 이승호 등(2015)은 학습 공동체, 교사 모임, 교과연구회 등의 키워드를 활용하여 10편의 논문을 선정한 후 교사 학습 공동체의 속성이 어떤 양상으로 나타나는지 확인하고 그 특징을 도출하는 질적 메타분석을 실시하였다. 이 연구는 교사 학습 공동체의 속성이 어떻게 발현되었는지에 대한 자세한 정보를 제공하고 주요 연

구의 흐름을 파악할 수 있다는 데 장점이 있었으나, 현재까지 다수의 학술지에 보고된 교사 학습 공동체의 연구 방향과 그 정도에 대한 정보는 파악하기 어려웠다.

전문 학습 공동체의 측정 도구에 대한 연구도 이루어지고 있다. Johnson(2011)은 DuFour 등(2010)이 제시한 전문 학습 공동체 특성에 따라서 학습중점(6문항), 협력문화(6문항), 집단탐구(6문항), 행동 지향(5문항), 지속적 개선(5문항), 결과 지향(3문항)의 총 6개 요인, 31개 문항으로 구성된 측정 도구를 만들었다. 예를 들어, '학습 중점'인 경우는 '학습 공동체의 본질은 각 학생의 학습에 중점을 두고 노력하는 것이다.'라는 식의 문항이 구성되었다.

국내에서는 송경오와 최진영(2010)이 학습 공동체에 관한 문헌을 기반으로 학습 공동체를 구성하는 공통적인 요소를 추출하고 이를 토대로 설문지 문항을 개발하였다. 설문지는 리더십 공유(3문항), 비전 공유(3문항), 교사들의 학생 학습 강조(2문항), 교사 협력(7문항), 탐구문화(4문항), 구조적 조건(4문항)의 6개 요인, 총 23개 문항으로 이루어졌다. 교사들은 각 문항에 대해 동의하는 정도를 4점 척도로 응답하였으며, 3점 미만의 값은 근무하고 있는 학교의 교사 학습 공동체 수준이 미흡하다고 교사들이 인식하고 있는 것으로 해석하였다. 김민조, 이현명, 김종원(2016)은 교사 학습 공동체를 형성하거나 활성화하기 위해서는 학교의 문화적 요소가 중요하다고 보고 교사 학습 공동체 형성 및 활성화를 위한 학교문화 측정 요소를 탐색하였다. 측정 도구는 학습 경험의 질(5문항), 교사의 전문성 지향(6문항), 학생들의 요구 충족(7문항), 리더십과 학교경영(7문항)의 4개 요인, 총 25문항으로 구성되었다. 이석열(2018)은 전문 학습 공동체를 진단하기 위한 척도를 개발했는데, 하위 요인과

〈표 8-5〉 **전문 학습 공동체의 문항 구성 및 문항 예시**

구성 요인	문항 수	문항 예시
학생성장과 학습증진	4	학생들의 성장과 학습증진에 비전과 목표를 두고 이를 달성하기 위해서 노력한다.
협력문화	4	공동 목표를 달성하기 위해 협력하고, 소통하며, 지식과 정보 등을 공유한다.
집단탐구	6	팀 학습을 통해 새로운 기술과 능력을 개발하며, 전문적인 경험과 태도를 발전시켜 나간다.
실천과 지속적 개선	10	학생의 성장과 학습증진을 위해 실천하고, 결과를 높이기 위해 지속적으로 개선해 나간다.

☞ 심화 학습 3

문항 적합성 검토, 타당성과 신뢰도 검토를 거쳐 최종적으로 4개 요인(학생성장과 학습증진 4개 문항, 협력문화 4개 문항, 집단탐구 6개 문항, 실천과 지속적 개선 10개 문항)의 총 24개 문항으로 구성된 진단척도를 확정하였다. 〈표 8-5〉는 전문 학습 공동체의 문항 구성과 문항 예시이다.

3. 학교조직 변화의 실천

이 절에서는 학교조직을 변화시키는 데 학교조직 문화를 통한 실제적인 방안을 탐색해 보고, 교사의 전문성 향상을 위한 전문 학습 공동체를 진단해 보고, 향후 미래 학교의 모습에 대한 토의를 해 보고자 한다.

1) 학교조직 문화의 예시 이해

조직문화는 구성원들의 행동을 지배하면서 당연하고 정상적인 것으로 받아들이고 행동하도록 한다. 여기서 당연하고 정상적인 것이 반드시 옳다고 하는 것은 아니다. 다음의 사례에서 우리가 받아들이는 문화에서 일상적인 것이 옳지 않은 경우를 이해할 수 있을 것이다.

A는 대학에 다닐 때 아주 좋은 레스토랑에서 웨이터로 일하였다. 그는 시간을 엄격히 지키고(또는 가급적 늦지 않으려고 일찍 오고), 최대한 열심히 일하며 불평하지 않으려고 했다. 그는 다른 사람들도 언제나 자기와 같은 신념을 갖고 실천한다고 생각하였다. 레스토랑에서 일할 때 그는 교대시간을 꼭 지켰다. 그런데 다른 웨이터들 중에 어떤 사람들은 제시간에 올 때도 있었고 약간 늦게 올 때도 있었다. 또 어떤 사람들은 아예 출근하지 않았다. 어떤 사람은 출근을 해야 한다는 의무감을 느끼지 못하고, 비록 그 일이 자신들의 생계였다고 할지라도 늦게 도착했을 때도 미안해하지 않았다. 그러나 그때 그에게 정말 충격을 준 것은 그 누구도 그런 것을 이상한 것으로 생각하지 않는 듯 보였다는 것이다. 늦거나 오지 않는 사람에게 연락하지 않는 것을 그냥 '일상적인 것'으로 받아들이고 있었다. 사람들은 그렇게 하는 것을 당연하게 생각했고, 지배인조차도 레스토랑 운영에 있을 수 있는 일상적인 것으로 생각하고 있었다.

사람들의 기대와 행동은 상호작용하는 사람들에 의존하여 변해 간다. 이와 같이 사람들은 주변에 적응해 나가야 한다. 만약 누군가가 부정적인 인생관으로 자신을 끌려 다니게 내버려 두는 것은 잘못된 것이고, 문화의 부정성은 일반적으로 알고 있는 것보다 더 강력하다. 사람 내면의 소리와 옳고 그름에 대한 인식은 학교조직 문화를 바람직한 방향으로 변화시키게 될 것이다. 앞서 제시한 사례에서 보듯이 조직에서 생겨날 수 있는 '일상적인 것'이 반드시 옳은 것을 의미하는 것은 아니다. 이러한 사례는 학교조직에서도 생길 수 있다.

🎓 기본 학습 4

학교에서 앞서 제시한 사례에서와 비슷하게 일어나는 일을 이야기해 보고, 이런 경우에 어떻게 변화시켜야 하는지 논의해 보자.

2) 전문 학습 공동체를 진단해 보기

다음 〈표 8-6〉은 전문 학습 공동체를 진단하는 실제 문항이다. 응답을 해 보고 5점 평균을 표에 작성한 후, 전문 학습 공동체 진단 결과를 바탕으로 학교조직에서 전문 학습 공동체를 발전시키기 위한 방안을 제시해 보자.

〈표 8-6〉 전문 학습 공동체 진단 척도

전문 학습 공동체 진단 문항 우리 학교는	전혀 그렇지 않다				매우 그렇다
1. 교사들은 학생의 성장과 학습증진을 목표로 하는 비전과 가치를 공유한다.	○	○	○	○	○
2. 교사들은 학생들의 학습과 성장에 가치를 둔다.	○	○	○	○	○
3. 교사들은 '학습'에 어려움을 겪는 학생들에게 필요한 시간과 지원을 제공한다.	○	○	○	○	○
4. 교사들은 학생의 전인적 성장을 위해 노력한다.	○	○	○	○	○
5. 교사들은 수업개선을 위해 서로 협력한다.	○	○	○	○	○
6. 교사들은 서로 간에 조언을 듣거나 도움을 받을 수 있다.	○	○	○	○	○
7. 교사들은 학생의 학습 및 학생지도에 필요한 평가기준과 방법을 공유한다.	○	○	○	○	○
8. 교사들은 서로 간에 상호존중과 협력적인 관계를 형성하고 있다.	○	○	○	○	○
9. 교사들은 전문성 개발을 위해 동료교사와 함께 탐구한다.	○	○	○	○	○

10. 교사들은 교수-학습 전략을 동료교사와 함께 개발한다.	○	○	○	○	○
11. 교사들은 새로운 기법과 수업모형 적용을 위해서 함께 팀학습 활동을 한다.	○	○	○	○	○
12. 교사들은 학생들의 학습과 성장을 위한 공동의 방법을 함께 연구한다.	○	○	○	○	○
13. 교사들은 데이터 및 관련 정보를 기반으로 교육활동에 관한 결정을 함께 내린다.	○	○	○	○	○
14. 교사들은 학생의 인성교육과 생활지도를 위한 방법을 함께 구상한다.	○	○	○	○	○
15. 교사들은 학습 공동체에서 배우고 익힌 내용을 수업에 적용한다.	○	○	○	○	○
16. 교사들은 서로 간에 교수-학습과 생활지도 문제에 관한 피드백을 수용하고 적용한다.	○	○	○	○	○
17. 교사들은 수업개선을 위해 학습자에게 적합한 교수법을 적용해서 수업한다.	○	○	○	○	○
18. 교사들은 학생들의 성장과 학습증진을 위해 다양한 시도를 한다.	○	○	○	○	○
19. 교사들은 학생의 성장과 학습 향상의 결과를 토대로 전반적인 학습 공동체 활동을 진단한다.	○	○	○	○	○
20. 교사들은 학생들의 수행 결과를 기반으로 교수-학습 개선책을 학습 공동체에서 마련한다.	○	○	○	○	○
21. 교사들은 학생들의 성장과 학습을 위한 지속적인 논의와 토론에 참여한다.	○	○	○	○	○
22. 교사들은 학생의 성장과 학습상태를 점검하고 부족한 부분을 개선해 나간다.	○	○	○	○	○
23. 교사들은 학생 수행 결과를 중심으로 교육목표 달성 정도를 지속적으로 모니터링 한다.	○	○	○	○	○
24. 교사들은 학습 공동체의 나아갈 방향을 고찰하기 위해 계속 노력한다.	○	○	○	○	○

출처: 이석열(2018).

전문 학습 공동체 진단 결과

구성 요인	문항 번호	문항 총점	5점 평균
학생성장과 학습증진	1~4	1~4문항의 합계 _____	점수____÷4= _____
협력문화	5~8	5~8문항의 합계 _____	점수____÷4= _____
집단탐구	9~14	9~14문항의 합계 _____	점수____÷6= _____
실천과 지속적 개선	15~24	15~24문항의 합계 _____	점수____÷10= _____

3) 학교조직의 미래 모습

앞으로 우리가 속해 있는 학교의 모습은 어떠할까? 기술과 사회의 변화 속에서 학교는 어떻게 바뀌게 될 것인가? 교사는 어떤 역할을 하고 있을까? 코로나19 상황을 맞이하면서 학교와 교사의 역할은 엄청난 변화를 보여 줄 것이다. 학교가 마주할 도전은 상상 이상일 수도 있다. 따라서 앞으로 학교조직의 미래 모습을 전망해 볼 필요가 있다.

우선 기술의 변화가 교육에 주는 시사점이 있을 것이다. 다양한 기술의 사용으로 인해서 학생들의 개별 맞춤학습이 가능하게 되고 가상현실, 증강현실 등의 활용과 학습 게임의 폭넓은 활용으로 교사의 역할도 달라질 것이다. 또한 직업세계의 변화가 학교교육에도 영향을 미치게 될 것이다. 직업세계에서 요구되는 핵심 역량이 달라지고, 이에 따라서 학교의 역할도 변하게 될 것이다. 사회성과 감성, 공감능력, 모험에 도전하는 정신, 네트워킹 등이 중요해질 것이다. 교실 내 학생들의 변화도 예상할 수 있다. 교실 내에 능력, 학습준비도, 학습양식, 흥미 등에서 다양한 차이를 보이는 학생들이 급증하게 될 것이다. 학생들의 다양성이 점차 중요하게 작용할 것이다.

이는 우리나라에만 국한된 문제는 아니다. OECD의 산하기구인 교육연구혁신센터(Center for Education Research Innovation: CERI)에서는 현 학교제도를 둘러싼 여러 문제나 조짐 등을 토대로 미래 학교교육의 시나리오를 〈표 8-7〉과 같이 제시한 바 있다.

〈표 8-7〉 **학교조직의 시나리오**

현 체제 유지 (Status quo)	재구조화 (Restructure)	탈학교 (Destructure)
시나리오 1 견고한 관료제적 학교체제	시나리오 3 사회센터로서의 학교	시나리오 5 학습자 네트워크 형성
시나리오 2 시장경제 원리 적용 모델 확대	시나리오 4 학습조직으로서의 학교	시나리오 6 교사의 탈출, 학교붕괴

출처: CERI (2001).

- 시나리오 1과 2: 현 체제 유지를 전망하는 시나리오로 견고한 관료제적 학교체제가 유지될 것으로 보는 것으로 학교교육의 기본 틀, 학교조직, 학교 졸업장의 가치 등이 사회적으로 인정받게 된다.

• 시나리오 3과 4: 재구조화 시나리오는 학교가 지닌 경계, 학교의 독점에서 벗어나 사회의 다른 영역과 연계의 중요성이 부각되며 다양한 방식의 학습이 강조되는 새로운 학교교육의 관점이다.

• 시나리오 5와 6: 탈학교 시나리오는 학습자의 학습 요구를 중심으로 네트워크가 구축되어 학습이 누구와 어디서든지 이루어질 수 있어서 학교체제의 해체를 의미한다.

심화 학습 5

[심화 학습 1]

학교조직의 특성으로서 관료제의 특징을 제시하고 순기능과 역기능을 설명해 보시오. 또한 Weber의 관료제의 관점에서 학교조직을 이해하고, 관료제의 역기능을 최소화하기 위한 학교조직의 구조에 대해서 탐구해 보시오.

[심화 학습 2]

학교조직이 발전하기 위해서는 적절한 변화가 필요하다. 근본적인 변화를 위해서 학교조직에서 학교조직문화를 어떻게 창출할 것인가의 문제가 교육행정의 중요한 관심사가 되고 있다. 학교조직 문화의 의미를 설명하고, 학교조직 문화를 변화시키기 위한 전략을 찾아보시오.

[심화 학습 3]

학교 내에서 교사들이 정보를 공유하고 협력적인 학습활동을 전개하며 지속적으로 새로운 지식을 창출해나가는 교사 학습 공동체의 적용 가능성에 대해서 논의하고 실제 교사 학습 공동체를 추진하기 위한 방안을 탐색해 보시오.

[심화 학습 4]

'미리 생각하기'에서 '학교의 이미지에 대해서 전망해보기'를 제안했다. 여러분의 학교의 이미지를 생각해서 5년 후의 당신의 학교가 어떻게 달라지기를 바라는지, 또한 그것을 위해서 무엇을 할 것이며, 어떤 일을 시작할 것인지를 제시해 보시오.

[심화 학습 5]

앞에서 학교조직의 미래 모습으로 시나리오를 알아보았다. 이들 시나리오 중에서 학교조직의 미래 모습으로 어느 시나리오를 전망하며, 그렇게 전망하는 이유를 논의해 보시오.

● 참고문헌 ●

고연주, 김영주, 이현주, 임규연(2017). 교사학습공동체 관련 국내 연구동향 분석: 주제분석법을 활
　　용하여. 학습자중심교과교육연구, 17(4), 429-457.

곽대섭(1990). 학교조직의 관료화 정도와 교사의 욕구성향과의 관계. 교육연구, 7, 43-61.

김경은, 정지현(2016). 국내 유아교사학습공동체 관련 연구동향 분석. 어린이문학교육연구, 17(1),
　　213-238.

김명중(1989). 학교조직의 관료화 정도와 교사의 관료 · 전문지향성 및 직무만족과의 관계. 충남대학
　　교 교육대학원 석사학위논문.

김미정(2005). 학교조직에서 나타나는 관료주의적 특성 고찰. 교육발전논집, 26(2), 35-51.

김민조, 이현명(2015). 학생의 학교문화 인식에 영향을 미치는 요인 탐색: 자기주도학습전형고를 중
　　심으로. 교육행정학연구, 37(3), 223-247.

김민조, 이현명, 김종원(2016). 학교단위 교사학습공동체 형성 및 활성화를 위한 학교문화 측정요소
　　탐색. 교육문화연구, 22(6), 87-113.

김운종(2016). 학교조직의 관료적 운영 정도가 교사의 교직전문성에 미치는 영향의 차이 비교. 교육
　　종합연구, 14(4). 145-166.

나민주(1991). 학교조직의 결합분석. 서울대학교 대학원 석사학위논문.

노종희(1992). 교육행정학. 서울: 문음사

류방란(2004). 학교교육의 미래 전망-CERI의 미래 학교 전망 시나리오에 대한 교육계 리더들의 인
　　식. 한국교육, 31(4), 21-45.

배상훈, 홍지인(2012). 학교조직의 관료적 운영이 교사의 창의적 업무 수행 및 직무 열의에 미치는
　　영향. 교육행정학연구, 30(4), 249-276.

송경오, 최진영(2010). 초 · 중등학교 교사학습공동체의 측정모형 및 수준 분석. 한국교원교육연구,
　　27(1), 179-201.

신지혜(2015). 실행공동체를 활용한 교사 전문성 개발 연구 동향 분석: 음악교사 전문성 개발 연구의
　　시사점을 중심으로. 음악교육연구, 44(3), 69-89.

왕기항(2000). 교육조직론 탐구. 서울: 학지사

이봉우(1999). 학교조직의 관료화 · 조직구조특성 · 조직효과성간의 관계연구. 교육행정학연구,
　　17(4), 221-254.

이석열(1997). 학교조직문화, 교장의 수업지도성, 교사의 전문적 수용권의 관계. 충남대학교 대학원
　　박사학위논문.

이석열(2018). 교사의 전문학습공동체 진단 척도 개발 및 적용. 교육행정학연구, 36(2), 201-227.

이석열(2020). 교사가 지각한 학교조직문화와 전문학습공동체가 학교조직효과성에 미치는 영향 분
　　석. 교육행정학연구, 38(4), 133-156.

이석열, 이미라(2006). 학습조직이론 관점에서 현직교원교육의 내용과 절차에 대한 재해석: 현직교원교육의 내용과 절차를 중심으로. 인문학연구, 33(1), 147-167.

이석열, 이미라(2015). 학교조직문화 유형과 교사의 전문적 수용권의 관계 분석. 예술인문사회 융합 멀티미디어 논문지, 5(4), 539-547.

이성룡(2000). 학교조직의 이완결합 특성과 전문성, 자율성 관계 연구. 한국교원대학교 교육대학원 석사학위논문.

이승호, 이지혜, 허소윤, 박세준, 한송이, 한은정(2015). 교사학습공동체의 속성에 관한 질적 메타 분석. 교육학연구, 53(4), 77-101.

이혜란 · 김아영 · 차정은(2011). 학교조직풍토와 교수몰입 간의 관계에서 교수효능감의 매개효과. 교육심리연구, 25(3), 671-691.

임창희(2004). 조직행동. 경기: 법문사.

정남미(2005). 유치원 조직의 이완결합 특성과 결합 분석. 유아교육학논집, 9(1), 5-24.

주삼환(1985). 교육행정연구. 서울: 성원사.

주삼환(2006). 교육조직 연구. 경기: 한국학술정보.

주삼환, 천세영, 김택균, 신붕섭, 이석열, 김용남, 이미라, 이선호, 정일화, 김미정, 조성만(2015). 교육행정 및 교육경영(5판). 서울: 학지사.

진동섭(1989). 학교장과 교사의 결합: 결합의 개념적 모델 탐색. 교육이론, 4(1), 45-72.

Centre for Educational Research and Innovation (CERI) (2001). Schooling for Tomorrow: Related Documents and Publications. OECD publications in the "Schooling for Tomorrow" series.

Cohen, M. D., March, J. G., & Olsen, J. P. (1972). A Garbage Can Model of Organizational Choice. Administrative Science Quarterly, 17(1), 1-25.

Deal, T. E., & Celotti, L. D. (1980). How much influence do (and can) educational administrators have on classrooms? Phi Delta Kappan, 61(7), 471-478.

Deal, T. E., & Peterson, K. D. (1994). The Leadership Paradox: Balancing Logic and Artistry in Schools. San Francisco: Jossey-Bass Publishers.

DuFour, R., DuFour, R., Eaker, R., & Many, T. (2010). Learning by doing: A handbook for professional learning communities at work (2nd ed.). Bloomington, IN: Solution Tree Press.

Dyer, W. G. Jr. (1986). Cultural Change in Family Firms: Anticipating and Managing Business and Family Transitions. San Francisco: Jossey-Bass.

Firestone, W. A., & Herriott, R. E. (1983). Multisite Qualitative Policy Research: Optimizing Description and Generalizability. Educational Researcher, 12(2), 14-19.

Firestone, W. A., & Wilson, B. L. (1985). Using bureaucratic and cultural linkages to improve instruction. Educational Administration Quarterly, 21(2), 7-30.

Gruenert, S., & Whitaker, T. (2017). *School culture recharged: Strategies to energize your staff and culture*. 주삼환, 이석열, 신붕섭, 김규태 공역(2019). 학교문화 리더십. 서울: 학지사.

Hoy, W. K., Newland, W., & Blazovsky, R. (1977). Subordinate Loyalty to Superior, Esprit, and Aspects of Bureaucratic Structure. *Educational Administration Quarterly, 13*(1), 71-85.

Hoy, W. K., & Miskel, C. G. (2008). *Educational administration: Theory, research & practice* (8th ed.). New York: McGraw-Hill Co.

Hoy, W. K., & Miskel, C. G. (2013). *Educational administration: Theory, research & practice* (9th ed.). New York: McGraw-Hill Co.

Johnson, D. R. (2011). A Quantitative Study of Teacher Perceptions of Professional Learning Communities' Context, Process, and Content. A dissertation of EdD, Seton Hall University.

Lortie, D. C. (1969). The Balance of control and autonomy in elementary school teaching. In A. Etzioni (Ed.), *The Semi-profession and Organization*. N.Y.: Free press.

McMaster, M. (1996). *The Intelligence Advantage: Organizing for Complexity*. Butterworth-Heinemann.

Meyer, J. W., & Rowan, B. (1977). Institutionalized Organizations: Formal Structure as Myth and Ceremony. *American Journal of Sociology, 83*(2), 340-363.

Morrison, K. (2002). *School leadership and complexity theory*. 신현석, 주영효, 임준용, 이경호, 홍세영 공역(2020). 학교 리더십과 복잡계 이론. 서울: 학지사.

Rossman, G. B., Corbett, D., & Firestone, W. A. (1986). *Change and Effectiveness in Schools*. SUNY series, Frontiers in Education.

Senge, P. M., Cambron-McCabe, N., Lucas, T., Smith B., Dutton, J., & Kleiner, A. (2000). *Schools that learn: A Fifth Discipline Fieldbook for Educators, Parents and Everyone Who Cares About Education*. New York: Doubleday.

Weick, K. E. (1976). Educational Organizations as Loosely Coupled Systems. *Administrative Science Quarterly, 21*(1), 1-19.

●제9장●

리더십

미리 생각하기 | **두 교장 중 누구와 근무하고 싶은가**

A교장

교사들은 A교장을 매우 유능하고 똑똑한 리더로 생각하고 있다. A교장은 학교목표 달성에 관심을 보이는 부장교사 주도의 교무위원회를 중심으로 학교 업무를 추진하도록 하고 있다. 교무위원회에서는 학교의 교육과정, 규율, 직원연수, 학교혁신 등 학교에 필요한 업무에 대한 내용들이 논의되고 이를 토대로 의사결정들이 이루어진다. 교사들은 업무분장에 따라 부서별, 학년별, 교과별 협의회에 적극적으로 참여하고, 그들 중에서 업무 지향적이고 매우 협조적이며 다른 동료를 지원하고자 노력하는 교사들이 있다. A교장은 교무위원회의 부장교사들이 임무에 대해서 가장 체계적으로 알고 있다고 보고 있다. 교무위원회의 부장교사들은 학교 운영위원회에서 논의된 사항을 비롯하여 학교의 전반적인 목표를 향해 나아갈 수 있도록 최선을 다한다.

B교장

교사들은 B교장을 매우 체계적이고 결단력 있는 사람으로 인식한다. B교장은 이 학교에서 오랫동안 교장으로 재직해 왔다. 학교조직은 업무분장의 부서별 팀으로 구성되어 있다. B교장은 과도하게 많은 각종 부서별, 학년별, 교과별 협의회 때문에 교사들이 수업계획을 세우고 준비하는 데 필요한 시간을 낭비하고 있다고 생각한다. 각각의 부서별 팀은 B교장을 한 달에 한 번 만난다. B교장은 이 회의를 위해 계획을 세우고, 각 팀에서 아이디어를 얻은 후 최종 결정을 한다. 그는 팀들을 총괄하는 것이 학교가 전반적인 목표들에 도달해 가는 데 필요한 일이라고 확신한다.

당신이라면 어떤 교장과 함께 근무하고 싶은가? 그 이유는 무엇인가?

☞ 심화 학습 1

학습성과

학교조직에서 리더로서의 바람직한 리더십을 설정하고, 이를 실천할 수 있다.

학습목표

1. 리더십이론의 주요 내용을 알 수 있다.
2. 리더십의 대체에 따른 새로운 리더십의 연구 동향을 알 수 있다.
3. 바람직한 리더십을 실제 학교현장에 적용한다.

학습내용

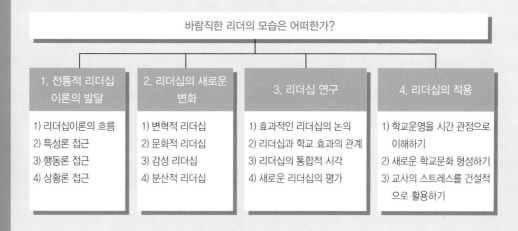

바람직한 리더의 모습은 어떠한가?

1. 전통적 리더십 이론의 발달	2. 리더십의 새로운 변화	3. 리더십 연구	4. 리더십의 적용
1) 리더십이론의 흐름 2) 특성론 접근 3) 행동론 접근 4) 상황론 접근	1) 변혁적 리더십 2) 문화적 리더십 3) 감성 리더십 4) 분산적 리더십	1) 효과적인 리더십의 논의 2) 리더십과 학교 효과의 관계 3) 리더십의 통합적 시각 4) 새로운 리더십의 평가	1) 학교운영을 시간 관점으로 이해하기 2) 새로운 학교문화 형성하기 3) 교사의 스트레스를 건설적으로 활용하기

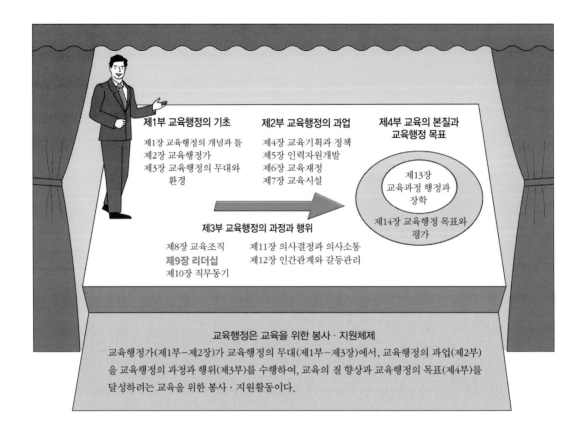

1. 전통적 리더십이론의 발달

이 절에서는 전통적인 리더십에서부터 최근 새로운 뉴리더십까지의 흐름을 알아보고, 전통적 리더십 중에서 특성론적 리더십, 행동론적 리더십, 상황론적 리더십에 대해서 알아본다.

1) 리더십이론의 흐름

사회과학의 연구주제 중에 '리더십'만큼 많은 학자들이 연구한 것은 없을 정도로 지속되고 있다. 그만큼 리더십은 조직의 생존과 성공을 결정하는 중요한 요인이고, 조직에서 구성원 간의 상호작용과 밀접한 관련이 있다. 학교조직에서도 리더로서의 교장은 수행해야 하는 과업이 다양해지고 그 책임감도 더 커지고 있다. 그럼에도 학교 리더들은 교수활동 개선을 위한 지도와 혁신적인 정보기술을 잘 활용해서 학생들에게 필요한 교육활동을 제공하는 리더십을 발휘하는 데 어려움을 겪고 있다.

리더십 연구의 흐름은 크게 전통적인 리더십이론으로 특성론, 행동론, 상황론으로 발전을 했다. **특성론**은 '효과적인 리더는 그렇지 못한 리더와 다른 일련의 특성을 지니고 있다.'는 가정에서, 효과적인 리더가 갖고 있는 특징이 무엇인가를 탐구하고자 했다. **행동론**은 '가장 효과적인 리더의 행동 유형이 있다.'는 가정하에 리더가 부하에게 어떤 행동을 보일 때 효과적인지를 연구하고자 했다. **상황론**은 리더의 행동 유형이 항상 효과적인 리더십은 존재하지 않고 상황에 따라서 효과적인 리더십이 달라질 수 있다고 보고, 어떤 상황에서 어떤 리더십의 유형이 효과가 있는지를 연구하고자 했다. 이 세 가지 관점은 전통적 리더십 연구들로서 효과적인 리더를 나타내는 리더의 특성(자질), 행동, 상황 등에 초점을 두고 있으며, 이러한 전통적인 리더십이론은 특성론 접근, 행동론 접근, 상황론 접근의 세 가지로 구분하여 정리할 수 있다(주삼환 외, 2015: 105).

하지만 전통적인 리더십은 그 성격에 있어서도 리더십을 리더와 구성원의 관계에 국한시키고 있기 때문에 1980년대 초까지 지배적이었던 이들 이론에 대해 비판적인 입장이 제기되었다. 1980년대 이후 연구자들은 전통적 리더십과 대비되는 새로운 리더십이론을 확장하고 수정하는 연구를 계속하게 되었으며, 더욱 복잡하고 동태적인 환경 속에서 리더십의 역할을 탐색하게 되었다. **뉴리더십**으로 변혁적 리더십, 카리스마 리더십, 문화적 리더십, 슈퍼 리더십, 도덕적 리더십, 감성 리더십, 분산적 리더십은 물론 서번트 리더십, 여성적 리더십 등 학교장의 리더십에 대한 다양한 유형별 연구가 이루어지고 있다.

이러한 리더십 연구의 발달과정을 흐름으로 나타내면 〈표 9-1〉과 같다. 리더십이론의 발달은 행정이론의 발달과 연관성이 있다. 행정이론의 인간관계론과 행동과학론시대에 리더십의 행동론에 대한 연구가 활발히 이루어졌다. 특히 1980년대 이후 대체 이론의 영향으로 리더십에 대한 뉴리더십이론들이 등장하게 되었다. 최근 리더십이론이 다원적 접근으로 강조되며 리더십 연구는 새로운 패러다임으로 전환되었다. 효과적인 리더십을 보는 관점이 리더 중심에서 구성원으로 옮겨졌고, 조직 리더십보다 공동체 리더십이 중시되었다(주현준, 2016: 29). Sergiovanni(1992)는 학교를 조직이 아닌 공동체로 대체하고 학교 내에서의 공유, 협력, 참여의 가치를 주장하였다. 즉, 리더를 바라보는 시선이 비범한 리더

〈표 9-1〉 **리더십 연구의 발달과정**

기간	과거~1930년대	1930~1950년대	1950~1970년대	1970~1980년대	1980년대 이후
행정 이론	과학적 관리론, 관료제론	인간관계론	행동과학론	체제이론, 비판이론, 포스트모더니즘, 대체이론, 임파워먼트 등	
리더십 접근이론	특성론		행동론	상황론	뉴리더십이론
주요 내용	개인적 특성		리더의 행동	상황에 따른 효과성	다원적인 접근

에서 평범한 조력자로, 수직적인 상위 관료에서 수평적인 봉사자, 절대적 이성에서 인간적 감성으로 이동하게 된 것이다.

2) 특성론 접근

특성론 접근의 리더십 연구에서 효과적인 리더는 리더의 특성에 의해서 묘사되어 왔다. 리더의 특성은 개인의 자질과 성격에 중점을 두고 인성, 동기, 기술 등을 다루었다. 특성론 접근은 리더와 리더가 아닌 사람들 간의 차이를 보여 주는 리더의 특성에 대한 연구로 이루어졌다. 리더십 연구에서 특성론은 리더가 구비해야 할 자질과 능력이란 측면에서 1930년대 전후로 커다란 호응을 얻었다. 최근의 특성 연구들은 리더와 부하를 비교하기보다는 리더 특성과 리더의 효과성 간에 관계를 밝히는 데 주안점을 두고 있다. 특성론 접근은 누가 리더가 될 것인지를 예측하기보다는 누가 더 효과적인가를 예측하는 연구가 계속되고 있다. Hoy와 Miskel은 효과적 리더십과 관련된 특성 변인들을 인성, 동기, 기능으로 분류하고 각 범주에서 몇 가지 특성을 〈표 9-2〉와 같이 제시했으며, 이들 세 가지 특성이 리더십 효과와 관련이 있다는 사실을 확인하였다.

〈표 9-2〉 **효과적 리더십과 관련된 특성과 기술**

인성	동기	기능
자신감 스트레스에 대한 인내 정서적 성숙 성실	과업과 대인관계 욕구 성취 지향 권력욕구 기대	기술적 대인관계적 개념적 행정적

효과적인 리더십과 연관된 특성은 복잡하고 다양하며 이를 개발하는 데 오랜 시간이 필요할 수도 있다. **특성 연구**에서 만일 여러분이 학교장이 되거나 지금 학교장으로서 일하고 있다면 리더로서 필요한 특성은 무엇인지 생각해 보아야 한다. 학교장은 리더로서 갖추어야 할 특성을 개발하고 결함이나 약점을 보강하는 것이 중요하다. 특성론은 특성이 리더십의 예측 요인이라는 것을 강하게 지지하고 있다. 예를 들어, 리더를 위한 중요한 특성으로 외향성, 조화성, 정서 안정, 성실성, 개발성 등을 다루게 된다. 외향성이 리더를 위한 중요한 특성이라고 생각하지만 이것은 리더십 효과성보다는 리더십을 보여 주는 데에 더 강한 영향을 미치기도 한다. 사교적이고 지배적인 사람은 집단 속에서 자기주장을 더 강하게 내세우는 경향이 있지만, 반면에 리더가 너무 자기주장을 내세우지 않는 것이 좋을 수도 있다. 한 연구에서 보듯이 자기주장이 강한 항목에서 너무 많은 점수를 받은 리더는 그렇지 않은 리더에 비해서 리더십 효과성이 떨어지는 것으로 나타났다. 사람들과 어울리기 좋아하고, 외향성을 갖고, 규칙적이고, 자기가 약속한 바에 대해 책임을 지며(성실성), 창의적이고 유연함(개방성)을 가진 리더는 리더십 효과성에서 분명히 인정을 받게 된다(김태열, 박기찬, 박원우, 이덕로 역, 2018: 442).

종합적으로 볼 때, 리더의 특성은 리더십과 분명 깊은 연관성이 있다. 그러나 리더십 특성에 대한 연구 결과는 문제점도 가지고 있다. 대표적인 것이 리더의 특성에 대한 일관성이 부족하다는 것이다. 1980년대 후반에는 20개의 연구에서 거의 80개의 리더십 특성을 발견하였지만, 단지 5개 리더십 특성만이 4개 정도의 연구에서 공통적으로 나타났다. 그럼에도 지금까지 리더의 특성에 대한 연구가 계속되는 이유는 우리가 생각하는 대부분의 리더는 보통 사람(부하)과는 다른 특성을 가지고 있으며 리더는 분명히 리더만의 특성이 있다는 사실 때문이다. 아직까지 리더를 구분하는 특성은 연구마다 차이가 있고 아직 확정되지 않은 부분이 많기는 하지만 리더의 특성에 대한 연구는 계속될 것이다.

3) 행동론 접근

행동론 접근은 효과적인 리더를 알아내기 위한 방법으로 조직 구성원들의 지각을 바탕으로 리더 행동의 범주를 개념화하였다. 첫째 범주는 과학적 관리론의 입장에서 생산, 과업에 관한 것이었고, 둘째 범주는 인관관계론의 입장에서 사람, 대인관계에 대한 관심이었다. 오하이오 주립대학교의 연구는 구성원들이 생각하는 리더십 행동의 가장 중요한 부분을 과업 지향적과 인간적 배려라는 두 가지 요인으로 분류하였다. 과업 지향적인 리더가 조직목표 수행을 중시하여 과업을 조직하고 할당하며 과업 집단의 성취를 높게 평가하는 차원이다. 과업 지향적 리더는 구성원 각자에게 기대되는 역할을 분명히 하고, 임무를 배정하고, 사전에 계획을 세우고, 일처리 방법과 절차를 확립하고자 한다(주삼환 외, 2015). 인간적 배려는 업무와 관련된 관계가 중립적인 신뢰에 바탕을 두고, 직원들의 감정을 보호하는 특징을 가진다. 인간적 배려가 뛰어난 리더는 직원이 개인적인 문제를 해결하도록 도움을 주고, 친근하고 쉽게 다가갈 수 있도록 이끌며, 직원들을 우호적으로 대우하고, 인정과 지지를 표현한다.

행동론에 대한 160개의 최근 연구를 보면, 종업원들은 인간적인 배려가 뛰어난 리더와 일할 때 자신의 직업에서 더 만족을 느끼고 좀 더 진취적이며, 리더를 향한 존경심도 훨씬 더 강한 것으로 밝혀졌다. 과업 지향적 행동은 더 높은 수준의 팀, 조직 성과 및 긍정적인 성과 평가와 강한 관련이 있는 것으로 나타났다(김태열, 박기찬, 박원우, 이덕로 역, 2018). 국제 리더십과 조직행동 효과성 연구에서 도출한 결과를 보면, 국가마다 과업 지향적 행동과 인간적인 배려행동에 대한 선호도가 다르게 나타나고 있다(Javidan, Dorfman, Luque, & House, 2006). 이 연구의 결과를 보면 독단적인 의사결정이 허용된 문화에서는 과업 지향적인 리더에 가까울수록 더욱 유리하였다.

학교장은 학교조직 구성원들과의 상호작용 과정에서 조직 구성원들의 인식과 태도, 의견 등을 고려하여 리더십을 발휘하게 된다. 따라서 학교장의 리더십에는 학교장의 내적인 주관성뿐만 아니라 학교조직 구성원들의 내적 가치체계가 함께 반영된다. 1950년대부터 1970년대까지의 리더십 연구를 지배하였던 리더십에 대한 행동적 접근은 문제점도 갖고 있다. 대표적으로 리더십 행동 연구는 구성원들이 지각한 행동만을 강조하고, 그 행동에 대한 원인 구명을 등한시하고, 특정 상황에서 관찰된 리더십 행동이 다른 상황에서도 그렇게 적용되지 않는 한계를 보였다.

4) 상황론 접근

상황론 접근은 모든 상황에 적용할 수 있는 최선의 리더 행동을 완벽하게 설명하지 못하는 행동론 접근의 한계점을 극복하려는 노력으로 나타났다. 상황론 접근은 리더십이란 상황과의 관계에서 나타나는 산물이며, 상황이 다르면 리더의 행동도 다르다는 전제하에 조직이 처한 상황에 따라 리더십의 효과성이 결정된다는 입장이다. 상황론 접근에 의하면 효과적인 리더십은 리더의 개인적 특성, 리더의 행위, 리더십 상황 요인들 간의 상호작용에 의해서 결정된다. 즉, 상황론 접근은 상황의 중요성을 통해 리더십을 설명하려 한다. Nahavandi(2000)는 상황론 리더십 연구에서 **적절한 리더십 행동양식**은 상황의 요구에 따라 달라질 수 있다는 점, 리더십은 학습될 수 있다는 점, 성공적인 리더들은 상황 요인을 이해하는 것이 필요하다는 점을 강조했고, 효과적인 리더십은 리더의 행동양식, 성격 그리고 상황이 조화를 이루었을 때 발휘될 수 있다고 했다. 리더십 행동이 상황에 따라 그 효과성에 상당한 차이가 있기 때문에 상황론적 접근은 상황에 따른 적합한 리더십 행동을 발휘해서 리더십의 효과를 높일 수 있다고 간주한다.

상황적합이론에서 Fiedler(1967)는 리더가 반드시 고려해야 할 조직 내의 상황 변수로 리더와 부하직원의 관계가 좋고, 구조화된 업무이며, 강력한 지위 권력을 가질수록 상황에 대한 리더의 통제력이 더 크고 집단에 많은 영향력을 행사할 수 있다고 본다. 이와 같이 매우 호의적인 상황은 존경을 많이 받으며 직원의 신뢰를 얻는 관리자, 완성되어야 할 활동이 세분화되고 명확한 것, 직원을 포상하고 벌을 줄 수 있는 상당한 자유재량을 포함한다. 반면에 비호의적 상황에서는 집단 구성원과 관계도 좋지 않고 구조화도 잘 되어 있지 못하여 권력도 약해서 리더의 영향력 행사가 매우 어렵다. 이와 같이 상황이 호의적이거나 비호의적인 경우에는 과업 지향적 리더가 효과적이고, 상황의 호의성이 중간 수준인 경우에는 관계 지향적 리더가 효과적이라고 보았다(주삼환 외, 2015: 113).

Hersey와 Blanchard(1977)의 상황론은 오하이오 주립대학교 리더십 연구에서 제시했던 구조성(과업중심) 차원과 배려성(인화중심) 차원을 리더십 행동으로 개념화하고, 여기에 구성원의 성숙도를 상황 변수로 제시함으로써 리더십 행동이 어떤 상황에서 효과적인지를 나타내었다. 이러한 상황적 리더십 모형은 리더에게 리더십의 유형과 부하의 성숙 수준의 관계에 대한 이해를 제공한다. 조직 구성원의 성숙도는 직무 수행능력이 반영된 직무 수행 성숙도와 그 일에 대한 자발적인 의지가 반영된 동기 수준인 심리적 성숙도로 구분된다.

구성원의 성숙 수준이 낮은 정도(능력과 의지 모두 낮음)는 높은 과업과 낮은 관계성 행동인 **지시적**(telling) 리더십이 효과적이고, 구성원의 성숙 수준이 다소 낮은 정도(능력 낮음,

〈표 9-3〉 Hersey와 Blanchard의 성숙도 개념 및 내용

구분	관련 요소	내용
직무 수행 성숙도 (능력)	• 과거의 직무 경험 • 직무에 관한 지식 • 직무상의 요구에 대한 이해	• 직무 수행을 위해 필요한 교육과 경험의 성숙성을 의미
심리적 성숙도 (의지)	• 책임을 지고 하려는 자발성 • 성취 동기 • 작업에 대한 몰입	• 직무 수행에 대한 책임감을 바탕으로 자발적으로 하고자 하는 동기부여 수준을 의미

의지 높음)는 높은 과업과 높은 관계성 행동인 지도적(selling) 리더십이 효과적이다. 구성원의 성숙도가 다소 높은 정도(높은 능력과 낮은 의지)는 높은 관계성과 낮은 과업행동인 지원적(participating) 리더십이 효과적이고, 구성원의 성숙도가 높은 정도(능력과 의지 모두 높음)는 낮은 관계성과 낮은 과업행동인 위임적(delegating) 리더십이 효과적이다. Hersey와 Blanchard의 리더십 유형은 교장과 교사의 관계행동을 이해하는 데 상당한 통찰력을 제공해 주며, 교장으로 하여금 직무에 대한 교사의 성숙 수준을 고려하여 리더십을 발휘하는 전략을 보여 주도록 도와준다.

그러나 지금까지 언급한 리더십에 대한 전통적 연구는 제한적이며, 리더십을 단순화하여 제대로 설명하지 못한다는 지적을 받게 되었다. 전통적 리더십은 리더와 구성원의 관계에서 상호 주고받는(give and take) 교환적 리더십(또는 거래적 리더십)의 형태라고 할 수 있는데, 이러한 교환적 리더십은 한정되거나 제한된 직무 수행만을 요구하기 때문에 새로운 리더십 연구의 방향으로 전환하게 된다.

🎓 기본 학습 1

리더십이론은 특성론, 행동론, 상황론으로 발전하였다. 이들 리더십은 조직에서 과업을 성취하는 과정에서 집단을 관리하는 능력으로 간주하고 있다. 이들 리더십에서 자신이 새롭게 알게 되었던 사실과 자신이 리더십을 발휘할 때 역점을 두어야 하는 사항은 무엇인지와 왜 그렇게 생각하는지에 대한 논리를 제시해 보자.

2. 리더십의 새로운 변화

이 절에서는 전통적 리더십의 한계인 교환적 리더십의 패러다임에서 벗어나 뉴리더십 이론으로 변혁적 리더십, 문화적 리더십, 감성 리더십, 분산적 리더십에 대해서 알아본다.

1) 변혁적 리더십

지식정보사회는 산업사회보다 더욱 빠르고 복잡한 변화의 양상을 보이면서 개인이 추구하는 가치를 다양하게 표현할 수 있는 개방성이 높아졌다. 그러면서 리더에게 변화와 혁신을 주도할 수 있는 새로운 리더십이 요구되고 있다. 이제는 구성원 모두를 주체로 인식하면서 변화에 적응하며 대응할 수 있는 새로운 리더십이 요구되고 있다. 전통적 리더십이론의 맥락은 1970년대 이후 사회 변화에 따라 여러 형태로 발전하고 있다. 구성원들의 자율능력 개발과 발휘를 중시하는 관점에서 셀프 리더십, 임파워먼트, 슈퍼 리더십을 강조하고 있다. 구성원들의 자율 역량에 대한 인식을 갖게 되면서 조직에서 구성원들의 변화를 본질적인 문제로 인식하게 되었다. 리더는 바로 이러한 변화주도 능력이 있어야 한다. 그러면서도 리더의 윤리적 품성이나 봉사도 강조되면서 리더십에 대한 패러다임은 다양하게 형성되면서 변화되었다.

변혁적 리더십은 넓은 의미에서 교환적 리더십과 대비되는, 1980년대 이전의 리더십에 대한 관점을 보완하는 새로운 리더십이론을 의미한다. 오하이오 주립대학교 연구나 Fiedler의 연구에서는 교환적 리더의 모습을 보여 주고 있다. 교환적 리더는 교환이론에 기반하여 작동하는데, 이때 리더는 다른 사람들에게 어떤 보상을 해 줄 것인가에 기초하여 리더십 행동이 나타난다(신현석, 주영효, 임준용, 이경호, 홍세영 역, 2020: 113). 교장은 물질적 자원, 승진, 존경, 자율, 규칙의 적용과 같은 교환 가능한 자산을 가지고 있는 반면에, 교사들은 지원, 여론주도, 순응, 평판의 교환과 거래에서 사용 가능한 많은 중요한 것을 가지고 있다(Morrison, 2002: 133; 신현석, 주영효, 임준용, 이경호, 홍세영 역, 2020: 113). 예를 들어, 교장은 수학 교과 부서에 증액된 예산을 확보해 줌으로써 수학 교사에게 혁신을 위한 새로운 교수방법을 요구할 수 있다. Major(2000: 357-361)는 고위 관리자들이 융통성, 적응성, 지속적인 학습과 자기발전, 정보공유와 팀워크를 기대하는 반면, 피고용자들은 자신들의 업무에서 개인적·사회적 중요성, 개인적·전문적 성장과 발전 그리고 동료와 관리자로부터 인정받기를 원한다고 했다(신현석, 주영효, 임준용, 이경호, 홍세영 역, 2020: 113). 교환적 리더들은 교육적 결정을 내릴 때에 자신이 갖고 있는 자원과 이를 받고자 하는 구성원 간에 비용과 이익의 균형을 맞추어 거래 성립 여부를 판단해서 리더십을 발휘한다.

이에 반해서 **변혁적 리더**(transformation leader)는 구성원 개개인의 관심과 필요에 주의를 기울인다. 구성원들이 문제를 새로운 방식으로 바라볼 수 있도록 도와줌으로써 문제에 대한 그들의 인식을 바꾼다. 그들은 또한 구성원들을 자극하고 고무시킴으로써 조직 목적 달성을 위해 추가적인 노력을 기울이도록 한다. 좁은 의미에서의 변혁적 리더십은 Burns(1978)와 Bass(1985a)가 말한 기대 이상의 직무 수행을 가능하게 하는 리더십을 말한다.

변혁적 리더십은 흔히 '4I'로 일컬어지는 네 가지 변혁적 리더의 요소 또는 특성으로 설명될 수 있다. 이 네 가지 요인은 이상적 영향(Idealizaed influence), 영감적 동기 유발(Inspirational motivation), 지적 자극(Intellectual stimulation), 개별적 배려(Individualized consideration)로 알려져 있다. **이상적 영향**은 리더가 조직 구성원들에게 강한 동일시를 유발하여 감정적인 영향을 미치는 것으로 카리스마와 비전을 의미한다. **영감적 동기 유발**은 정서적이고 지적인 기반을 토대 삼아 구성원들의 동기를 자극해 주는 것으로, 구성원들이 참여하고 변화하며 비전을 수용할 수 있도록 함으로써 팀 정신을 갖게 한다. **지적 자극**은 문제 상황에서 리더가 구성원들이 문제에 대해 인식하고 새로운 각도에서 해결 방안과 새로운 아이디어를 생각해 볼 수 있도록 지속적으로 유도함으로써 혁신적이고 창조적인 새로운 도전을 가능하게 한다. **개별적 배려**는 구성원들에게 개인, 개인의 성공, 개인적 발전을 경험해야 할 필요성에 관심을 기울이는 것을 의미한다.

교환적 리더십이 리더가 부하에게 순종을 요구하고 그 대가로 보상을 제공하는 반면, **변혁적 리더십**은 리더가 부하의 잠재능력을 계발하도록 도움을 주고 내재적 만족감을 갖게 한다(주삼환 외, 2015). 구체적으로 변혁적 리더는 추종자의 신념, 가치관, 목적과 조직문화를 변혁시켜 그들로 하여금 기대 이상의 직무 수행을 하도록 동기를 유발한다(이한검, 1994: 456). 즉, **변혁적 리더십**은 추종자들의 욕구와 능력을 인정하고 그들의 잠재력을 일깨워 "사람들로 하여금 보다 더 훌륭한 사람으로 향상시키는 리더십"이며(Burns, 1978: 462),

리더십의 과정을 통하여 "리더와 추종자들이 더 높은 수준의 동기 유발과 도덕성"을 갖도록 상대방을 고양시킨다. 변혁적 리더십은 궁극적으로 리더와 추종자 모두의 인간적 행위와 열망의 수준을 높인다는 점에서 양측 모두에게 변혁적 효과를 갖는다(Burns, 1978: 20). Bass(1985b)는 Burns의 이러한 관점을 수용하면서 변혁적 리더십을 주로 기대 이상으로 직무를 수행하게 하는 영향력 행사의 과정으로 보았다.

하지만 교환적 리더십과 변혁적 리더십을 단순히 일을 수행하는 상반된 방법으로 간주해서는 안 된다. 이 두 가지 리더십은 같지는 않지만 상호 보완적이다. 변혁적 리더십은 교환적 리더십 위에 구축되며, 교환적 접근방법만으로 이룰 수 없는 구성원의 노력과 성과 수준을 가져온다. 그러나 반대로 뛰어난 교환적 리더이지만 변혁적 리더의 자질을 가지고 있지 않다면 단지 평범한 수준의 리더이다(김태열, 박기찬, 박원우, 이덕로 역, 2018). 가장 최고의 리더들은 교환적 리더이면서 동시에 변혁적 리더이다.

변혁적 리더들은 자신들을 변화의 이행자로 간주하면서 용기 있고, 사람들을 믿고, 가치에 자극받고, 평생학습을 하면서 모호성, 불확실성, 복잡성을 처리할 수 있고, 통찰력 있는 사람이다. 변혁적 리더는 구성원들의 자기권능감을 높이고 조직에서 일에 대한 자신감을 심어 줄 수 있다. 구성원은 야심찬 목표를 추구하는 경향이 있고, 조직 내 전략적인 목표에 동의하며, 자신이 추구하는 조직목표가 개인적으로도 중요하다고 믿는다. 변혁적 리더들은 미래에 대한 비전을 형성하고, 개인과 조직 학습을 강조하면서 헌신과 신뢰를 발전시킨다. Leithwood와 Jantzi(2000: 3)는 변혁적 리더십의 실천이 헌신과 역량을 개발하는 데 있어서 효과적이라고 제안하고, 변혁적 리더들의 여섯 가지 차원을 다음과 같이 제안했다(신현석, 주영효, 임준용, 이경호, 홍세영 역, 2020: 115).

- 학교의 비전과 목적 설계
- 지적 자극 제공
- 개별화된 지원 제공
- 전문적 실천과 가치 상징화
- 높은 성과기대
- 학교 의사결정에서 참여를 촉진하는 구조를 발전시킴

변혁적 리더가 있는 학교에서는 잘 짜인 업무의 분권화, 관리자가 위험을 감수하는 경향성, 장기적 결과를 위한 보상 등이 있고, 이 모든 것은 변화를 촉진시킨다. 박선형, 임성범, 이승연(2017)의 연구에서 교사의 창의적 교수행위에 영향을 미치는 변인으로 변혁적 리더십을 고려하고 매개변인으로 창의적 조직 풍토를 설정하여 이들 간의 관계를 살펴보았다. 분석 결과, 창의적 조직 풍토는 변혁적 리더십과 창의적 교수행위를 완전히 매개하는 것으로 나타났다. Leithwood와 Poplin(1992)은 협력적이고 전문적인 학교문화를 조성하고 교사의 지속적인 발전을 촉진한다는 점에서 학교조직에서 교장이 실행하는 변혁적 리더십의 중요성을 역설한 바 있다. ☞ 심화 학습 2

2) 문화적 리더십

문화는 교직원 개개인에게 수용될 수 있는 방법을 규정하며 그들이 생활하는 기초가 되어 사람들의 마음에 영향을 주고, 그들의 관리, 업무 그리고 자기 자신을 지각하고 결부시키며, 해석하는 틀이 된다. 따라서 학교교육을 개선하기 위해서는 반드시 학교의 조직문화가 고려되어야 한다. 지속적으로 조직 효과성을 개선하는 데 있어 조직문화는 모든 행정적 노력의 구심점이 되어 조직구조, 조직행동 그리고 조직의 직무 수행과 개선을 위한 기제가 된다. Cunningham과 Gresso(1993: 32-35)는 리더십에 대한 구조적 접근의 대안으로 문화적 접근을 제시하였다. 단순히 조직 구성원의 행동과 조직구조를 직접 바꾸는 것은 기껏해야 직무 수행에 대한 우연적이고 일시적이며 임의적인 영향력만을 가지며, 그에 상응하는 변화에 대한 지원이 조직문화에서 일어나지 않으면 그러한 행동과 구조는 오래 지속될 수 없다고 했다. 문화적 리더십의 구성 요소로서 Cunningham과 Gresso(1993: 41-51)는 "가치와 흥미, 폭넓은 참여, 지속적 성장, 장기적 전망에 따른 현재의 생활, 질 높은 정보에 대한 용이한 접근, 개선의 유지와 지속 그리고 개인적인 권한부여"를 들고, 이러한 문화의 형성을 통해서 학교조직의 수월성을 높일 수 있다고 보았다. 학교는 다른 조직들과는 달리 모호한 목적과 넓은 통솔 범위를 가진 이완결합 구조의 특성을 갖고 있으며, 교사들은 제각기 다른 수업을 하기 때문에 상당한 자율성을 필요로 한다. 이러한 학교조직에서 리더가 구성원들을 직접 통제하거나 감독하기보다는 조직 구성원들이 만드는 가치와 규범에 담고 있는 문화에 대한 리더십을 발휘한다면 학교조직을 바라는 방향으로 변화시킬 수 있다. 문화적 리더십은 교사들을 고도의 전문성 신장이 요구되는 전문 직업인으로 간주한다.

결국 **문화적 리더십**은 인간 정신의 실체를 수용하고, 의미와 의의의 중요성을 강조하며, 도덕적 질서를 만드는 가치와 규범에 관련된 전문 직업적 자유의 개념을 인정함으로써 리더십의 핵심에 상당히 근접하고 있다(Sergiovanni, 2001). 그러나 거시적 관점에서 문화에 의한 리더십 접근은 일단 확립된 문화가 조직 구성원들을 수동적 행위자로 만들고 능동적인 조직행위자의 가능성을 제한할 수 있다는 점에서 문제가 제기된다. 따라서 조직 구성원들의 잠재 가능성을 계발할 수 있는 미시적 관점을 포함하는 새로운 리더십이 요구된다.

3) 감성 리더십

감성지능은 효과적인 리더십을 위해 중요한 것일까? 인간관계에 영향을 미치는 효과적 리더십은 감성지능을 필요로 한다. 조직 내에서 대인관계의 감성지능의 중요한 부분 중의 하나는 감정이입이다. 감정이입이 잘되는 리더는 직원들이 무엇을 필요로 하는지 느낄 수 있고, 그들이 말하고자 하는 바를 잘 이해할 수 있으며, 그들의 반응을 섬세하게 읽을 수 있다. Goleman(Goleman, Boyatzis, & McKee, 2002)은 **감성지능**이 리더십 유효성에 중요한 요소이고, 특히 팀을 이끄는 리더에게 더욱 중요하며, 조직의 상위계층으로 가면 갈수록 감성지능이 더욱 중요하다고 주장하였다. 감성지능은 구성원들이 자기 자신과 다양한 인간관계를 세심하고 효과적으로 다루는 능력이고, 자신의 행동을 가이드하기 위하여 자기 자신과 다른 사람의 감정 및 기분을 살펴보는 능력이다(신현석, 주영효, 임준용, 이경호, 홍세영 역, 2020: 135). **감성지능**이 있는 사람은 다른 사람의 감정을 이해하고, 수용하며 대처를 하면서 공감하는 데에 능숙하다. Salovery와 Mayer(1990)가 제안한 감성지능(emotional intelligence)과 Goleman(1995; Goleman et al., 2002)이 제안한 감성 리더십(emotional leadership)은 감성 연구의 학문적 근간이 되고 있다. Goleman 등(2002)은 리더십의 발휘에 있어서 지능지수와 기술이 중요하지만 감성지능이 필수적이라고 하였다. 그는 높은 성과를 달성하는 리더들이 공통적으로 높은 수준의 감성지능을 보유하고 있다고 주장하였다. 이들을 토대로 생각해 보면, 리더십에 대한 보다 광범위한 접근과 감성을 고려한 리더십에 대한 연구가 필요하다는 결론을 얻을 수 있다.

학교조직도 감성 리더십의 개념을 적용하여 학교조직에서 외부환경 변화에 스스로 적

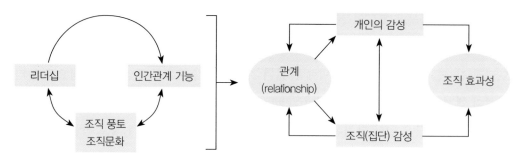

[그림 9-1] **감성과 조직 효과성**

출처: Cherniss (2002).

응하는 기제를 가질 필요가 있다. 여기서 기제란 조직의 가치와 원칙을 가지고 새로운 대안을 탐색하는 자기조절 능력으로서 조직 감성을 의미하는 것이다. 이러한 조직 감성은 감성 리더십에 의해서 더욱 바람직한 방향으로 창출될 수 있다. 결국 **조직 감성을 중요하게 생각하는 리더가 감성적인 측면을 발휘하여 조직 구성원들의 감성적인 힘을 끌어내는 것이다**(이석열, 2006: 52-53).

[그림 9-1]은 감성과 조직의 효과성에 대한 모델을 보여 주는데 그림 왼쪽에는 리더십과 인간관계(Human Relationship: HR) 기능 그리고 조직 풍토와 조직문화라는 세 가지 조직 요인이 상호 영향을 주면서 조직 내의 관계(relationship)를 형성하고, 이 관계는 구성원들의 감성과 조직의 감성에 영향을 미치고, 개인과 조직의 감성은 또다시 관계에 영향을 준다. 그리고 조직의 감성은 개인들의 감성들과 상호작용을 하면서 조직 효과성에 영향력을 발휘한다.

감성 리더십은 '리더가 자신이 가지고 있는 감성적이고 사회적인 능력을 개발하고, 구성원들의 감성을 이해하고 배려함과 동시에 비전을 제시하고 자연스럽게 조직 구성원들에게 영향력을 행사하는 것'으로 정의할 수 있다. 감성 리더십의 구성 요인은 개인 역량과 사회적 역량으로 나뉜다. **개인 역량**의 하위 변인은 자기인식 능력과 자기관리 능력이고, **사회적 역량**은 사회적 인식능력과 관계관리 능력으로 구성된다. 개인 역량은 자신의 장점과 한계를 알고, 자신의 가치와 능력에 대해 긍정적으로 생각하는 등 자신에 대한 명확한 이해 능력과 학교목표를 위해 희생 및 헌신하고, 주도적으로 나서고, 기회를 포착할 수 있는 관리능력을 포함한다. 사회적 역량은 다른 사람의 감정을 이해하고, 관심을 보이며, 요구를 감지하는 능력, 즉 다른 사람의 감성을 명확하게 이해하는 능력과 설득하는 능력, 다른 사

〈표 9-4〉 **감성 리더십의 구성 요인**

구성 요인		정의	하위 요인
개인 역량(Personal Competence)			
자 각	자기인식 능력 (Self-Awareness)	자신의 감성을 명확하게 이해하는 능력	• 감성이해력(Emotional self-awareness) • 정확한 자기인식(Accurate self-awareness) • 자신감(Self-confidence)
관 리	자기관리 능력 (Self-Management)	자기 자신의 감성을 효과 적으로 관리하는 능력	• 감성적 자기통제력(Emotional self-control) • 신뢰성, 자기관리 및 책임의식, 적응력 • 성과달성지향, 주도성
사회적 역량(Social Competence)			
자 각	사회적 인식능력 (Social Awareness)	다른 사람의 감성을 명확 하게 이해하는 능력	• 감정이입, 조직 파악력 • 고객 서비스 정신
관 리	관계관리 능력 (Relationship Management)	다른 사람의 감성을 효과 적으로 관리하는 능력	• 영감을 불러일으키는 능력 • 영향력, 타인지원성, 연대감 형성 • 커뮤니케이션, 변화촉진력, 갈등관리 능력

람들과 함께 일하는 능력, 새로운 방향을 제안하고 관리하는 능력 등의 관계관리 능력을 의미한다(이석열, 2006).

4) 분산적 리더십

급변하는 환경과 리더에 대한 역할기대가 높은 상황에서 효과적인 리더십은 예전보다 더욱더 다양성이 요구되고 있다. 그러나 문제는 어떤 형태의 리더십이냐 하는 것이다. 변화 속에서 새로운 형태의 리더십이 요구되지만 리더십의 분명한 형태는 아직도 모호한 상태이다(이석열, 김규태, 주영효, 손보라 역, 2011: 3). 중요한 사실은 이제 리더십은 특정 한 사람의 전유물이 아니라는 것이다. 이런 차원에서 과거의 수직적이고 위계적인 리더십 실행과는 다른 차원에서 다뤄지고 있는 분산적 리더십을 수평적이고 비공식적인 리더십과 관련이 있다고 보는 측면이 많으나 단지 이런 의미로만 분산적 리더십을 해석하는 것은 바람직하지 않다(이석열, 2013). 물론 분산적 리더십은 단지 선임자들의 권력과 위계적 구조에 따라서 결정되는 것이 아니다. 리더는 단순히 먼저 길을 가고 보여 주는 사람이며 상사가 반드시 리더는 아니다. 리더십은 더 이상 문지기나 감독 활동이 아니라 조직을 활성화하고 권한을 부여하는 활동이다(신현석, 주영효, 임준용, 이경호, 홍세영 역, 2020: 41). 리더십이 권력을 위에서 아래로 행사한다기보다는 권력 공유와 관련되어 있기 때문에 위계적 관계와 별개로 다루어져야 한다. 이로써 학교의 모든 구성원이 리더십을 행사할 수 있다. 리더십은 위계서열에서의 어떤 역할이나 위치보다는 행동으로 생각되는 것이 바람직하다. 좋은 리더란 조직의 모든 단계에서 다른 좋은 리더들을 키우고 조직 전반에서 리더의 필요성을 느끼게 하는 사람이다(Fullan, 2001: 10). 리더는 조직 내 어느 곳에서나 나타날 수 있다. 리더는 이미 조직 모든 곳에 존재하고 있을 수 있다. 그렇다고 모두가 리더는 아니다. 리더십은 역할이 아닌 행동에 관한 것이며, 리더십은 단지 한 사람이 아닌 여러 사람에 의해 충족될 수 있다.

조직에서 리더십은 실제로 조직을 통해 분산될 필요가 있다. 예를 들어, 학교에서 리더들은 교육과정 기획 리더, 관리 리더, 시간계획 작성 리더, 교육리더, 학생지도 리더, 자원 리더, IT 리더, 공동체 관계 리더, 평가 리더, 과목 리더, 상호관계 및 팀 설계 리더들이 있을 수 있다. 특정 시점 혹은 특정 목적을 위해서 상이한 리더들이 다방면에서 중심적 역할을 담당하게 된다. 이와 같이 학교에는 리더들이 다수 있고, 수명의 리더들을 필요로 한다. 학교 내 분산적 리더십은 각각의 부서 모임 혹은 네트워크 조직 내의 단위에서 리더로서의 역할을 하게 된다. 이때 리더는 학교 내 역할, 주어진 과업을 수행하는 과정에서 자신의 영역에서 개선 및 발전시키기 위해 동료 교사들과 협력할 수 있는 사람이어야 한다(신현석, 주영효, 임준용, 이경호, 홍세영 역, 2020: 128).

Hargreaves와 Fink(2006: 95)는 '지속 가능한 리더십은 폭넓게 퍼져 있고 분산되어 있으며 공유되는 리더십'이라고 주장한다. 지속 가능한 리더십은 교사, 학생, 부모를 자극하여 학생들로 하여금 학업에 보다 더 충실하도록 도와주는 리더십을 개발할 수 있는 기회를 제공한다. 많은 학교는 분산적 리더십을 더 확대하고, 리더십이 교수-학습에 더 밀접하게 발휘되도록 하기 위해서 의도적으로 학교구조와 업무의 실행을 변화시키고 있다. Caldwell(2006)은 조직의 가장 중요한 핵심은 교실이나 학교가 아닌 학생이라고 하였다. 학교의 성공은 네트워크로 연계를 하거나 연합하여 공동의 지식을 공유하고, 문제를 해결하고, 자원을 끌어 모으는 능력에 달려 있다고 하였다. 이러한 역량을 갖고자 한다면 교육과 학습 프로그램 전반에 걸쳐 학교 내부에서는 물론 네크워크화되어 밀접하게 관련을 맺고 있는 학교 전반에 걸쳐 리더십을 분산해야 한다고 제안한다(이석열, 김규태, 주영효, 손보라 역, 2011: 15). 교사가 리더십 역할을 책임질 때 주요 관심은 학생의 학습을 향상시키는 데 있고, 무엇보다도 교사 리더들은 본질적으로 교육의 리더인 것이다. 분산적 리더십의 시각은 다수의 리더가 존재하며, 리더십 활동은 조직 내부와 조직 간에 폭넓게 공유되어야 한다는 것이다. 분산적 리더십이 관심을 끄는 이유는 분산적 리더십에 경험적 파워(empirical power)가 있기 때문이다. 이와 같이 분산적 리더십은 경험적 파워에 기초한 다수의 리더가 존재하는 것을 인정한다.

분산적 리더십이 조직과 학생 학습에 긍정적인 변화를 일으키는 것으로 나타나고 있다. 분산적 리더십의 형태와 긍정적인 조직 변화의 관계를 밀접하게 다룬 연구가 점차 늘어나고 있다(Harris, 2008). 분산적 리더십이 국내 학교 현장에서 연구되기 시작한 것은 비교적 최근이며, 변혁적 리더십과 같은 다른 리더십 연구물들에 비해 아직 관련 연구물의 수는 제한적이다. 분산적 리더십은 Elmore에 의해 한 사람이 조직 변화에 책임을 지는 가정에서 벗어나 다양한 개인과 집단이 리더십을 대체하거나 공유할 수 있다고 보는 가정에서 시작되었다(주삼환 외, 2015: 129). 분산적 리더십의 핵심은 리더십이 어떤 특정인의 영역이 아니라 조직 안에서 여러 지위에 놓여 있는 구성원들의 환경과의 다양한 상호작용의 결과라는 개념이 자리 잡고 있다(이석열, 김규태, 주영효, 손보라 역, 2011). 분산적 리더십은 전통적 리더십이론의 주요 연구 대상인 리더 개인의 특성, 역량, 행동 그리고 조직 상황을 규정하는 것을 지양한다. 그 대신에 분산적 리더십은 조직목표 달성을 위해 구성원들이 어떻게, 얼마나 적극적으로 참여하고 있으며, 전통적 리더가 구성원들에게 자신의 권한을 어떻게, 얼마나 위임하고 있는지와 공식적ㆍ전통적 리더 이외의 리더가 존재하는지(leader-plus), 그리고 조직 상황과 어떻게 상호작용 하고 있는지를 주요 연구 대상으로 본다(김정원, 조영하, 2017). 분산적 리더십은 학교 구성원들에게 의사결정권을 포함한 다양한 권한을 위임하고 학교운영에 구성원들을 적극 참여시키는 것을 특징으로 한다. 분산적 리더십을 통해 교사들의 권한이 확대되고 교사들이 학교운영과 수업 및 연구 활동 전반에 적극적으로 참여하게 되면 그만큼 교사의 직무만족도가 높아질 것으로 보았다(전수빈, 이동엽, 김진원, 2019).

온라인 검색 엔진(riss.kr 혹은 dl.nanet.go.kr)을 통해 학교조직 내 분산적 리더십을 주제어로 관련 학술논문을 검색해 보면 30편이 채 안 되는 논문이 검색될 정도로 국내에서 분산적 리더십에 대한 연구는 아직 활성화되지 않았다. 분산적 리더십을 연구한 다수의 선행연구는 분산적 리더십과 교사 효능감, 전문 학습 공동체 형성, 조직 풍토와 문화 형성의 관계를 주로 구명하였다(강경석, 2016; 강경석, 박찬, 2013; 김종관, 2017; 김희규, 류춘근, 2015; 박찬, 2013; 송복순, 강충열, 2016; 안병윤, 장수명, 2015; 이경호, 2011; 이준희, 주영효, 2015; 전수빈, 안홍선, 2015; 하정윤, 김진화, 정민진, 나민주, 2017). 전수빈 등(2019)의 연구에서도 분산적 리더십이 학교 현장에서 교사의 직무만족에 긍정적인 영향을 미친다는 결과를 통해 분산적 리더십이 갖는 학교 현장에서의 긍정적 영향을 확인하였다. 최근의 연구들을 통해 분산적 리더십은 자율성과 책임성이 강조되는 요즘의 학교 현장에서 전통적 · 중앙집권적 리더십을 대체할 만한 리더십 개념으로 그 의미와 중요성이 더욱 강조되고 있다(전수빈, 이동엽, 김진원, 2019: 251).

🎓 기본 학습 2
―――――――――――――――――――――――――――――――――――――

초기의 리더십이론을 질적으로 변화시키는 변혁적 리더십, 문화적 리더십, 감성 리더십, 분산적 리더십이론에 대해서 알아보았다. 새로운 리더십을 대해서 어떻게 인식하고 있는지와 앞으로 리더로서 자신이 리더십을 발휘하기 위해서 어떻게 할 것인지를 제시해 보자.

3. 리더십 연구

이 절에서는 어떤 유형의 리더십이 효과적인지에 대한 리더십 연구 논의와 더불어 학교 효과를 높이기 위한 리더십의 의미를 알아본다. 또한 리더십을 하나의 별도 리더십 유형으로 보지 않고 통합된 시각에서 리더십을 검토해 보고, 새로운 리더십에 대한 지속적인 탐구의 의미를 알아본다.

1) 효과적인 리더십의 논의

리더십 연구로는 어떤 유형의 리더십이 효과성이 있는지를 밝히고자 하는 연구들이 이루어졌다. 박상완(2009)은 1988~2008년에 국내 주요 학술지에 발표된 학교장의 리더십에 관한 연구 동향을 분석하고 과업 · 인화 지향 리더십, 관료 · 목표 · 인간 지향 리더십, 카리스마 리더십, 상징적 · 문화적 리더십, 수업 · 교육 리더십, 변혁적 리더십, 도덕 · 윤리적 리더십, 감성 리더십 등으로 학교장의 리더십 유형을 범주화하였다. 이 밖에도 교환적 리더십, 분산적 리더십이나 서번트 리더십 등이 교장의 리더십에 대한 연구로 진행되었다. 리더십으로 제시된 수많은 리더십 유형은 일부를 제외하고는 대부분 효과적이라고 보고 있다. 예를 들어, 기존에 이루어진 연구들에서 관료 지향 리더십과 교환적 리더십에 대한 일부 연구를 제외하고는 대부분의 학교장 리더십이 학교조직 효과성에 긍정적인 영향을 미치고 있는 것으로 제시되고 있다(오희정, 김갑성, 2019).

효과적인 리더는 학교가 나아가야 할 비전과 목표를 분명하게 제시하고, 구성원을 성장시키기 위한 동기부여와 지원에 적극적이며, 학교조직의 문화와 풍토를 재설계한다. 또한 학부모, 지역사회, 행정기관 등과의 관계 형성을 위해서 노력한다. 교장과 관련하여 성공한 좋은 학교를 만들 때 드러나는 큰 차이를 살펴보면, 강력한 교장은 실천적인 의욕, 주도권, 인내, 유머 감각, 분석력, 실생활에서의 실용적인 자세를 갖는 등 역동적인 교장의 역할을 한다. 미국의 성공적인 학교 교장의 특성으로는 다음의 여덟 가지를 들 수 있다.

- 교장이 되고자 의도하여 교장이 된 것이 아니고 열심히 가르치다 보니 상관의 추천으로 교장이 되었다.
- 학생들에 대한 신뢰를 가지고 있다.
- 협력을 공고히 하며 사람들과 효과적으로 일할 능력이 있다.
- 학교에 필요한 재조직을 확실히 하기 위해 적극적이다.
- 직업이 아닌 열정적인 사명으로 그들의 책임을 수용한다.
- 교육에 헌신하며 장·단기 교육목표를 구분한다.
- 적응력이 있다.
- 능력 있는 전략가이다(Goldhammer et al., 1971; Sergiovanni, 2001: 23 재인용).

우리나라는 우수한 교장으로 선정된 교장들의 리더십 특성을 인성 특성, 사고 특성, 지도행위 특성 등으로 구분하여 제시하고 있다. 인성 특성은 ① 강한 열정과 성취 동기, ② 계획성과 책임감, ③ 변화 지향, ④ 자아 신뢰와 타인 신뢰, ⑤ 인내심, ⑥ 윤리의식, ⑦ 겸손, ⑧ 배려와 포용력 등이다. 사고 특성은 ① 학생과 학습을 핵심으로 한 확고한 학교관, ② 비전 제시자, 봉사자, 도덕인, 지원자 등의 확고한 교장관, ③ 투명경영, 신뢰경영, 교육

〈표 9-5〉 성공적인 교육 리더십과 부정적인 교육 리더십의 전형 비교

구분	성공적인 교육 리더십	부정적 교육 리더십
비전	• 명확한 비전 설정 및 제시 • 비전과 방향에 대한 공감대 형성	• 비전을 제시하지 않음 • 모호하고 현실감 없는 비전과 방향 제시
구성원	• 전문성 계발을 위한 적극적인 지원 • 잠재능력 발휘의 기회 제공	• 전문성 계발 기회의 편파적 지원 및 박탈 • 무시 · 하대 · 편파적 반응
조직	• 협력적이고 공유하는 공동체 문화 구축 • 대내외 네트워크 형성 및 다양한 참여 유도	• 강압적이고 폐쇄적 분위기 조성 • 독단적이고 특정 집단 위주의 관리
교수-학습	• 높은 전문성을 통한 교육활동 관리 • 혁신적인 아이디어 제공	• 과거 지식과 경험을 고수 · 집착 • 새로운 교수-학습 변화에 무지
개인관리	• 지속적인 자기계발 • 솔선수범 · 윤리 · 도덕 · 정직 등	• 자기계발에 소홀 • 신뢰할 수 없는 언행

출처: 주현준(2016).

과정 최우선경영, 열린경영 등의 확고한 학교경영관, ④ 교사에 대한 신뢰 등이다. 지도행위 특성은 ① 합리적 의사결정, ② 강력한 과업 추진력, ③ 갈등 수용력 등이다(김이경, 김도기, 김갑성, 2008). 효과적인 리더십과 대비되는 실패한 교육 리더십의 전형적인 모습도 연구되었는데 두 가지 리더십의 전형을 비교해 보면 〈표 9-5〉와 같다.

대안적인 리더십 형태와 관련하여 리더는 지휘관이 아닌 영향력 있는 사람(influencer), 촉진자, 조직의 외형을 갖추는 사람이 되어야 한다. 즉, 리더십은 고립되고 통제하며 비밀스러운 리더에서 합리적이고 개방적이며 정직한 리더로, 인간적이고 관계에 관심을 두는 리더십 형태로 바뀌어야 한다(Lewin & Regine, 2000). Fullan(2001: 5)은 개선된 관계가 성공적인 변화에 공통적인 요소임을 발견하고 관계에 상당한 관심을 두어야 한다고 주장했다. 리더는 자신의 권위가 제한적으로 주어지는 것임을 인식하면서 구성원들이 리더보다 더 잘할 수 있는 것을 성취하도록 구성원들의 의견을 경청 및 격려하고, 구성원과의 관계를 구축하면서 그들을 인정하고 지원해야 한다(신현석, 주영효, 임준용, 이경호, 홍세영 역, 2020: 104).

리더는 모험일지라도 감행할 수 있는 권한을 지니고 있다. 권한을 제대로 사용하여 그릇된 모험은 최소화하고 제대로 된 모험은 극대화하여 목적과 가치를 실현하는 리더가 이상적인 리더이다. 학교 공동체의 리더인 교장 또한 학교 공동체의 구성원들이 느낄 수 있

는 미래에 대한 불확실성을 제거하며 모두가 목표한 교육의 목적지에 안전하고 성공적으로 도착할 수 있게 리더십을 발휘해야 하는 중요한 위치에 있다.

리더는 조직에 처방전을 강제하기보다는 아이디어와 실천을 촉진할 수 있는 환경을 만들어야 한다. 이러한 방식으로 리더들은 변화의 조건을 만들고 관계를 형성하며, 조직이 진화할 수 있도록 구성원들의 집단적인 전문 지식과 지혜를 신뢰하고 개발해야 한다. 리더는 조직의 인간적 측면을 개발하고 존중하면서 새로운 시도를 지원하고, 동료에 대한 진정한 관심을 보여 주어야 한다.

2) 리더십과 학교 효과의 관계

효과적인 학교가 가지고 있는 공통적인 특징의 하나는 거기에 우선 '강력한 학교장의 리더십(strong leadership)'이 있다. 교장은 학교교육에 있어서 가장 중요한 존재(key person)이다. 흔히들 교장에게 관리자가 되지 말고 리더가 되라고 한다. 행정이 관리와 비교할 때는 한 단계 위에 있었지만 리더십과 비교할 때는 한 단계 낮은 개념이 된다. 특히 좁은 의미의 행정은 직무와 관련된 일상적인 행위로 현상 유지적인 것으로 비춰진다. 이에 비하여 리더십은 새로운 구조와 절차, 목표를 주도하며 새로움과 변화를 강조하는 것으로 비교된다. 그렇다면 교장은 단순한 행정가에 멈추지 말고 교육의 리더가 되어야 한다(주삼환, 1991).

리더십 연구는 학교조직 효과성에 긍정적인 영향을 미치고 있는지 여부를 확인하는 연구들이 중심을 이루고 있다. 교육 리더십 연구가 밝혀낸 가장 보편적인 결과는 효과적인 교육 리더십이 직간접적으로 학교 효과에 기여한다는 것이다(주현준, 2016). 학교 수준에서 교장의 리더십은 선행 효과, 직접 효과, 매개 효과, 간접 효과 등 다양한 경로를 거쳐 학교 효과에 영향을 미친다(박상완, 2009; 오순문, 2010). 여러 연구를 통해서 교장리더십이 교사 변인(교사 리더십, 교사의 전문성 개발과 지원, 동기부여와 헌신 등), 학교 변인(학교문화, 풍토, 근무환경 등), 대외 변인(학부모, 지역사회, 유관기관 등) 등 다양한 변인에 영향을 주는 것으로 나타났다(주현준, 2016). 즉, 교장의 리더십은 교사, 학교조직, 대외 교육환경 등에 영향을 주어 학생의 학업 성취를 포함한 학교 효과성에 영향을 미치는 것으로 보고 있다.

학교운영 쇄신을 위해서는 어떠한 리더십을 발휘해야 할 것인가? 학교의 효과성, 교육의 우수성을 보장하기 위한 리더십은 어디서 나오는가? 논의해 보자.

3) 리더십의 통합적 시각

리더십이론이 교육 현장에 어떤 과정으로 유입되었고, 어떤 영향을 주었으며, 유용한 것이었는지에 대한 비판적 검토는 매우 미흡한 실정이다. 리더십 연구에서 생각해 보아야

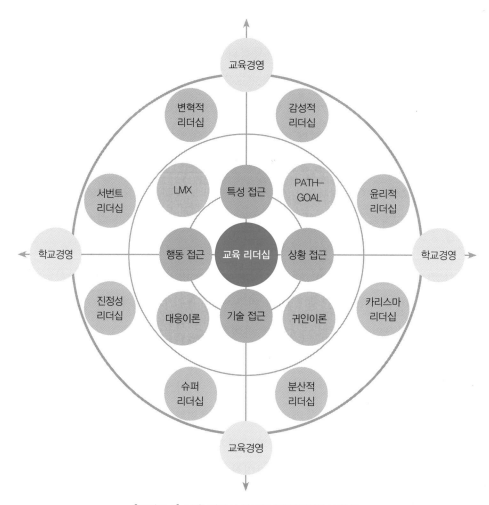

[그림 9-2] **교육 리더십 연구에 사용된 리더십 예시**
출처: 주현준(2016).

할 것은 과연 리더는 어느 특정한 리더십만이 발휘되고 있는가이다. 그동안 국내 연구들을 살펴보면 어느 특정한 리더십이 가져오는 효과에 집중하거나 특정한 리더십 유형 간의 효과의 크기를 비교하는 연구들이 대다수를 차지하고 있다(오희정, 김갑성, 2019). 리더십 연구에서 다양한 유형의 리더십 연구도 중요하지만 특정 리더십에 국한해서 효과적인 리더십 연구를 수행하다 보면 리더십의 통합적 시각은 결여될 수도 있다. 학교 현장에서 교장이 다양한 형태의 리더십을 동시에 보여 줄 수 있다는 점도 고려해 보아야 한다(민윤경, 정혜주, 이정민, 신정철, 2017). 즉, 학교 현장에서 학교장이 보이는 리더십의 형태와 특성은 어느 한두 가지의 리더십으로 측정되거나 설명될 수 없으며, 여러 가지 유형의 리더십들의 특성들이 모여 함께 나타나고 있는 것이다(오희정, 김갑성, 2019). ☞ 심화 학습 3

4) 새로운 리더십의 평가

변혁적 리더십은 학교뿐만 아니라 여러 분야에서 크게 도움이 되었다. 예를 들어, 연구개발 기업에 대한 연구에서도 리더가 변혁적 리더십 요소를 더 많이 가지고 있다고 생각한 팀이 1년 후에도 더 나은 제품을 생산해 냈고, 5년 후에는 더 많은 이윤을 창출하였다. 변혁적 리더는 구성원의 창조성을 자극하며, 이에 구성원들이 자신의 능력에 대해 확신을 갖고 더 창조적인 업무 성과를 보여 주는 것으로 나타났다.

하지만 변혁적 리더십이 모든 상황에 같은 영향력을 보이지는 않는다. 복잡한 조직에 비해 소규모 조직에 더 많은 영향을 미쳤다. 변혁적 리더십이 갖고 있는 대인관계적 특성으로 인해 리더가 복잡한 조직구조보다는 구성원들과 직접 상호작용하고 결정을 내릴 때 더 효과적인 것으로 나타났다. 실제 학교조직 연구에서도 고등학교보다는 초등학교에서 변혁적 리더십이 영향력을 더 발휘하는 것으로 나타났다. 변혁적 리더는 높은 수준의 신뢰를 얻으며, 이로 인해 구성원들의 스트레스를 덜어 준다. 한 연구는 변혁적 리더십이 개인별 또는 팀별로 다른 효과성을 보이는지를 알아보았다. 개인 중심의 변혁적 리더십은 개개인의 구성원들이 성장할 수 있도록 힘을 실어 주고, 그들의 능력을 향상시키고, 그들의 자기효능감을 증진시키는 등의 행동을 수반한다. 팀 중심의 변혁적 리더십은 부서 전체의 목표와 공유된 가치, 믿음, 통일된 노력을 강조한다. 연구 결과에 의하면, 개인 중심의 변혁적 리더십은 보다 향상된 개인 수준의 업무 성과를 불러일으켰고, 팀 중심의 변혁적 리더십은 부서 수준의 업무 성과를 개선시켰다.

변혁적 리더십이론은 완벽하지 않다. 상황에 따른 보상이 반드시 교환적 리더십에만 적용되는지에 대한 논란이 있다. 하지만 변혁적 리더십은 교환적 리더십에 비해 낮은 퇴직률, 높은 생산성, 구성원들의 낮은 스트레스와 과로, 구성원들의 높은 만족감 등에 더 큰 영향을 미친다.

4. 리더십의 적용

제8장에서 5년 전의 학교와 5년이나 10년 후의 학교에 대해서 언급을 하면서 만약 학교의 리더라면 오늘 무슨 일을 하고, 앞으로 어떤 일을 할 것인지를 생각해 보았다. 5년이나 10년 후의 학교에 대해 우리가 마음속에 그리는 것은 바로 학교 비전에 대한 것이다. 비전이 사람들의 마음속에 존재하는 그 어떤 것이라면 그것은 문화에 따라 흔들리는 존재이다. 즉, 우리는 언제나 문화의 영향을 받으면서 매일매일 문화의 목소리를 듣는다. 문제는 문화를 변화시키기는 쉽지 않고 변화를 하려고 하지도 않는다는 것이다(Fullan, 2014). 문화는 리더십과 함께 출발하지만 제대로 리더십이 발휘되지 못하면 발전적으로 움직여 나가지 못한다.

학교가 지향하는 최적의 학교 상황은 '협력적인 학교문화'라고 할 수 있다. 이러한 협력문화는 모든 학교에 걸쳐 공통점이 있겠지만 학교가 처한 상황에 따라 각기 다르게 보일 것이다. 협력문화는 저절로 이루어지는 것이 아니다. 주로 대부분의 교사는 동료 교사에게 도움을 요청하는 것을 별로 마음 내켜 하지 않는 경향이 있다. 전통적으로 교사들의 강한 특성 중의 하나는 전문적 자유를 행사하면서 독립성과 자율성을 가지려는 경향이다. 그런데 협력문화는 자율성을 강조하지 않는 경향이 있다. 오히려 협력문화는 본질적으로 전문가들 사이의 상호의존성을 강조한다(주삼환, 이석열, 신봉섭, 김규태 역, 2019).

학교의 리더는 학교조직 문화를 협력문화로 바꾸려는 시도를 한다. 이러한 변화들은 학교조직에서 의사결정하는 방법의 변화, 문제해결 방법의 변화, 그리고 궁극적으로는 학교 안에서 사람들이 직무에 대해 느끼는 방식의 변화를 의미한다. 협력문화의 최종 결과는 학교 내 교사들 사이에 형성되는 신뢰의 수준이 그 척도가 될 것이다. 여기서는 리더가 학교조직 문화를 협력문화로 바꾸고 교사들이 전문 학습 공동체 속에서 학교조직을 바람직하게 변화시키기 위한 리더십의 실제를 몇 가지 다루고자 한다.

1) 학교운영을 시간 관점으로 이해하기

당신 학교의 비전을 개발하는 균형적 접근을 돕기 위하여 A4 용지(직사각형) 한 장을 준비해서 과거, 현재, 미래의 세 부분을 A4 용지에 나누어 표시해 보자. 당신이 어떻게 리더십을 발휘할지와 관련해 마음속으로 과거, 현재, 미래에 얼마나 치중할 것인지를 그려 본다면, 당신은 시간을 어떻게 분할할 것인가? 비중을 많이 둘수록 치중하는 면이 더 넓어질 것이다. 당신은 과거, 현재, 미래를 각각 1/3씩 사용할 것인가, 아니면 2/3를 과거에 할당할 것인가? 과거, 현재, 미래라는 세 변수에 학교 시간과 노력을 이상적으로 사용할 것을 보여 주는 직사각형에 세 부분으로 나누어 그려 보자(주삼환, 이석열, 신봉섭, 김규태 역, 2019).

다른 비유를 해 보면, 당신은 운전할 때 백미러는 보는 데에 어느 정도의 시간을 할애 할 것인가? 운전할 때 전면 큰 유리를 통해 앞을 보는 동시에 내 차가 어디를 지나왔는지, 또 뒤에서 무엇이 다가오는지 확인하기 위하여 백미러나 룸미러를 보게 된다. 내 차 뒤에 어떤 일이 있었는지 또는 어떤 차가 나를 추월하는지 보기 위해서 지나간 과거를 바라보며 많은 시간을 보내는가? 아니면 현재의 나의 위치나 가려고 하는 곳에 얼마나 빠른 속도로 달리고 있는가를 보기 위해 계기판을 보는 데에 더 많은 시간을 배분하고 있는가? 앞에서 말한 직사각형으로 되돌아가서 작은 거울인 백미러를 보는 것을 '과거'의 넓이라 생각하고, 차의 계기판을 보는 것을 '현재'의 넓이로 생각해 보고, 전면 유리창을 보는 것을 '미래'라는 공간의 넓이로 생각해 보라. 당신은 운전할 때 과거, 현재, 미래에 얼마나 시간을 배분하는 것이 최선이라고 생각하는가?

우리는 과거가 현재와 미래에 영향을 준다는 것을 잘 알고 있다. 일반적으로 학교의 문화는 과거에 이루어 놓은 것에 강력한 가치를 두려고 한다. 반면에 현재라는 것은 지금 여기에 별로 길게 존재하지 못한다. 당신이 방금 읽은 것은 과거가 되고, 그 자체를 당신 머릿속에 저장을 할 때는 당신이 갖고 있는 신념체제에 맞추려고 한다. 신념체제와 맞는다면 저장되기 쉬운데, 만일 당신의 신념체제에 맞지 않는다면 아마도 당신이 읽은 것을 믿지 않으려고 할 것이다. 변화하지 않으려는 신념체제를 바로 문화라는 것이 지배하고 있기 때문이다.

미래는 문화를 흔들어 댈 수 있는 큰 변수이다. 미래는 문화가 변화를 일으키게 하는 불확실성을 가져다준다. 미래는 과거에 일어났던 어떤 것을 내다보게 하면서 예측해 볼 수 있게 한다. 그래서 우리는 정체되기보다는 개선되고 발전하기 위하여 미래를 활용할 수 있다. 우리는 보다 좋은 문화를 형성하기 위하여 미래를 어떻게 활용할 것인가?

리더는 학교를 개선하고 발전시키기 위하여 문화를 활용할 수 있어야 한다. 학교문화를 어떻게 통제할 수 있느냐에 대하여 학교 리더들은 경계심을 갖거나 엄두도 내지 못하기도 하지만 학교문화는 학교 개선과 발전에 중요한 역할을 한다. 이렇게 학교 리더가 문화를 변화시키기 위해서는 학교운영의 시간적인 관점에서 미래에 상당한 투입을 해야 한다. 운전할 때 앞의 큰 유리를 보는 데 시간을 할애하는 만큼, 우리는 미래에 많은 시간을 집중해야 한다.

🎓 기본 학습 4

당신이 학교 리더라고 할 때 학교의 직사각형은 어떻게 배분해서 시간을 사용할 것인지를 생각해 보자. 자유롭게 직사각형에 과거, 현재, 미래를 구분하고 당신 학교의 구성원들과 의견을 나누어 보자. 그리고 그들의 의견을 들어 보자.

2) 새로운 학교문화 형성하기

학교 리더인 당신은 학교문화에 영향을 주는 교사의 수준을 파악해서 의도적으로 새로운 학교문화를 형성할 수도 있다. 교장은 새로운 학교문화를 만들기 전에 누가 효과적으로 일하는 교사인지를 알고, 그들을 통해서 학교문화를 만들어 가야 한다. 이렇게 하기 위해서 먼저 해야 할 일은 실제 학교문화에 영향을 주는 사람을 정확하게 파악하는 일이다. 교직원의 영향 수준을 파악하기 위해 다음과 같은 방법을 사용해 볼 수 있다. 이것을 하기 위해서 색이 다른 스티커 노트(또는 포스트잇)를 준비하고, 스티커 노트에 실제 교사와 지원 인력(행정 업무 등)의 이름을 색이 다른 스티커 노트에 써서, 그들이 현재의 학교문화에 행사하고 있는 영향력의 상대적인 정도를 나타내도록 [그림 9-3]의 행렬에 스티커 노트를 붙여 보자. 밑부분(9와 10의 칸)에 위치한 사람은 문화의 토대이면서 가장 강력한 개성을 갖고 있는 사람을 나타낸다. 반면에 영향력이 거의 눈에 띄지 않거나 부족한 교사, 지원 인력은 행렬의 1이나 2에 붙이자. 색은 효과성을 표현해 주는데, 예를 들어 파란색은 가장 효과적이고, 노란색은 약간 효과적이고, 빨간색은 비효과적임을 나타낸다. 학교문화가 효과적이라면 행렬의 중간 이하 밑부분에 많은 파란색을 붙여야 한다. 이처럼 스티커를 붙이면 학교문화가 어떤 구성원들로 이루어졌고, 그것들을 다 붙였을 때 학교문화가 어떤 모습을 띠는지 시각적으로 이해할 수 있다.

다음은 교장이 원하는 문화를 나타내 주는 두 번째 매트릭스를 만들자. 교장이 원하는 사람들을 새로운 문화의 토대에 놓고, 교장이 필요로 하지 않는 사람들은 윗부분 또는 빈 공간에 놓자. 두 개의 매트릭스(현재의 문화와 원하는 미래의 문화)를 주시해 보면 중심 인물이 누구인지 알 수 있고, 문화의 토대를 구축하기 위해 누구를 활용해야 하는지, 그리고 눈여겨보지 않아도 될 사람은 누구인지 알 것이다. 문화는 동료의 압력에 의존하기 때문에 사람들이 움직이도록 압력을 가하기 위해서는 동료를 활용할 필요가 있다. 밑부분 열에

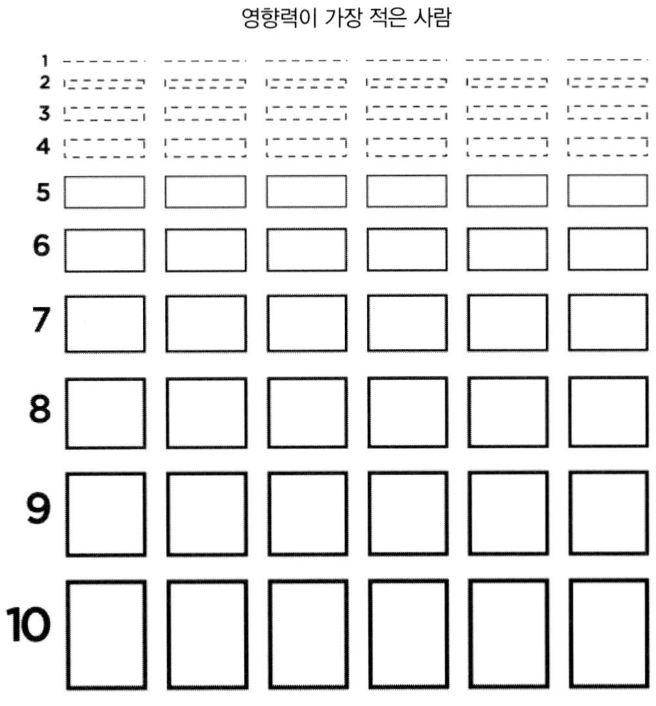

[그림 9-3] 교직원의 영향 수준을 나타내는 행렬표
출처: 주삼환, 이석열, 신붕섭, 김규태 역(2019), p. 58.

파란색 스티커로 된 사람이 있다면 거기서 시작하자. 그들 중에 당신의 비전이나 아이디어를 중간 부분 또는 상단 부분 근처에 있는 다른 파란색 사람들에게 전파해 줄 수 있는 사람이 있는가? 교장은 새로운 아이디어를 실험할 때 함께 노력할 의지가 있는 몇 사람만이 필요할 뿐이다.

물론 이와 같은 일은 현재의 문화가 비효과적이라는 전제에 기초하고 있다. 만약 현재의 문화가 효과적이라면 오히려 이러한 활동이 너무 많이 끼어드는 것이 될 수도 있다. 새로운 문화를 만들고자 한다면 소수의 파란색 스티커인 사람들을 중심으로 적정한 문화를 개발하는 결정적인 출발점이 될 수 있다. 현재의 문화와 교장이 원하는 문화를 연결하는 통로가 되어서 새로운 풍토와 함께 새로운 규범, 관습, 이야기들을 만들어 가게 될 것이다. 이들이 움직이기 시작하면 새로운 문화는 나머지 교사와 지원 인력들을 변화시키는 자원이 될 것이다. 이것이 바로 문화가 사람을 변화시키는 시작점이 된다.

문화가 우리의 마음속에 존재하기 때문에, 리더인 교장은 구성원들이 학교 내에서 선호하고 좋아하는 문화를 바라보도록 도울 필요가 있다. 교장은 새로운 구성원들을 추가하고 다른 긍정적인 구성원들을 매트릭스에 재배치함으로써 하위문화를 구축할 수 있다. 교장이 이러한 과정을 계속하면 새로운 하위문화는 실질적으로 교장이 원하는 문화가 된다.

하지만 항상 리더가 원하는 대로 되는 것은 아니다. 아주 능력 있는 사람들이 긍정적이지 못한 문화에 살고 있는 경우가 있는데, 능력 있는 사람은 다른 부정적인 사람들에게 둘러싸여 있거나 지지를 받지 못하기 때문에 계속적으로 탈출구를 찾는다. 리더는 모든 사람이 동일하지 않다는 것을 깨달아야 한다. 이것을 인식하는 것이 조직에서 사람들을 보충하거나 위치를 조정함으로써 문화를 바꾸는 데 결정적인 요소가 된다.

리더는 조직, 리더십, 문화에 대해 숙고할 때 어떤 사람이 조직을 떠나갔고, 어떤 사람이 조직을 떠나기를 원하는지 생각해 보자. 그러면 학생들과 교사들을 위해 원하는 형태의 문화를 의도적으로 구축하고 판단하는 데 도움이 될 것이다.

🎓 **기본 학습 5**

자신의 관점에서 [그림 9-3]의 활동을 해 보자. 집단 속에서 어떤 구성원이 학교의 토대가 되며, 그 이유가 무엇인지에 대해 생각해 볼 수 있는가? 당신이 원하는 문화를 개발하기 위한 토대를 어떻게 만들어야 하는지 알아보자. 문화가 사람들을 변화시키는 데 얼마나 도움이 된다고 생각하는지를 말해 보자.

3) 교사의 스트레스를 건설적으로 활용하기

　리더인 교장은 교사들의 생활을 전반적으로 관리하기보다는 교사들의 스트레스를 감소시켜 주는 방법을 아는 것이 중요하다. 학교에서 업무상 어떤 교사는 너무 많은 스트레스를 겪고 있는 데 비해 어떤 교사들은 전혀 스트레스를 받고 있지 않은 경우도 있다. 어떤 교사들은 스트레스나 압력을 느낄 때 덜 효과적이 되는 경향이 있는 반면, 또 어떤 교사들은 스트레스가 있을 때 보다 적극적으로 반응한다. 분명 대부분의 사람들은 중압감을 느껴 효과적으로 일을 잘 하지 못하는 임계점(breaking point)이 있다. 이 경우에 책임을 피하고 스트레스 상황을 극복하지 못하는 사람들이 있다. 이들은 전형적으로 스트레스 상황에서 무엇을, 어떻게 해야 하는지를 학습해 왔기 때문에 경우에 따라서는 오히려 아무것도 하지 않게 된다. 만약 학교문화가 이런 방식으로 행동하도록 강화를 주고 있다면 그렇게 행동할 수도 있다. 사실 현재의 문화가 그들에게 스트레스를 피하도록 요구하는지도 모른다.

　리더는 모든 사람의 스트레스를 똑같이 줄이기보다는, 과중한 업무를 수행하는 사람들의 업무를 감소시켜 주고, 일을 떠맡지 않으려는 사람들에게는 업무를 증대시키는 방식으로 배려와 관심을 재분배하는 선별적인 접근을 제안한다(주삼환, 이석열, 신붕섭, 김규태 역, 2019: 70). 선별적 접근은 기존 문화에서 보면 새로울 수 있다. 일반적으로 스트레스가 오래 지속되면 교사들이 수동적인 모드로 들어가는 학교문화가 생긴다. 대부분의 교사는 이미 열심히 일하고 있고 자신의 직무에 에너지를 쏟고 있다. 만약 이들이 심한 압력을 받는다면 오히려 학생들과 학교에 대해 정서적으로 무관심해지거나 멀어질 수 있다. 이렇게 되면 학생 교육이나 지도가 제대로 이루어질 수 없다. 따라서 이러한 상황이 생기지 않도록 선별적 접근이 필요한 것이다.

　많은 조직에서는 자신의 역량을 최대한으로 발휘해서 일을 하지 않거나 역량을 제한적으로만 사용함으로써 자신의 역할을 효과적으로 수행하지 못하는 구성원들이 더러 있다. 학교에서도 이 같은 교사들이 있는데, 교장이 이를 알고서도 일의 효율성을 위해서 열심히 하는 사람에게만 관심과 에너지를 쏟는다. 교장이 관심을 기울이는 교사들은 오랫동안 학교에서 성실하게 근무하고 역량을 갖춘 사람들일 것이다. 반대로 교장은 자신의 역할을 제대로 하지 못하는 사람에게 최소한의 노력만을 기울이게 하고 있지는 않은지 의구심을 가져봐야 한다. 교장은 이런 사람들은 학교가 발전하는 데 별로 도움이 되지 않을 것이라고 생각하고 자신의 역할에 대한 관심과 노력을 제대로 기울이지 않는 비효과적인 교사들을 내버려 두는 경향이 있다. 선별적 접근에서는 현재 수행하고 있는 직무에 대해서 최소 수준에 있지 않는 사람들의 경우 교장의 관심을 낮추기보다는 오히려 증가시켜야 한다. 만약 리더로서 교장이 비효과적인 교사들을 내버려 둔다면 효과적인 교사들은 지켜보면서 욕구좌절을 느낄 것이다. 효과적인 교사들이 열심히 하면서 스트레스를 받고 있는데, 비효과적인 사람들은 열심히 하지도 않으면서 스트레스도 덜 받고 있다고 생각하면 자신의 스트레스를 줄이기 위해서 비효과적인 교사처럼 되려고 할 수도 있다. 이런 학교문화를 만들지 않기 위해서도 비효과적인 교사들도 스트레스를 받도록 해야 하는 선별적 접근이 필요한 것이다.

학생들에게 헌신적이고 돌봄을 실천하는 다수의 교사는 개인시간, 방학 그리고 주말에도 학교를 생각하는 데에 많은 시간을 보내고 있고 학업 성취가 어려운 학생들을 일정 수준으로 끌어올리는 방법을 찾느라 노력하면서 스트레스를 받을 수 있다. 교사의 스트레스를 낮추도록 돕는 것이 교사의 정신건강과 사기에 도움이 될 수 있고, 미래에 발생할 수 있는 소진(burn out)을 줄여 줄 수 있다. 효과적인 교사가 되는 비결은 덜 효과적이고 덜 헌신하는 교사들이 학생들에게 보다 헌신하는 동료들을 닮아 가도록 하는 목표를 세우는 것이다. 교사들의 정서적·심리적 상태를 고양시키면, 자신이 가르치는 학생들과 자신의 직무 수행에 대해 반성적으로 사고하지 않은 교사들도 학생들과 직무에 대해서 반성적으로 실천하는 교사들처럼 되게끔 할 수 있을 것이다.

교장은 조직 내에서 스트레스를 줄이는 방법에 대해 생각하기보다는 학교 내에 '유스트레스(eustress)'를 확산하는 데 초점을 두어야 한다. 좋은 유스트레스란 건강한 종류의 스트레스이다. 헌신적인 사람들의 대다수가 옳은 일을 하는 데 자유를 느끼고, 시간과 에너지를 덜 투자하는 것처럼 보이는 사람들이 옳은 일을 하도록 압력을 느낀다면, 결국 학생들이 가장 많은 혜택을 얻는 학교를 만들 수 있다. 교장의 입장에서 보면 책임과 관심을 줄여 줄 때 보다 생산적인 교사도 있고, 그 반대의 경우에 자신의 노력을 더 기울였을 교사도 있을 것이다.

리더의 주요 책임 중에 하나는 양심을 포기하거나 부족한 사람에게 양심을 갖도록 하는 것이다. 리더는 계속하여 옳은 것이 무엇인지에 대한 모델이 될 필요가 있지만 그렇게 하는 것으로는 충분하지 않다. 대부분의 사람이 역할 모델을 통해서만 배울 수는 없다. 왜냐하면 모든 조직에는 긍정적인 역할 모델도 있고 부정적인 역할 모델도 있기 때문이다. 교장이 사람들에게 긍정적인 모델을 이해하고 그들을 따르도록 안내하지 않으면 많은 사람은 그 반대의 길로 눈을 돌릴 것이다.

    교사와 직원들은 어떤 문화가 자신들을 부정적인 방향으로 끌고 있을 때 그에 저항하기가 쉽지 않다. 이때 리더는 부정적인 문화에 저항하려는 사람들을 지지하고 안내하여야 한다. 동시에 리더는 사람들이 일상적으로 옳은 일을 하기 시작할 때 긍정적인 방향으로 문화가 만들어지고, 그래서 문화가 모든 사람으로 하여금 학생들을 위해 최선의 방향으로 일하도록 해 줄 것이라고 인식해야 한다. 새로 임용되는 교사들은 다양한 신념을 갖고 학교 상황으로 들어올 것이다. 학교문화는 그들에게 현재 학교에서 일을 하는 방식을 받아들이도록 시도할 것이다. 가능하면 항상 신임교사들을 최고의 교사에게 가까이 하도록 배치하는 것이 좋다. ☞ 심화 학습 4

[심화 학습 1]

이 장의 '미리 생각하기'에서 두 교장이 발휘한 리더십 중 어느 교장의 리더십이 학교목표를 달성하는 데 더 효과적이라고 생각하는가? A교장과 B교장이 구성한 학교조직의 구조를 분석해 보고, 더 효과적이라고 생각한 이유를 제시해 보시오.

[심화 학습 2]

어떤 학교에서 교사들이 가급적 수업은 적게 맡고, 담임은 기피하며, 사무분장은 부담이 적은 것을 맡으려 하는 분위기로 팽배해 있다. 당신이 이런 학교에 교장으로 부임한다면 어떠한 리더십 전략을 전개할지 생각해 보시오.

[심화 학습 3]

리더십에 대한 연구가 다양하게 이루어지고 있다. 여러분이 리더십을 연구하고자 할 때 고려해야 할 점은 무엇이라고 생각하는지와 실제 이를 바탕으로 연구주제를 설정해 보시오.

[심화 학습 4]

당신의 학교에서 교직원에게 가장 스트레스를 주는 이슈는 무엇인가? 어떤 이슈가 우수한 교사들에게 스트레스를 주는가? 스트레스의 원인과 스트레스를 해결하기 위한 방법을 제시해 보시오.

●참고문헌●

강경석(2016). 분산적 리더십, 교사학습공동체, 교사의 교직헌신 간의 관계. 교사교육연구, 55(3), 350-362.

강경석, 박찬(2013). 학교조직에서의 분산적 리더십과 교사효능감 및 학습조직화 간의 관계. 중등교육연구, 61(2), 309-337.

김이경, 김도기, 김갑성(2008). 우수 학교장의 리더십 특성에 관한 질적 사례 연구. 교육행정학연구, 26(3), 325-350.

김정원, 조영하(2017). 국공립대와 사립대 간 분산적 리더십과 행정직원의 자기효능감, 직무만족 및 조직몰입 간의 관계 비교. 한국교육문제연구, 35(1), 1-22.

김종관(2017). 현대적 리더십 연구의 특징과 공유리더십의 팀 효과성에 관한 연구. 디지털융복합연구, 15(6), 207-217.

김희규, 류춘근(2015). 홀리스틱교육 관점에서 학교장의 분산적 리더십이 전문가학습공동체에 미치는 영향. 홀리스틱융합교육연구, 19(3), 17-40.

민윤경, 정혜주, 이정민, 신정철(2017). 학교장의 다면적 리더십(Multiple Leadership) 연구. The SNU Journal of Education Research, 26(1), 23-51.

박상완(2009). 학교장의 지도성에 관한 국내 연구동향 분석(1988-2008). 교육행정학연구, 27(1). 349-378.

박선형, 임성범, 이승연(2017). 학교장의 변혁적 리더십과 교사의 창의적 교수행위의 관계에서 창의적 조직풍토의 매개효과. 교육행정학연구, 35(5), 331-359.

박찬(2013). 초등학교에서의 분산적 리더십과 교사효능감이 학습조직화에 미치는 영향. 한국열린교육학회 학술대회 논문집, 203-207.

박희경, 이성은(2007). 초등학교 학교장의 수업지도성 측정도구의 타당화. 열린교육연구, 15(2), 51-70

송복순, 강충열(2016). 초등학교 교사가 지각한 분산적 리더십, 동학년 팀역량 및 교사의 수업행동 간 구조관계. 초등교육학연구, 23(1), 31-53.

안병윤, 장수명(2015). 분산적 리더십과 학교의 조직효과성의 관계 분석: 전남형 혁신학교(무지개학교)를 중심으로. 교육정책연구, 2, 70-95.

오순문(2010). 학교장의 변혁적 지도성과 학교 조직 효과성의 관계에 관한 메타분석. 한국교원교육연구, 27(3), 327-347.

오희정, 김갑성(2019). 학교 현장에서 선호되는 초등학교장 지도성 특성 분류. 교육행정학연구, 37(4), 171-199.

이경호(2011). 전문가 학습공동체 구축을 위한 교장의 역할 탐색. 교육행정학연구, 29(3), 195-221.

이석열(2006). 교장의 감성리더십 진단척도 개발. 교육행정학연구, 24(3), 51-77.

이석열(2013). 대학 학장의 직무수행 및 분산적 지도성 실행 설계 및 분석에 관한 연구. 교육행정학연구, 31(1), 1-29.

이윤식(2002). 교장의 수업지도성에 관한 최근 연구와 시사. 한국교원교육연구, 19(2), 31-55.

이준희, 주영효(2015). 전문가학습공동체 형성을 위한 학교리더십 구현 양상에 관한 연구. 한국교육 학연구, 21(4), 227-254.

이한검(1994). 인간행동론. 서울: 형성출판사.

전수빈, 안홍선(2015). 교사의 효능감과 직무만족이 구성주의적 교수ㆍ학습 신념에 미치는 영향. 한 국교원교육연구, 32(3), 83-108.

전수빈, 이동엽, 김진원(2019). 학교장의 분산적 리더십이 교사의 직무만족에 미치는 영향. 교육행정 학연구, 37(2), 249-269.

주삼환(1991). 새로운 세기의 교장과 장학. 서울: 성원사.

주삼환, 천세영, 김택균, 신붕섭, 이석열, 김용남, 이미라, 이선호, 정일화, 김미정, 조성만(2015). 교육 행정 및 교육경영(5판). 서울: 학지사.

주현준(2016). 교육리더십 연구의 재조명. 교육행정학연구, 34(1), 25-45.

하정윤, 김진화, 정민진, 나민주(2017). 분산적 리더십이 유치원 교사의 교직헌신에 미치는 영향. 한 국콘텐츠학회논문지, 17(3), 115-128.

Bass, B. M. (1985a). Leadership: Good, Better, Best. *Organizational Dynamics, 8*(3), 32.

Bass, B. M. (1985b). *Leadership and Performance beyond Expectations*. NY: Free Press.

Burns, J. M. (1978). *Leadership*. NY: Harper & Row.

Caldwell, B. (2006). *Re-imagining Educational Leadership*. London: ACER Press and Sage.

Cunningham, W. G., & Gresso, D. W. (1993). *Cultural leadership: The culture of excellence in education*. Boston: Allyn & Bacon.

Fiedler, F. E. (1967). *A theory of leadership effectiveness*. New York: McGraw-Hill.

Fullan M. (2001). *Leading in a culture of change*. San Francisco: Jossey-Bass.

Fullan, M. (2014). *The principal three keys to maximizing impact*. San Francisco: Jossey-Bass.

Goldhammer, K., Becher, G., Withycombe, R., Doyel, F., Miller, E., Morgan, C., DeLoretto, L., & Aldridge, B. (1971). *Elementary School Principal and Their Schools*. Eugene: University of Oregon, Center for the Advanced Study of Educational Administration.

Goleman, D., Boyatzis, R. E., & McKee, A. (2002). *Primal leadership: Realizing the power of emotional intelligence*. Boston, MA: Harvard Business School Press.

Gruenert, S., & Whitaker, T. (2017). *School culture recharged: Strategies to energize your staff and culture*. 주삼환, 이석열, 신붕섭, 김규태 공역(2019). 학교문화 리더십. 서울: 학지사.

Hargreaves, A., & Fink, D. (2006). *Sustainable leadership*. San Francisco: Jossey-Bass.

Harris, A. (2008). *Distributed school leadership: Developing tomorrow's leaders*. 이석열, 김규태,

주영효, 손보라 공역(2011). 분산적 리더십. 서울: 시그마프레스.

Hersey, P., & Blanchard, K. H. (1977). *Management of organization behavior: utilizing human resources* (3rd ed.). Englewood Cliff, New Jersey: Prentice Hall Inc.

Javidan, M., House, R. J., Dorfman, P. W., & Hanges. H. (2006). Conceptualizing and Measuring Cultures and Their Consequences: A Comparative Review of Globe's and Hofstede's Approaches. *Journal of International Business Studies, 37*(6), 897-914.

Keefe, J. W., & Jenkins, J. M. (1987). *Handbook of instructional leadership.* National Association of Secondary School Principals, Reston, Va., ERIC, ED 251 936.

Leithwood, K., & Poplin, M. S. (1992). Transformational Leadership. *Educational leadership, 49*, 5.

Leithwood, K., & Jantzi, D. (2000). The effect of transformational leadership on organizational conditions and student engagement with school. *Journal of Educational Administration, 38*(2), 112-126.

Lewin, R., & Regine, B. (2000). *The soul at work: listen, respond, let go.* New York: Simon & Schuster.

Major. D. A. (2000). Effective newcomer socialization into high-performance organizational cultures. In N. M. Ashkanasy, C. P. M. Wilderom & M. F. Peterson (Eds.), *Handbook of Organizational Culuture and Climate* (pp.355-368). Thousand Oaks, CAL Sange Pulications Inc.

Marzano, R. J., Waters, T., & McNulty, B. A. (2001). *School leadership that works: from research to results.* 주삼환 역(2013). 교육리더십: 연구와 실제. 서울: 학지사.

Morrison, K. (2002). *School leadership and complexity theory.* 신현석, 주영효, 임준용, 이경호, 홍세영 공역(2020). 학교 리더십과 복잡계 이론. 서울: 학지사.

Nahavandi, A. (2000). *The Art and Science of Leadership.* Prentice Hall.

Northouse, P. G. (2001). *Leadership: Theory and practice* (2nd ed.). 김남현, 김정원 공역(2001). 리더십: 이론 · 응용 · 비판 · 측정 · 사례. 서울: 경문사.

Robbins, S. P., & Judge, T. A. (2018). Organizational behavior (16th ed.). 김태열, 박기찬, 박원우, 이덕로 공역(2015). 조직행동론. 서울: 한티미디어.

Salovey, P., & Mayer. J. D. (1990). Emotional Inteligence. *Imagination, Cognition and Personality, 9*, 195-211.

Sergiovanni, T. J. (1992). *Moral Leadership: Getting to the Heart of School Improvement.* San Francisco: Jossey-Bass Publishers.

Sergiovanni, T. J. (2001). *The Principalship: A Reflective Practice Perspective* (4th ed.). Allyn & Bacon.

●제10장●
직무동기

미리 생각하기 교원성과상여금제도는 교사들의 직무동기를 높이는 방안이 될까

　문재인 정부에서 국민들과의 소통을 강화하고, 의견을 직접 청취하여 국정운영에 참고하거나 반영하기 위하여 국민청원 및 제안 제도를 적극적으로 운영하고 있다.

　다음 내용은 2018년 5월 31일부터 6월 30일까지 진행된 교원성과상여금제도에 대한 청원 건이다. 청원에 참여한 인원이 16명에 불과하여 청와대에서 답변하지 않았지만 교원들에게 실적과 경쟁 중심으로 일부 수당을 지급하는 방안에 대해 부정적인 견해가 있다는 것을 엿볼 수 있다. 청원내용을 자세하게 읽고, 교원성과상여금이 교사의 직무동기를 높이기 위해 필요한지, 그렇지 않은지 입장을 정하고, 그 이유를 미리 생각해 보자.

교원성과상여금제도를 폐지해 주세요!!

청원내용

　현재 고등학교에 재직 중입니다. 매년 5월만 되면 교무실 분위기가 흉흉합니다. 바로 교원성과상여금의 등급 때문입니다.

　성과에 따라 S, A, B등급으로 나누고 차등 폭이 50만원을 넘습니다. 나름 열심히 학생들을 지도했는데 B등급을 받은 교사들은 정말 억울하고 화가 납니다. 교육을 어떻게 수치로 평가할 수 있습니까. 교육활동을 수치로 평가할 수 있다면 한번 제시해 주십시오. 교사들 간에 위화감을 조성하고 교육활동 의지를 꺾어 버리는 이런 제도는 마땅히 없어져야 합니다. 공직자 성과연봉제도가 사라지는 것으로 알고 있습니다. 이 또한 다르지 않습니다. 학교가 일반 회사도 아니고 어떻게 학생을 지도하는데 무엇으로 평가를 한단 말입니까? 교원을 대상으로 한 설문조사에서도 이 제도를 폐지하자는 의견이 많았다고 들었습니다. 부디 현장의 목소리를 들으시고 반영해 주시기 바랍니다.

출처: 청와대 홈페이지(https://www1.president.go.kr) → 국민소통

☞ 심화 학습 4

학교조직에서 구성원에게 직무동기를 부여하는 전략을 수립할 수 있다.

학습목표

1. 직무동기의 정의와 유형을 알 수 있다.
2. 직무동기의 내용이론의 주요 내용과 학교조직에 주는 시사점을 알 수 있다.
3. 직무동기의 과정이론의 주요 내용과 학교조직에 주는 시사점을 알 수 있다.
4. 학교조직에 직무동기이론이 적용되는 실제 사례를 알 수 있다.

학습내용

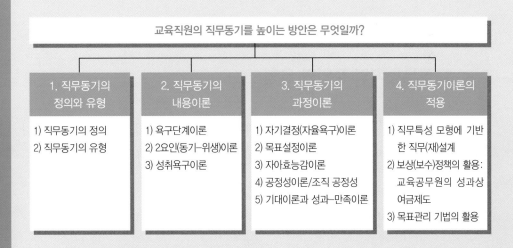

교육직원의 직무동기를 높이는 방안은 무엇일까?			
1. 직무동기의 정의와 유형	2. 직무동기의 내용이론	3. 직무동기의 과정이론	4. 직무동기이론의 적용
1) 직무동기의 정의 2) 직무동기의 유형	1) 욕구단계이론 2) 2요인(동기–위생)이론 3) 성취욕구이론	1) 자기결정(자율욕구)이론 2) 목표설정이론 3) 자아효능감이론 4) 공정성이론/조직 공정성 5) 기대이론과 성과–만족이론	1) 직무특성 모형에 기반 한 직무(재)설계 2) 보상(보수)정책의 활용: 교육공무원의 성과상 여금제도 3) 목표관리 기법의 활용

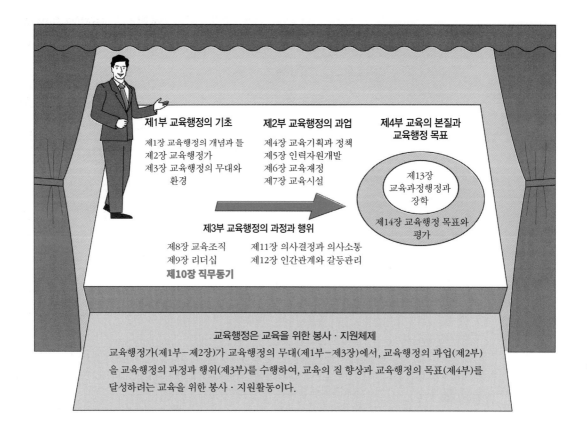

제1부 교육행정의 기초

제1장 교육행정의 개념과 틀
제2장 교육행정가
제3장 교육행정의 무대와
　　　환경

제2부 교육행정의 과업

제4장 교육기획과 정책
제5장 인력자원개발
제6장 교육재정
제7장 교육시설

제4부 교육의 본질과
교육행정 목표

제13장
교육과정행정과
장학

제14장 교육행정 목표와
평가

제3부 교육행정의 과정과 행위

제8장 교육조직　　　제11장 의사결정과 의사소통
제9장 리더십　　　　제12장 인간관계와 갈등관리
제10장 직무동기

교육행정은 교육을 위한 봉사 · 지원체제
교육행정가(제1부－제2장)가 교육행정의 무대(제1부－제3장)에서, 교육행정의 과업(제2부)
을 교육행정의 과정과 행위(제3부)를 수행하여, 교육의 질 향상과 교육행정의 목표(제4부)를
달성하려는 교육을 위한 봉사 · 지원활동이다.

1. 직무동기의 정의와 유형

동기(motive)는 학습이나 직무 수행과정에서 성과를 내기 위한 선행 변인이다. 이 절에
서는 직무동기란 무엇이고, 그에 관한 이론을 어떻게 분류하는지 공부한다.

1) 직무동기의 정의

동기부여(motivation)는 목표를 달성하기 위한 개인의 노력의 강도, 방향 및 지속성을 설
명하는 과정으로 정의된다(이덕로, 김태열, 박기찬, 박원후 역, 2011: 224). 이 정의에 포함된
세 가지 요소 중에, 강도(intensity)란 개인이 얼마나 열심히 노력하는가를 말한다. 그런데
조직 구성원의 노력이 조직의 목표달성에 이익이 되는 방향으로 나아가지 않으면 노력(동

기)의 강도가 아무리 강해도 직무 성과는 제대로 나올 수 없다. 한편 동기부여는 **지속성**이 있어야 한다. 구성원의 노력이 얼마나 유지되는가는 조직목표의 달성 정도를 가늠하는 요소가 될 수 있다.

주삼환 등(2015)은 학교조직에서 직무동기를 직무환경에서 직무와 관련이 있는 행동을 개시하고, 목표를 지향하고, 이를 지속적으로 유지시키는 내적인 힘이라 하였다. 첫째, 직무동기는 인간 행동을 **활성화**(energize)시킨다. 사람들로 하여금 일정한 방식으로 행동하도록 힘 솟게 하는, 개인 내의 활성적인 힘이 곧 동기이다. 둘째, 인간 행동의 방향을 설정하거나 목표를 지향하도록 **통로**(channel)를 마련해 준다. 어떤 목표를 향하여 행동하는 것, 즉 동기가 지니는 방향이나 목표의 차원을 의미한다. 셋째, 인간 행동을 유지시키거나 지속시키는 것과 관련이 있다. 이는 동기가 지니는 지속성 또는 행동적인 속성을 의미한다. 이에 비추어 보면, 교원의 직무동기란 '교사들이 학교조직의 목적을 달성하기 위한 행동을 개시하고, 그 행동을 활성화화고 유지시키는 내적 상태'이다.

🎓 **기본 학습 1**

대학원에서 수학하고 있는 교사가 학교에서 학위논문을 작성하기 위해 열심히 노력하고 있는 경우를 직무동기의 정의에 비추어 생각해 보자.

---

2) 직무동기의 유형

직무동기에 관한 이론적 관점에 따라 조직의 목표달성을 위한 구성원의 동기부여 전략을 설계하는 방식 또한 달라질 것이다. 주삼환 등(2015)은 직무동기를 부여하는 관점을 **내용이론**(content theory)과 **과정이론**(process theory)으로 나누어 제시하였다. 이런 설명은 학습 상황에서 학습동기를 외적 동기와 내적 동기로 구분하는 관점을 차용한 것인데, 내용이론(content theory)은 사람들은 무엇 때문에 열심히 일을 하는가의 물음에 대한 답을 주고, 과정이론(process theory)은 사람들이 인지적으로 어떤 과정을 거쳐 열심히 일하는가의 물음에 대한 답을 준다. 특히 후자의 경우 직무동기의 발동과 유지에 작용하는 여러 변인의 관계를 파악하는 데 초점을 두고 있다.

한편 Robinson과 Judge(2010)는 초기의 이론과 현대의 이론으로 구분하여 설명하고 있다.

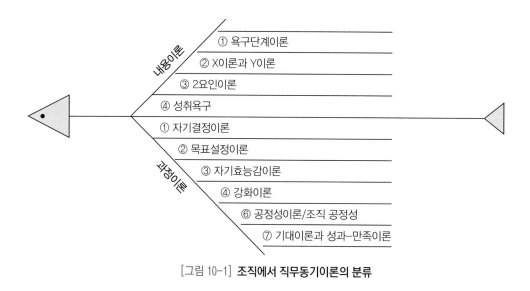

[그림 10-1] 조직에서 직무동기이론의 분류

초기의 이론은 말 그대로 1950년대부터 동기부여를 이론이 발전하기 시작한 후에 주로 나타난 이론들로, 조직에서 무엇이 사람들에게 동기부여를 하는지에 초점이 있다. 반면에 저자들은 초기의 이론들이 출현한 이후에 등장한 **현대의 이론**들은 직무동기를 설명하는 데 있어서 현재의 사고 상태를 나타내기 때문에 그렇게 이름 붙였다. 초기의 이론들은 주삼환 등(2015)이 구분한 내용이론에 해당하고, 현대의 이론들은 과정이론에 해당한다고 볼 수 있다.

교육조직에서 구성원의 동기부여를 체계적으로 설명하고 있는 Hoy와 Miskel도 직무동기이론들을 크게 분류하지 않았으나 Robbins와 Judge(2010)의 사고체계와 유사하게 나누어 설명하고 있다.

[그림 10-1]은 직무동기이론을 내용이론과 과정이론으로 나누어 나타낸 것인데, 이 책에서 초기에 해당하는 이론은 ①, ③, ④에 대해서만 논의한다. 그 이유는 ②는 엄밀히 말해 인간 본성을 기초로 한 관리방식에 해당하기 때문이다.

2. 직무동기의 내용이론

조직에서 직무동기에 관한 내용이론은 사람들이 무엇(what) 때문에 일을 열심히 하는지에 대한 답을 준다.

1) 욕구단계이론

인본주의 심리학자인 Abraham Maslow(1965)가 주장한 욕구단계이론(need hierarchy theory)은 인간을 다섯 가지의 욕구가 단계적으로 작동하여 동기부여되는 존재로 가정하였다. 다섯 가지 욕구는 저차의 욕구(생리적 욕구, 안전 욕구)와 고차의 욕구(사회적 욕구, 존경 욕구, 자아실현 욕구)로 구분되는데, 기본적인 주장은 다음과 같다.

- 개인의 욕구들은 보편적인 것이며 위계적으로 배열되어 있다.
- 충족되지 않은 욕구는 개인들로 하여금 오로지 충족되지 않은 욕구에 집중하게 한다.
- 상급 수준의 욕구가 감지되고 추구되기 위해서는 낮은 수준의 욕구들이 대체로 충족되어야 한다.

학교조직에 초점을 두고 **욕구단계이론**의 주요 내용을 살펴보면 다음과 같다(주삼환 외, 2015: 142-143).

첫째, 인간은 의식주·성·수면 등 생리적 균형을 유지하여 생명과 삶을 유지하기 위한 **생리적 욕구**(physiological need)를 갖고 있다. 배고픈 아이는 학교에 가더라도 수업에 집중하기 어렵다. 둘째, 인간은 신체적 위험과 위협으로부터 보호, 불안과 공포로부터 심리·정서의 안정, 혼돈과 무질서로부터의 해방 등 **안전 욕구**(safety need)를 원한다. 이는 조직생활에서 신분보장, 직업 안정성, 의료혜택, 연금제도 그리고 산업재해로부터의 보장책에 대한 관심으로 나타난다. 셋째, 대인관계를 통해 친교와 우정을 나누고 집단이나 조직에 소속되기를 원하는 **사회적 욕구**(social need)가 자리한다. 학생들은 학교에서 공부만 하는 것이 아니라 친구들과 어울리려는 욕구가 있다. 학교폭력을 추방해야 하고, 교사들이 학생들의 사회적 관계성을 증진하기 위한 수업 전략을 자주 적용해야 할 이유가 여기에 있다. 넷째, 인간은 자존심을 유지하고 타인으로부터 인정이나 존경을 받고 싶은 **존경 욕구**(esteem need)를 충족하고 싶어 한다. 교사가 교감으로, 교감이 교장으로 승진하려는 존경의 욕구, 자신이 유능한 존재라는 자기효능감이 이에 해당한다. 마지막으로, 자신의 잠재능력을 최대로 발휘하여 자신의 이상을 충족하려는 **자아실현 욕구**(self-actualization need)가 있다. 교사들이 비록 관리자로 승진하지는 못하여도 교직을 천직으로 알고 학생들을 가르치는 과정에서 삶의 보람을 찾는 경우가 이에 해당한다.

Maslow의 욕구단계이론이 특히 실무관리자들 사이에서 전폭적으로 인정을 받은 것은 직관적이며, 논리적이고, 이해하기 쉽기 때문이다. 그러나 Maslow는 이를 실증적으로 입증하지는 못했으며(이덕로, 김태열, 박기찬, 박원우 역, 2011: 226), 많은 연구에서 다섯 가지 욕구가 위계적으로 구조화되었다는 분명한 증거가 나타나지도 않았다. 그럼에도 욕구단계이론은 학교조직에서 구성원에게 동기부여를 하는데 많은 것을 시사한다.

첫째, 학교관리자들은 인간의 욕구가 동시 복합적으로 작용한다는 사실을 유념할 필요가 있다. 교사들이 안정적으로 직무에 전념할 수 있도록 보수 등 경제적 지원을 적정하게 해 주는 동시에 사회적으로 그 권위가 훼손당하지 않도록 교권을 세우는 등 존경 욕구도 필요하다. 또한 교직에 종사하는 보람을 갖고 학생을 가르치도록 사회적·제도적 장치를 만드는 일도 중요하다.

둘째, 교사들이 고차적 요구를 충족하도록 동기부여 전략을 수립하여 실천하는 노력이 중요하다. Maslow에 따르면 일반적으로 세 가지 하위 수준의 욕구는 어느 정도 충족되면 더 이상 동기부여의 힘을 갖지 못하지만, 존경 욕구와 자아실현 욕구와 같은 상위 수준의 욕구는 좀처럼 완전하게 충족되지 않기 때문에 지속적인 동기 요인이 된다. 한편 전문교육자들에게 있어서 가장 결핍된 것은 존경 욕구와 자아실현 욕구라고 보고되었다(오영재, 신현석, 양성관, 박종필 역, 2007: 149-150).

셋째, 교사들의 동기부여를 위해서는 조직의 변인(구조와 과정, 리더십), 환경 변인(정책이나 제도의 변화 등)을 두루 고려할 필요가 있다. 욕구 단계에 대한 상대적 중요성은 사람에 따라 다르고, 개인적으로도 상황에 따라 상대적인 선호(강도)가 다르다. 특히 조직생활에서 개인의 행동은 개인의 특성만이 아니라 개인을 둘러싸고 있는 환경의 힘이 크게 작용한다. 이런 지적은 Maslow가 욕구 단계를 환경 변인을 고려하지 않고 정태적으로 파악하였다는 비판에서 비롯된다.

🎓 **기본 학습 2**
___

교직에 몸담고 있는 현재 교사로서 동기를 부여하는(직무만족을 주는) 요인이 무엇인지 생각해 보자. 그리고 앞으로 '나'를 동기부여를 할 요인을 예상해 보자.

2) 2요인(동기-위생)이론

Herzberg(1959)는 직무동기를 설명하면서 **동기-위생이론**(motivation-hygiene theory)이라고 불리는 **2요인이론**(two factor theory)을 제안하였다. 그는 200명의 기술자와 회계사를 대상으로 일을 하면서 즐거웠던(불쾌했던) 시간이나 사건을 회상하게 한 다음에 왜 그런 감정을 느끼게 되었는지, 그리고 그것들이 직무 성과에 어떤 영향을 미쳤는지를 조사하였다.

Herzberg는 직무 상황에서 '만족을 주는 요인'과 '불만족을 주는 요인'은 서로 다르다는 사실을 발견하였다. [그림 10-2]에서처럼 직무만족과 직무불만족은 서로 독립(분리)된 별개의 차원이며, 각 차원에 작용하는 요인 역시 별개라는 관점을 취한다(이덕로, 김태열, 박기찬, 박원우 역, 2011: 228). 즉, 직무만족을 가져다주는 요인은 성장과 발전, 책임, 일 그 자체, 책임 및 성취 등 직무에 내재된 요인들이다. 반면에 직무불만족 요인은 주로 직무환경, 즉 회사의 정책과 행정, 감독, 임금, 대인관계, 작업 조건 등이다.

Herzberg는 직무만족에 영향을 주는 요인을 동기 요인 또는 만족 요인, 직무불만족에

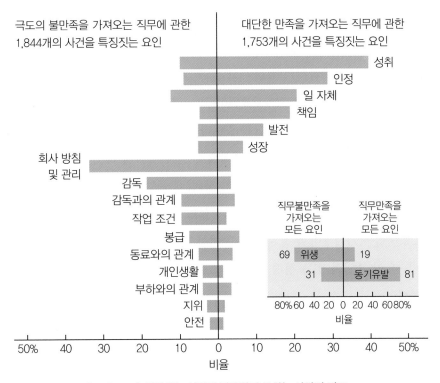

[그림 10-2] 만족하는 사람과 만족하지 못하는 사람의 비교

영향을 주는 요인을 위생 요인 또는 불만족 요인이라 하였다. 동기 요인에 속하는 것들은 충족되지 않아도 불만은 없지만, 일단 충족하게 되면 직무 태도와 직무만족에 긍정적인 영향을 줄 수 있다. 동기 요인은 욕구단계 중에 상위 욕구(자기존경과 자아실현)와 일치한다고 볼 수 있다. 위생 요인은 그것의 충족이 단지 직무에 대한 불만족의 감소만을 가져올 뿐이지 적극적으로 직무만족에 작용하지는 못한다. 이는 생리적 욕구, 안전의 욕구, 사회적 욕구 그리고 존경의 욕구 중 타인으로부터의 존경과 관련이 있다.

한편 직무동기이론이 우리나라의 교육 상황을 제대로 설명해 주고 있는지 알아보는 연구들이 수행되어 왔다. 이때 직무동기를 독립변인으로 설정하고, 직무만족을 종속변인으로 삼았다. 주삼환은 1974년에 석사학위 논문으로 「Herzberg의 동기–위생이론에 관한 연구」를 수행하였고, 김재웅(1985)도 주삼환과 유사한 연구를 수행하였는데, 동기–유인이론(motivation-incentive theory)을 독립변인으로 하고, 교사의 직무만족을 종속변인으로 하여 직무동기이론을 검증하였다. 동기–유인이론은 Miskel, Glasnapp과 Hatley(1975)가 개인의 동기(바람직한 작업 조건)와 조직의 유인(현재 경험하고 있는 작업 조건)에 대한 지각의 불일치가 교원의 만족과 관계 있음을 검증한 데서 비롯되었다. 또한 김재웅은 Miskel, De Frain과 Wilcox(1980)가 직무만족에 미치는 작업(직무)동기의 영향을 감소시키는 직무 관련 태도로 삶의 주요 관심(Central Life Interest: CLI)과 자발성(Voluntarism)을 들고, 그 변인들을 교육행정 연구에 포함시켜야 한다고 한 주장에 기초하여 연구를 설계하였다. 특히 연구자는 동기–유인이론은 기존의 2요인이론(two factor theory), 불일치이론(discrepancy theory), 형평이론(equity theory)을 종합한 것이라는 관점에서 연구를 수행하였다.

그는 서울시내 중학교 교사 384명을 대상으로 설문 조사를 하여 연구를 수행하였는데, 동기–유인 불일치 점수들은 직무만족의 약 3%밖에 예언해 주지 못하고, 삶의 주요 관심(CLI)과 자발성(VOL)을 추가하여 분석한 결과 설명 변량이 약 50%로 증가하였다는 보고를 하였다. 그는 연구 가설 1이 부정된 이유를 여섯 개의 직무 하위 요인이 한국의 교육 상황에서 동기–유인 불일치 또는 형평 지각의 정도를 드러내기에 부적합할 가능성이 있다는 데서 찾았다.

그렇다면 학교조직의 관리자들은 동기–위생이론으로부터 어떤 시사점을 얻을 수 있을까? 직무불만족과 관련된 요인이 충족되면 불만족이 없는 상태(no dissatisfaction)가 되지만, 그 자체가 직무만족 상태가 되지는 못한다. 반면에 직무만족 요인은 직무 그 자체와 관런된 것이다. 따라서 관리자는 조직의 성과를 높이기 위해서는 조직 구성원들이 '불평하지 않는 상태'에 머무르지 않고, '적극적으로 성장하고 발전하려는 상태'로 나아가도록 해야 할 것이다. 사람들이 일을 하는 과정에서 성취감이나 책임감 그리고 발전하고 있다는 느낌을 갖도록 직무를 설계하고, 일의 목표나 수행방식 등을 스스로 결정하도록 자유재량권을 주는 것이 중요하다.

동기-위생이론은 많은 지지를 받기도 하지만 비판 또한 적지 않다. 첫째, 만족 요인과 불만족 요인을 지나치게 배타적으로 보았다. 예컨대, 보수는 불만족 요인에 해당하지만 사람에 따라 만족 요인이 될 수도 있다. 둘째, 만족과 불만족을 분류하는 방식에도 문제가 있을 수 있다. 사람들은 자기가 통제할 수 있는 요소에 대해서는 자연히 즐거운 경험을 언급할 가능성이 있는 반면에 자기통제를 벗어나는 직무환경에 대해서는 기분 나쁜 경험을 말할 가능성이 높다. 셋째, 이 이론은 실제적인 동기와 성과의 관계를 탐구하기보다는 구성원의 만족에 초점을 두었다. 즉, 직무에 대한 만족스러운 경험을 한 사람이 직무 성과가 높은지, 그리고 직무불만족을 더 많이 경험한 사람은 그렇지 않은 사람에 비해 직무 성과가 더 낮은지에 대해 깊이 있는 연구를 바탕으로 한 결론은 아니다. 🖙 심화 학습 1

3) 성취욕구이론

McClelland(1961, 1985)는 동료들과 함께 욕구이론을 개발하였는데, 그 과정에서 인간이 다음 세 가지 욕구를 가지고 있다고 가정하였다.

① 성취 욕구(need of achievement): 탁월하거나 표준과 관련하여 성취하려 하고, 성공을 위해 노력하는 추진력
② 권력 욕구(need of power): 다른 사람들이 지금까지 행동하지 않았던 방식으로 그들을 행동하게 하려는 욕구
③ 친화 욕구(need of affiliation): 절친하고 가까운 대인관계에 대한 욕구

McClelland는 세 가지 욕구 중에서 성취 욕구에 초점을 두고 연구를 수행하였다. 특히 동기는 학습되는 것이고, 행동에 영향을 주는 잠재적 위계로 배열되어 있으며, 사람에 따

라 다르다고 보았다. 즉, 사람은 성장해 감에 따라 긍정적인 감정과 부정적인 감정을 주변에서 발생하는 어떤 것들과 연합하는 것을 배운다. 따라서 수월성의 기준과 경쟁할 기회가 긍정적인 성과와 연합될 때 성취 가치는 학습된다(오영재, 신현석, 양성관, 박종필 역, 2007: 155).

3. 직무동기의 과정이론

현대의 직무동기이론은 앞서 말한 과정이론의 특징을 갖는다. 즉, 조직에서 동기부여(동기화, motivation)가 어떤 과정을 거쳐 이루어지는지에 초점을 두는데, 기본적으로 인간은 자기 행동을 외부의 힘이나 통제에 의해서가 아니라 스스로 선택하여 결정한다고 전제한다. 이 절의 [그림 10-1]에서 분류한 ④ 강화이론은 제외하였다. 그 강화는 일반적으로 모든 직무동기이론의 목표이기 때문이다.

1) 자기결정(자율욕구)이론

Porter(1961)는 독립적으로 사고하고 행위하려는 인간의 **자율 욕구**가 기본적인 욕구라고 주장하였다. 즉 인간은 다른 사람이 지시하거나 통제하는 규칙, 규정 등 외부적 압력이나 보상체계보다 자신들의 내재적 가치 인식과 자율적 선택에 따라 행위를 스스로 통제하려 한다.

Richard deCharms(1983)는 자기 스스로 결정하는 **창조인(origins)**과 다른 사람의 결정에 따르는 **의존인(pawns)** 개념을 통해 자율욕구이론의 중요성을 비유적으로 설명하고 있다. 창조인은 자신을 행동하려는 의도의 원천 혹은 기원으로 인식하는 반면에, 의존인은 자신을 타인에 의해 통제되는 게임 속 인물로 보거나 무력한 존재로 인식한다(오영재, 신현석, 양성관, 박종필 역, 2007: 156).

자기결정이론의 측면에서 학교조직에 속한 개인이나 조직 전체의 운영 시스템에서 자율성의 개념은 매우 중요하다. 우선, 욕구단계이론에서 자율성의 욕구를 가정하지 않은 한계에 비추어, 생리적 욕구를 제외하는 대신에 자아실현의 욕구의 전 단계에 자율 욕구를 상정한 것에 주목할 필요가 있다. 가르치는 직업은 전문적 지식과 양심에 따라 자율적으로 판단하고 행동하는 것이기 때문에, 교사의 자율적 욕구를 존중해야 한다. 특히 학교관리자들은 구성원들이 직무를 수행하는 과정에서 관련성이 있는 분야에 대해서는 의사결정 과정에 참여하게 해 주어야 직무에 대한 통제감을 갖고 내재적 동기를 기반으로 직무를 수행할 수 있다. 학교 전체적으로 볼 때도 교육청 등 상급기관의 일방적 지시나 통제에 의해 운영되는 시스템이 아니라 학교 개별적으로 자율적으로 목표를 수립하고 성과를 평가하여 피드백하도록 하는 책무 중심의 **학교자율경영제**(School Based Management: SBM)를 강화하는 것이 중요하다.

한편 자기결정이론은 학생들의 학업생활에도 시사하는 바가 큰데, 이는 2015 개정 교육과정에서 학생 참여형 수업을 강조하는 맥락과 깊은 관계가 있다.

🎓 **기본 학습 3**

최근 교육혁신을 위해서 학생 중심의(참여형) 수업이 강조되고 있다. 그 바탕에는 자기주도(조절)학습이 있어야 하는데, 학생들의 자기주도학업(학습)을 돕는 방안을 생각해 보자.

---

2) 목표설정이론

Locke와 그의 동료 Latham은 조직에서 직무동기 향상을 위한 **목표설정이론**(goal setting theory)을 개발하였다(Locke & Latham, 1984, 1990; Latham, 2002). 목표란 한 개인이 도달하고자 추구하는 미래 상태나 성과를 말하는데, 이는 개인으로 하여금 수용 가능한 수행 수준과 행위의 방향을 정해 준다. Locke와 Latham은 목표의 두 차원으로 내용과 강도를 들고 있다(오영재, 신현석, 양성관, 박종필 역, 2007: 158) 목표의 내용은 추구하는 대상이나 결과이며 그것의 구체성-추상성, 시간의 단위(단기-장기), 어려운 정도 등 다양하다. 개인에 따라 내용의 속성에 대한 지각도 다양하다. **목표의 강도**란 목표를 달성하기 위해 필요한 노력, 중요시하는 정도, 목표에 대한 헌신을 말한다.

목표설정이론은 인간의 행위(동기)란 두 가지의 인지, 즉 가치와 의도(혹은 목표)에 의해 결정되는 것으로 파악한다. 즉, 인간은 자신이 갖고 있는 가치가 바탕이 되어 정서(emotions)와 욕망(desires)이 형성되고, 이를 토대로 의도나 목표가 정해지면 이것이 실제

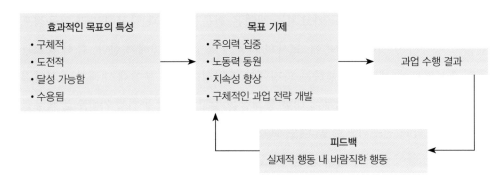

[그림 10-3] Hoy와 Miskel이 제안한 목표설정이론 모형

행위나 성과를 결정한다. 인간에게는 자신이 설정한 목표를 성취하려는 의도가 동기를 부여하는 제일 중요한 힘이 될 수 있다. 이 점에서 비록 목표는 조직에서 자신을 둘러싼 상황적인 정보에 의해 만들어지기는 하지만 항상 개인의 내부에 존재한다(오영재, 신현석, 양성관, 박종필 역, 2007: 158). 목표가 실제 행위나 성과를 결정하는 요인이라면, 그 목표가 지닌 속성과 그것이 작동하는 기제는 [그림 10-3](주삼환 외, 2015: 162)에서 알 수 있다.

결국 목표설정이론으로부터 얻을 수 있는 결론은 다음과 같다. "구체적이고 도전적이지만 달성 가능한 목표가 구체적인 과업 전략의 개발뿐 아니라 집중력, 노력 및 지속성을 증가시키기 때문에 동기를 증가시킬 수 있고, 또 실제로 증가시키고 있다는 것을 시사하고 있다. 목표달성의 진보에 대한 피드백은 주의력, 노력, 지속성을 강화시키고, 나아가 더욱 효과적인 목표달성 전략을 재정립하고 변경시킬 수 있는 정보를 제공한다."(오영재, 신현석, 양성관, 박종필 역, 2007: 161)

3) 자아효능감이론

자아효능감(self-efficacy)은 어떤 과업을 수행할 수 있다는 자신에 대한 믿음, 확신을 말한다. 구체적으로 어떤 수준의 과업을 달성하는 데 요구되는 행위과정을 조직하고 실천하기 위한 자신의 능력에 대한 개인적 판단을 말한다. 자아효능감이론을 개발한 Bandura(1997)는 자아효능감이 네 가지 방법으로 증진될 수 있다고 하였다(이덕로, 김태열, 박기찬, 박원우 역, 2011: 239; 오영재 외 역, 2007: 173).

첫째, 성공 경험(enactive mastery)은 숙련 경험(mastery experience)이라고도 하며, 어떤

일을 성공적으로 수행하였다면 앞으로도 그 일을 잘 수행할 수 있다고 확신하는 것으로 자아효능감의 가장 중요한 근원이다. 어떤 일에서 반복적으로 성공적인 경험을 하면 자아효능감이 높아지는 반면에, 계속되는(특히 과업의 초기 단계에서) 실패는 자아효능감을 낮게 한다.

둘째, 모델링(modeling)과 대리적 경험(vicarious experience)은 과업을 성공적으로 완수하는 전문가를 지켜보면 다른 상황에서 유사한 과업을 처리하는 효과적인 전략을 고안하여 실천하는 데 도움이 되는 것을 말한다. 또 사람들은 사회적 비교를 통해 자신의 능력을 판단하는데, 자신과 비슷한 능력을 가진 사람이 성공하는 것을 보면 그에 대한 자아효능감을 가질 수 있다.

셋째, 언어적 설득(verval persuation)은 다른 사람에게 달성하고자 하는 것을 잘 할 수 있다고 언어적 메시지를 주는 것인데, 특히 현실적인 범주 내에서 칭찬을 하면 노력하는 정도에 따라서 수행기술과 자아효능감을 높일 수 있다.

넷째, 각성(arousal)은 자신의 생리적 상태로부터 나온 정보에 의존하여 자신의 능력을 판단하는 것이다. 흥분이나 열정 등 긍정적 자극과 공포, 피로, 스트레스 등의 부정적 자극은 직무 수행에 영향에 미친다.

자아효능감이론은 그 자체로 이해할 수 있지만, 앞서 공부한 목표설정이론과 결합하여

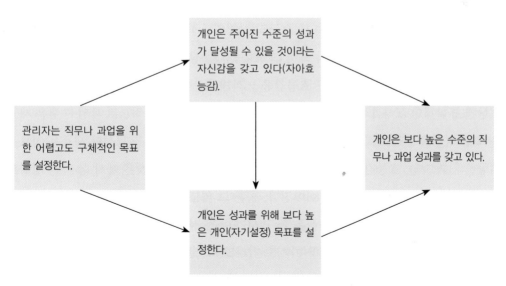

[그림 10-4] **목표와 자아효능감이 성과에 미치는 공동 효과**
출처: 이덕로, 김태열, 박기찬, 박원우 역(2011), p. 240.

제10장 직무동기

동기부여에 작용한다. 조직에서 관리자가 종업원에게 어렵지만 구체적인 목표를 설정할 때, 종업원은 업무를 잘 수행하는 데 필요한 높은 수준의 자아효능감을 가질 것이고, 더 높은 목표를 세울 것이다([그림 10-4] 참조). 왜 그럴까? 예컨대, 사장이 어느 종업원에게 다른 종업원보다 더 높은 목표를 부여하면, '사장은 다른 동료보다 나의 업무 수행능력이 더 좋다고 보는가 보네.'라고 생각할 것이다. 그러면 그는 자신에 대해 더 확신을 갖는(더 높은 자아효능감) 심리적 과정을 형성하여 더 높은 목표를 형성하고 더 좋은 성과를 낼 것이다.

한편 언어적 설득효과는 피그말리온 효과(Pygmalion effect)와 갈라테이아 효과(Galatea effect)로 설명할 수 있다(이덕로, 김태열, 박기찬, 박원우 역, 2011). 전자는 어떤 것을 믿으면 그것이 실제로 이루어진다는 자기충족적 예언의 한 형태이므로, 관리자가 구성원에게 '당신의 능력이 뛰어나다'고 말함으로써, 그 사람은 자아효능감을 높게 지각하는 경우이다. 후자는 업무 수행의 기대를 높게 전달함으로써 실제 수행이 높게 나타나는 경우를 말한다. 야구 감독이 투수에게 "너는 이번 게임에서는 볼넷을 허용하지 않을 거야."라고 말하면 투수가 게임에서 실제로 볼넷을 주지 않으려고 노력하는 경우를 말한다. 결국 관리자는 구성원에게 '좋은 말(good mouth)'로 자아효능감을 불러일으켜 직무 성과를 높일 수 있다.

일반적인 자아효능감이 학교 상황에서는 교사효능감(teacher efficacy)으로 발전하였다. Tschannen-Moran, Hoy와 Hoy(1998)는 통합적인 교사효능감 모형을 개발하였다(오영재, 신현석, 양성관, 박종필 역, 2007: 176-178). 이 모형에서는 '특정한 상황적 맥락 속에서 구체적 교수 과업을 성공적으로 달성하는 데 요구되는 행위과정을 조직하고 실행하는 자신의 능력에 대한 신념'을 교사효능감이라 하여 (교사효능감의) 상황 특정적 특징을 강조한다. 모든 교사가 모든 수업 상황에서 똑같은 효능감을 느끼지 않는다.

한편 통합적인 교사효능감 모형은 순환적 특징을 갖는다. 일반적으로 과업 수행은 새로운 숙련 경험을 만들고, 그 경험은 다시 미래의 효능에 대한 신념을 형성할 새로운 정보를 제공한다(피드백). 효능감이 클수록 노력과 지속성도 커지며, 그것은 다시 더 나은 성취로 이어지고, 결국 더 큰 효능감으로 이어진다. 물론 그 역도 성립한다. [그림 10-5]에서 성공적인 수업과 노력 그리고 그 지속성은 한 교사가 특정 상황 속에서 성공적인 학습을 이끌 수 있도록 수업 조직 및 실행 능력을 가지고 있다고 스스로 믿는 정도에 달려 있다. 따라서 교사들은 효능감을 높이기 위해 스스로 다음 두 가지 질문을 자주 하는 것이 좋다.

- 교과수업에 관한 질문: 주어진 교수 과업이 얼마나 어려우며, 그것을 내가 해낼 수 있는가?
- 교수능력에 관한 질문: 주어진 과업과 상황을 고려할 때 나는 필요한 기술과 지식을 갖고 있는가?

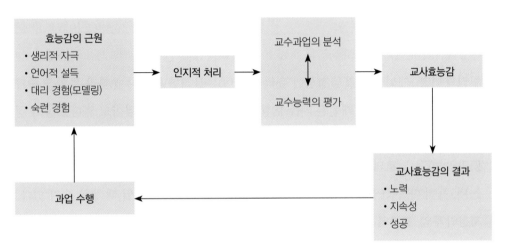

[그림 10-5] **교사효능감 모형**

출처: 오영재, 신현석, 양종관, 박종필 역(2007), p. 178.

🎓 **기본 학습 4**

교사효능감에 관한 두 가지 질문에 대해 현재 자신을 스스로 진단하고, 성장을 위한 셀프 피드백을 해 보자.

4) 공정성이론/조직 공정성

Adams(1965)가 제안한 **공정성이론**(equity theory)은 **사회적 비교이론**(social comparison theory)을 토대로 직무동기를 설명하는데, 이는 조직생활에서 개인은 자신의 투입(inputs)과 그에 따른 결과(outcomes)를 다른 개인이나 집단의 그것들과 비교한다고 가정한다. 그래서 자신이 투자한 투입 대 결과의 비율이 타인의 그것과 동일하면 공정하다고 느끼며 만족하게 된다. 그러나 이에 대해 불공정성을 지각하게 되면, 공정성을 회복하는 쪽으로 어떤 행동을 한다는 것이다.

그런데 공정성이론에 의하면, 과대보상(overpayment)이든 과소보상(underpayment)이든 불공정성을 지각한다. 즉, 개인들은 부족한 보상에 대해서는 불만족을 느끼고, 과도한 보상에 대해서는 부담감을 지각하게 된다. 그리고 이러한 긴장감은 불공정성의 정도에 따라 달라지는데, 불공정성을 감소시키는 방향으로 동기화(motivation)가 작용한다. 이처럼 직무 수행자가 불공정성을 감소시키기 위해 활용하는 행동은 대체적으로 다음과 같이 작용한다(신유근, 1985: 249).

① **투입의 변경**: 개인들은 불공정성이 유리한 것이냐 불리한 것이냐에 따라 투입을 증가시키거나 감소시킨다. 개인은 과소보상의 경우 노력을 덜 할 것이고 과다보상의 경우는 노력을 더 할 것이다.

② **결과의 변경**: 노조의 압력 등으로 임금인상이나 작업 조건을 개선하는 경우에 나타나는데, 특히 다른 산업이나 조직과의 불공정성을 없애기 위한 것일 때에 볼 수가 있다.

③ **자신의 투입, 결과의 왜곡**: 사람들은 실제로 투입이나 결과를 변경시키지 않고도 그것을 인지적으로 왜곡함으로써 같은 결과를 얻을 수 있다. 불공정한 대우를 받았다고 느꼈다 하더라도 직무에 부착된 지위라는 결과를 의도적으로 중대시킬 수 있다. 즉, '내가 맡고 있는 일이 더 중요하니까.'라고 생각할 수 있다. 또 대학을 나온 사람이 고등학교를 나온 사람보다 월급이 적을 때 '그는 업무능력이 나보다 나으니까.'라고 여기거나 '그가 월급은 많더라도 승진의 기회는 내가 더 많으니까.'라고 생각할 수도 있다.

④ **직장 이동**: 불공정성을 줄이는 또 하나의 방법은 근무하고 있는 직장을 떠남으로써 불공정성을 아예 없애 버리는 것이다. 이는 극단적인 예로 불공정성이 극히 클 때 또는 개인이 이를 감당할 수 없을 때 나타난다.

⑤ **타인의 투입이나 결과의 왜곡**: 인지적 왜곡은 자기 자신만이 아니라 비교 대상에 대해서도 행해질 수가 있다. 예를 들어, 비교 대상이 실제보다도 열심히 일하고 있으므로 많은 보상을 받는 것은 당연하다고 믿을 수도 있다. 또는 그의 보상이 실제보다도 적은 것으로 지각할 수도 있다.

⑥ **비교 대상의 변경**: 비교 대상을 변경함으로써 불공정성을 줄일 수 있다.

한편 최근에 조직 연구에서 공정성이론과 관련하여 각광을 받는 것이 **조직 공정성**

(organizational justice)이다. 본래 공정성이론은 개인들 사이에 보상의 양과 할당이 공정하다는 지각에 초점을 두는 **분배적 정의**(distribute justice)를 주로 논하였다. 그러나 최근에는 조직 공정성 또는 조직적 정의에 더 관심을 두고 있다. 조직적 정의(공정)는 [그림 10-6]에 제시된 것처럼 종래의 분배적 정의에 **절차적 정의**(procedural justice)와 **상호작용적 정의**(interactional justice)를 더해 공정성의 요소로 삼는다(이덕로, 김태열, 박기찬, 박원우 역, 2011: 245).

절차적 정의는 말 그대로 보상의 분배를 결정하는데 작용하는 과정의 공정성을 말하는데, **과정 통제와 설명**이 핵심 요소이다. 과정 통제는 자신의 관점을 제시할 수 있는 기회를 주는 것으로, 종업원들이 결과에 대해 어느 정도 통제력을 갖고 있다고 느끼게 해야 한다. 설명은 관리자가 종업원에게 보상의 결과에 대해 왜 그런지 충분히 말해 주는 것을 말한다. 이 밖에도 종업원들이 절차적 정의를 충분하게 지각하게 하려면 일관성을 유지하고, 편견이 없어야 하며, 정확한 정보에 기초하여 의사결정을 하고, 결과에 대한 탄원을 받아들일 자세가 되어야 한다.

상호작용적 정의는 조직적 정의에서 보다 최근에 추가된 것으로, 종업원들이 관리자에게서 어느 정도로 개인적인 품위, 관심, 존경을 받고 있다고 지각하는지를 말한다.

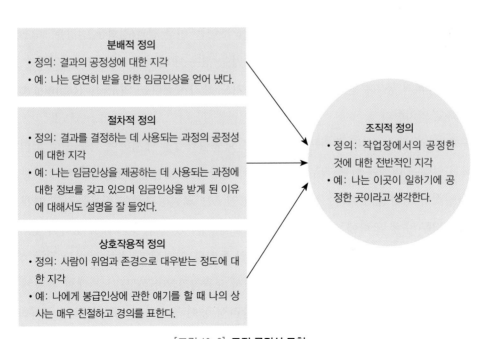

[그림 10-6] **조직 공정성 모형**

결국 조직적 정의는 조직 상황에서 구성원들이 자신의 노력에 대해 합당한 양의 대우(보상)를 받고 있느냐 뿐만 아니라 분배의 과정을 내가 얼마나 통제할 수 있으며 관련된 정보를 충분히 받았느냐, 그리고 내가 얼마나 인격적인 대우를 받았느냐가 어우러져 공정성을 지각하고 판단하게 됨을 말해 준다.

직무동기이론의 적합성을 검증하는 연구들은 비교적 오래전에 이루어졌지만, 최근에는 직무동기를 매개변인으로 하여 조직의 유효성을 분석하는 연구들이 등장하였다. 특히 앞에서 살펴본, 교원의 직무동기 부여를 위한 정책 수단인 교원성과상여금을 독립변인으로 하여 그것이 교원의 직무동기에 어떻게 작용하고, 궁극적으로 그것이 직무 수행 노력과 직무 성과에 미치는 영향을 구명하는 연구가 자주 이루어졌다.

이광수(2013)는 교원상여성과급이 교원의 내·외적 동기에 어떻게 영향을 주고, 직무동기는 직무 수행 노력에 어떤 영향을 주는지 경로 분석을 하였다. 연구자는 연구를 통하여 다음과 같은 결론을 제시하였다.

첫째, 교원성과급은 교사들의 내재적 동기와 외재적 동기에 모두 유의한 영향을 주는데, 외재적 동기에 대한 영향력이 내재적 동기에 대한 영향력보다 크다. 이러한 결과는 교원성과급은 외재적 보상에 해당하지만 화폐적 보상은 결국 내·외적 동기 발생에 긍정적인 영향을 준다는 기존의 연구(지성권, 이진석, 2011)를 뒷받침한다. 한편 교원들이 교직의 특수성 등을 들어 성과급에 대해 부정적인 태도를 보이는 연구 결과(김희규, 김경윤, 2011)도 있지만, 이 연구는 성과급이 성과와 연계되지 않을 경우 내재적 동기를 감소시키지만, 연계될 경우 외재적 동기뿐만 아니라 내재적 동기도 증가시킨다는 연구 결과(Karniol & Ross, 1977)와도 일치한다.

둘째, 교원의 내·외적 동기는 독자적으로 교원성과급을 매개하여 직무 수행 노력에 긍정적인 영향을 미치는 한편 직무 수행 노력과 연합하여 교원성과급을 매개하여 직무 성과에 긍정적인 영향을 주었다. 결국 이광수의 연구는 교원성과급이 직무동기를 매개로 할 때만이 직무 수행 노력에 영향을 주는 것으로 밝혀주었으며, 성과급이 성과와 연계되어 받는 보상이라는 인식을 심어 주고, 교사들의 동기와 연계될 때 직무 노력과 직무 성과가 향상될 수 있다고 시사하였다. 이런 측면에서 **교원성과상여금제도**가 본래의 취지에 맞게 운영되려면 평가기준의 명확성과 절차의 합리성 등이 중요하며, 교사들을 등급화하거나 통제하는 수단이 되지 않도록 하는 문화가 필요하다. 한편 정영희(2013)는 '교원 성과급에 대한 공정성 인식과 성취 동기, 조직헌신, 직무만족의 관계 분석'을 주제로 박사학위 논문을 썼다.

공정성이론이 학교조직의 경영에 주는 시사점은 다음과 같다.

첫째, 학교조직에서 교사들은 사회적 비교과정을 통해 만족과 불만족을 경험한다는 사실에 비추어, 학교경영자들이나 정책집행자들은 교사들을 공정하게 대우하도록 노력해야 할 것이다. 예를 들어, 성과급을 결정할 때 교직의 특성상 그 성과를 객관적으로 정하기 곤란하다는 사실을 염두에 두고, 교사들이 최대한 합의할 수 있는 안을 만드는 노력을 하는 것을 들 수 있다.

둘째, 학교조직에서 교사들은 자신들이 받는 보상을 교직 내의 다른 사람뿐만 아니라 교직 이외의 직종에 종사하는 사람들과도 비교할 수 있다. 이러한 점에서 호봉이 올라갈수록 타 직종에 비해 상대적으로 급여 수준이 떨어지는 교사들의 보수체계는 교사들의 직무만족과 사기진작을 위해 국가적인 차원에서 정책적 배려가 필요하다.

셋째, 학교경영자는 교사의 동기부여에 있어서 지각의 중요성을 고려하여 건설적인 조직 풍토나 문화를 구축할 필요가 있다. 지각은 행위자 개인의 소산일 수 있으나, 인간 행동을 사회적 과정 속에서 이해하게 될 때 구성원이 상호작용하여 만들어 내는 조직 풍토나 문화는 개인의 환경에 대한 지각과정에 크게 영향을 미칠 수 있다. 따라서 냉소적이거나 적대적인 학교 풍토가 형성되면 그에 속한 교사들은 서로에 대해 부정적으로 지각하며, 이것이 동료의 성과를 왜곡되게 지각하도록 하는 요인이 될 수 있다.

넷째, 조직적 공정성 모형에서 알 수 있듯이 관리자들은 조직에서 사람들이 분배 결과뿐만이 아니라 분배 절차의 합리성, 그리고 특히 그 과정에서 얼마나 개인적으로 한 인간으로 존중받고 있는지에 대한 판단을 포함하여 총체적인 공정성을 지각한다는 점을 인식해야 한다.

🎓 **기본 학습 5**

현재 근무하고 있는 학교를 중심으로, 교원능력 개발 평가에 대해 '내'가 느끼는 조직 공정성을 요소별로 평가해 보자.

5) 기대이론과 성과–만족이론

Vroom(1964)이 개발한 **기대이론**(expectancy theory)에서는 인간의 동기를 의식적이고 인지적인 과정으로 본다. 첫째, 인간은 이성을 지닌 존재로 현재와 미래의 행위에 대해 의식적인 선택을 한다고 가정함으로써 동기화 과정에서 개인의 지각이 중요함을 강조한다. 둘째, 개인들의 가치와 태도는 역할기대와 학교문화와 같은 환경적 요소들과 상호작용하여 행동에 영향을 준다. 기대이론은 다음 세 가지 핵심적인 개념이 뼈대를 이룬다(오영재, 신현석, 양성관, 박종필 역, 2007: 170).

첫째, 기대(expectancy)는 개인이 열심히 노력하면 수행이 개선될 수 있다는 믿음을 말한다. '내가 열심히 일하면 성공할 것인가?'라는 질문으로 표현될 수 있다.

둘째, 도구성(instrumentality)은 과업 수행을 잘하면 주목을 받거나 보상을 받을 수 있다는 지각된 확률이다. '내가 만약 성공한다면 무엇으로 보상을 받을 것인가?'를 이에 해당하는 질문의 예로 들 수 있다.

셋째, 유인가(valence)란 보상의 매력 혹은 인지된 가치이다. '나는 내 노력의 결과로 받게 되는 보상에 대해 어떻게 느끼고 있는가?'의 문제이다.

이 세 가지 개념 요소의 함수(기대×도구성×유인가)로 동기가 결정되는데, 다음과 같은 사실을 믿을 때 동기가 가장 크다.

- 자신이 희망했던 과업을 수행할 능력을 갖고 있다(높은 기대).
- 행동은 기대한 결과와 보상을 줄 것이다(높은 도구성).
- 이 결과들에 긍정적인 개인적 가치를 가지고 있다(높은 유인가).

기대이론의 세 가지 핵심 개념은 독립적이라기보다 관계적 개념으로 이해하는 것이 타당하다. 그래서 기대이론은 다음 세 가지 관계에 초점을 둔다(Robinson & Judge, 2010).

① 노력–성과 관계: 일정한 노력의 발휘가 성과를 가져올 가능성
② 성과–보상 관계: 특정 수준의 성과가 바라는 산출의 달성을 가져오는 정도
③ 보상–개인목표 관계: 조직 보상이 개인의 목표나 욕구 및 개인을 위한 잠재적인 보

상의 매력을 충족시키는 정도

　한편 Porter와 Lawler는 Vroom의 기대이론을 기초로 하고 몇 가지 변수를 추가하여 독자적인 직무동기이론을 발전시켰는데, 성과가 직무만족에 영향을 미친다는 사실을 강조하여 **성과-만족이론**(performance-satisfaction theory)이라 한다.

　[그림 10-7](Porter & Lawler, 1968: 165)에 제시한 요소들 간의 관계성을 파악하여 성과-만족이론을 종합하면 다음과 같다. 우선 처음 두 변수에 의해 셋째 변수, 즉 노력이 결정된다. 그렇다고 노력이 성과에 직접적으로 연결되는 것은 아니다. 성과에는 노력뿐 아니라 능력과 자질, 역할 지각이라는 두 변수가 영향을 미친다. 예를 들어, 직무 수행에 필요한 능력이 구비되지 않았거나 자신의 역할에 관한 정확한 지각(이해)이 부족하다면 그 노력은 충분한 성과를 낼 수가 없다. 나아가서 성과에 기초하여 보상(내재적·외재적)이 수반되는데, 이 과정에서 보상에 대한 공정성의 지각이 중요하다. 보상의 양뿐만 아니라 그 보상에 대해 공정하다고 지각하는 정도도 만족을 결정한다.

　성과-만족이론 모형에는 두 가지 중요한 피드백 과정이 있다. 우선, 만족이 보상의 가치에 연결된다. 만족의 내용이 결핍 욕구에 해당되는 것이라면 보상의 가치는 하락할 것이고, 그 내용이 자아실현과 같은 성장 욕구에 해당되는 것이라면 보상의 가치는 더 크게 지각될 것이다. 그리고 또 하나의 피드백 과정인 성과에 따라 보상이 제대로 주어졌는가

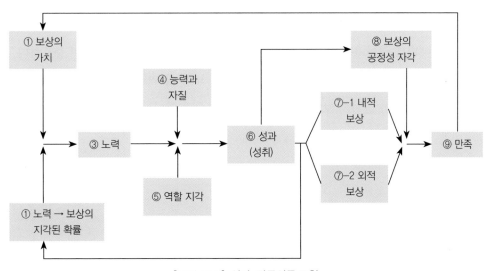

[그림 10-7] **성과-만족이론 모형**

는 차후의 노력에 대한 보상 확률의 지각에 영향을 미치게 될 것이다. 이 이론의 구성 요소 중에 뒷부분의 변수들과 그 변수들 간의 관계성은 Adams가 제시한 공정성이론의 설명체계와 깊은 관계가 있다.

기대이론의 문제점은 세 가지로 검토할 수 있다(신유근, 1985: 245). 첫째, 이론의 내용체계가 복잡하여 검증하기가 힘들다. 둘째, 변수를 조작적으로 정의하기 애매하며 기대이론 주장자들 간에 통일성이 결여되어 있다. 셋째, 가장 만족이 큰 쪽으로 인간의 행동이 동기화된다는 기대이론의 쾌락주의(hedonism) 가정은 인간 행위의 올바른 설명이 되지 못한다. 넷째, 과연 인간이 이처럼 복잡한 계산과정을 거쳐 행동하는지 의문이 간다.

기대이론과 성과-만족이론이 학교조직의 경영에 주는 시사점은 다음과 같다.

첫째, 학교경영자는 교사들이 노력만 하면 성과를 얻을 수 있다는 믿음을 주어야 한다. 이를 위해 교사를 위한 훈련 프로그램이나 안내, 지원, 후원 그리고 결정에 참여하는 것 등이 중요하다.

둘째, 보상기대, 즉 성과와 보상의 연결 정도를 분명히 하고 이를 구체화해야 한다. 열심히 가르치면 무엇을 얻을 수 있을 것인가를 명료화하고, 보상체계의 공정성을 증진시켜야 한다. 이런 점에서 학교조직에서 직위배분 결정에 교사들의 참여와 투명한 결정과정이 중요하다.

셋째, 교사들이 생각하는 보상에 대한 유의성, 즉 보상에 대한 매력의 정도를 증진시켜야 한다. 이를 위해 교사들이 더 매력적으로 생각하는 보상내용이 무엇인가를 생각해야 한다. 흔히 교사들의 사기를 진작시키기 위해 보수 인상을 들고 있는데, 그것이 전부는 아닐 수 있다. 한마디로 경영자는 교사들이 바라는 보상을 적절하게 제공하는 것이 중요하다.

넷째, 역할기대를 분명히 할 필요가 있다. 자신이 해야 할 역할이 분명하면 노력을 집중시킬 수 있고, 성과가 높아져 보다 나은 보상을 받을 수가 있다.

🎓 기본 학습 6

(교사 직급인 경우) 기대이론의 세 가지 핵심 개념 또는 개념들 간의 관계를 바탕으로 앞으로 '나'는 관리직으로 진출할 수 있을지 또는 진출하고자 하는지 생각해 보자.

4. 직무동기이론의 적용

앞에서 초기의 직무동기이론과 현대의 직무동기이론의 주요 내용을 이해하였다. 이제 공부한 내용을 바탕으로 직무동기이론 중에 중요한 것들을 중심으로 실제로 어떻게 적용되고 있고 또 적용되어야 하는지 탐구하는 것이 중요하다.

1) 직무특성 모형에 기반한 직무(재)설계

(1) 직무특성 모형

동기-위생이론은 교사들로 하여금 직무만족과 직무 성과를 제고하도록 **직무 재설계**(work redesign)를 하는 데 시사점을 제공해 주는데, 이는 Hackman과 Oldham(1980)에 의해 제안된 직무특성 모형(job characteristic model)에 기초하고 있다. 따라서 직무 재설계를 위해서는 직무 특성에 대한 이해가 우선 필요하다(주삼환 외, 2015: 148). 직무특성 모형에서 보면 어떤 직무든 다섯 가지 핵심 직무 차원이 중요하다. 이 중에서도 처음 3개의 차원(기능 다양성, 과업 정체성, 과업 중요성)이 의미 있는 업무를 창출하기 위해 잘 결합되어야 한다.

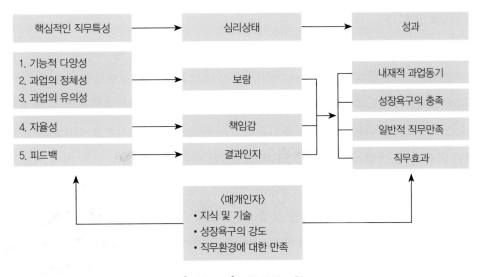

[그림 10-8] **직무특성 모형**

출처: Hackman & Oldham (1980), p. 83.

이 세 가지 특성이 직무에 내재하면 직무가 중요하고 보람 있다고 생각할 것이다. 이에 덧붙여 자율성이 있는 직무는 결과에 대한 책임의식을 불러일으킬 것이다. 나아가 직무 수행에 대한 피드백을 제공한다면 그 직무를 어떻게 수행해야 좋은지를 알게 될 것이다.

이 모형에 의하면, 교사들은 개개인이 관심을 갖고 수행하는 과업(의미의 경험)을 개인적으로(책임감의 경험) 잘 수행했는지를 알게 될 때(결과에 대한 인식) 내재적 보상을 얻을 수 있다. 나아가 이 세 가지 심리적 상태를 많이 보일수록 교사들의 동기부여, 성과, 만족은 더 커질 것이고, 결근이나 조직을 떠날 가능성은 적어질 것이다. 그리고 궁극적으로는 교사들의 성장 욕구가 더 증대될 것이다.

한편 Robinson과 Judge(2010)는 직무특성 모형 중에 핵심 직무 차원의 요소들을 결합하여 **동기부여 잠재점수**(motivating potential score: MPS)를 산출하는 공식을 만들었다.

$$\text{MPS} = \text{기능 다양성} + \text{과업 정체성} + \text{과업 중요성}/3 \times \text{자율성} \times \text{피드백}$$

이 공식에 의하면, 동기부여가 잘 되려면 직무와 관련된 의미 있는 경험을 가져다주는 세 가지 요소 중에 적어도 한 가지 점수는 높아야 하고, 자율성과 피드백은 둘 다 높아야 한다. ☞ 심화 학습 2

(2) 직무 재설계

직무특성 모형을 바탕으로 할 때, 학교에서 적용 가능한 직무 재설계 방식은 **직무순환**(job rotation)과 **직무 풍요화**(job enrichment)전략이 대표적이다. 직무순환은 한 과업에서 다른 과업으로 주기적으로 이동하는 것인데, 우리나라의 상황에서 특별한 경우를 제외하고는 가르치는 교과를 이동하는 것은 불가능하고, 근무학교를 주기적으로 이동하는 순환근무제는 가능하다. 따라서 직무 풍요화 전략이 공통적으로 적용될 수 있는 직무 재설계의 방안이 될 것이다.

직무 풍요화란 직무 수행에 다양한 작업내용이 포함되고, 보다 높은 수준의 지식과 기술을 필요로 하고 작업자에게 자신의 성과를 계획·지휘·통제할 수 있는 자율성과 책임을 많이 부여하고, 개인적 성장과 의미 있는 작업 경험에 대한 기회가 제공될 수 있게끔 직무의 내용을 재편성하는 것을 말한다(신유근, 1985: 258-259). 즉, 직무 풍요화란 교사가 자신

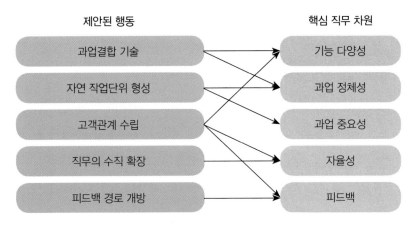

제안된 행동

과업결합 기술
자연 작업단위 형성
고객관계 수립
직무의 수직 확장
피드백 경로 개방

핵심 직무 차원

기능 다양성
과업 정체성
과업 중요성
자율성
피드백

[그림 10-9] 직무 충실화를 위한 가이드라인

의 직무를 계획하고, 실행하고, 평가하는 과정을 통제하는 정도를 높여 주는 직무의 수직적 확대를 의미한다. 직무 풍요화는 교사들로 하여금 직무 수행상의 책임을 증가시키고, 권한과 자유재량권을 부여하며, 구성원들로 하여금 자신의 능력을 발휘할 수 있는 기회를 갖도록 하여 직무 수행의 과정에서 도전·보람·흥미·심리적 보상을 얻도록 하는 것이다(노종희, 1992: 130-131).

그렇다면 학교관리자들이 교사의 직무 풍요화를 위한 구체적인 전략을 어떻게 세울 수 있을까? 비교적 오래전에 Hackman과 Suttle(1977)은 이런 물음에 대한 답(가이드라인)을 [그림 10-9]와 같이 제시하였다(이덕로, 김태열, 박기찬, 박원우 역, 2011: 271). 이 그림에 비추어 학교조직에서, 직무특성 모형에 근거하여 핵심 직무 차원에 대한 지각을 높이려면 다음 다섯 가지 요소를 결합한 직무 재설계 노력이 필요하다.

① 과업 기술 결합: 기능의 다양성을 위해 세세하게 나누어진 과업을 하나의 보다 큰 작업 모듈로 형성·결합한다.
　 예) 통합사회, 통합과학의 도입
② 자연 작업단위 형성: 한 교사의 직무를 확인할 수 있고, 의미 있는 전체로 만든다.
　 예) 과목별로 교사 개인이 출제한 문제를 종합하기, 대학에서 수업 CQI
③ 고객관계 수립: 교사의 고객(내·외) 사이의 직접적 관계를 증진시킨다.
　 예) 교사-학부모 동아리 만들기
④ 직무의 수직 확장: 종래에 관리자에게 속한 책임과 통제권을 교사에게 준다.

예) 교사에게 보직교사 추천권 주기
⑤ 피드백 경로 개방: 교사들에게 자신이 얼마나 직무를 잘 수행하고 있는지, 성과가 개선되고 있는지를 확인하는 통로를 만들어 준다.
예) 대학에서 학생들에게 수업 성찰의 기회 제공하기, 셀프 피드백하기

직무 재설계를 위한 직무 풍요화 방안이 직무만족도를 높이고 결근이나 이직률을 낮추기는 하지만 그 효과가 일관된 것은 아니다. 학교에서도 교사의 개인적 특성이나 교사문화 등의 환경이 영향을 미칠 것이다. 그리고 교사 입장에서는 직무가 풍요해질 수 있지만 관리자 입장에서는 직무 축소화가 될 수도 있을 것이다. ☞ 심화 학습 3

2) 보상(보수)정책의 활용: 교육공무원의 성과상여금제도

(1) 교육공무원성과상여금제도의 취지와 이론적 맥락

교육공무원의 성과상여금제는 직무 수행의 실적을 보수 결정의 기준으로 삼는 제도로, 「공무원수당 등에 관한 규정」(대통령령) 제7조의2(공무원 중 근무성적, 업무실적 등이 우수한 사람에게 예산의 범위 안에서 성과상여금을 지급한다)에 근거하여 2001년부터 시행되어 왔다. 이 제도는 교직사회 내부에 실적에 따른 경쟁체제를 도입하여 금전적 보상을 통하여 구성원에게 동기부여를 하는 한편, 사기를 진작하고, 교육력을 제고하여 공교육에 대한 국민 일반의 신뢰를 회복하자는 취지로 출발하였다. 즉, 교원들이 직무 수행을 위한 노력을 기울이고, 직무 수행에서 성과를 내도록 동기부여를 하는 대표적인 보수정책이 교육공무원 성과상여금이다.

교육공무원을 대상으로 한 성과상여금도 일반 사기업에서 강조하는 실적주의에 따른 보상체제를 기반으로 하고 있다. 개인의 성과와 연계한 보상체계인 성과급은 개인이나 집단이 달성한 근로의 성과를 측정하여 그 결과에 따라 보수를 차등적으로 지급하는 방식으로, 조직에 기여한 성과의 정도와 보상을 직접 연결하기 때문에 동기부여와 생산성 향상의 수단으로 활용 가치가 크다(유민봉, 임도빈, 2007). 이 관점에서 교원성과상여금은 직무동기이론의 맥락에서 다음과 같이 이해할 수 있다.

첫째, 교원성과상여금은 개인이나 집단의 수행 실적을 비교 평가하여 금전적으로 보상

한다는 점에서 외재적 동기와 맞닿아 있는데, 교육공무원들에게 지급하는 성과상여금은 **성과 연계 보상**(performance-contingent reward)에 해당한다고 볼 수 있다(이광수, 2013). 이러한 해석은 교원성과상여금의 법적 토대인 「공무원수당 등에 관한 규정」의 제7조2(공무원 중 근무성적, 업무실적 등이 우수한 사람에게 예산의 범위 안에서 성과상여금을 지급한다)의 내용에서 유추할 수가 있다.

그러나 매년 교육부에서 교육청이나 학교에 가이드라인으로 제시하는 「교육공무원성과상여금 지급지침」의 구체적 내용에 따라 달리 해석할 여지도 있다. Deci와 Ryan(1985)이 제시한 외적 보상에 따른 성과금의 형태를 종합적으로 살펴보고 이를 교육부 지침이나 학교의 평가기준과 연결하여 보면 우리나라에서 시행하고 있는 교원성과상여금이 어떤 형태의 외적 보상인지 알 수 있다. 교원성과상여금이 교원들에게 외재적으로 직무동기를 부여한다는 사실을 더 자세하게 논의하고 이해하기 위하여 Deci와 Ryan(1985)이 말한 외적 보상의 나머지 두 가지 형태가 무엇인지 살펴보면 다음과 같다.

첫째, 과제와 연계되지 않은 보상(task-noncontingent reward)으로, 수행 수준이나 질과는 관계없이 단순히 활동에 참여만 하면 보상을 받는 경우가 있다. 연공급 방식의 보수제도가 이에 해당한다. 다른 하나는 과제와 연계된 보상(task-contingent reward)으로, 과제를 완수하거나 문제를 해결하는 것에 대해 보상을 해 주는 방식이다. 이 경우도 수행의 질적 수준은 고려하지 않는다는 특성이 있다. 결국 교원성과상여금은 외적 보상, 즉 외재적 동기부여 방식을 쓰고 있는데, 다면평가의 요소와 기준, 성과금 지급방식을 면밀하게 검토하여야 그 본질을 더 정확하게 파악할 수 있을 것이다.

둘째, 교원성과상여금제도는 앞서 살펴본 과정 중심의 직무동기이론의 맥락에서 설계하여 시행하고 있다. 이는 제도의 명칭과 관련 규정의 조항에서도 알 수 있지만, 교원들로 하여금 보다 높은 수준의 직무동기 상태에서 직무를 수행하도록 자극하고, 직무 수행의 결과 직무 성과가 높은 교원에게 더 나은 보상을 한다는 제도의 논리적 취지에서 알 수 있다. 교사들에게 성과란 교육활동에 관한 성과를 의미하는 것으로, '학생의 학업 성취도 및 종합적인 발달, 학교의 교육력 제고 등의 교육활동 결과뿐만 아니라 교사가 교육활동을 수행하기 위해 들이는 과정적 노력'을 모두 포함하는 것이라 할 수 있다(교육과학기술부, 2010; 이광수, 2013). 이로써 교원성과상여금제도는 직무 수행을 위해 노력하면 좋은 성과가 나오고, 성과에 기초하여 보상을 받는다고 설명하는 기대이론이나 성과—만족이론과 관련이 있다.

한편 다른 공공기관의 경우 1999년부터 성과상여금제도가 시행되었으나 교원성과상여금제도는 교원단체를 중심으로 정책 불응으로 3년 뒤인 2001년부터 시행되고, 지금까지도 성과 평가의 요소나 기준, 성과급 지급방식 등에 대해 공정성의 문제 등이 제기되고 있다.

(2) 교육공무원성과상여금 지급 지침(2019년 사례)

교육부에서 각 시·도교육청에 안내(예고)하고, 교육청에서 각급 학교에 지침으로 제시한 교육공무원성과상여금 중 교육공무원의 직무동기와 관련된 지급목적, 기본 모형(평가등급), 단위학교의 평가 요소 등은 다음과 같다(교육부, 2019; 충청남도교육청, 2019).

- **목적과 지급 근거**: 교원성과상여금은 '교원 본연의 직무에 충실하면서도, 어렵고 기피하는 업무를 담당하는 교원을 성과급에서 우대하여 교직사회의 사기진작을 도모'함을 목적으로 규정하고 있다. 한편 2019년 5월 지급되는 성과상여금은 「공무원수당 등에 관한 규정」(대통령령 제29479호, 2019. 1. 8) 제7조의2(공무원 중 근무성적, 업무실적 등이 우수한 사람에게 예산의 범위에서 성과상여금을 지급), 「공무원보수 등의 업무지침」(인사혁신처예규 제67호, 2019. 1. 25), 2019년 교육공무원성과상여금 지급지침(교육부교육협력과−1248, 2019. 3. 25)에 근거하여 시행한다. 성과상여금은 '어렵고 기피하는 업무를 담당하는 교원을 우대하는 데에 목적을 두고 있다. 최근 학교 현장에서 업무분장을 할 때 주요 보직, 즉 부장을 맡지 않으려는 경향이 있는데, 이런 학교 세태를 성과상여금 제도의 운용에 반영하는 것으로 이해할 수 있다.
- **성과상여금 지급 기본 모델**: 교육부에서 정한 2019년도 교육공무원성과상여금 지침을 보면, 국·공·사립학교 및 국·공립유치원 교원, 교육전문직원은 개인성과급으로 일원화하여 지급하도록 되어 있다. 또한 개인성과급을 지급기준액 중에, 수혜자 모두에게 균등지급액을 50% 이하로 하고 차등지급액은 50∼100%로 하되, 단위기관(교육청, 교육지원청, 학교 등)의 장이 자율적으로 선택하게 하였다(〈표 10−1〉 참조).

〈표 10-1〉 **2019년도 교원 및 교육전문직원 성과상여금 기본 모델**

구분	균등 지급액	차등지급액(조정지급액 기준)				총지급액		
		차등지급률	S (30%)	A (40%)	B (30%)	S (30%)	A (40%)	B (30%)
개인성과급 (100%)	지급액의 50~0%(a)	50~100% 중 자율결정	70% (b)	50% (c)	35% (d)	a+b	a+c	a+d

- 평가방법 및 성과(다면) 평가 기준: 교원업적 평가 중 다면평가 결과를 교사 성과상여금 평가에 활용하되, 정성평가 20%, 정량평가 80% 비율로 반영한다. 다면평가 평가지표는 「교육공무원 승진규정」에 따라 전체교원의 의견을 수렴하는 과정을 거쳐 다면평가관리위원회에서 심의한다. 정량평가의 내용은 학교 자율로 수정, 추가 및 삭제할 수 있으며, 그에 따른 세부 기준은 학교에서 정한다. 비교과 교사와 교과 교사 간 형평성을 유지하기 위해 정성평가 평가지표 중 학습지도 평가지표는 단위학교에서 자율적으로 수정, 추가 및 삭제할 수 있다.

3) 목표관리 기법의 활용

목표설정이론을 실제 조직경영에 적용하는 현대적인 기법이 개발되었는데, **목표에 의한 관리제도**(Management By Objectives: MBO)가 그것이다. 일명 목표관리란 관리자들이 협조하여 그들의 공동목표를 명확히 하고 예상되는 결과의 측면에서 책임의 한계를 규정하며, 이것을 조직의 운영 지침으로 활용하고, 그에 따라 조직 구성원의 업적을 평가하는 과정이다(Ordiorne, 1965). 따라서 목표관리란 상급자가 일방적으로 부하의 업적을 평가하는 대신에 부하가 스스로 혹은 상급자와 협의하여 양적으로 측정 가능한 구체적이며 단기적인 업적목표를 설정하고 달성 정도를 스스로 평가하여 그 업적을 보고하게 하는 관리기법이다. 그러므로 목표관리는 조직 구성원 각자가 경영 전체의 목표와 자기가 속한 부문의 목표를 충분히 이해하여, 거기에 자기의 노력목표를 맞춤으로써 모든 조직 구성원으로 하여금 경영의 전체 목표의 달성에 이바지하게 함과 동시에 구성원 각자에게 자기가 경영에 있어서 주체적인 역할을 담당하고 있다는 의식을 높이는 동기유발적인 관리제도라 할 수 있다(한의영, 1987: 박병량, 주철안, 2001 재인용).

목표관리 기법의 과정을 보면, 먼저 조직의 전반적인 예비목표가 최고위층에서 작성되어 아래로 전달된다. 예비목표는 객관적으로 측정될 수 있는 형태로 표현되고 목표기한과 목표달성에 필요한 행동계획까지 수반되며, 조직의 밑으로 내려가면서 개인들의 목표로 세분화된다. 그런데 이러한 목표 세분화 과정에서 상급자와 하급자 간에 충분한 논의를 거쳐, 하급자들의 목표의 합이 바로 상급자의 목표가 되는 상향식 목표설정이 이루어진다. 다시 말해, 상급자의 예비적 목표는 하급자의 목표라는 피드백을 거쳐 완전한 목표로 확정된다.

한편 노종희(1992: 438-439)는 목표관리 기법을 학교조직에 적용해야 하는 이유에 대해 '목표에 의한 학교경영은 학교를 운영하고 교직원을 관리하기 위한 일련의 절차나 방법 이상의 것을 내포하는 것으로, 학교를 운영하기 위한 철학적 접근이며 사고방식'이라고 설명한다. 구체적으로는 목표에 의한 학교경영은 본질적으로 학교운영을 체계적이며 효율적인 형태로 구조화하는 하나의 체제라고 주장한다. 목표에 의한 학교경영은 학생들의 학업 증진, 교직원의 보다 효율적인 활용, 방법과 기술의 향상, 학부모의 높은 만족뿐 아니라 교사들의 사기와 교직원 간의 신뢰를 증진시키고, 의사소통을 효율화하고 실적 평가를 위한 체제를 효율화하며, 중요한 의사결정 방법을 합리적으로 개선하는 데 공헌한다고 주장한다. 이러한 학교조직에서 목표에 의한 관리는 교사들이 스스로 목표와 실천 방안을 계획하며, 의사소통의 통로가 개선되므로 일에 대한 긍정적인 태도와 확고한 목적의식을 갖게 되고, 교사들의 사기와 유대감이 증진되는 결과를 가져다줄 것으로 기대된다.

Hoy와 Miskel(1987)은 교육경영에 적용하는 목표관리의 절차를 ① 교육목적의 개발, ② 각 지위에 따른 목표수립, ③ 목적에 따른 목표의 통합, ④ 측정 및 통계 절차의 결정으로 구분하였다. 우선, 제1단계에서는 전반적인 교육목적을 개발한다. 교육목적은 일반적이고 추상적으로 진술되는 경향이 있으나 목표관리에서는 교육목적을 구체적이고 명확하게 진술하여야 한다. 왜냐하면 학교의 교육목적은 교사들이 해야 할 업무와의 관계를 이해하고 업무 수행의 지침으로 활용할 수 있도록 조작적으로 진술되어야 하기 때문이다. 제2단계는 각 지위에 따른 목표를 수립하는 단계로, 교장, 교감, 부장교사, 학급 담임교사, 행정직원들의 지위에 따라 각자가 성취해야 할 목표를 설정해야 한다. 제3단계에서는 각 목적을 통합한다. 즉, 모든 부서가 동일한 전체적인 목표를 성취하기 위하여 여러 가지 다른 지위의 목표를 조정·통합한다. 예컨대, 수학 성적을 높이는 것을 학교의 목표로 정하였다면, 수학 담당교사들의 목표도 이에 부응하여야 하며 수업계획이나 새로운 교수-학습 자료의 개발이 이 목표의 달성을 위해 수반되어야 한다. 제4단계에서는 결과를 측정할 수 있는 수량적 방법을 개발한다. 계량적 성취와 평가를 강조하지만, 그렇다고 해서 수량화할 수 없는 중요한 산출에 대한 질적 평가를 무시해서는 안 된다. 나아가 평가 결과는 교사 업무의 개선에 활용한다는 점도 중시해야 한다.

　목표관리를 학교경영의 기법으로 적용하는 데 문제점으로 지적되는 것은 단기적이고 구체적인 목표를 강조하고 측정 가능하고 계량적인 교육목표의 평가와 이에 의한 교사 업무 평가 등의 과정을 중시하므로, 장기적이고 전인적인 목표를 내세우는 학교교육 활동에는 부적합한 측면이 있을 수 있다는 것이다. 그러나 목표관리를 학교경영 기법으로 활용하는 경우 모든 학교활동을 학교교육 목표에 집중시킴으로써 교육의 효율성을 제고할 수 있으며 교직원의 참여의식을 높이고 교직원의 역할과 책무성을 명료하게 하는 이점이 있다(윤정일, 송기창, 조동섭, 김병주, 2008).

🎓 기본 학습 7

학급관리나 학교경영에 목표관리제를 도입한 경험을 가진 교사나 교장을 대상으로 좋은 점이 무엇인지, 어떻게 활용하면 좋은지 의견을 종합해 보자.

심화 학습

[심화 학습 1]

교사가 교감으로 승진하고자 대학원에 다니고, 현장 연구를 하는 등의 노력을 한다. 왜 교사들은 가르치는 일 외에 승진을 하려고 노력하는지 생각해 보시오. 또한 최근에 비교적 젊은 교사들은 (개인 또는 학교 상황에 따라 다르기는 하지만) 승진에도 관심이 없고 심지어 부장교사도 하지 않으려는 경향이 있다. 그 이유가 무엇인지 탐구해 보시오.

[심화 학습 2]

MPS 공식에 비추어 교사로서 '나'의 동기부여 잠재력을 측정해 보시오.

☞ 5점-강한 긍정, 4점-약간 긍정, 3점-보통, 2점-약간 부정, 1점-강한 부정

	5점	4점	3점	2점	1점	총점
기능 다양성						
과업 정체성						
과업 중요성						
자율성						
피드백						
합계						

[심화 학습 3]

[그림 10-9](직무 충실화를 위한 가이드라인)에 근거하여 현재 근무학교에서 교사들의 동기부여를 위한 직무 재설계 방안을 제시해 보시오.

1. 과업기술 결합	
2. 자연 작업단위 형성	
3. 고객관계 수립	
4. 직무의 수직 확장	
5. 피드백 경로 개발	

[심화 학습 4]

이 장의 '미리 생각하기'에서 읽은 교원성과상여금 폐지 청원내용을 다시 읽고, 다음 양식에 '나(모둠)'의 생각을 채워 보시오. 이때 찬성과 반대 모두에 대한 근거나 이유를 생각하면 균형 잡힌 사고를 하는 데 도움이 될 것이다.

토의 주제	교원성과상여금제도 찬반	
입장	찬성 (교원성과상여금제도를 찬성한다)	반대 (교원성과상여금제도를 반대한다)
이유 근거		

●참고문헌●

교육과학기술부(2010). 2011년도 교육공무원 성과상여금 지급 지침.

교육부(2019). 2019년 교육공무원 성과상여금 지급 지침(안)−2020년 지급 행정 예고(안).

김재웅(1985). 교원 직무 만족에 대한 동기−유인 이론의 검증. 한국교육행정학회 학술연구발표회 논문집, 31-42.

김희규, 김경윤(2011). 교원성과상여금제도의 정책수용도에 관한 연구. 敎育政治學硏究, 18(1), 35-59.

노종희(1992). 교육행정학. 서울: 양서원.

박병량, 주철안(2001). 학교 · 학급경영. 서울: 학지사.

신유근(1985). 조직행동론. 서울: 다산출판사.

유민봉, 임도빈(2007). 인사행정론. 서울: 박영사.

윤정일, 송기창, 조동섭, 김병주(2008). 교육행정학원론(5판). 서울: 학지사.

이광수(2013). 교원성과급이 직무동기를 매개로 직무수행능력과 직무성과에 미치는 영향. 교육행정학연구, 31(2), 325-346.

정영희(2013). 교원 성과급에 대한 공정성 인식과 성취동기, 조직헌신, 직무만족의 관계 분석. 중부대학교 대학원 박사학위논문.

주삼환(1974). HERZBERG의 動機−衛生理論에 關한 假說檢證. 서울대학교 교육대학원 석사학위논문.

주삼환, 천세영, 김택균, 신붕섭, 이석열, 김용남, 이미라, 이선호, 정일화, 김미정, 조성만(2015). 교육행정 및 교육경영(5판). 서울: 학지사.

지성권, 이진석(2011). 보상시스템에 따른 동기발생 유형과 종업원 성과간의 관련성 연구. 회계저널, 20(1), 325-360.

충청남도교육청(2019. 4.). 2019년도 교육공무원 성과상여금 지급 지침(안)−2020년도 지급 행정예고(안) 포함−.

한의영(1987). 신고 경영학원론. 서울: 법문사.

Adams, J. S. (1965). Inequity in Social Exchange. In L. Berkowitz (Ed.), *Advances in Experimental Social Psychology*. New York: Academic Press.

Banbura, A. (1997). *Self-Efficacy: The Exercise of Control*. New York: Freeman.

deCharms, R. (1983). Intrinsic Motivation, Peer Tutoring, and Cooperative Learning: Practical Maxims. In J. Levine & M. Wang (Eds.), *Teacher and Student Perceptions: Implications for Learning* (pp. 391-398). Hillsdale, NJ: Erlbaum.

Hackman, J. R., & Oldham, G. R. (1980). *Work Redesign*. MA: Addison-Wesley.

Hackman, J. R., & Suttle, J. L. (1977). *Improving Life at Work*. Glenview, IL: Scott Foresman.

Herzberg, F., Bernard, M., & Barbara, S. (1959). *The motivation to work*. NewYork: Wiley.

Hoy, W. K., & Miskel, C. G. (1987). *Educational Administration: Theory, Research, and Practice* (3rd ed.). NY: Random House.

Hoy, W. K., & Miskel, C. G. (2005). Educational Administration (7th ed.). 오영재, 신현석, 양성관, 박종필 공역(2007). 교육행정. 이론. 연구. 실제. 서울: 아카데미프레스.

Karniol, R., & Ross, M. (1977). The Effect of Performance-relevant and Performance-Irrelevant Rewards on Children's Intrinsic motivation. *Child Development, 48,* 482-487.

Locke, E. A., & Latham, G. P. (1984). *Goal Setting: A Motivational Technique That Works.* Englewood Cliffs, NJ: Prentice Hall.

Locke, E. A., & Latham, G. P. (1990). *A Theory of Goal Setting and Task Performance:* Englewood Cliffs, NJ: Prentice Hall.

Locke, E. A., & Latham, G. P. (2002). Building A Practically Oriented Theory of Goal Setting and Task Motivation: A 35-Year Odyssey. *American Psychologist, 57,* 705-717.

Maslow, A. H. (1965). *Eupsychian management.* Homework IL: Irwin.

Maslow, A. H. (1970). *Motivation and personality* (2nd ed.). NY: Harper & Row.

McClelland, D. C. (1961). *The Achieving Society.* Princeton, NJ: Van Nostrand.

McClelland, D. C. (1965). Toward a Theory of Motive Acquisition. *American Psychologist, 20*(5), 321-333.

McClelland, D. C. (1985). *Human Motivation.* Glenview, IL.: Scott, Foresman.

Miskel, C., De Frain, J. A., & Wilcox, K. (1980). A Test of Expectancy Work Motivation Theory in and Work Motivation Theory in Educational Organization. *Educational Administration Quarterly, 16.*

Miskel, C., Glasnapp, D., & Hatley, R. (1975). A Test of Inequity Theory for Job Satisfaction Using Educator's Attitude Toward Work Motivation and Work Incentives. *Educational Administration Quarterly, 11.*

Ordiorne, G. S. (1965). *Management By Objective.* New York: Pitman Publishing Co.

Porter, L. W. (1961). A Study of Perceived Need Satisfactions in Bottom and Middle Management Jobs. *Journal of Applied Psychology, 45,* 1-10.

Porter, L. W., & Lawler, E. E. III. (1968). *Management Attitudes and Performance.* Homewood, IL: Dorsey.

Robbins, S. P., & Judge, T. A. (2010). Organizational behavior (14th ed.). New York: Prentice-Hall.

Robbins, S. P., & Judge, T. A. (2010). Organizational behavior (14th ed.). 김태열, 박기찬, 박원우, 이덕로 공역(2011). 조직행동론. 서울: 한티미디어.

Tschannen-Moran, M., Woolfolk Hoy A., & Hoy, W. K. (1998). Teacher Efficacy: Its Meaning and

Measure. *Review of Educational Research, 68*, 202-248.

Vroom, V. H. (1964). Work and motivation. NewYork: Wiley.

Vroom, V. H., & Artlun, G. J. (1988). *The New Leadership: Managing Participation in Organizations.* Englewood Ciffs, NJ: Prentice-Hal.

● 제11장 ●

의사결정과 의사소통

미리 생각하기 학교에서 어떻게 의사소통하여 의사결정을 해야 하는가

    광역시 교육청의 장학관이 개교를 앞둔 초등학교의 교장으로 부임하였다. 개교 준비를 하던 초임 교장은 학생들이 뛰어 노는 운동장에 잔디를 심었다. 지금이야 더러 있는 일이지만 근 30년 전에는 쉽게 생각할 수 없는 일이었다. 운동장 주변을 작은 둔덕으로 만들어 갖은 꽃과 나무를 심고 물도 흐르게 하였다. 복도의 모서리 각진 곳에 손수 벽돌로 반원을 만들어 모래와 물을 담고 산소 공급 장치를 만들어 물고기도 뛰어 놀게 하였다. 교장의 생각은 여기서 끝나지 않았다. 어느 날 교장은 운동장 축구 골대 옆에 그늘을 드리울 수 있는, 반듯하게 살아 있는 큰 나무를 양쪽에 심었다(그 교장이 학교를 떠난 후 나무는 떠나 버렸지만). 신설 학교라서 교장의 기발한 아이디어가 쉽고 빠르게 실행되었을지 모를 일이다.

    '내'가 오래전에 세워진 대도시 학교의 교장이라면, 초임 교장처럼 과감한 결정을 할 때 어떻게하면 좋을까?

☞ **심화 학습 1**

1. 학교에서 참여적 의사결정을 실천할 수 있다.
2. 학교에서 바람직한 의사소통 네트워크 전략을 수립하여 실천할 수 있다.

● **학습목표**

1. 학교조직에 적용되는 의사결정 모형, 과정, 원리를 알 수 있다.
2. 학교조직에서 의사소통의 기능과 목적, 과정과 방향, 네트워크를 알 수 있다.
3. 의사결정과 의사소통에 관한 연구와 실제를 알 수 있다.

● **학습내용**

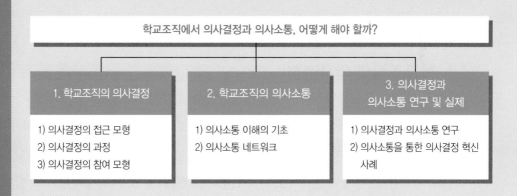

학교조직에서 의사결정과 의사소통, 어떻게 해야 할까?

1. 학교조직의 의사결정	2. 학교조직의 의사소통	3. 의사결정과 의사소통 연구 및 실제
1) 의사결정의 접근 모형 2) 의사결정의 과정 3) 의사결정의 참여 모형	1) 의사소통 이해의 기초 2) 의사소통 네트워크	1) 의사결정과 의사소통 연구 2) 의사소통을 통한 의사결정 혁신 사례

제1부 교육행정의 기초

제1장 교육행정의 개념과 틀
제2장 교육행정가
제3장 교육행정의 무대와
　　　 환경

제2부 교육행정의 과업

제4장 교육기획과 정책
제5장 인력자원개발
제6장 교육재정
제7장 교육시설

제4부 교육의 본질과
교육행정 목표

제13장
교육과정 행정과
장학

제14장 교육행정 목표와
　　　 평가

제3부 교육행정의 과정과 행위

제8장 교육조직
제9장 리더십
제10장 직무동기

제11장 의사결정과 의사소통
제12장 인간관계와 갈등관리

교육행정은 교육을 위한 봉사·지원체제

교육행정가(제1부-제2장)가 교육행정의 무대(제1부-제3장)에서, 교육행정의 과업(제2부)
을 교육행정의 과정과 행위(제3부)를 수행하여, 교육의 질 향상과 교육행정의 목표(제4부)를
달성하려는 교육을 위한 봉사·지원활동이다.

1. 학교조직의 의사결정

　　의사결정은 행정의 핵이다(Simon, 1976). 학교도 조직체로서 각종 위원회 등 의사결정의
기구를 구성하고, 관리자들은 과거와는 다르게 민주적인 과정을 거쳐 중요한 사항을 결정
하려고 노력한다. 국가 차원에서도 1996년부터 교원, 학부모, 지역사회 인사가 함께 참여
하여 단위학교의 교육운영에서 교육 공동체 문화를 조성하는 학교운영위원회를 제도화
한 것도 의사결정의 중요성을 말해 준다.

1) 의사결정의 접근 모형

(1) 고전적(합리) 모형: 최적화 전략

고전적 모형에 해당하는 합리 모형(rational model)은 의사결정이 합리적인 절차에 따라야 한다고 가정한다. 합리 모형에서는 인간은 합리적인 존재로 의사결정을 위해 필요한 모든 지식과 정보를 수집하고 이를 객관적으로 분석 · 종합하면 최적의 대안(전략)을 선택할 수 있다는 믿음을 전제로 한다. 합리 모형에 의하면, 의사결정은 ① 모든 가능한 해결 대안을 인식하고, ② 각 대안의 모든 가능한 결과를 알아내고, ③ 그의 가치체제와 반대되는 결과를 평가할 수 있고, ④ 목표를 충족하는 정도에 따른 대안의 순서를 정하고, ⑤ 목표달성도를 극대화할 수 있는 대안을 선택하는 순으로 전개된다(Reitz, 1989: 주삼환 외, 2015: 184 재인용).

이와 같은 단계를 밟는 합리 모형은 수집한 자료를 분석 · 종합하는 과정에서 계량적 방법을 강조하지만, 현실적으로 가능한 모든 대안을 수집하고 그 결과를 정확하게 평가하기는 쉽지 않다. 나아가 합리 모형은 인간의 복잡한 심리적 요소가 고려되지 않고, 객관성만을 지나치게 강조하여 구성원들이 수용하기 어려운 최종 대안을 선택하는 경우가 많아 이성적인 판단과 감성적인 심리작용 사이에 불일치가 생길 수도 있다.

(2) 행정적 모형: 만족화 전략

인간이 최적의 의사결정을 할 수 있도록 모든 정보를 이해하고 소화하는 것은 불가능하다(이덕로, 김태열, 박기찬, 박원우 역, 2011: 192). Simon(1947)은 인간의 합리적 능력의 한계로, 간단한 문제를 제외하고는 최적의 전략을 사용하는 것이 불가능하다고 인정하면서, 행정가들이 의사결정을 하는 방법을 보다 자세하게 기술해 주는 의사결정에 관한 **행정적 모형**(administrative model)을 제시하였다(Hoy & Miskel, 2005: 오영재, 신현석, 양성관, 박종필 역, 2007: 339). 만족화 전략으로도 불리는 행정적 모형은 최선의 대안을 찾기보다는 일정한 수준에서 만족할 수 있는 해결책을 선택하는 것을 말한다.

행정적 모형인 **만족 모형**(satisfying model)은 지나치게 객관성을 강조한 합리 모형의 제약을 극복하기 위해 의사결정자의 주관적인 입장을 고려하는 것으로, 객관적인 자료를 바탕으로 여러 대안을 모색하지만 최종적인 대안을 결정할 때는 상대적으로 '더 만족스러운'

대안을 선택한다. Marcher Simon(1993)은 의사결정의 객관적인 상황보다 오히려 주관적인 입장에 서서 의사결정자가 어떻게 행동하는가를 중요시하고 있다. 객관적으로 의사결정을 하는 개념적인 틀, 정보, 가치 등이 제공된다고 할지라도 대안을 찾고 결과를 예언하는 인간의 능력에는 한계가 있다고 보았다. 따라서 현실적으로 인간은 최적의 대안을 선택할 수 없으므로 단지 만족할 만한 대안을 선택한다고 보았다(주삼환 외, 2015: 185).

(3) 점증 모형: 계속적 제한 비교의 전략

교육행정의 문제를 해결하고자 의사결정을 할 때 적절한 대안을 생각하기가 어렵거나 예측할 수 없을 정도로 각 대안의 결과가 복잡하게 얽혀 있다면, 만족 모형은 큰 도움이 되지 못한다(오영재 외 역, 2007: 351). 그래서 Lindblom(1959)은 **점증 모형**(incremental model)을 제안하였다. 점증이라는 용어가 의미하듯이, 문제가 되고 있는 사안이나 문제에 대한 기존의 틀을 완전히 바꾸는 것이 아니라 기존의 틀 속에서, 기존의 정책에서 한 발짝 더 수정하여 보다 점진적으로 개선된 대안을 추구하는 것이 점증 모형이다. 점증 모형은 문제가 복잡하고 불확실하며 갈등이 많은 문제인 경우, 현재의 상황과 유사한 매우 제한된 몇 가지 대안에 대하여 그 결과를 계속적으로 비교함으로써 의사결정자들이 상당한 수준까지 동의를 할 때 최종 대안을 선택하게 된다. 이러한 의사결정은 '계획 없이 그럭저럭 해 나가는(middling through)' 방법으로 표현되고 있다.

구체적으로 의사결정은 대안과 그 결과에 대한 객관적이고 자세한 분석을 필요로 하지 않으며, 최적의 또는 만족스러운 결과에 대한 기준이 사전에 결정되지도 않는다. 그 대신 의사결정자들 간에 행동과정에 대한 어느 정도의 합의가 이루어질 때까지 대안들의 결과를 계속 비교해 가는 과정, 즉 **계속적 제한 비교**(successive limited comparison)를 통해 기존의 상황과 유사한 소수의 제한된 대안이 고려된다. 따라서 이 모형은 보수적인 의사결정에 더 적합한 반면에 개혁적이고 혁신적인 의사결정을 할 때는 비교적 부적합하다. 점증 모형의 특징을 종합하면 다음과 같다(오영재, 신현석, 양성관, 박종필 역, 2007: 353).

- 목표설정과 대안 도출이 동시에 이루어지기 때문에 목적-수단은 부적절하다.
- 목표에 관련 없이 의사결정가들이 합의한 것이 좋은 해결책이다.
- 현재의 상황과 비슷한 대안들만을 고려함으로써 대안 및 이와 관련된 결과들이 상당

히 줄어든다.

- 분석은 기존의 상황과 제안된 대안들 간의 차이에 한정한다.
- 점진적 방법은 구체적이고 실질적인 대안들을 계속적으로 비교함으로써 이론이 없어 도 문제들을 해결할 수 있다.

(4) 혼합 모형: 적응적 전략

점증적 전략은 보수적이고 목표가 없다는 한계가 있다. 그래서 Etzioni(1967: 385-392)는 복잡하고 불확실한 상황에 적용할 수 있는 의사결정 방식으로, 행정 모형과 점증 모형을 결합하여 **혼합 모형**(mixed scanning model) 또는 **적응적 전략**(adaptive strategy)을 제시하였다. 혼합 모형은 인간의 완벽함에 의존하여 최적의 대안을 선택한다는 것은 비현실적이라는 합리 모형의 단점과 커다란 기존의 틀과 정책은 변화하지 않는 가운데 의사 결정이 이루어져 보수적이라는 점증 모형의 단점을 보완하기 위한 제3의 모형으로 제시되었다. 정책이나 기본적인 방향은 합리 모형에 따라 설정하고, 기본 방향이 설정된 후의 세부적인 문제는 점증 모형을 따름으로써 두 입장을 절충하였다. 따라서 이 모형은 먼저 넓은 영역에 대한 의사결정을 합리 모형에 근거하여 개괄적으로 탐색하고, 그중에서 세부적인 관심을 가져야 할 좁은 영역은 점증 모형의 입장에서 면밀하게 비교하고 탐색한다(주삼환 외, 2015: 186).

이러한 혼합 모형을 실제에 적용하려면 다음 두 가지 질문을 해야 한다.

- 조직의 사명과 정책은 무엇인가?
- 조직은 어떤 의사결정을 통해 이러한 사명과 정책을 추진하는가?

이 모형은 의학에 기원을 둔다. 의사들은 환자를 대할 때 어느 부위에 초점을 두어야 할 것인지 목표를 잘 알고 있는데, 환자 개인의 모든 역사와 과학적 자료를 수집할 때까지 치료를 하지 않고 기다리는 것이 아니라, 환자의 증상을 살피고 분석하며, 임시적인 치료를 하고, 이것이 실패하면 다른 방법을 찾는다(Etzioni, 1989: 오영재, 신현석, 양성관, 박종필 역, 2007: 354). 이런 맥락에서 적응적 전략은 만족스러운 의사결정을 위하여 부분적인 정보를 활용하는 방법인데, 피상적인 자료 분석과 깊이 있는 자료 분석을 결합하여 여러 가지 사실과 선택안에 대해 광범하게 고찰한 후 일련의 사실과 선택안에 초점을 두어 자세하게 분석한다. 이런 맥락에서 상위 수준의 의사결정(사명이나 정책 결정 등)은 그것을 만들어 내는 하위 수준의 점진적인 결정과 결합된다(Etzioni, 1989: 124). 의사결정가들이 기본(총괄)적인 정책을 토대로 하여 점진적으로 결정안들을 평가해 보지 않는다면 방향을 상실한 의사결정을 할 개연성이 있다. Hoy와 Miskel(2005)은 Etzioni(1989)가 제시한 혼합 모형의 일곱 가지 전략을 요약하여 다음과 같이 제시하였다.

① 집중적 시행착오를 한다. 의사결정자들은 중요한 정보가 결여되어 있어도 부분적인 정보에 기초하여 의사결정을 하고, 그 후 새로운 정보를 고려하여 수정을 하면 된다.

② 잠정적이어야 한다. 의사결정자들은 결정된 사항들일지라도 언제든지 수정할 수 있는 것으로 보아야 한다.

③ 불확실하다면 지연시킨다. 정보가 불확실하다면 더 많은 정보를 수집·분석할 수 있도록 지연시킨다.

④ 시차를 두고 의사결정을 한다. 다음 단계를 시작하기 전에 지금 단계의 결과를 평가한다.

⑤ 불확실하다면 의사결정을 분할한다. 어떤 특정 안을 실행하는 데 모든 자원을 투자해서는 안 되며, 결과가 만족스러울 때까지 자원을 부분적으로 사용한다.

⑥ 분산 투자하여 위험성을 줄인다.

⑦ 의사결정을 번복할 준비가 있어야 한다.

한편 Hoy와 Miskel(2005)은 지금까지 살펴본 의사결정 모형을 비교하였는데, 이를 통해 그 특징을 명료하게 알 수 있다(오영재, 신현석, 양성관, 박종필 역, 2007: 357).

〈표 11-1〉 **고전적, 행정적, 점진적 및 혼합 의사결정 모형 비교**

고전적 모형	행정적 모형	점증 모형	혼합 모형
목표가 대안 산출 전에 설정된다.	목표는 보통 대안 산출 전에 설정된다.	목표설정과 대안 산출이 혼재되어 있다.	광범위한 정책 지침이 대한 산출 전에 설정된다.
의사결정은 수단-목표의 분석이다. 먼저 목적이 정해지고, 그다음 목표달성을 위한 수단이 추구된다.	의사결정은 전형적으로 수단-목표의 분석이다. 그러나 분석 결과에 따라 목표가 변하기도 한다.	수단과 목표는 분리할 수 없기 때문에 수단-목표를 분석하는 것은 부적절하다.	의사결정은 광범위한 목표와 잠정적 수단에 초점을 두고 있다.
좋은 결정은 목표달성을 위한 최상의 수단을 제시해 주는 것이다.	좋은 결정은 목표달성을 위한 만족할 만한 수단을 제시해 주는 것이다. 이것은 설정된 한계조건 내에 있다.	현재의 과정이 잘못된 것으로 밝혀졌을 때, 그 대안이 올바른 방향에 있다는 것을 의사결정자들이 동의할 수 있는가 하는 것이 좋은 결정의 기준이다.	조직의 정책에 부합하는 만족스러운 의사결정을 이끌어낼 수 있는가 하는 것이 좋은 결정의 기준이 된다.
(최적화)	(만족화)	(계속적 비교)	(적응적 만족)
포괄적 분석을 한다. 모든 대안과 결과를 고려한다.	합리적인 대안이 확인될 때까지 '문제탐색'을 한다.	탐색과 분석을 극도로 제한한다. 현상태와 유사한 대안에 초점을 둔다. 많은 대안과 중요한 결과가 무시된다.	탐색과 분석을 문제와 직접 관련된 대안으로 제한한다. 그러나 광범위한 정책의 관점에서 잠정적 대안을 평가한다. 점진주의보다 더 포괄적이다.
이론에 크게 의존한다.	이론과 경험에 의존한다.	계속적 비교가 이론의 필요성을 줄이거나 불필요하게 한다.	이론, 경험 및 계속적 비교가 함께 사용된다.

(5) 쓰레기통 모형: 비합리적 의사결정

　쓰레기통(garbage can model) 모형은 의사결정이 비합리적·우연적 선택에 의해 이루어진다고 본다. Cohen, March 그리고 Olsen(1972)이 주장하는 목표의 모호성, 목표달성을 위한 방법적 체제의 불분명성, 유동적 참여 등을 특징으로 하는 조직화된 무정부 조직(organized anarchy) 상황에서 일어나는 의사결정 모형이다. **쓰레기통 모형**은 조직 내에서 의사결정이 어떻게 이루어지는가에 대해 기술한 것이지, 구체적인 행동을 나타낸 것은 아니다.

또한 의사결정이 합리성에 근거하여 목표달성을 위한 체계적인 과정에 의해서 이루어지는 것은 아니다. 그보다 의사결정의 요소들인 ① 문제, ② 해결책, ③ 참여자, ④ 선택의 기회들이 서로 다른 시간에 우연적 요인에 의하여 통(can) 안에 모일 때 의사결정이 이루어진다. 이 모형은 비합리적인 의사결정에 강조점을 두고 있다는 점에서 다른 모형과 구별된다. 쓰레기통 모형은 의사결정 과정이 문제에서 시작하지도 않고, 해결책으로 끝나지도 않는다는 것이다. 오히려 의사결정은 조직에서 일어나는 일련의 상호 독립적인 사건의 산물이다. 쓰레기통 모형은 다음과 같은 특징을 가지고 있다(오영재, 신현석, 양성관, 박종필 역, 2007: 359-360).

- 조직의 목적은 자연스럽게 나타난다. 이들은 사전에 설정되지 않았다.
- 수단과 목적은 독립적으로 존재한다. 우연 또는 생각지도 않았던 기회를 통해 이들은 연결된다.
- 문제와 해결책이 조화를 이룰 때 좋은 의사결정이 이루어진다.
- 의사결정은 합리성보다는 우연성에 토대를 두고 이루어진다.
- 행정가들은 조화를 이루는 것을 찾기 위해 기존의 해결책, 문제, 참여자 및 기회를 탐색한다.

🎓 기본 학습 1

실제 학교에서 이루어지는 의사결정은 위 모형 중에 어느 것을 가장 활용하고 있는지 '나'의 경험을 바탕으로 생각해 보자.

2) 의사결정의 과정

의사결정 과정은 실제 의사결정이 이루어지는 과정, 즉 문제해결을 위한 최종 대안을 선택하는 과정이 어떤 단계와 절차를 거쳐서 수립되는가가 중요하다. Hoy와 Miskel(1996: 272; 주삼환 외, 2015: 187-190)이 구분한 의사결정 과정을 중심으로 설명하면 다음과 같다.

(1) 문제의 인지 및 정의

의사결정 과정의 첫 번째 단계는 문제를 인지하고 정의하는 것이다. 의사결정 과정에서 문제를 어떻게 인식하고 정의하느냐는 문제 분석과 해결에 중대한 영향을 미치게 된다. 만약 문제로 인지하지 않는다면 후속의 의사결정 과정이 이루어지지 않을 수도 있다. 반대로 중요한 문제라고 인지하고 정의한다면 문제해결 과정이 성립하게 된다.

문제를 정확히 인지하고 정의하는 일은 신중해야 한다. 만약 문제를 너무 조급하게 다루거나 협소하게 규정한다면 문제의 본질이 왜곡될 수도 있어 오히려 문제를 확대시키게 된다. 문제를 인지하고 정의하는 데는 사건의 발생 시기, 중요성, 파장 범위 외에도 의사결정권자의 인성, 사회적 배경과 경험, 가치관 등이 영향을 준다. 이 단계에서 행정가는 조직에 대한 이해와 전문적 지식을 바탕으로 예리한 감각과 통찰력을 가져야 한다. 만약 복합적인 문제인 경우에는 주어진 문제를 보다 하위 문제로 세분화하는 것도 하나의 방법이다. 특히 문제를 정의할 때에는 먼저 단기적인 문제가 무엇인지 밝히고, 그런 다음에 장기적인 문제를 정의한다.

(2) 자료 수집 및 분석

문제를 해결하기 위해서 자료, 정보, 지식을 수집하고 분석한다. 자료수집은 누구를 대상으로, 어떤 내용을, 어떤 방법으로 할 것인가가 중요하다. 이때 문제의 중요성 정도, 문제의 구체화와 가능성, 시간적 제약, 자료수집의 절차나 구조, 필요한 정보의 내용과 수준 등 여러 가지 요인을 고려해야 한다. 자료수집은 공식적 통로뿐만 아니라 비공식적 통로 등을 이용할 수도 있다. 그리고 조직 내에서뿐만 아니라 조직 외부에서 비교 가능한 집단을 통해서 자료를 수집할 수도 있다. 자료수집은 계획적이고 다양한 방법을 통해 가능한 한 정확하게 하는 것이 필요하다.

(3) 문제해결을 위한 준거설정

세 번째 단계는 문제가 해결되었다고 생각할 수 있는 문제해결의 목표를 정하는 단계이다. 문제해결을 위한 준거로서의 목표설정은 최소 수준과 최대 수준으로 나누는 것이 바람직하다. 이때 이상과 현실을 인식하는 일이 중요하다. 현실을 고려하지 않고 무조건 이상적인 준거를 설정한다면 실현 가능성이 없게 된다. 준거설정은 조직의 목표와 일관성을 가지고 적절하고 구체적으로 세워야 한다.

(4) 행동계획과 전략 개발

네 번째 단계는 수집·분석된 자료에 입각하여 행동계획을 수립하고 전략을 개발하는 단계이다. 우선 문제해결을 위한 각종 대안을 최대한 모색하고 구체화한다. 이때 집단참여를 기초로 브레인스토밍(brainstorming), 명목집단기술(nominal group technique), 델파이 기법(delphi technique) 등 여러 가지 기법을 사용할 수 있다.

각 대안마다 그 대안이 설정된 목표를 달성할 수 있으며 실제로 문제를 해결할 수 있느냐, 실천 가능성이 있느냐, 그리고 부작용은 없느냐 하는 관점에서 신중히 검토하여 행동계획과 전략을 수립한다. 대안의 평가는 과정상 세 단계를 거친다(Reitz, 1989). 첫째, 의사결정자는 각 대안으로부터 긍정적이든 부정적이든 모든 가능한 결과를 인식해야 한다. 둘째, 의사결정자는 각 결과의 가치를 긍정적이든 부정적이든 평가해야 한다. 셋째, 의사결정자는 각 대안마다 가능한 결과의 가능성을 평가한다.

(5) 행동계획의 실행과 평가

최종적으로 여러 대안 중에서 실천 가능한 대안을 실행하고 그 결과를 평가하는 단계이다. 대안의 실행에는 먼저 활동계획(programming)을 작성하고, 그 집행을 위해 의사소통(communication)하며 실행을 위한 감독(control)과 그 결과를 평가(evaluation)하는 것 등이 포함된다. 활동계획은 대안을 실행하기 위한 세부 방침을 작성하고, 이것을 실행하기 위한 기구나 이용하는 절차를 설정하는 것을 말한다. 의사소통은 관련 있는 사람이나 부서와 협조 내지는 지원을 위한 공유를 의미한다. 감독이란 계획에 일치되게 대안이 실행될 수 있도록 확인하는 절차이다. 이 과정에서 보상과 유인체제, 처벌, 설득 등과 같은 다양한 것이 포함될 수 있다. 평가란 실시된 대안이 얼마만큼 의도한 대로 실현되었는가를 알아본다. 평가를 통해 실행된 대안이 얼마나 의도한 대로 성과가 이루어졌는지를 알아봄으로써 추가로 발생하는 문제나 해결해야 할 사항을 각 단계에 피드백하여 차후의 문제해결의 활동을 위한 기초 자료로 활용한다. 그래서 평가는 의사결정 과정의 끝인 동시에 새로운 결정의 시작을 의미한다. ☞ **심화 학습 2**

3) 의사결정의 참여 모형

조직에서 의사결정을 탐구할 때 중요한 이슈가 참여의 문제이다. 학교를 포함한 조직에서 구성원을 의사결정에 참여시키는 것은 그 조직이 민주적으로 운영되기 위한 필요조건이며, 조직에 속한 구성원들로 하여금 자신의 조직생활과 직무에 관한 통제권을 행사하도록 하는 장치일 수 있다. 조직 구성원을 의사결정에 적절히 참여시킬 때, 구성원의 직무만족과 사기를 높일 수 있고, 사명감을 증진시켜 조직의 목표달성에 긍정적인 결과를 초래할 수 있다(Vroom & Artlun, 1988: 18-28; 주삼환 외, 2015: 190 재인용).

(1) Bridges의 참여적 의사결정: 관련성과 전문성 검증

조직에서 의사결정 참여에 대한 논리적 모형을 제시한 대표적인 학자는 Bridges(1967)이다. 그는 조직 구성원들이 의사결정의 수용 영역 범위 안에 있느냐 혹은 밖에 있느냐에 따라 참여 여부를 검토해야 한다고 하였는데, 이때 **수용 영역**(zone of acceptance)이란 개념으로부터 출발하였다. 수용 영역은 Barnard(1938: 167)가 사용한, 조직의 하위자들이 관리자나 상위자들이 내린 결정이나 명령을 의심하지 않고 받아들이는 것을 나타내는 무관심 영역(zone of indifference)과 같은 개념이다. Bridges(1967)는 참여적 의사결정에 관한 두 가지 명제를 만들었다.

① 하위자들은 자신들의 수용 영역 안에 있는 의사결정에 참여한다면, 참여는 효과적이지 못할 것이다.
② 하위자들이 자신들의 수용 영역 밖에 있는 의사결정에 참여한다면 보다 효과적일 것이다.

행정가들은 누구를 의사결정에 참여시킬지, 그렇지 않을지를 정하기 위해서는 어떤 결정이 수용 영역 안에 있는지, 아니면 밖에 있는지를 결정해야 한다. Bridges는 이러한 질문에 답하기 위해 두 가지 검증 방안을 제안하였다. 하나는 **관련성의 검증**(test of relevance)이고, 다른 하나는 **전문성의 검증**(test of expertise)이다.

① 관련성 검증: 하위자들이 결정된 결과에 대해 개인적 이해관계를 가지고 있는가?

② 전문성 검증: 하위자들이 의사결정 과정에 도움이 되는 전문성을 가지고 있는가?

[그림 11-1]을 통해 학교에서 의사결정을 할 때 누구를, 어떤 방식으로 참여시켜야 할지를 네 가지 상황으로 나누어 볼 수 있다(주삼환 외, 2015: 192).

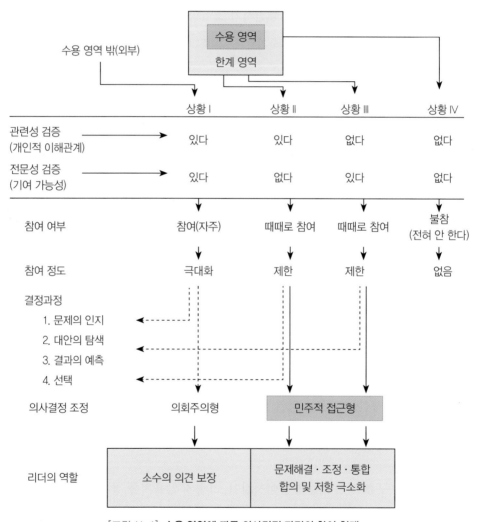

[그림 11-1] **수용 영역에 따른 의사결정 과정의 참여 형태**

① 상황 I: 교사들이 개인적 이해관계(관련성)와 전문적 지식(전문성)을 모두 가지고 있어 수용 영역 밖에 있는 경우이다. 예컨대, 차년도 학교의 교육과정 운영계획서를 작성하는 경우 교사들을 의사결정 과정에 자주 참여시키고 초기 단계인 문제의 인지 및 정의부터 적극적으로 참여시킨다. 이때 학교장의 역할은 소수 교사의 의견까지 보장하여 의회주의형 의사결정이 이루어지도록 해야 한다.

② 상황 II: 교사들이 의사결정 결과에 대해 이해관계(관련성)는 가지고 있으나 전문적 지식(전문성)이 없는 경우이다. 이런 경우 교사들은 **수용 영역의 한계 조건**(marginal conditions)에 있게 된다. 학교 교문을 새롭게 만드는 경우, 교사들을 가끔 참여시키고 최종 대안을 선택할 때 제한적으로 참여시킨다. 이때 참여시키는 목적은 최종 결정을 하기 전에 교사들에게 이해를 구하거나 설득·합의를 도출하여 저항을 최소화하기 위해서이다. 이 과정에서 학교장은 부분적인 참여로 의사결정에 대한 감정적 반항을 감소시켜 민주적으로 커다란 마찰 없이 문제를 해결하는 것이 중요하다.

③ 상황 III: 교사들이 이해관계는 없지만 전문성이 있는 경우이다. 이 경우도 두 번째와 마찬가지로 수용 영역의 한계 조건 내에 있는 경우이므로 제한적으로 참여시키는 것이 바람직하다. 이때 참여는 의사결정의 질을 높일 수 있는 아이디어나 정보를 얻기 위해서라는 점을 감안하여 대안의 제시나 결과의 평가 단계에서 참여시킨다.

④ 상황 IV: 교사들이 전문성도 없고 이해관계도 가지고 있지 않은 경우이다. 이 경우는 수용 영역 내부에 있게 되므로 참여시킬 필요가 없다.

🎓 기본 학습 2

'나'를 기준으로, 학교의 의사결정 사안을 ① 수용 영역 밖, ② 수용 영역 안, ③ 한계 영역으로 나누어 열거해 보자.

---

(2) Hoy-Miskel의 참여 결정: 신뢰도 검증

Hoy와 Miskel(2005)은 Bridges의 모형을 실제 적용하기 위해서는 한 가지 사항을 더 고려하는 것이 도움이 된다고 제안하면서 하위자들에 대한 신뢰 정도를 추가하여 참여 정도를 결정하는 논리를 제공하였다. 즉, 하위자들에 대한 **신뢰도 검증**(test of trust)을 통해 참여 여부를 결정하는 것이 바람직하다고 하였다. 신뢰도 검증은 하위자들이 조직의 사명에 헌신하는가, 조직의 이익이 최고로 실현될 수 있도록 의사결정을 할 것이라고 믿을 수 있는가를 따져보는 것이다. 만약 특정 교사의 개인적 욕구나 목표가 학교조직의 목표와 반대되거나 심각한 갈등관계에 있다면, 그에게 의사결정 과정에서 중요한 권한을 줄 경우 학교운영에 장애가 될 수 있다.

결국 신뢰도 검증을 추가할 경우 [그림 11-2]처럼 다섯 가지 상황에 따른 참여 유형을 생각할 수 있다.

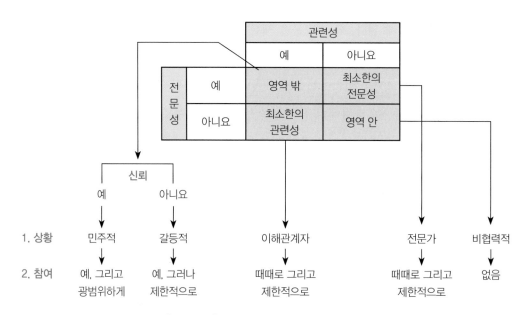

[그림 11-2] **의사결정 상황과 하위자들의 참여**

① 민주적 상황(democratic situation): 수용영역의 외부에 있고, 학교조직의 목표달성과 이익에 도움이 될 것이라고 신뢰한다면 광범위하게 참여시킨다.

② 갈등적 상황(conflictual situation): 수용 영역 외부에 있지만 학교의 이익에 공헌할 것이라 신뢰할 수 없다면 제한적으로 참여시킨다.

③ 이해관계자 상황(stakeholder situation): 개인적 이해관계는 있지만, 전문성이 없는 경우 참여를 제한하거나 가끔씩 참여시켜야 한다. 이 경우 의사결정 참여가 신중하게 이루어져야 하는데, 실제적으로는 전문가들이 결정하고서 자신들은 들러리를 세우기 위해 참여시켰다는 오해를 살 수 있거나, 그 반대로 자신들이 의사결정을 통하여 영향력을 행사할 수 있다는 환상을 갖게 하기도 한다.

④ 전문가 상황(expert situation): 교사들이 의사결정의 결과에 대해 아무 관심이 없지만, 전문성을 갖고 있을 때에는 아주 가끔씩 제한적으로 참여시킨다. 특히 이때 교사들을 무분별하게 참여시키면 학교장 등 권위 있는 사람들이 무능하다는 생각을 갖게 할 수도 있다.

⑤ 비협력적 상황(noncollaboration situation): 의사결정이 교사들과 관련되어 있지 않고, 전문성도 없다면 의사결정이 수용 영역 안에 있는 셈이므로 참여를 피해야 한다. 이 경우 의사결정에 참여시키면 되레 불만을 살 수 있다.

(3) 참여적 의사결정의 규범적 모형: 의사결정 구조와 리더의 역할

수용 영역을 기준으로 신뢰성을 추가하여 의사결정 참여를 결정하는 방식을 알았다면, 이제 의사결정 과정을 진행하는 방식을 이해하는 것이 필요하다. [그림 11-3]을 통해 의사결정의 구조와 리더의 역할을 알 수 있다.

먼저, Hoy와 Tarter(2004)는 **의사결정의 구조**를 다섯 가지로 제시하였다. 이를 학교에 적용해 보면 다음과 같다.

① 집단 합의(group consensus): 수용 영역 밖에 있고 신뢰가 있다면, 학교의 구성원들이 모두 평등하게 의제를 만들어 내고, 대안을 만들어 내기 위한 합의가 중요하다. 이 경우 학교장은 집단의 일원으로 의사결정 과정에 참여한다.

② 다수결(group majority): 학교장을 포함하여 의사결정에 참여하는 사람들이 다수결 원칙에 따라 결정한다.

③ 집단 자문(group advisory): 학교장이 전체 집단으로부터 의견을 듣고, 얻은 제안들을 검토한 후에 의사결정을 한다. 그 결과 집단의 의견이 반영될 수도 있지만 그렇지 않을 수도 있다.

④ 개별적 자문(individual advisory): 교사들이 관련성은 없지만 전문성은 있는 경우, 학교장은 개별적으로 조언을 구한 후 의사결정을 한다. 이때도 교사들의 의견이 반영될 수도 있고, 그렇지 않을 수도 있다.

⑤ 일방적 결정(unilateral decision): 의사결정의 결과가 수용 영역 안에 있는 경우, 교사들을 참여시키지 않고 학교장이 혼자서 결정한다.

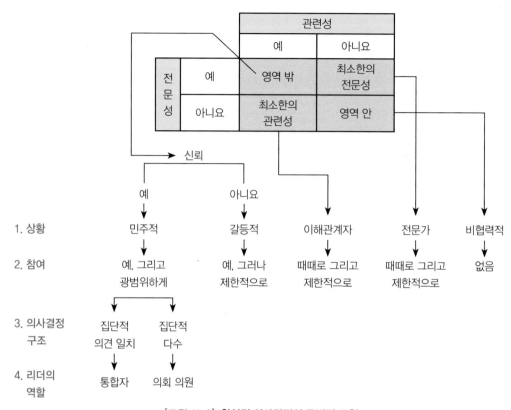

[그림 11-3] **참여적 의사결정의 규범적 모형**

  한편 의사결정의 구조에 따라 리더(학교장)의 역할은 달라진다. 이는 〈표 11-2〉와 같이 종합할 수 있다.

〈표 11-2〉 **참여적 의사결정을 위한 리더(학교장)의 역할**

의사결정 구조	역할	기능	목표
집단 합의	통합자	다양한 관점을 통합하기	합의 도출하기
다수결	의회 의원	개방적인 논의 촉진하기	심사숙고한 집단의 의견을 지원하기
집단 자문	교육자	사안을 설명하고 논의하기	결정안 수용하기
개별 자문	의뢰인	조언을 구하기	의사결정의 질 제고
일방 결정	지시자	일방적으로 결정하기	효율성 제고

출처: Hoy & Miskel (2005)을 보완.

🎓 **기본 학습 3**

학교에서 이루어진 의사결정 중에 한 가지를 생각하면서, 참여적 의사결정의 규범적 모형([그림 11-3])이 어떻게 적용되었는지 정리해 보자.

2. 학교조직의 의사소통

조직은 의사소통이 없으면 존재할 수 없다(Simon, 1976: 154). 의사소통은 조직에서 의사결정을 하거나 결정된 사항을 전달하는 과정에서 필수적이다. 따라서 학교의 관리자들은 구성원들과 의사소통하는 과정이나 기법 등을 체계적으로 이해하는 것이 필요하다. 교사들 또한 학생, 학부모, 동료 교사와 효율적으로 의사소통하는 역량을 기르는 것이 중요하다.

1) 의사소통 이해의 기초

(1) 의사소통의 기능

의사소통(communication)이라는 낱말은 '나누다' '전달하다' '참여하게 하다' '관여 · 공유하다'를 뜻하는 라틴어 communicare에서 유래한 것으로, 사람들끼리 서로 생각, 느낌 따위의 정보를 말이나 그 밖의 소리, 표정, 몸짓 따위로 주고받는 것을 말한다. 우리말 사전에서도 의사소통은 '가지고 있는 생각이나 뜻이 서로 통함'으로 풀이되는데, 최근에 강조되는 소통(疏通)은 '막히지 않고 잘 통함' '뜻이 통하여 오해가 없음'으로 정의된다.

의사소통은 조직 내에서 중요한 요인으로, 조직 의사소통 연구자인 Barnard(1938)는 조직의 구조, 활동, 조직 영역의 결정은 전적으로 의사소통에 의해 결정되기 때문에 의사소통이 조직에서 가장 핵심적인 역할을 하고 있다고 말한다. 이러한 의사소통의 개념은 학자마다 매우 다양하고 폭넓게 사용되고 있다. 의사소통을 아주 폭넓게 정의하는 경우에는 인간관계까지 포함하는 개념으로 정의하기도 한다(오두범, 1994; Severin & Tankard, 1979). 특히 Severin과 Tankard(1979)는 의사소통의 개념을 세 가지 측면에서 접근하고 있다. 첫째, 말하는 사람과 듣는 사람이 의미를 공유(나눔)하는 것으로 본다. 즉, 정보 의사소통을 의미한다. 둘째, 말하는 사람이 듣는 사람에게 영향을 미치는 것으로 본다. 셋째, 인간과 인간 사이에 언어를 주고받는 것뿐만 아니라 영향이나 반응을 일으키는 모든 종류의 과정을 다 포함하므로, 광범한 인간관계까지도 모두 포함시키는 관점이다(최지희, 2008: 12-13). 결국 개인생활에서든 조직생활에서든 의사소통은 사람들 간에 의미를 전달하고 이해를 공유하기 위한 과정으로 볼 수 있다.

한편 의사소통은 집단이나 조직에서 크게 ① 통제, ② 동기부여, ③ 감정 표현, ④ 정보의 네 가지 기능을 한다(이덕로, 김태열, 박기찬, 박원우 역, 2011: 378-379).

첫째, 의사소통은 구성원의 행동을 통제하기 위해 작용한다. 공식적인 구조 내에서 직무와 관련된 지침이나 행동 규범은 문서로든 구두로든 의사소통을 통해 구성원을 통제한다. 인간관계론에서 밝혀진 대로 비공식적 집단(노조 등)에서도 직무생활의 지침이 되는 의사소통이 작동한다.

둘째, 의사소통은 동기부여를 한다. 목표설정이론에서 볼 수 있듯이, 조직에서 목표를 정할 때 결정의 과정에서 의사소통을 활발하게 하면 구성원들은 조직의 목표에 대해 주인의식을 가져 직무동기가 더 발동한다. 나아가 성과에 대한 피드백 역시 의사소통의 과정으로 구성원의 동기를 부여하는 기제가 된다.

셋째, 의사소통은 감정 표현과 사회적 욕구를 충족해 주는 기능을 한다. 조직의 상층 관리자를 포함하여 구성원들은 언어적·비언어적으로 서로의 감정과 사회적 욕구를 표현하고 전달한다.

넷째, 의사소통은 의사결정을 하는 데 필요한 정보를 제공한다. 조직에서 중요한 의사결정 과정에 구성원의 의견을 체계적으로 수렴하고 가급적 많은 인사를 참여하게 하는 것은 의사소통의 기제를 통해 의사결정에 필요하고 질 높은 정보를 다양하게 수립하기 위한 노력이다.

이 밖에도 개인생활이든 조직생활이든 의사소통은 사람들 간에 오해로 인한 갈등을 줄이고 통합하게 해 주는 기능을 한다. 국가운영에서 사회 갈등이 나타나는 원인 중에 하나는 제대로 된 소통의 기회가 부족하기 때문이다. 그래서 소통은 **사회적 자본**으로 중시되기도 한다.

(2) 의사소통의 목적

조직에서 의사소통(organizational communication)은 메시지를 만들어 내고 해석하는 집단적 상호작용의 과정인데, 조직 내외의 참여자들 간의 활동 조정 및 이해의 네트워크를 만들어 낸다(Stohl, 1995; Hoy & Miskel, 1996). 이 맥락에서 학교조직에서 이루어지는 의사소통의 목적은 ① 생산과 규제, ② 혁신, ③ 개인의 사회화와 현상 유지의 세 가지로 이해할 수 있다(오영재, 신현석, 양성관, 박종필 역, 2007: 402-403).

첫째, 학교 내에서 이루어지는 교수 및 학습과 같은 조직의 기본적인 업무 수행을 목적으로 하는 활동, 즉 목표와 기준의 설정, 사실과 정보의 전달, 의사결정, 수행 평가와 피드백, 리더십 행사 등 생산 및 규제를 위해 의사소통이 작용한다. 둘째, 학교조직에서 새로운 아이디어를 제시하고 프로그램이나 절차의 변화를 위한 혁신의 전달에 의사소통이 중요하다. 셋째, 조직에서는 구성원 간의 상호작용 관계, 개인의 목적을 조직의 목적에 통합하기, 조직의 안정과 질서 등 사회화와 체제 유지의 목적으로 의사소통을 활용한다.

결국 조직에서 의사소통은 조직 구성원 간에 이해를 공유하여 개인과 조직의 기능을 최적화하고, 목표 지향적인 행동을 하게 하는 관계적 과정이라 볼 수 있다. 이런 맥락에서 의사소통을 조직의 의사결정, 동기부여, 리더십 등 다른 행정과정들과 분리하는 것은 아주 어렵다(오영재, 신현석, 양성관, 박종필 역, 2007: 384)는 지적은 정당하다.

🎓 **기본 학습 4**

교직생활에 비추어 학교의 관리자들은 의사소통의 기능이나 목적 중에 무엇을 가장 강조하는지, 내가 관리자라면 의사소통의 초점을 어디에 둘 것인지 생각해 보자.

(3) 의사소통의 과정

의사소통이 두 사람 이상이 서로 간에 이해도를 높이기 위해 메시지, 아이디어, 감정이나 태도 등을 공유하는 것이라면 그 과정을 자세하게 살펴보아야 한다. DeFleur, Kearney와 Plax, 1993; Hoy & Miskel, 2005: 오영재, 신현석, 양성관, 박종필 역, 2007)는 "인간의 의사소통은 의도한 것과 비슷하게 수신자들이 이해할 수 있게 정보를 전달할 수 있도록 상징, 기호 및 상황적 단서 등을 활용하여 의미를 표현하기 위하여 메시지를 보내는 관계적 과정(relational process)"이라고 정교하게 정의하였다. 의사소통의 과정을 [그림 11-4]로 이해할 수 있는데, 각각의 요소를 들어보면 다음과 같다(오영재, 신현석, 양성관, 박종필 역, 2007: 385-386).

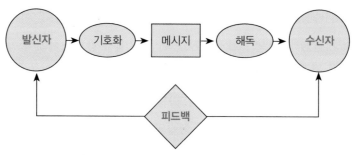

[그림 11-4] 의사소통 과정의 일반적 모형

- 발신자는 사고나 감정을 부호화하여 메시지를 보내는 사람 또는 관계자(당국, 교육감 등)이다.
- 수신자는 메시지가 향하게 되는 대상, 즉 메시지의 최종 목적지 또는 이를 해석하는 사람(관계자)이다.
- 메시지는 전달자의 기호(부호)화(encoding)로부터 나온 실제의 물리적 산물로, 발신자가 전달하고자 하는 언어적 또는 비언어적 신호, 상징(말, 글, 얼굴 표정 등)이다.
- 기호(부호)화와 해독(decoding)는 메시지를 만들고, 변환하며, 해독하는 인지적 구조(과정)이다. 즉, 기호화는 발신자가 의도한 메시지를 상징적인 형태로 전환하는 것이고, 해독은 수신자가 메시지를 재해석하는 것이다. 개인들은 기호화와 해독 과정을 거쳐 의미(meaning)를 조직한다.
- 피드백은 메시지를 원래의 의도대로 전달하는 데 얼마나 성공적이었는가(수신자의 이해)에 대한 확인으로, 메시지에 대한 반응이다.
- 전달 경로와 소음은 발신자가 기호화한 메시지를 수신자가 수신하여 해독하도록 하는 과정에 개입하는 요소를 말한다. 경로는 전달자가 선택하는 것으로, 공식적인 경로—조직 내의 구조나 권한 연쇄(authority chain)—와 비공식적 경로로 나뉜다. 소음은 지각상의 문제, 정보의 과중이나 독해의 어려움, 또는 문화적 차이로 인한 메시지 이해의 왜곡 등 의사소통의 효과를 떨어뜨리는 장애 요인을 말한다.

🎓 기본 학습 5

최근에 경험한 의사소통의 예(공문 등)를 하나 떠올려 보자. 그런 다음에 의사소통 과정의 요소에 비추어 문제가 되었던 것을 개선하는 방안을 생각해 보자.

(4) 의사소통의 방향

의사소통은 기본적으로 두 사람 이상이 의사를 교환하는 과정인데, 실제 그 과정은 다양하게 나타난다. Robbins 등(2010)은 조직에서 의사소통이 이루어지는 방향을 기준으로 수직적 의사소통(하향적 의사소통과 상향적 의사소통)과 수평적 의사소통으로 구분하였고, Hoy와 Miskel은 이를 일방향 의사소통과 양방향 의사소통으로 나누었다. 두 분류방식은 개인 상황과 조직 상황에서 약간 다르기는 하지만, 조직을 중심에 놓고 보면 수직적 의사소통 중에 하향적 의사소통은 일방향 의사소통과 일맥상통한다.

① 하향적/일방향 의사소통

하향적 의사소통은 집단이나 조직의 상위 단계에서 하위 단계로 일방적으로 업무 지시를 내리고, 방향을 정해 주며, 주의를 환기시키는 방식이다. 의사소통이 위에서 아래로 일방향으로 흐르기 때문에 '주사바늘'에 비유된다(Broms & Gahmberg, 1983: 오영재, 신현석, 양성관, 박종필 역, 2007: 387). 하향적/일방향 의사소통은 구두나 문서 등 다양한 방법을 사용할 수 있는데, 조직의 관리자들이 지시를 하거나 명령하는 수단으로 하향적 의사소통을 할 때는 그에 대한 이유(왜)를 잘 설명해야 한다. 상식적이지만 그래야 하위자들이 리더의 결정이나 지시를 수용하고 지지하기 때문이다.

학교조직에서 하향적/일방향 의사소통은 몇 가지 장점이 있다. 첫째, 일방향 의사소통은 의사소통 행위와 구성원의 직무행동 간의 연결관계가 높아 효율성과 목표달성에 유리하다. 둘째, 일방향 전략에서는 메시지 발신의 기술이 중요하여 리더인 발신자들이 자신의 아이디어를 숙고하고, 지시하고, 설명하는 방법을 구체화하려고 노력한다.

그러나 하향적 의사소통은 일방적이라서 관리자들이 하급자의 조언이나 의견을 구하지 않아 최근 강조되고 있는 소통의 리더십과는 거리가 멀다. 실제로 학교에서 어떤 관리자들은 자신이 소통을 중요하게 여긴다고 하면서도 회의시간 등에서 자신의 생각을 일방적으로 전달하는 데 대부분의 시간을 보낸다. 또한 Campbell이 말하는 것처럼, 사람들은 스스로 메시지를 재구성하고 해석하는 존재임에도 불구하고, 관리자들은 학급자인 수신자들을 수동적인 정보처리자로 간주하는 오류를 범한다(오영재, 신현석, 양성관, 박종필 역, 2007: 388). 이런 오류는 교사와 학생들 간에도 자주 나타날 수 있는데, 자신의 의도를 학생들에게 전달하고 심지어 주입하려는 통제 중심의 훈육지도 방식이 습관화되어 있는 교사들은 한 번쯤 되새겨 보아야 한다. 특히 최근에 학습자 참여 중심의 수업이 중요시되는 교육환경에서 일방향 의사소통에 고착되어 있는 교사라면 스스로 의사소통 기법을 훈련하는 기회를 가져야 할 것이다.

한편 일방향 의사소통이지만 상향적 의사소통이 있다. 이는 메시지의 성격이나 의사소통의 본질에서 하급자가 리더에게 의견을 개진하는 형태를 띤다는 점에서 일방적이지는 않다. 조직에서 상향적 의사소통은 허용적이고 자유로운 분위기 속에서 제안제도를 활성화할 때 자주 나타날 수 있다.

② 양방향/수평적 의사소통

양방향(수평적) 의사소통은 모든 참여자가 메시지를 주고받는 경우이다. 참여자들이 발신자이면서 수신자의 역할을 활발하게 해 나가는 의사소통이다. 양방향 의사소통은 비교적 동일 수준의 작업자, 동일 수준의 관리자들 사이에 정보와 아이디어를 교환하는 과정에서 나타나는데, 그런 의미에서 참여자들의 관계가 수평적 관계일 때 촉진될 수 있다. 소위 "계급장 떼고 말합시다."가 이에 해당할 수 있다(그렇다고 하급자가 리더 앞에서 그러기는 어렵지만).

양방향 의사소통은 여러 가지 형태—대화, 질의, 토론, 수업—로 이루어질 수 있다(Burbules, 1993: 오영재, 신현석, 양성관, 박종필 역, 2007: 388-389), 첫째, 대화(conversation)는 서로 협동적이고 허용적인 분위기, 상호 간에 이해 지향적이라는 두 가지 특징을 갖는다. 의사소통에 참여하는 사람들이 다른 사람의 관점과 경험에 대해 관심이 있을 때 자주 사용된다. 둘째, 질의(inquiry)는 두 명 이상이 서로 질문에 대답하고, 서로 의견이 일치하지 않는 문제에 대한 해결책을 만들어 내거나 절충안을 도출해야 할 때 유용하다. 셋째, 토론(debate)은 의사소통에 참여하는 사람들이 서로 가진 대안적인 입장을 확인하는 것이다. 최근 학생들의 비판적 사고능력을 증진하기 위해 토론을 수업이나 비교과에서 자주 활용한다. 예컨대, 고등학교에서 교사들이 대학입시에서 수학능력시험 위주의 정시를 확대해야 하는가, 내신성적 중심의 수시를 더 넓혀야 하는가에 대한 토론은 그것을 통해 각각의 장점과 단점을 확인하여 서로 이해의 폭을 넓히는 기회가 될 수 있다. 넷째, 수업(instruction)은 교사와 학생, 학생들 간의 언어적 대화의 과정으로, 효과적인 의사소통의 기술을 전제로 한다. 이때 교사에게 요구되는 수업 대화로서의 의사소통 기술 중에 발문 기술이 중요하다. 최근 학생 중심의 수업이 강조되면서 하브루타 교육이 각광을 받고 있다.

　　수평적 의사소통의 형태를 정리하면서, 20여 년 전에 어느 초등학교 교장실을 방문한 가운데 느낀 경험을 소개하고자 한다. 양방향(수평적) 의사소통을 위해서는 회의장의 물리적 구조도 중요하다. 대개 교장실에 가면 (부장)교사들과 회의를 하는 직사각형의 테이블이 있는데, 그 학교에서는 원형 테이블이 있었다. 그래서 교장선생님에게 그 이유를 물었더니, 직사각형으로 만들면 교장이 가운데(소위 상석)에 앉게 되고, 그러면 자유롭고 허심탄회한 회의(대화)가 될 수 없다는 설명을 하였다. 상석(上席)이 없이 누구나 평등한 좌석 배치, 이것이 수평적 의사소통의 구조라는 인상을 받았다. 어느 대학의 총장은 보직자들과 회의할 때마다 화이트보드를 앞에 놓고 매번 같은 얘기를 반복하는 강의를 하여, 누군가가 화이트보드를 없애 버렸다는 일화도 농담 삼아 들었다. 이 역시 물리적 환경이 수평적 의사소통에 영향을 주는 요소라는 것을 알게 해 준다.

🎓 **기본 학습 6**

현재 근무하고 있는 학교의 관리자(교장 등)는 의사소통의 방향 측면에서 어떤 양태를 보이는지 생각해 보자. 나아가 개선할 점을 제시해 보자.

2) 의사소통 네트워크

(1) 의사소통 네트워크 개념

　　조직에서 구성원 간에 의사소통이 어떻게 이루어지고 있는지를 설명하고 분석하는 개념이 네트워크이다. 실제로 학교를 포함한 부분의 조직이나 개인은 의도하든 그렇지 않든 간에 네트워크를 형성하여 외부환경(조직)으로부터 필요한 정보와 자원을 공급받기도 하고, 환경이 필요로 하는 정보와 자원을 제공해 주기도 하면서 살아간다.

　　본래 네트워크(관계망, network)라는 개념은 생물학에서 출발하여 경제학, 경영학, 사회학 등 사회과학 분야를 포함하여 물리학, 수학, 컴퓨터공학 등에 접목되어 종합인 체계를 갖추면서, 이른바 **네트워크 과학**(network science)이라는 학문으로 발전해 왔다(손동원, 2002; 김수동, 오은순, 강신천, 2004 재인용). 최근에는 기술공학이나 방송학에서는 '방송망 혹은 컴퓨터의 데이터 통신 시스템에서 컴퓨터와 단말기를 접속하기 위하여 쓰이는 기기 · 선으로 따로 구성되는 일체의 전송매체'로 정의되고 있다.

한편 인간을 대상으로 하는 사회학에서의 네트워크 정의에 따르면, 네트워크란 복잡하게 서로 얽힌 일종의 확장된 개념의 집단이나 체제로서 상호 도움을 주고받기 위해 상호작용을 지속적으로 해 나가는 사람들의 집단을 이른다. 네트워크에 속한 사람들은 비슷한 관심과 흥미를 가지고 있다고 본다. 뿐만 아니라 그들의 행위는 서로 도움이나 지원을 주고받기 위해 다른 사람들과 비공식으로 의사소통을 하는 일에 참여하는 것 혹은 상호작용하는 것으로 정의되고 있다(최지희, 2008). 사회학 사전(2000)에서는 '사람들을 연결시키고 사회학적 지위나 집단이나 조직을 연결시키는 관계의 묶음'으로 간단히 표현하고 있다.

이렇게 보면 의사소통 네트워크들 시간 및 공간을 통해 메시지를 교환하는 활동으로 인해 이루어지는 의사소통자들 간에 형성되는 공식적 또는 비공식적 의사소통 형태이다(Monge & Contractor, 2001: 오영재, 신현석, 양성관, 박종필 역, 2007: 403). 학교조직에서의 의사소통 네트워크는 학교 구성원 간의 연결망을 말하는데, 공식적 네트워크와 비공식 네트워크를 모두 포함한다. 또한 최근에는 정보기술의 발달로 면대면 회의뿐만 아니라 학교 내 전산망 혹은 인터넷 메신저 등의 기술 매체를 통한 의사소통을 포함하는 것으로, 특히 교원 간 정보를 교류하고 의미를 공유하기 위한 상호작용의 통로이다.

(2) 의사소통 네트워크의 유형
① 공식적 의사소통

학교조직에서 **공식적 의사소통 통로** 또는 네트워크는 권위의 위계를 통해 조직 전체를 가로지르는 형태를 띤다. 특히 집권화된 학교구조에서는 공식적인 의사소통 네트워크가 중심을 이룬다. 실제 학교에서 공식적으로 의사소통의 통로(위원회 등)를 만들고, 이를 통해 의견을 수렴하고 의사결정을 하며 의사소통 과정을 공식적으로 규제하고 있다. 예컨대, 교사가 교장에게 의견을 제시할 때도 위계적 통로(부장교사나 교감)을 거쳐 진행하도록 한다. Barnard(1938)는 공식적 의사소통 체제를 개발하고 활용할 때 몇 가지 요인을 고려할 것을 제안한다(Hoy & Miske, 2005 재인용).

- 의사소통 통로를 알고 있어야 한다.
- 이러한 통로는 조직의 모든 구성원을 연결시켜야 한다.
- 의사소통의 계통은 가능한 한 직접적이고 단계가 짧아야 한다.

- 완전한 의사소통 네트워크를 사용한다.
- 직위를 차지하고 있는 적절한 사람이 자신의 권위 내에서 메시지를 전달할 때 모든 의사소통을 신뢰할 수 있다.

의사소통 참여자 사이의 관계를 파악하면 네트워크 유형을 알 수 있다. Bavelas와 Levitt은 피험자 5명이 칸막이가 쳐진 서로 다른 방에서 방과 방 사이 벽에 뚫린 구멍을 통해 서로 글로 쓴 편지를 주고받도록 하여, 피험자들이 연락할 수 있는 구멍에 어떻게 닿는가를 살펴서 네 개의 의사소통 네트워크 관계를 찾아냈다. 참여자 사이의 관계를 기준으로 보면 대략 네 가지의 네트워크 유형이 있다. 구성원이 많고 여러 단계를 거쳐 직무가 수행되는 조직에서 공식적 의사소통 네트워크는 매우 복잡하고 다양할 것이다. 그러나 이를 단순화해서 나타낸 [그림 11-5]로 그 형태와 특징을 알 수 있다. **체인형 의사소통 네트워크**는 공식적인 명령계통을 엄격히 따르는 수직적 조직 구조에서 나타난다. **수레바퀴형 네트워크**는 강력한 리더(중심 인물)를 가진 조직에서 중심 인물이 도관(導管)이 되어 다른 구성원들과 상호작용을 하는 구조를 띤다. 이는 중앙집중형 네트워크로, 의사소통 집단이 신속하게 구성될 수 있으며, 과업 수행이 빠르다는 장점이 있다. 특히 서로 연결되어 있는 네트워크가 많을수록 정보를 필요로 하는 문제를 더 쉽게 해결할 수 있다. 그러나 양방향 의사소통과 피드백은 원활하지 못하다는 한계가 있다. 한편 완전연결형은 모든 집단 구성원이 서로 활발하게 의사소통을 할 수 있게 해 준다. 모든 집단 구성원이 자유롭게 공헌하고, 어느 한 사람이 리더십 역할을 떠맡지 않는 자기관리팀(self-managed team)에서 흔히 실행된다.

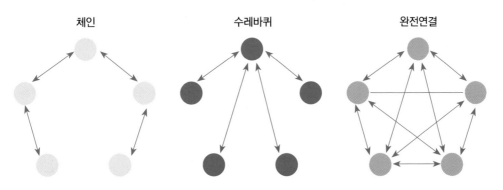

[그림 11-5] **일반적인 소집단 네트워크**
출처: 이덕로, 김태열, 박기찬, 박원우 역(2011), p. 386.

한편, 세 가지 네트워크는 의사소통 효과를 결정하는 데 있어 서로 다르게 작용한다. 체인형은 의사소통의 정확성이 중요한 기준이 될 때 효과적이고, 수레바퀴형은 의사소통의 정확성과 함께 구성원의 참여만족에 효과적이다. 그리고 완전연결형은 전체 구성원이 모두 연결되는 것으로 구성원의 만족을 높이고자 할 때 유효하다.

〈표 11-3〉 소집단 네트워크와 효과성 기준

기준	체인	수레바퀴	완전연결
속도	보통	빠름	빠름
정확성	높음	높음	보통
리더의 등장	보통	높음	없음
구성의 만족	보통	낮음	높음

출처: 이덕로, 김태열, 박기찬, 박원우 역(2011), p. 387.

② 비공식적 의사소통

의사소통 네트워크는 학교조직 내에서 구성원들 간에 정보를 교환하는 일상적인 대인 접촉의 한 형태이다. 따라서 의사소통은 공식적인 네트워크뿐만 아니라 비공식적인 네트워크를 통해 활발하게 일어난다. 조직 내에서 구성원의 친소(親疏)관계에 따라 형성되는 비공식적 네트워크를 통상 그레이프바인(grapevine)이라 부르는 비밀정보 전달경로라고 한다.

그레이프바인은 비공식적이지만 아주 중요한 의사소통 채널이다. 한 조사에 의하면 75%의 종업원이 이를 통해 먼저 문제에 관해 듣는 것으로 나타났고, 동료로부터의 구전(口傳, word-of-mouth) 정보가 구직자가 어떤 조직에 참여할지의 여부에 중요한 영향을 미침을 보여 준다(Forbes, 1997; Van Hoye & Lievens, 2009: 이덕로, 김태열, 박기찬, 박원우 역, 2011: 387). 학교조직에서도 자신이 가입한 교직 단체나 출신 학교 선후배를 중심으로 중요한 정보를 주고받는 현상을 보면 그레이프바인의 힘을 엿볼 수 있다.

그레이프바인은 정보의 정확성을 해치는 왜곡 현상을 가져올 수 있지만, 다음과 같은 장점이 있다. 첫째, 학교 행정가들에게 좋은 피드백 통로가 될 수 있다. 학교에서 어떤 중요한 문제를 결정할 때 경력별 성별 등을 고려하여 대표자를 선정하면 공식적인 의사소통 채널로는 확인하기 어려운 구성원의 입장이나 태도를 찾아낼 수 있어 다양한 정보를 확인·종합하는 데 도움이 된다. 둘째, 구성원의 조직 참여 동기를 높이고, 사회적 욕구를 충족시킬 수 있다. 학교에서 공식적인 의사소통 네트워크로 모든 정보를 정확하게 전달하기는 어렵다. 고로 자연발생적으로 발생하고, 작동하는 비공식적 의사소통 채널을 중요하게 여기면 구성원들이 건전한 방향으로 의사소통하는 문화를 만들고, 조직에 대해 소속감을 가질 수 있다. 셋째, 공식적인 의사소통의 질을 높이고, 의제나 이슈의 실제 실행에 효과적이다. 공식적인 의사소통으로는 질 높은 의사결정을 내리는 데 한계가 있는데, 보완 장치로서의 그레이프바인은 공식적 의사소통의 빈틈을 잘 메워 줄 수 있다. 나아가 비공식적 집단에서 공유되는 의사소통의 내용이나 결정이 공식적 의사소통에 반영되면 구성원의 저항이 줄어들어 실제 실행에도 도움이 된다.

🎓 기본 학습 7

공식적 의사소통 네트워크와 비공식적 의사소통 네트워크의 장점과 단점을 비교해 보자.

---

③ 전자 커뮤니케이션 채널

오늘날 전자통신의 발달로 개인생활이나 조직생활에서 의사소통의 채널로 전자적 매체가 활발하게 활용되고 있다. 학교에서도 공식적인 채널이든 비공식적 채널이든 이메일 등 다양한 전자 커뮤니케이션이 활성화되어 있다. 특히 전자메일(e-mail)은 조직 내(간)에서 공식적인 계정을 통해 정보와 의사를 교환하는 대표적인 전자매체이다. 이메일은 단 한 번에 여러 사람에게, 특별한 비용을 들이지 않고 손쉽게 텍스트와 문서를 보낼 수 있다. 현대 생활에서 이메일 없는 의사소통은 상상하기조차 힘들다.

이메일을 통한 의사소통이 문제가 없는 것은 아니다. 정보를 정확하게 보내지 않으면 메시지를 오해하게 되고, '나'에게 상관없거나 방해가 되는 스팸 메시지로 방해를 받기도 한다. 이메일 주소의 해킹으로 프라이버시가 침해될 우려도 있다. 그럼에도 이메일을 사용하지 않고 조직생활을 하기는 어렵다. 그래서 전문가들은 이메일을 유용하게 사용하는 방법을 권장하고 있다(이덕로, 김태열, 박기찬, 박원우 역, 2011: 389-390).

- 아침에 이메일을 체크하지 말라. 이 제안은 대개 출근하자마자 이메일을 확인하는 일반적인 행동과는 거리가 있어 보이지만, 이메일의 덫에 빠지기 전에 중요한 과업을 처리하라는 의미이다.

- 이메일을 한꺼번에 체크하라. 하루 종일 내내 이메일에 사로잡히지 말고, 근무시간 중에 시간을 정해 한두 번 확인해야 업무에 집중할 수 있고 시간을 효율적으로 사용할 수 있다.
- 이메일 등록을 취소하라. 꼭 필요한 계정만을 남기고 이메일 주소를 취소하거나 수신 차단을 해야 불필요한 이메일로부터 나의 시간과 에너지를 보호할 수 있다.
- 이메일 파산을 선언하라. 이메일 파산이란 전체 보관함을 비우고 다시 시작하자는 것이다. 경험상으로 보면 별로 중요하지도 않은 이메일을 정리하지 않고 그대로 보관하면 신경이 쓰여 업무 효율이 떨어진다.

🎓 **기본 학습 8**

자신이 활용하고 있는 전자 커뮤니케이션이 있다면 그것의 장점은 무엇인가? 학생들과 소통하기 위하여 전자 커뮤니케이션을 어떻게 활용하면 좋을지 생각해 보자.

(3) 의사소통 네트워크 내에서 역할

의사소통 네트워크 내에서 참여자들은 일정한 지위나 역할을 맡게 되는데, 어떤 역할자들은 다른 참여자에게 중요한 영향을 주기도 한다. 조직 내 의사소통 체계 내에서 역할은 크게 네 가지로 나눈다(오영재, 신현석, 양성관, 박종필 역, 2007: 404-405).

① 스타 역할(star role): 다른 구성원들 간의 의사소통에서 리더 역할을 하는 사람이 스타이다. 스타는 대다수의 구성원이 핵심적으로 소통하는 사람으로 연결고리 역할을 한다. 그는 많은 정보를 갖고 있고, 정보에 보다 많이, 쉽게 접근한다.

② 고립적 역할(isolate role): 조직 내에서 구성원들 간의 의사소통에 아주 간헐적으로 참여하고, 그 관계가 느슨하게 연결되어 있는 사람은 네트워크에서 고립적 역할을 하는 사람이다. 의사소통에서 고립적 역할을 하는 사람은 스스로 고립적인 생활을 하려는 경우를 제외하고는 직무만족도와 헌신이 낮고, 생산성도 낮은 편이다. 전반적으로 학교에서 고립적인 역할을 하는 사람은 조직으로부터 소외감을 느끼게 된다.

③ 교량 역할(bridge role): 두 집단(네트워크) 사이에 소속되어 있는 사람을 교량(자)라 부른다. 예컨대, 학교에서 교무부장을 맡고 있으면서 교육지원청의 교원능력개발평가

관리위원회에서 위원으로 활동하는 사람이 바로 교량 역할자이다. 그 교무부장은 교육청의 교원 평가에 관한 정보(방향)를 미리 알고 학교에 전해 주는 동시에, 학교 현장의 어려움을 교육청의 관련 위원회에 알려 주는 역할을 한다.

④ 연결자(liaisons role): 자신들이 소속되어 있지 않은 집단들을 연결해 주는 사람을 연결자라 한다. 일종의 중개인으로 연결자와 자주, 공식적으로 의사소통이 이루어지지는 않지만 중요한 정보를 전해 줄 수 있다. 예컨대, 교육 관련 컨설팅을 하는 회사의 인사가 교육부에서 진행하는 특정 사업의 정보를 다른 집단인 대학의 관련자들에게 제공하고 컨설팅해 주는 경우를 들 수 있다.

그런데 조직의 의사소통 네트워크에서 특정 역할, 특히 스타 역할을 하는 사람은 공식적

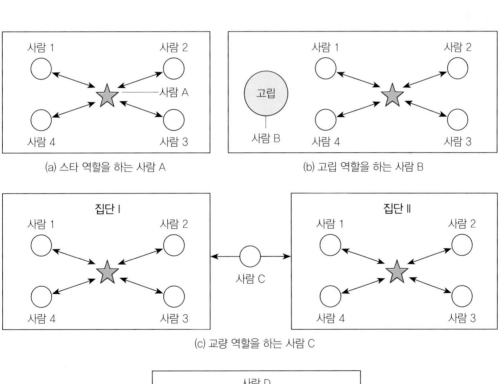

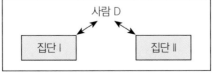

(d) 연결자 역할을 하는 사람 D

[그림 11-6] **의사소통 네트워크 내에서의 역할 유형**

인 구조에서 일정한 지위를 차지하고 있는 경우가 많은데, 연구에 의하면 업무 영역에 따라 스타 역할을 하는 사람은 달라진다.

🎓 **기본 학습 9**

학교생활에서 나는 의사소통 네트워크 내에서 어떤 역할을 하는 사람인지 예를 들어 판단해 보자.

☞ **심화 학습 3**

3. 의사결정과 의사소통 연구 및 실제

학교에서 의사결정은 활발한 의사소통을 통하여 이루어져야 한다. 학교의 관리자들이 교사들을 의사결정과정에 참여시키지 않거나, 의견을 수렴하고 소통하는 과정을 거치지 않는다면 교사들의 불만과 사기 저하를 불러 올 뿐만 아니라 조직의 효과에도 부정적인 영향을 미친다. 이런 맥락에서, 학교 운영과정에서 참여적 의사결정과 의사소통은 분리해서 생각하기 어렵다.

1) 의사결정과 의사소통 연구

(1) 의사결정에 관한 연구

최근 학교조직에서 참여적 의사결정과 이를 위한 여건 조성에 관한 연구가 주로 되었다. 우원재, 김현진(2019)은 초등학교에서 학교장이 독단적 의사결정과 참여적 의사결정이 학교조직풍토의 개방성과 정서적 조직몰입에 미치는 영향을 비교하였다. 그 결과 학교장이 의사결정에 교사들을 참여시키면 교사들은 근무하는 학교 규모에 관계없이 학교조직의 개방성과 자신들의 조직몰입을 정적으로 높게 지각하였다. 반면에 단독적 의사결정은 학교의 규모에 무관하게 교사들의 조직몰입에 부정적인 영향을 주었다. 이로써, 학교조직에서 관리자들이 교사들을 참여시켜 의사결정을 하다보면 구성원 간의 의견을 조정하는 것이 쉽지 않고, 시간과 에너지가 더 많이 든다는 단점은 있으나, 참여적 의사결정이 교사의 직무 수행과 조직 전체에 주는 이점을 숙지하고, 그 절차와 방법을 익혀 실천하는 것이 중요함을 알 수 있다.

한편 김은영, 남수경, 홍은광(2018)은 학교 내에 설치한 민주적 의사결정 기구로서의 교직원협의회의 운용 실제를 고찰하면서, 학교에서 구성원 간에 의사소통과 이를 바탕으로 의사결정이 민주적으로 이루어지기 위한 조건을 탐색하였다. 이 연구는 혁신학교를 중심으로 수행되었는데, 크게 ① 열린 의사소통구조를 만들기 위한 여건의 조성, ② 생산적인 협의회가 되기 위한 조건, 그리고 ③ 역할과 기능에 따라서 다양한 의사소통 채널의 운영을 민주적 협의문화 조성을 위한 조건으로 제시하였다. 이 중에서 협의회가 생산적으로 운영되는 조건으로 '적극적인 교사를 받아주는 관리자의 수용적 태도'를 들었다. 학교 내 행정가와 교사 사이에 '말해 봤자 안 될 텐데'라는 불신이 있으면 의사소통이 단절된다. 따라서 학교장은 적극적인 관리 · 행정 권한의 위임과 함께 교사들의 의견을 존중하고, 신뢰하고, 그들의 요구에 반응하는 태도를 가져야 한다.

(2) 의사소통 연구

학교장이 학교를 운영하는 과정에서 교사나 학생, 학부모 등과 의사소통하는 방식이나 각 교육주체들 간에 소통하는 방식은 다양하여 그 과정을 하나로 말하기는 어렵다. 다만 최근에 소통이 사회의 화두가 되면서 학교마다 특색 있게 학교를 운영하기 위한 장치를 마련하여 시행하고자 노력한다. 국가적으로 학교의 물리적 공간을 융통적이고 개방적으로 재구조화하여 학생들이 실제 생활 속에서 소통하고 공감하는 생활을 하도록 학습환경을 조성하는 프로젝트[교육부, 학교공간혁신사업 가이드라인(안), 2019. 4]도 실시하고 있다. 이 맥락에서 학교에서 작동하고 있는 의사소통의 실제를 사례 중심으로 알아보면 다음과 같다.

최지희(2008)는 초등학교 교사들을 대상으로 교원 간에 이루어지는 의사소통 네트워크를 분석하였다. 연구자는 실증적 연구를 통해 몇 가지 중요한 결과를 제시하였다. 첫째, 의사소통 네트워크의 구조인 특징을 알기 위해 네트워크의 밀도(조직 내에서 실제로 맺어진 연결 수를 이론적으로 가능한 연결 수로 나눈 값)를 분석하였는데, 교원의 업무 영역 중에 '교수–학습 의사소통 네트워크'가 연결된 교원 수가 가장 많고 고립자도 가장 적었다. 둘째, 네트워크 중앙성의 값을 통해 핵심 인물을 살펴본 결과, 각 영역별 의사소통 네트워크의 핵심 인물은 해당 영역과 보다 밀접하게 관련되어 있는 부장 혹은 경력이 풍부한 교원이었다. 예컨대, 교수–학습 네트워크에서는 교육과정 부장, 교무분장 업무 네트워크에서는 교감과 교무부장이 중심인물이었다. 셋째, 네트워크별 상호작용의 특성을 살펴본 결과, 영역별로 의사소통 형성의 계기 역시 업무 영역과 밀접한 관계가 있었다. 예컨대, '교수-학습 네트워크' '학생 생활지도 환경 네트워크' '전문성 계발 네트워크'의 세 영역에서는 '같은 학년의 담임을 맡게 된 것'에 바탕을 두고 있는 것으로 나타났다. 이러한 결과들은 직관적으로 이해 가능하지만 의사소통 네트워크의 현상을 수학적 논리를 바탕으로 밝혀내었다는 데 의의가 있다.

정상섭(2011)은 학교 내에서 교사들의 의사소통 양식이 조직 몰입에 영향을 주는 것으로 가정하여 연구하였다. 그는 의사소통의 수준(① 방향성, ② 정확성, ③ 수용성, ④ 개방성, ⑤ 신속성)과 조직 몰입(① 정서적 몰입, ② 규범적 몰입, ③ 지속적 몰입)의 관계를 연구하였는데, 의사소통 요인 중 방향성, 개방성, 신속성이 유의한 영향을 미쳤고 전체 설명 변량은 64.6%였다. 또한 전체적으로 의사소통 수준을 높일 때 조직 몰입이 높아진다는 사실과 모임의 시간보다는 모임(동 학년 회의, 비공식 모임 등) 횟수가 학년의 의사소통 수준을 높인다는 사실에 입각하여 학교의 다양한 의사소통의 장을 마련해야 한다는 것을 밝혀 주었다.

최근에 스마트 기기(폰)의 활용이 보편화되면서 소셜 네트워크 서비스(Social Network Service: SNS)를 통한 양방향 의사소통이 빈번해지고 있다. 일상생활에서 SNS 이용이 확대되면서 교직에서도 이를 교육적으로 정보를 주고받거나 자신의 의사나 개성을 표현하는 데 활용하는 교사들이 늘어나고 있다. 최근에 교직에서 SNS 활용에 대한 연구가 축적되고 있는데, SNS를 활용하여 교사 학습 공동체의 구축과 전문성의 신장에 기여하는 등의 교육적 효과가 있다고 보고되었다(김지윤, 정가윤, 2015). 최근에 박현진과 오범호(2020)는 인스타그램을 활용하는 초등학교 교사들의 경험을 질적으로 연구하였는데, 자기표현과 인상관리, 자기과시적 자기표현, 자기감시를 특징으로 밝혔다. 이 중에서 자기표현(self-presentation)은 자신이 누구이고 어떠한 사람인지 알리는 과정을 말하는데, 타인이 자신에 대해 갖는 이미지를 관리하고자 시도하는 것이다. 인스타그램으로 자신을 표현하는 교사들은 교직생활에 관한 정보를 표현하는 교사와 자신의 개인생활을 보여 주는 교사들이 있다. 이 중에서 인스타그램에 교사로서의 삶을 표현하는 교사들은 자신이 교직생활에서 겪는 어려움을 표현하여 다른 교사들로부터 공감을 얻거나 비슷한 경험을 한 교사들에게 공감을 제공하였다(공감 및 인정). 그리고 교사들은 인스타그램으로 학생들 또는 만난 적이 없거나 전혀 모르는 불특정 다수의 학부모들로부터 응원을 받기도 하였다. 이러한 긍정적인 효과 외에 부정적인 경험(교직은 놀고먹는 직업, 네가 교사 대표야라는 비난, 신상털이 등)을 하기도 하였다.

2) 의사소통을 통한 의사결정 혁신 사례
: 교육 공동체 다(多)모임 공감 토론회와 학교장의 소통 노력[1]

사례 고등학교는 교사, 학생, 학부모들이 참여하여 학교운영과 관련한 이슈에 대해 자유롭게 소통하여 의견을 모으고 이를 공식적인 기구를 통해 결정하는 방식을 갖고 있다. 특히 사례 학교는 충청남도 중 · 고등학교 중에 최초로 교복 자율화를 시행해 전국적 화제를 모았는데, 매년 '교육공동체생활협약문'을 제정해 실천운동을 전개해 오고 있으며 이를 위해 교육 공동체가 한 자리에 모여 여러 차례 토론과 회의를 거쳐 왔다.

2019년 학기 초(3월)에도 학생, 학부모, 교직원 등 500여 명이 대강당에 모여 참여와 소통의 민주적 학교문화를 조성하기 위한 '생활 협약문 제정을 위한 다모임 공감토론회'를

[그림 11-7] 사례학교의 다모임 공감 토론회 모습

---

1) 충청남도 혁신학교(행복나눔학교) 중 하나인 홍성여자고등학교(http://hongyoe.cnehs.kr) 운영 사례이다. '홍성여자고등학교 다모임 공감 토론회 개최'(중도일보, 2019. 3. 23)를 실은 네이버 관련 기사(사진 포함)를 참고하였고, 사례 학교의 규정 내용은 사례 학교 홈페이지에서 발췌하였다. 또한 '소통, 민주적 학교문화의 첫걸음(편지 글 등)'은 심○○ 교장이 쓴 것으로 허락을 받고 옮겨 실었다.

개최하였다([그림 11-7] 참조). 이날 토론회에서 학생들은 30개 그룹으로 나눠 교사들과 학부모들이 요청한 내용에 대한 토론과 투표를 거쳐 학생들이 학교생활을 하며 지켜야 할 약속 6개를 선정했다. 사례학교에서 교육 주체들 간의 활발한 소통을 거쳐 학생들의 생활 규약을 만들어 실천하는 과정(단계)를 보면 〈표 11-4〉와 같다.

〈표 11-4〉 **학생 생활협약문 제정 절차**

단계	주요 활동	추진내용	비고
준비	① 생활협약추진위원회 구성	• 교사팀(5): 학생부, 혁신부 중심 • 학생팀(4):학생회장 · 학생회 임원 • 학부모팀(4): 학부모 임원	–
	② 생활협약의 필요성 토론	• 주체별 내부 토론 실시	자치시간 집중 활용
	③ 사전 설문 조사	• 주체별 자유서술형 설문	설문 가정통신문 설문
협약 만들기	④ 상대에게 요구하는 내용 정리하기	• 내부 토론으로 10여 개 정리 • 각 팀의 대표에게 발송	주체별 추진위원회에서 정리
	⑤ 스스로 지켜야 할 협약 내용 정리	• 상대의 요구사항을 바탕으로 정리	다모임 학부모임원회의 교사협의회
	⑥ 생활협약 만들기	• 각 팀의 협약안을 평가 • 협약내용을 구체화시켜 문구 정리	추진위원 전체협의회
협약 선포식	⑦ '공동체생활협약' 제정 및 선포식	• 전 교육 주체 참가 • 축하공연, 행운권	–
	⑧ 생활협약 홍보	• 홈페이지, SNS, 언론	–

학생들이 참여하여 생활협약문을 만들고 나서 각 참여 주체(학생, 교사, 학부모)들은 〈표 11-5〉와 같이 지침을 만들어 선언하고 실천을 다짐한다.

〈표 11–5〉 **학교 구성원의 실천 다짐**

학생	나는 이런 학생이 되겠습니다
	• 질서와 협약을 준수하는 학생 • 인사를 잘하고 예의 바른 학생 • 학교 행사에 책임감 있게 참여하는 학생 • 자율학습 시간에 떠들지 않는 학생 • 친구의 입장에서 생각하고 행동하는 학생 • 학교 및 공공시설을 깨끗하게 이용하는 학생
교사	나는 이런 교사가 되겠습니다
	• 학생을 차별하지 않는 교사 • 학생의 꿈을 지지해 주는 교사 • 학생의 이야기를 경청하는 교사 • 학생에게 칭찬을 많이 하는 교사 • 학생 및 동료 교사를 존중하는 교사
학부모	나는 이런 학부모가 되겠습니다
	• 교사와 학교를 신뢰하는 학부모 • 자녀의 선택을 존중하는 학부모 • 자녀에게 칭찬을 많이 하는 학부모 • 자녀를 믿고 인성교육에 힘쓰는 학부모 • 자녀에게 관심을 가지고 많은 대화를 나누는 학부모

　　또한 사례학교에서는 규정개정심의위원회를 운영하면서 학생들도 교원 위원이나 학부모 위원과 동수로 참여한다(② 위원회는 위원장 1인을 포함하여 9인의 위원으로 구성하되, 학생·교원·학부모 대표를 각 3인으로 균형 있게 배정한다). 이렇게 학생들의 의견을 바탕으로 심의위원회를 거쳐 학교장이 최종적으로 결정하는 소통 시스템을 가동하므로 학교의 주체, 특히 학생들이 자신의 삶을 결정하는 과정에 참여하여 민주시민의 역량과 책임의식을 배양하는 효과를 거두고 있다. ☞ 심화 학습 4

[심화 학습 1]

이 장의 '미리 생각하기'를 다시 읽고, 교장으로서(또는 내가 교장이라면) 학교의 혁신적인 변화를 끌어내기 위한 참여적 의사결정을 실천하는 기준과 과정을 수립하시오.

1. 혁신적인 의사결정 주제

2. 의사결정 참여의 기준

3. 의사결정의 구조

4. 교장의 역할

[심화 학습 2]

최근 3년 이내에 학교에서 이루어진 의사결정을 한 가지 생각한 후에, 그 과정과 활동을 정리해 보시오.

1. 의사결정 주제

2. 의사결정 과정

3. 의사결정 활동

[심화 학습 3]

지난 한 달(주)간 학교생활을 하면서 '나'는 어떤 조직 내 의사소통 네트워크에 어떻게 참여하였는지 정리해 보시오.

1. 참여한 중심 영역

2. 의사소통 중심 인물

3. 의사소통에서 나의 역할

[심화 학습 4]

현재 근무하고 있는 학교(기관)에서 작동하고 있는 의사소통의 현황(기구, 프로그램 등)을 검토해 보시오. 그런 다음 학교장으로서, 교사로서 교육 주체(교사, 학생, 학부모)들과 어떻게 소통하면 좋을지 '나의 소통 철학과 실행안'을 만들어 보시오.

1. 교원 간 소통

2. 학생과 소통

3. 학부모와 소통

●참고문헌●

고영복 편(2000). 사회학 사전. 서울: 사회문화연구소 출판부.

교육부(2014). 학교공간혁신사업 가이드라인(안).

김수동, 오은순, 강신천(2004). 초 · 중등학교 교수 · 학습지원을 위한 네트워크 구축. 한국교육, 31(1), 13-36.

김지윤, 정가윤(2015). SNS기반 지지모임을 활용한 긍정심리 증진 프로그램이 보육교사의 직무만족도, 소진, 교사효능감에 미치는 영향. 학습자중심교과교육연구, 15(7), 87-108.

박현진, 오범호(2020). 초등학교 교사의 SNS를 활용한 자기표현 전략에 관한 질적 연구. 한국교원교육연구, 37(3), 363-387.

손동원(2002). 사회 네트워크 분석. 서울: 경문사.

오두범(1994). 조직 커뮤니케이션 원론. 서울: 서울대학교출판부.

정상섭(2011). 학교조직 내 의사소통이 조직몰입에 미치는 영향. 초등교육연구, 24(4), 351-375.

주삼환, 천세영, 김택균, 신붕섭, 이석열, 김용남, 이미라, 이선호, 정일화, 김미정, 조성만(2015). 교육행정 및 교육경영(5판). 서울: 학지사.

최지희(2008). 초등학교 교원 간 의사소통 네트워크 분석-A초등학교를 중심으로. 부산교육대학교 교육대학원 석사학위논문.

Barnard, C. I. (1938). *The Function of the Executive*. Cambridge: Harvard University Press.

Bridges, E. M. (1967). A Model of Shared Decision Making in the School Principalship. *Educational Administration Quarterly, 3*, 49-61.

Broms, H., & Gahmberg, H. (1983). Communication to Self in Organizational Cultures. *Administrative Science Quarterly, 28*(3), 482-495.

Burbules, N. C. (1993). *Dialogue in Teaching: Theory and Practice*. New York: Teachers College Press.

Cohen, M. D., March, J. G., & Olsen, J. P. (1972). A Garbage Can Model of Organizational Choice. *Administrative Science Quarterly, 17*, 1-25.

DeFleur, M. L., Kearney, P., & Plax, T. G. (1993). *Mastering Communication in Contemporary America*. Mountain View, CA: Mayfield.

Etzioni, A. A. (1967). Mixed Scanning: A third approach to decision-making. *Public Administration Review, 27*, 385-392.

Etzioni, A. A. (1989). Human Decision-making. *Harvard Business Review, 67*, 122-126.

Forbes (1997. 2. 10.). Heart It through the Grapevines.

Hall, R. H. (2002). *Organization: Structure, Process, and Outcomes* (8th ed.). Upper Saddle River,

NJ: Prentice Hall.

Hoy, W. K., & Miskel, C. G. (1987). *Educational Administration: Theory, Research, and Practice* (3rd ed.). NY: Random House.

Hoy, W. K., & Miskel, C. G. (1996). *Educational Administration: Theory, research, and practice* (5th ed.). New York: McGraw-Hill.

Hoy, W. K., & Miskel, C. G. (2005). *Educational Administration* (7th ed.). 오영재, 신현석, 양성관, 박종필 공역(2007). 교육행정, 이론, 연구, 실제. 서울: 아카데미프레스.

Hoy, W. K., & Tarter, C. J. (2004). *Administrators solving the problems of practice: Decision-making cases, concepts, and consequence* (2nd ed.). Boston: Allyn & Bacon.

Lindblom, C. E. (1959). The Science of Muddling Through. *Public Administration Review, 19,* 79-99.

Lindblom, C. E. (1980). *The Policy-Making Process* (2nd ed.). Englewood Cliffs: Prentice-Hall.

March, J. G., & Simon, H. (1993). *Organizations* (2nd ed.). Cambridge, MA: Blackwell.

Monge, P. R., & Contractor, N. S.(2001). Emergence of Communication Networks, In Jablin, F. M., & Putnam, L. L. (Eds.), *The New Handbook of Organizational Communication* (pp. 440-502). Thousand Oaks, CA. Sage.

Reitz, H. J. (1989). *Behavior in Organizations* (3rd ed.). Homewook, IL: Dow Jones-Irwin.

Robbins, S. P., & Judge, T. A. (2010). *Organizational behavior* (14th ed.). 김태열, 박기찬, 박원우, 이덕로 공역(2011). 조직행동론. 서울: 한티미디어.

Severin, W. J., & Tankard, J. W. (1979). *Communication theories: Orgins, methods, uses.* New York: Hastings House.

Simon, H. A. (1976). *Administrative Behavior.* (3rd ed.). New York: Macmillan.

Stohl, C. (1995). *Organizational Communication.* Thousand Oaks, CA: Sage.

Van Hoye, G. & Lievens, F. (2009). Tapping and Grapevine: A Closer Look at Word-of-Mouth as a Recruitment Source, *Journal of Applied Psychology, 94(2),* 341-352.

Vroom, V. H., & Artlun, G. J. (1988). *The New Leadership: Managing Participation in Organizations.* Englewood Cliffs, NJ: Prentice-Hall.

●제12장●
인간관계와 갈등관리

미리 생각하기 　**학교에서 갈등관리를 어떻게 해야 하는가**

　　○○○ 교장선생님은 ㅁㅁ교육청의 목표 중에 하나는 학력 신장이었기 때문에 일반학급의 학습부진 학생들을 지도하기 위해서 고민을 하다가 특수학습을 담당하는 △△△ 선생님에게 부탁을 하기로 했다. 특수학급을 담당하는 학생은 저학년부에는 3명, 고학년부에는 2명이고, 1교시부터 4교시까지 특수학급에서 공부하고 △△△ 선생님은 오후에 수업이 없기 때문이다. 특수학급에 전화를 걸어 특수학급 담당인 △△△ 선생님을 교장실로 조용히 불러서 부탁을 했다. 그러나 △△△선생님이 다음과 같이 말하면서 못하겠다고 한다.

　　"교장선생님. 저는 특수한 아동을 교육하기 위해 있는 것이지 일반학급에서 발생한 학습부진 학생들을 교육하기 위해 이곳에 있는 게 아닙니다."
　　"교장선생님, 비록 그 아이들이 일반학급에서는 다른 학생과 다르게 부진한 학생일지라도 제가 담당해야 할 정도의 학생은 아니라고 생각합니다. 제가 교육할 학생들은 일반학급에서 학습하기 힘든 학생들이지 일반학급에서 학습한 후의 목표 도달도가 낮은 학생들은 아닙니다."

　　이후에도 ○○○ 교장은 특수학급 선생님을 몇 번 더 부르셔서 학습부진 학생의 지도에 대해 설득을 했다. 그러나 특수학급 선생님은 자신의 교육 신념과 교육 범위에 대한 생각으로 끝까지 할 수 없다는 입장을 고수하였다. 이러한 지루한 논쟁은 계속되었고, 결국에는 인간관계의 갈등까지 발생하게 되었다.

☞ **심화 학습 3**

학습성과

학교에서 자신의 업무 성과를 높이기 위한 인간관계에 대해서 생각해 보고, 갈등관리 전략을 수립하여 실천할 수 있다.

학습목표

1. 학교조직에서 인간관계의 의미와 유형을 바탕으로 인간관계의 바람직한 방안을 제시한다.
2. 학교조직의 인간관계 갈등의 유형을 구분한다.
3. 학교조직에서 인간관계 갈등의 실천 전략을 모색한다.

학습내용

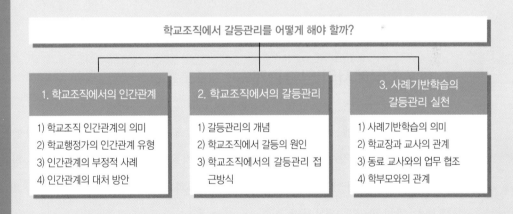

학교조직에서 갈등관리를 어떻게 해야 할까?

1. 학교조직에서의 인간관계

1) 학교조직 인간관계의 의미
2) 학교행정가의 인간관계 유형
3) 인간관계의 부정적 사례
4) 인간관계의 대처 방안

2. 학교조직에서의 갈등관리

1) 갈등관리의 개념
2) 학교조직에서 갈등의 원인
3) 학교조직에서의 갈등관리 접근방식

3. 사례기반학습의 갈등관리 실천

1) 사례기반학습의 의미
2) 학교장과 교사의 관계
3) 동료 교사와의 업무 협조
4) 학부모와의 관계

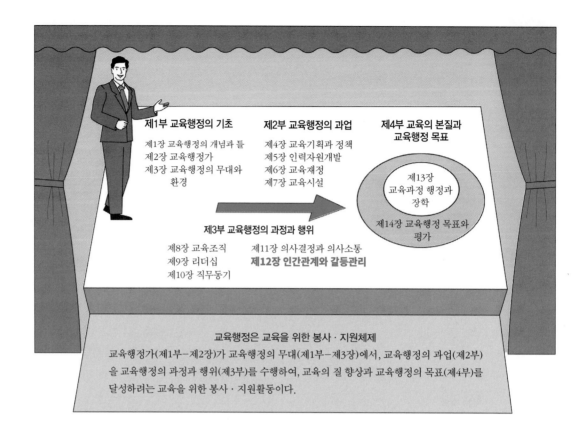

1. 학교조직에서의 인간관계

이 절에서는 학교에서 다양한 인간관계가 있을 수 있는데, 인간관계의 의미를 알아보고, 실제 행정가인 교장이 가질 수 있는 인간관계 가운데 교사, 학부모, 지역교육청과의 관계에 대해서 알아본다. 또한 인간관계의 주요 내용과 인간관계의 부정적 사례를 제시하고 이에 대한 대처 방안을 알아본다.

1) 학교조직 인간관계의 의미

우리는 다른 사람과의 접촉을 피할 수는 없다. 조직 내에서 인간들은 공동의 목표를 위해 상호 연결되고 무엇인가를 주고받는 의미 있는 상호작용 속에서 인간관계를 형성하게 된다. 인간관계가 중요한 이유는 우리가 어떤 일을 하든 다른 사람들과의 관계에 따라서 개인의 능력에 결정적인 영향을 받기 때문이다. 어떤 사람은 인간관계가 원만해서 자신의 능력보다 뛰어난 성과와 인정을 받기도 한다. 반대로 능력이 있지만 원만한 인간관계를 가지지 못해서 자신의 능력보다 더 낮은 평가를 받기도 한다. 조직 내의 인간관계는 생산성의 근원이 되며 조직생활의 만족 수준을 결정하는 요소이고, 조직의 분위기에도 영향을 미치게 된다. 원만한 인간관계를 형성하는 것이 바람직한 조직생활에 필수적이며, 개인의 능력 발휘에도 중요하다. 조직에서의 인간관계는 개인이 자신의 행복감을 높이기 위한 노력과 조직의 목표달성을 위한 노력을 모두 포함한다. 이와 같이 사람과 사람들이 바람직한 관계를 유지하기 위해서 어떻게 해야 하는지에 대한 지식을 적용하는 실천학문이 바로 인간관계론이다.

　인간관계론은 학문 분야에 따라 다양하게 접근할 수 있다. 심리학, 사회학, 경영학마다 인간관계에 대해 매우 다른 관점에서 설명할 수 있다. 1900년대 초에 조직에 대한 과학적 관리론은 기업의 생산성을 높이고 노사 문제를 해결하기 위해서 시작되었지만 미국 웨스턴 전기회사의 호손 공장에서 1920년대 후반에 시작된 일련의 연구 프로젝트에 의해 조직을 기계로 보지 않고 생물학적 유기체로 보기 시작하면서 인간관계론이 등장하게 되었다. 본래 이 연구는 조직 내 인간 측면에 관심을 두고 시작한 것이 아니라 생산성 증대의 원인이 되는 산업 조건들을 조사함으로써 Taylor의 연구를 확대시키는 데 목적이 있었다. 최초의 연구는 근로자들에게 제공되는 조명의 수준에 관심을 가졌다. 즉, 하나의 실험에서 한 집단에게는 조명을 일정한 수준으로 유지해 주었고, 또 다른 집단에게는 조명의 수준을 감소시켰다. 연구자들은 조명의 강도 변화에도 불구하고 실험집단과 통제집단 모두에서 생산성이 올라갔다는 사실을 발견하였다. 후속연구에서는 이러한 변칙성을 설명하기 위해 하버드 대학교 교수인 Mayo와 Roethlisberger가 생산성 증가의 원인이 무엇인가를 알아보기 위해 실험집단의 근무 조건을 조작하였다. 일을 하고 있는 여섯 명의 여공을 관찰하는 가운데, 연구자들은 휴식시간을 늘려 보기도 하고 줄여 보기도 하였으며, 또한 여공들의 근무환경을 변경시키기도 하였다. 연구자들은 근무 조건을 원래대로 환원시키는 등 근무환경을 조작하였으나 그 어떤 것도 생산성에 영향을 주지 않는다는 사실을 발견하였다. 연구자들은 최종적으로 연구에 참여했던 사람들이 관심의 대상이 되고 있는 바로 그 사실, 즉 실험집단 속에서 나타나고 있는 사회적 관계성의 형태와 결부된 사실들이 집단의 산출에 영향을 미쳐 온 것으로 결론지었다(주삼환, 신붕섭, 1992).

인간관계는 인간의 상호작용, 대인관계, 적응능력의 기술 그리고 집단 구성의 역동적 관계 등의 다양한 의미로 사용되고 있다(박영숙, 김낙홍, 2019). 사회에 속한 인간은 타인들과의 상호작용 속에서 도움이나 만족감을 얻기도 하고 갈등이나 불만족감을 얻기도 하면서 긍정적인 방향이든 부정적인 방향이든 심리적 결속을 형성한다(김희수, 2016). 인간관계는 포괄적인 의미로는 인간과 인간 사이의 모든 상호작용을 뜻하며, 둘 이상의 사람 간의 만남을 통해 일어나는 심리적인 관계(정덕희, 2014), 또는 인간과 인간 사이에 존재하는 상태(정윤정, 2003)로 정의하기도 한다. 인간관계론에서는 사람들에게 작업 상황에서 생산적으로 일할 수 있도록 동기를 부여하는 것이 중요하다. 인간관계의 목표는 사람들을 생산적으로 만드는 것(to people produce), 상호 관심을 통해 협력하는 것(to cooperate), 그들의 관계를 통해 만족을 얻게 하는 것(to gain satisfaction)이다(David, 1972). 즉, 인간관계는 다른 사람과의 화합을 원만하게 할 수 있는지를 의미하며 일에 대한 긍정적 해결책을 찾을 수 있는 방법을 모색하는 실천학문이라 할 수 있다.

학교조직에서 교육과 인간관계는 분리해서 생각할 수 없을 만큼 인간관계는 학교조직에서 매우 중요한 요소이다. 학교는 인적 상호작용 과정을 통하여 교육목표가 달성되는 곳이므로, 원만한 인간관계의 형성은 교육의 목적을 효율적으로 달성하는 데 반드시 필요한 요소라고 할 수 있다(이고미, 2003). 특히 학교 내에서 이루어지는 인간관계는 다양한 방식으로 학생들에게 영향을 미치는 잠재적 교육과정이라는 측면에서 학생들의 학습 태도, 흥미, 동기 등에 영향을 미치게 된다(이은상 외, 2013).

학교조직에서 인간관계는 교육의 효과를 결정지을 수 있는 변인으로 작용하므로 질 높은 교육과 학생 성취를 높이기 위해서는 성숙한 인간관계를 구축하는 것이 필요하다. 교장은 학교조직을 총괄하고 학생의 교육과 활동 및 기관의 운영과 관련된 행정 업무를 수행하는 데 인간관계를 중요하게 다루어야 한다. 학교행정가로서 교장은 교사, 학부모, 학생들과 충분히 의견을 교환하고 그들의 의견을 수렴하고 반영해야 한다. 하지만 학교 내에서 인간관계는 쉽지 않으며, 교장의 역할과 업무를 수행하는 과정에서 많은 스트레스를 받기도 한다. 교장은 교사들이 뒤에서 불평하거나 수업을 소홀히 하는 모습에서 실망감을 느끼기도 하고, 교사들 서로 간의 의견 차이로 인해 업무 수행에 갈등이 발생하는 경우에 불편함을 느끼기도 한다. 실제 **학교행정가**인 교장은 구성원들의 각자 입장에서 제시하는 상반된 의견을 조율하고 우호적인 관계를 유지하는 데 많은 어려움을 호소하기도 한다. 학교행정가의 인간관계는 교육청 인사와의 관계, 교사와의 관계, 행정직원과의 관계, 학부모와의 관계, 학생들과의 관계, 지역사회와의 관계를 중심으로 형성된다. 또한 학교조직에서 학교운영위원회를 비롯한 각종 회의에 참여함으로써 학교행정가는 이들과의 관계로부터 긍정적 또는 부정적인 영향을 받는다. 인간관계에서의 어려움은 예측도 어렵지만 특정 이론이나 개념을 적용하여 해결방법을 도출하는 것 또한 어렵다(박영숙, 김낙홍, 2019). 그렇기에 인간관계에서의 어려움을 해결하기 위해서는 다양한 해결책 가운데 가장 적절한 방법을 찾고 그 결과에 대해 평가하는 과정을 끊임없이 반복해 나가는 반성적 사고 능력이 요구된다(Doyle, 1990).

2) 학교행정가의 인간관계 유형

(1) 교사와의 관계

학교행정가와 교사의 관계는 교육기관의 조직목표 달성을 위한 업무 수행과 밀접한 관련이 있다(고현, 이종철, 2008). 교육기관이라는 학교조직에서 학교행정가는 조직을 총괄하는 사람이고, 교사는 조직의 구성원이다. 학교행정가는 기관의 운영을 책임지고 있으면서 교사와 그 밖의 구성원들을 지도·감독하고, 교사는 학교행정가의 지도하에 학생교육과 교육활동이라는 업무를 수행한다.

학교행정가는 가장 가까운 곳에서 교사에게 직접적으로 지원을 제공하고 기관의 분위기를 조성하는 데 영향을 미친다. 예를 들어 학교행정가와 교사들이 서로 신뢰하는 원만한 인간관계를 형성하면, 교사들은 사기, 소속감, 자긍심이 높아지고 교육활동에서 자율성, 창의성을 발휘하게 되며 유능감과 책임감을 느끼게 된다. 학교행정가가 교사들을 지지해 주고 긍정적인 관계를 맺게 되면, 교사의 우울, 직무소진과 정서적 고갈이 줄어든다. 이러한 완충 효과는 교사들의 효율적인 역할 수행과 직무만족과 성취감을 높이고, 조직에 대한 몰입과 헌신이 향상시킨다. 학교행정가와 교사의 관계는 교사의 직무만족, 조직 헌신, 교사효능감 등에 영향을 미친다(김유정, 박지혜, 안선희, 2012; 박은혜, 2017). 반면에 학교행정가와 교사의 관계가 원만하지 않으면, 학교행정가뿐만 아니라 교사들도 직무에 대한 능률이 떨어지고 스트레스와 이직 의도가 높아지고, 교사효능감은 낮아지게 된다.

학교행정가의 역할 중에서는 교사와 바람직한 인간관계를 유지하는 것이 중요하다고 할 수 있다. 학교의 교육활동은 교사들에 의해서 이루어지기 때문에 교사와의 인간관계는 단순히 교사와의 관계 문제에 국한되는 것이 아니라 교육활동 과정을 통해 학교교육에 다양한 방식으로 영향을 미치게 된다. 특히 규모가 작은 학교조직일수록 인간관계가 매우 밀접하며 집약적으로 이루어져 인간관계에서 파생되는 영향이 보다 직접적이고 크다고 볼 수 있다. 교사의 인간관계가 이직을 결정하는 데 중요한 요인으로 작용하고 있다는 연구 결과(이고미, 2003; 이남희, 2008; 최예슬, 2014; 황성온, 2006)와 불편한 인간관계로 인해 직업 갈등을 겪고 있다는 연구 결과(서윤정, 최서영, 이선정, 이대균, 2012)는 이를 뒷받침해 주고 있다. 민하영(2010)은 유아교사들이 정서적 고갈, 비인간화, 성취감 저하 등 직무 소진과 관련해서 동료 교사보다 원장과의 관계에서 더 많은 영향을 받고 있다고 하였고, 김유정, 박수경, 임정진, 안선희(2011)는 유아교사들이 교사효능감에 있어 원장과의 관계가 미치는 영향을 크게 느끼고 있다고 하였다.

학교조직은 모든 구성원의 긴밀한 관계를 기반으로 운영되는 조직체이고, 학교행정가는 교사에게 가장 가까운 곳에서 직접적으로 지원을 제공해 주는 존재이다(김희수, 2016). 교사들은 학교행정가가 책임감 있게 학교경영을 하면서 교사들의 어려운 문제를 기꺼이 도와준다거나 교사들의 고충을 들어 주고 이해해 주기를 바라고 있다. 그러나 학교행정가가 자기의 주장만을 강조하거나 교사의 비밀을 아무렇지 않게 발설하거나 본인이 없는 곳에서 책망할 때는 부정적으로 인식한다. 학교행정가와 교사들의 관계는 학교조직의 운영에 영향을 줄 수 있으며, 교육기관의 긍정적 또는 부정적 분위기를 조성하는 데도 크게 영향을 미친다(최유경, 2009). 학교행정가의 교사에 대한 지지는 직무에 대한 통제감을 증가시키고 정서적 고갈을 줄여 주는 완충 효과를 가져왔으며, 더불어 효율적인 역할 수행과 직무만족과 성취감을 높이고, 조직에 대한 몰입과 헌신이 향상되는 효과를 가져왔다(권기남, 2009; 김정주, 박형신, 2010; 류경희, 강상, 2015; 서미정, 2017). 학교행정가는 교사들로부터 신뢰를 받게 되면 정서적 또는 사회적 지지를 통해 협력적인 관계를 형성하게 되며, 교사들에게 지도, 조언과 피드백 등의 전문적인 도움을 줄 수 있다. 이런 경우 교장은 교사들과 지식과 정보를 공유함으로써 지적 능력을 향상시키고 교육적 성과를 성취할 수 있고, 실제적인 교실 문제를 해결하는 데 도움을 줄 수 있다. 이는 학교행정가의 풍부한 경험을 교사들과 나눔으로써 교사들을 전문인으로 성장·발달시키는 데 기여하게 된다.

그러나 학교행정가는 교사들과 이야기를 나누고 공감대를 형성하려는 의지를 갖고 있지만 서로 간에 기대하는 바가 다르고 상충되는 가치관으로 인해 어려움을 겪게 된다. 이남희(2008)는 뒤에서 불평하는 교사의 이중성과 동료 교사의 수업 소홀로 인한 실망감, 동료 교사들과의 의견 차이에서 오는 업무 수행의 불편감 등의 이유로 인해 이직이 결정되기도 한다고 하였다. 임정수와 이완정(2009)에 따르면, 교사들은 윤리강령의 이념 중 '협동 및 자원 공유'와 '동료 교사 지원'의 원칙을 거스르는 동료 교사의 행위로 인해 스트레스를 받고 있었다.

학교의 모든 활동은 교장과 교사 간의 관계를 포함하여 교원들의 관계가 협력적이고 동료적일 때 바라는 성과를 올릴 수 있다. 우호적인 인간관계는 학교조직 내에서의 파당을 배제할 수 있으며, 지위나 연령, 부서 등의 구분을 넘어 정보와 지식을 공유하고 협동적으로 문제를 해결하는 토대가 된다. 따라서 학교행정가는 교사들의 직무와 역할 수행에서 우호적인 인간관계를 형성하는 데 중요한 역할을 해야 한다. 학교행정가도 교사와 우호적이고 **협력적인 관계**를 형성하고 교사로부터의 지지를 받았을 때 효율적으로 학교 업무를 수행해 나가며 리더로서의 역할을 더 잘 하게 된다.

(2) 학부모와의 관계

학부모는 학교와 학교교육을 공동으로 논의하고 학교교육에 대한 책무성을 함께 나눠 가지는 파트너십의 관계이다. 학교행정가는 학교조직 내에서는 학생만을 만나게 되지만 실제로 그 학생의 배경에 가족이 있기 때문에 학부모와 함께 학생을 교육하는 것이라 볼 수 있다. 학생은 어려서부터 부모와의 상호작용을 통해 세상을 이해하고 지식과 개념, 태도와 가치관을 형성하게 된다. 학생들은 부모-자녀 관계에서 부모-자녀-교사 관계로 확장되면서 부모와의 상호작용과 함께 교사와의 상호작용을 통해 성장과 발달을 거듭하게 된다(박영숙, 김낙흥, 2019). 따라서 학생의 교육은 학교가 학부모와 상호 책임감을 가지고 협력하는 것이 필요하다.

학교행정가는 직무를 수행하는 데 있어 교사만큼 학부모로부터 영향을 받고 있다. 학부모들은 학교운영위원회, 학부모회, 공개수업 등의 학교행사를 통해서 학교교육에 참여하는 것이 점차 늘어나고 있다. 점차 **학부모들은** 학교교육의 수혜자로서 학교가 자녀들에게 제공하고 있는 교육활동에 대하여 의견을 더 강하게 개진하고 있다. 학교행정가는 학부모로부터 지지를 받았을 때, 학교경영에 대한 직무만족도와 조직헌신도가 높아지고 효능감에도 높아질 수 있다. 학교행정가는 학교급별에 따라 차이는 있지만 어떤 학부모를 만나게 될지 알 수 없기 때문에, 학부모와의 관계는 자신들의 의지나 선택과 관계없이 맺어지는 관계인 것이다. 서로가 수용할 수 있는 상대를 만나게 되면 별다른 문제가 없지만, 그렇지 않을 경우에는 어려움을 겪게 될 뿐만 아니라 서로 피할 수 없는 갈등 상태가 지속될 수 있다. 학교조직에서 학부모와의 관계는 학생을 매개로 이루어지기 되기 때문에 학생을 통한 간접적인 관계라는 특성을 갖고 있지만 그 중요성은 직접적인 관계 이상으로 중요하다. 학부모가 학생을 통해 간접적으로 서로에 대한 정보를 주고받을 경우 소통이 제대로 이루어지지 않을 수 있고 오해가 생기기 쉽다.

교육이라는 것은 총체적 맥락에서 이해되어야 하므로 원활한 교육활동이 이루어지기 위해서는 다양한 측면에서 수집된 정보가 필요하다. 학부모에게 수집되는 정보도 중요한데, 학교마다 학부모 참여가 상당한 차이를 보이고 있다. 학부모에게서 나오는 정보는 학부모와 관계에도 영향을 미치고, 잘못된 정보는 학부모와의 관계형성을 어렵게 만든다. 학부모는 자녀가 학교에 다니는 동안에는 학교와 밀접한 관계를 맺게 되지만 자녀가 학교를 졸업하게 되면 관계가 단절되는 경우가 많다.

이와 같은 학교와 학부모의 관계가 갖고 있는 특성으로 인해 서로 간에 소통이 제대로 이루어지지 않으면 오해를 하게 되는 등의 부정적인 관계가 형성될 가능성이 높다(윤기영, 2005). 학교와 학부모가 부정적인 관계를 형성하는 상황은 여러가지가 있다. 학교 입장에서 보면 학부모가 자녀를 과잉보호하거나 지나치게 걱정할 때, 학교조직의 운영에 간섭하거나 개인적인 의견을 수용해 주길 요구할 때, 교사에 대한 불신을 갖고 있거나 냉담하거나 무관심할 때 부정적인 관계를 맺게 된다(김보영, 김현주, 2013).

학교행정가가 학부모와 바람직한 관계를 형성하기 위해서는 학교경영에서 학부모를 교육의 동반자로 인식하며 학부모의 의견을 경청하고 존중하여야 한다. 또한 학부모가 부담 없이 학교조직을 방문하고 자유롭게 대화할 수 있는 여건을 마련해야 한다. 필요한 경우에 학교행정가는 바람직하지 않은 학부모의 태도를 정중히 지적하고 시정해 주어야 한다.

학교경영을 하는 입장에서 학교행정가는 자녀를 학교에 보낸 학부모의 태도에 따라 교육활동에 영향을 받을 수밖에 없다. 학생을 제대로 이해하고 교육을 시키기 위해서는 학생에게 영향을 미치는 중요한 요인인 학부모에 대한 이해가 필요하지만, 학부모는 교육의 대상이 아니기 때문에 그들에 대한 이해에 한계가 있으며, 이로 인한 이해의 부족은 서로 간의 소통에 부정적인 영향을 줄 수밖에 없는 것이다(박영숙, 김낙흥, 2019). 그러므로 학교 행정가는 학부모와의 관계에서 서로 간의 이해를 통한 긍정적인 소통이 이루어질 수 있도 록 노력해야 할 것이다. 학교의 교육력은 학부모와 가정의 지원 없이는 강화되기 어렵다.

(3) 교육청과의 관계

　시·도교육청은 교육부로 이양받거나 위임받은 권한의 범위 내에서 해당 지역 내 학교의 교육력을 강화하는 정책을 수립하고 집행하는 책무를 가지고 있다. 학교행정가는 교육의 현장인 학교의 책임자이고, 현장 교육을 담당하고 있지만 교육이 잘되고 못되는 데 중요한 조건을 좌우하는 곳이 바로 교육청이라는 점을 인식해야 한다. 학교교육의 성패와 질 높 은 교육이 학교 현장에서 이루어지는 데 학교와 교육청의 관계는 매우 중요하다. 예를 들 어, 시·교육청이나 시·군·구교육청에서 교원들의 전문성 개발을 위해 어떤 정책을 수 립하고 집행하느냐는 교원들의 자기계발에 영향을 미칠 수 있다. 학교행정가가 교원들의 전문성을 강조하고 교원들의 교직 수행능력 계발을 강조하더라도 교육청에서 제도적으로 뒷받침이 된다면 더 활력을 받을 수 있다. 학교행정가는 학교경영이나 발전을 위해서 교 육청이나 지역사회의 지원을 이끌어 내야 한다. 예를 들어, 학교행정가는 학교의 교육력 을 강화시키기 위해서 교육청을 비롯한 외부로부터의 교육에 대한 재정 투자를 받을 수 있 도록 노력해야 한다.

🎓 **기본 학습 1**

학교행정가로서 학교구성원들과의 인간관계에서 어려웠던 경험이 있으면 사례를 공유해 보자.

3) 인간관계의 부정적 사례

　학교 내에서의 인간관계는 조직 내에서 이루어지기 때문에 사적 관계보다는 공적 관계 를 기반으로 한다. 인간관계의 어려움은 교사나 학교행정가 자신에게 부정적인 영향을 미 칠 뿐만 아니라 나아가 학생에게도 영향을 미치게 된다. 박영숙과 김낙흥(2019)의 연구에 서 '유아교사' '인간관계'를 입력하여 학교조직에서 동료 교사, 원장, 학부모로 구분하여 인간관계의 부정적인 요소를 분석하여 정리하였다.

첫째, 교사들의 입장에서 학교행정가와의 관계에서의 어려움을 분석한 결과, 독단적 운영 및 의사결정, 감시와 통제 그리고 부당한 대우, 일관성 없는 태도, 교사 간 비교와 함께 부족한 리더십이 꼽혔다. 먼저, 교사들은 학교행정가가 교사의 의견을 고려하지 않고 일방적으로 업무를 강행하거나 의사결정을 내리는 부분에서 어려움을 겪고 있었다. 또한 교사의 교육활동을 감시하고 통제하려는 학교행정가의 모습을 통해 주눅이 들거나 피해의식을 느끼고 있었으며, 학교행정가만의 확고한 교육철학이나 교육방식을 따르지 않고 학부모 또는 주변 친분 있는 사람들의 이야기에 휘둘려 일관성 없는 모습을 보여 교사들도 혼란스러워하고 있었다. 마지막으로, 함께 일하는 교사들 간의 비교로 인해 교사간의 경쟁을 부추기거나 존중하지 않는 모습을 보여 어려움을 겪고 있었다.

둘째, 학교행정가의 입장에서 **교사와의 관계**에서의 어려움을 분석한 결과, 학교행정가들은 학교의 업무를 수행해야 할 때 비협조적이거나 참여하지 않으려는 모습을 보이는 교사로 인해 어려움을 느끼고 있었다. 많이 나온 사례의 내용은 학교 일에 비협조적·비협력적이거나 정보를 공유하지 않는 모습, 동료에 대한 험담, 모욕, 거만, 비밀폭로 등 존중하지 않는 태도, 의견 차이 및 서로 간의 역할 기대로 인한 어려움 그리고 업무 소홀 및 불성실하고 불합리한 모습 등이 있었다. 특히 학교 업무 및 교육활동 진행에 있어서 내용을 보고하거나 정보를 공유하지 않아 학교행정을 책임지고 있는 자신이 진행사항을 몰라서 당황해한 경우가 있었음을 이야기하면서, 의도적이든 비의도적이든 비협조적인 태도와 의사소통이 원활하지 않아 생기는 오해와 문제 상황들로 인해 어려움을 겪고 있었다.

셋째, **학부모와의 관계**에서의 어려움을 분석한 결과, 학교운영이나 학생(자녀)에 대한 무리한 요구 및 간섭, 무관심 및 비협조적인 태도, 신뢰의 부족 및 의사소통의 문제, 무례한 태도 및 행동이 꼽혔다. 먼저, 학교운영이나 자녀에 대해서 지나치게 간섭하거나 학부모의 입장에서만 요구를 하거나 사적인 부분을 요구하기도 하여 어려움을 겪고 있었다. 그리고 지나친 간섭이나 요구와는 반대로 자녀를 맡기고 알아서 해 주기를 원하거나 관심 부족 또는 시간 부족으로 인해 학교의 행사나 자녀의 생활 또는 진로지도에 무관심하고 비협조적인 학부모들로 인한 어려움도 겪고 있었다. 학부모들은 교사의 능력에 대해 불신을 갖고 있으면서 그러한 생각을 겉으로 드러내기도 하였고, 교사의 의견을 들어 보려고 하지 않거나 자기중심적으로 의사소통을 끌어가려고 하는 모습을 보여 의사소통 문제로 인해 어려움을 겪고 있었다. 마지막으로, 교사에 대한 무례한 태도나 행동을 보이는 학부모들로 인해 교사라는 직업에 대한 회의감을 느끼고 있었다.

4) 인간관계의 대처 방안

인간관계에서 겪는 어려움은 누구나 갖고 있다. 학교조직 내에서 자신이 겪고 있는 인간관계에서의 어려움이 자신만 갖고 있는 특수한 어려움은 아니다. 구체적인 맥락은 조금씩 다를 수 있어도 학교조직 내에서 누구나 어려움이 있다. 박영숙과 김낙흥(2019)은 **사례기반 학습**에 기초해서 인간관계의 어려움에 대한 대처능력 증진 방안으로 해결책에 집중하기, 한 번 더 생각하기, 상대방의 입장에서 이해하기, 먼저 다가가기와 같은 방법을 적용하였다. 이들 내용을 중심으로 학교조직의 인간관계에 대한 대처 방안을 제시해보기로 한다.

해결책에 집중하기   인간관계의 어려움이나 갈등은 왜 자신에게 일어났는지, 저 사람은 왜 나를 힘들게 하는지와 같이 문제 상황 자체에 대해 고민하고 집중하기 때문이다. 갈등은 누구에게나 일어날 수 있는 일로 당연히 발생하는 것이기에 갈등이 일어난 것 자체에 대한 고민보다는 이를 어떻게 해결하고 대처할 것인가에 집중하는 것이 중요하다.

인간관계의 어려움이나 갈등이 일어나게 된 그 자체에 집중을 하게 되면, 어떠한 것도 해결되지 못하기 때문에 어려움이나 갈등은 사라지지 않는다. 인간은 모두 다르기 때문에 서로 다른 생각을 할 수 있고, 이로 인해 관계의 어려움이나 갈등이 일어날 수밖에 없다. 그렇기에 이미 일어난 문제 상황에서 긍정적으로 잘 해결해 나간다면 어려움이나 갈등은 사라지게 되고, 또 다른 어려움이나 갈등이 발생하더라도 이를 원만하게 해결할 수 있다.

한 번 더 생각하기   한 번 더 생각하기는 인간관계의 문제에 대해 좀 더 유연한 태도를 갖는 데 도움이 되고, 인간관계의 어려움이나 갈등이 다른 사람들이 겪고 있는 문제 상황에 비하면 별일이 아닌 것처럼 작게 느껴질 수도 있다. 문제 상황에 대해 섣부르게 판단을 내리지 않음으로써 실수를 덜 할 수도 있다. 문제 상황에 대해 심사숙고함으로써 오히려 긍정적이거나 좋은 측면이 있다는 것을 발견하거나 인간관계의 무게가 조금은 가벼워지는 것을 느낌으로써 해결책을 도출하는 데 도움을 준다.

상대방의 입장에서 이해하기   같은 상황일지라도 사람에 따라 바라보는 시선이나 이해하는 정도가 다를 수 있기 때문에, 사람들의 다름에 대한 이해를 바탕으로 상대방의 입장에서 이해하려 노력하는 것이 필요하다. 문제 상황과 관련된 다른 사람들의 입장에서 생각해 보면 상대를 더 잘 이해하게 된다. '다름'을 인정하는 것이 인간관계를 풀어 가는 계기가 된다. 서로에 대한 차이를 인정하는 태도가 인간관계에 긍정적인 영향을 미치게 되므로 '다름'에 대한 이해가 중요하다. '다름'은 누구는 맞고 누구는 틀리고의 문제가 아니라 그냥 단지 서로 다를 뿐이고, 더 나아가 새로운 시각이라는 태도 및 가치관의 변화로까지 연결된다.

먼저 다가가기   인간관계에 어려움을 겪게 되면 그 상황에서는 어쩔 수 없다는 소극적인 태도를 취하게 된다. 이러한 태도는 문제 상황을 해결하는 데 도움이 되지 않는다. 인간관계의 어려움과 문제를 피하거나 참고만 있어서는 어떠한 문제해결도 시작되지 않는다. 이유가 무엇인지, 가장 적절한 해결방법인지를 떠나서, 일단 누군가가 먼저 나서야 해결이 시작될 수 있다. 조직 내 인간관계에서 적극적인 태도로 직접 실행에 옮기는 것이 중요하다.

사람들이 갖고 있는 생각이라는 것은 쉽게 바뀔 수 있는 부분이 아니기 때문에 금방 효과를 얻는 것이 힘들다. 학교조직에서 인간관계의 상황이 너무나 다양하고 복잡하기 때문에 몇몇 대처방법으로는 모두가 해결되지도 않을 것이다. 그리고 어려움이나 갈등을 해결하기 위해 어떠한 방법을 직접 실행하거나 적용하기가 어렵다. 인간관계가 어려운 이유는 지식과 이해가 행동으로 연결되는 것은 쉽지가 않으며, 자신이 겪고 있는 인간관계에 그것을 적용하는 데 한계를 느끼기 때문이다. 하지만 조직 내에서는 누구와 인간관계를 형성할 것인지에 대해 자신이 선택할 수 없지만, 어떠한 인간관계를 형성할 것인지는 자신에게 달려 있다. 문제를 해결하기 위한 자신의 노력 여부에 따라 인간관계가 원만할지 그렇지 않을지가 결정된다는 사실에 비추어 인간관계의 주체로서의 정체감을 형성해 나가야 할 것이다.   ☞ **심화 학습 1**

2. 학교조직에서의 갈등관리

이 절에서는 갈등과 갈등관리의 의미를 알아보고, 학교조직에서 갈등이 일어나는 원인과 갈등관리를 어떻게 해결해야 나가야 하는지에 대한 접근방식을 알아본다.

1) 갈등관리의 개념

갈등은 어느 한 사람이 자신의 관심사를 다른 한편에서 좌절시키려 한다고 할 때 생기는 과정이다. 즉, 갈등은 한 사람 또는 집단의 기대나 목표 지향적 행동이 타인이나 다른 집단에 의해 좌절되거나 차단되는 상황에서 발행한다. 갈등은 인간관계의 상호작용 중에서 상충되는 이해관계와 입장 차이로 인해서 발생되게 된다. 따라서 어떤 조직이든지 갈등은 보편적인 것으로 존재한다. 이것은 사람들이 조직에서 경험하는 목표의 상충, 사실에 대한 해석의 차이, 행동기대에 기초한 의견 불일치 등이 일어날 수밖에 없기 때문이다. 이러한 갈등은 행동으로 표출될 때만 있는 것이 아니라 표면화되지 않고 잠재적으로 존재할 수도 있으며 때로는 행동화되지 않을 수도 있다(Pondy, 1967).

갈등 문제를 해결하기 위해서는 갈등의 특성을 먼저 이해하는 작업이 필요하며, 이를 위해서 앞에서도 언급했지만 갈등 자체를 부정적으로만 볼 필요는 없다. 갈등 자체는 조직 내에서 역동성을 발휘하고 조직을 발전적인 방향으로 유도할 수도 있다. 다만 갈등의 수습이나 조정이 잘못되었거나 협상을 통해 건전한 방향으로 해결되지 못할 경우, 갈등으로 인한 역기능 때문에 파괴적인 방향으로 흘러가는 것이다. 조직 내에서 갈등은 불가피한 것이고, 갈등이 지속적으로 존재하기 때문에 학교행정가는 갈등의 조정기능이 중요해지며 갈등의 원인을 지속적으로 관리하고 대처해서 갈등 자체가 파괴적으로 가지 않도록 해야 한다. 흐르는 강한 물줄기를 잘 제어하면 전력을 생산하는 에너지로 사용할 수 있듯이, 조직 내에 존재하는 갈등도 잘 관리하고 대처한다면 조직 내의 발전 에너지로 전환할 수 있다. 갈등이 조직 발전의 촉진제나 자극제가 되기 위해서는 갈등을 해소할 수 있도록 타협이나 협상 능력이 필요하다. 갈등을 조정하고 해결하기 위해서는 현실적으로 구성원들 간의 상호 신뢰가 전제되어야 한다. 구성원들 간에 불신이 깊어진다면 갈등을 해소하기 위한 협상이나 타협이 점점 어려워지고, 갈등의 역기능으로 구성원들 간의 상처가 더 심해지고, 업무능력도 떨어지게 된다. 갈등을 관리하고 대처하기 위해서는 인간관계 속에서 상호 신뢰를 구축하는 것이 중요하다고 볼 수 있다.

갈등의 특성으로, 갈등의 유형에 따라 다르지만 갈등은 이성적인 측면보다는 감성적인 측면이 더 강하기 때문에 변화가 다양하게 일어난다. 갈등이 발생하고 흘러가는 과정에서는 각각 갈등의 구도 및 성격, 구성원들의 대응방식, 협상 및 조정 과정에서 변화가 다양하게 일어난다. 갈등과정이 복잡한 이유는 갈등에 영향을 미치는 내부환경뿐만 아니라 외부환경도 중요한 변수가 되고, 구성원들의 감성적인 측면에 따라 갈등과정이 달라지기 때문이다. 따라서 조직 내 갈등은 구성원들의 육체적 · 정신적 소진(burn-out)을 초래하고 건강한 조직문화를 저해할 수 있다. 그러나 앞에서도 언급했지만 갈등이 반드시 부정적인 영향만 초래하는 것이 아니고 긍정적인 요인이 될 수도 있다. 조직 내에서 어느 정도의 갈등은 있으며 그것이 구성원들에게 주는 건설적인 긴장은 불가피하기 때문에 집단과 조직의 성과를 향상시키기 위해 갈등의 원인을 연구하고 갈등의 역기능을 순기능으로 전환한다면 중요한 요인이 될 수 있다. 이런 갈등의 상호작용적 견해에서는 갈등이 집단 내에서 긍정적인 힘이 될 수 있는 잠재력을 가지고 있을 뿐만 아니라 어떤 갈등은 한 집단이 효과적으로 성과를 내기 위해서 필요하다고 본다. `심화 학습 2`

2) 학교조직에서 갈등의 원인

학교조직 사회에서도 예외 없이 갈등은 존재한다. 특히 교육 민주화 · 자율화속에서 학교에서의 갈등의 원인은 여러 가지가 있을 수 있다. 김창걸(1992)은 학교조직 현장을 중심으로 그 원인을 제시했다.

목표의 차이   학교조직 내에 많은 목표가 있어 이것이 서로 상충되면서 목표의 차이에 의해서 갈등이 일어난다. 특히 학교경영자와 교사 간, 각 부서 간에 목표가 달라 갈등이 일어나는데, 제한된 자원에 대한 상호의존성, 근무 평정 등의 경쟁적인 보상체계, 개인 간의 목표 차이, 주관적으로 해석되는 학교조직 목표 등에 기인해서 일어나는 갈등이다.

이해관계의 차이　　이해관계의 차이에서 갈등이 여러 가지 형태로 나타나고 있다. 예를 들어, 교장, 교감, 교사, 직원, 학생, 학부모, 동문 등 학교와 관련된 사람들의 상호 간 관계에서도 일어나기도 하지만 학교의 부서, 학교 간, 행정기관 간에서도 상호 간의 의견과 이해의 차이로 갈등이 생기기도 한다.

인지 및 태도의 차이　　학교경영자와 교사 간의 그리고 각 부서 간의 사실에 대한 인지 및 태도가 다르기 때문에 갈등이 생긴다. 사람마다 생활 배경과 지식, 경험이 다르기 때문에 갖고 있는 가치관이나 인성 등이 다를 수밖에 없다. 특히 교직 연령과 경험 차이에서 오는 인식의 차이 때문에 젊은 교사들의 사고를 학교경영자가 어떻게 수용하느냐가 중요한 문제이다.

의사소통의 부족　　갈등은 상호 간에 의사소통이 원활하지 못하거나 왜곡되거나 방해를 받는 경우 그로 인해 여러 가지 오해가 생겨 발생할 수도 있다. 학교경영자의 하향식 의사소통이 강하게 일어나거나, 학교경영자와 교사, 각 부서 간의 의사소통이 일방적으로 일어나면 갈등이 일어나게 된다.

상호 기대의 차이　　상호 역할기대가 충족되지 못할 경우 갈등이 생긴다. 학교경영자와 교사 및 각 부서는 각기 역할이 있으며, 상호 간에 그 역할에 대한 기대를 하게 되는데, 이것이 차이가 나게 되면 갈등이 생긴다.

과업상의 상호의존성　　조직 내에서 두 부서가 각각의 목표를 달성하는 데 있어서 상호 간의 협조와 정보의 제공, 동조 및 협력행위 등 조직에서는 상호의존성이 있게 마련이다. 그런데 이러한 관계에서 한 개인이나 부서의 과업이 다른 개인이나 부서의 업무에 의해서 영향을 받게 될 때 갈등 가능성은 커진다.

조직의 분배와 전문화　　조직의 구조적 분화와 전문화가 심해질수록 부서 간의 목표, 과업, 환경 등이 다르고 전문적이기 때문에 자신의 입장에서 모든 것을 주장함으로써 갈등이 커질 수 있다. 이와 같이 전문화로 인한 갈등을 줄이기 위해서는 전문화된 부서를 조정 관리하는 기능을 가진 부서가 필요하다.

자원의 부족   부족한 자원에 대한 경쟁이 개인이나 부서 간의 과업 수행에서 갈등을 유발하는 원인이 된다. 즉, 한정된 예산, 물리적 공간이나 시설, 행정 지원 등에 대한 경쟁이 심화될 때 갈등이 생긴다. 이러한 갈등 상황을 지각하게 되면 조직의 효과성을 감소시키는 부서 간의 갈등, 세력 구축, 자원의 독점 등 기타 행위를 예상할 수 있다.

역할 모호성   조직 내에서 한 개인이나 부서가 역할을 수행함에 있어 역할이 분명하지 못하여 목표나 과업이 명료하지 못할 때 갈등이 생길 수 있다. 개인 간에는 서로 역할을 전가하거나 부서 간에는 영역이나 관할권의 분쟁이 발생한다.

불균형   한 개인이나 부서가 정기적으로 접촉하는 다른 개인이나 부서가 권력, 가치, 지위 등에 있어서 불일치될 때 과업 수행 관계에서 불균형이 생기고 이것이 갈등의 원인이 될 수 있다. 예를 들어, 가치관이 다른 사람이나 부서가 함께 일해야 할 때 갈등이 생기게 된다.

이와 같은 **갈등의 원인**은 학교운영을 어렵게 하기도 하고, 서로 간의 심리적인 상처로 인해서 구성원들을 무기력하게 만들기도 한다. 그러므로 학교조직에서 갈등을 잘 관리하는 일은 행정가의 중요한 책임이다. 여기에서 관리라는 의미는 단순히 부정적인 의미에서의 역기능적인 갈등을 해소하는 것만을 의미하는 것이 아니라 순기능적인 갈등을 조장하고 해결하는 것까지를 포함한다.

학교행정가가 지나친 갈등을 사전에 예방하고 적절히 해결하는 일은 쉽지 않다. 학교행정가가 만나는 사람들은 저마다 다른 배경에서 성장하였고 서로 다른 성격과 사고방식을 갖고 있어서 갈등의 원인도 복합적이다. 즉, 학교의 업무를 통할하는 학교장은 학교 조직 내의 갈등 현상을 관리하고 대처해야 하는데 학교 내 갈등의 원천은 다양하다. 교육과정 편성 및 운영, 교과서 선택 및 사용, 학생 상호 간 폭력 근절, 주5일 수업제 운영, 방과후학교 운영 방식 등 교육활동이나 학부모와 교사 간, 교사와 교사 간, 교사와 학생 간, 학생과 학생 간, 교원과 직원 간 관계 등 인간관계 어디서나 갈등은 야기될 수 있다.

이와 같이 학교조직에서의 갈등은 여러 가지가 있을 수 있지만 **갈등의 유형**은 크게 업무 갈등, 관계 갈등, 과정 갈등의 세 가지 유형으로 분류할 수 있다. 업무 갈등은 일의 내용이나 목표와 관련이 있고, 관계갈등은 인간관계에 중점을 둔다. 과정 갈등은 업무를 처리하는 방법과 관련이 있다. 하지만 업무나 과정의 갈등도 결국은 인간관계로 연결된다. 갈등의 역기능은 상호 이해를 저하시키는데, 이것이 조직의 업무를 완수하는 데 방해가 되고 심리적 피로감을 가져와서 관계갈등을 더 강화시키는 요인이 되기 때문이다. 관계 갈등은 주로 개인들의 성격 차이에서 발생하기 때문에 그것을 잘 해결하지 못하면 서로에게 상처를 주게 될 수 있다. 또한 업무 갈등과 관계 갈등이 동시에 발생한다면 업무 갈등이 부정적일 가능성이 있지만, 업무 갈등만이라면 긍정적일 가능성이 더 크다. 만약 업무 갈등 수준이 너무 낮다면 사람들은 중요한 이슈들에 관여하지 않으려고 한다. 그러나 업무 갈등 수준이 너무 높을 때는 내분이 빠르게 관계 갈등으로 변질될 것이다.

학교에서 발생하는 갈등의 원인이 무엇이든 간에 학교의 효율적 운영에 기능적으로 작용하도록 하는 방법은 아주 중요하다. 흔히 갈등은 서로 간의 관계성을 끊고 목적달성을 방해한다고 생각하며, 개입할 경우 자신에게 불이익이 초래되며 반대편의 적이 생긴다고 회피하는 경향이 있다. 그러나 여러 가지 면에서 갈등은 기능적일 수 있다. 갈등은 새로운 아이디어를 창출하도록 하는 자극제가 되고, 이것이 조직이 환경의 변화에 적응하도록 도와주는 계기가 될 수 있다. 또한 갈등은 조직 속에서 직원들이 추구해야 할 중심적 가치를 재확인하고 서로 간의 동질성과 결속을 다지는 촉매제가 되기도 한다. 특히 외부환경과의 갈등으로 인해 오히려 구성원 간에 단결이 강화되는 경우도 흔히 발생한다. 예를 들어, 학교의 방침에 대해 지역사회의 비난이 일 때 교직원 간의 결속이 강화되는 경우도 있다. 집단 내 갈등의 순기능과 역기능을 정리해 보면 〈표 12-1〉과 같다.

〈표 12-1〉 **집단 내 갈등의 순기능과 역기능**

순기능	역기능
• 문제의 인식	• 커뮤니케이션 감소
• 활동력 증가	• 독재자 출현
• 충성심 증가	• 편견의 증가
• 혁신 풍토 조성	• 파벌의식 고조
• 도전적 분위기 상승	• 상호 경계의식 증가
• 다양성과 창조성 증대	• 융통성 없는 공식화

출처: 임창희(2004), p. 365.

3) 학교조직에서의 갈등관리 접근방식

(1) 갈등관리의 방향

학교조직에서 갈등을 잘 관리하는 것은 학교조직의 효과성을 높이기 위해서 역기능적인 갈등을 감소시키고 순기능적인 갈등을 조장하는 과정이라고 볼 수 있다. 갈등은 어떻게 보느냐에 따라 그 해결방식도 달라진다.

[그림 12-1]에서 보는 바와 같이 갈등이 너무 높거나 낮으면 조직 효과성이 저하되어 역기능적이고, 가운데 방향으로 적절한 중간 수준을 유지할 때 갈등의 순기능으로 조직 효과성이 높아진다. 조직이 갈등을 어떻게 관리할 것인가를 파악하기 위해서는 다음 네 가지 사실을 염두에 두어야 한다(임창희, 2004: 367-368).

- 갈등은 조직생활에서 피할 수 없는 자연발생적인 것이며 그 원인도 매우 다양하다.
- 갈등이 너무 없으면 효율성이 떨어지는 측면도 있다.
- 갈등을 해결할 유일무이한 최선의 방법은 존재하지 않기 때문에 종합적 접근을 해야 한다. 즉, 한편으로는 갈등을 발생시키는 원인을 통제해야 하며 다른 한편으로는 이미 발생한 갈등을 감소시켜야 한다.
- 갈등관리 방식은 상황에 따라 달라질 수밖에 없다. 갈등이 너무 많아서 조직이 혼란

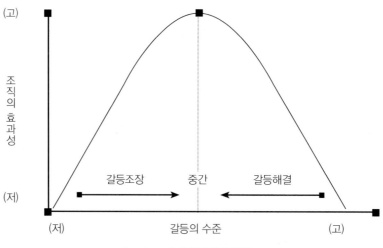

[그림 12-1] 갈등관리의 방향

〈표 12-2〉 **갈등수준과 조직의 내부적 특성**

갈등수준	갈등의 유형	조직의 내부적 특성	조직의 효과성
낮거나(저) 전혀 없음	역기능적	냉담하고 침체적 변화에 무반응, 새로운 아이디어의 결여	낮음
중간	순기능적	생동적, 혁신적, 자체 비판적	높음
높음(고)	역기능적	파괴적, 혼돈, 비협조적	낮음

스러운지 혹은 너무 없어서 역동성이 부족한지 등을 감안하여 갈등을 해결해 주기도 하고 때로는 갈등을 조장할 필요도 있다.

(2) 갈등관리 전략

여러 사람의 협조를 얻는 과정에서 부정적이든 긍정적이든 자주 야기되는 것 중의 하나가 개인 간, 부서 간, 기관 간의 불일치 또는 상반성이다. 다시 말해, '양립할 수 없는' 사태가 발생할 때 반드시 갈등이 있기 마련이다. 조직에서 갈등 사태가 유익할 가능성이 있다고 판단되면 그 사태를 계속 유지하거나 강화시킬 필요가 있다. 그러나 만일 그것이 악화되어 조직에 해로울 가능성이 있으면 이에 대처하거나 해소시키는 방안을 강구해야 한다. 갈등 사태에서 해결 방안은 갈등 당사자가 자신의 관심을 충족시키려는 욕망과 상대방의 관심을 충족시켜 주고자 하는 욕망에서 결정된다. 이 관계에 대해 Thomas는 [그림 12-2] 와 같이 다음의 다섯 가지 유형을 제시하고 있다(주삼환, 2006: 47-48).

첫째는 **무시**이다. 예상되는 결과가 분명하거나 현재보다 나쁘게 예상될 경우 또는 다른 문제가 우선순위로 대두될 경우, 갈등 사태를 무시하거나 그 처리를 회피하게 되는 경우이다. 둘째는 **양보**이다. 자기 자신을 희생하고 상대방의 관심을 기꺼이 충족시켜 주는 방법으로, 대개의 개인 대 기관의 갈등 대처가 여기에 속한다. 셋째는 **지배**이다. 고도의 공격성과 상대방에 대한 비협조적인 '승리냐 패배냐'의 극단적 선택을 말한다. 이는 권력 행사에 의해 상대방을 복종시키거나 파괴하는 갈등을 야기할 수 있다. 넷째는 **타협**이다. 양 당사자가 똑같이 '반씩을 얻고 반씩을 잃는' 경우로서 흔히들 만족스러운 갈등 해소로 생각하기 쉬우나 계속적인 갈등의 씨앗이 될 수 있어 최선의 것으로는 생각하지 않는 경향이 있다. 다섯째는 **통합**이다. 이는 타협보다 발전된 것으로 양편이 모두 승리하는 '승리-승리'의 결과를 가져오는 경우인데, 상대방에 대한 이해와 상호 신뢰의 형성이 중요한 관건이다.

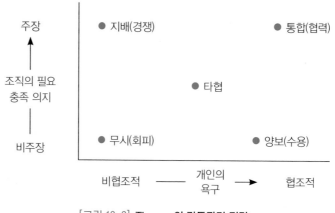

[그림 12-2] Thomas의 갈등관리 전략

결론적으로 행정활동은 조장이 우선적인 관심이나 협동적 노력의 과정에는 불가피한 갈등이 발행하는 바 이를 어떻게 조직목적에 기여하는 방향으로 유도할 것인가는 개인적 차원에서나 조직의 차원에서 중요한 관심사인데, 이러한 관점에서 특히 행정가의 역할은 아주 중요하다. 일반적으로 행정가는 갈등 주도자, 갈등 방어자, 갈등 조정자로서의 입장에 설 수 있는데, 이는 그의 지향성에 따라 다양하게 나타난다.

(3) 갈등관리를 위한 협상 접근방식

협상은 집단이나 조직 내 모든 사람의 상호작용 속에 스며들어 있다. 조직에서의 모든 **협상**은 분배적 교섭과 통합적 교섭의 두 가지 일반적 접근법이 있다. 이러한 접근법은 목표와 동기, 초점, 관심사, 정보 공유, 관계의 지속기간에 따라 다르다. 각각에 대해 정의하고 그 차이점을 보면 다음과 같다.

분배적 교섭(distributive bargaining)은 상황의 협상 특징이 제로섬(zero-sum) 상황하에서 일어난다. 내가 이득을 보면 그만큼 상대방이 손해를 본다는 것이다. 반대의 경우도 똑같다. 분배적 교섭은 고정된 파이를 두고 누가 더 많은 부분을 차지하느냐에 대해 협상하는 것이다. 파이가 고정되어 있을 때 혹은 당사자들이 그렇게 믿고 있을 때 분배적 교섭을 하게 된다. 분배적 교섭에서는 두 사람의 협상자가 자기가 원하는 목표점이 있는데 목표점 이하의 결과는 받아들이지 않고 차라리 협상을 결렬하려고 한다. 이 두 점 사이의 영역이 각자의 기대 영역이다. A와 B의 기대 영역 사이에 겹치는 부분이 있는 한 모두의 기대가 충족될 수 있는 타결 영역이 존재한다.

통섭적 교섭은 분배적 교섭과 달리 윈-윈 해결책을 창출하는 타결점이 있다는 것을 전제로 하고 있다. 손바닥도 마주쳐야 소리가 나듯이, 통합적 교섭에서는 어떤 일에서든 양쪽 당사자가 서로에 대해 책임감을 가져야 한다. 조직 내 행동의 관점으로 볼 때 다른 조건이 일정하다면 통합적 교섭이 분배적 교섭보다 더 바람직한데, 통합적 교섭은 장기적인 관계를 형성하기 때문이다. 통합적 교섭은 협상 당사자들이 유대감을 느끼게 하면서, 협상이 끝날 때 자신이 협상에서 승리했다는 느낌이 들게 한다. 반면에 분배적 교섭은 한쪽을 패배자로 만든다. 분배적 교섭은 적대감을 조장하며 사람들이 계속해서 함께 일해야 하는 경우에는 감정의 골을 깊게 만드는 경향이 있다.

그러면 조직에서 통합적 교섭이 성공하기 위한 조건은 무엇인가? 이러한 조건은 당사자들이 정보를 개방하며 자신의 감정에 솔직해지는 것, 상대방의 필요에 민감해지는 것, 서로를 신뢰할 수 있는 것, 각 당사자가 유연성을 가지려는 의지가 있는 것 등이 있다. 이러한 조건이 조직 내에서 잘 조성되지 않는다면 무슨 일이 있어도 이겨야 한다는 쪽으로 협상이 진행되는 분배적 교섭으로 흘러가게 된다. 통합적 결과를 얻기 위한 방법으로 팀으로 교섭하는 것은 개인이 개별적으로 교섭하는 것보다 더 통합적 합의에 도달할 수 있다. 통합적 교섭을 위한 또 다른 방법은 문제 자체보다 서로의 근본적인 이해관계에 초점을 맞춰야 한다는 것이다. 즉, 상대방의 요구만 생각하기보다는 왜 그런 요구를 하는지에 초점을 맞추는 것이 낫다. 협상 당사자들이 협상 중에는 안건에서 벗어나 서로 상대방이 무엇을 진정으로 원하는지 이해한다면 그동안 해결책이 잘 보이지 않았던 통합적 합의에 이를 수 있다. 보통 협상에 임하는 당사자들이 협상을 통한 단기적인 성과보다는 폭넓고 전체적인 목표를 추구할 때 상호 간에 근본적인 요구들이 이해하기가 보다 쉬워진다. 또한 각자의 최종 결과에만 관심이 있는 협상자보다 상호 간의 이해관계를 배우려고 노력하는 협상자가 보다 생산성 높은 공동 합의에 이르게 된다.

🎓 기본 학습 2
_____

갈등관리를 위한 협상 접근 방식을 정리해 보고, 실제 학교조직에서 일어나는 갈등 협상 사례를 찾아보거나 제시해 보자.

3. 사례기반학습의 갈등관리 실천

이 절에서는 학교조직의 인간관계에서 일어나는 갈등관리를 실천해 보기 위해서 사례기반학습을 이해하고 실제 학교장과 교사의 관계, 동료 교사와의 업무 협조, 학부모와의 관계에서 갈등관리를 적용해 본다.

1) 사례기반학습의 의미

사례를 활용하여 학습자들이 새로운 문제를 해결하는 과정에 능동적으로 참여하도록 하는 학습 형태를 사례기반학습(case-based learning)이라고 한다. 사례기반학습에 대해, 송상호(2003)는 해답이 없는 사례를 문서나 멀티미디어 자료로 제시하면, 학습자들이 사례에 내포된 문제를 파악하고, 해결방법의 적합성을 비판하고, 대안을 제시하는 등의 논의 과정을 거쳐 살아 있는 지식을 습득하게 되는 교육방법이라고 하였다. 연은경(2013)은 사례를 통하여 원리를 획득하고 이해하거나 발견하게 되는 것이 사례기반학습의 목적으로, 학습의 결과가 실제 문제해결에까지 영향을 미치는 교육방법이라고 설명하였다. Lima와 Fabiani(2014)은 사례기반학습의 특징을 다섯 가지로 정리하였다. 첫째, 사례기반학습은 현실적이다. 실제 현실을 반영한 사례를 다루고 있어 학습자들이 추후 유사한 상황에 대비할 수 있다. 둘째, 사례기반학습은 상호작용이 내재되어 있다. 학습자들은 자기 스스로 또는 교수자나 다른 학습자와 함께 제시된 딜레마를 해결하기 위해 끊임없이 의견을 나누어야 한다. 셋째, 사례기반학습은 일어날 법한 일을 경험한다. 학습자들의 문화적 배경과 깊이 연관되어 있으며, 학습자의 수준과 이전 경험에 따라 사례를 분석하고 토의하는 수준이 달라질 수 있다. 넷째, 사례기반학습은 비평적이다. 학습자들이 '무엇'을 생각하는가보다 '어떻게' 생각하는가에 초점을 두고 있어, 토의를 통해 체계적으로 분석하고, 비교하고, 질문하고, 평가하는 과정이 중요하다. 다섯째, 사례기반학습은 귀납적이다. 사례들은 특정 상황에 기초하기 때문에 일반적이지 않을 수 있으며, 사례기반학습은 관찰과 경청, 주의 깊은 탐색을 통한 귀납적 학습방식이다

2) 학교장과 교사의 관계

(1) 문제 사례

이 장의 '미리 생각하기'에서 ○○○ 교장선생님과 △△△ 선생님의 인간관계 갈등의 예시를 보았을 것이다. 실제 학교에서는 가르치거나, 분장된 업무를 수행하는 과정에서 독특한 인간관계가 형성된다. 다른 조직도 마찬가지이지만 학교에서 형성되는 인간관계의 양상과 질은 학교 구성원들의 직장생활에 매우 중요한 영향을 미친다. 학교에서의 인간관계는 직장생활 그 자체 뿐 아니라 맡은 일을 하는 자신의 능력에도 영향을 미친다. 직장생활에서 함께 일하는 사람이 좋으면 직장이 좋고, 함께 일하는 동료가 싫고 갈등이 생기면 직장에 출근하는 그 자체가 피곤해진다. 어쩌면 학교에서 인간관계의 갈등관리는 교사의 수업능력 못지않게 중요하다고 볼 수 있다. 하지만 학교조직에서 인간관계는 손쉬운 해답을 주지 않는다.

(2) 논점 제기

상황에서 발생하는 인간관계의 갈등 문제에 대해 다음 사항에 대해서 논의해 보자.

① △△△ 선생님의 교육 범위와 주장에 정당성이 있다고 생각하는가?
② 과연 ○○○ 교장의 요구에 순종적이어야 하는가, 아니면 무리한 요구일 경우 거부해야 하는가?

3) 동료 교사와의 업무 협조

(1) 문제 사례

"왜 저의 부원 선생님을 빼 가시는 거예요? 제게 언제 사전에 양해 말씀을 하셨나요? 인사자문위원회를 열어서 결정하세요. 왜 교감선생님 마음대로 하세요?"

"학교 사정에 따라서 그럴 수도 있는 거지. 본인이 해 보겠다고 승낙을 해서 하는 일인데 왜 막무가내로 안 된다는 거요?"

"이게 교감선생님 마음대로 이랬다 저랬다 할 수 있는 문제입니까? 인사자문위원회를 열어 주세요."

○○학교는 4월 말에 방과후 시범학교로 추가 지정되었다. 학년 초부터 지정이 되었으면 그 업무를 전담할 교사를 추가 배정하고 예산도 확보하였을 것이다. 그런데 갑자기 추가 신청에 통과되어 선정되는 바람에 방과후학교 담당교사는 원래 특기적성 분야 및 계발활동, 학교 축제 시의 전시회 업무를 공동 담당한 교사가 모든 업무를 맡아 하게 되어 바쁜 일과를 보내고 있었다.

10월 초 축제를 앞두고 학생 작품 전시회를 추진해야 하는 일이 다가왔다. 담당교사는 방과후학교 업무만으로 벅차 있었다. 마침 B부장 소속 교사 중 한 교사가 Y교사가 육아휴직을 마치고 복직하게 되었는데 그 교사는 비교적 가벼운 업무를 맡고 2학기에 처리해야 할 일도 적고 담임 업무도 없었다. 교감선생님이 연구부의 딱한 사정을 알고는 복직하는 Y교사에게 연구부 일을 좀 부탁하면 좋겠다고 결정을 내렸다. 교감선생님은 Y교사가 복직 인사를 하러 왔을 때 그러한 사정을 얘기하고, Y교사도 흔쾌히 학교 축제 전시회 업무를 전담해서 맡아 추진하기로 했다.

Y교사가 복직하고 학교 축제 시 전시할 작품 종류와 전시 작품 수를 조사하는 과정에서 B부장이 제동을 걸었다. 이유는 B부장 소속 부원을 다른 부서 일을 시키면서 B부장에게 양해 한마디 없이 일을 시킨다는 것이었다. 업무의 일시적 위임과정에서 교감이나 교무부장, 연구부장까지도 모두 누군가 얘기했겠거니 하는 마음에 B부장에게 공식적으로 양해를 구하지 않았던 것이다.

연구부장이 가서 미안함을 표시했다. 그리고 한 달만 양해해 달라고 부탁했다. 그러나 B부장은 "나는 원칙에 충실하고 싶어요. 연구부 일은 연구부 내에서 해결하세요. 협조를 구해서 부분적으로 도와줄 수는 있지만 전담해서 하는 일은 용납 못해요."라고 사무적으로 나왔다. 이 모든 상황을 뒤늦게 안 교감선생님도 B부장에게 Y교사를 일시적으로 연구부 일을 돕게 하자고 부탁했지만 B부장은 단호히 거절했다.

(2) 논점 제기

① 학년 초 지정된 사무분장 외의 일을 맡길 경우 어떤 절차를 거쳐야 하는가?

② 지정된 업무 이외의 일을 위임할 경우, 교감은 부장교사의 동의를 반드시 구해야 하는가? 부장교사는 반대할 권리가 있는가?

4) 학부모와의 관계

(1) 문제 사례

A교사는 교직생활 3년차의 여교사로 생후 5개월 된 아이를 두고 있다. 퇴근하여 집에 오자마자 집안 정리도 하고, 저녁 식사 준비에 갓난아이기 돌보느라 늘 분주하였다. 저녁 7시쯤 되자 전화가 왔다. 학부형 K였다. K는 L학생의 어머니로 A교사 학급 학생의 어머니이며, 늘 학급운영에 도와줄 일은 없는지 문의를 자주 하는 한편 아들 L의 학교생활에 대해 궁금한 점이 많았다.

"선생님, 오늘은 우리 L아빠가 영어, 수학 성적이 이래서는 곤란하다고 과외를 시켜야 한다고 하는데 꼭 해야 할까요?" "오늘은 우리 애가 좌석을 바꾸었는데 너무 옆자리여서 칠판 글씨가 반사되어 안 보인다고 하던대 방법이 없을까요?" "오늘 하루는 어떠셨어요?" "학교에 전화를 드렸더니 수업 중이라고 하셔서 집으로 전화드린다고 합니다." "우리 아이가 오늘 친구 P를 집에 데리고 와서는 늦게까지 게임하다가 갔어요. 그 애는 어떤 애예요?"

학부형 K의 전화는 보통 1주일에 2번 정도 오는 편이었고, 그때마다 통화는 길어지는 편이었다. A교사는 개인생활의 일부분을 학부형 전화 응대에 써야 하는 상황을 어떻게 해결해야 할지 고심하였다.

(2) 논점 제기

① 학생 문제와 관련한 학부형의 전화는 공적인 문제인가, 사적인 문제인가? 그리고 학생 문제와 관련한 학부모의 전화는 언제나 응대를 해야 하는가?

② 학부모의 잦은 전화를 중지시키는 방법은 무엇인가?

☞ 심화 학습 4

심화 학습

[심화 학습 1]

인간관계의 대처 방안에는 여러 가지가 있다. 앞에서 소개한 해결책에 집중하기, 한 번 더 생각하기, 상대방의 입장에서 이해하기, 먼저 다가가기 등 이외에 바람직한 인간관계를 위한 방안을 세 가지 더 열거해 보시오.

[심화 학습 2]

양식장의 미꾸라지가 자꾸만 죽어 가고 병에 걸리고 하여 주인이 낙담해 있을 때 어느 날 친구가 찾아와 미꾸라지 양식장에 메기를 몇 마리 잡아 넣으라고 충고해 줬다. 그나마 나머지 미꾸라지를 잡아먹을 것 아니냐고 하니까 자기 말만 믿고 무조건 넣어 보라는 것이었다. 메기를 넣은 지 얼마가 지난 후 양식장의 미꾸라지들은 전보다 더 튼튼하게 자라면서 양식이 잘 되었다. 왜였을까? 주는 사료만 받아먹고 빈둥빈둥하며 약해졌지만 메기가 들어오면서부터 메기에게 안 잡히려고 마구 헤엄쳐 다녔고 활동량이 많아지니 먹이도 잘 받아먹고 해서 튼튼하게 된 것이다.

이 예화에서 볼 때, 안전지대의 경쟁이 없는 조직은 무사안일로 인해 비능률적으로 운영될 수 있다고 생각하는지, 때로는 조직에서 메기와의 갈등도 필요하다고 생각하는지를 토의해 보시오.

[심화 학습 3]

1. 사례기반학습에서 학교행정가(또는 교사)가 이렇게 행동하게 된 이유는 무엇일지 생각해 보시오. (학교행정가 또는교사의 입장에서 생각해 보시오)

2. 학교행정가 또는 교사의 문제는 무엇이라고 생각하는지 제시해 보시오.

3. 사례기반학습에서 학교행정가 또는 교사가 이렇게 행동하게 된 이유는 무엇일지 생각해 보시오. (학교행정가 또는 교사의 입장에서 생각해 보시오)

4. 사례기반학습과 같은 문제 상황이 벌어졌을 때, 원만하게 해결하기 위해서는 학교행정가와 교사가 서로 어떤 노력을 해야 할지 생각해 보시오.

[심화 학습 4]

학교조직에서 인간관계는 손쉬운 해답을 주지는 않는다. 행정가가 될 때와 행정가로서 행동할 때, 여러 가지
문제가 제기될 수 있을 것이다. 예를 들어, 학교행정가로서 다음과 같은 질문에 대해서 생각해 보시오.

나는 누구인가?

나는 왜 행정가가 되려고 하는 것일까?

내가 행정가로서 왜 그러한 방식으로 행동했는가?

나는 행정가로서 인간관계가 어떠한가?

나는 구성원들 간의 친밀한 인간관계를 위해서 무엇을 할 수 있는가?

행정가로서 학생이나 학부모들과의 관계는 어떠한가?

● 참고문헌 ●

고현, 이종철(2008). 사립유치원에서 개인적 및 환경적 변인이 교사 헌신에 미치는 영향. 미래유아교
　　육학회지, 16(1), 145-164.

권기남(2009). 사회적 관계망으로부터의 정서적 지지가 유아교육기관 교사의 조직몰입에 미치는 영
　　향. 사회과학논총, 8, 1-11.

김보영, 김현주(2013). 교사-부모 관계에서 경험하는 유치원 교사의 어려움. 한국보육지원학회지,
　　9(6), 73-106.

김유정, 박수경, 임정진, 안선희(2011). 보육교사-원장 간의 관계의 질과 근무 기관 내에서 경험하는
　　사회적 지지가 교사효능감에 미치는 영향. 한국 영유아보육학, 68, 189-213.

김유정, 박지혜, 안선희(2012). 보육교사의 의사소통 능력, 대인관계 유능성, 그리고 가정연계 효능
　　감이 부모-교사 협력에 미치는 영향. 아동학회지, 33(5), 71-89.

김정주, 박형신(2010). 보육교사가 인식한 사회적 지지가 전문성 인식과 조직 헌신도에 미치는 영향
　　력 분석. 유아교육학논집, 14(1), 145-164.

김창걸(1992). 교육행정학신론. 서울: 형설출판사.

김희수(2016). 보육교사의 인간관계(원장·동료 교사·학부모), 업무보상, 근무 조건과 심리적 소
　　진. 경희대학교 대학원 석사학위논문.

류경희, 강상(2015). 유아교사의 정서지능, 동료 교사 협력관계, 부모-교사 협력관계와 교사효능감
　　간의 구조모형 분석. 한국유아교육·보육행정연구, 19(2), 203-225.

민하영(2010). 유아교육기관 교사의 우울 및 동료교사/원장의 정서적 지지가 직무소진에 미치는 영
　　향: 정서적 지지의 주효과와 완충효과를 중심으로. 아동학회지, 31(4), 1-14.

박영숙, 김낙홍(2019). 사례기반학습(Case-Based Learning)에 기초한 「유아교사와 인간관계」 교육
　　대학원 교과과목 개발 및 적용. 유아교육연구, 39(5), 213-241.

박은혜(2017). 초등사회과 수업의 '배움'에 대한 학생과 교사의 인식. 한국교원대학교 대학원 석사학
　　위논문.

서미정(2017). 보육교사의 보육헌신에 대한 원장과 동료의 정서적 지지, 교직선택동기, 셀프리더십
　　및 보육효능감 간의 구조적 관계. 동아대학교 대학원 박사학위논문.

서윤정, 이대균(2011). 어린이집 교사가 부모와의 관계에서 느끼는 스트레스와 대처방법. 미래유아교
　　육학회지, 18(4), 259-291.

서윤정, 최서영, 이선정, 이대균(2012). 유아교사의 직업갈등에 관한 이야기. 유아교육학논집, 16(5),
　　287-313.

송상호(2003). 기업교육방법들의 이해. 나일주, 임철일, 이인숙 편저, 기업교육론(pp. 261-263). 서
　　울: 학지사.

연은경(2013). 사례기반학습을 위한 사례 설계 원리 개발 연구. 서울대학교 대학원 박사학위논문.

윤기영(2005). 유아교육기관에서의 학부모 탐구. 서울: 양서원

이고미(2003). 유치원 교사들간의 인간관계에 관한 연구. 이화여자대학교 교육대학원 석사학위논문.

이남희(2008). 유아교사의 이직결정에 영향을 미치는 동료, 원장 및 학부모와의 인간관계연구. 성균관대학교 생활과학대학원 석사학위논문.

이은상, 김명희, 김보현, 민광미, 배정호, 성소영, 이소정, 이완희, 홍자영(2013). 보육교사론. 경기: 공동체.

임정수, 이완정(2009). 유아교사 윤리강령을 토대로 분석한 동료 관계에서의 스트레스와 대처방식. 아동과 권리, 13(4), 529-554.

임창희(2004). 조직행동(3판). 서울: 비엔엠북스.

정덕희(2014). 보육교사가 어린이집에서 경험하는 인간관계의 양상. 아동교육, 23(1), 321-343.

정윤정(2003). 유아교사의 성인애착유형과 인간관계 연구. 숙명여자대학교 교육대학원 석사학위논문.

주삼환, 신붕섭(1992). 교육행정학의 새로운 접근. 서울: 양서원.

주삼환(2006). 교육행정학 특강. 한국학술정보(주).

최예슬(2014). 유아교사의 대인관계 스트레스와 이직결정 경험에 대한 연구. 숙명여자대학교 교육대학원 석사학위논문.

최유경(2009). 에니어그램 성격유형에 따른 유아교사들의 대인관계 스트레스와 대처방식. 숙명여자대학교 교육대학원 석사학위논문.

황성온(2006). 유아교사의 이직 결정 원인 조사. 중앙대학교 대학원 석사학위논문.

David. C. M. (1972). *Processes of Mass Communication*. London.

Doyle, W. (1990). Case methods in the education of teacher. *Teacher Education Quarterly, 17*(1), 7-15.

Lima, M., & Fabiani, T. (2014). *Teaching with cases: A framework-based approach*. CreateSpace Independent Publishing Platform.

Pondy, L. R. (1967). Organizational Conflict: Concepts and Models. *Administrative Science Quarterly*, 296-320.

Robbins, S. P., & Judge, T. A. (2015). Organizational behavior (16th ed.). 김태열, 박기찬, 박원우, 이덕로 공역(2015). 조직행동론. 서울: 한티미디어.

EDUCATIONAL ADMINISTRATION

교육의 본질과
교육행정 목표

교육행정은 교육의 본질에 해당하는 교육과정과 그에 관한 교원의 전문성을 신장하는 장학을 지원하여 학생의 학습 성취를 제고하는 데 궁극적인 목적이 있다. 이 책의 마지막 부분인 제4부에서는 교육과정 행정과 장학(제13장), 교육 행정 목표와 평가(제14장)를 공부한다.

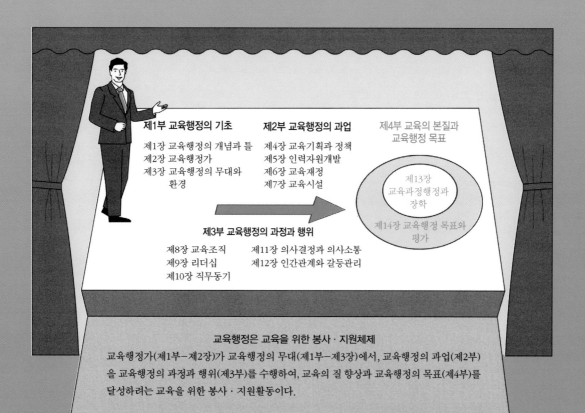

제1부 교육행정의 기초

제1장 교육행정의 개념과 틀
제2장 교육행정가
제3장 교육행정의 무대와
　　　환경

제2부 교육행정의 과업

제4장 교육기획과 정책
제5장 인력자원개발
제6장 교육재정
제7장 교육시설

**제4부 교육의 본질과
교육행정 목표**

제13장
교육과정행정과
장학

제14장 교육행정 목표와
평가

제3부 교육행정의 과정과 행위

제8장 교육조직
제9장 리더십
제10장 직무동기

제11장 의사결정과 의사소통
제12장 인간관계와 갈등관리

교육행정은 교육을 위한 봉사 · 지원체제
교육행정가(제1부-제2장)가 교육행정의 무대(제1부-제3장)에서, 교육행정의 과업(제2부)
을 교육행정의 과정과 행위(제3부)를 수행하여, 교육의 질 향상과 교육행정의 목표(제4부)를
달성하려는 교육을 위한 봉사 · 지원활동이다.

●제13장●
교육과정 행정과 장학

미리 생각하기 **장학 담당자를 어떻게 인식하고 있는가**

사례 A: 처음 장학 담당자를 접한 계기가 요청장학이었다. 학교의 수업장학을 위해 수업을 해야 할 상황이었는데, 그때 나의 경력은 이제 막 2년차가 될 무렵이었다. 그래서 학년 부장님은 요청장학을 부탁하여 지도를 받게 하였다. 장학 담당자에게 지도안을 보내고 장학 담당자가 우리 학교로 오셔서 지도를 해 주실 때 나는 너무나도 무섭다는 인상을 받았다. 선생님이 학생에게 질문하듯 "이것의 개념은 무엇이라고 생각하나요?" "그래서 이것과 저것의 차이는 무엇인가요?" 등의 질문을 하신 뒤 수업과는 상관없는 개념에 대해서 강의 비슷한 설명만을 죽 늘어놓고 갔다.

사례 B: 전체 협의회 시간에는 다른 사람들이 이야기하도록 하고, 좋았던 점에 대해서만 이야기해 주고, 조용히 나를 따로 부르셔서 "제가 옳다는 것은 아니라, 제 관점에서 제 생각을 적어 봤으니 참고하세요."라고 말씀하시면서 이런저런 내용을 적은 지도안을 주는 장학사도 있었다.

자세한 내용은 언급하지 않고, 수업 지도서에 나와 있는 수업 모형만을 설명하는 것도 그다지 도움이 되지 않았지만, 개선점에 대해서 지적해 주지 않고 무조건적으로 칭찬만 해 주는 것도 도움이 되는 것은 아니었다(수업장학을 받은 교사의 이야기 중에서).

장학 담당자가 교사들을 이해하려고 노력하고, 교사들이 현장에서 노력하는 만큼 장학 담당자도 부단히 노력할 때만이 학교교육의 질은 향상될 수 있을 것이고, 본연의 장학의 역할을 수행할 수 있을 것이다.

심화 학습 3

학습성과

1. 교육과정 행정의 발전 방안을 제시할 수 있다.
2. 학교 현장에서 장학의 본질에 맞게 협동적 동료장학을 활성화할 수 있다.

학습목표

1. 교육과정 행정의 성격, 과정, 지원체계를 알 수 있다.
2. 장학의 본질과 방향, 실제를 알 수 있다.
3. 교육행정과 장학의 개선점을 알 수 있다.

학습내용

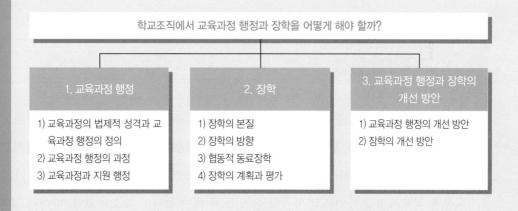

학교조직에서 교육과정 행정과 장학을 어떻게 해야 할까?

1. 교육과정 행정	2. 장학	3. 교육과정 행정과 장학의 개선 방안
1) 교육과정의 법제적 성격과 교육과정 행정의 정의 2) 교육과정 행정의 과정 3) 교육과정과 지원 행정	1) 장학의 본질 2) 장학의 방향 3) 협동적 동료장학 4) 장학의 계획과 평가	1) 교육과정 행정의 개선 방안 2) 장학의 개선 방안

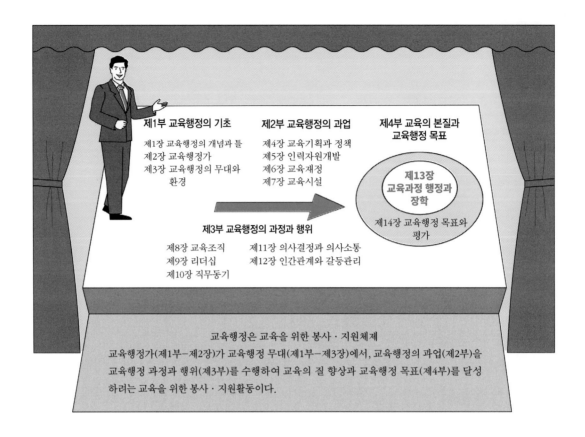

제1부 교육행정의 기초

제1장 교육행정의 개념과 틀
제2장 교육행정가
제3장 교육행정의 무대와
　　　 환경

제2부 교육행정의 과업

제4장 교육기획과 정책
제5장 인력자원개발
제6장 교육재정
제7장 교육시설

제4부 교육의 본질과
　　　 교육행정 목표

제13장
교육과정 행정과
장학

제14장 교육행정 목표와
　　　 평가

제3부 교육행정의 과정과 행위

제8장 교육조직
제9장 리더십
제10장 직무동기

제11장 의사결정과 의사소통
제12장 인간관계와 갈등관리

교육행정은 교육을 위한 봉사·지원체제

교육행정가(제1부—제2장)가 교육행정 무대(제1부—제3장)에서, 교육행정의 과업(제2부)을
교육행정 과정과 행위(제3부)를 수행하여 교육의 질 향상과 교육행정 목표(제4부)를 달성
하려는 교육을 위한 봉사·지원활동이다.

1. 교육과정 행정

　　교육은 교육과정을 통해 실현되고, 교육행정은 교육활동이 원활히 이루어지도록 지원
하는데 목적이 있다면, 교육의 본질인 교육과정의 개발과 운영을 중요한 관심 영역으로 삼
아야 한다. 이 책의 제1장에서 교육행정의 목표를 열거하는 중에, 교육행정은 가치 있고
유용한 교육과정을 마련하고 사용할 수 있도록 해야 한다고 강조하였다. 따라서 교육과정
영역도 교육과정 전문가와 협력하여 교육행정에서 다루어야 할 영역이고 목표이다.

1) 교육과정의 법제적 성격과 교육과정 행정의 정의

(1) 교육과정의 법제적 성격

교육과정 행정이 무엇인지 정의하기에 앞서 그것의 대상이 되는 교육과정 그 자체에 대한 이해가 선행되어야 한다. 우리나라의 경우에 국가 수준에서 교육과정을 개발하고, 그 운영의 대강을 정하고 있으므로, 교육과정을 개정하는 시기마다 교육과정의 문서에 이를 어떻게 정의하였는지 살펴보는 것이 교육과정 행정을 이해하는 데 도움이 된다. 우선 교육과정 문서에 나타난 교육과정의 법제적 의미를 알아보면 다음과 같다.

우리나라에서 '교육과정'이라는 용어는 문교부령 제35호(1954. 4. 20.)에 처음 등장하였다. '초등학교 · 중학교 · 고등학교 · 사범학교 교육과정 시간배당기준령'에서 교육과정을 "각 학교의 교과목 및 기타 교육활동의 편제"라고 규정하였고, 제2차 교육과정(문교부령, 제119호, 1963. 2. 15.)에서는 "학생들이 학교의 지도하에 경험하는 모든 학습 활동의 총화"라고 정의하였다. 제1차 교육과정과 제2차 교육과정에서는 지식의 학습에 중점을 두어 교육과정 유형 중에 교과중심 교육과정을 반영하여 정의하였다고 이해할 수 있다.

한편 제6차 교육과정에서는 교육부 고시에 교육과정의 성격을 명시하여 교육과정의 법제적 의미를 분명하게 밝혔다. 즉 법령에 의거하여 고시한 국가 수준의 교육과정에서 초 · 중등학교의 교육 내용에 관한 전국의 공통 일반적 기준, 교육과정의 목표, 내용, 방법, 평가, 운영 등을 규정하였다. 이로써 교육과정은 단순히 교육목표와 내용만을 의미하는 것이 아니라, 학습자가 경험하는 교육의 질을 관리하는 구체적인 교육 프로그램을 계획하는 것을 포함하는 개념으로 발전하였다. 나아가 제7차 교육과정(교육부 고시 제1997-15호, 1997. 12. 30.)은 법령에 따라 국가 수준의 기준을 밝히고, 6차 교육과정에 이어 교육과정을 의도적이고 계획적인 학교 교육에서 우리나라의 교육 실정과 미래 교육에 적합한 현실적 접근을 시도하였다. 이를 위해 교육과정 탐구의 현실적, 상황적 패러다임을 택하여 여러 가지 이론의 절충적, 종합적 입장에서 교육과정의 개념을 규정하였다. 제7차 교육과정에서도 교육부 장관이 고시하는 국가 수준의 교육과정 기준과 시 · 도 교육감이 지역의 특수성을 반영하여 각급 학교에 제시하는 교육과정 편성 · 운영 지침, 그리고 이들 기준과 지침을 근거로 하여 실제로 교육에 투입될 수 있도록 각 학교에서 실정에 알맞게 조정, 편성된 학교 수준의 교육과정을 개발하였다. 또한 학교 교육과정에 따라 실제 교실 수업에서 실천될 수 있도록 교사가 계획해 놓은 구체적인 교수-학습 계획(연간, 월간, 주간)도 교육과정의 범주에 포함하였다. 여기에서 교육과정을 국가 수준-지역 수준-학교 수준-교사 수준으로 이해하는 기초를 놓았다.

2009 개정 교육과정에서는 국가 교육과정을 '전국의 초·중등학교에서는 어떤 내용과 방법으로 교육을 해야 할 것인지를 제시한 설계도이며 기본적인 틀'(교육과학기술부, 2009)이라 하였다. 여기서 교육과정은 지식, 경험을 넘어 교육 계획으로 의미 범주가 확대됨을 알 수 있다. 최근에 고시되어 적용하고 있는 2015 개정 교육과정에서는 인간상을 구체화할 뿐만 아니라 학생이 학습한 것을 가지고 무엇을 할(doing) 수 있는가를 중시하는 핵심역량을 중심에 두고, 교육과정의 의미를 규정하고 있다. 결국 2015 개정 교육과정에서는 4차 산업혁명시대에서 요구하는 실천적 역량을 지닌 인재를 기르기 위해 역량 기반 교육과정의 관점에서 교육과정의 의미를 규정한다.

(2) 교육과정 행정의 정의

교육과정을 대상으로 하는 국가 수준의 교육과정 변천에 따라 교육과정을 정의하거나 그 성격이 다른 것을 알았다. 그렇다면 **교육과정 행정**을 어떻게 정의해야 할까? 이와 관련하여, 박창언(2021: 41)은 국내외 서적에서 교육과정 행정이라는 용어를 사용하는 경우가 드물고, 직접적으로 정의를 내리는 경우를 찾기 어렵다고 밝힌다. 특히 그는 교육과정 행정의 한계가 명확하지 않고, 그 범위가 확장되거나 질적으로 변화하는 동태성을 지니고 있기 때문에 정의하기가 어렵다고 주장한다. 이러한 한계 속에서도 교육과정 행정의 성격이나 정의는 교육행정 분야의 서적과 교육과정 분양의 서적에서 언급되어 왔다.

먼저, 교육행정학 분야에서 교육과정 행정에 대한 정의는 김종철(1986)에서 찾을 수 있는데, '교육내용의 행정과 장학'이라는 제목으로, 교육과정을 교육행정의 중요한 영역으로 다루었다. 김종철은 교육과정의 핵심은 '교육내용'이라는 전제하에, 교육과정 행정을 '교육내용의 행정'이라는 표현으로 치환하였다. 그는 '교육내용의 행정'이라는 용어를 처음으로 사용하였는데, 교육내용의 행정은 교육의 목표, 교육과정, 교과서와 교육자료 등을 포괄하는 개념이라 설명하였다.

또한 김종철은 교육내용의 행정을 장학(獎學)과는 어떤 관계가 있는지 구명해야 하는 문제를 제기하였다. 그는 교육내용의 행정이 왜, 무엇을, 어떻게 가르치느냐의 문제를 대상으로 한다고 할 때, 교육내용에 관한 행정은 세 가지(교육목표, 교육과정, 교과서 및 교육자료) 내용 영역 외에 교수이론의 적용을 주축으로 하는 장학의 영역까지 포함시키는 것이 논리적으로 타당하고 보았다. 그러면서도 장학의 개념은 독자적으로 학문의 영역을 갖고 있고, 교육내용의 개념을 포괄할 뿐만 아니라 그것을 넘어서 다른 영역까지 포함하여 사용하는 것으로 설명하였다. 결국 김종철은 개념상의 혼동을 피하고, 장학의 중요성에 비추어 교육내용의 행정을 교육목표, 교육과정, 교과서 · 교육자료의 행정에 국한하고, 장학행정의 개념을 따로 다루었다. 그러면서 교육내용과 장학은 밀접 불가분의 관계에 있으며, 때로는 서로 중복 사용되는 개념이므로 같은 장(章)내에서 다루었다. 이런 맥락을 고려하여, 이 책에서 제13장의 제목을 '교육과정 행정과 장학'이라 이름 붙였다.

　한편 교육과정 행정을 정의하려는 노력은 교육과정분야에서 보다 활발하다. 김순택 등(1997)은 교육행정은 학교의 최고 목표인 가르치는 것을 효과적으로 실시하는 데 필요한 여러 가지 봉사적 지원적 활동의 성격을 띠는 것으로 보았다. 이러한 관점을 바탕으로, 그는 교육과정 행정은 교육행정의 중핵에 가까운 것으로, 적절한 교육이 이루어지는 데 필요한 교육과정을 개발하고, 이 교육과정의 적절한 운영을 유도하며, 운영의 과정과 결과에서 나타난 제 현상에 기초하여 다음 교육과정을 개발하는 등의 작업에 직 · 간접적으로 관여하는 지원행정을 총칭하는 것으로 규정하였다. 함수곤, 김찬재(2007)도 교육행정을 정의하는 것에서 교육과정 행정의 정의를 출발하고 있다. 그들은 교육행정은 교육목표를 설정하고, 이의 달성을 위해 필요한 조건을 정비하는 조성활동으로 보고, 그 조건을 내적 사항(교육목적이나 목표 그 자체)과 외적 사항(교원, 시설 · 설비 · 환경, 재정 등)으로 구분하였다. 이에 따라 그들은 교육과정 행정은 교육행정의 핵심적 사항이지만 교육실천 그 자체는 아니고, 학교교육이 있어야 할 위치의 결정, 방향의 제시 및 목표와 내용, 방법 및 평가의 기준을 설정 · 제시하는 중요한 일을 담당하는 중요한 일을 담당하고, 그 기준의 계속적인 개선 · 유지 · 관리를 담당하며, 기준의 효과적 시행을 위해 전문적 · 기술적 조언과 지원 · 확인 · 평가 작업을 수행하며, 외적 사항의 정비과정에서 준거행위로 작용함을 밝히고 있다(박창언, 2021: 43).

　박순경(2002)은 교육과정 행정을 '교육의 소프트웨어를 관리하는 행정'으로 간단하게 정의하였다. 그는 교육과정 행정을 어떻게 정의해야 하는지를 깊게 탐구하기보다는 7차 교육과정을 중심에 두고 교육과정의 질 관리를 위해서는 교육과정 행정을 어떻게 개선해야 하는지에 대해 논의하였다. 그는 7차 교육과정이 6차 교육과정에 이어 만들어 가는 교육과정' '교육과정 중심의 학교교육'을 구현하는데 목표가 있으므로 교육과정 행정 체제가 변혁되어야 한다고 주장하였다. 구체적으로 교육과정의 관할 업무를 국가-시·도교육청-지역 교육청-학교 수준으로 분담 관리하는 식으로 의사결정을 한다면 교육과정 행정의 과업 확대와 전문화가 필요하다고 보았다. 또한 교육과정 행정이 교육과정의 맥락에서 전개되지 않고 행정 위주, 시책 위주로 변질되어 왔음을 지적하면서 '교육과정'을 중심으로 한 장학의 필요성을 주장하였다.

최근 박창언은 교육과정 행정에 대한 깊이 있는 전문적 연구를 수행하고 있다. 그는 교육과정에 관한 저서(박창언, 2017)에서 '교육과정 행정과 법규'라는 장을 설정하여 교육과정 행정의 범위나 성격 등에 대해 새로운 통찰을 제공하고 있다. 그는 교육과정의 행정을 교육과정 기준 설정과 교과서 행정으로 보기도 하고, 교육과정 편수 행정, 교육과정 장학 행정, 교육과정 지원행정으로 구분한다. 이는 Kandel(1933)이 구분한 교육의 내적 사항과 관계가 있는데, 교육과정 행정을 학교교육의 방향을 설정하고, 내용·방법 및 평가의 기준을 설정하고 제시하는 것으로 파악하였다. 그렇지만 그는 교육과정 행정은 교육행정의 하위 영역이라는 협의의 관점이 아니라 교육과정 중심의 학교 운영이라는 관점에서 교육활동 그 자체와 동일하게 보아야 한다고 강조하였다. 이러한 논의를 바탕으로, 그는 자신의 저서 『교육과정 행정: 이론과 실제』에서 교육의 본질적 성격을 중심에 두고, 교육과정 행정을 "인간의 교육적 성장을 위해 지도·조언을 바탕으로 한 교육과정 정책의 형성과 집행"이라고 정의하면서 〈표 13-1〉처럼 풀어 설명하고 있다.

〈표 13-1〉 **교육과정 행정의 정의**

교육과정 행정
- 인간의 교육적 성장을 위해(교육의 기본성격)
- 지도·조언을 바탕으로 한(교육부, 교육청 및 학교의 관계 이해 방식)
- 교육과정 정책의 형성과 집행(교육과정 기준 설정과 이의 지원을 위한 적극 행정)

첫째, 교육과정 행정은 인간의 교육적 성장에 목적이 있다. 교육은 인간의 성장을 촉진하고 지원하기 위해 존재하고, 교육과정은 인간의 성장과 변화를 위해 적절한 교육내용을 제공하는 역할을 한다. 이 사실에서 교육과정 행정은 학생들이 바람직하게 성장하고 발전하도록 적절한 교육내영을 제공하고, 특히 교육불평등이 발생하지 않도록 교육내용의 선정과 조직의 합리성을 도모하여야 한다. 이는, 이 책에서 교육행정의 목표 내지 본질의 하나로, "가치 있고 유용한 교육과정을 마련하고 사용할 수 있도록 해야 한다."는 주장과 맥을 같이 한다.

둘째, 교육과정 행정은 지도·조언을 바탕으로 한다. 우리나라에서 교육과정은 국가의 법률에 근거하여 고시되므로 강제성을 띤다. 즉 국가 수준에서 교육과정의 기준과 내용 등을 정하여 일정 수준을 유지하도록 하는 권력적 작용을 한다. 그러나 최근에 올수록 국가 교육과정은 교육과정고시에서 지역의 분권화와 학교의 자율성을 강조하는 추세다. 이렇게 보면 교육과정 행정에서 말하는 '지도·조언'은 국가 차원에서 교육과정의 질을 일정 수준에서 공통적으로 유지하기 위한 강제성과 이에 토대로 학교에서 교육과정을 특색 있고, 자율적으로 운영할 수 있도록 돕는 관리적 성격을 함께 포함하고 있다.

셋째, 교육과정 행정은 교육과정 정책을 형성하고 집행하는 것이다. 교육과정 정책은 교육과정의 국가적 기준과 내용의 기본적인 사항을 정하고, 학교에서 교육과정을 실천하는 필요한 조직, 인사(교원 등) 그리고 재정적 지원을 포함한다. 따라서 교육과정 정책은 국가교육과정의 문서나 학교교육과정의 문서를 만드는 것에 한정되지 않고, 학교가 교육과정을 중심으로 운영되도록 제반 조건을 지원하는 것을 총칭한다.

결국 교육과정 행정은 사회적 합의를 통해 만들어진 교육과정의 기준과 내용의 기본적 사항이 교육 현장의 특성을 고려해 학교교육과정으로 편성·운영이 효과적으로 이루어질 수 있는 역할을 하는 것으로, 권력성과 관리성을 내포한다.

2) 교육과정 행정의 과정

교육과정 행정은 일회성이 아니라 지속적 과정을 거친다는 순환적 관점을 견지한다. 박창언(2017: 251-254)은 교육과정 행정의 과정과 내용을 [그림 13-1]로 설명하고 있다.

첫째, 목표를 설정한다. 목표설정은 교육과정 행정이 구현하는 방향을 명백하게 정의하

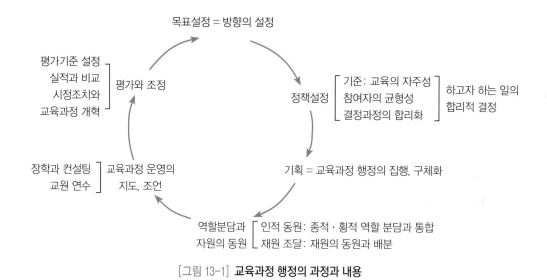

[그림 13-1] **교육과정 행정의 과정과 내용**

는 것을 말하는데, 이는 다년간의 종합적인 계획에서 매년도 목표를 구체적으로 설정하는 것을 총칭한다. 그리고 그 과정에서 교육부가 독자적으로 목표를 설정하지 않고 교사, 교육청 관계자, 전문가 등이 두루 참여한다. 그럼에도 교육과정 행정은 그 행정을 담당하는 교육부 부서가 주도적 역할을 담당하고, 외부의 참여 인사는 자문의 역할을 담당한다고 보는 것이 합리적이다.

둘째, 정책을 결정한다. 교육과정 행정에서 말하는 정책은 설정한 목표를 달성하기 위해 교육부나 학교에서 무엇을 해야 하는지, 즉 '하고자 하는 일'을 말한다. 교육과정 정책을 결정하는 일도 학교 현장의 교사, 전문가, 이익단체, 교육부 인사가 참여하여 민주적 과정을 거쳐 결정하지만 최종적인 결정은 교육부가 한다.

셋째, 기획을 한다. 기획은 목표달성을 위한 최적의 수단을 강구하는 동태적 과정으로, 누가, 언제, 어떻게, 얼마의 예산으로 어떤 활동을 하는가를 결정하는 것이다. 정책은 기획을 세우기 위한 지침을 제공하는 것으로, 정책을 바탕으로 하지만 두 가지가 명확하게 구분되는 것은 아니다. 다만 기획은 정책에 비해 목표를 양적으로 측정하도록 해 주고 행동계열을 분명하게 해야 한다.

넷째, 역할을 분담하고 자원을 동원한다. 기획을 수립한 후에는 이를 실천에 옮기기 위한 역할분담을 통해 협력할 수 있는 구조를 마련하고, 이를 실행하는 데 필요한 인력과 재원이 필요하다. 이때 역할분담은 다른 부서나 기관과 유기적으로 협력할 수 있도록 조직을 정비하는 것으로, 횡적 조직(교육부 내 각 부서 간의 관계)과 종적 조직(교육부-교육청-학교의 관계)으로 나눌 수 있다. 자원의 동원은 주로 인력과 재원을 말하는데, 인사행정과 재무행정이 그것이다. 교육부나 교육청 등에서 교육과정의 운영과 질관리에 필요한 전문적인 인력과 예산을 충분하게 확보하는 일은 매우 중요하다.

다섯째, 교육과정 행정의 지도·조언을 한다. 교육과정 행정은 교육부 차원에서 강제성을 갖고 관리의 측면에서 접근하는 것도 필요하지만, 그것이 너무 강조되면 교육과정이 획일적으로 운영되어 학생들의 개성을 살리거나 개별적인 요구에 반응하기 어렵다. 따라서 교육부 차원의 교육과정 행정은 단위학교에 더 많은 자율성을 주고, 통제보다는 컨설팅이나 지도·조언의 형태로 작동하는 것이 중요하다. 이런 점에서 교육과정 행정은 '교육과정 중심의 학교운영'에 초점을 두어야 한다. 이를 위해 단위학교에서 교육과정을 운영하는 주체인 교사들이 실질적으로 교육과정 전문가가 될 수 있도록 연수를 강화할 필요가 있다.

여섯째, 평가와 조정을 한다. 교육과정이 실행된 후에는 그에 대한 평가를 해야 한다. 교육과정 평가와 관련해서 시·도교육청 평가, 학교 평가, 학업 성취도 평가 등 다양한 형태의 평가가 있을 수 있다. 교육과정 운영과 그 효과를 평가하는 것이 쉬운 일은 아니지만, 그것의 질관리는 반드시 필요하다. 특히 학교 차원에서 교육과정 운영을 평가하여 차년도 교육계획에 적절하게 반영하는 일은 학생의 성장과 발달을 지원해야 하는 학교의 본질적 목적의 달성을 위해 필수불가결하다.

지금까지 살펴본 내용을 종합하면, 교육과정 행정은 다음과 같이 이해할 수 있다.

첫째, 교육행정 영역에서는 교육행정의 하위 영역으로 보는 관점이 있으나, 교육과정 영역에서는 독자적인 학문 영역으로 설정할 것을 주장한다.

둘째, 교육과정 행정은 장학과 밀접한 관계를 갖고 있는데, 교육과정에 대한 지역과 학교 수준의 역할이 증대될수록 '교육과정 장학'이 강조된다. 이 점에서 박창언(2017: 208-212)은 교육과정 행정과 독립하여 교육과정 장학과 컨설팅을 교육과정 운영의 중요 영역으로 설정하였다.

셋째, 교육과정 행정은 국가 교육과정이 법령에 토대를 두고 있어서 교육과정 내용에 관한 행정의 측면을 경시할 수 없으나, 최근 교육과정의 분권화 경향을 고려한다면 과정으로서의 교육과정 행정의 관점이 더 설득력이 있다.

🎓 **기본 학습 1**

교육과 교육행정의 성격에 대한 경험적 지식을 바탕으로, 교육과정 행정이란 무엇인지 정의해 보자.

---

3) 교육과정과 지원 행정

(1) 교육과정 수준과 지원

공교육제도를 운영하는 현대 국가에서 교육과정은 일정한 법체계를 통해 결정되고 실행되기 마련이다. 국가중심 교육체계를 강하게 갖고 있는 우리나라의 경우, 「헌법」 제31조에 명시된 법률주의 정신에서 보듯이, 교육과정도 국가에서 정한 법적 체계를 통해 이해할 수 있다. 그러나 교육의 본질에 비추어 국가의 교육과정에 대한 법적 통제가 강할수록 교육의 자율성은 제한을 받기 마련이므로, 교육과정 행정에서도 국가 수준의 관리·통제, 지역 수준의 특수성 그리고 교육과정 운영단위인 학교의 자율성 간에 조화를 이루는 것이 중요하다. 우리나라에서도 이러한 당위와 요구를 반영하여 제6차 교육과정 개정 이후에는 국가 중심의 교육과정 개발과 운영 방식을 지양하고, 초·중등교육의 다양화, 지역화, 자율화를 위해 교육과정 결정방식의 분권화를 지향하고 있다. [그림 13-2]는 교육과정의 결정 주체를 수준별로 나타낸 것이다(2015 개정 교육과정 고시 총론, 5).

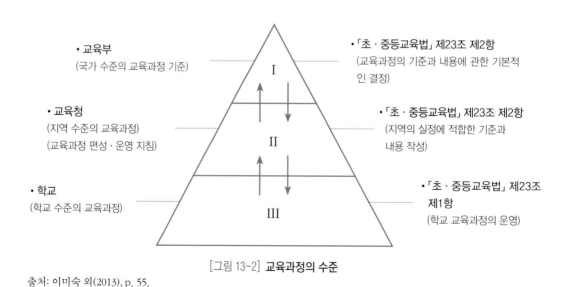

• 교육부
(국가 수준의 교육과정 기준)

• 「초·중등교육법」 제23조 제2항
(교육과정의 기준과 내용에 관한 기본적인 결정)

• 교육청
(지역 수준의 교육과정)
(교육과정 편성·운영 지침)

• 「초·중등교육법」 제23조 제2항
(지역의 실정에 적합한 기준과 내용 작성)

• 학교
(학교 수준의 교육과정)

• 「초·중등교육법」 제23조 제1항
(학교 교육과정의 운영)

[그림 13-2] **교육과정의 수준**

출처: 이미숙 외(2013), p. 55.

[그림 13-2]를 풀이해 보면, 국가(I)에서 교육과정의 공통적·일반적인 기준을 제시하면, 지역(II)에서는 국가에서 제시한 기준에 따라 지역별로 특성과 역사, 전통, 자연, 산업, 사회, 문화 및 주민 ·학부모의 요구, 의견 등을 충분히 고려하여 **지역 수준 교육과정**을 개발한다. 또한 학교에서는 학생 실태, 학교환경, 교원 실태 등을 고려하여 **학교 교육과정**을 수립한다. 여기서 I과 II는 학교 수준 교육과정과 교사 수준의 교수-학습 계획 수립의 바탕이 되는 기준과 지침인 동시에 그 지원관리 체제라고 할 수 있는데, 이를 교육과정 고시의 'V. 학교 교육과정 지원'에서 밝혀 주고 있다. ☞ **심화 학습 1**

① 국가 수준의 교육과정과 지원

국가 수준의 교육과정은 앞서 기술한 것처럼, 초·중등학교의 교육목적과 목표 달성을 위해 「초·중등교육법」 제23조 제2항 4에 입각하여 교육부 장관이 결정·고시하는 교육내용에 관한 전국 공통의 일반적 기준을 말한다. 여기에는 초·중등학교에서 편성·운영하여야 할 학교 교육과정의 교육목표와 내용, 방법과 운영, 평가 등에 관한 국가 수준의 기준 및 지침이 제시되어 있다. 국가 수준 교육과정 기준은 법적 구속력이 있지만, 국가 교육과정 기준을 지역 및 학교의 실정에 알맞게 운영하는 것 또한 대단히 중요한 의미를 갖는다. 따라서 국가 수준의 교육과정은 모든 지역의 학교에서 공통적으로 지켜야 할 법적 규범이지만 지역 및 학교에서 국가 교육과정을 실제적으로 구현할 있도록 지원하는 기능을 수행해야 한다. 교육과정 고시에서도 학교에서 교육과정을 원활하게 편성·운영할 수 있도록 국가 수준에서 지원해야 할 것들을 다음과 같이 일곱 가지로 제시하고 있다.

- 시·도교육청과 단위학교의 유기적 협력 지원: 2015 개정 교육과정 연수 지원, 교육과정 운영에 대한 컨설팅단 운영, 교육과정 편성·운영의 적절성 여부에 대한 분석과 환류 및 그에 따른 인적·물적자원의 지원
- 교육과정 질 관리
  - 주기적인 학업 성취도 평가, 학교와 교육기관 평가, 교육과정 편성 및 운영에 관한 평가
- 학교의 평가활동 지원
  - 교과별 성취 기준에 따른 평가기준 개발 및 보급, 교과별 다양한 평가 방법, 절차,

도구 개발 및 제공
- 국가직무능력(NCS) 또는 직무 분석에 기초한 교육과정 편성 · 운영 지원
  - 특성화 고등학교와 산업맞춤형 고등학교의 교육과정 편성 · 운영 지원
- 특수교육 대상 학생의 교육과정 편성
  - 교과용 도서와 교수-학습 자료 개발, 평가 등에 관한 제반 사항 지원
- 교육청 수준의 교원연수와 전국단위의 교과 연구회 활동 지원
  - 개정 교육과정의 지향점과 교과 교육과정에 관한 사항 연수, 구체적인 교과교육연구회, 총론 및 창의적 체험활동연구회 지원
- 학교시설 및 교원 수급 지원
  - 교육과정 내실화(학생 참여 중심의 교수-학습 활동 등)를 위한 교육시설 지원, 학생활동 강화 및 역량 함양을 위한 교육 수요(교원 수급) 지원

② 지역 수준의 교육과정과 지원

국가 수준에서 전국의 모든 학교에서 편성 · 운영하여야 할 교육내용의 공통적 · 일반적인 기준을 제시하면 각 지역에서는 (지역의) 특수성과 각 학교의 다양한 요구와 필요에 맞게 교육과정을 편성 · 운영하기 위한 노력을 기울여야 한다. 구체적으로 「초 · 중등교육법」(법률 제14158호, 일부개정 2016. 5. 29) 제23조 제2항에는 교육부 장관이 교육과정의 기준과 내용에 관한 기본적 사항을 정하며, 교육감은 교육부 장관이 정한 교육과정의 범위 안에서 지역 실정에 적합한 기준과 내용을 정할 수 있도록 명시하고 있다. 따라서 지역 수준에서 교육과정 편성 · 운영 지침을 정하여 국가 기준과 학교 교육과정을 자연스럽게 이어 주는 교량적 역할을 하는데, 이것이 장학 자료, 교수-학습 자료 및 지역의 특성을 반영한 교재 개발의 기본 지침이다.

한편 교육과정 고시에는 교육청 수준에서 학교 교육과정을 지원할 사항을 제시하고 있다.

- 시 · 도교육청 교육과정 위원회 조직 및 운영
  - 교육과정 편성 · 운영과 관련하여 조사, 연구, 자문 수행 기구 구성: 교원, 교육행정가, 교육학 전문가, 교과교육 전문가, 학부모, 지역사회 인사, 산업체 인사 등 참여
  - 교육과정 지원 장학 협의단이나 교육과정 컨설팅 지원단을 활용 → 지침 검토 등

- 시 · 도교육청 교육과정 편성 · 운영 지침 개발
  - 국가 수준의 교육과정 기준에 대한 세밀한 분석 및 검토, 지역 교육의 특수성 검토 연구
  - 지역의 교육 중점 설정
- 교육과정 편성 · 운영 자료 개발 · 보급
  - 교과와 창의적 체험활동에 필요한 교과용 도서의 개발 · 보급을 위한 교육과정 편성 · 운영 지침 검토, 각종 학습 자료 및 학습 매체의 개발 보급 등
- 자유학기 지원계획 수립
  - 각종 자료의 개발 및 보급, 교원의 연수, 지역사회와의 연계
  - 자유학기 운영체제 및 운영 방안 매뉴얼 제작 · 보급
  - 시 · 도교육청 자유학기 지원체제(단) 구성
  - 학생 참여형 수업 자료 개발 및 보급, 교사연수 컨설팅 강화
- 교원연수, 교육과정 컨설팅, 연구학교 운영 및 연구회 활동 지원
  - 교원연수 계획 및 시행: 교육과정 편성 · 운영 능력 제고 등
  - 교육과정 컨설팅단 운영 및 편성 · 운영 자료 개발 · 보급
  - 연구학교, 연구교사, 교과별 연구회 활동 지원
- 행 · 재정 지원
  - 교육 시설, 설비, 자료에 대한 행 · 재정 지원
  - 과목 선택권 보장을 위한 행 · 재정 지원
  - 소규모 학교에 대한 행 · 재정 지원
  - 수준별 수업을 위한 행 · 재정 지원
  - 초등학교 돌봄기능 강화를 위한 행 · 재정 지원 등
- 학교 교육과정의 질관리
  - 학교 교육과정의 질관리 지원
  - 학교 교육과정 평가 실시 및 결과 활용
  - 교육청 수준의 자체 평가 강화

앞서 열거한 사항 외에도 ① 단위학교 교과목 개설 지원, ② 지역자원 목록 작성 및 제

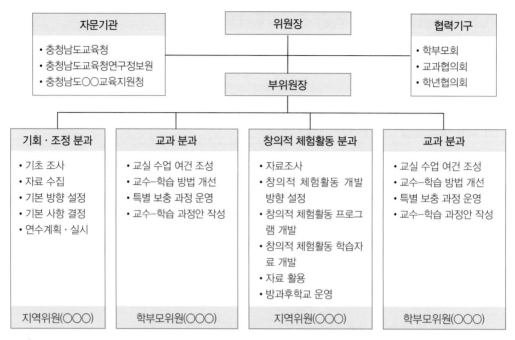

[그림 13-3] **학교교육과정위원회 조직 모형(예시)**

공, ③ 모든 학생을 위한 교육 기회 제공, ④ 학교 및 인접 교육지원청 간의 협조체제 구축,
⑤ (전·입학, 귀국자 등) 미이수 과목 이수 기회 제공 및 인정 등이 있다.

한편 시·도교육청에서 조직하여 운영하는 학교교육과정위원회를 「충청남도교육청 교
육과정 편성·운영 지침」(충청남도교육청 고시 제2020-23호, 2020. 9. 10)에서 예시하였다([그
림 13-3] 참조). 이 지침에는 "교육과정의 합리적 편성과 효율적 운영을 위하여 교원, 교육
과정(교과교육) 전문가, 학부모 등이 참여하는 학교교육과정위원회를 구성하여 운영하며,
이 위원회는 학교장의 교육과정 운영 및 의사결정에 관한 자문의 역할을 담당한다. 단, 특
성화 고등학교와 산업수요 맞춤형 고등학교의 경우에는 산업계 인사가 참여해야 한다."라
고 되어 있다.

③ 학교 수준의 교육과정
「초·중등교육법」제23조 제3항은 학교 수준의 교육과정을 명시하고 있다. 학교 수준의
교육과정은 교육과정 결정의 분권화와 교육과정에 대한 학교의 자율성이 지속적으로 확
대해 오면서 교사의 역할이 종래와 같이 교육과정 실행자, 사용자, 교수자에게 한정되지

[그림 13-4] 충청남도 A고등학교 학교교육과정위원회 조직

않고 교육과정에 대한 결정자로 확대되어 온 데서 강조되었다. 말하자면 교육과정의 최종적인 실천자인 교사가 바로 교육과정의 최종 결정자이자 개발자로 자리매김된 것이다 (2015 개정 교육과정 고시, 7). 학교중심 교육과정에서는 교육의 주체이자 실천자인 교사가 교육 내용과 교육방법, 교육 평가에 대한 전문성이 요구된다.

학교 수준에서 학교교육과정위원회를 운영하는 기구의 예시는 [그림 13-4]와 같다.

🎓 기본 학습 2

현재 교직생활에서 교육과정 실행을 넘어 교육과정 개발을 포함하여 '교육과정 행정 참여자'로서 수행하였거나 수행하고 있는 역할을 설명해 보자.

☞ 심화 학습 2

2. 장학

이 절에서는 장학의 본질이 수업 개선이라고 하는 의미와 수업 개선을 위한 장학의 방향과 교내장학이 현장에서 활성화되기 위한 협동적 동료장학에 대해서 알아보고, 향후 장학의 계획과 평가에 대해서 논의한다.

1) 장학의 본질

장학이란 무엇이며, 왜 존재하며, 무엇을 해야 하고, 어떤 일을 해내는 것인가라는 근본적인 질문을 해 봐야 한다. 주삼환 등(2015: 338-339)에 따르면 장학의 본질은 장학에 의하여 교사의 교수행위에 변화를 일으켜 학생의 학습을 향상시키고, 또 교육과정과 내용을 개발·수정·보완하여 학생의 성취를 높이고, 교육 자료와 학습환경을 개선하여 학생의 학습을 촉진하는 것으로, 궁극적으로는 '수업 개선'이라고 할 수 있다.

장학의 본질이 수업 개선임을 이해하기 위한 더 근본적인 질문은 학교는 왜 존재하는가이다. 학교가 존재하는 이유는 여러 가지가 있겠지만, 그것은 학생을 가르치기 위해 존재한다고 할 것이다. 학교는 가르치는 교수기능이 가장 중요한 기능이다. 누가 학생을 주로 가르치는가? 그것은 말할 것도 없이 교사인 것이다. 교사는 가르치기 위해서 학교에 가고, 교사의 존재 이유는 가르치는 데 있다.

그러나 교사가 아무리 열심히 가르쳐도 학생들이 배우는 것이 없으면 아무 소용이 없다. 그래서 학교의 최종 산물은 학생의 학습 성과로 나타나는 것이다. 이미 제1장에서 교육행정의 목적은 교육의 목표를 달성하는 것이고 구체적으로 '교수-학습 성취'이고 최종적으로는 '학생 성취(student achievement)'라고 강조했다. 그러므로 모든 학교운영과 교육활동의 초점은 학생의 학습 성취에 집중되어야 한다.

그러면 장학의 기능은 무엇인가? 장학은 교사로 하여금 잘 가르칠 수 있게 하는 데 그 목적이 있다. 학교와 교사가 존재하지 않고 가르치는 일이 없다면 장학이라는 말 자체가 필요없는 것이다. 지금까지 여러 학자가 장학의 기능을 여러 가지로 분류했다. Dull(1981)은 구체적으로 ① 교직의 전문직화, ② 교직원의 발전, ③ 집단을 통한 장학, ④ 개인을 통

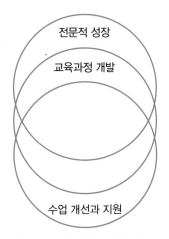

전문적 성장

교육과정 개발

수업 개선과 지원

[그림 13-5] **장학의 주요 기능**

한 장학, ⑤ 교육과정 개발, ⑥ 방문참관, ⑦ 수업 자원, ⑧ 교사 평가, ⑨ 장학 평가 등으로 나누었고, Harris(1985)는 ① 학교운영의 정의, ② 장학운영, ③ 유지와 변화를 위한 장학이라고 하였으며, Wiles와 Lovell은 ① 교육과정 개발, ② 수업 개선이라고 하였다. 그러나 주삼환(1990, 2003) ① 교사의 전문적 성장(professional development), ② 교육과정 개발(curriculum development), ③ 수업 개선과 지원(instructional improvement and support)이라고 압축했고, 이를 [그림 13-5]처럼 나타냈다.

　장학의 주요 기능 중 하나는 교수기능을 도와 **수업** 개선을 하고 수업이 잘 이루어질 수 있도록 **지원**해 주는 일이다. 여기에 학습환경의 개선까지를 포함시킬 수도 있고 이를 떼어서 별도의 항목으로 강조할 수도 있다. 우리나라의 장학은 이 기능에 초점을 맞추기 위해서 수업장학, 임상장학, 교내장학, 마이크로티칭, 선택적 장학체제 등의 강조와 실험 적용을 통해서 차차 수업 개선의 기능이 부각되었다고 볼 수 있다.

　교사의 교수기술을 향상시키고 학습 자료와 학습환경을 개선해 주어 수업의 질을 높이는 일을 장학의 기능으로 보는 것은 세계 여러 나라가 공통적으로 인식하는 현상이다. 교육의 우수성 추구와 교육의 질 경쟁에 열을 올리다 보면 수업의 질에 눈을 돌리게 되고 결국 장학의 질에 열쇠가 달려 있다는 것으로 귀착된다.

　장학의 또 하나의 주요 기능은 **교육과정 개발**이다. 외국에서는 학교 수준에서까지 교육과정을 개발하고 수정할 수 있으나 우리나라에서는 과거에는 어려운 일이었지만 점차 학교 수준에서의 교육과정 개발에 대한 관심이 높아지고 있다. 교육청, 학교 수준에서는 개

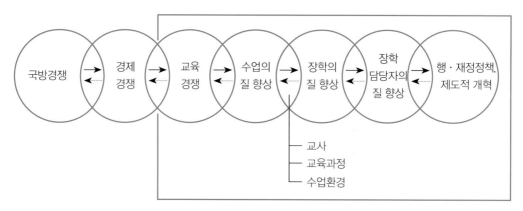

[그림 13-6] **장학에 대한 관심 집중: 장학의 핵심**

발된 교육과정을 학교 수준에 맞게 운영하고 **교육의 질**을 관리하는 일에서 중요하다. 학생에게 무엇을 가르칠 것인가를 결정하는 일은 장학의 주요 기능의 하나임에 틀림없다. 교육과정을 직접 개발하지는 않는다 하더라도 자신이 먼저 교육과정의 구성 원칙과 내용을 충분히 알고, 교사로 하여금 교육과정의 전체 맥락 속에서 교육과정 운영에 임할 수 있도록 장학해야 할 것이다.

장학의 주요 기능 중 세 번째는 교사의 **전문적 성장과 발전을 도와주는 기능**이라고 할 수 있다. 흔히 교직을 전문직이라고 하지만 전문직의 여러 기준에 비추어 볼 때 완전한 전문직이라고 부르기는 어려운 점이 없지 않다. 그래서 미국에서는 초 · 중등 공립학교 교사직을 반전문직 정도로만 보기도 한다. 교직이 전문직이어야 하는 것은 당연하지만 사실이 그렇다고 하기는 어렵다. 교직에 종사하는 모든 사람이 교직의 전문화를 위하여 노력해야겠지만 특히 장학 담당자들은 노력해야 할 일이 더 많다.

교사의 교수기술을 향상시키고 전문적으로 계속 성장하게 도와주는 일이 장학에서 해야 할 중요한 일이다. 교대나 사대에서 교수기술을 향상시키는 계통을 장학의 관점에서 보면, 교육실습은 장학의 중요한 영역이라고 보아야 한다. 또한 **직원연수**는 교사의 전문적 성장과 발전을 위한 장학기능의 가장 중요한 분야라고 할 수 있다. 교사 양성교육을 잘 받아 훌륭한 교사로 배출시켰더라도 계속 교육을 받고 연수를 하지 않으면 시대에 뒤떨어진 교사가 되고 만다. 장학 담당자의 측면에서 보아도 교사 스스로 성장하고 발전하게 하는 것이야말로 장학의 궁극적 기능이라 하지 않을 수 없다.

장학의 궁극적 목적과 본질을 무엇이라고 생각했는지, 이번 강의를 통해서 알게 되었던 장학의 개념(정의)는 무엇인지 그리고 앞으로 장학에 대한 자신의 개념(정의)을 제시하고, 대답에 대한 논리를 설명해 보자.

2) 장학의 방향

장학이 어떠한 형태로 이루어지든, 그 기본적인 생각은 교사 자신의 교수활동을 점검하고 이를 개선하려는 노력이 담겨있어야 한다. 이런 의미에서 장학은 '교사 자신의 **교수능력**을 개발하기 위한 **자기성찰**'을 도와주는 일련의 행위라고도 볼 수 있다. 이런 측면에서 장학의 방향을 언급해 보면 다음과 같다(주삼환, 2003).

거시에서 미시로의 접근   장학에서도 일반장학에서 **수업장학**으로, 다시 **임상장학**으로 강조점이 변해 가고 있다. 중앙의 장학에서 지방장학, 교내장학, 구체적인 수업 상황으로 초점이 좁혀지고 있다. 또한 행정가와 장학자 중심 장학에서 교사중심 장학을 거쳐, 더 구체적으로는 학습자중심 장학으로 초점이 이동하고 있다. 결국 교육은 학생을 움직이려는 것이기 때문이다([그림 13-7] 참조).

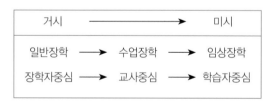

[그림 13-7] **장학의 관심 이동**

이러한 장학의 흐름에 비추어 볼 때 우리나라의 장학은 어느 쪽을 향해 가고 있는가? 교장의 하는 일이, 장학사가 하는 일이 얼마나 수업과 교사와 학생과 밀접하게 관련되어 있는가? 학생과 멀리 떨어져 있는 사람일수록 지위가 높아지고 많은 사람의 부러움의 대상이 된다면 비정상이 아닌가?

교사의 능력개발에 대한 강조의 경향   보통 사람은 자신이 가지고 있는 능력의 10% 정도밖에 사용하지 못한다고 한다. 교사도 보통 사람이라면 자기 능력의 10% 정도만 발휘하고 있다. 결국, 나머지 90%의 능력을 개발해 주자는 입장이 필요한데, 이것이 바로 **직원개발**(staff development), **교사개발**(teacher development)이다.

인간은 자기가 가지고 있는 능력을 최대한으로 발휘할 때가 가장 행복하다. 이를 일반적으로는 자아실현이라고 한다. 학생의 자아실현을 돕는 것이 교육이고, 교사들이 가지고 있는 능력을 최대한 개발하고 발휘하게 하여 그들을 행복하게 만들어 주자는 장학적 접근이 **인간자원장학**이다. 이는 교사들을 부려먹자는 과거의 접근(인간관계장학)과는 근본적으로 다르다. 교사들도 가치 있는 일이라는 판단만 내려진다면 그들의 일에 최선을 다할 것이다.

교사들 스스로가 자신의 능력개발과 전문성 개발을 위해 센터를 마련하여 모임을 갖고 자료를 개발하는 운동의 장이 **교사센터**(teacher center)이다. 이것은 영국에서 성공을 거두고 전 세계로 퍼져 가고 있다. 교사의 발전 정도를 확인하여 그에 맞는 장학을 하여 다음 발전 단계로 올려놓으면서 계속 발전시키자는 데 착안한 장학적 접근이 Glickman의 **발전장학**(developmental supervision)이다([그림 13-8] 참조).

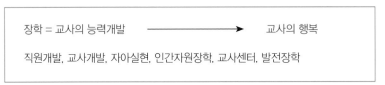

장학 = 교사의 능력개발 ⟶ 교사의 행복

직원개발, 교사개발, 자아실현, 인간자원장학, 교사센터, 발전장학

[그림 13-8] **발전장학**

이런 수준의 장학이 되려면 장학 담당자의 철학이 바뀌어야 하고, 수준도 높아져야 하며, 교사의 장학에 대한 태도 또한 바뀌어야 한다. 장학이 교사를 행복하게 해 주려는 것이라는 사실을 확신하게 된다면 틀림없이 교사의 장학에 대한 태도는 바뀔 것이다.

장학의 개별화와 다양화의 경향   학생에게 개별학습, 개별화 수업이 바람직하다고 한다면 이와 똑같은 논리로 교사에게도 **개별화 장학**(individualized supervision)이 요구된다. 처음 교직에 들어올 때에는 천차만별의 사람이 모여드는데 1년 내지 2년 동안 교직생활을 하면서 교사들의 수준은 엄청난 차이로 벌어지게 된다. 똑같은 교직 경력을 가지고 있어도 교사들의 수준 차이는 크게 벌어진다. 그런데 한 학교 안에서도 경력, 학력, 성별, 출신에 따라 더욱 큰 차이를 만들게 된다. 교사라고 해서 다 똑같은 교사로 보는 것은 장학의 오류를 범할 수 있다.

따라서 교사 한 사람 한 사람에게 맞는 장학을 하려는 것이 **개별장학**이다. 이는 교사를 집단으로 묶어 다루지 않으려는 민주장학의 정신과도 맥을 같이한다. 임상장학과 마이크로티칭도 개별장학의 한 형태이다.

그런데 특별한 경우, 특별한 사람을 제외하고는 모든 교사를 일대일의 개별장학으로 접근하기는 거의 불가능하다. 그래서 나온 것이 **선택적 장학체제**이다. 몇 개의 장학 대안 중에서 각 교사에게 맞는 장학 대안을 선택하게 하자는 생각이다. 이는 개별장학의 정신도 어느 정도 살리고 민주주의에서의 선택의 자유도 줄 수 있다는 강점이 있다.

학생과 학부모에게 학교 선택의 자유를 주고 그들이 원하는 학교와 교장 · 교사까지도 선택하게 하는 나라와 지역이 생겨나고 있다. 그리하여 장학이 다양해지지 않을 수 없게 된다.

전통적 장학, 동료장학, 임상장학, 자기장학, 자율장학, 각종 현직연수 등 다양한 접근으로 종합적 노력을 기울이고 있다([그림 13-9] 참조).

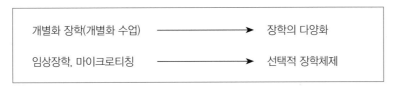

[그림 13-9] **장학방법의 변화**

리더십에 대한 강조 경향   미국 교육개혁 권고안의 하나가 리더십(leadership) 개발이다. 미국의 많은 대학에서는 '교육행정학과'가 '교육리더십학과(Department of Educatio-nal Leadership)'라고 어색할 수도 있지만 명칭이 변경되었다. 교육행정가 양성이 아닌 **교육리더 양성**으로 바꾼 것이다.

교육, 장학 및 수업 리더와 리더십이 최근에 더욱 강조되고 있다. 교육개혁의 핵심은 수업 리더(instructional leader)에 의한 '효과적인 학교 만들기 운동'에 있다고 한다. 특히 학교장의 수업 리더십이 강조되고 있다. 교장의 수업 리더십을 기르기 위해 미국의 많은 대학과 각 지역에는 (교사센터와 비슷한 의미의) 교장센터(principal's center)가 설치되어 있다. 장학에서도 교장의 수업지도 역할에 쏠려 있으며, 더 직접적으로 교수장학(teaching supervision)에 접근하느냐에 있다고 본다([그림 13-10] 참조).

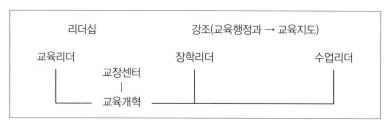

[그림 13-10] **장학 리더십의 강조**

과학적 장학(scientific supervision)과 기예적 장학(artistic supervision)의 공존   학교에는 많은 데이터가 있다. 이러한 데이터를 이용하여 학생의 지식 수준과 향상도에 대한 불확실성을 줄일 수 있다. 장학활동을 하는 과정에서 어떤 종류의 의사결정을 할 때 어떤 데이터를 활용해서 접근하는 객관적·계량적 수업이론에 기초한 과학적 접근이 있는다. 반면에 교육의 본질적인 접근에서 예술적이고 어느 정도 주관적이며 예술 비평식 교육 비평이라는 접근도 있다. 예를 들어, 장학적 접근을 할 때 장학 담당자는 학교의 많은 종류의 데이터를 갖고 있고 다양한 데이터를 종합적으로 활용하는데, 학생들을 이해하고 학생들이 더 적합한 수업을 받을 수 있도록 하기 위해 교사들이 학생들에게 가장 좋은 것이 무엇인지를 찾을 때는 창의성, 직관, 경험, 윤리, 전문적 판단의 중요성도 고려되어야 한다.

[그림 13-11] **장학방법의 상호 보완**

책임장학의 경향　　교사가 잘못 가르쳐서 학생들의 성적이 낮아졌으니 교사가 책임져야 한다는 논리가 장학에도 적용된다. 교사로 하여금 잘 가르치게 해야 할 책임은 바로 장학자의 책임이기 때문이다. 학생을 잘못 가르친 것은 교사 본인에게도 책임이 있지만 그를 교사 후보자로 선발한 국가와, 그를 양성하고 자격증을 준 교사양성 기관과 국가 그리고 근무 중의 장학 책임자에게 많은 비중의 책임이 있는 것이다. 따라서 학생의 성취도에 대하여는 장학 담당자가 책임을 면할 길이 없다[교사 양성도 장학의 측면에서 학생장학(student supervision)으로 다루고 있음]. 이런 입장에서 장학을 다루는 것이 책임장학이다.

🎓 **기본 학습 4**

앞에서 제시한 여섯 가지 장학에 대한 경향과 강조사항 중에서 자신이 새롭게 알게 되었던 사실과 자신이 역점을 두어야 하는 사항은 무엇인지와 왜 그렇게 생각하는지에 대한 논리를 제시해 보자.

---

3) 협동적 동료장학

(1) 협동적 동료장학을 해야 하는 이유

이제 장학도 행정적이고 일반적이며 상부적인 장학에서 수업 개선적이고 구체적이며 하부적인 학교와 교실로 내려와 교사와 밀착되는 장학으로 그 강조점이 바뀌어 가고 있다. 이러한 때에 교사들끼리 자율적으로 동료장학을 한다는 것은 세계적인 조류에도 맞고 우리나라에서는 그것이 어느 정도 정착되고 있다고 볼 수 있다. **협동적 동료장학**이란 교사의 교수기술 향상과 전문적 성장을 위하여 교사 상호 간에 협동적 노력을 하는 과정이다. 이와 같이 동료장학은 이제 현장에서 하나의 흐름이 되었고, 동료장학을 하는 이유는 크게 네 가지 측면에서 볼 수 있다.

첫째, **동료장학**은 분권화의 조류와 맥을 같이한다. 모든 일이 수요자와 고객 가까이로 접근하고 있다. 따라서 모든 권한이 집권에서 분권으로 가고 있으며, 교육도 중앙에서 현장으로 권한이 이양되고 있다. 저자는 이를 '**장학의 중심 이동**'이라고 표현했다. 장학이 교장·교감을 중심으로 한 교내장학, 그중에서도 교사들끼리 협동·노력하는 동료장학과 궁극적으로는 교사 스스로 교수기술 향상과 자기성장을 위해서 노력하는 자기장학으로 장학의 중심이 이동해야 한다. 동료장학은 이러한 주장과 일치하며, 앞으로 장학은 교내장학·

동료장학·자기장학이 잘 이루어지도록 지원하는 노력을 해야 할 것이다.

장학의 중심 이동은 일반장학·행정장학으로부터 수업장학·임상장학 등 미시적으로 파고들고, 행정가·장학사로부터 교사·학생에게로 접근하려는 노력도 포함되는데, 그런 의미에서 동료장학은 내용적으로 교사가 하는 일과 가장 밀접한 '수업'과 밀착하게 된다.

둘째, 동료장학은 참여·**자율화**의 거대 조류와도 일치한다. 장학은 이제 더 이상 일방적인 피동적 장학으로 남아 있을 수는 없다. 민주주의가 대의민주제에서 참여민주제로 바뀌어 가고 있는 이즈음 장학 또한 교사의 적극적인 참여를 바탕으로 한 참여장학이 요구된다. 동료장학이야말로 교사들 상호 간에 하는 참여장학의 정수라고 할 수 있다. 민주주의는 자율을 근거로 하고 있다. 즉, 스스로 결정하고 자신의 결정과 행동에 책임을 지는 것이다. 동료장학은 교사들의 자율과 참여에 근거한 바람직한 장학의 방향이라고 할 수 있겠다.

셋째, 동료장학은 **전문직적 특성**과 일치한다. 전문직의 전문가는 관료적 상급자보다도 전문가 동료를 지향한다. 전문의사는 동료 전문가 의사와 협의하여 수술을 집도하는 것이지 행정가인 병원장과 협의하는 것은 아니다. 교육에서도 옛날에는 교사들이 가르치다가 문제가 생기면 교장을 찾아갔으나 이제는 교장 대신에 동료 교사를 찾아간다. DeSanctis 와 Blumberg(1979)의 연구에서 교사들이 수업과 학급관리에 대하여 대화를 나눈 사람으로 64%는 동료 교사, 23%는 전문가, 7%는 교장; 6%는 사무직원이나 기타 식당종업원 등을 꼽았다는 것은 흥미롭다. 교사들은 교장과 비슷한 비율로 일반 직원들과 전문적인 일에 관하여 대화를 나누는 것이다. 교사의 문제에 대하여 가장 잘 알고 도와줄 수 있는 사람들은 동료 전문가인 교사들이다. 그리고 동료 교사들은 쉽게 만날 수 있고 약점도 털어놓으며 서로 도움을 청할 수 있는 위치에 있다는 장점도 있다. 교사는 교장과 교감의 평가를 받기 때문에 거리감이 있으며 위협감을 느끼는 데 비하여 동료 교사들은 서로 접근하기가 가능하고 비공식적으로도 각자가 가지고 있는 능력을 상호 간에 최대한 활용할 수 있다. 장학을 상호 간에 도움을 제공해 주는 넓은 의미로 사용한다면 교사들은 서로 훌륭한 동료장학사가 될 수 있다. 우리나라와 같이 장학사나 교장·교감에 대하여 별도로 전문적인 장학사 양성교육이나 연수교육을 충분히 실시하지 못하는 상황에서는 오히려 동료장학을 체계화하고 교사에게 장학적 기초교육을 시켜 장학요원으로서 확대하는 것이 더욱 효과적일 수 있다.

넷째, 앞으로의 교직사회는 **개방과 협동**을 요구하게 된다. 그래서 동료 간에 상호 개방과 협동을 필요로 하는 동료장학의 가치는 높아지게 될 것이다. 지금까지의 교사는 '외로운 운영자'였다. 경험 있는 교사도 신출교사도, 혼자서 수업을 계획하고 혼자서 실천하고 혼자서 평가해야 했다. 교사는 성공해도 혼자서 기뻐했고 실수도 혼자서 하게 되는, '고독한 직업'이었다. 그러나 이제 교사들의 능력을 골고루 발휘하게 하고 강점을 골고루 학생들에게 나누어 준다는 의미에서 '팀 티칭'이 필요하게 되었고, 또 '개방교실'과 '개방학교'로 인해 교사들이 하는 일이 개방되게 되었다. 따라서 이제는 교직도 다른 직업들과 같이 절대적으로 개방과 협동을 요구받고 있다. 가르치는 지적인 일을 나누어 갖고 곁에 전문가 동료가 있어 외롭지 않다는 것을 느끼게 되는 것은 유쾌한 일이 될 것이다. 그리고 현명한 교사라면 실수를 감춤으로써 영원한 패배자가 되는 길을 더 이상 택하지는 않을 것이다. 그런 의미에서 동료장학의 가치는 인정받게 될 것이다. ☞ **심화 학습 4**

(2) 협동적 동료장학 방법

협동적 동료장학의 초점을 수업에 맞추면, 둘 이상의 교사가 서로 수업을 관찰하고, 그 결과에 대하여 피드백을 제공해 주고, 공통적인 전문적 관심에 대하여 토의하면서 자신들의 전문적 성장을 위해 함께 일하기로 약속한, 비교적 **반형식적 과정**이라고 할 수 있다. 교사들이 전문적 성장을 위해 서로 돕는 방법은 형편과 상황에 따라 아주 다양하다. 두세 명의 교사가 서로 수업관찰을 하고 그 결과에 대하여 서로 의견을 교환하는 간단하고 간소한 장학방법으로부터 아예 교사를 한 팀으로 조직하여 수업을 하기 위하여 여러 측면에서 협동하는 야심적이고 종합적인 장학방법도 있을 수 있다.

그러나 적어도 장학의 관점에서 동료장학을 생각한다면, 첫째, 동료의 관계성은 비교적 반형식적이고 반제도적일 필요가 있다. 우연히 수업을 보게 되거나 도움을 주고받는 비공식적 교류에 맡기는 것까지 동료장학의 범주에 넣을 수는 없다. 둘째, 교사들은 적어도 두 번 이상은 서로 수업을 관찰하고 **관찰 후에 협의회**를 가져야 할 것이다. 셋째, 교사 간의 관계는 상호 우호적인 동료적 관계이어야 한다. 교장 · 교감이나 장학사가 지원해 주거나 가끔 확인해 보더라도 관찰과 협의회 · 토의는 전적으로 교사들만이 참여하게 하는 것이 좋다. 넷째, 또 이들의 관계는 평가적이 아니어야 한다. 상호 평가로 이용될 때에는 진실된 상호 성장의 목적은 달성되기 어렵다. 무엇보다도 중요한 것은 교사의 자발성과 성장 의욕, 동기 유발에 호소하는 것이다. 모든 일이 다 그렇지만 이 동료장학도 교사들의 자발성에 기대해야 한다. 그래서 동료의 짝이나 팀을 구성할 때도 가능한 한 그들의 희망을 들어서 하는 것이 좋다(김영식, 주삼환, 1991; 주삼환, 1996). 이제 몇 가지 협동적인 동료장학의 예를 들기로 한다(주삼환 역, 1986a, 1986b).

① 비공식적 관찰 · 협의

가장 쉽게 접근할 수 있는 방법으로서, 피관찰 교사의 희망에 따라 수업관찰을 하고 피드백을 제공하며 관심과 문제점에 대하여 협의하게 하는 방법이다. 수업관찰은 피관찰 교사가 관심을 갖는 특정 내용에 초점을 두는 '초점관찰'이 될 수도 있고, 수업 전반을 관찰하는 '무초점관찰'이 될 수도 있다. 이는 피관찰자에게 주도성을 두고 비공식성에 근거한 자유스러운 분위기에서 이루어진다.

② 초점관찰 – 자료 제공

이는 피관찰 교사가 관심을 갖는 내용에 초점을 맞추어 수업관찰 도구에 의거하여 수업관찰을 하고 여기서 수집된 관찰 자료를 수업자에게 전해 주어 분석이나 평가는 수업자에게 맡기는 방법이다. 예를 들면, 수업 중 교사와 학생 간의 상호작용 종류에 따라 상호작용의 빈도만 표시해 주고 분석이나 평가 · 결론 등 그 자료의 활용은 전적으로 수업자인 피관찰 교사에게 맡기는 것이다. 이 방법은 수업자가 자료를 분석할 수 있고 활용할 수 있는 능력이 있고, 또 관찰자도 자료수집을 할 수 있는 능력이 있다는 것을 전제로 한다. 관찰자에게는 도움이 안 될 것으로 생각되기 쉬우나, 다른 동료의 수업을 관찰하고 관찰 도구에 표시하는 것만으로도 많은 것을 배우게 된다. 능력 있는 교사는 이 정도의 협동으로도 많은 전문적 성장을 할 수 있으리라 본다.

③ 소규모 팀 학습

3~5명의 교사가 집단을 이루어 ① 집단의 요구를 분석하여, ② 교육과정과 수업을 관찰하여 분석하고, ③ 관찰 자료에 근거하여 피드백을 제공해 주고, ④ 관찰 기록을 나누어 갖는 가운데 현직연수의 목표를 달성하는 협동적 노력을 하게 할 수 있다. 집단이 비슷한 현직연수의 요구를 가지고 있으면 더욱 좋을 것이고, 그렇지 않다면 집단을 구성하고 나서 거기서 공통적인 요구사항을 찾아내야 할 것이다. 현직연수를 강연회로만 생각할 필요는

없다. 수업에 관한 연수가 더 중요한 연수이다.

④ 팀 티칭

우리나라에서는 팀 티칭이 오래전에 소개되었으며, 혁신학교가 강조되면서 점차 일반화되고 있다. 교사들은 누구나 강점과 약점을 갖고 있는데, 팀을 이룸으로써 약점을 보완하고 강점을 살려 학생들에게 질 높은 수업을 제공해 줄 수 있기 때문이다. 이런 **팀 티칭** 속에서는 자연스럽게 수업관찰을 하고 피드백을 제공해 주게 되는데, 이를 형식화하면 더욱 효과적일 수 있다.

⑤ 임상장학에 의한 동료장학

임상장학은 합리적인 수정에 관심을 갖고 일대일의 친밀한 관계 속에서 계획협의회, 수업관찰, 피드백협의회를 통하여 교사의 수업기술을 향상시키고 계속적인 전문적 성장을 돕고자 하는 하나의 장학 대안이다. 주삼환 등(2015)은 임상장학의 방법에 대해서 구체적으로 다루었다. 과거의 장학이 장학사의 필요에 의한 장학사중심 장학이었다면 이에 반하여 임상장학은 교사주도의 교사중심 수업장학의 한 방안이라고 할 수 있다. 이러한 교사중심의 수업장학이라고 한다면 동료 교사들 간의 임상장학이야말로 적절한 모형이라고 할 수 있다. 다만 교사들이 임상장학의 기술을 습득하기 위한 훈련과 연수를 충분히 받지 못했다는 점을 고려하여, 때로는 과정을 줄이거나 약식으로 할 수도 있을 것이다.

⑥ 동료 코치

미국에서는 장학이라는 개념 대신에 동료 교사 간에 '동료 코치'라는 개념이 환영받고 있으며 널리 번져 가고 있다. 마치 운동선수들이 트레이너와 코치의 지도를 받아 새로운 전략과 기술을 익히는 것과 같은 관계성을 교사장학에서 빌려 온 것이다.

동료 코치의 목적은 ① 교수기술의 연구를 위하여 계속적인 노력을 기울이는 교사들의 공동사회 풍토를 형성하고, ② 새로운 지식과 기술을 협동적으로 연구하는 데 필요한 공동언어와 이해를 갖게 하고, ③ 새로운 교수 기술과 전략을 획득하는 데 필수적인 훈련을 계속하기 위한 구조를 제공하려는 데 있다.

코치의 과정은 다양하겠지만 우선 ① 관찰과 피드백을 통해서 새로운 교수 전략에 필요한 기술을 증대시키는 데 초점을 맞추고, ② 기술이 개발되고 숙달되면 새로운 교수 전략을 적절하게 사용하는지 상호 검사하는 보다 복잡한 단계로 넘어간다. 이 단계에서는 공동수업 계획을 세우고 실험을 하게 되는 '협동적 문제해결을 위한 협의회'를 갖게 된다.

이러한 동료 코치는 ① 수업관찰을 통하여 단순히 자료만을 수집하여 수업자에게 제공해 주는 자료 **제공적 코치**(mirroring), ② 임상장학의 전 과정을 거치면서 동료로서 공동으로 문제를 해결하려고 노력하는 **협동적 코치**(collaborative coach)와, ③ 전문가로서 도움을 주는 **전문적 코치**(expert coach)의 수준으로 나누어 볼 수 있다.

또한 초임교사에게 또는 교육청이나 학교에 새로 전입해 온 교사에게 조언교사(adviser)를 짝지어 주어 동료가 코치하게 하는 방안도 생각할 수 있다. 존경하는 선배 교사나 유능한 교사 중에서 희망을 받아, 한 조언교사가 2~3명의 교사를 계속 조언하게 하면 될 것이다. 조언교사에게 수업시간을 줄여 주든가 수당을 지급해 주면 금상첨화이다.

그 외에 동 학년 및 동 교과를 중심으로 팀을 이루어 동료 코치를 할 수 있으며, 다른 학년이나 다른 교과교사를 섞어서 팀을 이루어 코치를 하게 하는 방안도 가능하다.

⑦ 동료 연수회

흔히 **직원연수회**라고 하면 외부 초청강사를 모셔다가 강연회를 하는 것을 연상하는데, 학교 내부나 교육청 내부의 동료 교사 중 유능한 자원인사를 먼저 찾아보기를 권고한다. 강연·강의도 가능하고, 실험·실기연수도 가능하리라 본다. 그리고 좋은 수업 또는 문제의 수업 장면을 담은 비디오테이프나 교육용 비디오테이프를 구해다가 같이 시청하고 나서 토의·토론하는 것도 좋은 연수가 될 수 있다.

🎓 **기본 학습 5**

학교 현장에서 동료장학의 필요성과 중요성을 더 열거해 보고, 더 많은 동료장학과 동료 코치 방법을 제시해 보자.

4) 장학의 계획과 평가

(1) 장학의 계획

학교장이 하는 일의 대부분이 교내장학 활동이다. 다만, 수업 개선과 직접적으로 관련되어 있느냐 또는 간접적으로 관련되어 있느냐의 차이가 있을 뿐이다. 따라서 교내장학에서는 학교장이 리더십을 잘 발휘해야만 그 효과를 거둘 수 있다. 단순히 교무부장이나 연구부장에게 맡겨 놓아서는 안 될 중요한 일이다(주삼환, 2003).

모든 교육활동이 다 그렇듯 교내장학도 **계획적**이어야 한다. 1년간의 계획, 나아가서는 3~4년에 걸친 **연차계획**에 따라 장학계획을 세워서 실천해야 한다. 이럴 때 문제가 되는 것이 공립학교에서의 순환근무제이다. 장학 담당자인 교장·교감과 장학 대상인 교사가 자주 이동하기 때문에 연차계획을 세워서 장학하기가 매우 어렵다. 다음은 장학계획을 수립하는 데 있어서 고려해야 할 점이다.

첫째, 복합적인 다양한 **장학방안**을 고려한다. 일반적으로 행정에서는 단순과 획일에 너무나 익숙해져 있고 하나의 모형으로 정형화시키기를 좋아하나, 교사의 교수기술 향상과 수업 개선에 있어서 최선의 한 가지 방안만이 존재하는 것은 아니다. 그래서 교사의 교수기술 향상과 수업 개선에 동원할 수 있는 모든 방안을 동원하는 것이 좋다고 본다. 그리고 원래 장학의 범위와 내용, 방법은 아주 광범하고 다양하다. 예를 들면, 수업관찰, 교실 방문, 수업 연구, 직원연수, 개인 연구, 직원회의, 실험실습·실연, 임상장학, 마이크로티칭, 타 기관 방문, 개인 독서, 자기수업 분석, 상담, 동 학년 또는 과 회의, 각종 위원회 활동, 동료장학, 선택적 장학체제 등, 모든 방안을 복합적으로 계획해야 할 것이다. 각 교사들은 어떤 장학활동으로 도움을 받을지 모른다. 행정가들은 흔히 복잡한 것을 싫어하지만 사실은 행정력을 분산시킬 때 이익을 볼 수도 있다.

둘째, 교사의 참여와 동기 유발을 고려한다. 장학은 장학 담당자와 교사 사이에 주고받는 상호작용의 관계라고도 할 수 있다. 줄 사람이 아무리 줄 것을 많이 가지고 있고 또 주고 싶더라도 받을 사람이 받으려고 하지 않고 또 받을 것이 없다고 한다면 장학은 이루어지기 어렵고, 이 경우 설사 장학이라는 형태를 갖게 된다 하더라도 비효과적인, 겉바퀴 도는 것과 같은 형식적인 장학이 되고 말 것이다. 지금까지의 장학이 바로 이러한 냉전 상태의 장학이라고 표현할 수도 있을 것이다. 이래서는 수업의 질 개선을 가져오기가 어렵다.

그래서 앞으로 교내장학을 계획할 때에는 반드시 장학을 받는 입장인 교사를 참여시켜야 한다. 그리고 현대장학에서는 장학을 받을 사람인 교사가 오히려 주도권을 갖고 자기발전을 위해서 노력하는 경향이 있는데, 이런 점을 감안하면 장학계획을 수립할 때 반드시 교사를 참여시키는 것은 당연하다. 다만 언제, 어떤 형태로, 어느 정도 참여시키느냐는 각 학교의 사정에 따라 달라질 것이다.

장학의 성패는 **장학 담당자의 질**에 달려 있기도 하지만 교사의 동기에도 달려 있다. 교사의 동기는 교사의 참여와도 밀접한 관계에 있다. 장학계획에서 어떻게 교사에게 장학에 대한 동기를 유발하느냐를 연구해야 한다. 연수를 통해서, 교사들의 집단활동을 통해서, 혹은 다른 어떤 방법을 통해서 장학의 필요성을 절실히 느낄 수 있도록 하는 일이 가장 중요하다고 본다.

셋째, 교사들이 거부감을 갖지 않도록 한다. 교내장학을 강화하는 계획을 한다고 해서 그것이 교사를 괴롭히는 결과가 되지 않도록 해야 한다. 새로운 교육이론과 교육방법을 적용함에 있어 교사들은 일단 거부감을 갖거나 부정적 시각으로 대하게 된다. 왜냐하면 잠시 유행의 물거품을 일으키다 사라질 것으로 기대하고 소극적으로 접근한다. 이렇게 되면 새로운 시도들은 실패로 끝나게 마련이다. 지금까지 우리나라에 소개된 외국의 수많은 교육이론이 뿌리를 내리지 못한 원인의 일부는 교사에게 동기를 유발하지 못하고 오히려 부담을 지웠던 데 있다고 본다. 이번 교내장학을 계획할 때는 완전히 새로운 것보다는 현존하는 것을 새롭게 고치거나 바꾸거나 보완하면서 거부감을 갖지 않도록 출발한다. 현재 각 학교에서 실시 중인 **교사의 전문학습 공동체**를 기반으로 이루어지는 수업 연구라든지 직원연수일, 교실 방문, 인근학교 방문 등을 수업 개선이라는 데 초점을 맞춰 개선·보완하면, 새로운 접근보다는 훨씬 용이할 것이다.

넷째, 장기적인 안목에서의 교내장학 계획을 세워야 한다. 장학에 대한 인식을 새롭게 하고, 곧바로 학교 현장이 바뀌기를 바라지 말고, 시스템이나 제도를 바탕으로 현장에서 하나의 문화로 정착시키도록 노력하는 것이 필요하다. 지금까지의 교육에서 단기성으로 실패한 것이 많기 때문에 교육은 장기성을 특징으로 해야 한다. 교내장학의 계획도 여기에서 예외일 수는 없다.

다섯째, 교내장학을 계획하고, 효과에 대한 **평가계획**을 포함시켜야 한다. 이 과정에서 현재까지 우리나라 학교 현장에서 강조되고 있는 교원의 전문 학습 공동체도 동료장학과 연계시켜 볼 필요가 있다. **전문 학습 공동체를 열심히 하고 있지만 그 효과성에 대한 평가**는 등한시하고 있다. 교사와 학생이 만족하고 있다든지, 수업의 질이 높아졌다든지, 어려운 일이기는 하지만 학생들의 학업 성취도가 높아졌다든지 등을 통하여 장학 평가를 할 수 있을 것이다. 장학 담당자, 교사, 학부모, 학생을 대상으로 질문지나 면접방법을 통해서도 전문 학습 공동체나 장학 효과를 검증해 볼 수 있다.

(2) 장학 평가

현재 우리나라의 장학활동은 오랫동안 강조되고 있지만 그 효과성과 결과에 대한 평가는 분명하지 않다. 현재 장학에 투입하는 인적·물적·시간적·정력적 자원을 무시할 수는 없다. 과연 그만큼의 투자 효과를 거두고 있느냐에 대해서는 의심을 가지지 않을 수 없다. 그리고 이들 자원을 효과적으로 투자하고 있느냐에 대한 연구도 필요하다.

모든 일이 다 그렇듯이 계획(plan)을 세워서 일을 실천(do)했으면 반드시 그 효과에 대한 평가(see)를 해야 한다. 앞으로 교내장학에서도, 장학에 대한 평가에 더 큰 관심을 가져 주기를 바란다. 다른 사람을 평가하기 위해 많은 시간을 투입하는 것이 중요한 것이 아니다. 정작 중요한 것은 자신을 평가하는 시간을 많이 가지는 것이다. 장학 담당자도 교사와 학교를 평가하는 일에만 바쁠 것이 아니라 자신과 자신의 활동에 대한 평가에도 관심을 집중해야 한다. 이러한 장학에 대한 올바른 평가에서부터 우리나라의 장학은 일보 전진할 수 있는 것이다.

장학에 대한 평가는 ① 장학의 최종 산물에 대한 평가, ② 장학과정의 질에 대한 평가, ③ 장학지도자의 기여도에 대한 평가 등의 세 측면에서 생각해 볼 수 있다.

평가에서 제일 중요한 것은 전 직원, 수업 집단, 교사와 학생의 **자기평가**라 할 수 있다. 장학 프로그램을 평가할 때 장학지도자는 실험과 검사와 같은 객관적인 평가기술도 동원해야겠지만 주관적인 산출 평가 또한 중요하다.

① 학생 성취도, ② 교수, ③ 장학에 대한 교사의 반응, ④ 장학 실제에 대한 조사, ⑤ 이미 설정한 장학 평가에 대한 기준 도달도 등의 평가를 통해서 장학의 효과를 알아볼 수 있다. 또 장학 담당자 자신이 자신의 일에 대해 평가할 수도 있고, 장학 태도를 조사할 수도 있으며, 교사로 하여금 질문지에 체크하도록 할 수도 있다. 이런 정도로 장학에 대한 평가의 필요성과 중요성, 개략적인 평가 내용과 방법을 제시하였는데, 구체적인 것은 각 학교

와 교육청의 사정에 맞게 개발·적용해야 한다.

일반적으로 사람들은 하고 있는 일에 어떤 의미(significance)를 부여할 때 보람과 희열을 느낀다. 무의미한 일에 귀중한 시간을 바치는 사람처럼 불행한 사람은 없다. 단순한 벽돌을 쌓는 벽돌공의 수준을 넘어 성당을 짓는 건축가나 예술가 경지의 의미를 부여하는 것이 장학에서도 절실하게 요구된다.

🎓 **기본 학습 6**

전문 학습 공동체를 시도해 본 경험이 있으면 그 내용을 설명하고, 유익했던 점과 그렇지 못했던 점과 그 이유 그리고 앞으로 전문 학습 공동체에서 동료장학을 활성화시키기 위해서 고려해야 할 사항을 제시해 보자.

---

3. 교육과정 행정과 장학의 개선 방안

이 절에서는 교육과정 행정과 장학의 개선 방안에 대해서 알아본다.

1) 교육과정 행정의 개선 방안

교육은 국가에서 정한 교육과정을 중심으로 이루어지기 때문에 교육을 지원하는 교육행정에서 교육과정을 핵심적인 행정 영역으로, 또는 그 자체를 독립된 탐구 내지는 실천 영역으로 설정하는 것은 마땅하다. 그리고 각급 학교에서 구현하는 교육과정의 결정과 운영에서 분권화를 지향하는 환경에서는 교육과정의 질관리를 위한 장학의 요구가 증대된다. 이런 맥락에서 국가와 지역사회 그리고 학교 수준에서 교육과정의 질 관리를 위한 행정의 개선 방안을 탐구하기로 한다.

(1) 교육과정 개발의 협력적 거버넌스 체제

우리나라는 그간 교육과정 운영에서 지방분권을 위해 노력하여 왔지만, 아직도 강한 중앙집권적 교육과정 행정체제를 갖고 있다. 이런 현실을 타개하고자 문재인 정부에서는 교육과정 개발과 운영을 혁신하기 위해 교육과정 전문가, 교육행정 담당자 그리고 교원과 학부모, 학생들의 의견을 수렴하고 대안을 제시하는 국가교육과정 포럼을 운영하고 있다. 여기에서는 그간의 교육과정 행정 개선 요구와 함께 최근 진행되고 있는 교육과정 거버넌스 체제의 변화를 중심으로 교육과정 행정의 개선 방안을 제시한다.

우리나라에서 교육부가 중심이 되어 국가 수준의 교육과정을 개발하는 과정에서 정치적 권력과 이해관계로 인해 사회적으로 갈등이 유발되어 왔다. 그래서 정권의 정책 방향에 따라 교육과정이 영향을 받는 폐단을 극복하여야 한다는 목소리가 높았다. 이에 따라 최근에 정부에서 추진하고 있는 국가교육위원회 설치와 맞물려 이를 초정권적·초당파적 독립기구로 하여 국가교육위원회와 교육부, 교육청, 학교 간 합리적인 권한 배분에 근거한 협력적 거버넌스를 만들어 사회적 합의를 통해 미래교육 체제를 설계하고 장기적이고 안정적인 교육정책을 추진해야 한다(박남기, 2020; 조난심, 2019)는 주장이 대두되었다. 즉, 교육과정을 포함한 교육정책이 정부(교육부) 주도의 하향식 접근에서 벗어나 교육 주체들이 함께 참여하는 수평적인 네트워크 체제를 만들자는 것이다.

이와 관련하여 김대현(2017: 111)은 2015 개정 교육과정의 개발과정을 검토하여 다음과 같이 문제를 지적하고 주장하였다.

　　국가 교육과정 개발과 관련된 거버넌스 체제의 변화가 필요하다. 정치나 경제 등의 권력기관의 부당한 압박에서 자유롭고, 교과 중심의 영역 다툼에서 벗어나서 중장기적인 차원에서 국가의 교육목표를 세우고 이를 달성하기 위한 교육과정을 구성하기 위해서는, 국가교육위원회를 헌법기관으로 설치하고, 그 속에 교육과정특별위원회를 두고 교육과정을 개발할 수 있도록 해야 한다. 현재와 같이 중앙 정부의 간섭과 통제를 받는 개정연구위원회 같은 조직으로는 국가의 미래와 학생의 교육복지를 위한 총체적이고 일관성 있는 교육과정 정책을 입안하고 집행하기 어렵다.

이 주장은 국가교육위원회의 설치를 전제로 한 것이지만, 정권의 변화와 관계없이 그리고 정치적 영향을 받지 않고 교육단위의 주체들이 안정적이고 일관된 교육과정 개발과 운영에 참여하는 거버넌스 체제를 구축하는 것은 교육의 정치적 중립성과 자율성이라는 교육 본질의 가치를 추구하는 주춧돌이 될 수 있다.

(2) 지역 교육청의 권한 확대와 교육과정 정책 수립 및 행정 역량 강화

2015 개정 교육과정의 총론에서도 국가 교육과정 체제를 유지하는 가운데 지역교육청의 권한과 역할을 강화하도록 하고 있다. 그렇지만 아직도 국가 교육과정이 지역과 학교에 미치는 영향력이 심대하고, 지역이나 학교의 교육과정 결정 권한에 대한 범위와 내용이 구체적으로 규정되어 있지 않다. 이런 문제를 해결하기 위해서는 국가 교육과정 총론 수준에서 시·도교육청 차원의 지역 수준 교육과정의 결정 권한을 분명하게 하고, 지역 수준에서 교육과정에 관한 거버넌스가 충분하게 작동하도록 제도화되어야 한다.

한편 지역 수준에서 교육과정을 개발하고 운영하는 역량이 강화되어야 한다. 현재 지역교육청에 교육과정의 질관리를 위한 조직이 구조적으로 약하고 독립되어 있지 않다. A광역시 교육청의 경우 조직도를 보면 교육과정은 특정 과의 업무분장으로 되어 있는 경우가 많다. 예컨대, A광역시 교육청은 계선조직이 3국(기획국·교육국·행정국) 13과로 되어 있는데, 교육과정은 교육국 밑에 있는 교육정책과(교육정책·교육과정·고교학점제·교원단체팀·에듀힐링팀)의 업무분장으로 되어 있다. 또한 교육정책국의 유·초등교육과나 중등교육과에는 업무분장상으로 별도의 교육과정 담당이 없는 실정이다. 물론 교육과정은 포괄적 성격이 있으므로, 과(課) 명칭에 관계없이 분산하여 교육과정 지원 업무를 수행할 수 있다. 그렇지만 교육과정이 지역 수준에서 개발되고 지원하도록 국가 교육과정이 분권화를 법령으로 명시한 상황에서 교육의 본령(本領)인 교육과정이 최소한 과 수준에서 통합적으로 지원하는 구조가 마련되지 않은 것은 교육과정 행정의 부실을 단적으로 드러낸 것이라 할 수 있다.

(3) 학교 교육과정에서 학생과 학부모의 참여 확대

교육과정의 지역화와 분권화는 결국 교육과정의 실제 운영단위인 학교 수준에서 실현되어야 한다. 이때 교육을 실천하는 교원들의 자율적 권한이 확대되어야 하지만, 학생과 학부모에까지 그 논의가 연장되는 것도 중요하다.

사실 학교에서 교육과정을 편성하고 운영하는 과정에서 학생과 학부모는 주로 '대상'으로 인식되어 왔다. 그런데 최근에는 교육의 패러다임이 '가르침'에서 '배움(학습)'으로 이행하고 있으므로, 학생을 교육의 대상으로만 대우하지 말고 그들이 교육의 주체라는 인식을 가져야 한다. 이번 정부에서 고교학점선택제를 도입하게 된 현실에서 볼 수 있듯이 학생들이 교육과정의 편성과 운영에 참여하는 기회를 확대할수록 교육과정에 대한 학생의 이해, 수업 참여와 학습동기가 높아질 것이고, 학생들이 주체적인 삶의 태도와 역량을 기르는 교육 경험의 기회가 될 것이다.

학교 교육과정의 개발, 편성 및 운영에 학부모들을 참여하게 하는 것도 같은 맥락에서이다. 학교운영위원회를 통해 학부모들이 학교운영에 참여하는 제도가 마련되어 시행되고 있지만, 교육의 핵인 교육과정 그 자체와 관련하여 학부모들이 교육 수요자로서 요구를 반영할 기회는 제한적이다. 따라서 학교 교육과정을 결정하고 운영하는 과정에서 학부모들이 교원들과 함께 논의하는 기구를 만들 필요가 있다. 학부모는 학생(자녀)교육의 지원자이면서 학교교육의 수혜자이다. 이런 관점에서 학부모들이 실질적으로 교육과정 계획과 운영에 참여하여 이해의 폭을 넓히는 장이 마련될수록 학생교육의 효과가 커질 것이다.

☞ 심화 학습 5

2) 장학의 개선 방안

(1) 교육과정 기준 책무성

장학 담당자로서 교장은 교사가 무엇을 가르치고 있으며, 왜 그것을 가르치며, 학생들은 교사가 가르치려고 하는 것을 학습하고 있는지에 대해서 알고 있어야 한다. 이를 위해서 교사와 대화하고 학교 교육과정을 이해해야 한다. 장학 담당자와 교사들은 학생들이 무엇을 학습하고 또 학습하지 않는가에 관한 책무를 진다. 학급 내 모든 학생에게 기대되는 학습 수준을 설정·자극하고 학교 수업의 질을 평가하기 위해 장학 담당자는 특정 학급에서 다루는 학교 교육과정이 국가와 교육청의 교육과정 기준에 얼마나 잘 부합하는가를 파악할 수 있을 정도로 충분히 해당 교육과정 기준을 알 필요가 있다(이윤식 외 역, 2018). 이런 노력이 바로 학교 현장에서 장학 담당자의 수업장학과 교내장학으로 나타나게 된다.

근본적으로 학교의 존재 이유는 학생을 가르치는 일에 있다. 따라서 모든 교육활동의 초점을 가르치는 일에 맞춰야 하고, 이를 위해서 장학 담당자는 교육과정 기준에 정통할 필요가 있으며, 그러한 기준이 학교와 학급에서 이루어지는 수업내용뿐 아니라 학생들이 참여하는 교육과정에서 파생된 지식과 이해에 관한 평가에서 학생의 수행 성과까지 알고 있어야 한다. 그러나 장학 담당자는 자신의 맡았던 교과의 기본 개념의 변화나 과제를 수행하는 연구 방법과 기술의 변화, 학생에게 기대되는 이해 수준의 변화에 대해서 모를 수도 있다. 더욱이 장학 담당자가 자신이 담당했던 교과목이 아닌 다른 교과목의 경우에는 교과를 실질적으로 이해하지 못한 채 장학행위가 이루어질 수도 있다. 이런 경우 교과 부장 교사에게 수업장학을 상당 부분 분담하고 교사의 전문성을 인정하면서도 장학 담당자들은 교육과정 기준에 맞추어 어떻게 수업을 구상할 것인지, 학생들이 그러한 기준을 이해하고 행동할 수 있도록 무엇을 기대하는지, 수업 자료가 학습자의 경험과 어떻게 연계되는지, 특정 단원이 전체 교육과정 단원계획에 어떻게 들어맞는지, 특정 교육과정 단원활동에서 기대되는 광범위한 학습 등에 대해 교사들에게 설명을 요구하는 것을 편안하게 생각해야 한다(이윤식 외 역, 2018).

장학 담당자는 특정 교과에 대한 학문적 내용에 대한 높은 수준의 전공 배경이 없더라도 수업계획과 수업에 대해 갖는 교사의 기본적인 관점에 대해 질문하고 답을 기대할 수 있어야 한다. 장학 담당자인 교장과 교감은 학교 규모에 따라 차이가 있지만 기본적으로 학교 내 모든 수업에 대해 공식적으로 책무성을 가져야 한다. 교육과정 개발은 장학 담당자의 역할이다. 이제 교육과정 개발이 교육청과 학교 수준에서 중요하게 다루어져야 하는데, 바로 장학 담당자가 그 역할을 맡아서 책임을 져야 한다.

(2) 교수와 학습에 대한 관점

교육의 질은 대부분이 수업의 질에 달려 있다. 수업의 질은 교사의 질, 교육과정의 질, 학습환경(자료)의 질에 달려 있다고 논리를 조금 비약시킬 수도 있을 것이다. 이들 교사, 교육과정, 학습환경(자료)과 가장 밀접하게 관련된 교육활동이 무엇인가 찾다 보니 그것이 바로 '장학', 그중에서도 '수업장학'이 되는 것이다. 이것이 훌륭한 교사와 교육과정, 교육환경(자료)을 위하여 직접적으로 도전하려는 수업장학 · 임상장학 · 교내장학을 강조하는 이유이기도 하다. 이제 우리나라도 과거에는 장학 하면 행정을 연상했지만 이제는 '수업장학'으로 보고 수업 개선을 염두에 두고 있다. 따라서 장학 담당자의 개념도 수업 개선을 도와주는 모든 사람, 즉 동료 교사 · 부장교사나 교장 · 교감 · 교육청 · 장학사 · 교육장 등을 모두 포함하는 것으로 사용하고, 장학의 대상도 장래 교사를 희망하는 학생으로부터 현직 교사까지로 확대하여 보는 것이다.

또한 장학에 대한 관심을 장학자만이 갖는 것이 아니라 장학을 받는 입장이었던 교사들도 갖게 되고, 오히려 **교사들이 장학을 주도하는** 입장으로 바뀌고 있다. 정작 장학을 필요로 해야 할 사람은 잘 가르치고자 하는 교사들 자신이기 때문이다. 즉, 자신의 생을 건 직업을 멋있게 하고 거기에서 보람과 희열을 갖기 위해서 노력하는 사람들은 바로 교사들이기 때문에 그들 스스로가 장학에 참여하고 중심이 되어 장학을 주도하는 것이다.

교사의 주업과 본업은 가르치는 일이다. 이 본업에서 실패하는 교육자는 자기의 인생전체를 망쳐 재미없는 생을 영위한다고 해도 과언이 아니다. 교사의 삶은 가르침에 있으며, 가르치는 일이 삶이 되어야 할 것이다. 장학이 진정 교사로 하여금 잘 가르치게 하는 일이고 또 그렇게 할 수 있다면 교사들이 피할 일이 아니다. 장학은 교사가 가지고 있는 능력을 최대한 발휘할 수 있도록 도와주어, 교사의 자아실현을 돕고 성공적인 삶을 살게 하자는 철학으로 바뀌는 것이다. 이래도 장학은 부정적인 것인가? 교수-학습의 관점에서 교실의 방문관찰 방법은 거의 장학의 핵심이 된다. 임상장학, 교실 상호 방문, 타 학교 상호 방문 등을 통한 **교수-학습 관점의 장학**이 이루어질 수 있도록 하는 일도 장학 담당자의 역할이다. 교수-학습의 관점에서 수업 자원과 자료를 다루는 역할도 중요하다. 외국에서는 교과서 선정의 문제, 수업 자료 · 기구의 제공, 교수공학, 지역 자원을 활용하도록 하는 역할도 수업의 질 개선에 도움이 되고 있다.

교사와 학생이 학교에 가는 이유는 가르치고 배우기 위해서이다. 교장의 의자가 마련되어 있는 이유 또한 학생을 가르치고 또 가르치는 일을 도와주기 위해서이다. 결국 학교의 존재 이유는 가르치고 배우는 일이다. 따라서 모든 교육활동도 이 가르치고 배우는 일에 초점을 맞추어야 한다. 그중에서도 특별히 장학은 본질적으로 수업 개선을 위해 존재하는 교육활동이다. 그 방안으로서 **임상장학, 마이크로티칭, 선택적 장학체제, 동료장학** 등이 있다.

(3) 수업장학에서 장학 담당자의 역할

교육의 질 향상을 위한 장학 담당자의 역할은 중요하다. 수업과 학생을 위한 1차적 책임은 교사에게 있지만 그다음의 2차적 책임은 그 교사를 지원하고 장학하는 장학 담당자에게 있기 때문이다. 교사에게 잘못 가르쳤다고 할 때에는 항상 장학의 잘못을 염두에 두어야 한다. 그것이 바로 장학의 **책무성**(accountability) 개념이다. 각자 맡은 바의 역할을 제대로 해낼 때 교육 오케스트라의 선율은 아름답고, 그 선율에 맞춰 춤을 추는 교육무도회는 신나게 된다. 삶의 분량이 문제가 아니며 삶의 질이 중요하다. 이렇게 유추해 나가다 보면 교육의 질, 수업의 질이 학생과 교사·장학자의 삶의 질과도 연결되게 된다.

장학 담당자의 역할은 교사의 수업기술 향상과 전문적 성장을 돕는 일과 그것을 평가하는 일이다. 돕는 일과 평가하는 일은 자주 갈등을 일으킨다. 도와준다고 하면서 평가하고, 때로는 심판까지 하는 역할을 하는 데에 어려움이 있다. 이 평가를 근거로 해서 때로는 교사에게 당근도 주지만 어떤 때는 채찍도 주기 때문에 문제가 된다. 그래서 장학자를 '지킬 박사와 하이드 씨'라고도 하며 '두 얼굴의 사나이'라고도 한다. 그러나 평가의 근본 목적을 따져 보면 평가도 결국 교사를 돕는 쪽으로 생각할 수 있다.

평가의 목적은 크게 두 측면에서 생각할 수 있다. 하나는 인사 결정을 위한 평가이고, 다른 하나는 개선을 위한 평가이다. 전자는 현재 우리나라에서 많이 볼 수 있는 것으로서, 평가 결과를 점수화하여 이에 따라 승진·전출·포상과 징계의 인사적 결정을 하는 것이다. 후자의 평가 결과는 교사의 강점과 약점, 개선점을 찾아 교사 발전의 자료로 활용하는 것이다. 후자의 평가가 강조되면 교사들이 평가에 대하여, 나아가서는 장학에 대하여 부정적일 필요가 없다. 교사의 자기발전을 도와주는 장학자를 배타적으로 볼 이유가 없는 것이다.

장학 담당자의 역할은 수업과 얼마나 직접적으로 관련되었느냐에 따라 주변적·간접적 역할과 핵심적·직접적 역할로 나누어 볼 수 있다. 수업과는 좀 멀리 떨어진 주변적·간접적 장학 담당자의 역할로도 직원발전, 집단을 통한 장학, 지역사회 관계를 생각해 볼 수 있다.

직원개발(staff development)은 장학과 거의 동의어로 생각할 만큼 중요시되고 있으며, 이것은 장학 담당자가 해야 할 중요한 영역이다. 직원연수라는 개념에서 교사의 자발성·비형식성의 개념이 첨가되어 새로운 개념으로 발전된 용어이다. 효과적인 직원개발을 위해서 연수의 요구 조사를 하고, 전략을 세우고, 워크숍을 하고, 활동조직을 하고, 교사센터를 운영하고, 연수의 모델을 형성하는 일이 이에 해당된다. 뭐니 뭐니 해도 교사 스스로 성장하고자 하는 의욕과 동기를 불러일으키는 역할이 중요하다. 다음은 집단을 통한 장학으로서, 집단과정(group process)·집단역동(group dynamics)·집단토의를 통해 지도력을 발휘하는 역할이다. 우리나라에서는 이러한 용어들의 개념 자체에 관심을 가지고 교사의 전문 학습 공동체를 강조하고 있다.

(4) 장학 담당자의 역할과 자질·능력

교내장학을 위한 장학자와 교사의 협의, 면접, 시범수업, 학부모와의 관계 유지, 직원과의 관계 형성은 모두 개인을 통한 장학자의 역할이라 할 수 있다. 이 외에 수업을 평가하는 일, 교사를 평가하고 자료를 분석하는 일, 학생을 평가하는 일, 특히 장학 자체에 대하여 평가하는 일도 중요하다. 또한 현장 연구를 추진하고 돕는 역할도 중요하다. 지역사회와의 관계를 형성하는 일도 장학 담당자의 중요한 역할 중 하나이다.

우리나라에서와 같이 행정적인 일을 많이 하는 곳인 경우 또는 행정가이면서 장학을 해야 하는 교장의 경우는 행정가로서의 역할이 복합적이기 마련이다. 행정가로서는 사람과의 관계를 다루는 상호관계에 관한 역할이 중시된다. 여기에는 단위 기관이나 부서의 대표자로서의 역할, 지도자로서의 역할, 연락자로서의 역할이 포함된다. 행정가로서의 장학 담당자는 여러 가지 정보를 다루는 역할도 해야 한다. 그러다보면 청취자, 전파자, 대변자의 역할이 포함된다. 그리고 행정가이자 장학 담당자는 여러 가지 결정을 내리는 일을 하기 때문에 최고경영자, 혼란처리자, 자원배분자, 협상자의 역할이 포함된다.

이러한 여러 가지 복합적인 역할을 인지하고 교사를 도와 수업의 질을 향상시켜야 하는 역할은 장학 담당자의 능력에 달려 있다. 장학 담당자가 맡은 바 역할을 제대로 수행해 냄으로써 우리나라 교육의 질을 향상시키기 위해서는 자질과 능력을 갖춰야 한다. 장학 담당자의 역할 영역에 따른 능력에는 ① 교육과정 개발, ② 자료 제공, ③ 교직원 인력자원의 지원, ④ 수업조직, ⑤ 양호·교통과 같은 학생을 위한 봉사, ⑥ 홍보개발, ⑦ 수업시설 제공, ⑧ 수업 평가 등이 포함된다.

(5) 교내장학의 활성화

교내장학과 관련된 여러 용어가 있으나 포괄적인 용어로서 **수업장학**이라는 말을 사용한다. 어떤 사람은 임상장학과 수업장학을 동의어로 사용하려고 하나, 임상장학을 수업장학의 한 방안으로 보아 수업장학 속에 포함시킨다. 외국에서는 일반적으로 장학이라고 하면 수업장학과 거의 동일시하고 있다.

그런데 장학의 본질로 돌아가서 수업 개선을 위한 수업장학을 강조하려면 수업이 이루어지고 있는 현장에 가까운 학교 수준의 교내장학을 강조해야 한다는 논리가 성립된다. 여기에서도 우리나라 장학의 방향 전환이 요구된다. 위보다는 아래, 먼 곳보다는 가까운 곳의 장학이 강조되어야 한다. 이러한 거시에서 미시로의 전환은 신교육사회학의 흐름과도 일맥상통하고, 교육의 자율화와 교육자치제의 부활이라는 물결과도 일치한다. 또 교육의 질 향상, 질관리, 수월성(excellence) 추구, 교육의 책무성 강조라는 세계적인 조류와도 맥을 같이한다. 결국 그것은 우리나라에서 수업의 질 개선을 위한 지향점이 되어야 할 것이다.

그러나 내부적으로 볼 때 교내장학을 직접 실천에 옮기기에는 아직도 많은 어려움이 있을 것으로 보인다. 이 방면의 이론과 기술이 발달, 전문인력의 확보, 또 교원의 동기와 자율능력 등을 갖추어야 한다. 특히 교사와 장학 담당자의 근무부담 과중도 문제이다. 본질적 업무가 잡무에 밀려나는 현실에서 수업 개선을 위한 교내장학을 실천하기는 어렵다. 모든 학교 구성원들이 협동하여 극복해야 할 과제이다.

🎓 **기본 학습 7**

기존에 생각했던 장학 담당자를 어떻게 인식하고 있었는지와 앞으로 자신이 장학요원이 되기 위해서 갖추어야 할 역할과 자질 · 능력은 무엇인지를 제시해 보자.

📖 **심화 학습 6**

[심화 학습 1]

'학교 중심(교사 주도)으로 교육과정을 운영하는 데 장애 요인(문제점 등)을 한 가지 들고, 개선 방안을 토론해 보시오.

• 교육과정 운영의 장애 요인(문제점):
• 해결 방안

[심화 학습 2]

교육과정의 주도권이 지역과 학교 현장으로 이행하고, 그중에서도 교사의 자율성을 높이는 방향으로 교육과정 행정이 이루어져야 하는 이유를 세 가지 이상 들어 주장하시오.

[심화 학습 3]

'미리 생각하기'의 '장학담당자를 어떻게 인식하고 있는가'를 읽고, 사례 A와 사례 B 중에서 자신은 어떤 유형의 장학담당자인지를 생각해 보고, 장학담당자로서 각 사례별 장단점을 5가지씩 제시해 보시오.

[심화 학습 4]

다음은 협동적 동료장학에 대한 찬반 입장을 정리한 것이다. 이 내용을 보면서 이장의 서두의 '미리 생각하기'에 소개한 장학에 대한 어느 교사의 소회를 다시 읽고, 협동적 동료장학을 어떻게 하는 것이 바람직한지를 토의해 보시오.

찬성 입장	반대 입장
1. 교사들은 수업과 학급에 관한 조언을 얻기 위하여 장학사나 교장·교감보다 동료 교사를 더 선호하고 이에 더 가치를 둔다. 2. 교사들은 장학에 관한 전반적인 훈련을 시키지 않고도 또 복잡한 수업관찰 양식을 사용하지 않고도 동료 교사들끼리 서로 유용한 피드백을 제공할 수 있다. 3. 동료장학과 동료 코치를 통하여 학교에 동료적 규범이나 동료의식 등 협동적 조직 풍토를 형성할 수 있다.	1. 동료장학이 꼭 바람직하며 이것이 실현 가능성이 있는가? 2. 관찰과 피드백협의회를 치밀한 계획 없이 하여도 효과를 얻을 수 있겠는가? 3. 학교의 관료적 구조, 즉 시간 부족, 동료와의 부적절한 상호작용, 학교건물의 부적절한 물리적 구조 등으로 인해 실제 적용하기가 어렵다. 4. 아직도 장학체제는 교사의 협동적 작업이 어렵다.

[심화 학습 5]

학교 수준에서 학생과 학부모가 교육과정의 계획-편성-운영에 참여하는 장치(기구, 제도 등)를 설계하시오.

[심화 학습 6]

성공적인 장학을 위해서는, 교육청과 학교의 행정적·제도적 지원이 필요하다. 행정적·제도적 지원방법에 대해서 구체적으로 어떻게 하는 것이 좋을지 토의해 보시오.

● 참고문헌 ●

교육부(2015). 2015 개정 교육과정 총론 해설(초등학교).

김대현(2017). 2015 개정 교육과정 거버넌스의 현황과 과제. 교육과정연구, 35(2), 95-119.

김영식, 주삼환(1987). 장학론: 장학사와 교사의 상호 관계성. 서울: 교육출판사.

김영식, 주삼환(1991). 장학론. 서울: 한국방송통신대학.

김종철(1986). 敎育行政學新講. 서울: 世英社.

박남기(2020). 국가교육위원회 적정 모형 개발을 위한 탐색적 연구. 열린교육연구, 28(1), 249-269.

박순경(2002). 국가수준 교육과정 질 관리의 개념화의 교육과정 행정의 개선 방향. 교육학연구, 40(2), 213-230.

박창언(2017). 현대 교육과정학–교육과정 개발과 운영 체제 분석. 서울: 학지사.

박창언(2021). 교육과정행정: 이론과 실제. 서울: 동문사.

이경섭, 이홍우, 김순택(1997). 교육과정: 이론 · 개발 · 관리. 경기: 교육과학사.

조난심(2019). 국가교육위원회 설립 이후 국가 수준 교육과정 체제 탐색. 2019 국가교육과정포럼 미래교육포럼(2차) 교육 거버넌스 변화에 따른 국가교육과정 개발 · 적용 방안.

주삼환(1986a). 장학론: 선택적 장학체제. 서울: 문음사.

주삼환(1986b). 장학론: 임상장학방법. 서울: 학연사.

주삼환(1990). 장학 · 교장론: 교육의 질 관리. 서울: 성원사.

주삼환(1992). 새로운 세기의 교장과 장학. 서울: 양서원.

주삼환(1996). 학교경영과 교내장학. 서울: 학지사.

주삼환(2003). 교육의 질 향상을 위한 장학의 이론과 기법. 서울: 학지사.

주삼환, 천세영, 김택균, 신붕섭, 이석열, 김용남, 이미라, 이선호, 정일화, 김미정, 조성만(2015). 교육행정 및 교육경영(5판). 서울: 학지사.

충청남도교육청(2020). 충남 참학력 고등학교 교육과정(충청남도교육청 고시 제2020-23호, 2020. 9. 10.).

한국교육과정평가원(2013). 2009 개정 교육과정에 따른 초 · 중 · 고등학교 교육과정 해설 연구–중보편. 한국교육과정평가원 연구보고, CRC 2013-13.

한혜정, 조덕주(2017). 교육과정. 서울: 학지사.

함수곤, 김찬재(2007). 교육과정장학의 이론과 실제(개정판). 서울: 중앙교육진흥연구소.

Dull, L. (1981). *Supervision : School Leadership Handbook*. Columbus, Ohio: Charles E. Merrill Publishing Company.

DeSanctis, M., & Blumberg, A. (1979). An exploratory study into the nature of teacher interactions with other adults in the schools. Paper presented at the annual meeting of the American

Educational Research Association, San Francisco, April.

Harris, B. M. (1985). *Supervisory behavior in education* (3rd ed.). Englewood Cliffs, New Jersey: Prentice-Hall, Inc.

Kandel, I. L. (1993). *Comparative education*. Boston: Houghton Mifflin.

Sergiovanni, T., Starratt, R., & Cho, V. (2013). *Supervision: A Redefinition* (9th ed.). 이윤식, 한유경, 김병찬, 정제영, 박상완, 김화영 공역(2018). 장학론. 서울: 아카데미프레스.

제14장

교육행정 목표와 평가

미리 생각하기 **학교 평가, 매년 해야 하는 걸까**

학교 평가는 학교 구성원의 참여와 소통을 통한 학교 개선, 학교교육 활동에 대한 총체적 점검, 단위학교의 자율성과 책무성 제고, 평가 준비를 위한 업무부담 완화, 자체 평가 과정을 통한 학교 구성원의 학교 공동체 구축 등을 목표로 하고 있다. 학교 평가의 제도화에는 성공하였지만 학교 평가가 학교의 매년 반복되는 연중 과업 중 하나로 인식되고 있을 뿐 학교 개선에 기여하고 있는지 의문이다.

3월 학교교육 계획에 학교 평가계획을 반영해야 한다. 학교 평가위원회를 구성하여 학교 평가 추진 일정 및 방법을 결정하고 학교 자율지표를 설정하면서 학교 평가계획이 수립된다. 학교 평가과정에서 공통지표와 자율지표에 대한 근거 자료를 수집하고 수집된 자료에 기초하여 학교 평가를 실시한 후 평가 결과를 분석·정리하여 학교 평가 결과 보고서를 작성한다. 평가가 끝나면 학교 구성원 간 평가 결과를 공유하고 개선 방안을 마련해야 한다. 학교 구성원들의 자발적 참여와 소통을 통한 자체 평가를 실시한다고 하지만 공통지표는 교육청에서 결정되어 내려오고 있으며, 학교 자체 계획을 수립하지만 이 또한 교육청의 학교 평가 계획에 따라야 한다. 학교 평가에는 교감과 각 부장교사만이 참여한다. 평가를 위해 각종 자료를 준비하는 데 시간이 걸린다. 평가 결과는 학교 홈페이지에 실리지만, 그렇기 때문에 안 좋은 이야기는 삭제된다.

☞ **심화 학습 2**

학습성과

학교의 교육적 성과를 제고하기 위해 학교교육 계획 및 학교 평가계획을 수립할 수 있다.

학습목표

1. 학교의 교육목표를 설정할 수 있다.
2. 효과적인 학교의 특징을 제시할 수 있다.
3. 학교 책무성 제고를 위한 학교 평가의 역할 및 개선 방향을 제시할 수 있다.

학습내용

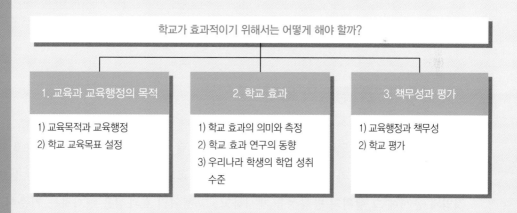

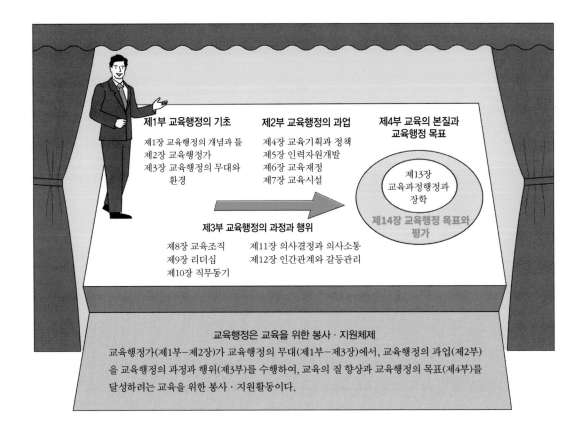

1. 교육과 교육행정의 목적

교육행정이 성공적으로 기능하는가는 교육목표 달성을 위해서 얼마나 기여하고 있느냐로 평가할 수 있다. 따라서 교육의 목적 및 목표는 '교육'이라는 행위에 앞서 가장 선행되는 것임과 동시에 그 행위의 방향성을 제시하고, 그 행위의 효과성을 평가하는 기준이 된다. 이 절에서는 교육목적과 학교 교육목표 사례에 대해 알아보고자 한다.

1) 교육목적과 교육행정

정범모(1968)는 교육을 인간 행동의 계획적인 변화라고 정의한 바 있다. 계획적인 변화를 이끌어 내기 위해서는 변화의 방향, 즉 교육의 목적을 설정하고, 이를 근거로 구체화된 교육목표를 설정한 후 교육목표 달성을 위한 교육내용과 교육방법, 교육 프로그램 등을 준비하고, 이를 지원하기 위한 지원체제를 마련해야 한다. 교육을 위한 지원활동과 지원체제(supporting system)가 교육행정이기 때문에 교육행정은 교육목적 달성을 위한 수단이자 방법이 된다. 행정행위를 함에 있어서 목적을 설정하는 것은 무엇보다 중요하다. 교육목적은 교육행정가의 여러 행정행위(조직, 의사소통, 직무동기, 리더십 등)와 인적 · 물적자원 활용의 방향성을 제시해 주기 때문이다.

김대현(2017: 108-109)은 교육목적을 교육의 목적(국가 수준의 교육목적), 교육의 일반적 목표(학교급별, 기관별, 교과별 목표), 교육의 구체적 목표(단원목표, 수업목표)로 분류한 바 있다. 국가 수준의 교육목적은 국가와 사회가 지닌 교육적 의도를 알려 주고 교육활동의 일반적인 방향을 표현하는 것이며([네이버 지식백과], 교육의 목적), 교육의 일반적 목표를 설정하는 데 근거와 기준이 된다. 기관 수준의 교육의 일반적 목표는 교육의 구체적 목표를 설정하는 데 근거와 기준의 역할을 한다.

국가 수준에서의 교육목적은 법률로 규정하고 있다. 「교육기본법」 제2조는 우리나라 교육 전반에 걸쳐 추구해야 할 교육의 목적을 제시한 것이며, 「초 · 중등교육법」에서는 각 학교급별 교육목적을 규정하고 있다.

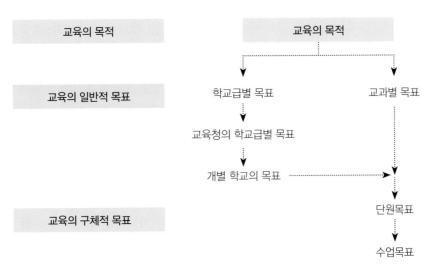

[그림 14-1] 교육의 목적, 일반적 목표, 구체적 목표와의 관계

주: 각각의 목표가 점선으로 연결된 것은 관련되는 내용들이 논리적이고 경험적인 관계는 있지만 인과관계는 아니라는 것을 나타냄

출처: 김대현(2017), p. 108.

「**교육기본법**」**제2조(교육이념)** 교육은 홍익인간의 이념 아래 모든 국민으로 하여금 인격을 도야하고 자주적 생활능력과 민주시민으로서 필요한 자질을 갖추게 하여 인간다운 삶을 영위하게 하고 민주국가의 발전과 인류공영의 이상을 실현하는 데 이바지하게 함을 목적으로 한다.

'교육행정'은 교육이 실제 이루어지는 '학교'에 초점이 두고 있기 때문에 단위학교의 교육목표 중심으로 논의하고자 한다. 교육행정은 학교 교육목표를 달성하기 위한 수단이기 때문에 우선 학교교육의 목표가 설정되어야 한다. 단위학교의 교육목표는 행정의 실천적 방향성이자 행정과정을 통해서 성취해야 할 기준이 되기 때문이다. 모든 학교는 자체의 교육목표를 설정하고 있다. 국가 수준의 교육목적, 학교급별 교육목표을 기반으로, 학교가 위치한 교육청의 교육목표를 고려하고 학교의 여건을 분석하고 단위학교의 교육목적을 설정하게 된다. 이러한 학교의 교육목적은 학교경영 계획에 포함된다.

2) 학교 교육목표 설정

학교의 교육목표를 달성하는 것이 교장의 역할이고 기능이다. 그래서 교육행정에서는 항상 우리나라 교육목적과 학교급별 교육목표, 교육청 및 학교의 교육목표를 염두에 두어야 한다. 단위학교 교육목표는 학교의 비전이나 중점 과업, 학교의 교육철학, 학교의 교육목표를 직접적으로 제시하는 방법이 있을 수 있다. 비전과 과업 중심으로 학교의 교육목표를 제시하되, 교육을 통하여 달성해야 하는 교육적 가치가 있는 목표인지를 검토한 다음 교육목표를 설정하는 것이 바람직하다(김대현, 2017: 115-116).

학교는 교육행정이 실천되는 기본 단위기관이다. 교육실천의 최종 현장인 학교교육의 성패는 교육 성패를 좌우하기 때문에 학교경영은 교육행정에서 대단히 중요하다. 학교에서 교장의 자율적·창의적 관점하에 교육목표를 설정하고 그 목표를 달성하기 위해 필요한 제반 조건을 정비·확립하여 목표달성을 위한 활동을 지도·감독하는 일련의 봉사활동을 학교경영이라고 할 수 있다(주삼환 외, 2015: 373). 학교경영에서 처음은 교육목표를 설정하는 것이며, 마지막은 목표달성 정도를 평가하는 것이다. 학교의 교육목표는 학교경영 계획수립의 지침이 된다.

학교경영 계획은 장래에 대한 예측과 분석된 학교 여건을 바탕으로 하여 일정한 목표를 설정하고, 이를 달성하는 데 요구되는 합리적인 행동을 예정하고 계획하는 과정을 말한다. 학교경영 계획에서는 ① 문제 규명, ② 목표 및 방침 설정, ③ 활동계획, ④ 조직계획, ⑤ 평가계획을 포함한다. 이를 도식화하면 [그림 14-2]와 같다(주삼환 외, 2015: 380-391).

[그림 14-2] **학교경영 계획 과정**

출처: 주삼환 외(2015), p. 381.

첫째, 문제 규명 단계이다. 학교의 경영 계획을 작성하는 기저로서 먼저 교육의 요구가 무엇이며, 현재 학교의 여건에서 교육의 문제는 무엇인가를 학교교육의 상위목표, 지역사회의 실태, 학교의 여건을 중심으로 분석한다.

둘째, 목표 및 방침 설정 단계이다. 학교교육 목표는 교육목표를 달성하기 위해 수행되어야 할 경영안의 기본 방향을 제시한 것이다. 이것은 경영활동이나 결정이 합리적인가를 판단케 하며 아울러 경영 성과의 측정과 평가의 기준이 된다. 학교 교육목표에는 교육부의 교육 방침, 교육청의 교육의 방향과 노력 중점 등이 반영되어야 하며, 아울러 학교의 여건과 지역사회의 특성이 고려되어야 한다. 경영 방침은 학교 교육목표가 더욱 구체화한 수단으로서 교육목표 달성을 위해 채택해야 할 기본적 지침이나 활동 원칙이다. 이는 경영목표를 어떻게 실천할 것인가 하는 수단적 지침을 마련해 준다.

학교교육 목표 및 경영 방침 설정방법의 예를 들면 다음과 같다(이상수, 2018).

1. 학교교육 목표

학교교육이 추구하는 목표로서 일종의 미션(mission)이다. 학생들이 교육을 통해 궁극적으로 도달해야 할 인간상 또는 행동 특성을 함축적인 용어로 제시한다. 국가 교육과정에 나와 있는 인간상을 토대로 학교가 처한 상황과 특성을 반영할 수 있어야 한다.

- 키워드: 인성, 역량, 창의성, 도덕적, 창의융합인재, 미래사회, 글로벌
- 학교 교육목표의 예
  - 반듯한 인품과 창의성을 갖춘 능력 있는 한국인 육성
  - 바른 인성과 미래 핵심 역량을 갖춘 글로벌 인재 육성
  - 올바른 인성과 창의력을 갖춘 건강한 민주시민 육성
  - 미래사회를 이끌어 갈 도덕적이고 창의적인 세계인 육성

2. 학교경영 방침

학교장의 경영 방침: 학교경영을 어떻게 할 것인가에 대한 학교장의 의지를 담은 것으로 학교경영의 큰 방향이다. 학생상, 교사상, 학교상 등이나 전반적인 학교경영의 방향이나 초점 등을 담는다.

- 키워드: 소통, 화합, 민주, 도덕, 책임, 자율
- 학교장 경영 방침의 예
  - 실력 있는 학생, 존경받는 교사, 믿음 주는 학교, 함께하는 학부모
  - 민주경영, 윤리경영, 인재경영, 상생경영
  - 기본이 혁신이다. 시스템이 경쟁력이다. 함께 가야 멀리 간다.

셋째, 활동계획 단계이다. 활동계획은 학교 교육목표를 달성하고 경영 방침을 실천하기 위한 일련의 세부 활동계획이다. 이는 경영 방침에 따라 구체적인 과업이나 활동을 합목적적으로 연결하는 경영활동이나 사업들을 계획하는 과정이다. 이 활동계획은 교과지도, 특별활동, 생활지도를 중심으로 하는 교육과정 운영과 이러한 교육과정을 정상적으로 운영하도록 하는 지원·관리기능을 포함한다. 이 활동은 교육과정 운영을 중핵으로 하여 지원·관리의 기능이 유기적으로 상호 관련되게 학교경영의 전 영역을 포괄해야 한다. 이것들을 부문별로 창출된 전략적 대안 중에서 비교·평가하여 선정하고 다시 세부 계획화한다.

넷째, 조직계획 단계이다. 활동계획이 수립되고 나면 실천 단계에서 이 활동이나 과업을 수행할 부서를 마련하고 담당자를 정하게 된다. 학교는 한 집단으로서 학생, 교직원, 유

관인사들로 조직될 수 있으므로 목표달성을 위하여 ① 교육지도 조직, ② 사무분장 조직, ③ 운영조직 등을 만들어 협동체제로서 학교경영이 가능하도록 한다.

　　다섯째, 평가계획 단계이다. 학교경영 계획에서 계량적으로 설정된 목표들이 달성될 수 있도록 모든 체제의 하위 요소들이 적절하게 투입되고, 그 과정에서 최적으로 상호작용하여, 그 산출을 극대화할 수 있는지를 검토하는 계획을 말한다. 그렇기 때문에 경영의 목표달성이 가능하겠는지를 투입 요인을 중심으로 평가하고, 투입에서 산출에 이르는 과정도 평가하며 목표달성이 되었는지를 확인하는 그 결과(산출)를 평가하는 것 등에 관한 평가의 영역, 내용, 방법, 도구의 작성 등 총괄적 학교 평가의 계획과 피드백의 절차도 마련하여 계획을 완성하게 된다.

🎓 **기본 학습 1**

학교 교육목표 및 경영 방침 설정방법을 참고하여, 자신이 교장이라고 가정하고, 학교 교육목표와 학교경영 방침을 작성해 보자.

---

2. 학교 효과

　　학생 성취를 위한 환경을 마련하고 이를 진작하도록 돕는 것이 교육행정의 목적(purposes)이다. 교육행정의 효과성은 결국 교육행정이 효과적으로 기능하고 있는가를 질문하고 그에 대한 답을 찾는 일이다. 교육행정이 효과적으로 기능하고 있는가의 질문은 앞서 살펴본 교육행정 과정과 행위(조직론, 지도성론, 동기이론, 의사결정, 위사소통)와 관련이 있다. 교육행정 과정과 행위를 통해 학교장은 학교 교육목표 달성을 위하여 노력해야 하며, 이 노력의 결과는 학교 효과로 나타난다.

1) 학교 효과의 의미와 측정

(1) 교육행정 체제와 학교 효과

교육행정 체제는 구조적 차원에서 교육행정의 계층, 단위, 환경 그리고 이들의 관계를 의미한다. 교육청과 단위학교는 구조적으로는 수직적이나 기능상으로는 수평적인 구조를 지향한다. 교육청은 단위학교 수준에서 교육적 필요를 진단하고 이에 적합한 서비스를 제공할 수 있도록 단위학교에서의 자율권을 보장하고, 단위학교의 자율적인 활동들을 장려하고 지원하는 데 중점을 두고, 주민들을 대행하는 책무 요구자로서 단위학교의 교육 성과 제고를 위하여 노력한다(임연기, 2010). 단위학교는 교육청의 지원과 학교 자체의 자원을 바탕으로 교육목표를 달성하기 위한 교육활동을 한다. 교육활동의 성과는 학교 효과이며, 교육청과 단위학교는 지역사회에 학교교육의 성과에 대하여 설명해야 한다. 교육행정에서 효과성이 강조되는 이유는 최근의 교육환경 변화에 기인한다고 할 수 있다. 학생 수 감소, 제4차 산업혁명, 코로나19 등의 교육 외적 변화와 함께 AI, 고교학점제 도입 등 교육 내적인 변화는 가용할 수 있는 인적·물적자원을 동원하여 교육목표 달성의 극대화라는 적극적 노력을 요구하고 있기 때문이다. 교육행정 체제하에서의 학교 효과에 대하여 살펴보면 다음과 같다.

첫째, 단위학교는 교사가 학생을 대상으로 교육과정에 따라 교육을 하는 현장이자, 학업 성취라는 학교 효과성이 구현되는 일선이다. 학교 교육활동의 최우선 목표는 학성들의 학업 성취이며, 이러한 성취는 학교 교육활동의 결과다. 교수-학습 활동의 효과에 대한 평가가 학교 효과성에 대한 평가이다. 학교체제의 구성을 학교조직 측면(school)과 과정 측면(schooling)으로 나누어 생각하면 학교 간 효과뿐만 아니라 학교에서 일어나는 과정에 대해 학생이 어떤 경험을 하느냐에 따라서 학교의 효과가 다르게 나타날 수 있다. 학생의 학업 성취는 학생 및 부모, 학교, 교사 모두의 노력에서 나오는 결과인데, 학생의 학업 성취도 차이를 만드는 데 있어 교사의 책임은 막중하다(강상진, 황정원, 2010).

둘째, 교수-학습 활동이 성공적으로 이루어질 수 있도록 인적·물적자원을 지원하는 활동이 바로 교육행정이다. 교육행정은 학교조직을 통하여 기능한다. 이것이 학교행정의 효과성을 학교조직 효과성으로 보는 이유이다. 학교조직 효과성에 대한 연구 관점은 효과적인 학교 연구에서 나타난 학교 효과성의 개념과 일반 조직론 분야의 효과성 개념을 학교조직에 적용한 효과성의 개념으로 구분할 수 있다(오승희, 박세훈, 2007: 22-23). 효과적인 학교 연구에서의 효과성은 주로 학업 성취라는 단일 측정 준거를 사용하는 반면, 학교조직 효과성은 효과성의 다차원적인 접근을 통하여 "학교 조직 구성원들이 학교교육의 목표를 달성하는 데 최대한의 힘을 모으고, 목표를 달성하는 과정에서 스스로에게 주어진 역할에

만족하며, 변화하는 학교 내·외부환경에 신속하게 대응하여 학교조직을 유지·발전시킬 수 있는 능력"으로 보고 있다(오승희, 박세훈, 2007: 23).

셋째, 조직 효과성은 학교라는 조직을 통한 목표달성 정도를 의미한다. 학교조직 내 자원의 상호작용에 초점을 맞춘 것이 학교조직 효과성 연구라 할 수 있다. 학교의 목표달성 정도는 학교 내부의 요인뿐만 아니라 학교 외부환경의 영향을 받게 된다. 교육행정 체제에서의 학교는 교육부−시·도교육청−단위학교의 위계적 구조하에 위치하고 있으며, 교육부 및 교육청의 교육정책 방향, 단위학교에 대한 지원 등의 영향을 받게 된다. 이에 더하여 Hoy와 Miskel(1996)이 주장하는 바와 같이 투입−과정−산출의 전 과정에서 환경과의 상호작용은 산출에 중요한 영향을 미치게 된다.

넷째, 교육행정 체제하에서의 위계적 구조에서의 학교 효과는 학교교육의 책무성과 연관된다. 책무성이란 개인이나 기관이 자기가 한 일이나 산출에 대하여 기꺼이 책임을 지고 발견된 과오를 수정하는 정도를 의미한다고 할 때 학교교육의 효과 또는 결과의 원인에 대한 설명이 필요하기 때문이다. 교육청은 단위학교의 학교 효과에 대한 설명을 요구할 수 있으며, 학교는 학교 효과에 대한 설명을 통하여 학교교육에 대한 더 많은 지원을 요구할 수 있다. 교육행정 체제에서의 책무성은 평가를 통하여 산출될 수 있다.

(2) 효과성의 측정

효과적이라고 할 때의 효과(效果)는 '어떤 목적을 지닌 행위에 의하여 드러나는 보람이나 좋은 결과'를 의미한다(국립국어원 표준국어대사전). 효과라는 용어는 어떤 목적 지향적 행위의 결과가 긍정적일 때 사용할 수 있다. 행정에서의 효과성은 질과 관련된 합목적인 개념(윤정일, 송기창, 조동섭, 김병주, 2015)으로 설정된 목표의 달성 정도(김창걸, 1998: 21)를 의미한다. 행정행위(리더십, 조직, 의사결정, 동기, 의사소통과 갈등관리)의 각 과정(기획, 조직, 인사, 지시, 조정, 보고, 예산)이 행정의 본질적 가치 추구에 기여할 수 있으며, 행정행위 및 행정과정이 행정의 수단적 가치를 달성할 수 있을 때 행정이 효과적이라고 할 수 있다.

어떤 학교가 효과적인가? 효과적인 학교란 학교의 환경 및 투입 여건이 비슷한 학교들 속에서 학생이 얻게 되는 성취(지적·비지적 산출 포함)가 학부모의 사회경제적 지위나 학생들의 지능 수준에 의한 것이 아닌 학교가 갖고 있는 구조적·조직적·집단적 특성의 차이로 발생하는 교육력의 결과로 학교교육의 성과가 더 높게 나타나는 학교를 의미한다.

학교의 교육활동에 관계된 변수들이 학생의 행동 발달에 미치는 영향을 학교 효과라 한다면, 학교 효과성란 학교를 교육활동이 수행되는 하나의 단위로 보고, 학교 내부에서의 교육활동을 통해 학생에게 기대되는 지적·정의적·신체적 발달에 대한 성취 수준이라고 할 수 있다.

일반적으로 효과는 영향 요인이 성과에 주는 효과가 어느 정도인가로 측정된다. 교육의 맥락에서 영향 요인을 어떻게 설정하느냐에 따라서 학교 효과, 교수 효과, 수업 효과, 교육 프로그램 효과, 학생 성과, 환경 효과, 맥락 효과 등 다양한 효과평가 모형이 존재한다. 학교 효과는 독립변인인 학교 효과에 영향을 주는 요인들과 종속변인인 학생의 성과 간의 관계, 영향력, 설명력, 주요 영향 변인의 탐색, 인과관계, 학생 성과의 질 자체 등을 분석한다 (교육평가용어사전, 2004. 5. 31.).

2) 학교 효과 연구의 동향

학교 효과에 대한 논의의 시작은 미국에서 1966년 Coleman과 동료들이 「교육기회의 평등(Equality of Educational Opportunity)」라는 보고서를 출간한 이후이다. 이 연구에서 학교 성과를 측정하는 모형으로 투입-산출 모형을 활용하였다. 학교의 특성, 교사의 질, 학교의 구성, 학부모의 사회경제적 배경 등을 투입 요인으로 보고 산출 요인으로 학습능력과 성적 등의 교육 결과, 상급학교 진학률, 취업률 등을 들었다.

학교 효과에 대한 연구가 진행되면서 학업 성취도와 그 외의 학생 발달 관련 다양한 지표가 학교 효과 연구에 반영되기 시작하였다. 효과적인 학교의 특성을 탐색하는 연구에서는 학교의 조직 특성으로서의 학교조직 문화(학교의 물리적 환경, 학교 풍토, 학교장의 리더십)나 교사 특성(교사의 배경 변인, 교사의 학업 강조 정도 등), 학교조직 문화(교육목표, 규율, 학교 구성원의 관계, 학생의 수업 참여 태도) 등이 주요 요인으로 다루어지고 있다. 최근의 학교 효과성 연구에서는 학교 효과성을 종속변인으로 두고 다양한 독립변인 또는 매개변인을 설정하여 학교 효과성에 미치는 변인 간의 관계를 규명하는 연구들이 수행되고 있다. 이러한 의미에서 학교의 효과성은 목표달성 여부와 함께 학교의 사회체제적 관점에서 투입과 산출의 과정 속에서 논의되고 있다(이수정, 황현정, 박세진, 김혁동, 오수정, 2019: 16).

[그림 14-3] **학교 효과의 투입-산출 모형**

　　김병성(2001)은 학교 효과성은 학교의 외부에서 주어지는 것이 아니라 학교가 가지고 있는 교육력에서 나오는 것으로 학교의 풍토가 학교의 인적 · 물적자원이나 과정과 밀접히 연관되어 있고, 이러한 상호 인과적인 영향은 학교 효과성에 중요한 역할을 하게 된다고 보았다. 학교 효과 전체 모형은 이러한 관점에서 학교사회를 하나의 문화제제로 보고, 독특한 이념과 풍토를 가진 조직체임을 반영하고 있다(이수정, 황현정, 박세진, 김혁동, 오수정, 2019).

　　효과적인 학교운영에는 다양한 변인이 있고, 변인들 간의 상호작용을 통해 효과성이 결정된다. 투입 요인으로 인적 · 물적자원과 함께 교육청의 정책, 중앙 정부의 정책, 유관기관의 영향이 포함된다. 과정에 있어서 교육행정과 학교관리자의 경영과 지도성이 조직과 의사결정 과정 등과, 교수-학습 등 관련 전문적 과업을 연계하는 요소들이 학교의 문화 및 비전과 상호작용하게 된다. 산출 요인으로 학교 자체의 개선과 발전, 학부모와 지역사회, 학생의 성취와 정의적 변화 등이 제시되며 각 요인들이 상호작용을 통해 학교운영의 효과성을 나타내는 것으로 간주된다(이수정, 황현정, 박세진, 김혁동, 오수정, 2019).

　　학교조직 내 자원의 상호작용에 초점을 맞춘 학교조직 효과성 연구는 효과적인 학교 연구에서 나타난 학교 효과성이 학업 성취라는 단일 측정 변인만으로 학교의 효과를 판단하는 것을 비판하면서, 일반 조직 효과성 분야처럼 다차원적인 접근법이 학교 효과에도 도입되어야 함을 주장하고 있다. 오승희와 박세훈(2007: 23)는 학교조직 효과성을 학교 조직 구성원들이 학교교육의 목표를 달성하는 데 최대한의 힘을 모으고, 목표를 달성하는 과정에서 스스로에게 주어진 역할에 만족하며, 변화하는 학교 내 · 외부환경에 신속하게 대응하여 학교조직을 유지 · 발전시킬 수 있는 능력으로 보고 있다.

　　오승희와 박세훈(2007: 26)은 1980년 이후로 국내 학교조직 효과성 관련 석 · 박사학위

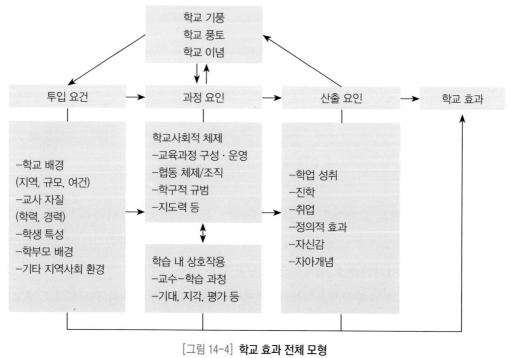

[그림 14-4] **학교 효과 전체 모형**

자료: 김병성(2001), p. 33.

논문에서 학교조직 효과성 연구의 주요 독립변인을 분석한 결과, 지도성(변화지향적 지도성/수업지도성/도덕적 지도성/학교장의 역할/학교장 파워 유형/학교행정가의 행정 유형/학교조직의 행정 형태/직무 성향/학교장의 권한위임/학교장의 자질능력/교장의 동기 유형)과 학교환경(조직문화/교사의 문화/학교환경/조직환경/학교조직 상황/학교조직 풍토)이 가장 중요하게 다루어지고 있음을 밝혔다. 이 외에도 의사결정 참여 유형, 학교조직의 구조적 특징, 조직 갈등 또한 중요하게 다루어지고 있었다.

학교조직 효과성 측정 변인으로는 조직 적응, 직무 성과, 직무만족이 가장 많이 사용되고 있다. 최근에는 구성원들의 헌신이나 직원의 사기 등이 측정 변인으로 자주 활용되고 있으며, 교육과정 운영에 대한 관심도 높아지고 있다. 첫째, 학교에 있어서 적응성은 변화의 세력을 감지하고 부상하는 요구들에 대한 새로운 정책과 실제를 주도하는 전문 교육자들과 다른 의사결정자들의 능력이라고 정의할 수 있다. 조직 적응성에 대한 하위 변인은 주로 정부시책에 대한 호응 정도, 학교교육 방침에 대한 적응, 사회 변화에 대한 지각 정도, 지역사회의 요구에 대한 지각 정도, 지역사회와의 유대관계 등을 의미한다. 둘째, 직

〈표 14-1〉 학교조직 효과성 측정기준

순	연구자	학교조직 효과성 하위 요인
1	Steers (1975)	생산성, 적응성, 융통성, 통합성, 실용성, 목표달성도 등
2	Hersey & Blanchard (1982)	생산성, 업무성과, 인적자원의 조건, 장·단기 목표의 달성 정도
3	Duttweiler (1990)	학생 최우선주의, 학문적으로 풍요로운 프로그램, 학생의 학습을 촉진시키는 수업, 긍정적 학교 풍토, 동료 간의 밀접한 상호작용, 광범위한 직원 연수, 민주적·참여적 지도력, 창조적 문제해결, 학부모 및 지역사회의 적극적인 참여 등
4	Hoy & Miskel (1996)	수업계획, 학생학습, 새로운 교육과정, 교수능력, 학급활동 지역사회계획, 체육성과, 예능 프로그램, 교사·학부모회의
5	오영재(1992)	학생의 통제의 소재, 학교에 대한 긍정적 태도, 학교에 대한 부정적 태도, 학업에 대한 지각성향
6	김정호(1999)	강력한 행정적 지도성, 질서정연하고 쾌적한 환경, 교수–학습의 강조, 교원의 기대
7	김용석(2003)	학업 성취 결과, 직무만족과 사기, 교육과정 운영, 학교 풍토, 교장의 지도성, 학교 환경
8	곽상기(2004)	직무만족, 조직적응성, 직무성과
9	김재덕(2005)	직무성과, 헌신성

출처: 오승희 외(2007), p. 26.

무 성과로서의 학교의 생산성이란 것은 교사와 프로그램의 개별적인 업무 수행의 총합이다. 조직 생산성을 학교 조직 구성원들의 효율성 향상이라는 측면에서 볼 때 조직 생산성의 하위 변인은 필요한 자료의 활용, 위원회제도의 활용, 구성원에 대한 응분의 대우, 분위기 개선을 위한 노력, 목표의 인지 및 시간운영의 적절성, 업무분장 관계, 학습지도, 근무평정에 대한 적절한 반영 등을 나타낸다. 셋째, 행정가의 지원, 지도성, 학생 행동, 학교 분위기, 교사들의 자율성 등은 교사들의 직무만족도와 깊은 관련이 있다. 직무만족도의 하위 변인은 업무에 대한 자부심, 업무에 대한 책임감, 학교에 대한 소속감, 업무 수행에 대한 만족도, 심리적 안정감, 능력 발휘, 업무에 대한 보람, 행정가와의 인간관계, 근무 조건 등이다. ☞ 심화 학습 1

학교교육 효과에 영향을 주는 요인을 학교 수준, 학급 수준, 학생 수준으로 구분해 정리해 보자.

3) 우리나라 학생의 학업 성취 수준

(1) 학업 성취 영향 요인

학교 효과는 주체에 따라 개인적 효과와 사회적 효과로, 효과의 내용에 따라 금전적 효과와 비금전적 효과로, 방향에 따라 정적 효과와 부적 효과로, 시기에 따라 단기 효과와 장기 효과 등으로 분류할 수 있지만 학교 효과를 분석하는 주요 지표로 활용되는 것은 학생의 학업 성취도이다.

교육학 용어사전(1995)에 의하면 학습 성취(academic achievement or academic performance)는 학습의 결과로서 지식과 기능을 습득하는 과정 또는 결과를 의미한다. 학업 성취는 다양한 변인의 영향을 받는 것으로 밝혀지고 있는데, 그중 중요한 것을 간추려 보면 환경적 요인(가정환경, 학급 및 학교 환경, 사회 및 문화적 배경 등), 학습자의 요인(지능 · 성격 · 동기

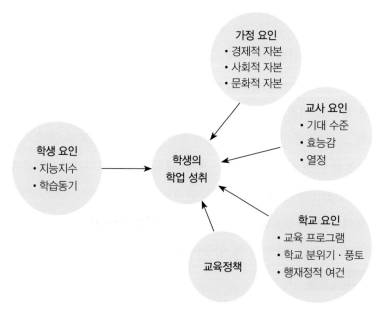

[그림 14-5] 학업 성취 결정구조 모형

출처: 이종재 외(2012), p. 440.

등), 학습 자체에 관련된 요인(선행학습 · 학습 전략 등), 교수에 관련된 요인(교수 체제와 방법, 평가 체제와 방법, 교재의 체제와 방법, 교사 특성 등) 등을 들 수 있다(교육학용어사전, 1995).

학생의 학업 성취는 지능과 학습동기와 같은 학생 개인의 특성이 가장 큰 영향력을 행사하지만, 가정 배경과 교사가 학급을 운영하면서 미치는 영향, 학교의 교육과정 및 프로그램, 학교의 분위기와 풍토 등이 학생의 학업 성취에 영향을 미치며, 중앙 정부나 지방 정부의 교육정책 또한 학생의 학업 성취에 영향을 준다(이종재, 이차영, 김용, 송경오, 2012: 440).

(2) 우리나라 학생의 학업 성취 수준

우리나라 학생들의 학업 성취 수준은 학업 성취도 평가를 통한 종단적 변화와 PISA를 통한 국제비교를 통하여 확인 가능하다. 국가 수준 학업 성취도 평가는 국가 수준의 학업 성취 수준을 파악하고, 추이 분석을 통해 학교교육의 성과를 점검하며, 교육정책 수립의 기초자료를 확보하기 위한 목적으로 매년 실시된다. 교육부가 「초 · 중등교육법」에 따라 전국 중3, 고2 학생 대상으로 시행하는 평가로서, 평가 과목은 국어, 영어, 수학이다. 평가 결과는 '우수학력' '보통학력' '기초학력' '기초학력 미달'의 4단계 성취 수준으로 나누어 학생 개인에게 통보하고 국가 수준의 결과 발표는 '보통학력 이상' '기초학력' '기초학력 미달'의 3단계로 이루어진다. 국가 수준 학업 성취도 평가는 2017년부터 전수 평가에서 표집 평가로 전환되었다. '보통학력' 비율이 높을수록, '기초학력 미달' 비율은 낮을수록 학업 성취도가 향상되는 것을 의미한다.

2019년 교과별 성취 수준은 전년 대비, 중학교와 고등학교 모두 영어의 학업 성취도는 상승하였고, 국어, 수학은 전반적으로 비슷한 수준이었다. 기초학력 미달의 경우, 중학교 영어는 3.3%로 전년 대비 2.0%p, 고등학교 영어는 3.6%로 전년 대비 2.6%p 감소하였고, 국어와 수학은 전년과 비슷한 수준으로 나타났다. 최근 3년간의 중학교 3학년과 고등학교 2학년의 교과별 기초학력 미달 비율은 〈표 14-2〉와 같다.

PISA(Programme for International Student Assessment)는 만 15세 학생의 읽기, 수학, 과학 소양의 성취와 추이를 국제적으로 비교하고, 교육 맥락 변인과 성취 사이의 관계를 파악하기 위해 3년을 주기로 시행되는 국제 비교 연구이다. 3년을 주기로 읽기, 수학, 과학 영역을 평가하며, OECD 회원국과 비회원국이 참여하는 가운데 우리나라는 PISA 2000부터 참여하였다. 우리나라는 PISA 2000년부터 OECD(35개국) 국가 중 읽기 · 수학 · 과학 전 영역

〈표 14-2〉 **교과별 성취 수준 비율(%)**

구분 연도	보통학력 이상						기초학력 미달					
	중3			고2			중3			고2		
	국어	수학	영어	국어	수학	영어	국어	수학	영어	국어	수학	영어
'17	84.9 (0.50)	67.6 (0.85)	72.6 (0.88)	75.1 (1.13)	75.8 (1.20)	81.5 (1.04)	2.6 (0.17)	7.1 (0.32)	3.2 (0.22)	5.0 (0.47)	9.9 (0.70)	4.1 (0.37)
'18	81.3 (0.58)	62.3 (0.91)	65.8 (0.96)	81.6 (0.94)	70.4 (1.27)	80.4 (1.03)	4.4 (0.26)	11.1 (0.41)	5.3 (0.29)	3.4 (0.35)	10.4 (0.66)	6.2 (0.51)
'19	82.9 (0.54)	61.3 (0.94)	72.6 (0.82)	77.5 (0.90)	65.5 (1.24)	78.8 (0.98)	4.1 (0.28)	11.8 (0.44)	3.3 (0.24)	4.0 (0.40)	9.0 (0.59)	3.6 (0.35)

주: 1. 표집 시행에 따라 '17~'19년 결과는 모집단 추정치이므로 ( )에 표준오차를 제시함(이하 동일)
   2. 모집단 분포와 유사하도록 '17년 결과에 대해 '18년, '19년과 동일한 방식으로 가중치를 적용함(이하 동일)
   3. 통계적 유의도는 95% 신뢰구간(표본의 통계치±1.96*표준오차)을 활용함(이하 동일)
출처: 교육부(2019).

에서 상위 수준 성취를 유지하고 있다. 우리나라의 영역별 순위를 OECD 국가 순위로, 연도별로 살펴보았다. 읽기의 경우, 2000년에 6위로 시작하여 2006년에 1위로 점수가 크게 향상되었다. 그 뒤로 1~2위를 유지하다가 2015년 3~8위로 다소 하락하였다. 수학의 경우, 2000년 2위로 시작하여 꾸준히 최상위권을 유지하고 있으며, 2015년에는 1~4위로 나타났다. 과학의 경우, 2000년 1위로 가장 높은 점수를 나타냈으나, 2015년에는 5~8위로 나타났다(양태정, 2019).

〈표 14-3〉 PISA 영역별 순위와 평균점수 추이

영역	연구 주기 참여국 수 (OECD 회원국 수)		PISA 2000 43개국 (28개국)	PISA 2003 41개국 (30개국)	PISA 2006 57개국 (30개국)	PISA 2009 75개국 (34개국)	PISA 2012 65개국 (34개국)	PISA 2015 72개국 (35개국)	PISA 2018 79개국 (37개국)
읽기	평균점수		525	534	556	539	536	517	514
	순위	OECD	6	2	1	1~2	1~2	3~8	2~7
		전체	7	2	1	2~4	3~5	4~9	6~11
수학	평균점수		547	542	547	546	554	524	526
	순위	OECD	2	2	1~2	1~2	1	1~4	1~4
		전체	3	3	1~4	3~6	3~5	6~9	5~9
과학	평균점수		552	538	522	538	538	516	519
	순위	OECD	1	3	5~9	2~4	2~4	5~8	3~5
		전체	1	4	7~13	4~7	5~8	9~14	6~10

주: 1. PISA 영역별 점수 추이 분석은 해당 영역이 처음 주 영역인 주기를 기준으로 하며, 영역별 기준 주기는 읽기 PISA 2000, 수학 PISA 2003, 과학 PISA 2006임

　2. 주기별 영역: PISA 2000(읽기), PISA 2003(수학), PISA 2006(과학), PISA 2009(읽기), PISA 2012(수학), PISA 2015(과학), PISA 2018(읽기)

　3. PISA 2000(43개국)은 PISA 2000(32개국)과 PISA 2000 PLUS(11개국)를 합한 자료임. PISA 2000 PLUS는 OECD 회원국만을 대상으로 시행하였던 PISA 2000의 평가도구를 활용하여 2001년에 PISA 연구에 참여하기를 원하는 OECD 비회원국을 대상으로 시행되었음

　4. PISA 2009(75개국)는 PISA 2009(65개국)와 2010년에 PISA 연구에 참여하기를 원하는 OECD 비회원국(10개국)을 대상으로 PISA 2009의 평가도구를 활용하여 시행한 결과를 합한 자료임

　4. PISA 2006부터 각 국가별로 평균점수에 따른 정확한 등수를 제공하는 대신, 95% 신뢰수준에서 그 국가가 위치할 수 있는 최고등수와 최하등수를 추정하여 제공함

출처: 교육부(2016. 12. 6.).

 기본 학습 3

학교교육의 성과를 학업 성취도 중심으로 한정하는 시각의 장점과 단점에 대하여 생각해 보자.

3. 책무성과 평가

1995년 5·31 교육개혁 이후 정부의 각종 교육개혁 정책에서 '책무성'이라는 용어는 빠짐없이 등장한다. 교원 관련 정책에서는 교원의 책무성이, 학교개혁과 관련해서는 학교의 책무성 증진이 당연하게 언급된다. 학교교육 성과를 논의할 때는 학교교육의 책무성 제고를 말하지만 책무성이라는 것이 구체적으로 무엇을 의미하는지는 분명하지 않다. 여기서는 책무성에 대하여 살펴보고, 책무성 확보 기재로써 가장 중요한 학교 평가에 대하여 논의하고자 한다.

1) 교육행정과 책무성

책무성이라는 말은 어원적으로 보고하고, 설명하고, 정당화하다(giving an account)와 고려하다(taking into account)라는 두 가지 의미를 가지고 있다. 책무성(accountability)이라는 개념은 회계(accounting)를 배경으로 부기(bookkeeping)를 수행하고 이를 외부인에게 설명한다는 의미로부터 출발하였으며(박선형, 2013: 120; 이차영, 2010: 35), 이러한 의미로 재정적 차원에서 공공 자원의 투자 가치(value for money)에 대해 보고하고 설명하고 정당화하는 것을 포함한 재정적 책무성이 주로 논의되었다. 신공공관리론이 대두되면서 재정적 책무성과 함께 정부와 사회 또는 지역 공동체가 그들의 이익에 도움이 되도록 학교운영을 통제할 민주적 권리를 갖는다는 정치적 차원에서의 공적 책무성으로 확대되었다(박선형, 2013: 120-121).

책무성은 '개인이나 기관이 자기가 한 일이나 산출에 대해 기꺼이 책임을 지고 입증되거나 알게 된 과오를 수정할 수 있는 정도'이며(교육학용어사전, 1994), 목적 달성을 위한 산출·결과에 대한 책임이 강조된다. 학교와 관련한 학교 책무성은 학교교육의 책무내용을 이행해야하는 학교가 그 이행 결과를 당사자에게 보고·설명·해명하는 과정과 절차 및 그 결과에 따라 학교에게 보상과 제재를 가하는 활동 전반(조석희, 2006)이라고 할 수 있다. 책무의 내용에 따른 직무와 권한을 부여 받은 책무 이행자가 이행 결과를 교육 수혜자나 일반 국민에게 공식적인 방법으로 보고·설명·해명하는 과정과 절차를 포함하는 것으

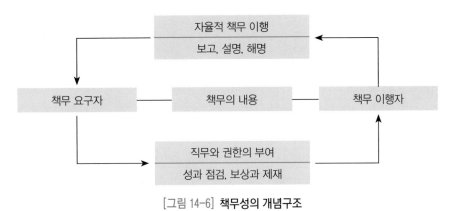

[그림 14-6] **책무성의 개념구조**

출처: 이종재 외(2012), p. 573.

로, 이행 결과에 대한 책임으로 보상과 제재를 수반하는 활용까지 포괄한다.

책무성을 논의할 때 책무 이행자와 책무 요구자가 등장한다. 이종재, 이차영, 김용, 송경오(2012: 573-575)는 책무성의 개념구조를 통하여 책무성을 책무 요구자와 책무 이행자 사이에서 발생하는 관계의 성질 혹은 성향으로 파악하고 있다. 이 경우 국가나 학부모는 책무 요구자의 위치에 서고, 학교나 교육청 및 그 구성원은 책무 이행자의 위치에 서게 된다. 윤정일(2004: 6)은 '책무 이행자는 해야 할 일을 수행한 후 그 결과에 대해서 보고·설명·정당화하는 과정을 거치며, 책무 요구자는 결과 및 일련의 과정에 대하여 보상·지원·처벌을 함으로써 보다 효과적으로 해야 할 일이 전개되도록 하는 기제'로 정의하고 있다.

책무 이행자의 책무가 발생하기 위해서는 책무 요구자가 책무 이행자에게 책무(직무에 따르는 책임과 임무)를 부과해야 한다. 책무 요구자가 책무 이행자에게 어떤 직무(일)를 부과하게 되면 부과된 그 직무에 의해 책무 이행자에게는 자동적으로 그 일에 상응하는 책임, 임무(의무)가 생기고, 그에 따라 책무 이행자는 그 책임과 임무(의무)를 이행하려는 성향 또는 성질이 생성된다고 본다. 그렇기 때문에 직무(job), 책임(responsibility)과 임무(obligation) 혹은 의무(duty) 등은 책무성의 성립에 필요한 조건들이다. 책무 이행자에게 책임을 묻기 위해서는 그에게 직무 수행에 필요한 자격과 권한을 부여(entitlement)해야 한다. 자격과 권한이 없는 자는 자기 책임으로 그 직무를 수행할 수 없기 때문에 그런 자에게 책임을 묻는 것은 부당한 일이다. 책무 이행자는 자신에게 주어진 자격과 권한의 범위 내에서 자율적으로 자기 책무를 이행하고 그 결과에 대해 책임을 지는 것이다. 앞의 그림에서 책무 요구자와 책무 이행자 사이에 '직무와 권한의 부여' 및 '자율적 책무 이행'이 표시되어 있는 것도 이 때문이다.

🎓 **기본 학습 4**

학교교육의 책무성을 제고한다고 할 때, 이 말의 의미를 자신의 언어로 설명해 보자.

교육행정이란 교육 관련 당사자들이 자신에게 주어진 책무를 성실하게 이행할 수 있도록 지원하고 조성하는 공공적 활동이라고 할 수 있다. 이 점에서 본다면 교육행정 활동 가운데 책무성 제고와 관련 없는 활동을 생각하기 힘들 정도로 교육행정 활동을 모두 책무성의 확보 장치로 설명할 여지가 있다(이종재, 이차영, 김용, 송경오, 2012: 580). 우리나라의 경우 1995년 5·31 교육개혁 이후 교육행정의 책무성에 대한 요구가 높아지면서 책무성 확보를 직접적인 목적으로 하는 다양한 장치인 각종 평가와 정보 공개, 감사, 컨설팅 등이 논의되어 왔다. 여기에서는 평가에 대하여 조금 더 살펴보기로 한다.

책무성과 관련하여 평가란 책무 이행자가 자기 책무를 어느 정도 이행하(였)는지를 점검·확인하는 장치이다. 평가의 결과가 정해진 기준을 만족시키면 책무를 성실히 이행한 것으로 판단하며, 그렇지 못할 경우에는 책무 이행에 부족한 점이 있는 것으로 판단한다. 평가는 이처럼 책무 이행의 사후 확인 장치라는 의미와 더불어 책무 이행자로 하여금 책무 이행에 관심을 갖게 만드는 사전 촉진 장치라는 의미도 아울러 지닌다(이차영, 2010: 45-

〈표 14-4〉 **교육 책무성 확보 기제**

평가	교육관련 주체의 활동 내용을 일정 기준에 따라 점검하는 활동으로 평가의 대상에 따라 학교 평가, 시·도교육청 평가, 교원 평가, 학업 성취도 평가 등으로 구분
정보 공개	교육기관이나 교육행정기관의 활용 내역을 알려 주는 정보를 정리하여 정보수요자에게 제공하는 활동
장학	교사의 수업 개선 혹은 수업 전문성 향상을 목적으로 교사에게 제공되는 지도와 조언 활동
감사	학교나 교육행정기관 및 그 소속 구성원의 직무 수행과정 및 결과에서 위법·부당함이 있는지를 감시하는 활동
컨설팅	학교의 요청에 따라 전문가들이 학교운영 책임자와 계약을 맺고 독립적·객관적 태도로 학교의 교육활동과 교육지원활동에 대해 도움을 제공하는 활동

자료: 이종재, 이차영, 김용, 송경오(2012), p. 580에서 수정.

46). 평가의 대상에 따라 학교 평가, 교육행정기관 평가, 교원 평가, 학업 성취도 평가 등을 들 수 있다. 학교 평가는 학교 전체의 구조와 운영 상황을 전반적으로 점검하여 학교의 책무성을 확인하거나 확보하려는 데에 그 의미가 있다.

1996년 이후 실시되어 온 교육부의 시ㆍ도교육청 평가는 교육 성과에 대한 국가 수준의 가장 광범위하고 체계적인 평가라 할 수 있다. 시ㆍ도교육청 평가는 「초ㆍ중등교육법」 제9조의 '② 교육부장관은 교육행정을 효율적으로 수행하기 위하여 특별시ㆍ광역시ㆍ특별자치시ㆍ도ㆍ특별자치도 교육청과 그 관할하는 학교를 평가할 수 있다.'라는 규정을 근거로 매년 실시하고 있다. 시ㆍ도교육청 평가기준은 「초ㆍ중등교육법 시행령」 제12조 제1항에 ① 예산의 편성 및 운용, ② 관할 학교 및 교육기관 등의 운영ㆍ감독, ③ 학교교육지원 및 교육 성과, ④ 학생 및 교원의 교육복지, ⑤ 그밖에 지방자치단체의 교육행정에 관한 사항으로써 교육부장관 또는 교육감이 필요하다고 인정하는 사항으로 제시되어 있다. 2019년 평가영역 및 평가지표의 경우 국정과제를 중심으로 영역 지표 체계를 재구조화하였으며, 투입ㆍ과정ㆍ성과 간의 전체적 흐름을 확인하는 방향으로 지표를 구성하였다(한국교육개발원, 2019).

🎓 **기본 학습 5**

학교에서 책무성 확보 기제로서 가장 중요하다고 생각하는 것은 무엇이며, 그 이유는 무엇인지 설명해 보자.

2) 학교 평가

(1) 학교 평가의 의미

교육의 효과를 학습 성과와 사회적 효과로 구분한 윤정일 등(1995: 125-127)은 교육활동의 직접적인 편익이 학습 성과이며 궁극적인 편익은 사회적 효과라고 보았다. 전자는 내부적 평가로서 교육 평가의 대상이 되며, 후자는 외부적 평가로 사회적 평가의 대상으로 보았다.

교육 내부 평가는 곧 학교 평가이다. 공간적으로 교육체제(학교 포함) 내부를, 시간적으로는 일정한 교육과정 종료 후 학습자의 학습달성도(학업 성취도 평가)를 대상으로 하거나

교육 산출

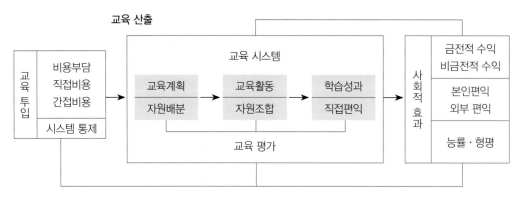

[그림 14-7] **교육의 내부 · 외부 평가**
출처: 윤정일 외(1995), p. 126에서 수정.

학교의 교육계획에 따른 자원배분과 교육활동 지원이 원활하게 이루어졌는가에 대해 평가한다. 이는 학교 책무성의 중요한 수단이 된다. 교육 외부 평가는 학교를 포함한 교육행정 체제에 대한 평가라고 볼 수 있다. 공간적으로는 학교 또는 교육체제의 외부에 있는 사회 전체의 각 분야에 걸쳐서 교육활동이 가져다주는 영향을 주요 대상으로 하고, 시간적으로는 졸업 후 또는 교육과정 종료 후의 영향을 대상으로 한다. 교육활동에 대한 자원배분 개선을 목적으로 한다.

평가는 어떤 것(인간, 사물, 무형의 그 어떤 것)에 대한 정보를 수집 · 분석하여 그 가치를 판단하는 행위이다. 학교 평가란 평가의 한 유형으로 평가의 대상은 학교이며, 평가의 내용적인 측면에서 기관 평가의 특수한 유형의 하나이다. 학교 평가는 학교 구성원들의 개별 능력이나 성취를 분석하는 것이 아니라 학교를 하나의 유기체적 시스템으로 보고 학교교육의 총체적 수준을 점검하는 것이다. 따라서 학교 평가는 학교의 통제력이 미치는 변수에 초점을 맞추어 해당 학교 교육활동의 효과성 또는 교육 서비스의 질적 가치를 판단한다. 이를 통해 학교교육의 목적과 가치를 실현해 가는 과정과 결과에서의 장단점을 체계적으로 확인하고, 개선에 필요한 자료 및 정보를 확보하여 활용하는 연속적 과정이라고 할 수 있다. 정리하면, 학교 평가는 학교의 교육활동, 시설, 설비 등이 교육적 가치를 창출, 성취 및 변형하기 위해 무엇을, 어떻게 기능하고 있는지에 대한 정보를 수집 · 분석하여 그 가치를 판단하는 것으로 정의할 수 있다(정진철, 2011: 10).

학교 평가는 '질을 개선시키는(improving quality)' 학교교육 개선과 '질을 입증하는(proving quality)' 책무성 제고를 목적으로 한다. 학교교육 개선이란 학생들에게 질 높은 교육을 제공하기 위하여 어떠한 상황적 맥락 요인, 과정 요인을 고려하여 학교교육을 개선해 나가고 있는지 그 가치를 판단하고 그 결과를 합리적인 의사결정 과정에 반영하도록 지원하는 것을 의미하는 것으로 학교 평가의 내재적 목적이다. 그렇다면 책무성 제고는 학교 평가의 외재적 목적으로 학교의 모든 활동이 학교의 교육목적 실현에 기여할 수 있도록 교육적 책무성, 재정적 책무성, 계약적 책무성을 확보하도록 유도하고 촉진하는 것을 의미한다(한국교육개발원, 2018: 7).

학교 평가는 우선 학교 교육활동의 강점과 약점을 파악하여 그 개선 방안을 모색할 수 있다. 학교교육 수준과 질을 체계적으로 진단하고, 학교가 교육활동의 강점과 약점을 스스로 파악하여 개선할 수 있도록 지원한다. 또한 교육청은 교육정책의 효과성(effectiveness)을 평가・진단하여, 학교 교육활동에서 중점적으로 지원해야 할 사항을 파악함으로써 학교지원 정책 수립에 적극 활용하고 학교교육의 질 향상을 유도할 수 있다. 마지막으로, 교육활동 우수사례를 발굴하고 전파하여 학교혁신 문화를 확산한다. 학교교육에 대한 정보나 자료들을 공개하고 공유함으로써 학교가 발전적인 교육문화를 이루어가는 데 도움을 주고, 또한 학부모 등 교육 수요자들에게 학교를 선택하거나 교육적 의사결정에 필요한 정보를 제공한다.

(2) 학교 평가제도의 주요 변화

학교 평가는 기존의 장학제도 속에서 이루어져 오다가 1995년 '신교육체제 수립을 위한 교육개혁방안' 이후 학교교육의 질적 향상과 책무성 이행을 위해 명시적인 정책으로서의 학교를 평가하는 독립된 형태로 제도화되고 있다(임연기, 2005). 도입 초기 중앙 정부가 학교 평가까지 시행할 수 있도록 하였으나 실제 시행 측면에서는 시・도교육청에 위임하는 형태로 운영되었다. 학교 평가제도는 학교 평가도입기(1996~1999년), 국가수준 학교 평가 실시기(2000~2003년), 공통지표에 의한 국가수준 학교 평가 실시기(2004~2010년), 시・도 자율 실시기(2011~2013년), 학교자체평가기(2014년~현재)로 구분할 수 있다. 2006년부터 2010년까지 학교 평가의 지표는 공통평가지표(국가 수준에서 학교교육의 질을 모니터링 목적)와 자체평가지표(시・도교육청이 시・도별 교육정책과 중점사항을 평가하기 위해 특성을 반영하여 자체적으로 개발)로 이루어졌다. 2012년까지 학교 평가의 기본 계획을 교육과학기술부가 수립하고, 이 계획의 범위 내에서 시・도교육청이 자율적으로 학교 평가를 실시하였으나 2013년 시행령 개정을 통해 시·도교육감이 학교 평가에 관한 기본 계획을 수립하여 공표하도록 하였다. 2014년부터는 학교 평가가 자율성과 책무성 기반의 학교 자체 평가 방식으로 전환되었음에도 교육청 중심의 공통지표를 부여하는 등 교육청의 관여가 이어져 왔으나, 2019학년도부터 학교 평가방법이나 지표 구성 등에 대해 전체적인 방향만 제시하고 공통지표를 폐지하여 학교 특성과 여건에 따라 평가지표를 자율적으로 선정할 수 있도록 변화하였다.

시·도교육청별 자체 평가로 전환되어 운영하고 있는 학교 평가는 각 시·도교육청의 여건과 역점사항에 따라 평가내용 및 운영 방법에서 약간의 차이를 보이고 있으나, 공통적으로 「초·중등교육법」 조항에 근거하여 평가 영역으로 '교육과정 및 교수-학습 방법'과 '교육활동 및 교육 성과'를 반영하고 있다. 학교의 자체 평가방식으로 전환되었지만, 지표를 개발하는 데 있어 KEDI의 『학교 평가 공통지표 매뉴얼』의 내용과 방법을 준용하거나 시·도교육청의 중점 교육정책을 공통지표로 제시하고 학교별로 선택지표를 선정할 수 있도록 하는 등, 일정 수준으로 지표가 학교별 자체 평가에 공통으로 적용되고 있는 경향이 있다(이수정, 황현정, 박세진, 김혁동, 오수정, 2019: 23).

(3) 학교 평가의 과정

학교 평가는 계획-실천-평가-환류의 과정을 거친다.

첫째, 계획 단계에서는 학교교육 계획 수립 시 학교 평가계획을 반영한다. 학교교육 계획을 학교 홈페이지에 탑재하거나 설명회 등을 통해 안내하여 학교 비전과 교육활동 목표를 공유한다. 학교에서는 학교교육 계획수립·평가위원회를 구성하고 운영한다. 계획 단계에서 학교교육 계획 수립 시 학교 평가계획을 수립하고 역점과제 서술에 평가지표를 포함해야 한다. 또한 전년도 평가 결과를 분석하여 학교교육 계획에 반영해야 한다. 설문조사 결과를 통해 각 영역에서의 미흡 및 불만족 원인을 분석하고 개선방안을 모색하여 교육계획에 반영해야 한다. 조사 결과에서 스포츠클럽에 대한 만족도가 낮으며 다양화를 요구하는 경우, 현재 스포츠클럽 운영의 다양성이 미흡한 원인을 찾고, 이를 개선하기 위한 TF팀을 운영하여 개선방안을 모색하여 교육계획에 반영해야 한다.

둘째, 실천 단계에서는 학교교육 계획에 따라 학년별, 교과별, 부서별 교육활동을 추진한다. 학교교육 활동을 추진하는 과정에서 중간평가를 통해 교육활동을 점검하면서 수정·보완해 가는 과정을 갖는데, 이 과정에서 후속 컨설팅(학교 컨설팅, 그룹 컨설팅, 컨설팅 장학)을 활용할 수 있다. 컨설팅장학은 전년도 학교 평가 결과에 따라 학교에서 필요한 영역(교육과정, 교수학습, 생활교육, 학교운영 등)에 대해 자발적으로 요청하고, 필요시 수시로 실시한다. 또한 중간평가를 통해 학년 초에 세운 계획에 근거하여 실행한 내용을 중간 점검하는 것도 도움이 된다.

셋째, 평가 단계에서는 평가지표에 따라 평가 문항을 작성하여 학교교육 공동체가 참여하는 설문조사를 실시한다. 이때 평가문항은 평가자가 쉽게 이해할 수 있으며 당해 연도 교육활동을 평가하는 데 효과적인가? 평가문항이 당해 연도 교육활동을 평가하고, 차년도 교육활동을 계획하는 데 적절한가? 등의 질문을 통해 평가 문항이 대상별로 적절한지를 검토해야 한다. 학교 평가 결과를 분석한 후 학교 평가서를 작성하고, 학교 평가 결과를 공유하고 결과에 대한 개선 방안 마련을 위한 토론회를 개최한다.

마지막 환류 단계에서는 작성된 학교 평가서를 학교 홈페이지 등에 공개한다. 학교 평

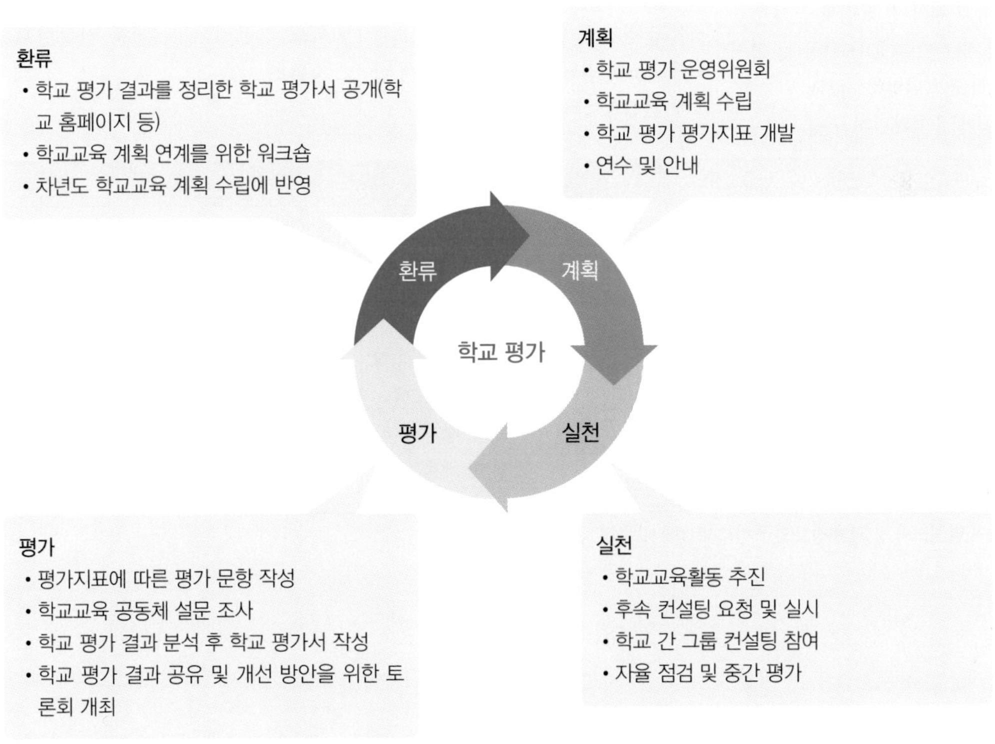

환류
• 학교 평가 결과를 정리한 학교 평가서 공개(학교 홈페이지 등)
• 학교교육 계획 연계를 위한 워크숍
• 차년도 학교교육 계획 수립에 반영

계획
• 학교 평가 운영위원회
• 학교교육 계획 수립
• 학교 평가 평가지표 개발
• 연수 및 안내

평가
• 평가지표에 따른 평가 문항 작성
• 학교교육 공동체 설문 조사
• 학교 평가 결과 분석 후 학교 평가서 작성
• 학교 평가 결과 공유 및 개선 방안을 위한 토론회 개최

실천
• 학교교육활동 추진
• 후속 컨설팅 요청 및 실시
• 학교 간 그룹 컨설팅 참여
• 자율 점검 및 중간 평가

(원형 도표: 학교 평가 — 환류, 계획, 실천, 평가)

[그림 14-8] **학교 평가의 단계**
출처: 서울특별시교육청 교육정보연구원(2021).

가를 통해 나타난 문제점을 분석하고 개선 방안을 마련하여 차년도 학교교육 계획 수립을
위한 토대로 활용한다. 특히 전체 교직원 토론회와 워크숍 등을 통해 평가 결과를 공유하
고 성찰한다.

　　학교 평가는 1년간의 활동이다. 학교 평가의 각 과정을 구체화한 연간 학교 평가 일정은
다음과 같다. 계획 단계는 학교교육 계획 수립 시 학교 평가 계획을 반영하는 3~4월, 실천
은 학교 교육활동을 추진하는 5~8월, 평가는 학교 교육활동을 평가하는 9~12월, 환류는
학교평가 결과를 분석하고 차년도 학교 계획 수립에 반영하는 차년도 1~2월로 시기를 구
분할 수 있다. ☞ 심화 학습 3

〈표 14-5〉 **학교 평가 연간 일정**

3월	4월	5월	6월	7월	8월
• 2021 학교교육 계획(학교 평가 계획 포함) 확정 • 학교교육 계획 안내 및 홍보 • 2020 학교 평가 결과 정보 공시 • 학교조직 진단(SODI) 신청 및 실시 (연중 학교가 원하는 시기) • 학교 평가 운영위원회 구성		• 학교 평가 후속 컨설팅 참여 　-지구별 그룹 컨설팅 　-컨설팅 장학(연중) • 학교 평가 운영위원회 활동 • 학교조직 진단(SODI) 결과 연계 학교 컨설팅 신청(희망 학교)		• 학교 평가 준비 자율 점검 • 1학기 학교 교육활동 평가 • 학교 컨설팅 실시(전문 컨설턴트 지원)	
9월	10월	11월	12월	1월	2월
• 자율 점검 확인 및 평가 준비 학교 평가 운영위원회 활동 　-평가 문항 구성 　-부서별, 학년별, 교과별 토론회 운영 계획 수립 • 학교조직 진단(SODI) 결과 연계 학교 컨설팅 신청(희망 학교)		• 설문 평가 실시(학생, 학부모, 교원, 직원 대상) • 설문 결과 정리 및 토론회 준비 • 학교 컨설팅 실시(전문 컨설턴트 지원)	• 학교 평가 결과 공유 및 토론회 실시 　-문제점 분석 개선방안 모색 • 학교 평가서 작성 및 제출	• 학교 평가서 학교 홈페이지에 탑재 • 학교 평가 결과를 반영한 신학년도 교육계획 수립 준비	• 신학년 집중 준비 기간 운영 • 부서별, 학년별, 교과별 계획 수립 • 2022 학교교육 계획 수립(학교 평가 계획 포함)

출처: 서울특별시교육청 교육정보연구원(2021)에서 수정.

[심화 학습 1]

학교교육의 효과에 대한 다양한 시각이 있을 수 있다. 자신이 생각하는 학교 효과는 무엇이며, 학교 효과에 영향을 미치는 가장 중요한 요인은 무엇인지 생각해 보시오.

[심화 학습 2]

'미리 생각하기'에서 제시된 내용과 일치 또는 불일치되는 학교 평가의 모습을 정리해 보고, 학교 평가가 학교에서 환영받지 못하는 이유를 세 가지 적고, 이를 해결하기 위한 개선방안을 제시하시오.

[심화 학습 3]

학교 평가는 교육의 질적 개선 및 책무성 제고를 목적으로 도입되었으며, 최근 학교 자체 평가로 변화하면서 평가 영역에 대한 기준만 제시될 뿐, 평가내용 및 평가 문항은 학교 자율로 결정할 수 있다. '교육과정 운영 및 교수–학습 방법' '교육활동 및 교육 성과'에서 가장 중요하다고 생각하는 지표를 설정하고, 선택 이유와 지표값을 개선하기 위한 대책을 하나 제시하시오.

● 참고문헌 ●

강상진, 황정원(2010). 학교책무성 체제에서 학업 성취도에 기초한 학교성과지표는 중등학교 학교평
　　　가 지표로서 적합한가?: 학교효과 이론에 의한 타당도 검증. 교육학연구, 48(1), 23-52.

강정삼(1995). 학교 효과성 결정요인에 관한 탐색적 연구. 교육학 연구, 33(3), 281-308.

강정삼(1996). 학교 효과성 측정도구 개발 연구. 전북대학교 대학원 박사학위논문.

교육부(2016. 12. 6.). 대한민국, OECD PISA에서 상위 성취 수준 유지. 보도자료.

교육부(2019). 2019년 국가수준 학업 성취도 평가 결과.

김규태(2001) 교육적 책무성의 개념적 구조. 교육행정학연구, 19(2), 287-307.

김규태(2005). 교육의 책무성 평가의 실제와 대안: 학교 평가 중심으로. 교육행정학연구, 23(3), 195- 210.

김대현(2017). 교육과정의 이해. 서울: 학지사.

김명수(2003). 학교경영의 자율성과 책무성. 학교경영, 16(8), 48-54.

김병성(2001). 학교 효과론: 연구방법 · 실천모듈. 서울: 학지사.

김영철(2004). 초 · 중등학교의 책무성. 한국교육의 책무성에 대한 반성과 과제. 제32차 한국교육행정
　　　학회 연차학술대회 자료집, 137-158.

김위정(2012). 계층간 학력 격차의 변화: 학교정책의 영향을 중심으로. 교육사회학연구, 22(3), 49- 76.

김은영(2012). 학교장의 경영활동이 학교효과성에 미치는 영향에 관한 다층모형 분석. 이화여자대학
　　　교 박사학위논문.

김종철(1984). 교육행정의 이론과 실제(3판). 경기: 교육과학사.

김창걸(1998). 교육행정학 및 교육경영신강. 서울: 형설출판사.

김혜숙, 백순근(2007). 성과측정중심의 교육정책평가: '교육정보화'를 중심으로. 아시아교육연구,
　　　8(2), 67-89.

김희대(1998). 교육의 책무성에 관한 연구. 지방교육경영, 3(1), 37-57.

남궁지영, 김위정(2014). 수학 성취도 향상에 영향을 미치는 학교급별 특성 비교 분석. 교육평가연구,
　　　27(1), 231-254.

박선형(2013). 교육책무성 : 개념과 원리 및 쟁점. 교육행정학연구, 31(2), 117-150.

배호순(1996). 교육적 책무성 확립방안 모색을 위한 기초 연구. 교육학연구, 34(5), 167-185.

서울대학교 교육연구소 편(1994). 교육학용어사전. 서울: 하우.

서울특별시교육청 교육연구정보원(2018). 2019학년도 학교 평가 기본계획.

서울특별시교육청 교육정보연구원(2021). 2021 학교 평가 가이드북.

성태제, 강대중, 강이철, 곽덕주, 김계현, 김천기, 김혜숙, 봉미미, 유재봉, 이윤미, 이윤식, 임웅, 홍후
　　　조(2012). 최신 교육학개론(2판). 서울: 학지사.

성태제, 송재기, 이상진, 이성도(2006). 성과지표 개발 · 관리 매뉴얼. 국무조정실.

송기창, 윤홍주, 오범호, 김중환, 양희은, 이승수, 김영곤, 김태환(2012). 지방자치단체 교육비특별회계

성과예산 핵심성과지표 개발 매뉴얼. 교육과학기술부.

송미영, 김성숙, 이현숙, 김준엽(2011). 학교교육 개선을 위한 학생의 학업 성취수준 결정요인 분석. **교육평가연구, 24**(2), 261-289.

송미영, 임현정, 김성숙(2015). PISA 성취수준 향상에 미치는 교육맥락변인의 차별적 효과 분석. **한국교육, 42**(1), 249-273.

신재철(2004). 대학의 책무성에 대한 반성과 과제. 제32차 한국교육행정학회 연차학술대회 자료집.

신현석(2002). 단위학교 책무성의 동향분석 연구. **교육행정학연구, 20**(2), 151-178.

신현석(2004). 중앙교육행정기관의 책무성. 제32차 한국교육행정학회 연차학술대회 자료집.

신현석(2005). 교육인적자원부의 책무성. **교육행정학연구, 23**(1), 439-459.

양미경(2014). 학교의 주요 기능별 중요성 및 효과성에 대한 인식 조사 연구. **교육원리연구 19**(2), 173-199.

양태정(2019). 우리나라 학생의 학업 성취수준 변화. (월간)교육정책포럼, 2019. 7. 18.

엄정영, 오정란, 박성자(2012). 미래형 학교 효과성 측정 도구. 전라북도교육연구정보원 교육정책연구소.

오승희, 박세훈(2007). 학교조직 효과성의 연구경향 분석. **교육행정학연구, 25**(2), 21-44.

윤정일(2004). 교육행정기관의 책무성에 대한 반성과 과제. 제32차 한국교육행정학회 연차학술대회 자료집.

윤정일, 곽영우, 김윤태, 김재범, 김태완, 최청일(1995). **교육재정론**. 서울: 하우

윤정일, 송기창, 조동섭, 김병주(2015). **교육행정학원론**(6판). 서울: 학지사.

이상수(2018). 학교 운영계획 수립의 이론과 실제. 2018년도 제3차 전국 중등교장 자격연수 자료. 한국교원대학교종합교육연수원.

이상하, 김수진, 신선희, 김완수(2010). 학업 성취지표와 평가모형 개발–학교 효과 추정 모형과 평가체제를 중심으로–, 한국교육과정평가원.

이수정, 황현정, 박세진, 김혁동, 오수정(2019). 혁신학교 성과 측정 공통지표 개발. 한국교육개발원

이종재, 이차영, 김용, 송경오(2012). **한국교육행정론**. 경기: 교육과학사.

이차영(2010). 학교 교육의 책무성에 대한 개념적 명료화와 발전과제. **교육연구, 18**(3), 33-69.

임연기(2005). 한국 학교평가의 유형과 특성 분석. **교육행정학연구, 23**(1), 161-182.

임연기(2010). 지방교육행정체제의 발전방향에 대한 교육행정 전문가의 인식 분석. **교육행정학연구, 28**(4), 139-162.

임현정, 김양분(2012). 교사 및 교수·학습활동 요인이 학업 성취수준 도달에 미치는 차별적 효과. **교육평가연구, 25**(1), 1-22.

장영수, 정일환(2007). 단위학교의 통합적 책임경영모형 탐색. **교육행정학연구, 25**(1), 51-73.

전라남도교육연구정보원(2019). 학교교육과정 중심 민주시민교육을 지원하는 2019 전라남도 학교 평가 가이드북.

정동욱, 이호준, 조성경, 이현국, 정승환(2013). 학교 책무성 정책과 교육재정 지원의 적정성: 학력향상중점학교 정책을 중심으로. 교육재정경제연구, 22(4), 35-54.

정범모(1968). 교육과 교육학. 서울: 배영사.

정진철(2011). CIPP 모형에 기초한 마이스터고등학교 평가 준거 개발. 한국연구재단.

조석훈(2004). 사립학교의 책무성: 자주성과 공공성의 조화. 제32차 한국교육행정학회 연차학술대회 자료집.

조석희(2006). 학교책무성 강화를 위한 학교 평가 체제 개발 연구. 한국교육개발원.

주삼환(2005a). 한국교육행정학 관련 발간 저서로 본 지식기반: 그 실상과 과제. 한국교육행정학의 지식기반: 실상과 과제, 101-143.

주삼환(2005b). 미국의 교장. 서울: 학지사.

주삼환(2006). 교육행정학의 지식구조와 범위. 한국교육행정학회 제34차 연차학술대회자료집.

주삼환, 정일화, 김용남, 박소화, 김미정, 김수구, 남기윤(2007). 교육행정철학. 서울: 학지사.

주삼환, 천세영, 김택균, 신붕섭, 이석열, 김용남, 이미라, 이선호, 정일화, 김미정, 조성만(2015). 교육행정 및 교육경영(5판). 서울: 학지사.

충북대학교 한국지방교육연구소(2009). 지방교육행정체제 개편모형에 관한 연구. 충북대학교 한국지방교육연구소 연구보고서, 수시현안정책연구 RI 2009-1.

한국교육개발원(2009). 교육책무성 제고를 위한 학교 평가 및 지원 전략 연구. 한국교육개발원 연구보고, RR 2009-30.

한국교육개발원(2019). 2019학년도 학교평가 가이드북.

Deal, T. E., & Peterson, K. D. (1994). *The leadership paradox: balancing logic and artistry in schools*. 주삼환, 주은지 공역(2009). 리더십 패러독스: 논리와 예술 균형의 교장 리더십. 서울: 시그마프레스.

Owens, R. G., & Valesky, T. C. (2011). *Organizational behavior in education: Leadership and school reform* (10th ed.). 김혜숙, 권도희, 이세웅, 신경석, 전수빈, 이혜미, 손보라 공역(2012). 교육 조직 행동론: 리더십과 학교 개혁. 서울: 학지사.

Rebore, R. W. (2000). *The ethics of educational leadership*. 주삼환, 조성만, 김병윤, 김수아, 류지은 공역(2010). 교육행정윤리. 서울: 시그마프레스.

Shapiro, J. P., & Stefkovich, J. A. (2010). *Ethical leadership and decision making in education: Applying theoretical perspectives to complex dilemmas* (3rd ed.). 주삼환, 정일화 공역(2011). 교육윤리 리더십: 선택의 딜레마. 서울: 학지사.

네이버 지식백과(2020. 6. 10 검색), 효과성

찾아보기

인명

내용

저자 소개

주삼환(Joo Sam Hwan)
미국 University of Minnesota, 교육행정학전공 PhD
서울시내 초등교사 약 17년 재직
충남대학교 교수 약 27년 재직
한국교육행정학회 회장
현 충남대학교 명예교수

〈주요 저서〉
감동영화 감동교육(교육과학사, 2022), 감동의 영화로 배우는 교육(교육과학사, 2021), 21세기 한국교육:
진단과 처방(학지사, 2016), 대한민국 한 교사의 삶과 생각: 주삼환 교육 75(학지사, 2016)
〈주요 논문〉
교육행정학의 지식구조와 범위(한국교육행정학회 제34차 연차학술대회자료집, 2006), 교육행정학 관련
발간 저서로 본 지식기반: 그 실상과 과제(한국교육행정학회 제33차 연차학술대회자료집, 2005), 교육행
정학의 과제: 한국교육행정학의 연구 방향(교육행정학연구, 1987).

신봉섭(Shin Boong Seop)
충남대학교 교육학박사
대전과학기술대학교 교수
한국교육행정학회 이사
한국교육학회 이사
교육부 특별교부금평가위원
현 나사렛대학교 중등특수교육과 교수

〈주요 저·역서〉
교직으로 가는 논리 논술(학지사, 2017), 교육행정 및 교육경영(5판, 공저, 학지사, 2015), 학교문화 리더십
(공역, 학지사, 2019)
〈주요 논문〉
대학 핵심역량 향상을 위한 백워드 설계 기반의 플립 러닝 설계 사례(고등교육, 2020), 초임기 기간제특수
교사의 교직생활과 개선 요구에 관한 질적 연구(직업교육연구, 2013), 신규교사 멘토링제의 운영 실제와
개선 방안: 충청남도교육청의 사례(한국교원교육연구, 2006)

이석열(Lee Suk Yeol)
충남대학교 교육학박사
한국대학교육협의회 선임연구원
한국교육행정학회 사무국장 및 이사
한국교원교육학회, 한국교육정치학회 이사
현 남서울대학교 교양대학 교수

〈주요 저 · 역서〉
학생 성공을 위한 대학교육 성과관리(공저, 학지사, 2020), 교육행정 및 교육경영(5판, 공저, 학지사, 2015), 학교문화 리더십(공역, 학지사, 2019)
〈주요 논문〉
교사의 전문학습공동체 진단 척도 개발 및 적용(교육행정학연구, 2018), 교장의 감성리더십 진단척도 개발(교육행정학연구, 2006)

김병윤(Kim Byeong Yun)
충남대학교 교육학박사
현 교육부 행정사무관

〈주요 역서〉
교육행정윤리(공역, 시그마프레스, 2010)
〈주요 논문〉
교원수급정책의 진단과 과제(한국교원교육연구, 2012), 수석교사제의 효과적인 운영방안 모색: 수석교사와 동료교원의 인식을 중심으로(교육연구논총, 2010), 유아교육의 공적부조 확대 필요성 및 지원방안(교육행정학연구, 2010), 신도시개발지내 학교신설비 재정부담의 주체에 관한 논의(교육재정경제연구, 2009)

김용남(Kim Yong Nam)
충남대학교 교육학박사
한국교육재정경제학회 학술위원장
지방교육재정연구센터 소장
현 한국교육개발원 연구위원

〈주요 저서〉
교육행정 및 교육경영(5판, 공저, 학지사, 2015)

〈주요 논문〉
초ㆍ중등 교육투자 영향 분석: 경제ㆍ사회분야를 중심으로(한국교육개발원, 2021), 2020년 유ㆍ초ㆍ중ㆍ고ㆍ특수학교 표준교육비 산출 연구(한국교육개발원, 2020), 특별교부금 국가시책사업 구조 및 변동 추이 분석(교육재정경제연구, 2019), 단위학교 재정 운영의 쟁점 및 개선방안 연구(교육재정경제연구, 2017), 사립 중등학교 재정결함보조금 기준재정수입 산정기준 개선 방안 연구(교육재정경제연구, 2016)

교육행정학
Educational Administration

2022년 2월 15일 1판 1쇄 인쇄
2022년 2월 25일 1판 1쇄 발행

지은이 • 주삼환 · 신붕섭 · 이석열 · 김병윤 · 김용남
펴낸이 • 김진환
펴낸곳 • ㈜ **학지사**

04031 서울특별시 마포구 양화로 15길 20 마인드월드빌딩
대표전화 • 02-330-5114   팩스 • 02-324-2345
등록번호 • 제313-2006-000265호

홈페이지 • http://www.hakjisa.co.kr
페이스북 • https://www.facebook.com/hakjisabook

ISBN 978-89-997-2433-6 93370

정가 24,000원

출판 · 교육 · 미디어기업 **학지사**

간호보건의학출판 **학지사메디컬** www.hakjisamd.co.kr
심리검사연구소 **인싸이트** www.inpsyt.co.kr
학술논문서비스 **뉴논문** www.newnonmun.com
교육연수원 **카운피아** www.counpia.com